【传世经典 文白对照】

通鉴纪事本末

三

〔宋〕袁枢 撰

杨寄林 主编

中华书局

目录

第三册

通鉴纪事本末

卷第九

曹操篡汉

汉灵帝中平元年。曹操父嵩，为中常侍曹腾养子，不能审其生出本末，或云夏侯氏子也。操少机警，有权数，而任侠放荡，不治行业。世人未之奇也，唯太尉桥玄及南阳何颙异焉。玄谓操曰："天下将乱，非命世之才，不能济也。能安之者，其在君乎！"颙见操，叹曰："汉家将亡，安天下者，必此人也。"玄谓操曰："君未有名，可交许子将。"子将者，训之从子劭也。好人伦，多所赏识，与从兄靖俱有高名，好共核论乡党人物，每月辄更其品题，故汝南俗有"月旦评"焉。尝为郡功曹，府中闻之，莫不改操饰行。曹操往造劭而问之曰："我何如人？"劭鄙其为人，不答。操乃劫之，劭曰："子，治世之能臣，乱世之奸雄。"操大喜而去。

五年秋八月，初置西园八校尉，以议郎曹操为典军校尉。

曹操篡汉

东汉灵帝中平元年(184)。曹操的父亲曹嵩,是中常侍曹腾的养子,无法确定他的祖先家世,有人说曹嵩是夏侯家的儿子。曹操自小为人机警,善于谋策,有权术,并且爱行侠义之事,为人仗义,放荡不拘,不整修自己的操行,不大接受传统礼教的约束。世人并没有认为他与普通人有什么不同的地方,只有太尉桥玄和南阳人何颙发现他有异于常人之处。桥玄告诉曹操说:"天下将要大乱,若不是有经邦救世之才的人是不能拯救天下的。能够平息乱世的,恐怕就是你呀!"何颙见到曹操后,感叹道:"汉家王朝将要覆亡,能够重新安定天下的,必是此人。"桥玄对曹操说:"你现在还没有什么名气,可以去交结许子将。"许子将,就是许训的侄子许劭。许劭善于待人接物,多能鉴别好坏善恶,与他的堂兄许靖都有很高的知名度,两人喜欢在一起共同品评乡里人物,根据这些人的所作所为,每月还会重新排列一次高下顺序,所以汝南人将此称为"月旦评"。许劭曾当过郡府的功曹,府中人听说后,无不改变自己的德操,修饰自己的行为。曹操前往拜访许劭并问他说:"我是一个什么样的人?"许劭看不起他的为人,不加回答。曹操便威胁他,许劭说:"你是太平之世的能臣,混乱之世的奸雄。"曹操听后大喜而去。

五年(188)秋季八月,汉开始设立西园八校尉,以议郎曹操为典军校尉。

六年，董卓之乱，以操为骁骑校尉。操变易姓名，间行东归，过中牟，为亭长所疑，执诣县。时县已被卓书，唯功曹心知是操，以世方乱，不宜拘天下雄俊，因白令释之。操至陈留，散家财，合兵得五千人。

献帝初平元年春正月，关东州郡皆起兵以讨董卓，推勃海太守袁绍为盟主。绍自号车骑将军，诸将皆板授官号。绍与河内太守王匡屯河内，冀州牧韩馥留邺，给其军粮。豫州刺史孔伷屯颍川，兖州刺史刘岱、陈留太守张邈、邈弟广陵太守超、东郡太守桥瑁、山阳太守袁遗、济北相鲍信与曹操俱屯酸枣，后将军袁术屯鲁阳，众各数万。豪杰多归心袁绍者，鲍信独谓曹操曰："夫略不世出，能拨乱反正者，君也。苟非其人，虽强必毙。君殆天之所启乎！"

三月，董卓在雒阳，袁绍等诸军皆畏其强，莫敢先进。曹操曰："举义兵以诛暴乱，大众已合，诸君何疑！向使董卓倚王室，据旧京，东向以临天下，虽以无道行之，犹足为患，今焚烧宫室，劫迁天子，海内震动，不知所归，此天亡之时也，一战而天下定矣。"遂引兵西，将据成皋，张邈遣将卫兹分兵随之。进至荥阳汴水，遇卓将玄菟徐荣，与战，操兵败，为流矢所中，所乘马被创。从弟洪以马与操，操不受。洪曰："天下可无洪，不可无君！"遂步从操，夜遁去。荣见操所将兵少，力战尽日，谓酸枣未易攻也，亦引兵还。

操到酸枣，诸军十馀万，日置酒高会，不图进取，操责让之，因为谋曰："诸君听吾计，使勃海引河内之众临孟津，

六年（189）发生董卓之乱，董卓任命曹操为骁骑校尉。曹操改换姓名，微行东归陈留，路过中牟县时，被当地亭长所怀疑，抓到县衙。当时，中牟县令已接到董卓文书，只有功曹心里知道他是曹操，功曹认为天下正值大乱，不应拘捕天下雄才俊士，于是请县令释放曹操。曹操回到陈留后，便散卖家财，召集到五千兵士。

汉献帝初平元年（190）春季正月，函谷关以东各州郡都起兵讨伐董卓，共同推举勃海郡太守袁绍为盟主。袁绍自称车骑将军，各路将领都由袁绍授予官职。袁绍与河内太守王匡屯兵河内，冀州州牧韩馥屯留邺城，负责供给军粮。豫州刺史孙伷屯军颍川，兖州刺史刘岱、陈留太守张邈、张邈的弟弟广陵太守张超、东郡太守桥瑁、山阳太守袁遗、济北国相鲍信与曹操一起屯驻酸枣，后将军袁术驻军鲁阳，各地均有兵士数万。天下英雄都归心于袁绍，只有鲍信对曹操说："现在谋略高明，能拨乱反正的人，就是你。如果不是这种人，即使现在强大，最后也定会灭亡。你大概是上天选中的吧！"

三月，董卓屯兵雒阳，袁绍等各路将领都害怕董卓的强悍，谁也不敢先行进攻。曹操说："我们发动义兵诛杀暴乱之徒，大军已经聚集，各位还有什么迟疑的！过去假使董卓倚借王室权威，固守雒阳，向东征讨天下，虽然他凶残无道，仍足以成为我们的忧患，而今董卓焚烧宫室，劫走天子，全国震动，不知所措，这是上天灭亡董卓的好时机，一战就可使天下安定。"于是率军西行，准备占据成皋，张邈派部将卫兹分兵随曹操一同前进。曹军前进到荥阳汴水，遇到董卓的部将玄菟人徐荣，双方交战，曹军兵败，曹操被流矢射中，所乘战马受伤。曹操的堂弟曹洪把自己的坐骑给曹操，曹操不接受。曹洪说："天下可以没有曹洪，但不能没有您！"于是徒步跟从曹操，乘黑夜逃走。徐荣见曹操虽然兵少，但仍奋战一整天，认为酸枣不容易攻下，也带兵撤回。

曹操退回到酸枣，见到各路大军十余万人，每天只是饮酒聚会，没人图谋进取，曹操责备大家，并为他们谋划说："各位如果能够听从我的计策，请袁绍将军率领河内的军队进逼孟津，

酸枣诸将守成皋，据敖仓，塞轘辕、太谷，全制其险，使袁将军率南阳之军军丹、析，入武关，以震三辅。皆高垒深壁，勿与战，益为疑兵，示天下形势，以顺诛逆，可立定也。今兵以义动，持疑不进，失天下望，窃为诸君耻之！”邈等不能用。操乃与司马沛国夏侯惇等诣扬州，募兵，得千馀人，还屯河内。顷之，酸枣诸军食尽，众散。刘岱与桥瑁相恶，岱杀瑁，以王肱领东郡太守。

二年春正月，关东诸将议，以朝廷幼冲，逼于董卓，远隔关塞，不知存否，幽州牧刘虞，宗室贤俊，欲共立为主。曹操曰：“吾等所以举兵而远近莫不响应者，以义动故也。今幼主微弱，制于奸臣，非有昌邑亡国之衅，而一旦改易，天下其孰安之！诸君北面，我自西向。”

袁绍在河内，云中张杨往归之，与南单于於扶罗屯漳水。韩馥以豪杰多归心袁绍，忌之，阴贬节其军粮，欲使其众离散。绍客逢纪谓绍曰：“将军举大事而仰人资给，不据一州，无以自全。”绍曰：“冀州兵强，吾士饥乏，设不能办，无所容立。”纪曰：“韩馥庸才，可密要公孙瓒使取冀州，馥必骇惧，因遣辩士为陈祸福，馥必肯逊让。”绍即以书与瓒。瓒遂引兵谋袭馥，馥与战不利。绍使外甥陈留高幹及馥所亲颍川辛评、荀谌、郭图等说馥曰：“公孙瓒将燕、代之卒乘胜来南，而诸郡应之，其锋不可当。袁车骑引军东向，其意未可量也。窃为将军危之！”馥惧，曰：“然则为之奈何？”

在酸枣的其他各将据守成皋，占据敖仓，封锁辕、太谷二关，完全控制雒阳外围险要之地，请袁术将军率南阳之军进军丹水县和析县，直入武关，借以威震三辅之地。各军都修筑高大坚固的营垒，不要与董卓军队交战，增设疑兵，向天下表明敌我形势，以正义之师讨伐叛逆，胜负可立刻决定。现在联军以正义为名行动，却迟疑不进，使天下人失望，我替大家感到羞耻！"张邈等不能采纳此建议。曹操就与司马沛国人夏侯惇等前往扬州，招募兵士一千多人，回来屯驻河内。不久，酸枣各军粮草用尽，全部星散。刘岱与桥瑁相互仇视，刘岱杀掉桥瑁，让王肱兼任东郡太守。

二年（191）春季正月，关东诸将商议，认为献帝幼弱，又被董卓控制，远在长安，关塞相隔，不知是否生存，幽州州牧刘虞，是皇族中的英才，准备共同拥立他为皇帝。曹操说："我们之所以起兵而远近没有不响应的，是因为我们秉持大义而行动的缘故。现在皇上幼弱，被奸臣控制，并没有像西汉昌邑王刘贺那样亡国的过失，一旦改换天子，天下将会有谁能安然接受呢！各位若面向北方遵奉刘虞，我自己则西向戴奉现在的皇上。"

袁绍屯驻在河内，云中人张杨前往归附他，与南单于於扶罗屯兵漳水。韩馥因见天下豪杰大多归附袁绍，十分忌妒袁绍，暗中减损粮草供应，想使袁绍的部众因饥饿而离散。袁绍的谋士逢纪对袁绍说："将军倡举大事却依靠他人来提供粮草，如果不自己占据一州作为根据地，终不能保全自己。"袁绍说："冀州兵马强壮，我们的军士饥乏不堪，如果一战不能成功，就无处立足了。"逢纪说："韩馥是个庸才，可以秘密联络公孙瓒，让他攻取冀州，韩馥必会惊慌恐惧，我们乘机派能辩之人前去陈述祸福，韩馥一定会同意将州牧之位推让给您。"袁绍于是当即写信给公孙瓒。公孙瓒遂带兵谋袭韩馥，韩馥与公孙瓒交战，失败。袁绍派外甥陈留人高幹以及韩馥的亲近之人颍川人辛评、荀谌、郭图等人劝说韩馥："公孙瓒率领燕、代的战士，乘胜南下，而各郡纷纷响应，军锋锐不可当。车骑将军袁绍带兵东进，他的意图不可预料。我们替将军担心！"韩馥恐惧，说："这样的话，我将怎么办？"

谌曰:"君自料宽仁容众为天下所附,孰与袁氏?"馥曰:"不如也。""临危吐决,智勇过人,又孰与袁氏?"馥曰:"不如也。""世布恩德,天下家受其惠,又孰与袁氏?"馥曰:"不如也。"谌曰:"袁氏一时之杰,将军资三不如之势,久处其上,彼必不为将军下也。夫冀州,天下之重资也,彼若与公孙瓒并力取之,危亡可立而待也。夫袁氏,将军之旧,且为同盟,当今之计,若举冀州以让袁氏,彼必厚德将军,瓒亦不能与之争矣。是将军有让贤之名,而身安于泰山也。"馥性恇怯,因然其计。馥长史耿武、别驾闵纯、治中李历闻而谏曰:"冀州带甲百万,谷支十年。袁绍孤客穷军,仰我鼻息,譬如婴儿在股掌之上,绝其哺乳,立可饿杀,奈何欲以州与之!"馥曰:"吾袁氏故吏,且才不如本初,度德而让,古人所贵,诸君独何病焉!"馥从事赵浮、程涣等谓馥曰:"袁本初军无斗粮,各已离散,虽有张杨、於扶罗新附,未肯为用,不足敌也。小从事等请自以见兵拒之,旬日之间,必土崩瓦解。明将军但当开阁高枕,何忧何惧!"馥又不听,乃避位,出居中常侍赵忠故舍,遣子送印绶以让绍。绍遂领冀州牧,承制以广平沮授为奋武将军,使监护诸将,宠遇甚厚。魏郡审配、钜鹿田丰并以正直不得志于韩馥,绍以丰为别驾,配为治中,及南阳许攸、逢纪、颍川荀谌皆为谋主。

鲍信谓曹操曰:"袁绍为盟主,因权专利,将自生乱,是复有一卓也。若抑之,则力不能制,只以遘难。且可规大河之南以待其变。"操善之。会黑山、于毒、白绕、眭固等十

荀谌说:"您自己估量在宽厚待人、为天下英雄所归附方面,比袁绍如何?"韩馥说:"不如。"荀谌又说:"在危机时施定奇策,智勇过人方面,比袁绍如何?"韩馥说:"不如。"荀谌再问:"在数世布恩德于天下,使天下家家受惠方面,又比袁绍如何?"韩馥说:"不如。"荀谌说:"袁绍是一世豪杰,将军你却三方面都不如他,长久位居其上,他必不肯甘心屈于将军之下。冀州是天下财货丰富之地,袁绍若与公孙瓒合力攻取,您的危亡立刻就会到来。袁绍是将军的旧友,并且曾有同盟誓约,现在的办法是,如果将冀州推让给袁绍,他必定会感激将军的厚德,而公孙瓒也无力与他争夺冀州了。这样将军既有让贤的美名,且自身也会安如泰山。"韩馥生性怯懦,于是同意了建议。韩馥的长史耿武、别驾闵纯、治中李历听说后劝谏韩馥说:"冀州有武装战士百万,粮草可以支撑十年。而袁绍是一支孤单穷途的客军,只能仰仗我们的鼻息,就像怀抱中的婴儿,只要断绝他的奶水,立即就可饿死他,为什么要将冀州让给他!"韩馥说:"我是袁家的旧属,并且才能不如袁绍,估量自己的才德而让贤,这是古人所珍贵的,各位为何单单要反对呢?"韩馥的从事赵浮、程涣等人对韩馥说:"袁绍军中没有一点粮草,部众已各自离散,虽然有张杨、於扶罗新近归附,但也不肯听他调遣,不足以为敌。我们请求以自己现有的军队去抵挡他,十天之内,袁绍的军队必定土崩瓦解。将军只管开门高卧,有什么忧虑和害怕的!"韩馥仍不采纳,于是让出职位,迁出居住在中常侍赵忠的旧宅,派儿子把州牧的印绶送让给袁绍。袁绍于是兼领冀州州牧,按照旧例任命广平人沮授为奋武将军,让他统领诸将,宠爱信任至为优厚。魏郡人审配、钜鹿人田丰都因正直而不为韩馥重用,袁绍任命田丰为别驾,审配为治中,南阳人许攸、逢纪,颍川人荀谌都为主要谋士。

鲍信对曹操说:"袁绍身为联军盟主,以权专取私利,将会使天下发生大乱,是又一个董卓。如果压制他,我们又没有能力,只会徒然树敌。我们可以暂时图划黄河之南,以等待其变化。"曹操认为他分析得对。当时正好黑山、于毒、白绕、眭固等部十

馀万众略东郡，王肱不能御，曹操引兵入东郡，击白绕于濮阳，破之。袁绍因表操为东郡太守，治东武阳。

三年。初，荀淑有孙曰彧，少有才名，何颙见而异之，曰："王佐才也！"及天下乱，彧谓父老曰："颖川四战之地，宜亟避之。"乡人多怀土不能去，彧独率宗族去依韩馥。会袁绍已夺馥位，待彧以上宾之礼。彧度绍终不能定大业，闻曹操有雄略，乃去绍从操。操与语，大悦，曰："吾子房也！"以为奋武司马。

曹操军顿丘，于毒等攻东武阳。曹攻毒等本屯，毒闻之，弃武阳还。事见《黄巾之乱》。

夏四月，青州黄巾寇兖州，刘岱与战，为所杀。曹操部将东郡陈宫谓操曰："州今无主，而王命断绝，宫请说州中纲纪，明府寻往牧之，资之以收天下，此霸王之业也。"宫因往说别驾、治中曰："今天下分裂而州无主。曹东郡，命世之才也，若迎以牧州，必宁生民。"鲍信等亦以为然，乃与州吏万潜等至东郡，迎操领兖州刺史。操遂进兵击黄巾于寿张东，不利。贼众精悍，操兵寡弱，操抚循激励，明设赏罚，承间设奇，昼夜会战，战辄禽获，贼遂退走。鲍信战死。

冬十二月，曹操追黄巾至济北，悉降之，得戎卒三十馀万，男女百馀万口，收其精锐者，号"青州兵"。

馀万人进攻东郡，王肱不能抵御，曹操带兵攻入东郡，在濮阳攻击白绕，大败白绕部众。袁绍于是表奏朝廷，荐举曹操为东郡太守，郡府设在东武阳。

三年（192）。当初，荀淑有个孙子叫荀彧，年少时便有才华名望，何颙见到他后大为惊异，说："真是辅佐君王的人才！"及至后来天下大乱，荀彧对家乡父老说："颍川是四面受敌之地，应马上逃离此地。"乡人大多眷恋故土不肯离开，荀彧便独自率领他的家族去依附韩馥。正好碰上袁绍已夺取了韩馥的官位，袁绍以上宾之礼对待荀彧。荀彧估量袁绍最终不能完成大业，听说曹操有雄才大略，于是就脱离袁绍投靠曹操。曹操同荀彧交谈，十分高兴，说："你真是我的张良！"任命荀彧为奋武司马。

曹操驻军顿丘，于毒等进攻东武阳。曹操攻击于毒的大本营，于毒听说后，放弃进攻武阳而撤回。事见《黄巾之乱》。

夏季四月，青州黄巾军侵犯兖州，刘岱与之交战，被黄巾军杀害。曹操的部将东郡人陈宫对曹操说："现在兖州无人掌管，与朝廷失联，天子的诏令断绝，我请求前往劝说兖州府中的主要官吏，由您前去担任州牧，以此作为资本收取天下，这是成就霸王的大功业。"陈宫于是前往劝说兖州府中的别驾、治中，说："现在天下四分五裂，而州政无人主持。曹操是经邦济世的英才，如果迎接他作为州牧，定可使人民得以安宁。"鲍信等人也都认同他的说法，于是就与州府官员万潜等人到东郡，迎接曹操兼领兖州刺史。曹操于是率军进攻黄巾军，在寿张东交战，失利。黄巾军骁勇精悍，曹操的军队人少力微，曹操稳定军心，安抚激励将士，严明赏罚制度，不断巧设奇兵，昼夜不停地作战，每战都有斩获，黄巾军于是退出兖州。鲍信在交战中战死。

冬季十二月，曹操追击黄巾军到济北，全部招降他们，得到战士三十馀万，男女眷属一百多万，收编其中精锐的兵士，称为"青州兵"。

操辟陈留毛玠为治中从事，玠言于操曰："今天下分崩，乘舆播荡，生民废业，饥馑流亡，公家无经岁之储，百姓无安固之志，难以持久。夫兵义者胜，守位以财，宜奉天子以令不臣，修耕植以畜军资，如此，则霸王之业可成也。"操纳其言，遣使诣河内太守张杨，欲假涂西至长安，杨不听。

定陶董昭说杨曰："袁、曹虽为一家，势不久群。曹今虽弱，然实天下之英雄也，当故结之。况今有缘，宜通其上事，并表荐之，若事有成，永为深分。"杨于是通操上事，仍表荐操。昭为操作书与李傕、郭汜等，各随轻重致殷勤。

傕、汜见操使，以为关东欲自立天子，今曹操虽有使命，非其诚实，议留操使。黄门侍郎锺繇说傕、汜曰："方今英雄并起，各矫命专制，唯曹兖州乃心王室，而逆其忠款，非所以副将来之望也。"傕、汜乃厚加报答。繇，皓之曾孙也。

四年春正月，曹操军鄄城。袁术为刘表所逼，引军屯封丘，黑山别部及匈奴於扶罗皆附之。曹操击破术军，遂围封丘，术走襄邑，又走宁陵。操追击，连破之，术走九江。

夏，曹操还军定陶。

六月，前太尉曹嵩避难在琅邪，其子操令泰山太守应劭迎之。嵩辎重百馀两，青、徐牧陶谦别将守阴平，士卒利嵩财宝，掩袭嵩于华、费间，杀之，并少子德。秋，操引兵击谦，攻拔十馀城。至彭城，大战，谦兵败，走保郯。

曹操延聘陈留人毛玠为治中从事，毛玠建议曹操说："现在天下分崩离析，皇上流离颠沛，百姓无法生产，饥寒流亡，国库没有一年的存粮，百姓不能安心，这种局面难以持久。凡是奉行仁义的军队必定会胜利，拥有丰富的资财才能巩固自己的地位，我们应该戴奉天子以号令割据的叛臣，努力加强耕植以积蓄军粮，这样，就能成就霸王之业。"曹操采纳了毛玠的建议，派使节晋见河内太守张杨，想借道西往长安，张杨不答应。

定陶人董昭劝张杨说："袁绍、曹操虽同为一家，但势必不会长久合作。曹操现在虽力量微弱，但他确为天下的英雄，应当与他结交。何况现在有很好的机会，应该允许他的使者通过，并上表荐举，如果事情成功，就可长久地保持深厚的情谊。"张杨于是同意了曹操使者的请求，并上表推荐曹操。董昭替曹操写信给李傕、郭汜等人，根据各自地位的轻重分别加以殷勤致意。

李傕、郭汜见到曹操的使者，认为关东诸将都想自己拥立天子，现在曹操虽有奉效皇命的表示，但并非是诚心实意，商议扣留曹操的使者。黄门侍郎钟繇劝李傕、郭汜说："现在群雄并起，他们都称是接受皇命而割据一方，只有曹操派人表示效忠王室，如果朝廷先拒绝他的归诚，恐怕会阻止其他人的效法举动。"李傕、郭汜于是对曹操厚加报答。钟繇是钟皓的曾孙。

四年（193）春季正月，曹操屯军鄄城。袁术为刘表所逼迫，带军屯驻封丘，黑山义军分部及匈奴於扶罗都归附袁术。曹操攻破袁术的军队，包围了封丘，袁术逃到襄邑，又退到宁陵。曹操乘胜追击，接连打败袁术，袁术败退到九江。

夏季，曹操将军队撤回到定陶。

六月，前任太尉曹嵩避难琅邪，他的儿子曹操命令泰山太守应劭去迎接他。曹嵩携带了一百多辆车的物资，青州、徐州的州牧陶谦有一位部将驻守阴平，他手下的士兵贪图曹嵩的财宝，在华县、费县之间的交界处袭击曹嵩，杀死了曹嵩及其幼子曹德。秋季，曹操带兵进攻陶谦，攻下了十馀座城池。攻到彭城，双方大战，陶谦兵败，退守郯县。

初,京、雒遭董卓之乱,民流移东出,多依徐土,遇操至,坑杀男女数十万口于泗水,水为不流。操攻郯不能克,乃去,攻取虑、睢陵、夏丘,皆屠之,鸡犬亦尽,墟邑无复行人。

兴平元年春二月,陶谦告急于田楷,楷与平原相刘备救之。备自有兵数千人,谦益以丹阳兵四千,备遂去楷归谦,谦表为豫州刺史,屯小沛。曹操军食亦尽,引兵还。

曹操使司马荀彧、寿张令程昱守鄄城,复往攻陶谦,遂略地至琅邪、东海,所过残灭。还,击破刘备于郯东。谦恐,欲走归丹阳。会陈留太守张邈叛操迎吕布,操乃引军还。

初,张邈少时,好游侠,袁绍、曹操皆与之善。及绍为盟主,有骄色,邈正议责绍,绍怒,使操杀之。操不听,曰:"孟卓,亲友也,是非当容之。今天下未定,奈何自相危也!"操之前攻陶谦,志在必死,敕家曰:"我若不还,往依孟卓。"后还见邈,垂泣相对。陈留高柔谓乡人曰:"曹将军虽据兖州,本有四方之图,未得安坐守也。而张府君恃陈留之资,将乘间为变,欲与诸君避之,何如?"众人皆以曹、张相亲,柔又年少,不然其言。柔从兄幹自河北呼柔,柔举宗从之。

吕布之舍袁绍从张杨也,过邈,临别,把手共誓。绍闻之,大恨。邈畏操终为绍杀己也,心不自安。前九江太守陈留边让尝讥议操,操闻而杀之,并其妻子。让素有才名,

当初，京县、雒阳遭受董卓之乱，百姓流徙东迁，大多投奔徐州，此次遇上曹操到来，男女数十万人被坑杀于泗水，致使泗水堵塞不流。曹操进攻郯县不能攻下，只好撤离，转而攻取取虑、睢陵、夏丘，所至之处，人都屠杀干净，连鸡犬也全被杀完，城市村落再也见不到行人。

兴平元年（194）春季二月，陶谦向田楷求救，田楷与平原国相刘备前往救援。刘备自己带有兵士数千人，陶谦又增拨丹阳兵四千人给刘备，刘备于是脱离田楷而归附陶谦，陶谦表荐刘备为豫州刺史，屯驻于小沛。此时，曹操军粮用尽，带兵撤回。

曹操派司马荀彧、寿张县令程昱留守鄄城，再次率军前往攻击陶谦，于是沿途攻掠，一直打到琅邪、东海，所经之处，破坏毁灭殆尽。部队回撤时，又在郯县东击败刘备。陶谦十分恐惧，准备逃回丹阳。正好陈留太守张邈反叛曹操迎纳吕布，曹操只好带兵撤回。

当初，张邈年少时，好侠仗义，袁绍、曹操同他关系很好。等到袁绍被推为联军盟主，露出了骄傲的本色，张邈义正词严地指责袁绍，袁绍恼怒，让曹操去杀掉他。曹操不同意，说："张邈是我们的亲密朋友，纵有不对之处也应宽容他。现在天下尚未安定，为什么要自相残杀呢！"曹操前去进攻陶谦时，决心死战，他告诉家人说："我此次若不能回来，你们就前去投靠张邈。"后战罢归来与张邈相会时，相对垂泪。陈留人高柔对同乡说："曹将军现在虽占据了兖州，可他内心有图谋天下之志向，绝不会满足于坐守兖州。而张邈凭借他有陈留的资本，将会乘机生变，我准备同各位避开此地，怎么样？"众人都认为曹操、张邈相互亲爱，高柔年纪又轻，并不认同他的话。正好高柔的堂兄高幹从河北召唤高柔，高柔就带领全族人前往高幹处。

吕布离开袁绍归从张杨，路过陈留拜访张邈，临别时一同握手盟誓。袁绍听说后，大为痛恨。张邈害怕曹操最终会替袁绍杀掉自己，恐惧不安。前任九江太守陈留人边让曾经讥讽曹操，曹操听说后，杀掉了他及其妻子儿女。边让向来有高才名望，

由是兖州士大夫皆恐惧。陈宫性刚直壮烈，内亦自疑，乃与从事中郎许汜、王楷及邈弟超共谋叛操。宫说邈曰："今天下分崩，雄杰并起，君以千里之众，当四战之地，抚剑顾盼，亦足以为人豪，而反受制于人，不亦鄙乎！今州军东征，其处空虚，吕布壮士，善战无前，若权迎之，共牧兖州，观天下形势，俟时事之变，此亦纵横之一时也。"邈从之。

时操使宫将兵留屯东郡，遂以其众潜迎布为兖州牧。布至，邈乃使其党刘翊告荀彧曰："吕将军来助曹使君击陶谦，宜亟供其军食。"众疑惑，彧知邈为乱，即勒兵设备，急召东郡太守夏侯惇于濮阳。惇来，布遂据濮阳。时操悉军攻陶谦，留守兵少，而督将、大吏多与邈、宫通谋。惇至，其夜，诛谋叛者数十人，众乃定。

豫州刺史郭贡率众数万来至城下，或言与吕布同谋，众甚惧。贡求见荀彧，彧将往，惇等曰："君一州镇也，往必危，不可。"彧曰："贡与邈等，分非素结也，今来速，计必未定，及其未定说之，纵不为用，可使中立。若先疑之，彼将怒而成计。"贡见彧无惧意，谓鄄城未易攻，遂引兵去。

是时，兖州郡县皆应布，唯鄄城、范、东阿不动。布军降者言："陈宫欲自将兵取东阿，又使汜嶷取范。"吏民皆恐。程昱本东阿人，或谓昱曰："今举州皆叛，唯有此三城，

因此兖州的士大夫都感到恐惧。陈宫为人性情刚直壮烈，心中也怀疑自己会步边让的后尘，于是就与从事中郎许汜、王楷及张邈的弟弟张超共同图谋反叛曹操。陈宫劝张邈说："现在天下分崩离析，群雄并起，您以千里之地的兵众，位于四方必争之地，抚剑左右顾盼，完全可以成为人中的豪杰，但却反受到他人的控制，难道不感到羞耻吗！现在兖州军队东征，城内空虚，吕布为当世壮士，善战空前，如果暂时迎纳他，共同管理兖州，观察天下的形势，等待时事发生变化，这也是您纵横天下的大好时机。"张邈听从了他的建议。

当时曹操命陈宫带兵屯留东郡，陈宫于是率军秘密地迎接吕布为兖州州牧。吕布到后，张邈就派他的亲信刘翊告诉荀彧说："吕将军前来援助曹使君攻击陶谦，应该马上供应他的军粮。"众人都对此感到疑惑不解，荀彧判断张邈将要叛乱，马上动员军队设防，紧急召回屯驻在濮阳的东郡太守夏侯惇。夏侯惇来到鄄城后，吕布就乘虚占据了濮阳。当时曹操出动了全部的军队去进攻陶谦，留守鄄城的兵力很少，并且留下的将领和高级官吏大多都参与了张邈、陈宫的阴谋。夏侯惇到后，当夜就诛杀了谋叛的数十人，众人方才安定下来。

豫州刺史郭贡率领兵士数万人来到鄄城城下，有人谣传郭贡与吕布为同谋，众人十分恐惧。郭贡请求会见荀彧，荀彧准备前往，夏侯惇等人说："您是一州的镇主，此去必定十分危险，千万不能去。"荀彧说："郭贡与张邈等人，平常并无很深的情谊，现在急速赶来，决心肯定没有定下来，在他决心还没有下定之前劝说他，即使他不为我们效力，也可以使他保持中立。如果首先怀疑他，他会愤怒而下定决心跟从张邈。"郭贡见荀彧没有丝毫害怕的意思，认为鄄城并不容易攻取，于是带兵离去。

当时兖州各郡县都响应吕布，只有鄄城、范县、东阿坚守没有动摇。吕布军中归降的人讲："陈宫准备亲自带兵攻取东阿，又派汜嶷去攻取范县。"官民都惊恐不安。程昱本是东阿人，荀彧对程昱说："现在全州都反叛了，只有这三个城尚未背叛曹公，

宫等以重兵临之,非有以深结其心,三城必动。君,民之望也,宜往抚之。"昱乃归过范,说其令靳允曰:"闻吕布执君母、弟、妻子,孝子诚不可为心。今天下大乱,英雄并起,必有命世能息天下之乱者,此智者所宜详择也。得主者昌,失主者亡。陈宫叛迎吕布而百城皆应,似能有为,然以君观之,布何如人哉?夫布粗中少亲,刚而无礼,匹夫之雄耳。宫等以势假合,不能相君也,兵虽众,终必无成。曹使君智略不世出,殆天所授。君必固范,我守东阿,则田单之功可立也。孰与违忠从恶而母子俱亡乎?唯君详虑之!"允流涕曰:"不敢有贰心。"时汜嶷已在县,允乃见嶷,伏兵刺杀之,归,勒兵自守。

徐众评曰:允于曹公未成君臣,母至亲也,于义应去。卫公子开方仕齐,积年不返,管仲以为不怀其亲,安能爱君?是以求忠臣必于孝子之门。允宜先救至亲。徐庶母为曹公所得,刘备遣庶归北。欲为天下者恕人子之情也,曹公亦宜遣允。

昱又遣别骑绝仓亭津,陈宫至,不得渡。昱至东阿,东阿令颍川枣祗已率厉吏民拒城坚守,卒完三城以待操。操还,执昱手曰:"微子之力,吾无所归矣。"表昱为东平相,

陈宫等人以重兵进攻,如果我们不能紧密地团结民心,三城必定会发生动摇。您是家乡人民所敬仰的人,在人民中声望很高,应前往东阿去安抚他们。"程昱于是离开鄄城返回东阿,途中经过范县时,劝说范县县令靳允道:"听说吕布已经扣留了您的母亲、弟弟、妻子、儿女,作为孝子,心情不可能不沉重。现在天下大乱,英雄并起,一定会有济世之人能平息天下的混乱,这是聪明人应该仔细对比选择的。遇上明主就会兴旺,遇上庸主就会灭亡。陈宫背叛曹公,迎接吕布,百馀城尽皆响应,好像能有所作为,然而根据您的观察,吕布又是一个什么样的人呢?吕布为人粗暴,缺少亲爱之心,刚愎而无礼,只不过是个勇猛的匹夫罢了。陈宫等人因相互利用而暂时联合在一起,不可能长久地拥奉吕布,他们兵马虽多,但最终定会一事无成。曹公的智谋策略不是每代都能有的,大概是上天所赋予的。您一定要坚守范县,我则固守东阿,这样,像田单那样的功劳就可以建立了。两者相较,这难道不是胜过了违背忠义,归从恶徒而使母子均亡吗?希望您仔细地考虑!"靳允流着泪说:"不敢有背叛之心。"当时氾嶷已经进入范县境内,靳允于是会见氾嶷,设下伏兵刺杀了氾嶷,回到县城后,布置军队自加固守。

徐众评论说:靳允对于曹操,尚未有君臣关系,而母亲是自己的骨肉至亲,从道义上讲,靳允应该离开曹操才对。春秋时,卫国的公子开方在齐国做官,多年都不回卫国看望父母,管仲认为像公子开方这样不惦念自己父母的人,怎么会亲爱君主呢?所以寻找忠臣一定要到孝子之家去。靳允应该先救自己的母亲。徐庶的母亲被曹操扣留,刘备便送遣徐庶去投曹操。想要统治天下的人,应该体谅作为人子的心情,曹操也应该送靳允回去。

程昱又派别部骑兵断绝仓亭津,陈宫到后,不能渡河。程昱到东阿,东阿县令颍川人枣祗已率领官民据城坚守,终于修好了三道城墙的防御工事等候曹操回来。曹操回来后,握着程昱的手说:"若不是你尽力,我就无处可归了。"曹操表奏程昱为东平国相,

屯范。吕布攻鄄城不能下，西屯濮阳。曹操曰："布一旦得一州，不能据东平，断亢父、泰山之道，乘险要我，而乃屯濮阳，吾知其无能为也。"乃进攻之。

秋八月，吕布有别屯在濮阳西，曹操夜袭破之，未及还，会布至，身自搏战，自旦至日昳，数十合，相持甚急。操募人陷阵，司马陈留典韦将应募者进当之，布弓弩乱发，矢至如雨，韦不视，谓等人曰："虏来十步，乃白之。"等人曰："十步矣。"又曰："五步乃白。"等人惧，疾言："虏至矣！"韦持戟大呼而起，所抵无不应手倒者，布众退。会日暮，操乃得引去。拜韦都尉，令常将亲兵数百人，绕大帐左右。

濮阳大姓田氏为反间，操得入城，烧其东门，示无反意。及战，军败，布骑得操而不识，问曰："曹操何在？"操曰："乘黄马走者是也。"布骑乃释操而追黄马者。操突火而出，至营，自力劳军，令军中促为攻具，进，复攻之，与布相守百馀日。蝗虫起，百姓大饿，布粮食亦尽，各引去。

九月，操还鄄城。布到乘氏，为其县人李进所破，东屯山阳。

冬十月，操至东阿。袁绍使人说操，欲使操遣家居邺。操新失兖州，军食尽，将许之。程昱曰："意者将军殆临事而惧，不然，何虑之不深也？夫袁绍有并天下之心，而智不能济也，将军自度能为之下乎？将军以龙虎之威，

屯驻范县。吕布进攻鄄城不能攻下，于是西撤屯兵濮阳。曹操说："吕布一天之间占据一州，却不能据占东平，切断亢父、泰山间的道路，利用险要邀击我，反而退驻濮阳，我知道他没有多大作为。"于是向吕布发动进攻。

秋季八月，吕布有一支部队屯驻在濮阳西，曹操半夜发动袭击打败了他们之后，还没有来得及撤回，遇上吕布带军赶到，吕布亲自上阵作战，从白天一直激战到黄昏，双方交战数十回合，两军相持不下，战况非常激烈。曹操招募壮士冲锋陷阵，司马陈留人典韦带领应募者前进抵挡吕布，吕布军中弓弩齐发，箭如雨落，典韦连看都不看，对左右说："敌军前进到离我十步时再告诉我。"左右说："十步了。"典韦又说："五步时再告诉我。"左右恐惧，大声喊道："敌人到跟前了！"典韦手持铁戟大呼而起，所有到跟前的敌人无不应手而倒，吕布的军队后退。当时正好天色已晚，曹操才得以率众脱离战场。曹操提升典韦为都尉，让他日常统领亲信卫士数百人，环卫自己的大帐。

濮阳大姓田氏替曹操作内应，使曹操得以攻入濮阳城，曹操下令烧掉东门，表明绝无返回之意。及至交战，曹军战败，吕布的一名骑兵抓住了曹操，但不认识他就是曹操，问他："曹操在什么地方？"曹操说："骑黄马逃走的那个人就是曹操。"吕布骑兵于是放掉了曹操而去追骑黄马的人。曹操从大火中突围出来，回到军营，亲自慰劳军士，下令军中加紧制造攻城战具，随即进军，再次进攻濮阳城，与吕布相持了一百多天。这个秋天，蝗虫大作，百姓饥馑，吕布的军粮也用尽，双方各自撤退。

九月，曹操回到鄄城。吕布到乘氏，被乘氏县人李进击败，向东移师屯驻山阳。

冬季十月，曹操到东阿。袁绍派人劝说曹操，想让曹操将家眷送到邺城居住。曹操刚刚失去兖州，军粮用尽，准备答应袁绍。程昱说："或许将军大概是面临大事而感到畏惧吧，不然，为何会如此考虑不周？袁绍有吞并天下之心，但他的智谋不够，将军你自认为能屈居于他之下吗？将军以自己龙虎般的威力，

可为之韩、彭邪！今兖州虽残，尚有三城，能战之士，不下万人，以将军之神武，与文若、昱等收而用之，霸王之业可成也，愿将军更虑之！”操乃止。

二年春正月，曹操败吕布于定陶。

闰四月，吕布将薛兰、李封屯钜野，曹操攻之，布救兰等，不胜而走，操遂斩兰等。操军乘氏，以陶谦已死，欲遂取徐州，还乃定布。荀彧曰：“昔高祖保关中，光武据河内，皆深根固本以制天下，进足以胜敌，退足以坚守，故虽有困败而终济大业。将军本以兖州首事，平山东之难，百姓无不归心悦服。且河、济，天下之要地也，今虽残坏，犹易以自保，是亦将军之关中、河内也，不可以不先定。今已破李封、薛兰，若分兵东击陈宫，宫必不敢西顾，以其间勒兵收熟麦，约食畜谷，一举而布可破也。破布，然后南结扬州，共讨袁术，以临淮、泗。若舍布而东，多留兵则不足用，少留兵则民皆保城，不得樵采，布乘虚寇暴，民心益危，唯鄄城、范、卫可全，其馀非己之有，是无兖州也。若徐州不定，将军当安所归乎？且陶谦虽死，徐州未易亡也。彼惩往年之败，将惧而结亲，相为表里。今东方皆已收麦，必坚壁清野以待将军，攻之不拔，略之无获，不出十日，则十万之众，未战而自困耳。前讨徐州，威罚实行，其子弟念父兄之耻，必人自为守，无降心，就能破之，尚不可有也。夫事固有弃此取彼者，以大易小可也，以安易危可也，权一时之势，

岂可步韩信、彭越的后尘！现在兖州虽已残破，但仍有三城，部下战士不下万人，凭借将军的神武，加上荀彧与我们合力效命，霸王之业可以完成，请将军重新考虑！"曹操就放弃了这种想法。

二年(195)春季正月，曹操在定陶打败吕布。

闰四月，吕布的部将薛兰、李封屯驻钜野，曹操攻击他们，吕布亲往援救薛兰等人，战败逃走，曹操于是斩杀了薛兰等人。曹操屯兵乘氏，认为陶谦已经死去，准备乘胜攻取徐州，回来再平定吕布。荀彧对他说："以前高祖刘邦确保关中，光武帝刘秀据守河内，都巩固自己的基地以控制天下，出击完全可以胜敌，退却完全可以固守，所以虽然有时陷入困窘和失败，但最终还是完成了大业。将军原本是以兖州作为自己的基地起兵的，平息山东的灾难，百姓没有谁不诚心悦服的。况且黄河、济水是天下的要地，现在虽已残坏，但仍是很容易自守的，这也是将军的关中、河内，不可不将这里首先平定。现在，我们已经打败了李封、薛兰，如果分兵向东攻击陈宫，陈宫必定不敢有西进的念头，乘此机会，动员兵士抢收熟麦，节约粮草，积蓄谷物，一战就可以打败吕布了。打败了吕布，然后结盟南方扬州的许耽，共同讨伐袁术，以此控制淮河、泗水。如果放弃吕布而东讨徐州，后方留兵太多则前方兵力不够用，后方留兵太少则百姓均需要守卫城池，不能生产，吕布乘机侵略，民心就会更加动摇，到时我们只有鄄城、范县和卫地可以保全，其余的地方都不会为我们所拥有，这也就等于没有兖州。如果徐州不能平定，将军当在何处安身呢？况且陶谦虽然死了，徐州也并不是很容易就可攻取的。那里的人会借鉴往年失败的教训，必会因恐惧而结为友好，相互呼应搀助。现在东方徐州方面的人已经收割完麦子，必定会坚壁清野以等待将军，攻城不能拔取，抢掠没有收获，不出十天，则十万大军就会不战而陷入困境。上次我们讨伐徐州，惩罚施行太重，徐州的子弟想到父兄的耻恨，必定会人人固守，没有投降的念头，即使能够攻破徐州，也不能收服其心。任何事情本来就有舍此取彼的抉择，可以取大而舍小，可以求安全而舍危险，权衡时势，

不患本之不固可也。今三者莫利，愿将军熟虑之。"操乃止。

布复从东缗与陈宫将万馀人来战，操兵皆出收麦，在者不能千人，屯营不固。屯西有大堤，其南树木幽深，操隐兵堤里，出半兵堤外。布益进，乃令轻兵挑战，既合，伏兵乃悉乘堤，步骑并追，大破之，追至其营而还。布夜走。操复攻拔定陶，分兵平诸县。布东奔刘备。

冬十月，以曹操为兖州牧。

建安元年秋八月，曹操在许，谋迎天子。众以为"山东未定，韩暹、杨奉，负功恣睢，未可卒制"。荀彧曰："昔晋文公纳周襄王而诸侯景从，汉高祖为义帝缟素而天下归心。自天子蒙尘，将军首唱义兵，徒以山东扰乱，未遑远赴。今銮驾旋轸，东京榛芜，义士有存本之思，兆民怀感旧之哀。诚因此时，奉主上以从人望，大顺也；秉至公以服天下，大略也；扶弘义以致英俊，大德也。四方虽有逆节，其何能为？韩暹、杨奉，安足恤哉！若不时定，使豪桀生心，后虽为虑，亦无及矣。"操乃遣扬武中郎将曹洪将兵西迎天子，董承等据险拒之，洪不得进。

议郎董昭以杨奉兵马最强而少党援，作操书与奉曰："吾与将军闻名慕义，便推赤心。今将军拔万乘之艰难，反之旧都，翼佐之功，超世无畴，何其休哉！方今群凶猾夏，

就不怕自己的根本不稳固。现在三方面都对我们不利,希望将军仔细地考虑。"曹操于是打消了进攻徐州的念头。

吕布再次从东缗出发,与陈宫一同率领一万多人前来进攻,曹操的军队全都外出收割麦子去了,留守的士兵不足千人,屯驻的营寨不坚固。屯营西边有一大堤,堤南树木幽深,曹操在大堤后面埋下伏兵,又把一半的兵力陈列在堤外。吕布加紧前进,于是命令轻装部队挑战,交战开始后,埋伏在堤内的曹军全部登上大堤,步兵、骑兵联合并进,大败吕布,一直追到吕布的营寨才退回。吕布连夜退走。曹操再次攻取了定陶,分兵平定各县。吕布向东投奔刘备。

冬季十月,朝廷任命曹操为兖州州牧。

建安元年(196)秋季八月,曹操驻军许县,策划迎接汉献帝刘协。他的部众们认为"山东尚未平定,韩暹、杨奉自恃有护驾大功而狂妄凶暴,不能立即制服"。荀彧说:"以前晋文公重耳将周襄王迎纳送回京师,而各国诸侯像影子跟从身子一样奉从重耳,汉高祖为义帝穿上白色的孝服发丧,结果天下人心归附。自从当今天子流落荒野,将军首先倡举义兵,只是因为山东发生变乱,无暇远行迎驾。现在圣驾回都,东京雒阳荒芜,天下义士都有保存皇帝的想法,万民都深怀感念旧主的哀心。如果借此时机,迎奉主上以顺从人心,这才是顺应时势的举动;然后再用大公无私的态度悦服天下,这才是最正确的策略;弘扬大义以招徕人才,这才是最高的德行。四周虽有叛逆,但能有什么作为呢?韩暹、杨奉之辈,哪里值得挂齿! 如果不及时做出决定,一旦其他的英雄豪杰产生奉迎天子的念头,以后虽费尽心机,也来不及了。"曹操于是派扬武中郎将曹洪带兵西行奉迎天子,董承等人凭据险要地势阻挡,曹洪无法前进。

议郎董昭认为杨奉兵马最为强壮,并且缺少同伙援助,以曹操的名义写信给杨奉说:"我与将军二人相互倾慕,故与你推心置腹。现在,将军在艰难之中救出圣驾,返回旧都雒阳,辅佐的功勋,盖世无比,这是何等的建树! 而今,各地凶顽扰乱国土,

四海未宁，神器至重，事在维辅，必须众贤，以清王轨，诚非一人所能独建，心腹四支，实相恃赖，一物不备，则有阙焉。将军当为内主，吾为外援，今吾有粮，将军有兵，有无相通，足以相济，死生契阔，相与共之。"奉得书喜悦，语诸将军曰："兖州诸军近在许耳，有兵有粮，国家所当依仰也。"遂共表操为镇东将军，袭父爵费亭侯。

韩暹矜功专恣，董承患之，因潜召操，操乃将兵诣雒阳，既至，奏韩暹、张杨之罪。暹惧诛，单骑奔杨奉。帝以暹、杨有翼车驾之功，诏一切勿问。辛亥，以曹操领司隶校尉、录尚书事。操于是诛尚书冯硕等三人，讨有罪也。封卫将军董承等十三人为列侯，赏有功也。赠射声校尉沮儁为弘农太守，矜死节也。

操引董昭并坐，问曰："今孤来此，当施何计？"昭曰："将军兴义兵以诛暴乱，入朝天子，辅翼王室，此五伯之功也。此下诸将，人殊意异，未必服从。今留匡弼，事势不便，惟有移驾幸许耳。然朝廷播越，新还旧京，远近跂望，冀一朝获安，今复徙驾，不厌众心。夫行非常之事，乃有非常之功，愿将军算其多者。"操曰："此孤本志也。杨奉近在梁耳，闻其兵精，得无为孤累乎？"昭曰："奉少党援，心相凭结。镇东、费亭之事，皆奉所定，宜时遣使厚遗答谢，以安其意。说'京都无粮，欲车驾暂幸鲁阳，鲁阳近许，转运稍易，可无县乏之忧'。奉为人勇而寡虑，必不见疑，比使往来，足以定计，奉何能为累！"操曰："善！"即遣使诣奉。

全国不能安宁，天子的安危，至为重要，一切需靠大臣辅佐，必须所有的贤臣一起努力，清除帝王道路上的障碍，这绝不是一人能办到的，心腹与四肢，相互依赖，缺少一样，便不齐全。将军应在朝廷做主，我则作为外援，现在我有粮草，将军有兵马，有无互通，完全可以相互辅济，生死相约，祸福共享。"杨奉收到信后，十分喜悦，对其他将领说："曹操的各路大军已近在许县了，有兵有粮，朝廷正可依靠他们。"于是共同表奏曹操为镇东将军，袭承其父曹嵩费亭侯的爵位。

　　韩暹恃功专横，董承厌恨，于是秘召曹操，曹操带兵抵达雒阳，到达后，表奏韩暹、张杨的罪行。韩暹害怕被杀，单骑投奔杨奉。皇帝认为韩暹、杨奉有保驾之功，下诏一切不追究。辛亥（十八日），命曹操为司隶校尉、录尚书事。曹操于是诛杀了尚书冯硕等三人，处罚他们的罪行。封卫将军董承等十三人为列侯，奖赏他们的功劳。追赠射声校尉沮㑺为弘农太守，褒扬他为国死难。

　　曹操延请董昭与自己并肩而坐，询问说："现在我已到雒阳，当施行什么办法？"董昭说："将军兴起义兵，诛灭暴乱，入朝拜见天子，辅佐王室，这是春秋五霸的功业。但现在留居雒阳的各路将领，都有不同的想法，未必服从。您现在留在朝廷，形势对您不利，唯一的办法是将皇帝迁驾许县。然而，皇上在外流离，刚刚返回雒阳，远近之人都举踵翘望，希望天下很快得以安定，现在如再次迁驾，不符合民心。只有干非同一般的事情，才能有非同寻常的功业，希望将军从最大利益方面去考虑。"曹操说："这是我本来的愿望。只是杨奉近驻在梁县，听说他的军队精锐，会不会成为我行动的妨碍呢？"董昭说："杨奉缺少党羽外援，所以诚心与您交结。你被封镇东将军、费亭侯之事，都是杨奉的主意，应该尽快派遣使者，赠送丰厚的礼物去答谢他，安抚其心。告诉他'京师没有食粮，想暂时请皇上前往鲁阳，鲁阳靠近许县，运输交通稍稍方便一些，可以免除物货匮乏之忧'。杨奉为人勇猛而少谋，定不会怀疑，在使节往来之间，足以定下大计，杨奉又怎么能阻挠您呢！"曹操说："说得对！"于是派遣使者晋见杨奉。

庚申,车驾出轘辕而东,遂迁都许。己巳,幸曹操营,以操为大将军,封武平侯。始立宗庙社稷于许。

九月,车驾之东迁也,杨奉自梁欲邀之,不及。

冬十月,曹操征奉,奉南奔袁术,遂攻其梁屯,拔之。

诏书下袁绍,责以"地广兵多,而专自树党,不闻勤王之师,但擅相讨伐"。绍上书深自陈诉。戊辰,以绍为太尉,封邺侯。绍耻班在曹操下,怒曰:"曹操当死数矣,我辄救存之,今乃挟天子以令我乎!"表辞不受。操惧,请以大将军让绍。丙戌,以操为司空,行车骑将军事。

操以荀彧为侍中,守尚书令。操问彧以策谋之士,彧荐其从子蜀郡太守攸及颍川郭嘉。操征攸为尚书,与语,大悦,曰:"公达,非常人也,吾得与之计事,天下当何忧哉!"以为军师。

初,郭嘉往见袁绍,绍甚敬礼之,居数十日,谓绍谋臣辛评、郭图曰:"夫智者审于量主,故百全而功名可立。袁公徒欲效周公之下士,而不知用人之机,多端寡要,好谋无决,欲与共济天下大难,定霸王之业,难矣!吾将更举以求主,子盍去乎?"二人曰:"袁氏有恩德于天下,人多归之,且今最强,去将何之!"嘉知其不寤,不复言,遂去之。操召见,与论天下事,喜曰:"使孤成大业者,必此人也!"嘉出,亦喜曰:"真吾主也!"操表嘉为司空祭酒。

庚申(二十七日),献帝的车驾从辕辕驶出东行,于是迁都许县。己巳(九月初七),天子亲临曹操大营,任命曹操为大将军,封爵武平侯。开始在许县修建皇家宗庙及天地神祇祭坛。

九月,正当皇驾东迁时,杨奉从梁县准备劫持皇上,但已来不及了。

冬季十月,曹操征讨杨奉,杨奉向南投奔袁术,曹操于是攻击杨奉在梁县的营地,将其攻占。

天子下诏书给袁绍,谴责他"虽占地广大,拥兵很多,却专门结党营私,从没有听说发动过勤王之师,只会讨伐他人"。袁绍上书表示深深自责。戊辰日,皇帝下诏任命袁绍为太尉,封邺侯。袁绍耻于位列曹操之下,愤怒地说:"曹操几次都要死了,是我救了他,现在竟挟持天子来命令我!"上书拒绝接受封赐。曹操恐惧不安,请求将大将军的职位让给袁绍。丙戌,任命曹操为司空,代行车骑将军的职事。

曹操任命荀彧为侍中,代理尚书令。曹操请荀彧推荐谋士,荀彧推荐他的侄子蜀郡太守荀攸及颍川郭嘉。曹操提拔荀攸为尚书,同他交谈后十分高兴,说:"荀攸不是普通的人,我能够与他商讨大事,天下还有什么值得忧虑的呢!"把荀攸作为自己的军师。

当初,郭嘉前往晋见袁绍,袁绍非常礼敬他,住了几十天后,郭嘉对袁绍的谋臣辛评、郭图说:"聪明人慎重地选择主人,这样才能保全自己而建立功业。袁绍只是想仿效周公礼贤下士,而不知道用人的关键,对于复杂的事情不能抓住重点,喜用谋略而优柔寡断,如果同这样的人拯救天下的大难,建立霸王的功业,难啊!我将另求明主,你们为何不也离去?"二人说:"袁氏家族对天下有恩德,人们多来归附他,而且现今力量最强,离开他还能去投奔谁呢!"郭嘉知道他们不会醒悟,不再多言,于是离开了袁绍。曹操召见郭嘉,与他讨论天下大事,高兴地说:"能使我完成大业的,定是此人!"郭嘉从曹操那里出来后,也高兴地说:"真是我的明主!"曹操上书推举郭嘉为司空祭酒。

操以山阳满宠为许令。操从弟洪,有宾客在许界数犯法,宠收治之,洪书报宠,宠不听。洪以白操,操召许主者,宠知将欲原客,乃速杀之。操喜曰:"当事不当尔邪!"

中平以来,天下乱离,民弃农业,诸军并起,率乏粮谷,无终岁之计,饥则寇略,饱则弃馀,瓦解流离,无敌自破者,不可胜数。袁绍在河北,军人仰食桑椹,袁术在江淮,取给蒲嬴,民多相食,州里萧条。羽林监枣祗请建置屯田,曹操从之,以祗为屯田都尉,以骑都尉任峻为典农中郎将。募民屯田许下,得谷百万斛。于是州郡例置田官,所在积谷,仓廪皆满。故操征伐四方,无运粮之劳,遂能兼并群雄。军国之饶,起于祗而成于峻。

骠骑将军武威张济自关中引兵入荆州界,攻穰城,为流矢所中死。济族子建忠将军绣代领其众,屯宛。

宣威将军贾诩往归绣。

二年春正月,曹操讨张绣,军于淯水。绣举众降,袭击操军,杀操长子昂。操中流矢败走,操引军还许。

袁绍与操书,辞语骄慢。操谓荀彧、郭嘉曰:"今将讨不义而力不敌,何如?"对曰:"刘、项之不敌,公所知也。汉祖唯智胜项羽,故羽虽强,终为所禽。今绍有十败,公有十胜,绍虽强,无能为也。绍繁礼多仪,公体任自然,此道胜也。绍以逆动,公奉顺以率天下,此义胜也。桓、灵以来,

曹操任命山阳人满宠为许县县令。曹操的堂弟曹洪有个宾客在许县境内多次犯法，满宠逮捕并惩治宾客，曹洪写信给满宠求情，满宠拒绝请求。曹洪将此事告诉给曹操，曹操召见满宠，满宠知道曹操想让他释放宾客，于是赶紧将宾客杀掉。曹操高兴地说："一个负责任的官吏，难道不应该这样做吗！"

自汉灵帝中平年间以来，天下大乱，百姓无法耕种，各路兵马纷纷崛起，但几乎都缺乏粮秣，从无一年的储蓄，饥饿时就外出抢劫，吃饱后则将多余的丢掉，四分五裂，到处流窜，没有受到攻击就自行瓦解的，比比皆是。袁绍占驻在黄河以北，士兵以桑葚为食，袁术在长江、淮河之间，士兵只有拣吃田螺，百姓相互残杀煮食，城市乡村萧条不堪。羽林监枣祗建议实行屯田，曹操听从了他的建议，任枣祗为屯田都尉，任骑都尉任峻为典农中郎将。招募百姓在许县附近屯田，收获谷物一百万斛。于是，所有州郡都按例设置田官，全部获得丰收，所有粮仓都装满了粮食。所以，曹操四处征讨，免除了转运粮秣的烦劳，于是能兼并各地的豪雄。军队和国家能如此富饶，首创于枣祗，完成于任峻。

骠骑将军武威人张济由关中带兵进入荆州，攻击穰城，被流箭射中身亡。张济的族侄建忠将军张绣接管其部众，屯驻宛城。

宣威将军贾诩前往归附张绣。

二年(197)春季正月，曹操讨伐张绣，驻军在淯水。张绣带领部众投降曹操，后张绣偷袭曹操的军队，杀死了曹操的长子曹昂。曹操被流箭射中，战败逃走，带军退回许县。

袁绍写信给曹操，言辞十分傲慢。曹操对荀彧、郭嘉说："我现在打算攻击袁绍这个不义之人，但力量不如他，怎么办？"二人回答说"刘邦和项羽之间力量悬殊，这是您所知道的。汉高祖只是靠智谋战胜项羽，所以项羽力量虽强，但最终还是被打败。现在袁绍有十项失败的因素，您则有十项胜利的因素，袁绍虽然强大，但并没有什么作为。袁绍喜欢摆排场，礼仪烦琐，您待人接物出于自然，这是在处世之道上胜过他。袁绍起兵叛逆，您以尊奉天子之名而率治天下，这是在节义上取胜。自桓帝、灵帝以来，

政失于宽，绍以宽济宽，故不摄，公纠之以猛，而上下知制，此治胜也。绍外宽内忌，用人而疑之，所任唯亲戚子弟，公外易简而内机明，用人无疑，唯才所宜，不间远近，此度胜也。绍多谋少决，失在后事，公得策辄行，应变无穷，此谋胜也。绍高议揖让以收名誉，士之好言饰外者多归之，公以至心待人，不为虚美，士之忠正远见而有实者皆愿为用，此德胜也。绍见人饥寒，恤念之，形于颜色，其所不见，虑或不及，公于目前小事，时有所忽，至于大事，与四海接，恩之所加，皆过其望，虽所不见，虑无不周，此仁胜也。绍大臣争权，谗言惑乱，公御下以道，浸润不行，此明胜也。绍是非不可知，公所是进之以礼，所不是正之以法，此文胜也。绍好为虚势，不知兵要，公以少克众，用兵如神，军人恃之，敌人畏之，此武胜也。"操笑曰："如卿所言，孤何德以堪之！"嘉又曰："绍方北击公孙瓒，可因其远征，东取吕布。若绍为寇，布为之援，此深害也。"或曰："不先取吕布，河北未易图也。"操曰："然，吾所惑者，又恐绍侵扰关中，西乱羌胡，南诱蜀汉，是我独以兖、豫抗天下六分之五也，为将奈何？"或曰："关中将帅以十数，莫能相一，唯韩遂、马腾最强，彼见山东方争，必各拥众自保。今若抚以恩德，遣使连和，虽不能久安，比公安定山东，足以不动。侍中、尚书

政令失于松弛，袁绍用松弛的政令来补救松弛，所以一盘散沙，您用严厉的手段加以纠正，使上下都知道法制，这是在治理方法上取胜。袁绍外表宽厚而内心猜忌，用人而又疑人，所信任的只是自己的亲戚子弟，您外表平易简朴，心怀睿智，用人而不猜疑，唯才是用，不问关系亲疏远近，这是在胸襟气度上取胜。袁绍多谋而迟疑不决，不能抓住时机，您制定方案后就马上实行，应变措施很多，这是在智谋上取胜。袁绍通过高谈阔论、谦恭揖让来沽名钓誉，喜欢说大话而无实学之士大多归附他，您以至诚之心待人，从不虚情假意，那些忠诚正直、有远见、有实学的人都愿意为您效力，这是在品德方面取胜。袁绍看到他人饥寒，同情体恤的表情流露于外，但对于他没有见到的大事，却考虑不到，您有时忽略眼前的小事，至于大事，全国的每一个角落都能关注到，施加在人们身上的恩惠，都超过了人们的企望，虽然是自己见不到的事情，您也都能考虑得很周全，这是在施行仁政方面取胜。袁绍属下的官员争权夺利，谗言陷害，您御下有方，谗言媚语无法通行，这是在英明智慧方面取胜。袁绍不明是非好坏，您对于正直之士待之以礼，对于奸邪之人绳之以法，这是在秉公执法方面取胜。袁绍喜欢虚张声势，不知道用兵的关键所在，您善于以少胜多，用兵如神，部下信任，敌人害怕，这是在军事才干上取胜。”曹操笑着说：“如果像你们分析的那样，我有何德担当得起！”郭嘉又说：“袁绍正在北面攻击公孙瓒，我们可以乘他远征的时机，向东攻取吕布。如果袁绍侵犯我们，吕布替他声援，这对我们来说是极大的祸害。”荀彧说：“如不首先打垮吕布，我们就不容易图取黄河以北的袁绍。”曹操说：“很对，但我担心的是，恐怕袁绍侵犯关中，向西联合羌胡，南结蜀汉，那时我只有以兖州、豫州来抵抗天下六分之五的地方，这该怎么办呢？”荀彧说：“关中的豪帅有十几个，不能统一，其中只有韩遂、马腾最为强大，他们见到山东正在争战，必定会拥兵自保。现在如果我们用恩德去安抚他们，派使者同他们建立友好关系，虽不能保证长久安定，但只要等到您安定了山东，就完全不会有什么变故。侍中、尚书

仆射锺繇有智谋,若属以西事,公无忧矣。"操乃表繇以侍中守司隶校尉,持节督关中诸军,特使不拘科制。繇至长安,移书腾、遂等,为陈祸福,腾、遂各遣子入侍。

袁术称帝于寿春,置公卿百官,郊祀天地。以书召沛相陈珪,珪答书曰:"曹将军兴复典刑,将拨平凶慝,以为足下当戮力同心,匡翼汉室,而阴谋不轨,以身试祸,欲吾营私阿附,有死不能也。"

初,袁术畏吕布为己害,乃为子求婚,布许之。夏五月,袁术遣使者韩胤以称帝事告吕布,因求迎妇,布遣女随之。陈珪恐徐、扬合从,为难未已,往说布曰:"曹公奉迎天子,辅赞国政,将军宜与协同策谋,共存大计。今与袁术结昏,必受不义之名,将有累卵之危矣!"布亦怨术初不己受也,女已在涂,乃追还绝昏,械送韩胤,枭首许市。

陈珪欲使子登诣曹操,布固不肯,会诏以布为左将军,操复遗布手书,深加慰纳。布大喜,即遣登奉章谢恩,并答操书。登见操,因陈布勇而无谋,轻于去就,宜早图之。操曰:"布狼子野心,诚难久养,非卿莫究其情伪。"即增珪秩中二千石,拜登广陵太守。临别,操执登手曰:"东方之事,便以相付。"令阴合部众以为内应。

始,布因登求徐州牧不得,登还,布怒,拔戟斫几曰:"卿父劝吾协同曹操,绝婚公路。今吾所求无获,而卿父子

仆射锺繇有智谋，如果将西部的事务交付给他，您就没有什么忧虑了。"曹操于是推荐锺繇以侍中的身份代理司隶校尉，持节督领关中各路军队，特准可以不受法令制度的约束，全权管理。锺繇到长安后，分别写信给马腾、韩遂等人，向他们陈述祸福利害，马腾、韩遂等都派自己的儿子到朝廷任职，充当人质。

袁术在寿春称帝，设置公卿百官，并在郊外祭祀天地。袁术写信征召沛国相陈珪，陈珪写信回答说："曹操重振朝廷典章刑制，势将扫平各地凶邪之徒，我原认为你定会同心协力，辅佐汉王室，却不料你图谋不轨，以身试祸，想让我谋求私利而依附于你，宁死也不能相从。"

当初，袁术害怕吕布成为自己的敌人，于是就替自己的儿子向吕布的女儿求婚，吕布答应了他。夏季五月，袁术派使者韩胤将自己称帝的事告诉吕布，并顺便为自己的儿子迎娶吕布的女儿，吕布让女儿随韩胤去寿春。陈珪深恐吕布与袁术联合而给自己带来祸乱，就前去劝说吕布："曹操奉迎天子，辅佐国政，将军应该与他同心合力，共商大计。现在你与袁术联姻，必定会招致不义的恶名，将会有如累卵的危险了！"吕布也怨恨袁术当初排斥自己，这时，吕布的女儿已经上路，吕布派人追回女儿，拒绝了婚事，将韩胤带上刑具，送往许县，韩胤在街市上被斩首。

陈珪准备派儿子陈登前去晋见曹操，吕布坚决不同意，刚好遇上皇帝下诏任吕布为左将军，曹操又送给吕布亲笔私信，对吕布深加慰勉。吕布大喜，马上派陈登带上谢恩奏章，和答复曹操的信件前往许县。陈登见到曹操，陈述吕布有勇无谋，反复无常，应该早日对他下手。曹操说："吕布狼子野心，实在很难长久纵养，除你外没人能够洞察他的虚伪。"随即将陈珪的官秩升至中二千石，任命陈登为广陵太守。临别时，曹操握着陈登的手说："东方的事情，就托付给你了。"命他偷偷地招集部众，作为内应。

最初，吕布想通过陈登向朝廷请求徐州州牧一职，事情不成，陈登回来后，吕布大怒，拔出铁戟砍击桌案说："你们父子劝我协助曹操，与袁术断绝婚姻。现在我想要的没得到，而你们父子

并显重,但为卿所卖耳!"登不为动容,徐对之曰:"登见曹公言:'养将军譬如养虎,当饱其肉,不饱则将噬人。'公曰:'不如卿言。譬如养鹰,饥即为用,饱则飏去。'其言如此。"布意乃解。

　　袁术遣其大将张勋、桥蕤等与韩暹、杨奉连势,步骑数万趣下邳,七道攻布。布时有兵三千,马四百匹,惧其不敌,谓陈珪曰:"今致术军,卿之由也,为之奈何?"珪曰:"暹、奉与术,卒合之师耳,谋无素定,不能相维,子登策之,比于连鸡,势不俱栖,立可离也。"布用珪策,与暹、奉书曰:"二将军亲拔大驾,而布手杀董卓,俱立功名,今奈何与袁术同为贼乎!不如相与并力破术,为国除害。"且许悉以术军资与之。暹、奉大喜,即回计从布。布进军,去勋营百步,暹、奉兵同时叫呼,并到勋营,勋等散走,布兵追击,斩其将十人首,所杀伤堕水死者殆尽。布因与暹、奉合军向寿春,水陆并进,到钟离,所过虏略,还渡淮北,留书辱术。术自将步骑五千扬兵淮上,布骑皆于水北大哈笑之而还。

　　秋九月,司空曹操东征袁术。术闻操来,弃军走,留其将桥蕤等于蕲阳以拒操。操击破蕤等,皆斩之。术走渡淮,时天旱岁荒,士民冻馁,术由是遂衰。操辟陈国何夔为掾,问以袁术何如,对曰:"天之所助者顺,人之所助者信。术无信顺之实而望天人之助,其可得乎!"操曰:"为国

全都显官加禄，我被你们出卖了！"陈登不动声色，慢慢地回答说："我见到曹操，告诉他：'养吕将军就好像养虎，应当用肉喂饱他，如果吃不饱肉，就会吃人。'曹公说：'并不是像你说的那样。应该像养苍鹰，只有饥饿时才能任用，如果让他吃饱了，就会飞走。'他就是这样讲的。"吕布的怒意这才消掉。

　　袁术派他的大将张勋、桥蕤等与韩暹、杨奉联合在一起，步兵、骑兵共几万人奔向下邳，分兵七路进攻吕布。吕布当时只有三千兵士，四百匹战马，害怕不能抵挡，对陈珪说："今天招致来袁术的军队，都是你的缘故，该怎么办？"陈珪说："韩暹、杨奉与袁术，只不过是仓促联合起来的军队，并没有事先商定好谋策，不能维持长期团结，我的儿子陈登再从中去策动，他们就好像站在一起的公鸡，不能同时蹲在一个木架上，马上就可以离散。"吕布采用陈珪的计策，写信给韩暹、杨奉说："二位将军亲自救护圣驾，而我则亲手杀死董卓，都建立了功名，为什么现在你们却与袁术同为叛贼呢！不如我们同心协力攻破袁术，替国家除害。"并许诺把战后所得袁术的粮草物资全部给他们。韩暹、杨奉大喜，立即反过来听从吕布。吕布向前进军，距张勋大营仅有百步，韩暹、杨奉的兵士同时呼叫，一起攻到张勋大营，张勋等人溃散逃走，吕布的军队追击，斩杀袁术的将领十人，其余的或被杀死，或落水淹死。吕布乘机与韩暹、杨奉联军进军寿春，水陆并进，抵达钟离，沿途所经之处抢劫一空，然后回师北渡淮河，留下一封污辱的信给袁术。袁术亲自带领步骑五千人在淮河南岸扬兵示威，吕布的骑兵都在北岸大声嗤笑袁术，然后撤退。

　　秋季九月，司空曹操东征袁术。袁术听说曹操带兵前来，立即弃下军队逃走，留下部将桥蕤等人在蕲阳抵抗曹操。曹操击破桥蕤等人，全部斩杀了他们。袁术败走渡过淮河，当时天旱年荒，军队百姓挨冻受饿，袁术从此衰败。曹操延聘陈国人何夔为属官，问他袁术怎样，何夔说："只有顺应潮流才能得到上天帮助，只有信用卓著才能得到百姓帮助。袁术没有信誉，又不顺应潮流，却盼望上天和人民帮助他，怎么能得到！"曹操说："国家

失贤则亡，君不为术所用，亡，不亦宜乎！"操性严，掾属公事往往加杖，夔常畜毒药，誓死无辱，是以终不见及。

沛国许褚，勇力绝人，聚少年及宗族数千家，坚壁以御外寇，淮、汝、陈、梁间皆畏惮之。操徇淮、汝，褚以众归操，操曰："此吾樊哙也！"即日拜都尉，引入宿卫，诸从褚侠客，皆以为虎士焉。

冬十一月，曹操复攻张绣，拔湖阳。

三年春正月，曹操还许。三月，将复击张绣。荀攸曰："绣与刘表相恃为强，然绣以游军仰食于表，表不能供也，势必乖离。不如缓军以待之，可诱而致也，若急之，其势必相救。"操不从，围绣于穰。

初，袁绍每得诏书，患其有不便于己者，欲移天子自近，使说曹操以许下埤湿，雒阳残破，宜徙都鄄城以就全实。操拒之。田丰说绍曰："徙都之计，既不克从，宜早图许，奉迎天子，动托诏书，号令海内，此算之上者。不尔，终为人所禽，虽悔无益也。"绍不从。会绍亡卒诣操，云田丰劝绍袭许，操解穰围而还，张绣率众追之。

五月，刘表遣兵救绣，屯于安众，守险以绝军后。操与荀彧书曰："吾到安众，破绣必矣。"及到安众，操军前后受敌，操乃夜凿险伪遁，表、绣悉军来追，操纵奇兵步骑夹攻，大破之。他日，彧问操："前策贼必破，何也？"操曰："虏

如果失去贤能的人才就会灭亡,你没能受到袁术重用,他的灭亡难道不是应该的吗!"曹操性情严厉,身边的佐官、属员常常受到杖击,何夔经常暗藏毒药,宁死也不愿受到侮辱,所以杖刑始终没有加用在他的身上。

沛国人许褚勇力过人,聚集了少年及宗族数千家,加固城墙堡垒抵御外来的侵犯,淮河、汝水、陈国、梁国一带都畏惧他。曹操进军到淮河、汝水,许褚带领部众归附曹操,曹操说:"这就是我的樊哙!"当天就任命他为都尉,让他作自己的侍卫,那些追随许褚的侠客,都成为虎贲武士。

冬季十一月,曹操再次进攻张绣,攻取了湖阳。

三年(198)春季正月,曹操班师许县。三月,带兵再度攻击张绣。荀攸说:"张绣与刘表相互依靠,力量强大,但张绣以客军的身份靠刘表供给粮草,刘表无力长久提供,最终定会离散。我们不如暂缓用兵以等待变化,采用招诱的手段吸引张绣,若是逼得太紧,他们势必相互救援。"曹操不听,将张绣围困在穰城。

当初,袁绍每接到诏书,对其中一些不利于自己的措施很觉烦恼,准备将皇帝迁移到自己的近处,派使者劝说曹操,认为许县地低潮湿,雒阳残破不堪,最好将都城迁到鄄城,以靠近富裕的地区。曹操拒绝了袁绍的建议。袁绍的谋士田丰劝袁绍说:"迁都的计划,既然不能实现,应及早图谋许县,奉迎天子,然后才能借用皇帝的诏书,号令天下,这是最上等的计策。不然,最终会被他人擒获,后悔也没有用。"袁绍不听。正好袁绍的逃兵投奔曹操,告诉曹操田丰劝袁绍偷袭许县一事,曹操解除了穰城的包围撤回许县,张绣带兵追击曹操。

五月,刘表派兵救援张绣,屯兵于安众,守住险地以切断曹操军队的后路。曹操写信给荀彧说:"我到达安众后,一定能击破张绣。"等到了安众,曹操的军队前后受敌,曹操于是乘夜开凿险道,假装逃走,刘表、张绣带领全部的军队前来追赶,曹操派步兵和骑兵两面夹攻,大败刘表及张绣联军。之后某日,荀彧寻问曹操道:"您事先就估料到贼兵必败,凭借什么?"曹操说:"敌人

遏吾归师,而与吾死地,吾是以知胜矣。"

绣之追操也,贾诩止之曰:"不可追也,追必败。"绣不听,进兵交战,大败而还。诩登城谓绣曰:"促更追之,更战必胜。"绣谢曰:"不用公言,以至于此,今已败,奈何复追?"诩曰:"兵势有变,促追之!"绣素信诩言,遂收散卒更追,合战,果以胜还。乃问诩曰:"绣以精兵追退军而公曰必败,以败卒击胜兵而公曰必克,悉如公言,何也?"诩曰:"此易知耳。将军虽善用兵,非曹公敌也。曹公军新退,必自断后,故知必败。曹公攻将军,既无失策,力未尽而一朝引退,必国内有故也。已破将军,必轻军速进,留诸将断后,诸将虽勇,非将军敌,故虽用败兵而战必胜也。"绣乃服。

吕布复与袁术通。曹操欲自击布,诸将皆曰:"刘表、张绣在后,而远袭吕布,其危必也。"荀攸曰:"表、绣新破,势不敢动。布骁猛,又恃袁术,若从横淮、泗间,豪杰必应之。今乘其初叛,众心未一,往可破也。"操曰:"善!"

冬十月,操屠彭城。广陵太守陈登率郡兵为操先驱,进至下邳。布自将屡与操战,皆大败,还保城,不敢出。操遗布书,为陈祸福,布惧,欲降。陈宫曰:"曹操远来,势不能久,将军若以步骑出屯于外,宫将馀众闭守于内,若向将军,宫引兵而攻其背,若但攻城,则将军救于外。不过旬月,操军食尽,击之,可破也。"布然之,欲使宫与高顺守城,

阻挡我军班师,是把我们置于死地,我因此知道定可获胜。"

张绣在追击曹操时,贾诩阻止他说:"不可追击,追击曹操军队必会失败。"张绣不听从贾诩的建议,进兵交战,果然大败而回。贾诩登上城墙对张绣说:"赶紧再度追击,再次交战必会胜利。"张绣道歉说:"没听您的话,以致落得如此地步,现已战败,为何还要再去追击?"贾诩说:"战争形势发生了变化,赶快追击!"张绣向来听从贾诩的话,于是收集残兵,再次追击,交战之后,果然取胜而回。张绣于是问贾诩道:"我以精兵追击退敌,而您说必败,后又以败兵进攻取胜的敌人,而您又说必胜,结果完全如您所讲的那样,这是为什么呢?"贾诩说:"这很好理解。将军虽善于用兵,但并不是曹操的对手。曹操的军队刚退走,曹操定会亲自断后,所以知道你必败。曹操进攻将军,既没有战败,也没有把力量用尽,却突然撤退,定是许县发生了变故。他已经打败了将军,必定会轻装急进,留下其他的将领断后,其他将领虽然勇猛,但都不是将军的对手,所以你虽用败兵交战,也定能取得胜利。"张绣于是深感佩服。

吕布再次与袁术联合。曹操准备亲自进攻吕布,各位将领都反对说:"刘表、张绣在我们背后,而我们去远征吕布,必会很危险。"荀攸说:"刘表、张绣刚刚战败,势必不敢有所举动。吕布骁勇,又仗恃袁术,如果让他纵横于淮河、泗水之间,英雄豪杰必定会响应他。现在乘他刚刚反叛朝廷,军心尚未统一,前往征讨,定可击破。"曹操说:"说得对!"

冬季十月,曹操屠杀彭城全城。广陵太守陈登率领郡兵充当曹操的先锋,进攻到下邳。吕布亲自带兵多次与曹操交战,每次都大败,退守城池,不敢出战。曹操给吕布写信,向他分析祸福利害,吕布恐惧,准备投降。陈宫说:"曹操远道而来,势不能长久,将军如果以步骑大军屯驻城外,我率其馀兵众屯守在城内,如果曹操向将军进攻,我带兵进攻他的背后,曹操如果攻城,将军就在城外加以援救。不到一个月,曹操的军队粮草用尽,到时反击他,就可破敌。"吕布认为很对,准备让陈宫同高顺守城,

自将骑断操粮道。布妻谓布曰："宫、顺素不和,将军一出,宫、顺必不同心共城守也,如有蹉跌,将军当于何自立乎?且曹氏待公台如赤子,犹舍而归我。今将军厚公台不过曹氏,而欲委全城,捐妻子,孤军远出,若一旦有变,妾岂得复为将军妻哉!"布乃止。潜遣其官属许汜、王楷求救于袁术。术曰："布不与我女,理自当败,何为复来?"汜、楷曰:"明上今不救布,为自败耳。布破,明上亦破也。"术乃严兵为布作声援。布恐术为女不至,故不遣救兵,以绵缠女身缚著马上,夜自送女出,与操守兵相触,格射不得过,复还城。

河内太守张杨素与布善,欲救之,不能,乃出兵东市,遥为之势。十一月,杨将杨丑杀杨以应操,别将眭固复杀丑,将其众北合袁绍。杨性仁和,无威刑,下人谋反发觉,对之涕泣,辄原不问,故及于难。

操掘堑围下邳,积久,士卒疲敝,欲还。荀攸、郭嘉曰:"吕布勇而无谋,今屡战皆北,锐气衰矣。三军以将为主,主衰则军无奋意,陈宫有智而迟。今及布气之未复,宫谋之未定,急攻之,布可拔也。"乃引沂、泗灌城,月馀,布益困迫,临城谓操军士曰:"卿曹无相困,我当自首于明公。"陈宫曰:"逆贼曹操,何等明公!今日降之,若卵投石,岂可得全也?"

布将侯成亡其名马,已而复得之,诸将合礼以贺成,成分酒肉先入献布,布怒曰:"布禁酒而卿等酝酿,为欲因酒

自己带兵切断曹军粮道。吕布的妻子对吕布说:"陈宫、高顺向来不和,将军一旦出城,陈宫、高顺定不会同心协力共同守城,如有差错,将军还有立足之地吗?况且曹操对待陈宫,犹如自己的亲生幼子,陈宫尚且背叛曹操归顺我们。现在将军没有像曹操那样厚待陈宫,而准备将全城委交给他,托妻寄子,孤军远出,如果一旦发生变故,我岂能再为将军之妻!"吕布于是取消了计划。吕布秘密地派遣部属许汜、王楷去向袁术求救。袁术说:"吕布不将女儿嫁与我的儿子,理应失败,为什么还来找我?"许汜、王楷说:"明主如果现在不援救吕布,是自取败亡。吕布败亡,明主也会失败。"袁术于是动员军队,严加戒备,作为吕布的声援。吕布担心袁术因为自己不送去女儿,所以不派救兵,于是用锦缎裹上女儿的身子,缚在马上,乘夜晚亲自送女儿出城,但遇到了曹操守兵,因曹兵发箭不能通过,只好再回城内。

河内太守张杨一向与吕布关系很好,准备援救吕布,但力量不足,于是发兵进驻东市,遥作声势。十一月,张杨的部将杨丑杀死张杨以响应曹操,张杨的别将眭固又杀掉杨丑,带领部众投附袁绍。张杨性情宽和,缺少威严,部下有人叛变而被发觉,张杨只是对着他们流泪,予以原谅,不加追问,所以最终被害。

曹操挖掘壕沟包围下邳,时间长了,士兵疲愈,准备撤退。荀攸、郭嘉说:"吕布勇猛而无谋,现在屡战皆败,锐气已经衰落了。全军的斗志要看主将的情况,主将已无锐气则全军就没有斗志,陈宫虽有智谋,但反应迟钝。现在乘吕布的锐气还没有恢复,陈宫的谋略尚未决定,加紧进攻他们,就可以消灭吕布。"曹操于是引沂水、泗水灌城,一个多月后,吕布更加困窘,登城对曹操的军士讲:"你们不必如此困迫我,我定会向明公投降自首。"陈宫说:"曹操只是逆贼,算什么明公!今天若投降了他,就好像用鸡蛋去敲石头,岂能保全自己?"

吕布的部将侯成丢失了一匹名马,不久又找到了,诸将合送一份礼物以祝贺侯成,侯成设宴招待诸将,先呈献一份酒肉给吕布,吕布愤怒地说:"我明令禁酒而你们却酿酒,难道是想用饮酒

共谋布邪！"成忿惧。十二月癸酉，成与诸将宋宪、魏续等共执陈宫、高顺，率其众降。布与麾下登白门楼，兵围之急，布令左右取其首诣操，左右不忍，乃下降。

布见操曰："今日已往，天下定矣。"操曰："何以言之？"布曰："明公之所患不过于布，今已服矣。若令布将骑，明公将步，天下不足定也。"顾谓刘备曰："玄德，卿为坐上客，我为降虏，绳缚我急，独不可一言邪！"操笑曰："缚虎不得不急。"乃命缓布缚。刘备曰："不可。明公不见吕布事丁建阳、董太师乎！"操颔之。布目备曰："大耳儿，最叵信！"

操谓陈宫曰："公台平生自谓智有馀，今竟何如？"宫指布曰："是子不用宫言，以至于此，若其见从，亦未必为禽也。"操曰："奈卿老母何？"宫曰："宫闻以孝治天下者不害人之亲，老母存否，在明公，不在宫也。"操曰："奈卿妻子何？"宫曰："宫闻施仁政于天下者不绝人之祀，妻子存否，在明公，不在宫也。"操未复言。宫请就刑，遂出，不顾，操为之泣涕，并布、顺皆缢杀之，传首许市。操召陈宫之母，养之终其身，嫁宫女，抚视其家，皆厚于初。

前尚书令陈纪、纪子群在布军中，操皆礼而用之。张辽将其众降，拜中郎将。臧霸自亡匿，操募索得之，使霸招吴敦、尹礼、孙观等，皆诣操降。操乃分琅邪、东海为城阳、利城、昌虑郡，悉以霸等为守、相。

来谋害我吗?"侯成愤恨而又恐惧。十二月癸酉(二十四日),侯成与宋宪、魏续等人共同捉住陈宫、高顺,率领他们的部众投降曹操。吕布与部下登上白门楼,曹军围城,进攻得更加猛烈,吕布命令亲兵砍下自己的首级献给曹操,亲兵不忍心这样做,吕布于是下楼投降。

吕布见到曹操说:"从今以后,天下就可以平定了。"曹操说:"为什么这样讲?"吕布说:"您所担心的只不过是我吕布一人,现在我已经降服了。如果让我带领骑兵,您带领步兵,天下就十分容易平定了。"吕布又回过头来对刘备说:"玄德,你是座上客,我是阶下囚,绳索将我捆得太紧,你为什么连一句解救的话都不讲呢!"曹操笑着说:"捆绑老虎,不可不紧。"于是命给吕布松绑。刘备阻止说:"千万不可。您难道没有见到吕布事奉丁原、董卓的结局吗!"曹操对刘备点头称是。吕布瞪着刘备说:"大耳朵的家伙,最不能信赖!"

曹操对陈宫说:"你平生自认为智谋有馀,现在怎么样?"陈宫指着吕布说:"是这小子不采纳我的建议,以至于落到这种地步,若他听从我的话,也未必被俘。"曹操说:"你如何安顿你的老母亲?"陈宫说:"我听说,用孝道来治理天下的人不伤害别人的父母,我母亲是否能生存,在于您而不在于我。"曹操说:"你怎样安排你的妻子儿女?"陈宫说:"我听说在天下推行仁政的人,不灭绝别人香火,妻子儿女能否生存,也在于您而不在于我。"曹操不再说话。陈宫请求就刑,于是毫不回头地走出了门,曹操为他流下了眼泪,然后将陈宫与吕布、高顺一起绞死,并将他们的首级送到许县示众。曹操招来陈宫的母亲,奉养终身,送陈宫的女儿出嫁,抚养他的家属,比从前更加优厚。

前尚书令陈纪与他的儿子陈群都在吕布军中,曹操以礼厚待,并任用他们。张辽率众归降曹操,被任命为中郎将。臧霸独自亡匿,曹操悬赏捉拿到他,让他招降吴敦、尹礼、孙观等人,他们都到曹操营中归降。曹操于是将琅邪、东海二郡分为城阳、利城、昌虑三郡,将臧霸等人全都任命为郡守和封国相。

初，操在兖州，以徐翕、毛晖为将，及兖州乱，翕、晖皆叛。兖州既定，翕、晖亡命投霸。操语刘备，令霸送二首，霸谓备曰："霸所以能自立者，以不为此也。霸受主公生全之恩，不敢违命，然王霸之君，可以义告，愿将军为之辞。"备以霸言白操，操叹息谓霸曰："此古人之事，而君能行之，孤之愿也。"皆以翕、晖为郡守。陈登以功加伏波将军。

四年春三月，眭固屯射犬。夏四月，曹操进军临河，使将军史涣、曹仁渡河击之。仁，操从弟也。固自将兵北诣袁绍求救，与涣、仁遇于犬城，涣、仁击斩之。操遂济河，围射犬，射犬降，操还军敖仓。

袁术既称帝，淫侈滋甚，媵御数百，无不兼罗纨，厌粱肉，自下饥困，莫之收恤。既而资实空尽，不能自立，乃烧宫室，奔其部曲陈简、雷薄于灊山，复为简等所拒，遂大穷，士卒散走，忧懑不知所为。乃遣使归帝号于从兄绍曰："禄去汉室久矣，袁氏受命当王，符瑞炳然。今君拥有四州，人户百万，谨归大命，君其兴之！"袁谭自青州迎术，欲从下邳北过。曹操遣刘备及将军清河朱灵邀之，术不得过，复走寿春。六月，至江亭，坐簧床而叹曰："袁术乃至是乎！"因愤慨结病，欧血死。术从弟胤畏曹操，不敢居寿春，率其部曲奉术枢及妻子奔庐江太守刘勋于皖城。故广陵太守徐璆得传国玺，献之。

当初，曹操在兖州任刺史时，以徐翕、毛晖为大将，等至兖州变乱，徐翕、毛晖全都反叛。兖州平定后，徐翕、毛晖逃命投奔臧霸。曹操传话给刘备，让臧霸将二人的首级送来，臧霸对刘备说："我之所以能自立于世，就是因为不干这种出卖他人的事。我受曹公不杀之恩，不敢违抗命令，但是能建立霸王之业的君主，是可以用大义说服的，希望将军替我劝说曹操。"刘备将臧霸的话告诉给曹操，曹操叹息一声，对臧霸说："这是古人的行为，而你能这样做，正是我所希望的。"将徐翕、毛晖都任命为郡守。陈登因立有大功，加封为伏波将军。

四年(199)春季三月，眭固屯驻在射犬。夏季四月，曹操进军到黄河岸边，派遣将军史涣、曹仁渡过黄河去进攻眭固。曹仁，是曹操的堂弟。眭固亲自带领部队北上晋见袁绍，向袁绍请求援救，与史涣、曹仁在犬城相遇，史涣、曹仁攻击眭固并斩杀了他。曹操于是渡过黄河，包围了射犬，射犬最终投降，曹操回师敖仓。

袁术既已称帝，比以前更加荒淫奢侈，姬妾有数百人，她们全都身穿绫罗，饱食酒肉，而袁术的部下饥饿困苦，他却毫不怜恤。不久储存耗尽，不能维持下去，于是烧掉宫室，投奔驻屯在灊山的部将陈简、雷薄，又被陈简等人拒纳，因此陷入绝境，兵士溃散逃走，袁术忧愁烦闷，不知如何是好。于是派人将皇帝的尊号归让给堂兄袁绍，说："禄命已脱离汉室很久了，袁家应接受天命，成为君王，符祥吉瑞已很明显。现在你拥有四州，人口户数百万，谨将天命归献给你，请你复兴大业！"袁绍的长子袁谭从青州前来迎接袁术，准备从下邳北郊经过。曹操派刘备与将军清河人朱灵截留他，袁术不能通过，只好再回寿春。六月，袁术抵达江亭，坐在竹席床上叹息说："我袁术怎么会落到这种地步呢！"因气愤感慨而生病，最终吐血而死。袁术的堂弟袁胤畏惧曹操，不敢居留在寿春，于是率领部众，带着袁术的棺柩及妻子儿女，投奔在皖城的庐江太守刘勋。前任广陵太守徐璆得到传国御玺，呈献给朝廷。

　　袁绍既克公孙瓒，心益骄，贡御稀简。主簿耿包密白绍，宜应天人，称尊号。绍以包白事示军府，僚属皆言包妖妄，宜诛，绍不得已，杀包以自解。

　　绍简精兵十万、骑万匹，欲以攻许。沮授谏曰：“近讨公孙瓒，师出历年，百姓疲敝，仓库无积，未可动也。宜务农息民，先遣使献捷天子。若不得通，乃表曹操隔我王路。然后进屯黎阳，渐营河南，益作舟船，缮修器械，分遣精骑抄其边鄙，令彼不得安，我取其逸，如此，可坐定也。”郭图、审配曰：“以明公之神武，引河朔之强众，以伐曹操，易如覆手，何必乃尔！”授曰：“夫救乱诛暴，谓之义兵。恃众凭强，谓之骄兵。义者无敌，骄者先灭。曹操奉天子以令天下，今举师南向，于义则违。且庙胜之策，不在强弱。曹操法令既行，士卒精练，非公孙瓒坐而受攻者也。今弃万安之术而兴无名之师，窃为公惧之！”图、配曰：“武王伐纣，不为不义，况兵加曹操，而云无名！且以公今日之强，将士思奋，不及时以定大业，所谓‘天与不取，反受其咎’，此越之所以霸，吴之所以灭也。监军之计在于持牢，而非见时知几之变也。”绍纳图言。图等因是潜授曰：“授监统内外，威震三军，若其寖盛，何以制之？夫臣与主同者亡，此黄石之所忌也。且御众于外，不宜知内。”绍乃分授所统为三都督，使授及郭图、淳于琼各典一军。骑都尉清河崔琰谏曰：“天子在许，民望助顺，不可攻也！”绍不从。

袁绍击败了公孙瓒,内心更加骄傲,给朝廷的上贡次数和数量更少。主簿耿包秘密建议袁绍,应该顺应天意和人心,自己称帝。袁绍将耿包的建议告诉给军府中的官员,袁绍的幕僚属下都说耿包怪异荒诞,应当斩杀,袁绍不得已,杀掉耿包以解脱自己。

　　袁绍动员精兵十万,战马万匹,准备进攻许县。沮授劝阻说:“最近讨伐公孙瓒,出兵数年,百姓疲惫,仓库没有积存,不可轻举妄动。应当加强农耕,使民休息,先派使者向天子呈献消灭公孙瓒的捷报。如果曹操不让使节进入京师,就表奏皇上说曹操阻隔我们效忠天子。然后再进兵屯驻黎阳,逐渐侵食河南,增修舟船,修缮武器,分派精兵抄袭他的边境,让他们不得安宁,我们获得安逸,这样,我们就可坐而平定天下。”郭图、审配说:“以明公的英明威武,统率河朔之地的强大兵众讨伐曹操,易如反掌,何必要这样麻烦!”沮授说:“拯救灾难,铲除暴徒,才能称作义兵。凭借人多兵强,叫作骄兵。义兵无敌,骄兵先亡。曹操事奉天子以统御天下,现在我们兴师南下,违背道义。并且胜败的关键在于谋略,不在于力量的强弱。曹操的法令能彻底执行,兵士训练严格,并不是像公孙瓒那样坐以待毙之人。现在我们抛弃万全之策,而出无名之师,我替明公深感恐惧!”郭图、审配说:“周武王讨伐商纣王,不能称为无义,何况我们此举的目的就是要消灭曹操,怎么能说出师无名! 并且以明公现今的强大,将士渴望奋勇斗敌,如果不乘此机会奠定大业,那就正如人们所讲的‘上天赐予你的恩惠,如果不接受,那将反过来遭受灾难’,这就是越国之所以称霸,吴国之所以灭亡的原因。监军沮授的计略长处在于稳重,但不知道随机应变。”袁绍采纳了郭图、审配的意见。郭图等乘机谗陷沮授说:“沮授总管内外,威震三军,如果他的声威逐渐增强,还有什么办法能控制他呢? 臣子与君主的权威一样,就会灭亡,这正是黄石公所禁忌的情况。并且统兵在外的人,不适宜了解内政。”袁绍于是将沮授所统领的军队分为三部掌管,让沮授、郭图、淳于琼各自领率一军。骑兵都尉清河人崔琰劝阻说:“皇帝在许县,民心倾向天子,不可进攻!”袁绍不听从。

许下诸将闻绍将攻许，皆惧。曹操曰："吾知绍之为人，志大而智小，色厉而胆薄，忌克而少威，兵多而分画不明，将骄而政令不一，土地虽广，粮食虽丰，适足以为吾奉也。"孔融谓荀彧曰："绍地广兵强；田丰、许攸智士也为之谋，审配、逢纪忠臣也，任其事；颜良、文丑勇将也，统其兵。殆难克乎！"彧曰："绍兵虽多而法不整，田丰刚而犯上，许攸贪而不治，审配专而无谋，逢纪果而自用。此数人者，势不相容，必生内变。颜良、文丑，一夫之勇耳，可一战而禽也。"

秋八月，操进军黎阳，使臧霸等将精兵入青州以扞东方，留于禁屯河上。九月，操还许，分兵守官渡。

袁绍遣人招张绣，并与贾诩书结好。绣欲许之，诩于绣坐上显谓绍使曰："归谢袁本初，兄弟不能相容，而能容天下国士乎！"绣惊惧曰："何至于此！"窃谓诩曰："若此，当何归？"诩曰："不如从曹公。"绣曰："袁强曹弱，又先与曹为仇，从之如何？"诩曰："此乃所以宜从也。夫曹公奉天子以令天下，其宜从一也；绍强盛，我以少众从之，必不以我为重，曹公众弱，其得我必喜，其宜从二也；夫有霸王之志者，固将释私怨以明德于四海，其宜从三也。愿将军无疑！"冬十一月，绣率众降曹操，操执绣手，与欢宴，为子均取绣女，拜扬武将军，表诩为执金吾，封都亭侯。

关中诸将以袁、曹方争，皆中立顾望。凉州牧韦端使从事天水杨阜诣许，阜还，关右诸将问："袁、曹胜败孰在？"阜曰："袁公宽而不断，好谋而少决；不断则无威，少决则后事，

许县诸位将领听说袁绍准备进攻许县,都感恐惧。曹操说:"我了解袁绍的为人,他野心大而智能低,外表矜严而内心怯懦,猜忌多疑而缺少威信,军队虽多但编制不清,将领骄横而政令不能统一,土地虽广,粮食虽多,正好可以奉献给我们。"孔融对荀彧说:"袁绍土地广大、军队强盛;田丰、许攸等谋士替他出谋划策,审配、逢纪也都忠心地为他料理政事;颜良、文丑亦是统兵的勇将。大概很难战胜他们吧!"荀彧说:"袁绍的士兵虽多但法令不严,田丰刚直而犯上,许攸贪婪而无克制,审配专横而无谋,逢纪果决而自以为是。这几个人势必不能相容,定会发生内乱。颜良、文丑只不过是一介勇夫,一次交战,便可擒获。"

秋季八月,曹操进军黎阳,命臧霸等率精兵去青州保卫东部边境,留于禁驻扎黄河沿岸。九月,曹操回许县,分兵屯守官渡。

袁绍派人招纳张绣,并写信给贾诩结为友好。张绣准备答应袁绍,贾诩在张绣的筵席上大声对袁绍的使者说:"你回去替我们辞谢袁绍,兄弟之间尚且不能包容,又怎么能包容天下的英雄豪杰呢!"张绣惊惧交加地说:"何必如此!"张绣悄悄地对贾诩说:"这样,我们应当归依谁呢?"贾诩说:"不如依附曹操。"张绣说:"袁绍强,曹操弱,我们先前又与曹操结仇,怎么归从他?"贾诩说:"这就是应当投靠曹操的缘故。曹操尊奉天子以号令天下,这是应依靠他的第一个原因;袁绍强盛,我们如以少的军队投靠他,他定不把我们看重,曹操人少力弱,他能得到我们定会高兴,这是应投靠曹操的第二个原因;有称霸天下大志的人,本会抛弃私怨以向天下表明自己的品德,这是应归依曹操的第三个原因。希望将军不要迟疑!"冬季十一月,张绣率众投降曹操,曹操握着张绣的手,与他一起欢宴,给自己的儿子曹均娶了张绣的女儿,任命张绣为扬武将军,推举贾诩为执金吾,封都亭侯。

关中地区的诸将因为袁绍、曹操正在争战,都中立观望。凉州州牧韦端派从事天水人杨阜前往许县,杨阜返回后,关右诸将询问他:"袁绍和曹操谁败谁胜?"杨阜说:"袁绍宽容而少决断,喜欢用计却不果决;没有决断便没有威望,不果决便处于被动,

今虽强，终不能成大业。曹公有雄才远略，决机无疑，法一而兵精，能用度外之人，所任各尽其力，必能济大事者也。"

曹操使治书侍御史河东卫觊镇抚关中。时四方大有还民，关中诸将多引为部曲。觊书与荀彧曰："关中膏腴之地，顷遭荒乱，人民流入荆州者十万馀家。闻本土安宁，皆企望思归，而归者无以自业，诸将各竞招怀以为部曲，郡县贫弱，不能与争，兵家遂强，一旦变动，必有后忧。夫盐，国之大宝也，乱来放散，宜如旧置使者监卖，以其直益市犁牛，若有归民，以供给之，勤耕积粟以丰殖关中，远民闻之，必日夜竞还。又使司隶校尉留治关中以为之主，则诸将日削，官民日盛，此强本弱敌之利也。"或以白操，操从之。始遣谒者仆射监盐官，司隶校尉治弘农。关中由是服从。

袁绍使人求助于刘表，表许之而竟不至，亦不援曹操。从事中郎南阳韩嵩、别驾零陵刘先说表曰："今两雄相持，天下之重在于将军。若欲有为，起乘其敝可也；如其不然，固将择所宜从。岂可拥甲十万，坐观成败，求援而不能助，见贤而不肯归，此两怨必集于将军，恐不得中立矣。曹操善用兵，贤俊多归之，其势必举袁绍，然后移兵以向江、汉，恐将军不能御也。今之胜计，莫若举荆州以附曹操，操必重德将军，长享福祚，垂之后嗣，此万全之策也。"蒯越亦劝之。表狐疑不断，乃遣嵩诣许曰："今天下未知所定，而曹操

现在虽然强大，但最终不能完成大业。曹操有雄才大略，决定了就不会犹豫，法令统一而兵士精良，能任用非亲信之人，而他所任用的人，又都能尽忠职守，定能完成大事。"

曹操派治书侍御史河东人卫觊镇守宣抚关中。当时，各地都有难民回乡，关中诸将大多收容他们作为部属。卫觊写信给荀彧说："关中为肥沃之地，突然遭受荒乱，百姓逃到荆州的有十多万户。最近听说家乡安宁，都盼望回归本土，可是回来的人无法生活，各路将领竞相招募他们作为自己的部属，郡县政府既贫且弱，无力抗争，各路军队逐渐强盛，一旦发生变故，必定后患无穷。食盐，是国家重大的财富，天下大乱后，放散无度，应像以前那样设置官吏监管专卖，用卖盐所得增买犁牛，若有返回的难民，就将其供给他们，勤加耕种，广积粮粟，以使关中丰物殖财，远方难民听说后，定会不分昼夜地竞相回乡。再派司隶校尉留守主治关中，这样各路将领的力量就会日益削弱，官府和百姓则日益强盛，这是使根本强大、使敌人削弱的最好办法。"荀彧将卫觊的建议报告给曹操，曹操接纳了这个建议。于是始派谒者仆射任监盐官，将司隶校尉的官署设在弘农。关中从此归服朝廷。

袁绍派人向刘表求援，刘表答应了袁绍，但最终不派兵来援助，亦不援助曹操。从事中郎南阳人韩嵩、别驾零陵人刘先劝刘表说："现在袁绍、曹操两雄僵持不下，天下的重心就系于将军的身上了。您若想有所作为，可以乘他们斗得两败俱伤时起兵；如果没有这个意思，就应当选择归从的对象。您怎么能拥兵十万而坐观成败呢，人家向你求援而不去相助，见到贤能的人而不肯归属，这样双方的怨恨必会集中在将军您一人的身上，恐怕您也无法保持中立了。曹操善于用兵，贤能之士大多归附他，看形势定能击败袁绍，然后再移师南下长江、汉水流域，恐怕将军您是无法抵挡的。现在最好的办法，不如把荆州归附曹操，曹操定会厚待将军，您就可以永享福禄，还可以传给后世，这是万全的策略。"蒯越也规劝刘表。刘表迟疑而不能决断，于是派韩嵩前往许县，刘表对韩嵩说："现在还不知道天下为谁平定，而曹操

拥天子都许,君为我观其衅。"嵩曰:"圣达节,次守节。嵩,守节者也。夫君臣名定,以死守之。今策名委质,唯将军所命,虽赴汤蹈火,死无辞也。以嵩观之,曹公必得志于天下。将军能上顺天子,下归曹公,使嵩可也。如其犹豫,嵩至京师,天子假嵩一职,不获辞命,则成天子之臣,将军之故吏耳。在君为君,则嵩守天子之命,义不得复为将军死也。惟加重思,无为负嵩!"表以为惮使,强之。至许,诏拜嵩侍中、零陵太守。及还,盛称朝廷、曹公之德,劝表遣子入侍。表大怒,以为怀贰,大会寮属,陈兵,持节,将斩之。数曰:"韩嵩敢怀贰邪!"众皆恐,欲令嵩谢。嵩不为动容,徐谓表曰:"将军负嵩,嵩不负将军!"具陈前言。表妻蔡氏谏曰:"韩嵩,楚国之望也,且其言直,诛之无辞。"表犹怒,考杀从行者,知无他意,乃弗诛而囚之。

十二月,曹操复屯官渡。操遣刘备邀袁术,备遂杀徐州刺史车胄,留关羽守下邳,行太守事。

五年春正月,曹操自讨刘备,备奔青州,归袁绍。曹操还军官渡,绍乃议攻许。田丰曰:"曹操既破刘备,则许下非复空虚。且操善用兵,变化无方,众虽少,未可轻也,今不如以久持之。将军据山河之固,拥四州之众,外结英雄,内修农战,然后简其精锐,分为奇兵,乘虚迭出以扰河南,救右则击其左,救左则击其右,使敌疲于奔命,民不得安业,

拥奉天子,定都许县,请你为我去观察一下许县的形势。"韩嵩说:"圣人通达权变,次一等的人坚守操节,我韩嵩就是守节的人。君臣之间的名分一旦确定,就应誓死遵守。我作为将军的部属,承蒙将军委我以重任,我只听从将军的命令,赴汤蹈火,虽死不辞。据我的观察,曹操定可统一天下。如果将军能在上尊奉天子,在下归附曹操,那么是可以派我出使的。如果将军犹豫不定,我到京师后,假使天子授予我官职,而又不准我辞职,则我就成为天子的臣属,将军的旧属了。既留在君王身边就应效忠君王,那么我就会谨守天子之命,在道义上就不再为将军誓死效力了。希望将军仔细考虑,不要让我辜负了将军!"刘表错以为韩嵩仅是不敢出使,强行让他出使。韩嵩到许县后,天子下诏任命韩嵩为侍中、零陵太守。等到韩嵩返回襄阳,盛赞朝廷、曹操的恩德,劝刘表将儿子送到朝廷。刘表大怒,认为韩嵩怀有二心,便召集文武官吏,陈列兵士,手持节杖,准备诛杀韩嵩。刘表斥责韩嵩道:"你竟敢怀有二心!"众人都感到恐惧,劝韩嵩谢罪。韩嵩不动声色,慢慢地对刘表说:"是将军辜负了我,我并没有辜负将军!"于是将出发前他对刘表说的话全部陈述了一遍。刘表的妻子蔡氏劝阻刘表说:"韩嵩是楚地的名望之士,并且他言语耿直,没有理由杀掉他。"刘表依然很恼怒,拷打刑杀韩嵩的随从官吏,知道韩嵩并无背叛之意,于是免除了他的死罪而将他囚禁起来。

十二月,曹操再次屯驻官渡。曹操派刘备截击北逃的袁术,刘备于是斩杀了徐州刺史车胄,留关羽驻守下邳,代行郡守职事。

五年(200)春季正月,曹操亲自征讨刘备,刘备逃奔青州,投归袁绍。曹操回师官渡,袁绍于是商议进攻许县。田丰说:"曹操既已击破刘备,则许县不再空虚。且曹操善于用兵,变化无穷,兵众虽少,不可轻视,现在我们不如按兵不动,等候进机。将军据有山川的险固,拥有四州的人力,对外结纳英雄,在内推广农耕、加强备战,然后选拔精锐,组成突击部队,寻找敌人的空虚,不断出击,骚扰河南,敌人救右边,我们就进攻其左边,敌人救左边,我们就进攻其右边,使敌人疲于奔命,百姓不能安居乐业,

我未劳而彼已困，不及三年，可坐克也。今释庙胜之策而决成败于一战，若不如志，悔无及也。"绍不从。丰强谏忤绍，绍以为沮众，械系之。于是移檄州郡，数操罪恶。

二月，进军黎阳。沮授临行，会其宗族，散资财以与之曰："势存则威无不加，势亡则不保一身，哀哉！"其弟宗曰："曹操士马不敌，君何惧焉？"授曰："以曹操之明略，又挟天子以为资，我虽克伯珪，众实疲敝，而主骄将忕，军之破败，在此举矣。扬雄有言'六国蚩蚩，为嬴弱姬'，其今之谓乎！"

振威将军程昱以七百兵守鄄城。曹操欲益昱兵二千，昱不肯，曰："袁绍拥十万众，自以所向无前，今见昱少兵，必轻易，不来攻。若益昱兵，过则不可不攻，攻之必克，徒两损其势，愿公无疑。"绍闻昱兵少，果不往。操谓贾诩曰："程昱之胆，过于贲、育矣！"

袁绍遣其将颜良攻东郡太守刘延于白马。沮授曰："良性促狭，虽骁勇，不可独任。"绍不听。夏四月，曹操北救刘延。荀攸曰："今兵少不敌，必分其势乃可。公到延津，若将渡兵向其后者，绍必西应之，然后轻兵袭白马，掩其不备，颜良可禽也。"操从之。绍闻兵渡，即分兵西邀之。操乃引军兼行趣白马，未至十馀里，良大惊，来逆战。操使张辽、关羽先登击之。羽望见良麾盖，策马刺良于万众之中，斩其首而还，绍军莫能当者。遂解白马之围，徙其民，

我们没有劳累而敌方已经疲困,不到三年,我们就可以坐等胜利。现在放弃制胜的策略,而通过一场决战来决定胜负,如果不如己愿,则后悔都来不及。"袁绍不听从。田丰竭力劝谏而触犯了袁绍,袁绍认为他扰乱军心,给他戴上刑具,囚禁了他。于是向各州郡传发檄文,宣布曹操罪状。

二月,袁绍进军黎阳。临行时,沮授召集族人,将自己的家财散发给他们,并对他们说:"若事情成功,则不愁威望不增加;如果事情失败,则自身难保,悲哀呀!"弟弟沮宗说:"曹操兵马不强,你害怕什么?"沮授说:"凭曹操的贤明和谋略,又挟持天子作为资本,我们虽然打败了公孙瓒,但部队实在是疲惫不堪,并且我们主上骄傲、将领奢侈,我军的破败,就在此次战役。扬雄曾讲'六国纷扰,为秦削周',正是讲的今天这样的情景呀!"

振威将军程昱,率七百人守卫鄄城。曹操想增拨给程昱两千兵士,程昱不肯,他说:"袁绍拥有十万兵众,自己以为所向无敌,现在见到我的兵少,一定瞧不起,不会来进攻。如果给我增加兵士,袁绍经过此地,就不能不来进攻,如来进攻,定会攻陷鄄城,你我双方都白白地受到损失,望您不必担心。"袁绍听说程昱士兵很少,果然不去进攻。曹操对贾诩说:"程昱的胆量,超过了孟贲、夏育呀!"

袁绍派部将颜良进攻在白马的东郡太守刘延。沮授说:"颜良性急狭隘,虽骁勇,但不能独当一面。"袁绍不听。夏季四月,曹操北上救援刘延。荀攸说:"现在我们兵力太少,不是袁绍的对手,必须分散敌人的攻势才行。您到了延津,做出北渡黄河、抄袭袁绍后路的样子,袁绍定会分兵西应,然后您再用轻装部队袭击白马,趁其不备,定可擒获颜良。"曹操采纳了他的建议。袁绍听说曹操带兵北渡黄河,立即分兵向西截击曹操。曹操于是率军兼程赶到白马,距离白马十多里时,颜良大惊,带兵前来迎战。曹操派张辽、关羽先去攻击颜良。关羽见到颜良旌旗伞盖,跃马直入万军之中刺杀颜良,砍下他的首级而回,袁绍军中没人能阻挡得住。于是解除了白马之围,曹操又迁徙白马的百姓,

循河而西。绍渡河追之，沮授谏曰："胜负变化，不可不详。今宜留屯延津，分兵官渡，若其克获，还迎不晚，设其有难，众弗可还。"绍弗从。授临济叹曰："上盈其志，下务其功，悠悠黄河，吾其济乎！"遂以疾辞。绍不许而意恨之，复省其所部，并属郭图。

绍军至延津南，操勒兵驻营南阪下，使登垒望之，曰："可五六百骑。"有顷，复白："骑稍多，步兵不可胜数。"操曰："勿复白。"令骑解鞍放马。是时，白马辎重就道。诸将以为敌骑多，不如还保营。荀攸曰："此所以饵敌，如何去之？"操顾攸而笑。绍骑将文丑与刘备将五六千骑前后至。诸将复白："可上马。"操曰："未也。"有顷，骑至稍多，或分趣辎重。操曰："可矣。"乃皆上马。时骑不满六百，遂纵兵击，大破之，斩丑。丑与颜良，皆绍名将也，再战，悉禽之，绍军夺气。操还军官渡。

秋七月，汝南黄巾刘辟等叛曹操应袁绍，绍遣刘备将兵助辟，郡县多应之。绍遣使拜阳安都尉李通为征南将军，刘表亦阴招之，通皆拒焉。或劝通从绍，通按剑叱之曰："曹公明哲，必定天下，绍虽强盛，终为之虏耳。吾以死不贰。"即斩绍使，送印绶诣操。

袁绍军阳武，沮授说绍曰："北兵虽众而劲果不及南，南军谷少而资储不如北。南幸于急战，北利在缓师，宜徐持久，

沿着黄河向西而去。袁绍渡过黄河追击曹操,沮授劝谏说:"战斗的胜负变化不可不仔细地思量。现在应当留守延津,分兵前往官渡,如能夺取官渡,再回来迎接大军为时不晚,如果大军南下遇到困难,众人全无退路。"袁绍不听从。沮授在渡河前叹息道:"上面的人狂妄自大,下面的人只求贪功,悠悠黄河,我还能不能北渡而归!"于是称病辞行。袁绍不答应,并对他有恨意,再次减省他的部队,合并给郭图管属。

袁绍的军队前进到延津南面,曹操带兵驻扎在南阪,派人登高眺望袁军,士兵回报说:"袁军大约有五六百骑兵。"过了一会儿,士兵又报告说:"骑兵稍稍增多,步兵不可胜数。"曹操说:"不必再报告了。"下令骑兵解下马鞍,放马休息。这时,从白马来的辎重车辆已经上路。诸将认为敌人太多,不如退守大营。荀攸说:"我们正在诱敌进攻,怎能退走?"曹操回头对荀攸微笑。袁绍的骑将文丑与刘备率五六千骑兵先后抵至。曹操的将领们一再对曹操说:"可以上马。"曹操说:"时候未到。"过了不久,袁绍的骑兵逐渐增多,有的直赴从白马来的辎重车辆。曹操说:"可以上马了。"于是,曹军全部上马。这时骑兵不满六百,曹操于是催兵猛击袁军,大败袁军,斩杀了文丑。颜良与文丑是袁绍手下的名将,仅两次交战,就全部被斩杀,袁绍的部队士气大落。曹操回师官渡。

秋季七月,汝南黄巾军首领刘辟等反叛曹操响应袁绍,袁绍派刘备带兵援助刘辟,各郡县纷纷起兵响应。袁绍派人任命阳安都尉李通为征南将军,刘表也秘密派人招纳李通,李通全都拒绝。有人劝李通归从袁绍,李通手抚佩剑,厉声斥责他们说:"曹操贤明睿智,定可平定天下,袁绍虽然强盛,最终会成为曹操的俘虏。我宁死也不会对曹操心怀二心。"随即斩杀了袁绍的使者,把袁绍授给他的官印呈送给曹操。

袁绍屯驻在阳武,沮授劝袁绍说:"我们的士兵数量虽多,但战斗力不如曹军强劲;曹军粮草短缺,军用物资储蓄不如我们。曹军希望尽快作战,我们的优势在于拖延战事,应当作长久打算,

旷以日月。"绍不从。八月,绍进营稍前,依沙塠为屯,东西数十里,操亦分营与相当。

九月,曹操出兵与袁绍战,不胜,复还,坚壁。绍为高橹,起土山,射营中,营中皆蒙楯而行。操乃为霹雳车,发石以击绍楼,皆破。绍复为地道攻操,操辄于内为长堑以拒之。操众少粮尽,士卒疲乏,百姓困于征赋,多叛归绍者。操患之,与荀彧书,议欲还许,以致绍师。彧报曰:"绍悉众聚官渡,欲与公决胜败。公以至弱当至强,若不能制,必为所乘,是天下之大机也。且绍,布衣之雄耳,能聚人而不能用。以公之神武明哲而辅以大顺,何向而不济!今谷食虽少,未若楚、汉在荥阳、成皋间也。是时刘、项莫肯先退者,以为先退则势屈也。公以十分居一之众,画地而守之,扼其喉而不得进,已半年矣,情见势竭,必将有变。此用奇之时,不可失也。"操从之,乃坚壁持之。

操见运者,抚之曰:"却十五日为汝破绍,不复劳汝矣。"绍运谷车数千乘至官渡。荀攸言于操曰:"绍运车旦暮至,其将韩猛锐而轻敌,击,可破也!"操曰:"谁可使者?"攸曰:"徐晃可。"乃遣偏将军河东徐晃与史涣邀击猛,破走之,烧其辎重。

冬十月,绍复遣车运谷,使其将淳于琼等将兵万馀人送之,宿绍营北四十里。沮授说绍:"可遣蒋奇别为支军于表,以绝曹操之钞。"绍不从。许攸曰:"曹操兵少而悉师拒我,

拖延时间。"袁绍不听。八月,袁绍将战营稍推至前,紧靠沙堆筑营,东西连绵数十里,曹操也把部队分开驻扎,与之抗衡。

九月,曹操派兵与袁绍交战,不能取胜,便收兵坚守营垒。袁绍在营中建立望楼,堆起土山,向曹营射箭,曹营中的官兵全都以盾遮挡才敢行走。曹操于是制造霹雳车,发射大石攻击袁绍的望楼,将望楼全部摧毁。袁绍又挖掘地道攻击曹操,曹操则马上在营内挖长长的横沟来阻挡。曹操兵少粮尽,士卒疲惫困乏,百姓也困累于繁役重税,大多反叛而归附袁绍。曹操为此十分担忧,写信给荀彧,商议准备退还许县,引诱袁绍的军队深入。荀彧回信说:"袁绍的军队全都聚于官渡,准备与您一决胜败。您以至为弱小的兵众抗拒袁绍至为强大的敌人,如果不能克制敌人,定会被他战胜,此时正是成败关键的时刻。况且袁绍只不过是一个平民式的英雄,能够招聚人才却不会使用。凭您的英明威武,再辅以用天子的名义讨伐不臣,何事不能成功!现在粮草虽少,但还没有到楚汉在荥阳、成皋对峙期间的那种程度。当时刘邦、项羽之所以谁都不首先撤退,是因为他们都知道谁先撤退谁就处于劣势。您现在仅以袁绍十分之一的军队,划地坚守,扼住了袁绍的咽喉而使他不能前进,已有半年的时间了,情势已到了最坏的时候,定会出现变化。这正是施用奇兵的时候,千万不可放弃。"曹操听从了荀彧的劝告,于是坚守营垒,与袁绍相持。

曹操遇见运粮的兵士,安抚他们说:"再过十五天,我为你们击破袁绍,就不再烦劳你们了。"袁绍运输粮草的数千辆马车抵至官渡。荀攸对曹操说:"袁绍的运粮车队随即就到,押运官韩猛勇敢而轻敌,一击可破!"曹操说:"可以派谁去承担此任?"荀攸说:"徐晃可以。"于是派偏将军河东人徐晃同史涣去截击韩猛,韩猛大败而逃,放火烧掉了所运辎重。

冬季十月,袁绍再派车队运粮,派部将淳于琼等人带领一万多人护送,停留在袁绍大营以北四十里的地方。沮授建议袁绍:"可派蒋奇另率一支军队在淳于琼外围巡卫,以严防曹操的抄袭。"袁绍不听从。许攸说:"曹操兵少,将全部的军队抵抗我军,

许下馀守，势必空弱，若分遣轻军，星行掩袭，许可拔也。许拔，则奉迎天子以讨操，操成禽矣。如其未溃，可令首尾奔命，破之必也。”绍不从，曰：“吾要当先取操。”会攸家犯法，审配收系之，攸怒，遂奔操。

操闻攸来，跣出迎之，抚掌笑曰：“子卿远来，吾事济矣！”既入坐，谓操曰：“袁氏军盛，何以待之？今有几粮乎？”操曰：“尚可支一岁。”攸曰：“无是，更言之。”又曰：“可支半岁。”攸曰：“足下不欲破袁氏耶？何言之不实也！”操曰：“向言戏之耳，其实可一月，为之奈何？”攸曰：“公孤军独守，外无救援而粮谷已尽，此危急之日也。袁氏辎重万馀乘，在故市、乌巢，屯军无严备，若以轻兵袭之，不意而至，燔其积聚，不过三日，袁氏自败也。”操大喜，乃留曹洪、荀攸守营，自将步骑五千人，皆用袁军旗帜，衔枚缚马口，夜从间道出，人抱束薪，所历道有问者，语之曰：“袁公恐曹操钞略后军，遣兵以益备。”闻者信以为然，皆自若。既至，围屯，大放火，营中惊乱。会明，琼等望见操兵少，出陈门外，操急击之，琼退保营，操遂攻之。

绍闻操击琼，谓其子谭曰：“就操破琼，吾拔其营，彼固无所归矣！”乃使其将高览、张郃等攻操营。郃曰：“曹公精兵往，必破琼等，琼等破，则事去矣，请先往救之。”郭图固请攻操营。郃曰：“曹公营固，攻之必不拔。若琼等见禽，吾属

许县的留守一定很空虚,如果我们分派轻装部队,星夜兼行偷袭,许县就可以攻取。攻取了许县,我们就可以奉迎天子以讨伐曹操,曹操就成了我们手中的俘虏了。如果他尚未溃败,也可以使他疲于首尾奔命,击败他也是必然的。"袁绍拒绝说:"我要首先擒取曹操。"正好许攸的家人犯法,审配捕收了他的家人,许攸大怒,于是投奔曹操。

曹操听说许攸到来,光着脚急忙出来迎接他,鼓掌笑道:"许攸远来,我的大事成功了!"二人入座后,许攸对曹操说:"袁军强盛,你用什么办法对付他?你还有多少存粮?"曹操说:"还可以支持一年。"许攸说:"不是这样,请重说一次。"曹操又说:"可以维持半年。"许攸说:"足下难道不想击败袁绍吗?为什么不讲实话!"曹操说:"刚才是在开玩笑,其实只可以支撑一个月,怎么办?"许攸说:"您孤军独自困守在此,外无救援,并且粮草已尽,正是危急之时。袁绍粮草万辆,屯在故市、乌巢,屯守的军队不严密,如果以轻装精兵去偷袭,出其不意地赶到那里,放火烧掉囤积的粮草,不过三天,袁绍便会不战自败。"曹操大喜,于是留下曹洪、荀攸守护大营,亲自带领五千步兵、骑兵,都改用袁军的旗帜,士兵嘴里叼着小木棍,再把马嘴用绳子绑住,乘夜从小道出发,每人抱上一束木柴,沿途遇上查问的,就回答他们说:"袁公恐怕曹操抄袭我们的后勤部队,派兵前往加强戒备。"查问的人深信不疑,一切如常。曹军既到了故市、乌巢,立即包围屯营,大肆纵火,袁军粮营惊乱不堪。天已渐亮,淳于琼等人看见曹操兵力较少,出营列阵,曹操立即进攻,淳于琼退守营寨,曹操于是猛攻粮营。

袁绍听说曹操袭击淳于琼,便对儿子袁谭说:"即使曹操击破了淳于琼,我若攻取他的大营,他也就无处可归了!"干是派部将高览、张郃等进攻曹营。张郃说:"曹操的精兵都前去进攻淳于琼,定会击败淳于琼等人,淳于琼他们若被击破,则大势已去,请先去救助他们。"郭图坚持请求进攻曹营。张郃说:"曹操的大营十分坚固,进攻大营肯定不能攻破。如果淳于琼等人被擒获,我们

尽为虏矣。"绍但遣轻骑救琼,而以重兵攻操营,不能下。

绍骑至乌巢,操左右或言:"贼骑稍近,请分兵拒之。"操怒曰:"贼在背后,乃白!"士卒皆殊死战,遂大破之,斩琼等,尽燔其粮谷,杀士卒千馀人,皆取其鼻,牛马割唇舌,以示绍军,绍军将士皆恟惧。郭图惭其计之失,复谮张郃于绍曰:"郃快军败。"郃忿惧,遂与高览焚攻具,诣操营降。曹洪疑不敢受,荀攸曰:"郃计画不用,怒而来奔,君有何疑!"乃受之。

于是绍军惊扰,大溃。绍及谭等幅巾乘马,与八百骑渡河。操追之不及,尽收其辎重、图书、珍宝。馀众降者,操尽坑之,前后所杀七万馀人。

沮授不及绍渡,为操军所执,乃大呼曰:"授不降也,为所执耳!"操与之有旧,迎谓曰:"分野殊异,遂用圮绝,不图今日乃相禽也!"授曰:"冀州失策,自取奔北。授知力俱困,宜其见禽。"操曰:"本初无谋,不相用计,今丧乱未定,方当与君图之。"授曰:"叔父、母弟,县命袁氏,若蒙公灵,速死为福。"操叹曰:"孤早相得,天下不足虑也。"遂赦而厚遇焉。授寻谋归袁氏,操乃杀之。

操收绍书中,得许下及军中人书,皆焚之,曰:"当绍之强,孤犹不能自保,况众人乎!"冀州城邑多降于操。袁绍走至黎阳北岸,入其将军蒋义渠营,把其手曰:"孤以首领相付矣!"

全都会成为曹操的俘虏了。"袁绍只是派遣轻骑去援救淳于琼,而以重兵进攻曹操的大营,果然不能攻克。

袁绍的增援骑兵到达乌巢,曹操的左右有人说:"敌骑已逐渐接近,请求分兵阻击他们。"曹操大怒说:"等敌人到了背后再告诉我!"曹操的士卒都拼死以战,于是大败袁军,斩杀了淳于琼等人,全部烧掉了袁绍的军粮,杀死袁军士卒一千多人,将他们的鼻子全都割下,并割下牛马的嘴唇和舌头,以此向袁军示威,袁军都极为惊恐。郭图因计策失败十分惭愧,于是在袁绍面前再次谗陷张郃说:"张郃听说我军失败十分高兴。"张郃既感愤慨,又很恐惧,于是与高览一起放火焚烧了攻营器械,前往曹营投降。曹洪狐疑而不敢接纳,荀攸说:"张郃的计策未被采用,一怒之下来投奔我们,你有什么怀疑的!"于是曹洪接纳了他们。

于是袁军惊恐混乱不已,纷纷溃散。袁绍和袁谭等人用布巾包住头发,骑着快马,与八百骑兵北渡黄河。曹操追赶不及,缴收了袁军的全部辎重、图书和金银财宝。袁军残部投降的,曹操全部坑杀,前后共杀了七万多人。

沮授来不及随袁绍渡河,被曹军抓获,于是大叫:"沮授不是投降,而是被擒!"曹操与沮授有旧交情,亲自迎接他说:"你我所处的地方不同,故被隔绝,不料今天捉住了你!"沮授说:"袁绍谋划不当,自取失败。我的才智与能力均无法施展,理应被擒。"曹操说:"袁绍没有谋略,不采用你的计策,现在国家大乱尚未平定,正当与你共同图谋天下。"沮授说:"我的叔父和弟弟,生命掌握在袁绍的手中,若能承蒙您的厚待,尽快杀死我才是我的福气。"曹操叹息说:"我若能早些得到你,天下就不值得担忧了。"于是释放并厚待沮授。沮授图谋逃归袁绍,曹操于是杀了他。

曹操在查缴袁绍的往来书信时,发现有许县的官吏及自己军中将领写给袁绍的书信,曹操将这些信全部烧毁,说:"面对袁绍的强盛,我自己尚且不能保全,更何况其他的人呢!"冀州属下的城邑大多归降曹操。袁绍逃到黎阳的黄河北岸,进到他的部将蒋义渠的营中,握住他的手说:"我把我的人头交给你了!"

义渠避帐而处之,使宣号令。众闻绍在,稍复归之。

或谓田丰曰:"君必见重矣。"丰曰:"公貌宽而内忌,不亮吾忠,而吾数以至言迕之,若胜而喜,犹能赦我,今战败而恚,内忌将发,吾不望生。"绍军士皆拊膺泣曰:"向令田丰在此,必不至于败。"绍谓逢纪曰:"冀州诸人闻吾军败,皆当念吾,惟田别驾前谏止吾,与众不同,吾亦惭之。"纪曰:"丰闻将军之退,拊手大笑,喜其言之中也。"绍于是谓僚属曰:"吾不用田丰言,果为所笑。"遂杀之。初,曹操闻丰不从戎,喜曰:"绍必败矣。"及绍奔遁,复曰:"向使绍用其别驾计,尚未可知也。"

审配二子为操所禽,绍将孟岱言于绍曰:"配在位专政,族大兵强,且二子在南,必怀反计。"郭图、辛评亦以为然。绍遂以岱为监军,代配守邺。护军逢纪素与配不睦,绍以问之,纪曰:"配天性烈直,每慕古人之节,必不以二子在南为不义也。愿公勿疑。"绍曰:"君不恶之邪?"纪曰:"先所争者,私情也;今所陈者,国事也。"绍曰:"善!"乃不废配,配由是更与纪亲。冀州城邑叛绍者,绍稍复击定之。

绍为人宽雅,有局度,喜怒不形于色,而性矜愎自高,短于从善,故至于败。

六年春三月,曹操就谷于安民,以袁绍新破,欲以其间击刘表。荀彧曰:"绍既新败,其众离心,宜乘其困,遂定之;而欲远师江、汉,若绍收其馀烬,乘虚以出人后,则公事

蒋义渠赶紧离开虎帐让位于袁绍,并请袁绍发布号令。战败的残兵听说了袁绍的行踪,又逐渐归集。

有人对田丰说:"今后你一定会受到重用。"田丰说:"袁绍外貌宽厚而内心猜忌,他不会体谅我的一片忠心,而我多次以直言冒犯他,如果他这次取胜,心中高兴,尚有赦免我的可能,而今他战败,心中恚恨,心中的忌恨必将发泄出来,我并不奢望生存。"袁绍的军士都捶胸流泪说:"如果让田丰留在军中,必定不会这样失败。"袁绍对逄纪说:"冀州的人听说我军战败,都会同情我,只有田丰从前劝阻我,与其他的人不同,我也为此而羞惭。"逄纪说:"田丰听到将军败退的消息,拍手大笑,庆幸他的预言实现了。"袁绍于是对他的僚属说:"我没有采用田丰的建议,果然遭到他的耻笑。"于是下令杀死了田丰。当初,曹操听说田丰没有随军出征,高兴地说:"袁绍必败。"等到袁绍战败溃逃,又说:"如果袁绍使用田丰的计策,胜负结局是很难预料的。"

审配的两个儿子被曹操擒获,袁绍的部将孟岱对袁绍说:"审配身居要位,专断权政,家族盛大,军队强悍,而且他的两个儿子又在曹操手中,一定会怀有反叛之心。"郭图、辛评也认同。袁绍于是以孟岱为监军,取代审配镇守邺城。护军逄纪向来与审配不合,袁绍征询他的意见,逄纪说:"审配生性刚烈正直,每每思慕古人的操节,定不会因两个儿子落入曹操手中而不忠不义。望您不必猜疑。"袁绍说:"你不是很厌恶他吗?"逄纪说:"我先前与他的争执,是私人之间的事情;而今天所陈述的是国家大事。"袁绍说:"很对!"于是没有罢免审配,审配因此与逄纪亲善友好。冀州域内一些反叛了的城邑,袁绍稍加进攻便平复。

袁绍为人宽厚而有气度,喜怒之情不形于色,但性情刚愎自用,不善于接纳正确的意见,故终至失败。

六年(201)春季三月,曹操将军队移往谷产丰富的安民,认为袁绍刚刚大败,准备乘此机会进攻刘表。荀彧说:"袁绍刚刚战败,军心涣散,应乘其困窘之时立即平定他;如果南征遥远的长江、汉水,倘若袁绍收集残馀力量,乘虚从背后袭击,您的大事

去矣。"操乃止。

夏四月,操扬兵河上,击袁绍仓亭军,破之。

秋九月,操还许。

七年春正月,操进军官渡。

袁绍自军败,惭愤发病,呕血,夏五月,薨。

初,绍有三子,谭、熙、尚。绍后妻刘氏爱尚,数称于绍,绍欲以为后而未显言之。乃以谭继兄后,出为青州刺史。沮授谏曰:"世称万人逐兔,一人获之,贪者悉止,分定故也。谭长子,当为嗣,而斥使居外,祸其始此矣。"绍曰:"吾欲令诸子各据一州,以视其能。"于是以中子熙为幽州刺史,外甥高幹为并州刺史。

逢纪、审配素为谭所疾,辛评、郭图皆附于谭,而与配、纪有隙。及绍薨,众以谭长,欲立之。配等恐谭立而评等为害,遂矫绍遗命,奉尚为嗣。谭至,不得立,自称车骑将军,屯黎阳。尚少与之兵,而使逢纪随之。谭求益兵,审配等又议不与。谭怒,杀逢纪。

秋九月,曹操渡河攻谭。谭告急于尚,尚留审配等守邺,自将助谭,与操相拒。连战,谭、尚数败,退而固守。尚遣所置河东太守郭援,与高幹、匈奴南单于共攻河东,发使与关中诸将马腾等连兵,腾等阴许之。

就完了。"曹操于是没有进攻刘表。

夏季四月,曹操在黄河沿岸展示军威,攻击袁绍驻防在仓亭的部队,并打败他们。

秋季九月,曹操返回许县。

七年(202)春季正月,曹操进兵官渡。

袁绍自从大军战败后,因着惭悲愤而发病,吐血不止,夏季五月,袁绍死去。

当初,袁绍有三个儿子:袁谭、袁熙、袁尚。袁绍的后妻刘氏喜爱袁尚,多次在袁绍面前称赞袁尚,袁绍打算让袁尚作为自己的继承人,但未宣布。于是就将长子袁谭过继给自己已死去的哥哥为嗣,让他离开邺城,去担任青州刺史。沮授劝谏说:"世人常说一万个人追逐野兔,若有一个人先捉住了,其他想得到兔子的人即使贪心也应全部停止下来,这是因为所有权已经确定了。袁谭作为长子,理应成为继承人,而今却把他逐出,让他居在外地,祸患将从此开始了。"袁绍说:"我打算让三个儿子各自镇守一州,以此考察他们的能力。"于是任命二儿子袁熙为幽州刺史,外甥高幹为并州刺史。

逢纪、审配一向为袁谭所忌恨,辛评、郭图都依附袁谭而与审配、逢纪有仇隙。等到袁绍死后,众人因为袁谭是长子,准备拥立他。审配等人担心袁谭被拥立后而受到辛评等人的陷害,于是假传袁绍的遗命,奉立袁尚为袁绍的继任。袁谭来后,不能被拥立,便自称车骑将军,屯军黎阳。袁尚分配给他很少一部分军队,却派逢纪跟随他。袁谭请求增加兵力,审配等人商议后予以拒绝。袁谭大怒,斩杀了逢纪。

秋季九月,曹操渡过黄河进攻袁谭。袁谭向袁尚告急,请求援救,袁尚留下审配等人留守邺城,自己率领军队去搭救袁谭,与曹操对抗。接连几次交战,袁谭、袁尚多次战败,只得退守营地。袁尚派遣他所任命的河东太守郭援,与高幹、匈奴南单于共同攻击河东,并派遣使者去与关中将领马腾等人结盟联合,马腾等人暗中答应。

曹操使司隶校尉锺繇围南单于于平阳,未拔而救至。繇使新丰令冯翊张既说马腾,为言利害,腾疑未决。傅幹说腾曰:"古人有言:'顺道者昌,逆德者亡。'曹公奉天子诛暴乱,法明政治,上下用命,可谓顺道矣。袁氏恃其强大,背弃王命,驱胡虏以陵中国,可谓逆德矣。今将军既事有道,不尽其力,阴怀两端,欲以坐观成败,吾恐成败既定,奉辞责罪,将军先为诛首矣。"于是腾惧。幹因曰:"智者转祸为福。今曹公与袁氏相持,而高幹、郭援合攻河东,曹公虽有万全之计,不能禁河东之不危也。将军诚能引兵讨援,内外击之,其势必举。是将军一举,断袁氏之臂,解一方之急,曹公必重德将军,将军功名无与比矣。"腾乃遣子超将兵万馀人与繇会。

初,诸将以郭援众盛,欲释平阳去。锺繇曰:"袁氏方强,援之来,关中阴与之通,所以未悉叛者,顾吾威名故耳。若弃而去,示之以弱,所在之民,谁非寇仇,纵吾欲归,其得至乎!此为未战先自败也。且援刚愎好胜,必易吾军,若渡汾为营,及其未济击之,可大克也。"援至,果径前渡汾,众止之,不从。济水未半,繇击,大破之,南单于遂降。

八年春二月,曹操攻黎阳,与袁谭、袁尚战于城下,谭、尚败走,还邺。
夏四月,操追至邺,收其麦。诸将欲乘胜遂攻之,郭嘉曰:"袁绍爱此二子,莫适立也。今权力相侔,各有党与,

曹操派司隶校尉钟繇在平阳包围南单于,未等攻克郭援就率援军赶到。钟繇派新丰县令冯翊人张既前去劝说马腾,向他分析利害关系,马腾迟疑不决。马腾的部将傅幹对马腾说:"古人有句话:'顺应大道的人昌盛,违背大德的人灭亡。'曹操尊奉天子,诛灭暴乱,法纪严明而政治昌明,上下齐心协力,可以称得上是顺应大道了。袁氏仗恃着他们的强大,背弃帝王的命令,驱使外族侵凌中原,可称得上是违背大德了。现在,既然将军尊奉朝廷,却不尽心尽力,暗中心怀二意,想坐观成败,我担心一旦成败已定,问罪的诏书颁下,将军就会首先被杀头了。"马腾于是十分恐惧。傅幹接着说:"聪明的人能化祸为福。现在曹操与袁氏相持不下,而高幹、郭援合攻河东,曹操虽有万全之策,也不能挽救河东的危机。将军若能带兵讨伐郭援,内外夹击,势必取胜。这样将军一战而砍断袁氏的佐臂,解除曹操一方的危急,曹操必定感激厚待将军,将军就可以得到无可比拟的功名。"马腾于是派他的儿子马超率领一万多人前去与钟繇会合。

当初,各位将领认为郭援的军队强盛,准备放弃平阳而离去。钟繇说:"袁氏的力量仍然强盛,郭援的军队到来后,关中诸将与他暗中勾结,之所以他们没有完全反叛,只不过是因为顾忌我的威名而已。如果我们放弃平阳而撤离,那正好显示了我们的软弱,我们所到之处的百姓,也会把我们看作敌寇,即使我们打算回去,又怎能回得去呢? 这正是未战而先自败。况且郭援性情刚愎好胜,定会轻视我军,若他们准备渡过汾水扎营,我们就趁他们渡河时发动进攻,定可大胜。"郭援到达后,果然径直上前渡汾河,众部下劝阻他,不加理会。渡河尚没到一半,钟繇发起攻击,大败郭援,南单于也投降了。

八年(203)春季二月,曹操进攻黎阳,与袁谭、袁尚交战于黎阳城下,袁谭、袁尚战败逃回邺城。

夏季四月,曹操追击到邺城,收割了那里的小麦。曹军的将领们准备乘胜进攻邺城,郭嘉说:"袁绍溺爱他的这两个儿子,不知该立谁为继承人。现在他们二人的权力相等,又各有党羽,

急之则相保，缓之则争心生。不如南向荆州以待其变，变成而后击之，可一举定也。"操曰："善！"五月，操还许，留其将贾信屯黎阳。谭谓尚曰："我铠甲不精，故前为曹操所败。今操军退，人怀归志，及其未济，出兵掩之，可令大溃，此策不可失也。"尚疑之，既不益兵，又不易甲。谭大怒，郭图、辛评因谓谭曰："使先公出将军为兄后者，皆审配之谋也。"谭遂引兵攻尚，战于门外。谭败，引兵还南皮。

别驾北海王脩，率吏民自青州往救谭，谭欲更还攻尚，脩曰："兄弟者，左右手也，譬人将斗而断其右手，曰'我必胜'，其可乎？夫弃兄弟而不亲，天下其谁亲之！彼谗人离间骨肉以求一朝之利，愿塞耳勿听也。若斩佞臣数人，复相亲睦，以御四方，可横行于天下。"谭不从。

秋八月，袁尚自将攻袁谭，大破之，谭奔平原，婴城固守。尚围之急，谭遣辛评弟毗诣曹操请救。辛毗至西平见曹操，致谭意，群下多以为刘表强，宜先平之，谭、尚不足忧也。荀攸曰："天下方有事，而刘表坐保江、汉之间，其无四方之志可知矣。袁氏据四州之地，带甲数十万，绍以宽厚得众心，使二子和睦以守其成业，则天下之难未息也。今兄弟遘恶，其势不两全，若有所并则力专，力专则难图也，及其乱而取之，天下定矣，此时不可失也。"操从之。

我们如果进攻太急，他们就会互相保护，如果延缓进攻，他们的争斗之心就会产生。不如暂且向南图谋荆州，以等待他们变乱，变乱后再去进攻，就可以一举平定他们。"曹操说："对！"五月，曹操返回许县，留下部将贾信屯守黎阳。袁谭对袁尚说："我们的铠甲不够精良，所以上次被曹操打败。现在曹军撤退，人心思归，我们应在他们尚未渡过黄河之前，发兵袭击他们，可使曹军崩溃，这种良机不可丧失。"袁尚疑心袁谭，既不增拨军队给袁谭，又不更新铠甲。袁谭大怒，郭图、辛评乘机对袁谭说："让你的先父将你过继出去，全是审配的主意。"袁谭于是带兵进攻袁尚，交战于邺城门外。袁谭战败，带兵撤回南皮。

青州别驾北海人王脩率领官民从青州前往援救袁谭，袁谭打算重新返回进攻袁尚，王脩说："兄弟就好像一个人的左右手，如果有人将要决斗，却先砍断自己的右手，说'我一定会取胜'，这能行吗？如果一个人抛弃自己的兄弟而不亲善，天下又有谁去亲善他呢！那些小人挑拨他人骨肉之间相互仇恨，以此来求得自己眼前的利益，希望将军塞住耳朵，不要听从。若你能诛杀掉几个奸佞小人，恢复兄弟间的友好和睦，用以号召四方，就可以横行天下了。"袁谭不予听从。

秋季八月，袁尚亲自带兵进攻袁谭，大败袁谭的军队，袁谭逃奔到平原，据城固守。袁尚围攻十分猛烈，袁谭派辛评的弟弟辛毗到曹操那儿去求救。辛毗到西平晋见曹操，向他转达了袁谭的意思，曹操的部下都认为刘表强大，应当首先平定他，而袁谭、袁尚尚不足为虑。荀攸说："天下正值纷乱相争时，而刘表却坐守于长江、汉水之间，他并没有吞并四方的大志是很清楚的。袁氏兄弟据有四州地盘，拥有数十万的军队，袁绍以宽厚待人而深得人心，如果他的两个儿子团结和睦，坚守已有的基业，则天下的战乱是不可能平息的。现在他们兄弟交恶，势必不能两全，若他们之中有一人吞并了对方，力量便会集中，力量一旦集中了，我们就很难图取，若能趁他们内乱之时攻取他们，天下就可以平定了，此种机会千万不可丧失。"曹操听从了荀攸的意见。

　　后数日,操更欲先平荆州,使谭、尚自相敝。辛毗望操色,知有变,以语郭嘉。嘉白操,操谓毗曰:"谭必可信,尚必可克不?"毗对曰:"明公无问信与诈也,直当论其势耳。袁氏本兄弟相伐,非谓他人能间其间,乃谓天下可定于己也。今一旦求救于明公,此可知也。显甫见显思困而不能取,此力竭也。兵革败于外,谋臣诛于内,兄弟谗阋,国分为二,连年战伐,介胄生虮虱,加以旱蝗,饥馑并臻。天灾应于上,人事困于下,民无愚智,皆知土崩瓦解,此乃天亡尚之时也。今往攻邺,尚不还救,即不能自守;还救,即谭蹑其后。以明公之威,应困穷之敌,击疲敝之寇,无异迅风之振秋叶矣。天以尚与明公,明公不取而伐荆州,荆州丰乐,国未有衅。仲虺有言:'取乱侮亡。'方今二袁不务远略而内相图,可谓乱矣。居者无食,行者无粮,可谓亡矣。朝不谋夕,民命靡继,而不绥之,欲待他年。他年或登,又自知亡而改修厥德,失所以用兵之要矣。今因其请救而抚之,利莫大焉。且四方之寇,莫大于河北,河北平,则六军盛而天下震矣。"操曰:"善!"乃许谭平。

　　冬十月,操至黎阳。尚闻操渡河,乃释平原还邺。尚将吕旷、高翔畔归曹操,谭复阴刻将军印以假旷、翔。操知谭诈,乃为子整娉谭女以安之,而引军还。

过了几天，曹操又想首先平定荆州，让袁谭、袁尚互相疲弊。辛毗观察曹操的神色，知道曹操改变了主意，便告诉了郭嘉。郭嘉又报告给曹操，曹操对辛毗说："袁谭是否一定可信？袁尚是否定可攻克？"辛毗回答说："明公不应问是否可信和有诈，应当讨论形势如何。袁家本是兄弟内斗，并不管他人是否乘机利用，只管自己能否平定天下。从向明公求救这件事上，这点是可以清楚看出的。袁尚见袁谭穷困而没有继续攻取，这是因为他自己也力量枯竭。军队在外战败，谋臣在内被诛杀，兄弟翻脸为仇，政权分裂为二，连年征伐，盔甲不能解除而生出虮子，再加上旱灾、蝗灾，饥馑一同降临。灾难发自上天，民事困于民间，百姓无论智愚，都知道袁尚会土崩瓦解，这正是上天灭亡袁尚的大好时机。您现在去进攻邺城，袁尚不回军相救，则邺城便不能自守；袁尚若回军相救，则袁谭就在后面追击。以明公的神威来对付穷途末路的敌人，进攻如此疲敝的贼寇，无异于劲风吹落秋天的树叶。上天将袁尚赏赐给明公，明公不去拿取而去征伐荆州，荆州富强安乐，并无可乘之弊。仲虺说：'敌人有乱则夺取，敌人将亡则侵侮。'而今，袁谭、袁尚不寻求向外发展，而在内部相互倾轧，可以说是内乱了。居民没有食物，行人没有粮食，可以说是将要灭亡了。百姓朝不保夕，生命难保，而你不去救抚他们，却准备等到以后。以后若河北丰收，袁氏兄弟又醒悟到将会灭亡，他们痛改前非，勤修德政，那时你便丧失了用兵的良机了。现在趁袁谭向你请救而去救抚他，再也没有比这能获取更大的利益了。而且，四方的敌人，没有比袁氏更为强大的，黄河之北若能平定，则你的军队就会更加强盛，天下也会大为震动。"曹操说："对！"这才答应援助袁谭。

　　冬季十月，曹操进军到黎阳。袁尚听说曹操渡过黄河，于是解除了对平原的包围而返回邺城。袁尚的部将吕旷、高翔背叛了他，投奔曹操，袁谭却又暗中刻制将军之印送给吕旷和高翔。曹操知道袁谭并非真心归降，于是便为自己的儿子曹整聘娶袁谭的女儿，以此安抚袁谭，而自己则带军返回许县。

九年春正月,曹操济河,遏淇水入白沟以通粮道。

二月,袁尚复攻袁谭于平原,留其将审配、苏由守邺。曹操进军至洹水,苏由欲为内应,谋泄,出奔操。操进至邺,为土山、地道以攻之。尚武安长尹楷屯毛城,以通上党粮道。夏四月,操留曹洪攻邺,自将击楷,破之而还。又击尚将沮鹄于邯郸,拔之。

易阳令韩范、涉长梁岐皆举县降。徐晃言于操曰:"二袁未破,诸城未下者倾耳而听,宜旌赏二县以示诸城。"操从之,范、岐皆赐爵关内侯。

五月,操毁土山、地道,凿堑围城,周回四十里,初令浅,示若可越。配望见,笑之,不出争利。操一夜浚之,广深二丈,引漳水以灌之,城中饿死者过半。

秋七月,尚将兵万馀人还救邺。尚兵既至,诸将皆以为"此归师,人自为战,不如避之"。操曰:"尚从大道来,当避之;若循西山来者,此成禽耳。"尚果循西山来,东至阳平亭,去邺十七里,临滏水为营。夜,举火以示城中,城中亦举火相应。配出兵城北,欲与尚对决围。操逆击之,败还,尚亦破走,依曲漳为营,操遂围之。未合,尚惧,遣使求降。操不听,围之益急。尚夜遁,保祁山,操复进围之。尚将马延、张颛等,临阵降,众大溃,尚奔中山。尽收其辎重,得尚印绶、

九年（204）春季正月，曹操渡过黄河，阻塞淇水，使其流入白沟中，以作为运输军粮的通道。

二月，袁尚再次进攻固守在平原的袁谭，留下他的部将审配、苏由驻守邺城。曹操进军到洹水，苏由打算替曹操作内应，计谋泄露，逃出投奔曹操。曹操进军到邺城，修筑土山、地道以攻击邺城。袁尚属下的武安县长尹楷屯守毛城，保护通往上党的运粮通道。夏季四月，曹操留下曹洪继续进攻邺城，自己率军进攻尹楷，大败尹楷后才返回。不久又进攻屯守在邯郸的袁尚部将沮鹄，攻陷了邯郸。

易阳县令韩范、涉县县长梁岐都率领全县军民投降曹操。徐晃建议曹操说："袁氏二兄弟尚未被击败，那些还没有被攻下的城县十分关注我们如何对待韩范、梁岐，我们应当重赏他们二人，以此昭示其他城县。"曹操采纳了他的建议，韩范、梁岐都被赐封为关内侯。

五月，曹操毁掉土山、地道，挖掘深沟包围邺城，周长四十里，开始时命令将壕沟挖得浅一些，显示好像可以越过。审配在城上见到后，大笑不止，也不派兵出城破坏。曹操在一夜之间拓深壕沟，宽深都为二丈，把漳水引入漫灌邺城，城中饿死的人超过半数。

秋季七月，袁尚率领士兵万余人回救邺城。袁尚的军队到达后，曹操的将领们都认为"袁军为归师，人人势将殊死作战，不如避开他们"。曹操说："袁尚若从大道前来，理当避开他；如果他们沿西山而来，必定会成为我们的俘虏。"袁尚果然沿西山而来，向东抵达阳平亭，距离邺城七十里，傍依滏水扎下营寨。夜里，燃起烽火通知城内，城中也燃起烽火相应。审配从城的北门出兵，打算与袁尚夹击围军。曹操迎面攻击审配，审配战败撤回城内，袁尚也被击破退走，傍依曲漳扎下营寨，曹操于是包围袁尚。尚未完全围住时，袁尚畏惧，派使者向曹操请求投降。曹操不答应，加紧部署包围。袁尚趁夜逃走，退守祁山，曹操又进军包围。袁尚的部将马延、张颙等人临阵投降，袁军大败溃散，袁尚逃奔中山。曹操全部缴收了袁尚的辎重，得到袁尚的印玺、

节钺及衣物，以示城中，城中崩沮。审配令士卒曰："坚守死战！操军疲矣，幽州方至，何忧无主！"操出行围，配伏弩射之，几中。配兄子荣为东门校尉，八月戊寅，荣夜开门内操兵。配拒战城中，操兵生获之。

初，袁绍与操共起兵，绍问操曰："若事不辑，则方面何所可据？"操曰："足下意以为何如？"绍曰："吾南据河，北阻燕、代，兼戎狄之众，南面以争天下，庶可以济乎！"操曰："吾任天下之智力，以道御之，无所不可。"

九月，诏以操领冀州牧。操让还兖州。

初，袁尚遣从事安平牵招至上党督军粮，未还，尚走中山，招说高干以并州迎尚，并力观变，干不从。冬十月，高干以并州降，操复以干为并州刺史。

曹操之围邺也，袁谭复背之，略取甘陵、安平、勃海、河间。攻袁尚于中山，尚败，走故安，从袁熙。谭悉收其众，还屯龙凑。操与谭书，责以负约，与之绝婚，女还，然后进讨。十二月，操军其门，谭拔平原，走保南皮，临清河而屯。操入平原，略定诸县。

十年春正月，曹操攻南皮，袁谭出战，士卒多死。操欲缓之，议郎曹纯曰："今县师深入，难以持久，若进不能克，退必丧威。"乃自执桴鼓以率攻者，遂克之。谭出走，追斩之。李孚自称冀州主簿，求见操曰："今城中强弱相陵，人心

符节和斧钺及衣服用具,将其向邺城展示,城中军士崩溃气馁。审配命令士卒说:"我们仍应坚守死战!曹操的军队已筋疲力尽了,幽州的援军正在途中,何必担心没有主将?"曹操出营巡视阵地,审配埋伏强弩射击,差点射中曹操。审配哥哥的儿子审荣为东门校尉,八月戊寅(初二),审荣在夜里打开城门,迎接曹兵进城。审配在城中抵抗,曹兵生擒了他。

当初,袁绍与曹操共同兴兵讨伐董卓,袁绍问曹操说:"若是大事不能成功,什么地方可以据守?"曹操说:"你的意思如何?"袁绍说:"我南据黄河,北靠燕、代之地,容收戎狄兵士,南下争夺天下,大概可以成功吧!"曹操说:"我任用天下的智士,用正确的方法统御他们,在什么地方都可以。"

九月,皇帝下诏任命曹操兼任冀州州牧。曹操接受此职后辞掉兖州州牧的职务。

当初,袁尚派从事安平人牵招到上党督运军粮,还没返回,袁尚已败逃到中山,牵招劝高幹以并州兵力迎接袁尚,合力以观局势变化,高幹不从。冬季十月,高幹献出并州投降曹操,曹操仍旧任命高幹为并州刺史。

曹操正在围攻邺城的时候,袁谭再次背叛他,攻取了甘陵、安平、勃海、河间等地。袁谭攻击袁尚据守的中山,袁尚败逃到故安,投奔袁熙。袁谭全部接收了袁尚的军队,回师屯守龙凑。曹操写信给袁谭,指责他背负誓约,并与他断绝了儿女婚姻,曹操把袁谭的女儿送回后,便进兵征讨袁谭。十二月,曹操的军队进抵其门,袁谭攻下了平原,退守南皮,傍依清河扎营。曹操进入平原,夺取了附近各县。

十年(205)春季正月,曹操率军进攻南皮,袁谭出兵迎战,曹军战死较多。曹操打算减缓攻势,议郎曹纯说:"现在我们孤军深入,难以维持长久,如果进军而不能攻克敌城,一旦撤退,定会大大丧失威力。"曹操于是亲自播动战鼓命部下猛攻,最终攻克了南皮。袁谭弃城逃跑,曹军追赶并杀死了袁谭。李孚自称为冀州主簿,求见曹操说:"现在南皮城内强弱之间相互欺凌,人心

扰乱,以为宜令新降为内所识信者宣传明教。"操即使孚往入城,告谕吏民,使各安故业,不得相侵,城中乃安。操于是斩郭图等及其妻子。

袁谭使王脩运粮于乐安,闻谭急,将所领兵往赴之,至高密,闻谭死,下马号哭曰:"无君焉归!"遂诣曹操,乞收葬谭尸,操许之,复使脩还乐安,督军粮。谭所部诸城皆服,唯乐安太守管统不下。操命脩取统首,脩以统亡国忠臣,解其缚,使诣操,操悦而赦之。辟脩为司空掾。

郭嘉说操多辟青、冀、幽、并名士以为掾属,使人心归附,操从之。官渡之战,袁绍使陈琳为檄书,数操罪恶,连及家世,极其丑诋。及袁氏败,琳归操,操曰:"卿昔为本初移书,但可罪状孤身,何乃上及父祖邪!"琳谢罪,操释之,使与陈留阮瑀俱管记室。先是渔阳王松据涿郡,郡人刘放说松以地归操,操辟放参司空军事。

袁熙为其将焦触、张南所攻,与尚俱奔辽西乌桓。触自号幽州刺史,驱率诸郡太守令长,背袁向曹,陈兵数万,杀白马而盟,令曰:"敢违者斩!"众莫敢仰视,各以次歃。别驾代郡韩珩曰:"吾受袁公父子厚恩,今其破亡,智不能救,勇不能死,于义阙矣;若乃北面曹氏,所不能为也。"一坐为珩失色。触曰:"夫举大事,当立大义,事之济否,不待一人,可卒珩志,以厉事君。"乃舍之。触等遂降曹操,皆封为列侯。

混乱不安,应该任命那些为城中百姓所信服的新近归降之人,宣传朝廷的政策。"曹操即派李孚进城向吏民宣说政策,让他们各自安守故业,不准相互侵犯,城中这才逐渐安定下来。曹操于是杀掉了郭图等人及他们的妻子儿女。

袁谭派王脩去乐安督运粮食,王脩中途听说袁谭危急,便带兵前往赴援,至高密时,得知袁谭已死,下马大哭说:"没有君主,我往哪里去呢!"于是前往晋见曹操,请求收葬袁谭的尸体,曹操答应了他,继续让王脩前去乐安督运军粮。袁谭管属的各城全都归降,只有乐安太守管统坚守城池。曹操命王脩砍下管统的人头,王脩认为管统是亡国忠臣,便解开他身上的捆绳,让他去晋见曹操,曹操很高兴,赦免了管统。延聘王脩为司空掾。

郭嘉建议曹操应多任命一些青州、冀州、幽州、并州的名士作为掾属,使人心归附,曹操采纳了他的建议。官渡之战时,袁绍让陈琳撰写讨曹檄文,陈琳在檄文中大量列举了曹操的罪恶,并牵及曹操的家世,尽可能地丑化诋毁。等到袁氏战败,陈琳归降曹操,曹操说:"你当初替袁绍撰写檄文,尽可以罗列我的罪状,为什么却要牵扯到我的祖先呢?"陈琳承认罪责并道歉,曹操宽赦了他,并让他与陈留人阮瑀一起掌管文书档案。先前,渔阳人王松占据涿郡,涿郡人刘放劝王松将涿郡归献给曹操,曹操延聘刘放为参司空军事。

袁熙遭受到他的部将焦触、张南的攻击,与袁尚一起逃奔到辽西乌桓。焦触自称幽州刺史,胁迫各郡太守、各县县令背叛袁熙归降曹操,招聚数万人马,杀白马盟誓,下令说:"若敢违抗命令,一律斩首!"众人都吓得不敢抬头看他,依次歃血盟誓。别驾代郡人韩珩说:"我承受袁氏父子的厚恩,现在他们败亡,既无智慧拯救他们,又无勇气死节,在大义上已有欠缺了;如果再去侍奉曹操,这是我不能去做的。"在场的人都替韩珩惊恐失色。焦触说:"发动大事,当建立大义,事情能否成功,不在于一个人,我们应成全韩珩的志愿,以激励人们忠于自己的君主。"于是放掉了韩珩。焦触等人于是投降了曹操,都被封为列侯。

冬十月，高幹复以并州叛，执上党太守，举兵守壶关口。操遣其将乐进、李典击之。河内张晟，众万馀人，寇崤、渑间，弘农张琰起兵以应之。河东太守王邑被征，郡掾卫固及中郎将范先等诣司隶校尉锺繇，请留之。繇不许。固等外以请邑为名，而内实与高幹通谋。曹操谓荀彧曰："关西诸将，外服内贰，张晟寇乱殽、渑，南通刘表，固等因之，将为深害。当今河东，天下之要地也，君为我举贤才以镇之。"彧曰："西平太守京兆杜畿，勇足以当难，智足以应变。"操乃以畿为河东太守。

会白骑攻东垣，高幹入濩泽。畿将数十骑，赴坚壁而守之，吏民多举城助畿者，比数十日，得四千馀人。固等与高幹、张晟共攻畿，不下，略诸县，无所得。曹操使议郎张既西征关中诸将马腾等，皆引兵会击晟等，破之，斩固、琰等首，其馀党与皆赦之。

十一年春正月，曹操自将击高幹，留其世子丕守邺，使别驾从事崔琰傅之。操围壶关，三月，壶关降。高幹自入匈奴求救，单于不受。幹独与数骑亡，欲南奔荆州，上洛都尉王琰斩之，并州悉平。

是岁，乌桓乘天下乱，略有汉民十馀万户，袁绍皆立其酋豪为单于，以家人子为己女妻焉。辽西乌桓蹋顿尤强，为绍所厚，故尚兄弟归之，数入塞为寇，欲助尚复故地。曹操将击之，凿平虏渠、泉州渠以通运。

冬季十月，高幹再次率并州反叛曹操，捉了上党太守，兴兵扼守壶关口。曹操派部将乐进、李典攻击高幹。河内人张晟率部众万馀人侵略崤山、渑池之间的地区，弘农人张琰起兵响应。河东太守王邑被上调中央，郡掾卫固与中郎将范先等去拜见司隶校尉钟繇，请求让王邑继续留任。钟繇不同意。卫固等表面上是请求挽留王邑，实际上暗中与高幹通谋。曹操对荀彧说："关西的将领们，在表面上归附我们，内心却怀有二志，张晟侵扰崤山、渑池一带，向南又勾结刘表，卫固等人也乘机作乱，将会成为我们的大祸害。而今，河东是天下的关键之地，请你为我物色一位贤能之人去镇守那里。"荀彧说："西平太守京兆人杜畿，勇气足以抗拒任何灾难，智慧足以应付任何变故。"曹操于是任命杜畿为河东太守。

　　正在这时，有一股号称白骑的武装力量攻击东桓，高幹也率军进驻濩泽。杜畿率数十名骑兵，前往河东坚壁固守，当地吏民大多全城帮助杜畿，仅过了数十天，杜畿就招集到了四千多人。卫固等人与高幹、张晟共同攻击杜畿，不能攻克，抢劫附近各县，又毫无收获。曹操派议郎张既西去征调关中将领马腾等人，马腾等都率军会合，进攻张晟等人，大败其军，斩掉了卫固、张琰等人的首级，其他馀党全部赦免。

　　十一年（206）春季正月，曹操亲自率军攻击高幹，命长子曹丕驻守邺城，派别驾从事崔琰辅佐他。曹操围攻壶关，三月，壶关投降。高幹亲自前往匈奴求救，匈奴的单于拒绝他的请求。高幹独自率几名骑兵逃亡，准备南去投奔荆州的刘表，上洛都尉王琰杀死了他，并州于是全部平定。

　　这一年，乌桓趁天下大乱，抢夺了汉人十馀万户，袁绍将乌桓各部落的首长都封为单于，物色了一些平民家的姑娘，作为自己的女儿，嫁给他们。辽西郡乌桓首长蹋顿的势力尤为强盛，为袁绍厚待，所以袁尚兄弟投奔他，蹋顿也多次侵入塞内掳掠，准备帮助袁尚收复故地。曹操打算攻击蹋顿，开凿平虏渠、泉州渠，以便运输军粮。

十二年春二月，曹操自淳于还邺。丁酉，操奏封大功臣二十馀人，皆为列侯。因表万岁亭侯荀彧功状，三月，增封彧千户。又欲授以三公，彧使荀攸深自陈让，至于十数，乃止。

曹操将击乌桓。诸将皆曰："袁尚亡虏耳，夷狄贪而无亲，岂能为尚用？今深入征之，刘备必说刘表以袭许，万一为变，事不可悔。"郭嘉曰："公虽威震天下，胡恃其远，必不设备，因其无备，卒然击之，可破灭也。且袁绍有恩于民夷，而尚兄弟生存。今四州之民，徒以威附，德施未加，舍而南征，尚因乌桓之资，招其死主之臣，胡人一动，民夷俱应，以生蹋顿之心，成觊觎之计，恐青、冀非己之有也。表坐谈客耳，自知才不足以御备，重任之则恐不能制，轻任之则备不为用，虽虚国远征，公无忧矣。"操从之。行至易，郭嘉曰："兵贵神速。今千里袭人，辎重多，难以趋利；且彼闻之，必为备。不如留辎重，轻兵兼道以出，掩其不意。"

初，袁绍数遣使召田畴于无终，又即授将军印，使安辑所统，畴皆拒之。及曹操定冀州，河间邢颙谓畴曰："黄巾起来，二十馀年，海内鼎沸，百姓流离。今闻曹公法令严。民厌乱矣，乱极则平，请以身先。"遂装还乡里。畴曰："邢颙，天民之先觉者也。"操以颙为冀州从事。畴忿乌桓多杀

十二年（207）春季二月，曹操从淳于返回邺城。丁酉（初五），曹操上奏大封功臣二十多人，都被封为列侯。乘此表奏万岁亭侯荀彧的功劳，三月，增封荀彧食邑千户。又准备授予荀彧三公，荀彧派荀攸恳切辞让，共达十几次，曹操才打消此念头。

曹操准备进攻乌桓。诸将都说："袁尚只不过是一个在逃的俘虏，乌桓族贪婪，又无仁爱之心，岂能为袁尚所利用？如今若孤军深入讨伐，刘备定会劝刘表袭击许县，万一有什么变化，将无法反悔。"郭嘉说："明公虽然威震天下，但乌桓必依恃他们远在塞外，不加戒备，乘他们没有戒备，突然袭击他们，定可立即攻克。而且袁绍对当地百姓以及外族都有恩德，而袁尚兄弟还活着。现在四州的百姓，只是因为畏惧我们的威力，才不得不归服我们，我们的恩德还没有施加到他们身土，如果我们放弃乌桓而去南征刘表，袁尚利用乌桓的资助，招集旧臣，乌桓的军队一旦出动，汉族及外族的百姓便都会响应，这样便会使蹋顿动心，激起他的非分妄想，恐怕青州、冀州就再也不会为我们所有了。刘表仅是一个坐谈高论的人物，自己也明白他的才能不足以驾驭刘备，重用刘备则担心不能控制，轻用刘备则刘备又不会听他指使，即使我们抽空兵力去远征乌桓，也不须担心。"曹操采纳了他的建议。曹军推进到易县，郭嘉说："用兵贵在行动迅速。现在我们从千里之外的地方去袭击敌人，辎重太多，很难谋取到好处；而且乌桓得到消息后，也定会加强戒备。不如留下辎重，轻装急进，出其不意地袭击他们。"

当初，袁绍多次派使者到无终县去征聘田畴，又派人授给他将军的大印，让他安抚招集原有的部众，每次都被田畴拒绝了。等到曹操平定了冀州，河间人邢颙对田畴说："自黄巾军起事以来，在二十多年的时间里，全国就像滚水在鼎中沸腾一样，动荡不定，百姓流离失所。现在听说曹操法令严明。人民对于战乱已经厌恶很久了，乱到了极点就会平静，请让我先到曹操那儿去试探一下。"于是邢颙便整理行装，返回家乡。田畴说："邢颙是先知先觉的人。"曹操任命邢颙为冀州从事。田畴愤恨乌桓杀掉很多

其本郡冠盖,意欲讨之而力未能。操遣使辟畴,畴戒其门下趣治严。门人曰:"昔袁公慕君,礼命五至,君义不屈;今曹公使一来而君若恐弗及者,何也?"畴笑曰:"此非君所识也。"遂随使者到军,拜为蓨令,随军次无终。

时方夏水雨,而滨海洿下,泞滞不通,虏亦遮守蹊要,军不得进。操患之,以问田畴。畴曰:"此道,秋夏每常有水,浅不通车马,深不载舟船,为难久矣。旧北平郡治在平冈,道出卢龙,达于柳城,自建武以来,陷坏断绝,垂二百载,而尚有微径可从。今虏将以大军当由无终,不得进而退,懈弛无备。若嘿回军,从卢龙口越白檀之险,出空虚之地,路近而便,掩其不备,蹋顿可不战而禽也。"操曰:"善!"乃引军还,而署大木表于水侧路傍曰:"方今夏暑,道路不通,且俟秋冬,乃复进军。"虏候骑见之,诚以为大军去也。

操令畴将其众为乡导,上徐无山,堑山堙谷,五百馀里,经白檀,历平冈,涉鲜卑庭,东指柳城。未至二百里,虏乃知之。尚、熙与蹋顿及辽西单于楼班、右北平单于能臣抵之等将数万骑逆军。八月,操登白狼山,卒与虏遇,众甚盛。操车重在后,被甲者少,左右皆惧。操登高,望虏阵不整,乃纵兵击之,使张辽为先锋,虏众大崩,斩蹋顿及名王已下,胡、汉降者二十馀万口。辽东单于速仆丸与尚、熙奔辽东太守公孙康,其众尚有数千骑。或劝操遂击之,操曰:"吾方使康斩送尚、熙首,不烦兵矣。

本郡官吏,心有讨伐乌桓之意,但力量不足。曹操派使者征聘田畴,田畴告诉门人赶紧替他整理行装。门人说:"先前袁绍仰慕您,五次礼聘,您都不肯屈尊就驾;现在曹操的使者一到,好像唯恐来不及,为什么?"田畴笑着说:"这并不是你们能知道的。"于是随同使者来到曹操军中,曹操任命他为蓨县令,随军驻扎在无终。

当时正值夏天,大雨不止,而沿海一带地势低下,积水无法疏通,乌桓也沿边把守要地,大军无法前进。曹操为此深感忧虑,便请教田畴。田畴说:"这条道路在秋夏两季常有积水,即使浅的地方也不能通车马,而深的地方又不能载舟船,这是长久无法解决的难题。原北平郡的治所设在平冈,人们前往平冈的道路,是从卢龙出发,再前往柳城,但自从建武年间以来,这条道路毁陷断绝,至今已有二百年,但仍有小道可以行走。现在乌桓以为无终是我们大军的必经之路,认为我军不能前进而定会撤退,因此松懈了戒备。我们如果假装沮丧,宣称回师,从卢龙口越过白檀险地,再进入到乌桓后方空虚之地,路近而又方便,趁其不备而袭击他们,这样不需战斗便可擒获蹋顿。"曹操说:"好极了!"于是率军回撤,并在积水的路旁树立木牌说:"现在是盛夏酷暑,道路不通,暂且等到秋冬,再次进军出击。"乌桓探骑见到木牌,真的以为曹操的大军已经离去。

曹操命田畴带领他的部众为向导,登上徐无山,沿路填谷凿山开道,行程五百馀里,经白檀、平冈,穿越鲜卑庭,向东直奔柳城。距柳城二百里时,乌桓才发觉。袁尚、袁熙与蹋顿及辽西单于楼班、右北平单于能臣抵之等带领几万骑兵迎击曹军。八月,曹操登上白狼山,突然与乌桓军队相遇,乌桓军力非常强盛。曹军的辎重均在后方,身穿铠甲的兵士很少,军中无人不恐惧。曹操登上高处,看见乌桓军阵容不整,于是发兵进攻,派张辽为先锋,乌桓军队大败,斩杀了蹋顿及其他有名番王、部将,胡人、汉人投降的有二十多万人。辽东单于速仆丸与袁尚、袁熙投奔辽东太守公孙康,残军仍有数千骑兵。有人劝曹操乘胜追击,曹操说:"我只等公孙康斩下袁尚、袁熙的人头,用不着烦劳我军。"

　　九月，操引兵自柳城还。公孙康欲取尚、熙以为功，乃先置精勇于厩中，然后请尚、熙入，未及坐，康叱伏兵禽之，遂斩尚、熙，并速仆丸首送之。诸将或问操："公还而康斩尚、熙，何也？"操曰："彼素畏尚、熙，吾急之则并力，缓之则自相图，其势然也。"操枭尚首，令三军："敢有哭之者斩！"牵招独设祭悲哭，操义之，举为茂才。时天寒且旱，二百里无水，军又乏食，杀马数千匹以为粮，凿地入三十馀丈方得水。既还，科问前谏者，众莫知其故，人人皆惧。操皆厚赏之，曰："孤前行，乘危以徼幸，虽得之，天所佐也，顾不可以为常。诸君之谏，万安之计，是以相赏，后勿难言之。"

　　十三年春正月，曹操还邺。夏六月癸巳，以曹操为丞相。秋七月，曹操南击刘表。八月，表病卒，遂以琮为嗣。九月，操军至新野，琮遂举州降，以节迎操。事见《刘备据蜀》。

　　刘琮将王威说琮曰："曹操闻将军既降，刘备已走，必懈弛无备，轻行单进。若给威奇兵数千，徼之于险，操可获也。获操，即威震四海，非徒保守今日而已。"琮不纳。

　　曹操进军江陵，以刘琮为青州刺史，封列侯，并蒯越等，侯者凡十五人。释韩嵩之囚，待以交友之礼，使条品州人优劣，皆擢而用之。以嵩为大鸿胪，蒯越为光禄勋，刘先为尚书，邓羲为侍中。

九月，曹操带兵从柳城返回。公孙康准备杀死袁尚、袁熙作为功劳，于是事先布置精兵，埋伏在马厩中，然后请袁尚、袁熙进来，未等他们入座，公孙康便叱令伏兵捉拿他们，斩下袁尚、袁熙的人头，连同速仆九的首级送给曹操。将领中有人询问曹操："您率军回后公孙康为什么会斩杀袁尚、袁熙？"曹操说："公孙康向来畏惧袁尚、袁熙，我们若急于进攻，则他们就会合力抵抗；放松进攻则他们便会自相残杀，形势便是这样的。"曹操悬挂袁尚的首级示众，下令三军："有敢痛哭袁尚者，斩首！"牵招却独自设置祭灵悲哭，曹操认为他很有义气，荐举他为茂才。此时天气寒冷，又逢天旱，方圆二百里内无水，军中又缺乏粮草，于是杀掉几千匹马作为军粮，挖地深至三十多丈才得到饮水。大军返回后，曹操下令查问当初劝阻讨伐乌桓的人，大家都不知道其中的缘故，人人都很恐惧。曹操对所有规劝者均加重赏，说："我征讨乌桓，十分危险，全靠侥幸，虽然取胜，实为上天的保佑，但不能认为这是正常的。各位的劝谏，才是万全之计，所以奖赏你们，希望以后你们不要害怕进谏。"

十三年(208)春季正月，曹操返回邺城。夏季六月癸巳(初九)，任命曹操为丞相。秋季七月，曹操南下攻击刘表。八月，刘表死去，刘表的部属拥戴刘琮为继承人。九月，曹操的大军进抵新野，刘琮以荆州投降曹操，送去朝廷颁发的符节迎接曹操。事见《刘备据蜀》。

刘琮的部将王威向刘琮建议说："曹操听说将军已经投降，刘备已经逃走，必定松懈无所戒备，只率前锋部队，轻装急进。如果你能拨给我精兵数千，在险要之处突袭他们，就可以擒获曹操。擒住了曹操便可威震四海，那就不仅仅是保住今天这个局面。"刘琮不加采纳。

曹操进军到江陵，任命刘琮为青州刺史，封为列侯，加上蒯越等人，被封侯者共十五人。解除了韩嵩的囚禁，以朋友之礼相待，并请他评价荆州人士的优劣，对他们全加提升任用。任命韩嵩为大鸿胪，蒯越为光禄勋，刘先为尚书，邓羲为侍中。

荆州大将南阳文聘别屯在外,琮之降也,呼聘,欲与俱。聘曰:"聘不能全州,当待罪而已!"操济汉,聘乃诣操。操曰:"来何迟邪?"聘曰:"先日不能辅弼刘荆州以奉国家,荆州虽没,常愿据守汉川,保全土境,生不负于孤弱,死无愧于地下,而计不在己,以至于此,实怀悲惭,无颜早见耳!"遂歔欷流涕。操为之怆然,字谓之曰:"仲业,卿真忠臣也。"厚礼待之,使统本兵,为江夏太守。

冬十二月,益州牧刘璋闻曹操克荆州,遣别驾张松致敬于操。松为人短小放荡,然识达精果。操时已定荆州,走刘备,不复存录松。主簿杨脩白操辟松,操不纳,松以此怨,归,劝刘璋绝操,与刘备相结,璋从之。

习凿齿论曰:昔齐桓一矜其功而叛者九国;曹操暂自骄伐而天下三分。皆勤之于数十年之内而弃之于俯仰之顷,岂不惜乎!

十五年春,操下令曰:"孟公绰为赵、魏老则优,不可以为滕、薛大夫。若必廉士而后可用,则齐桓其何以霸世?二三子其佐我明扬仄陋,唯才是举,吾得而用之。"

冬十二月己亥,操下令曰:"孤始举孝廉,自以本非岩穴知名之士,恐为世人之所凡愚,欲好作政教以立名誉,故在济南,除残去秽,平心选举。以是为强豪所忿,恐致家祸,故以病还乡里。时年纪尚少,乃于谯东五十里筑精舍,欲秋夏读书,冬春射猎,为二十年规,待天下清乃出仕耳。

荆州大将南阳人文聘驻扎在外,刘琮投降曹操时,征召文聘,打算同他一起归降。文聘说:"我不能保全荆州,应当在此戴罪!"曹操渡过汉水,文聘才拜谒曹操。曹操说:"你为何来得这样迟?"文聘说:"以前我不能辅佐刘表事奉国家,刘表虽死,我总希望能据守汉水,保全整个荆州,这样,我活着的时候就不会辜负幼主刘琮,死后也不会愧心于埋在地下的故主刘表,但形势所迫,身不由己,以至沦落到今天这种地步,实在是悲哀羞愧,没有脸面早来相见!"说完后深深哀叹,泪流满面。曹操也替他深感悲怆,叫着文聘的表字说:"仲业,你真是忠臣。"以厚礼对待文聘,让他仍统率原来的部队,任命他为江夏太守。

冬季十二月,益州州牧刘璋得知曹操攻克荆州,派别驾张松前去向曹操祝贺致敬。张松身材短小、行为放荡,但聪达精明。曹操此时已平定荆州,赶走刘备,不再存有录用张松之意。主簿杨脩建议曹操延聘张松,曹操不加采纳,张松因此而怨恨曹操,回去后劝刘璋与曹操断绝关系,与刘备结好,刘璋听从了他的意见。

东晋学者习凿齿评论说:从前齐桓公因一次自负其功,而立即遭到九国背叛;曹操仅一次自傲其功而使天下分裂为三。勤勤恳恳几十年积累下的成果,全都毁弃在低头抬头的片刻间,岂不可惜!

十五年(210)春季,曹操下令说:"从前,孟公绰可以胜任晋国赵、魏两大家族的元老,但却不可胜任滕、薛两个小国的大夫。如果一定坚持廉洁之士才可以任用,那么齐桓公怎么能称霸天下呢? 各位请帮助我在出身卑微的人中发掘贤才,只要是人才就加以举荐,我一定任用。"

冬季十二月己亥,曹操下令说:"我当初被举为孝廉,自知本不是隐居深山的知名之士,恐怕被世人看作凡夫愚子,想推广教化以树立名誉,所以在济南时,铲除贪官,清除污秽,公平地选拔人才。因此受到豪门强族的痛恨,深恐招致毁家之祸,故称病辞职回乡。当时我年纪尚轻,于是在谯县以东五十里处修建学舍,打算秋夏读书,冬春打猎,预期二十年,等天下太平再出来做官。

然不能得如意，征为典军校尉，意遂更欲为国家讨贼立功，使题墓道言'汉故征西将军曹侯之墓'，此其志也。而遭值董卓之难，兴举义兵。后领兖州，破降黄巾三十万众。又讨击袁术，使穷沮而死。摧破袁绍，枭其二子。复定刘表，遂平天下。身为宰相，人臣之贵已极，意望已过矣。设使国家无有孤，不知当几人称帝，几人称王。或者人见孤强盛，又性不信天命，恐妄相忖度，言有不逊之志，每用耿耿。故为诸君陈道此言，皆肝鬲之要也。然欲孤便尔委捐所典兵众以还执事，归就武平侯国，实不可也。何者？诚恐己离兵为人所祸，既为子孙计，又己败则国家倾危，是以不得慕虚名而处实祸也！然封兼四县，食户三万，何德堪之？江湖未静，不可让位；至于邑土，可得而辞。今上还阳夏、柘、苦三县，户二万，但食武平万户，且以分损谤议，少减孤之责也！"

十六年春正月，以曹操世子丕为五官中郎将，置官属，为丞相副。

十七年春正月，曹操还邺。诏操赞拜不名，入朝不趋，剑履上殿，如萧何故事。

冬十月，董昭言于曹操曰："自古以来，人臣匡世，未有今日之功；有今日之功，未有久处人臣之势者也。今明公耻有惭德，乐保名节；然处大臣之势，使人以大事疑己，诚不可不重虑也。"乃与列侯诸将议，以丞相宜进爵国公，

但不能如我所愿,被朝廷征召为典军校尉,于是改变主意,想全心全意地为国家讨伐逆贼,建立功业,使死后的墓碑上题上这样的字样'汉故征西将军曹侯之墓',这就是我的志愿。然而不料正赶上董卓之乱,遂兴举义兵。后来兼任兖州州牧,击破黄巾军三十万人。接着又讨伐袁术,迫使他在穷途沮丧之中死去。后又击败袁绍,斩杀了他的两个儿子。再又平定刘表,于是平定了天下。我现在身为宰相,已经到了人臣尊贵的极点,这已超过了我以前的愿望。假使国家没有我,不知道会有几人称帝,几人称王。也许有人见到我力量强盛,又素不相信天命,恐怕他们会妄自猜度,以为我有篡位之意,每思至此,我都会烦躁不安。所以我特地向大家说明这些,全是我的肺腑之言。然而,如果想让我放弃我所掌管的军队,将其交还给有关机构,回到武平侯国,则绝不可能。为什么呢?因为我实在担心一旦离开军队,就会被人谋害,一方面是为自己的子孙作打算,另一方面则是因为我若失败,则国家便会危亡,所以我绝不会因仰慕虚名而身处实祸!然而,我的封地有四县,享有收取三万户百姓租税的权利,我有何德消受?天下尚未平静,不可以辞让官位;至于采邑封土,却可辞让。现在向朝廷交回阳夏、柘县、苦县三县二万户食邑,仅保留武平县一万户的食邑,姑且减轻他人对我的诽谤和议论,也稍稍减轻一些我所承受的压力。"

十六年(211)春季正月,任命曹操的长子曹丕为五官中郎将,设置属吏,作为丞相的助手。

十七年(212)春季正月,曹操返回邺城。皇帝下诏特别允许曹操在参拜天子时可以只称官职、不称姓名,入朝可以不趋谒,可以佩剑穿履上殿,一切遵照萧何前例。

冬季十月,董昭对曹操说:"自古以来,人臣救世,从未有像您现在这样的功业;有您今天功业的人,也不会长居臣属地位。现在您为德行有欠缺而深感羞愧,乐于保持自己的名声和操节;然而身处大臣之态势,使人因大事而怀疑自己,实在是不可不多加考虑。"于是与列侯、大将们商议,都认为丞相应进爵国公,

九锡备物，以彰殊勋。荀彧以为："曹公本兴义兵以匡朝宁国，秉忠贞之诚，守退让之实；君子爱人以德，不宜如此。"操由是不悦。及击孙权，表请彧劳军于谯，因辄留彧，以侍中、光禄大夫、持节、参丞相军事。操军向濡须，彧以疾留寿春，饮药而卒。彧行义修整而有智谋，好推贤进士，故时人皆惜之。

臣光曰：孔子之言仁也重矣。自子路、冉求、公西赤门人之高第，令尹子文、陈文子诸侯之贤大夫，皆不足以当之，而独称管仲之仁，岂非以其辅佐齐桓，大济生民乎？齐桓之行若狗彘，管仲不羞而相之，其志盖以非桓公则生民不可得而济也。汉末大乱，群生涂炭，自非高世之才不能济也。然则荀彧舍魏武将谁事哉？齐桓之时，周室虽衰，未若建安之初也。建安之初，四海荡覆，尺土一民，皆非汉有。荀彧佐魏武而兴之，举贤用能，训卒厉兵，决机发策，征伐四克，遂能以弱为强，化乱为治，十分天下而有其八，其功岂在管仲之后乎！管仲不死子纠而荀彧死汉室，其仁复居管仲之先矣！而杜牧乃以为："彧之劝魏武取兖州则比之高、光，官渡不令还许则比之楚、汉，及事就功毕，乃欲邀名于汉代，譬之教盗穴墙发匮而不与同挈，得不为盗乎？"臣以为孔子称"文胜质则史"，凡为史者记人之言，必有以文之。然则比魏武于高、光、楚、汉者，史氏

接受天子九锡器物,以表彰其为国家所建立的特殊功勋。荀彧认为:"曹公当初原是大义起兵以匡救朝廷,安宁国家,胸怀忠诚之心,严守退让的实意;君子以德爱护他人,不应该这样做。"曹操因此很不高兴。等到征讨孙权时,曹操上书请求让荀彧到谯县慰劳军队,荀彧到谯县后,曹操又借机留下荀彧,任他为侍中、光禄大夫、持节、参丞相军事。曹军向濡须推进,荀彧因病留在寿春,服毒药而死。荀彧坚持大义,行为端正,又有智谋,喜欢荐举贤能,所以世人都很惋惜。

　　北宋史臣司马光说:孔子在谈到仁德时,非常重视。认为子路、冉求、公西赤等自己门下的高徒,以及楚国令尹子文、陈文子等一些诸侯的贤大夫,都不足以称得上仁,却单单称赞管仲的仁,难道不是因为他辅佐齐桓公,有大德于百姓吗?齐桓公的行为有如猪狗,管仲并不感到羞辱而去辅佐他,他的想法大概是若没有齐桓公,百姓就不可能得到匡济。东汉末年天下大乱,百姓生灵涂炭,若非绝世高才,不能拯救万民。那么如果荀彧舍弃了曹操又会去辅佐谁呢?齐桓公的时候,周王室虽然衰微,但还没有到建安初年东汉王权那样的地步。建安初年,天下动荡,汉王室一尺土地,一个百姓都没有。荀彧辅佐曹操而使其兴盛,荐举任用贤能,训练士卒,振奋军心,决断机要,制定策略,征伐四方,不断取胜,于是才能转弱为强,化乱为治,夺取了十分之八的天下,荀彧的功勋岂在管仲之后!管仲不为公子纠而死而荀彧为汉室死节,他的仁德又在管仲之上了!但杜牧却认为:"荀彧劝曹操攻取兖州时,将曹操比作高祖刘邦和光武帝刘秀,在官渡劝阻曹操退回许县时,又将当时比作楚汉相争,等到事成功就,又想留名于汉代,就好像是教强盗掘墙破柜,而又宣称自己与强盗不是同伙一样,难道他就不是强盗吗?"我认为孔子曾讲"文采多于朴实就会虚浮",凡是写历史的人,在记载历史人物的言论时,必定会加以虚饰。荀彧将曹操比作汉高祖、汉光武、楚、汉的言论,当是史家

之文也，岂皆或口所言邪？用是贬或，非其罪矣。且使魏武为帝，则或为佐命元功，与萧何同赏矣；或不利此而利于杀身以邀名，岂人情乎！

十八年夏五月丙申，以冀州十郡封曹操为魏公，以丞相领冀州牧如故。又加九锡：大辂、戎辂各一，玄牡二驷；衮冕之服，赤舄副焉；轩县之乐，六佾之舞；朱户以居；纳陛以登；虎贲之士三百人；铁、钺各一；彤弓一，彤矢百，玈弓十，玈矢千；秬鬯一卣，珪、瓒副焉。

秋七月，魏始建社稷、宗庙。

冬十一月，魏初置尚书、侍中、六卿。以荀攸为尚书令，凉茂为仆射，毛玠、崔琰、常林、徐奕、何夔为尚书，王粲、杜袭、卫觊、和洽为侍中，锺繇为大理，王脩为大司农，袁涣为郎中令、行御史大夫事，陈群为御史中丞。

十九年春三月，诏魏公操位在诸侯王上，改授金玺、赤绂、远游冠。

二十一年夏五月，进魏公操爵为王。秋八月，魏以大理锺繇为相国。

二十二年夏四月，诏魏王操设天子旌旗，出入称警跸。

六月，魏以军师华歆为御史大夫。冬十月，命魏王操冕十有二旒，乘金根车，驾六马，设五时副车。魏以五官中郎将丕为太子。

二十四年秋七月，诏以魏王操夫人为王后。

冬十二月，魏王操表孙权为票骑将军，假节，领荆州牧，封南昌侯。权遣校尉梁寓入贡，又遣朱光等归，上书称臣于操，称说天命。操以权书示外曰："是儿欲踞吾著炉火上

的文字,怎会都是荀彧亲口所讲的呢?用这些来贬责荀彧,不能构成他的罪状。而且假使曹操当了皇帝,则荀彧就为开国元勋,与萧何处于同等地位了;荀彧不贪图此种富贵,而宁愿牺牲自己的性命获取名声,这难道符合人情吗!

十八年(213)夏季五月丙申(初十),朝廷将冀州十郡封给曹操,并封他为魏公,仍旧以丞相的身份兼任冀州州牧。又加赏九锡:大辂、戎辂各一辆,黑色雄马八匹,龙袍龙帽,再附加红色木屐;诸侯专用的音乐,六佾舞蹈;朱门住宅;纳于檐下的登殿台阶;武士三百人;铁、钺各一个;红色弓一把,红色箭一百支,黑色弓十把,黑色箭千支;美酒一樽,附加玉圭柄勺一支。

秋季七月,魏国开始修建天地祭坛和祖先祭庙。

冬季十一月,魏国开始设置尚书、侍中、六卿。任命荀攸为尚书令,凉茂为仆射,毛玠、崔琰、常林、徐弈、何夔为尚书,王粲、杜袭、卫觊、和洽为侍中,钟繇为大理,王脩为大司农,袁涣为郎中令、行御史大夫事,陈群为御史中丞。

十九年(214)春季三月,皇帝下诏魏公曹操地位在诸侯王之上,改发金印、红色绣佩带、远游冠。

二十一年(216)夏季五月,汉献帝晋封曹操爵位为王。秋季八月,魏国任命大理钟繇为相国。

二十二年(217)夏季四月,皇帝下诏魏王曹操设置天子旌旗,出入戒严。

六月,魏任命军师华歆为御史大夫。冬季十月,皇帝下诏魏王曹操官帽上佩挂十二条旒穗,乘坐帝王专属金根车,驾六匹马,配置皇帝专用的五色装饰的副车。魏立五官中郎将曹丕为太子。

二十四年(219)秋季七月,皇帝下诏封魏王曹操的夫人为王后。

冬季十二月,魏王曹操上表给皇帝,推荐孙权为骠骑将军,授予符节,兼任荆州牧,封南昌侯。孙权派校尉梁寓上朝进贡,又将朱光等人送回,上书向曹操称臣,还声称天命有归。曹操将孙权的奏书公开示众,说:"这个小子是想让我蹲坐在火炉之上

邪!"侍中陈群等皆曰:"汉祚已终,非适今日。殿下功德巍巍,群生注望,故孙权在远称臣。此天人之应,异气齐声,殿下宜正大位,复何疑哉!"操曰:"若天命在吾,吾为周文王矣。"

臣光曰:教化,国家之急务也,而俗吏慢之;风俗,天下之大事也,而庸君忽之。夫惟明智君子,深识长虑,然后知其为益之大而收功之远也。光武遭汉中衰,群雄糜沸,奋起布衣,绍恢前绪,征伐四方,日不暇给,乃能敦尚经术,宾延儒雅,开广学校,修明礼乐,武功既成,文德亦洽。继以孝明、孝章,遹追先志,临雍拜老,横经问道,自公卿、大夫至于郡县之吏,咸选用经明行修之人,虎贲卫士皆习《孝经》,匈奴子弟亦游太学,是以教立于上,俗成于下。其忠厚清修之士,岂唯取重于搢绅,亦见慕于众庶;愚鄙污秽之人,岂唯不容于朝廷,亦见弃于乡里。自三代既亡,风化之美,未有若东汉之盛者也。及孝和以降,贵戚擅权,嬖倖用事,赏罚无章,贿赂公行,贤愚浑殽,是非颠倒,可谓乱矣。然犹绵绵不至于亡者,上则有公卿、大夫袁安、杨震、李固、杜乔、陈蕃、李膺之徒面引廷争,用公义以扶其危,下则有布衣之士符融、郭泰、范滂、许邵之流,立私论以救其败,是以政治虽浊而风俗不衰,至有触冒斧钺,僵仆于前,而忠义奋发,继起于后,随踵就戮,视死如归。夫岂特数子之贤哉?亦光武、明、章之遗化也。

呀!"侍中陈群等人都说:"汉朝福命已尽,并非今天才开始。殿下功德高大,百姓注目仰望,所以在远方的孙权也向您称臣。这天人感应,众口一词,殿下应该正式登上皇位,还有什么迟疑的!"曹操说:"如果上天的旨意应在我身上,我愿作周文王。"

　　北宋史臣司马光说:教化,是国家紧迫的事务,而一般的官吏却对此很怠慢;风俗,是天下的重大事情,而庸碌的君王却忽视它。只有明智的君子深谋远虑,然后才知道它们对社会的好处之大、影响之远。东汉光武帝正逢汉朝中衰,群雄动乱,于是以布衣的身份,发奋起兵,继承先人的事业,讨伐四方,每天都辛勤忙碌,却仍崇尚儒家经学,用贵宾的礼仪延聘儒士,扩大设立学校,整饬清明礼乐,武功固然完成,礼乐教化也得以推广。光武帝之后的汉明帝、汉章帝,遵循祖先的遗志,亲临辟雍拜望三老,横陈经书请教大道,上至公卿、大夫,下至郡县官吏,都选用通晓经书、行为端正的人,虎贲卫士也全都学习《孝经》,匈奴的贵族子弟,也到太学学习,所以教化建立于上层社会,风俗也形成于下层社会。那些忠厚廉洁的人,不仅受到了士大夫的重视,也为广大百姓所仰慕;卑劣邪恶之徒,不仅不被朝廷看重,而且也为乡里鄙弃。自从夏、商、周三代灭亡后,风俗教化之美,从来没有像东汉那样兴盛。等到汉和帝以后,贵戚专权,受宠小人主持政事,赏罚不明,贿赂公开进行,贤能愚劣之人混淆不分,是非颠倒,可以说是混乱之至。然而东汉皇权之所以还能残延不至于灭亡,是因为上有公卿大夫袁安、杨震、李固、杜乔、陈蕃、李膺等在朝廷据理力争,用公义来扶持皇权的危亡,下则有符融、郭泰、范滂、许邵等布衣平民,建立民间舆论以挽救皇权的败亡,所以虽然政治浑浊却风俗尚未糜烂,以致有人敢于英勇就义,前面的人虽受刑而死,在后面仍有忠义之士继续奋发不舍,紧随前人的脚跟接受刑戮,视死如归。难道只是因为他们这些人特别贤能吗?这也是汉光武帝、汉明帝、汉章帝所遗留的教化影响的缘故。

当是之时,苟有明君作而振之,则汉氏之祚犹未可量也。不幸承陵夷颓敝之余,重以桓、灵之昏虐,保养奸回,过于骨肉,殄灭忠良,甚于寇仇,积多士之愤,蓄四海之怒。于是何进召戎,董卓乘衅,袁绍之徒从而构难,遂使乘舆播越,宗庙丘墟,王室荡覆,烝民涂炭,大命陨绝,不可复救。然州郡拥兵专地者,虽互相吞噬,犹未尝不以尊汉为辞。以魏武之暴戾强伉,加有大功于天下,其蓄无君之心久矣,乃至没身不敢废汉而自立,岂其志之不欲哉?犹畏名义而自抑也。由是观之,教化安可慢,风俗安可忽哉!

魏文帝黄初元年春正月,武王至洛阳;庚子,薨。王知人善察,难眩以伪。识拔奇才,不拘微贱,随能任使,皆获其用。与敌对陈,意思安闲,如不欲战然;及至决机乘胜,气势盈溢。勋劳宜赏,不吝千金;无功望施,分豪不与。用法峻急,有犯必戮,或对之流涕,然终无所赦。雅性节俭,不好华丽。故能芟刈群雄,几平海内。

是时太子在邺,军中骚动。群僚欲秘不发丧,谏议大夫贾逵以为事不可秘,乃发丧。或言宜易诸城守,悉用谯、沛人。魏郡太守广陵徐宣厉声曰:"今者远近一统,人怀效节,何必专任谯、沛,以沮宿卫者之心!"乃止。青州兵擅击鼓,相引去,众人以为宜禁止之,不从者讨之。贾逵曰:"不可。"为作长檄,令所在给其禀食。鄢陵侯彰从长安来赴,

当时,如果有圣明的君主奋起振作,则汉王朝仍不可限量。不幸的是,东汉皇权在受到伤害而颓废之馀,再加上桓帝、灵帝的昏乱暴虐,保护宠幸奸邪超过了自己的骨肉,杀戮忠良甚于屠杀仇寇,累积众人的愤慨,蓄聚四海的怨怒。结果使得何进征召外军,董卓乘机作乱,袁绍之流也借此连兵结祸,遂致使皇帝流亡,宗庙荒废,朝廷动荡倾覆,百姓犹如身陷泥炭,天命亡灭,无法挽救。但州郡拥兵割据的豪雄,虽然相互吞噬,却都未尝不是以尊崇汉室为号召。以曹操的残暴骄横,加之对天下立有大功,他胸中早就怀有废君之心,但直至他死时仍未敢废汉自立,这难道是他不愿意吗?不过只是因为他畏惧损伤自己的名誉及道义,强行克制自己而已。由此看来,教化怎可怠慢,风俗怎可忽视啊!

魏文帝黄初元年(220)春季正月,魏王曹操抵达洛阳;庚子(二十三日),去世。曹操知人善用,很难被虚假迷惑。发现提拔奇才,不论其出身如何卑微低贱,根据他的才能加以使用,都能胜任自己的工作。在与敌作战时,心意安详,就好像不愿意作战的样子;等到抓住战机时便乘胜追击,气势旺盛。在赏赐应该受赏的功臣时,不惜千金;对于那些没有功劳却希望受赏的人,不与分毫。执法严峻急切,若有犯法,一定诛杀,有时虽对犯人流泪哭泣,但最终也不会赦免。生性节俭,不喜欢豪华富丽。所以曹操才能削平群雄,几乎平定海内。

曹操去世时,太子曹丕在邺城,军中人心骚动。臣僚们打算不公开曹操的丧讯,谏议大夫贾逵认为不可能严守秘密,于是公布了曹操的丧讯。有人建议应当撤换各郡守、县令,全部改用谯县、沛国人。魏郡太守广陵人徐宣厉声道:"现在远近归一,人人都怀有效忠之心,何必专门任用谯县、沛国人,而伤害所有忠心卫国者之心呢!"于是停止此议。青州兵擅自击鼓,将领各自率众离去,众人认为应当阻止他们,若有违抗者便加以讨伐。贾逵说:"不能这样做。"为此特别颁发了一份长篇檄文,下令青州兵所经郡县供给他们粮草。鄢陵侯曹彰从长安赶来奔丧,

问邃先王玺绶所在,邃正色曰:"国有储副,先王玺绶,非君侯所宜问也。"凶问至邺,太子号哭不已,中庶子司马孚谏曰:"君王晏驾,天下恃殿下为命。当上为宗庙,下为万国,奈何效匹夫孝也!"太子良久乃止,曰:"卿言是也。"时群臣初闻王薨,相聚哭,无复行列。孚厉声于朝曰:"今君王违世,天下震动,当早拜嗣君,以镇万国,而但哭耶!"乃罢群臣,备禁卫,治丧事。群臣以为太子即位,当须诏命。尚书陈矫曰:"王薨于外,天下惶惧。太子宜割哀即位,以系远近之望。且又爱子在侧,彼此生变,则社稷危矣。"即具官备礼,一日皆办。明旦,以王后令,策太子即王位,大赦。汉帝寻遣御史大夫华歆奉策诏,授太子丞相印绶,魏王玺绶,领冀州牧。于是尊王后曰王太后。

二月丁卯,葬武王于高陵。

秋七月,左中郎将李伏、太史丞许芝表言:"魏当代汉,见于图纬,其事众甚。"群臣因上表劝王顺天人之望。王不许。

冬十月乙卯,汉帝告祠高庙,使行御史大夫张音持节奉玺绶诏册,禅位于魏。王三上书辞让,乃为坛于繁阳,辛未,升坛受玺绶,即皇帝位,燎祭天地、岳渎,改元,大赦。

十一月癸酉,奉汉帝为山阳公,行汉正朔,用天子礼乐。封公四子为列侯。追尊太王曰太皇帝;武王曰武皇帝,庙号太祖;尊王太后曰皇太后。以汉诸侯王为崇德侯,列侯为关中侯。群臣封爵、增位各有差。改相国为司徒,

向贾逵询问先王的印玺在什么地方，贾逵严厉地说："国家已有确认的继承者，先王的印玺，并不是你应该询问的。"曹操死去的噩耗传到邺城，太子曹丕大哭不止，中庶子司马孚劝道："先王去世，天下就依靠殿下做主。你现在应当上为宗庙，下为万民着想，怎能效法小民之孝呢！"太子曹丕过了很久才停止哭泣，说："你的话很对。"当时群臣刚听到曹操去世的消息，相聚在一起痛哭，原有行列错乱。司马孚在朝上厉声说："现在君王去世，天下震动，应当及早拜立继位君主，以安定四方，你们只会哭吗？"于是请退群臣，安排禁卫，办理丧事。群臣认为太子即位，应有汉皇的诏令。尚书陈矫说："魏王在外去世，天下恐惧。太子应当节哀登位，以维系远近人心。况且先王的爱子曹彰正守在灵柩旁边，若发生变故，国家就危险了。"当即召集百官，安排礼仪，在一天之内，全都办齐。第二天早晨，以王后的诏令，拜立太子曹丕继位魏王，大赦天下。汉献帝接着派遣御史大夫华歆带着诏书，授予曹丕丞相印信和魏王玉玺，仍兼任冀州州牧。于是尊封武王后为王太后。

二月丁卯（二十一日），下葬魏武王于高陵。

秋季七月，左中郎将李伏、太史丞许芝上书说："魏应当替代汉朝，此事已显示在图谶纬书之中，这种记载很多。"群臣也乘机上书规劝魏王曹丕顺应天心民望。魏王不同意。

冬季十月乙卯（十三日），汉献帝在汉高祖祭庙中焚香禀告，派行御史大夫张音拿着符节，带上皇帝玉玺、诏书，禅位于魏。魏王曹丕三次上书推辞之后，才在繁阳兴建祭坛，辛未（二十九日），魏王曹丕登上祭坛接受玉玺，正式登位称帝，焚祭天地、名川大山，更改年号，大赦天下。

十一月癸酉（初一），曹丕奉封汉献帝为山阳公，在封国内实行汉朝历法，使用天子的礼仪音乐。封他的四个儿子为列侯。追尊太王曹嵩为太皇帝；武王曹操为武皇帝，庙号太祖；尊称王太后为皇太后。改封汉朝所有的诸侯王为崇德侯，列侯为关中侯。其他臣僚的封爵、职位升迁各有差别。将相国改称为司徒，

御史大夫为司空。山阳公奉二女以嫔于魏。

帝欲改正朔，侍中辛毗曰："魏氏遵舜、禹之统，应天顺民。至于汤、武，以战伐定天下，乃改正朔。孔子曰：'行夏之时。'《左氏传》曰：'夏数为得天正。'何必期于相反。"帝善而从之。时群臣并颂魏德，多抑损前朝，散骑常侍卫臻独明禅授之义，称扬汉美，帝数目臻曰："天下之珍，当与山阳共之。"

魏明帝青龙二年春三月庚寅，山阳公卒，帝素服发丧。秋八月，孝献皇帝葬于禅陵。

改御史大夫为司空。山阳公刘协将自己的两个女儿献给曹丕当嫔妃。

魏帝曹丕准备更改历法，侍中辛毗说："魏王朝继承虞舜、夏禹的正统，上应天时，下顺万民。至于商汤、周武王通过战争平定天下，这才更改历法。孔子说：'遵循夏朝的时令。'《左传》说：'夏朝历法，得位于天地正中。'何必要跟它相反呢。"曹丕认为正确而加以采纳。当时群臣都赞颂曹魏的功德，大多贬责东汉王朝，唯独散骑常侍卫臻阐明东汉禅让的大义，称颂东汉的美德，曹丕每次见到卫臻都说："天下的珍品，当与山阳公共享。"

魏明帝青龙二年(234)春季三月庚寅(初六)，山阳公刘协去世，魏明帝曹叡身穿丧服为刘协出殡。秋季八月，汉献帝刘协被埋葬在禅陵。

孙氏据江东

汉献帝兴平元年。初,孙坚娶钱唐吴氏,生四男策、权、翊、匡及一女。坚从军于外,留家寿春。策年十馀岁,已交结知名。舒人周瑜与策同年,亦英达夙成,闻策声问,自舒来造焉,便推结分好。劝策徙居舒,策从之。瑜乃推道南大宅与策,升堂拜母,有无通共。及坚死,策年十七,还葬曲阿。已乃渡江,居江都,结纳豪俊,有复仇之志。

丹阳太守会稽周昕与袁术相恶,术上策舅吴景领丹阳太守,攻昕,夺其郡,以策从兄贲为丹阳都尉。策以母弟托广陵张纮,径到寿春见袁术,涕泣言曰:"亡父昔从长沙入讨董卓,与明使君会于南阳,同盟结好,不幸遇难,勋业不终。策感惟先人旧恩,欲自凭结,愿明使君垂察其诚!"术甚奇之,然未肯还其父兵,谓策曰:"孤用贵舅为丹阳太守,贤从伯阳为都尉,彼精兵之地,可还依召募。"策遂与汝南吕范及族人孙河迎其母诣曲阿,依舅氏,因缘召募,得数百人,

孙氏据江东

汉献帝兴平元年（194）。当初孙坚娶钱唐吴氏，生有四个儿子，孙策、孙权、孙翊、孙匡，及一个女儿。孙坚带兵在外作战，家眷留在寿春。孙策在十几岁时，就已交结了一些知名之士。舒县人周瑜与孙策同岁，也天生英武聪达，听到孙策的名声，从舒县赶到寿春拜访孙策，于是两人便推心置腹，结为友好。周瑜劝孙策迁居舒县，孙策同意。周瑜便将大道南边的一座住宅推让给孙策，并至内室拜见孙策的母亲，两家共通有无。及至孙坚死时，孙策十七岁，将孙坚葬回老家曲阿。安葬后，孙策渡过长江，居住在江都，结纳英雄豪杰，有替父报仇之志。

丹阳太守会稽人周昕与袁术交恶，袁术上书朝廷荐举孙策的舅父吴景担任丹阳太守，发兵攻击周昕，夺取了会稽郡，任命孙策的堂兄孙贲为丹阳都尉。孙策将母亲、弟弟托付给广陵人张纮，自己径直到寿春去晋见袁术，流着泪对袁术说："先父当年从长沙北上讨伐董卓，同您在南阳会合，结成同盟亲近友好，不幸先父身亡，大业未能完成。我感激您对家父昔日的恩情，打算继续听候差遣，希望您能躬身下察我的诚心！"袁术对孙策大为惊奇，但不肯将他父亲的军队交还给他，对孙策说："我任你的舅父为丹阳太守，又任你的堂兄孙贲为都尉，丹阳是出精兵的地方，你可回到那里去招募兵士。"孙策于是同汝南人吕范及族人孙河，迎接母亲到曲阿，投靠舅父，乘机招募兵士，募得数百人。

而为泾县大帅祖郎所袭,几至危殆,于是复往见术,术以坚馀兵千馀人还策,表拜怀义校尉。策骑士有罪,逃入术营,隐于内厩,策指使人就斩之,讫,诣术谢。术曰:"兵人好叛,当共疾之,何为谢也!"由是军中益畏惮之。术初许以策为九江太守,已而更用丹阳陈纪。后术欲攻徐州,从庐江太守陆康求米三万斛,康不与。术大怒,遣策攻康,谓曰:"前错用陈纪,每恨本意不遂。今若得康,庐江真卿有也。"策攻康,拔之,术复用其故吏刘勋为太守,策益失望。

侍御史刘繇有盛名,诏用为扬州刺史。及策攻庐江,繇惧为袁、孙所并,遣将樊能屯横江,张英屯当利以拒之。术使吴景与孙贲共将兵击英等。

二年。初,丹阳人朱治尝为孙坚校尉,见袁术政德不立,劝孙策归取江东。时吴景攻樊能、张英等,岁馀不克。策说术曰:"家有旧恩在东,愿助舅讨横江。横江拔,因投本土召募,可得三万兵,以佐明使君定天下。"术知其恨,而以刘繇据曲阿,王朗在会稽,谓策未必能定,乃许之,表策为折冲校尉。将兵千馀人,骑数十匹,行收兵,比至历阳,众五六千。时周瑜从父尚为丹阳太守,瑜将兵迎之,仍助以资粮,策大喜,曰:"吾得卿,谐也!"进攻横江、当利,皆拔之,樊能、张英败走。

策渡江转斗,所向皆破,莫敢当其锋者。百姓闻孙郎至,皆失魂魄。长吏委城郭,窜伏山草。及策至,军士奉令,

但是却遭到泾县军事首领祖郎的袭击，几乎被杀，于是孙策再次前去晋见袁术，袁术将孙坚的旧部千馀人交还孙策，上书荐举孙策为怀义校尉。孙策有一骑兵犯了罪，逃入袁术营中，隐藏在马厩内，孙策派人就地斩杀了该骑兵，之后，孙策亲自晋见袁术谢罪。袁术说："有些军人喜欢反叛，我同你一样痛恨他们，何必谢罪！"从此军中更加畏惮孙策。袁术最初许诺任命孙策为九江太守，可后来换用丹阳人陈纪。后来袁术打算进攻徐州，向庐江太守陆康索求稻米三万斛，陆康不给。袁术大怒，派孙策去攻击陆康，并对他说："先前错用了陈纪，常常遗憾我的本意没有实现。现在你若赶走陆康，庐江就真是你的了。"孙策攻击陆康，成功攻下，袁术却又任命他的旧属刘勋为太守，孙策对袁术越加失望。

侍御史刘繇有很高的名望，被皇帝下诏任命为扬州刺史。等到孙策进攻庐江时，刘繇害怕被袁术、孙策所吞并，便派部将樊能屯守横江，张英屯守当利抵挡他们。袁术派吴景和孙贲共同带兵进攻张英等人。

二年(195)。当初，丹阳人朱治曾在孙坚部下任校尉，见到袁术不能建立德政，规劝孙策返回故乡夺取江东。这时，吴景进攻樊能、张英等人，一年多的时间不能攻克。孙策建议袁术说："孙家留有旧恩在江东，我愿帮助舅父讨伐横江。攻克横江后，乘机返回故乡招募兵士，能招集到三万兵士，以此辅佐您平定天下。"袁术知道孙策对自己怀有怨恨，但认为刘繇据守曲阿，王朗也在会稽，估计孙策不一定能平定他们，于是答应了他，并表荐朝廷任命孙策为折冲校尉。孙策率步兵千馀人，马数十匹，沿途招收兵马，及至历阳时，已有兵众五六千。这时，周瑜的伯父周尚为丹阳太守，周瑜带兵迎接孙策，并资助孙策粮草，孙策大喜，说："我有了你，事情定会办妥！"孙策率军进攻横江、当利，全都攻克，樊能、张英战败逃走。

孙策渡过长江，南下转战，大军所到之处无不攻克，没有人敢阻挡他的军锋。百姓听说孙郎军至，都落魂丧魄。各地长官都委弃城郭，逃至深山躲避。等孙策军队到后，军士严守军令，

不敢虏略,鸡犬菜茹,一无所犯,民乃大悦,竞以牛酒劳军。策为人,美姿颜,能笑语,性阔达听受,善于用人,是以士民见者莫不尽心,乐为致死。策攻刘繇牛渚营,尽得邸阁粮谷、战具。时彭城相薛礼、下邳相丹阳笮融依繇为盟主,礼据秣陵城,融屯县南,策皆击破之。又破繇别将于梅陵,转攻湖孰、江乘,皆下之,进击繇于曲阿。

繇同郡太史慈时自东莱来省繇,会策至,或劝繇可以慈为大将。繇曰:"我若用子义,许子将不当笑我邪?"但使慈侦视轻重。时独与一骑卒遇策于神亭,策从骑十三,皆坚旧将辽西韩当、零陵黄盖辈也。慈便前斗,正与策对,策刺慈马,而揽得慈项上手戟,慈亦得策兜鍪。会两家兵骑并各来赴,于是解散。

繇与策战,兵败,走丹徒。策入曲阿,劳赐将士,发恩布令,告谕诸县:"其刘繇、笮融等故乡部曲来降首者,一无所问;乐从军者,一身行,复除门户;不乐者不强。"旬日之间,四面云集,得见兵二万馀人,马千馀匹,威震江东。

丙辰,袁术表策行殄寇将军。策将吕范言于策曰:"今将军事业日大,士众日盛,而纲纪犹有不整者,范愿暂领都督,佐将军部分之。"策曰:"子衡既士大夫,加手下已有大众,立功于外,岂宜复屈小职,知军中细事乎?"范曰:"不然。今舍本土而托将军者,非为妻子也,欲济世务也。譬犹同舟涉海,一事不牢,即俱受其败。此亦范计,非但将军也。"

不敢抢掠,即使是鸡狗青菜也全无冒犯,百姓大为喜悦,竞相以牛肉好酒慰劳军队。孙策英姿俊美,言谈诙谐,性情豁达,能接受他人的意见,善于用人,所以凡是见到他的士人平民,没有不尽心尽力,乐于誓死效忠的。孙策进攻刘繇在牛渚的军营,获取了仓库中所有的粮谷及军事装备。这时彭城国相薛礼、下邳国相丹阳人笮融共推刘繇为盟主,薛礼据守秣陵城,笮融屯守在秣陵城南,孙策全部击破他们。孙策又击破了驻在梅陵的刘繇别部,转而进攻湖孰、江乘,全都攻克,进兵攻击刘繇的老巢曲阿。

刘繇的同郡人太史慈这时从东莱前来看望刘繇,正值孙策带兵来到,有人建议刘繇可以任命太史慈为大将。刘繇说:"我若任用太史慈,许劭难道不会笑我吗?"只是派太史慈负责侦察情况。当时太史慈独自带着一名骑兵与孙策在神亭相遇,孙策随从骑兵十三人,全部是孙坚的旧属,有辽西人韩当、零陵人黄盖等人。太史慈于是上前搏击,正与孙策相对,孙策刺中太史慈的坐骑,并夺得太史慈脖子上挂着的短矛,太史慈也获得孙策的头盔。刚好双方步骑各自赶来赴援,于是双方散开。

刘繇与孙策交战,兵败,逃往丹徒。孙策进入曲阿,慰劳赏赐将士,发布命令,通告各县:"凡是刘繇、笮融等人的乡友旧部前来归降的,概不追究;愿意从军的,全家仅取一人,但免除全家的差役赋税;不愿从军者也不强迫。"仅十天的时间,归附的人从四面八方云集而来,共招集到士卒二万多人,马千馀匹,声威震动江东。

丙辰(十二月二十日),袁术向朝廷表荐孙策为行殄寇将军。孙策的部将吕范对孙策说:"现在将军的事业日益壮大,士兵越来越多,但法纪尚有未修正的,我愿暂时兼任都督,协助将军治理法纪。"孙策说:"你已是士大夫,加上手下又有庞大的部队,在外建立了功勋,怎适宜再屈居这种小官位,而去过问军中的小事?"吕范说:"不是这样。我现在舍弃故土而投靠将军,并不是为了妻子儿女,而是想拯救时世。好像共舟渡海,若一件事情没有办稳当,就会一起受害。这也是为我本人着想,并非只为将军。"

策笑，无以答。范出，便释襦，著袴褶，执鞭诣阁下启事，自称领都督，策乃授传，委以众事。由是军中肃睦，威禁大行。

策以张纮为正议校尉，彭城张昭为长史，常令一人居守，一人从征讨。及广陵秦松、陈端等亦参与谋谟。策待昭以师友之礼，文武之事，一以委昭。昭每得北方士大夫书疏，专归美于昭，策闻之，欢笑曰：“昔管子相齐，一则‘仲父’，二则‘仲父’，而桓公为霸者宗。今子布贤，我能用之，其功名独不在我乎！”

刘繇自丹徒奔豫章，使太守朱皓攻袁术所用诸葛玄，使笮融助皓攻玄。融诈杀皓，代领郡事。繇进讨融，融走入山，为民所杀。诏以前太傅掾华歆为豫章太守。

建安元年秋八月，袁术以谶言“代汉者当涂高”，自云名字应之。又以袁氏出陈，为舜后，以黄代赤，德运之次，遂有僭逆之谋。闻孙坚得传国玺，拘坚妻而夺之。及闻天子败于曹阳，乃会群下议称尊号，众莫敢对。主簿阎象进曰：“昔周自后稷至于文王，积德累功，三分天下有其二，犹服事殷。明公虽奕世克昌，未若有周之盛；汉室虽微，未若殷纣之暴也。”术默然。

术聘处士张范，范不往，使其弟承谢之。术谓承曰：“孤以土地之广，士民之众，欲徼福齐桓，拟迹高祖，何如？”承曰：“在德不在强。夫用德以同天下之欲，虽由匹夫之资

孙策笑了笑，无法回答。吕范辞出后，便脱下高官单衣，穿上军中常服，手执皮鞭到都府处理政事，自称兼任都督，孙策于是授权与他，委派他处理军中各种事务。从此军中严肃和睦，威命与禁令得以彻底实行。

孙策任命张纮为正议校尉，彭城人张昭为长史，经常让他们中的一人留守，一人跟随自己征讨。另有广陵人秦松、陈端等人，也参与军中的策划。孙策以老师和朋友的礼节对待张昭，行政军事事务全都交给张昭处理。张昭常收到北方士大夫的信函，信中对张昭都赞美备至，孙策听说后，高兴地笑着说："从前管仲任齐国相，齐桓公一会儿称'仲父'，过一会儿又称'仲父'，齐桓公最终成为春秋五霸之首。而今张昭贤能，我能任用他，功业岂不归我！"

刘繇自丹徒投奔豫章，派太守朱皓进攻袁术所任命的诸葛玄，派笮融帮助朱皓进攻诸葛玄。笮融使用诈术杀掉了朱皓，接管了朱皓豫章郡的政事。刘繇发兵讨伐笮融，笮融逃入山中，被当地百姓杀死。皇帝下诏任命前任太傅掾华歆为豫章太守。

建安元年（196）秋季八月，袁术因为谶言书上说"代汉者当涂高"，自以为自己的名字与谶言相应合。又因为袁氏出自舜的后裔陈姓，而黄色替代赤色，是五行运行的次序，于是便产生了登基皇位的念头。听说孙坚得到了传国玉玺，便拘捕了孙坚的妻子强行夺取。等到听说天子在曹阳溃败，于是召集群下商议称帝事宜，众人都不敢回答。主簿阎象上前进言说："从前周王朝从始祖后稷到周文王，累积恩德功勋，控制了天下三分之二的版图，但仍还臣服于殷商。您虽累世昌显，但还没有周王朝当初那样的盛势；汉王室虽然衰微，但也没有像商纣那样的暴戾。"袁术默不出声。

袁术延聘隐士张范，张范不去，派弟弟张承向袁术致谢。袁术对张承说："我凭广大的土地，众多的士民，打算与齐桓公媲美，效仿汉高祖，你以为如何？"张承说："夺取天下，在于恩德，而不在于强大。用恩德来统一天下人的欲望，虽然是一介匹夫，

而兴霸王之功，不足为难。若苟欲僭拟，干时而动，众之所弃，谁能兴之！"术不悦。

孙策闻之，与术书曰："成汤讨桀称'有夏多罪'，武王伐纣曰'殷有重罚'，此二主者，虽有圣德，假使时无失道之过，无由逼而取也。今主上非有恶于天下，徒以幼小，胁于强臣，异于汤、武之时也。且董卓贪淫骄陵，志无纪极，至于废主自兴，亦犹未也，而天下同心疾之，况效尤而甚焉者乎！又闻幼主明智聪敏，有夙成之德，天下虽未被其恩，咸归心焉。使君五世相承，为汉宰辅，荣宠之盛，莫与为比，宜效忠守节，以报王室，则旦、奭之美，率土所望也。时人多惑图纬之言，妄牵非类之文，苟以悦主为美，不顾成败之计，古今所慎，可不孰虑！忠言逆耳，驳议致憎，苟有益于尊明，无所敢辞。"术始自以为有淮南之众，料策必与己合，及得其书，愁沮发疾。既不纳其言，策遂与之绝。

孙策将取会稽，吴人严白虎等众各万馀人，处处屯聚，诸将欲先击白虎等。策曰："白虎等群盗，非有大志，此成禽耳。"遂引兵渡浙江。会稽功曹虞翻说太守王朗曰："策善用兵，不如避之。"朗不从，发兵拒策于固陵。

策数渡水战，不能克。策叔父静说策曰："朗负阻城守，难可卒拔。查渎南去此数十里，宜从彼据其内，所谓攻其

也可以兴建霸王的功业，并不困难。如果只是想篡夺天下，利用时机而采取行动，这样必为众人所离弃，谁能使他兴起！"袁术不高兴。

孙策得知此事，写信给袁术说："商汤王讨伐夏桀时称'夏王朝有很多罪恶'，周武王讨伐商纣时说'商殷有很重的罪过'，商汤、周武两位君主，虽有至圣的恩德，假如当时的天子没有失道的过错，他们也无法强行取而代之。如今皇上对天下并没有恶行，只是因为幼小而被强臣控制，不同于商汤、周武之时。而且董卓贪淫残暴、欺上凌下，欲望无穷，甚至废除旧主，另立新君，但他仍不敢自立为帝，而天下仍一齐痛恨他，何况效法他而做出更为严重的事情呢？又听说幼主聪明敏睿，有天赋之德，天下之人虽没受其恩惠，但都归心于他。您家族五世相承担任汉朝的宰相或辅弼重臣，所受的荣耀宠爱，没有任何一个家族可以比拟，更应效忠守节，回报王室，这样就可获得像周公姬旦、召公姬奭那样的美名，赢得全国百姓的敬仰。现在很多人都迷信谶纬之言，随便拼凑一些不相干的字句，只是以取悦主人为美事，毫不考虑主人事业的成败，从古至今，对于称帝之事无不慎重，岂不应深思熟虑？正直的言论听起来不顺耳，辩驳他人之非会招致憎恨，但只要对您有益，我没有任何不敢讲的。"袁术开始以为拥有淮河之南的土地与军队，估计孙策必定会附和自己，等到他收到孙策的信后，忧愁沮丧而生病。他不采纳孙策的建议，孙策于是与他也断绝了关系。

孙策准备攻取会稽，吴郡人严白虎等各有部众万馀人，屯驻在各处，各位将领打算先攻击严白虎等人。孙策说："严白虎等强盗，并无大志，早晚会成为我们的擒俘。"于是带兵渡过浙江。会稽郡功曹虞翻建议太守王朗说："孙策善于用兵，不如暂且回避他。"王朗不加听从，发兵在固陵抵抗孙策。

孙策多次渡河攻击王朗，但不能攻取。孙策的叔父孙静对孙策说道："王朗依城坚守，不容易一下子攻取。查渎城南离此处有数十里，应当从那里攻入敌人后防，这就是所谓的攻击敌人

无备,出其不意者也。"策从之。夜,多然火为疑兵,分军投查渎道,袭高迁屯。朗大惊,遣故丹阳太守周昕等帅兵逆战,策破昕等,斩之。朗遁走,虞翻追随营护朗,浮海至东冶,策追击,大破之,朗乃诣策降。

策自领会稽太守,复命虞翻为功曹,待以交友之礼。策好游猎,翻谏曰:"明府喜轻出微行,从官不暇严,吏卒常苦之。夫君人者不重则不威,故白龙鱼服,困于豫且;白蛇自放,刘季害之。愿少留意!"策曰:"君言是也。"然不能改。

二年夏五月,曹操遣议郎王誧以诏书拜孙策为骑都尉,袭爵乌程侯,领会稽太守,使与吕布及吴郡太守陈瑀共讨袁术。策欲得将军号以自重,誧便承制假策明汉将军。策治严,行到钱唐,瑀阴图袭策,潜结祖郎、严白虎等,使为内应。策觉之,遣其将吕范、徐逸攻瑀于海西,瑀败,单骑奔袁绍。

三年冬十二月,孙策遣其正议校尉张纮献方物,曹操欲抚纳之,表策为讨逆将军,封吴侯;以弟女配策弟匡,又为子彰取孙贲女;礼辟策弟权、翊;以张纮为侍御史。

袁术以周瑜为居巢长,以临淮鲁肃为东城长。瑜、肃知术终无所成,皆弃官渡江从孙策,策以瑜为建威中郎将。肃因家于曲阿。

曹操表征王朗,策遣朗还。操以朗为谏议大夫,参司空军事。

没有防备的地方,出乎敌人的意料而攻击。"孙策采纳了他的建议。夜间,孙策命在多处燃起火把作为疑兵,另派一支军队奔向查渎道,偷袭了高迁屯。王朗大惊,派原丹阳太守周昕等人率兵迎战,孙策击破周昕等人,斩杀了他们。王朗逃走,虞翻追随左右保护王朗,浮海到了东冶,孙策紧追不放,大败王朗的军队,王朗于是到孙策那里去投降。

孙策亲自兼任会稽郡太守,仍旧任命虞翻为功曹,以好友的礼节对待他。孙策喜欢游猎,虞翻劝阻说:"您喜欢轻装简行,随从来不及戒严,官兵经常为此苦恼。作为一个统治他人的人,若不稳重则不能保持威严,所以若白龙化成鱼,就会受困于渔人豫且;白蛇自己游荡,终为刘邦所杀害。希望您稍加留意!"孙策说:"你讲得对。"然而他未能改正。

二年(197)夏季五月,曹操派遣议郎王誧携带皇帝的诏书,任命孙策为骑都尉,袭承其父亲孙坚乌程侯的爵位,兼任会稽太守,又命他同吕布和吴郡太守陈瑀一起讨伐袁术。孙策想得到将军的称号以加重自己的地位,王誧于是依照旧例任孙策为明汉将军。孙策整理行装,大军北上行到钱唐,陈瑀阴谋偷偷突袭孙策,暗中结交祖郎、严白虎等人,让他们作为自己的内应。孙策发觉后,派遣部将吕范、徐逸向驻在海西的陈瑀发起进攻,陈瑀战败,自己骑马去投奔袁绍。

三年(198)冬季十二月,孙策派他的部将正议校尉张纮向朝廷晋献土产,曹操想要安抚结交孙策,上书荐举孙策为讨逆将军,封吴侯;将自己弟弟的女儿许配给孙策的弟弟孙匡,又为自己的儿子曹彰娶孙贲的女儿;礼聘孙策的弟弟孙权、孙翊到许县任职;任命张纮为侍御史。

袁术任命周瑜为居巢县长,任命临淮人鲁肃为东城县长。周瑜、鲁肃知道袁术终将无所作为,都弃官南渡长江投奔孙策,孙策任命周瑜为建威中郎将。鲁肃全家定居在曲阿。

曹操奏请征召王朗,孙策遣送王朗返回京师许县。曹操任命王朗为谏议大夫,兼任参司空军事。

　　袁术遣间使赍印绶与丹阳宗帅祖郎等，使激动山越，共图孙策。刘繇之奔豫章也，太史慈遁于芜湖山中，自称丹阳太守。策已定宣城以东，惟泾以西六县未服，慈因进住泾县，大为山越所附。于是策自将讨祖郎于陵阳，禽之。策谓郎曰："尔昔袭孤，斫孤马鞍，今创军立事，除弃宿恨，惟取能用，与天下通耳，非但汝，汝勿恐怖。"郎叩头谢罪，即破械，署门下贼曹。又讨太史慈于勇里，禽之，解缚，捉其手曰："宁识神亭时邪？若卿尔时得我云何？"慈曰："未可量也。"策大笑曰："今日之事，当与卿共之，闻卿有烈义，天下智士也，但所托未得其人耳。孤是卿知己，勿忧不如意也。"即署门下督。军还，祖郎、太史慈俱在前导，军人以为荣。

　　会刘繇卒于豫章，士众万馀人，欲奉豫章太守华歆为主，歆以为"因时擅命，非人臣所宜"。众守之连月，卒谢遣之，其众未有所附。策命太史慈往抚安之，谓慈曰："刘牧往责吾为袁氏攻庐江，吾先君兵数千人，尽在公路许，吾志在立事，安得不屈意于公路以求之乎！其后不遵臣节，谏之不从，丈夫义交，苟有大故，不得不离。吾交求公路及绝之本末如此，恨不及其生时与共论辨也。今儿子在豫章，卿往视之，并宣孤意于其部曲，部曲乐来者与俱来，不乐来者且安慰之。并观华子鱼所以牧御方规何如。卿须几兵，多少随意。"慈曰："慈有不赦之罪，将军量同桓、文，

袁术派使节秘密送印信给丹阳地方首领祖郎等人，让祖郎煽动山越土著人，共同图谋孙策。当初，刘繇逃奔豫章之时，太史慈逃亡到芜湖山中，自称丹阳太守。孙策既已平定了宣城以东的地区，只剩下泾县以西六县尚未征服，太史慈于是进往泾县，受到山越各部的极力拥戴。于是孙策亲自率军在陵阳讨伐祖郎，擒获了祖郎。孙策对祖郎说："你以前袭击我，砍中我的马鞍，现在我创建军队，建立大业，捐弃宿怨，只是取用有用之人，与天下相同，不仅是对你如此，你不要恐惧。"祖郎叩头请罪，孙策立即解除祖郎的刑具，任命他为门下贼曹。接着，孙策又在勇里讨击太史慈，将他生擒，孙策解开太史慈的捆绳，握住他的手说："我们不是在神亭时相识过吗？如果那时你抓住了我，将如何待我？"太史慈说："很难估量。"孙策大笑着说："今日创业之事，当与你共同挑起重任，深知你有忠烈大义，是当今天下的智士，只是没有遇上可以托付的人。我是你的知己，不要担心不能称心如意。"立即任命太史慈为门下督。军队班师时，祖郎、太史慈都在前开道，全军将士以此为荣。

　　正值刘繇死于豫章，兵士万馀人打算推举豫章太守华歆为首领，华歆认为"利用时机，夺取权力，这不是人臣应该做的"。兵众围绕他几个月，华歆最终还是辞谢并送走他们，这些兵士没有地方依附。孙策命太史慈前往安抚他们，对太史慈说："刘繇从前指责我为袁术攻打庐江，先父兵士数千人全在袁术那里，我志在建立大业，怎能不屈服于袁术以寻求他的帮助？后来袁术不遵守为臣的操节，我规劝他他不接受，大丈夫相交，应以道义为主，但遇上大的变故，就不得不分开。我结交并求助袁术以及与他断绝关系的经过就是这样，遗憾的是在刘繇生时来不及与他辨明此事。现在刘繇的儿子在豫章，你前去替我看望他，并向他的部属转达我的意思，部属中有乐意来我这里的，请将他们一起带来，不乐意的，请代我安慰他们。并替我观察一下华歆治理州郡的能力如何。你需要带多少军队，由你决定。"太史慈说："我有不可饶恕的罪过，将军的度量如齐桓公、晋文公，

当尽死以报德。今并息兵，兵不宜多，将数十人足矣。"左右皆曰："慈必北去不还。"策曰："子义舍我，当复从谁！"饯送昌门，把腕别曰："何时能还？"答曰："不过六十日。"慈行，议者犹纷纭言遣之非计。策曰："诸君勿复言，孤断之详矣。太史子义虽气勇有胆烈，然非纵横之人。其心秉道义，重然诺，一以意许知己，死亡不相负，诸君勿忧也。"慈果如期而反，谓策曰："华子鱼，良德也，然无他方规，自守而已。又，丹阳僮芝，自擅庐陵，番阳民帅别立宗部，言'我已别立郡海昏、上缭，不受发召'，子鱼但睹视之而已。"策拊掌大笑，遂有兼并之志。

四年冬十一月，庐江太守刘勋以袁术部曲众多，不能赡，遣从弟偕求米于上缭诸宗帅，不能满数，偕召勋使袭之。孙策恶勋兵强，伪卑辞以事勋曰："上缭宗民数欺鄙郡，欲击之，路不便。上缭甚富实，愿君伐之，请出兵以为外援。"且以珠宝、葛越赂勋。勋大喜，外内尽贺，刘晔独否，勋问其故，对曰："上缭虽小，城坚池深，攻难守易，不可旬日而举也。兵疲于外而国内虚，策乘虚袭我，则后不能独守，是将军进屈于敌，退无所归，若军必出，祸今至矣。"勋不听，遂伐上缭。至海昏，宗帅知之，皆空壁逃迁，勋了无所得。时策引兵西击黄祖，行及石城，闻勋在海昏，策乃分遣从兄贲、辅将八千人屯彭泽，自与领江夏太守周瑜将二万人袭皖城，克之，得术、勋妻子及部曲三万馀人。表汝南李术为庐江太守，给兵三千人以守皖城，皆徙所得民东

我定当以死报德。现在双方并未交战，带的兵士不宜过多，我只带几十人就足够了。"孙策的左右亲信都说："太史慈必定会向北逃走不回。"孙策说："太史慈如舍弃了我，他还能追从谁呢！"孙策在昌门为太史慈设宴饯行，握住他的手说："什么时候能返回？"太史慈回答说："不会超过六十天。"太史慈走后，众人仍议论纷纷，都说派太史慈去是失策。孙策说："各位不必多言，我的决定是考虑得很周详的。太史慈虽然英勇有胆识，但并非纵横捭阖之人。他心怀道义，注重信诺，一旦决意报答知己，至死也不会相负，各位不必担忧。"太史慈果然如期返回，对孙策说："华歆是个正人君子，但并无什么才能，仅能自保而已。丹阳人僮芝擅自占领庐陵，番阳地方首领另设宗部军营，宣称'我们已经在海昏、上缭另立郡府，不接受豫章郡府的调发征召'，华歆对此只有干瞪眼而已。"孙策拍手大笑，于是有了兼并豫章的念头。

四年(199)冬季十一月，庐江太守刘勋因收容袁术的部众太多，无法供养，于是派堂弟刘偕向上缭各地首领征集食米，未能征到预期的数目，刘偕通知刘勋，让他发动袭击。孙策忌惮刘勋兵马强大，假意用谦卑的言辞告诉刘勋说："上缭的地方武装多次侵凌我郡，本打算讨击，但道路不便。上缭物产丰富，希望您讨伐他们，我愿出兵作外援。"并以珠宝、越产葛布贿赂刘勋。刘勋大喜，内外部属全都道贺，只有刘晔不认可，刘勋询问缘故，回答说："上缭虽很小，但城墙坚固、壕沟深广，易守难攻，不可能在十天之内就攻克。军队疲困在外，后方空虚，若孙策乘虚袭击我们，则后方不能孤守，这样将军前进受困于敌，后退又无处可归，若大军一定要出动，灾祸就马上到来了。"刘勋不听，于是发兵征伐上缭。大军抵至海昏，地方宗帅得知消息，都空城逃避，刘勋一无所获。这时孙策正带兵进攻黄祖，大军行至石城，听说刘勋在海昏，于是分派堂兄孙贲、孙辅率八千兵士屯守彭泽，亲自与兼领江夏太守的周瑜率领二万人马袭击皖城，攻克了皖城，擒获袁术、刘勋的妻子儿女及部属三万多人。荐举汝南人李术为庐江太守，交给其三千兵士驻守皖城，将所俘兵民全都东迁

诣吴。勋还至彭泽,孙贲、孙辅邀击,破之。勋走保流沂,求救于黄祖,祖遣其子射率船军五千人助勋。策复就攻勋,大破之。勋北归曹操,射亦遁走。

策收得勋兵二千馀人,船千艘,遂进击黄祖。十二月辛亥,策军至沙羡,刘表遣从子虎及南阳韩晞,将长矛五千来救祖。甲寅,策与战,大破之,斩晞。祖脱身走,获其妻子及船六千艘,士卒杀溺死者数万人。

策盛兵将徇豫章,屯于椒丘,谓功曹虞翻曰:“华子鱼自有名字,然非吾敌也。若不开门让城,金鼓一震,不得无所伤害。卿便在前,具宣孤意。”翻乃往见华歆曰:“窃闻明府与鄱郡故王府君齐名中州,海内所宗,虽在东垂,常怀瞻仰。”歆曰:“孤不如王会稽。”翻复曰:“不审豫章资粮器仗,士民勇果,孰与鄱郡?”歆曰:“大不如也。”翻曰:“明府言不如王会稽,谦光之谭耳;精兵不如会稽,实如尊教。孙讨逆智略超世,用兵如神,前走刘扬州,君所亲见;南定鄱郡,亦君所闻也。今欲守孤城,自料资粮,已知不足,不早为计,悔无及也。今大军已次椒丘,仆便还去,明日日中迎檄不到者,与君辞矣。”歆曰:“久在江表,常欲北归,孙会稽来,吾便去也。”乃夜作檄,明旦,遣吏赍迎。策便进军,歆葛巾迎策。策谓歆曰:“府君年德名望,远近所归,策年幼稚,宜修子弟之礼。”便向歆拜,礼为上宾。

策分豫章为庐陵郡,以孙贲为豫章太守,孙辅为庐陵太守。会僮芝病,辅遂进取庐陵,留周瑜镇巴丘。

到吴郡。刘勋回师彭泽，孙贲、孙辅拦腰截击，大破刘勋军。刘勋退守流沂，向黄祖求援，黄祖派其子黄射率五千水师援助刘勋。孙策再次进攻，大败刘勋。刘勋北逃投奔曹操，黄射也逃走。

孙策收集刘勋部众二千多人，战船千艘，于是进攻黄祖。十二月辛亥（初八），孙策军队抵至沙羡，刘表派侄子刘虎及南阳人韩晞率长矛军五千人前来援救黄祖。甲寅（十一日），孙策与黄祖交战，大败敌军，斩杀了韩晞。黄祖脱身逃走，孙策擒获到黄祖的妻子儿女以及战船六千艘，黄祖的士卒被杀或落水溺死的有几万人。

孙策聚集大军准备进攻豫章，屯驻在椒丘，对功曹虞翻说："华歆自有盛名，但不是我的敌手。他若不开门让城，战鼓一响，就不可避免死伤。请你前去看他，将我的意思全都向他讲明。"虞翻于是前往会见华歆说："我听说你同会稽郡前郡守王朗齐名中原，为海内所推崇，我虽偏居在东方一角，但内心一直景仰。"华歆说："我不如王朗。"虞翻又说："不知豫章的粮草储存、武器装备，以及士民的斗志，比当时会稽郡如何？"华歆说："大大不如。"虞翻说："你讲自己不如王朗，这只是谦虚之辞；精兵不如会稽郡，则确实像你所讲的。孙将军的智略超世，用兵如神，以前赶走扬州州牧刘繇，这是你所见到的；后来向南平定会稽，这也是你听说到的。现在你若想困守孤城，自料储粮已明知不足，不如早做打算，免得后悔不及。如今孙将军的大军已驻扎在椒丘，我也将返回，若明天中午仍得不到的回音，就与你永远分别了。"华歆说："我长时间待在江南，常想返回北方，孙将军来到，我就离开此地。"于是当晚写好迎接孙策的檄文，第二天早晨派人送到孙策军中。孙策当即发兵前来，华歆头戴葛巾迎接孙策。孙策对华歆说："先生年高德重，远近人心归附，我年少幼稚，应当向您习弟子之礼。"于是向华歆施礼参拜，礼尊华歆为贵宾。

孙策从豫章郡中分出若干县，另设为庐陵郡，任孙贲为豫章太守，孙辅为庐陵太守。正好僮芝病了，孙辅于是发兵攻取庐陵，留周瑜镇守巴丘。

孙策之克皖城也，抚视袁术妻子；及入豫章，收载刘繇丧，善遇其家。士大夫以是称之。

会稽功曹魏腾尝迕策意，策将杀之，众忧恐，计无所出。策母吴夫人倚大井谓策曰："汝新造江南，其事未集，方当优贤礼士，舍过录功。魏功曹在公尽规，汝今日杀之，则明日人皆叛汝。吾不忍见祸之及，当先投此井中耳！"策大惊，遽释腾。

五年夏四月，广陵太守陈登治射阳，孙策西击黄祖，登诱严白虎馀党，图为后害。策还击登，军到丹徒，须待运粮。初，策杀吴郡太守许贡，贡奴客潜民间，欲为贡报仇。策性好猎，数出驱驰，所乘马精骏，从骑绝不能及，卒遇贡客三人，射策中颊，后骑寻至，皆刺杀之。策创甚，召张昭等谓曰："中国方乱，以吴、越之众，三江之固，足以观成败，公等善相吾弟。"呼权，佩以印绶，谓曰："举江东之众，决机于两陈之间，与天下争衡，卿不如我；举贤任能，各尽其心以保江东，我不如卿。"丙午，策卒，时年二十六。

权悲号，未视事，张昭曰："孝廉，此宁哭时邪！"乃改易权服，扶令上马，使出巡军。昭率僚属，上表朝廷，下移属城，中外将校，各令奉职。周瑜自巴丘将兵赴丧，遂留吴，以中护军与张昭共掌众事。时策虽有会稽、吴郡、丹阳、豫章、庐江、庐陵，然深险之地，犹未尽从，流寓之士，皆以安危去就为意，未有君臣之固，而张昭、周瑜等谓权可与共成大业，遂委心而服事焉。

孙策攻克皖城时，亲往安抚探视袁术的妻子儿女；后进入豫章，又运送刘繇灵柩北返，善待刘繇的家属。士大夫因此称道他。

会稽功曹魏腾曾冒犯过孙策，孙策打算杀掉他，众人忧虑恐惧，但想不出办法阻止。孙策的母亲吴夫人身倚深井栏杆对孙策说："你刚刚平定江南，事情尚未有头绪，正值礼贤下士，舍过念功之时。魏腾尽忠守职，你现在杀掉了他，那么明天众人就都会反叛你。我不忍心看到祸患降临，当先行投井自尽！"孙策大惊，于是立即释放了魏腾。

五年（200）夏季四月，广陵太守陈登设郡府于射阳，孙策西击黄祖，陈登利诱严白虎馀部，企图在孙策后方为害。孙策回师攻击陈登，军队行到丹徒，等待运送来粮草。当初，孙策杀死吴郡太守许贡，许贡的家奴门客潜入民间，准备为许贡报仇。孙策喜爱打猎，多次出营奔驰，坐骑精良，随从卫士的马无法追赶得上，孙策突然遇上许贡的门客三人，门客射中了孙策的面颊，孙策的卫士随即赶到，将许贡门客全都杀死。孙策伤势很重，召集张昭等人说："中原正值大乱，以吴越的人力，三江的险固，足以坐观成败，希望你们能善待我的弟弟。"又将孙权唤至床前，将印信佩在他身上，对他说："发动江东的兵力，决战于沙场，与天下英雄争衡，你不如我；荐举任用贤能，使他们各尽忠心，保卫江东，我不如你。"丙午（初四），孙策去世，时年二十六岁。

孙权悲哀痛哭，不能亲理大事，张昭说："孝廉，这岂是你哭的时候！"于是给孙权换上官服，将他扶到马上，让他外出巡视军营。张昭率领文武群僚，上奏朝廷，通告所属城县，令内外将领各自坚守职责。周瑜从巴丘率军前来参加丧礼，于是留在吴郡，以中护军的身份与张昭一起共同掌管军政大事。当时，孙策虽拥有会稽、吴郡、丹阳、豫章、庐江、庐陵等郡，但仅控制了城市，偏远地区并未完全控制，寄居此地的外来流亡之士，都以自身的安危考虑去留，与孙氏家族并未建立起牢固的主属关系，但张昭、周瑜等人认为孙权是可以共同完成大业之人，于是尽心委身服事孙权。

冬十月,曹操闻孙策死,欲因丧伐之。侍御史张纮谏曰:"乘人之丧,既非古义,若其不克,成仇弃好,不如因而厚之。"操即表权为讨虏将军,领会稽太守。

操欲令纮辅权内附,乃以纮为会稽东部都尉。纮至吴,太夫人以权年少,委纮与张昭共辅之。纮思惟补察,知无不为。太夫人问扬武都尉会稽董袭曰:"江东可保不?"袭曰:"江东有山川之固,而讨逆明府恩德在民,讨虏承基,大小用命,张昭秉众事,袭等为爪牙,此地利人和之时也,万无所忧。"权遣张纮之部,或以纮本受北任,嫌其志趣不止于此,权不以介意。

鲁肃将北还,周瑜止之,因荐肃于权曰:"肃才宜佐时,当广求其比以成功业。"权即见肃,与语,悦之。宾退,独引肃合榻对饮,曰:"今汉室倾危,孤思有桓、文之功,君何以佐之?"肃曰:"昔高帝欲尊事义帝而不获者,以项羽为害也。今之曹操,犹昔项羽,将军何由得为桓、文乎!肃窃料之,汉室不可复兴,曹操不可卒除,为将军计,惟有保守江东以观天下之衅耳。若因北方多务,剿除黄祖,进伐刘表,竟长江所极,据而有之,此王业也。"权曰:"今尽力一方,冀以辅汉耳,此言非所及也。"张昭毁肃年少粗疏,权益贵重之,赏赐储偫,富拟其旧。

权料诸小将兵少而用薄者,并合之。别部司马汝南吕蒙,军容鲜整,士卒练习,权大悦,增其兵,宠任之。

冬季十月，曹操得知孙策死去，打算趁丧讨伐。侍御史张纮劝阻说："趁人有丧事时发动攻击，已不合古代的道义，如果不能攻克，则会化友为敌，不如乘此机会厚待他。"曹操于是表荐孙权为讨虏将军，兼任会稽太守。

曹操打算让张纮帮助孙权归附朝廷，于是任命张纮为会稽东部都尉。张纮来到吴郡，孙权的母亲吴太夫人认为孙权年少，委托张纮与张昭共同辅佐孙权。张纮思维缜密，知无不言。吴太夫人问扬武都尉会稽人董袭说："江东能否自保？"董袭说："江东有山川的险要，而讨逆将军孙策的恩德留在人们心中，讨虏将军孙权继承基业，大小官吏听命效力，张昭主持政事，我们充当帮手，此正是地利人和的大好时机，丝毫不必忧虑。"孙权派张纮前往任职，有人认为张纮是接受朝廷的任命，担心他的志向不仅仅只会如此，孙权却毫不介意。

鲁肃准备北返家乡，周瑜阻止他，于是向孙权推荐鲁肃说："鲁肃具有辅佐君王治理国家的才能，应当多多延聘这样的人完成功业。"孙权当即会见鲁肃，与他交谈，十分喜欢。众宾客退辞后，孙权单独留下鲁肃，同榻共坐，相对饮酒，孙权说："现在汉朝垂危，我想建立齐桓公、晋文公的功业，你用什么帮助我？"鲁肃说："从前汉高祖打算尊奉楚义帝而未能如愿，是因为有项羽为害。而今的曹操就像昔日的项羽，将军怎能效法齐桓公、晋文公？我私下估料，汉王室不可能复兴，曹操也不可能一下子铲除，替将军着想，只有保守江东，坐观天下的形势变化。如果能利用北方多事的机会，剿灭黄祖，发兵讨伐刘表，将整个长江流域据为己有，这就是君王的功业。"孙权说："现在我竭尽一个地区的全力，只不过希望以此辅佐汉室，你的话不是我想达到的。"张昭诋毁鲁肃年少粗浅，孙权却更加推重鲁肃，赏赐给他大量财物，使其财富恢复到原来的状况。

孙权预计那些小将因兵少而作用较小，便将其合并。别部司马汝南人吕蒙的军队，军容整齐，士兵训练有素，孙权很高兴，扩充其部队，十分宠爱信任他。

功曹骆统劝权尊贤接士,勤求损益,飨赐之日,人人别进,问其燥湿,加以密意,诱谕使言,察其志趣。权纳用焉。统,俊之子也。

庐陵太守孙辅恐权不能保江东,阴遣人赍书呼曹操。行人以告,权悉斩辅亲近,分其部曲,徙辅置东。

曹操表征华歆为议郎、参司空军事。庐江太守李术不肯事权,而多纳其亡叛。权以状白曹操曰:"严刺史昔为公所用,而李术害之,肆其无道,宜速诛灭。今术必复诡说求救。明公居阿衡之任,海内所瞻,愿敕执事,勿复听受。"因举兵攻术于皖城。术求救于操,操不救。遂屠其城,枭术首,徙其部曲二万馀人。严刺史者,扬州刺史严象也。

七年秋九月,曹操下书责孙权任子,权召群僚会议,张昭、秦松等犹豫不决。权引周瑜诣吴夫人前定议,瑜曰:"昔楚国初封,不满百里之地,继嗣贤能,广土开境,遂据荆、扬,至于南海,传业延祚,九百馀年。今将军承父兄馀资,兼六郡之众,兵精粮多,将士用命,铸山为铜,煮海为盐,境内富饶,人不思乱,有何逼迫而欲送质?质一人,不得不与曹氏相首尾,与相首尾,则命召不得不往,如此,便见制于人也。极不过一侯印,仆从十馀人,车数乘,马数匹,岂与南面称孤同哉!不如勿遣,徐观其变。若曹氏能率义以正天下,将军事之未晚;若图为暴乱,彼自亡之不暇,焉能害人!"吴夫人曰:"公瑾议是也。公瑾与伯符同年,小一月耳,我视之如子也,汝其兄事之。"遂不送质。

功曹骆统劝孙权尚贤纳士，勤加检讨得失，赐宴之时，个别召见，询问起居，表示深切关怀，诱导他们发表言论，观察他们的志向。孙权采用了他的建议。骆统是骆俊的儿子。

庐陵太守孙辅害怕孙权不能保住江东，暗中派人送信请求曹操南下。使者将此报告孙权，孙权全部斩杀了孙辅的左右亲信，分散他的部属，将孙辅迁徙到吴郡东部。

曹操上书征召华歆为议郎、参司空军事。庐江太守李术不肯效力于孙权，大量收容孙权的叛徒。孙权将此情况告诉曹操说："扬州严刺史从前为您所任用，而李术却杀害了他，李术肆意行恶，应当尽快诛灭他。现在李术定会再次巧语求救。您身居朝廷重任，为天下人所瞻仰，务请您告诫部下，不要听从接纳李术。"于是发兵进攻驻在皖城的李术。李术求救于曹操，曹操不予救援。孙权于是屠灭皖城，斩下李术人头，迁徙李术部属二万多人。严刺史即是扬州刺史严象。

七年（202）秋季九月，曹操下书通知孙权送儿子到京师，孙权召集各僚属商议，张昭、秦松等人犹豫不决。孙权带着周瑜到吴夫人面前商定，周瑜说："从前楚刚刚封国时，方圆不过百里之地，只因其后裔贤能，开疆拓土，于是据有荆州、扬州，直至南海，符命延续九百馀年。现在将军继承父兄遗业，拥有六郡人力，军队精良，粮草充足，将士听命，铸炼山上的矿石可以制铜，煮蒸海水可以提盐，境内富饶，人心不愿再有战乱，有什么压力，而定要送去人质？如果一送去人质就不得不成为曹操的尾巴，成了他的尾巴，他一旦下令征召，就不得不前往应命，这样就是被他人所控制了。若受其控制，最多不过是得到一个封侯印信、仆从十几人、坐车数辆、马数匹，岂能与向南面称孤道寡相比！不如不派人质，静观变化。如果曹操能以仁义表率天下，将军再奉事他也不晚；如果曹操图谋暴乱，他自己的灭亡都顾不过来，怎能谋害他人？"吴夫人说："周瑜讲得对。周瑜与孙策同岁，只小一个月，我把他当作自己的儿子，你应把他作为自己的兄长来看待。"于是不送质子。

八年冬十月,孙权西伐黄祖,破其舟军,惟城未克,而山寇复动。权还,过豫章,使征虏中郎将吕范平鄱阳、会稽,荡寇中郎将程普讨乐安,建昌都尉太史慈领海昏,以别部司马黄盖、韩当、周泰、吕蒙等守剧县令长,讨山越,悉平之。建安、汉兴、南平民作乱,聚众各万馀人,权使南部都尉会稽贺齐进讨,皆平之,复立县邑,料出兵万人,拜齐平东校尉。

十二年,孙权西击黄祖,虏其人民而还。

权母吴氏疾笃,引见张昭等,属以后事而卒。

十三年。初,巴郡甘宁将僮客八百人归刘表,表儒人,不习军事,宁观表事势终必无成,恐一朝众散,并受其祸,欲东入吴。黄祖在夏口,军不得过,乃留,依祖三年,祖以凡人畜之。孙权击祖,祖军败走,权校尉凌操将兵急追之。宁善射,将兵在后,射杀操,祖由是得免。军罢,还营,待宁如初。祖都督苏飞数荐宁,祖不用;宁欲去,恐不免。飞乃白祖,以宁为邾长。宁遂亡奔孙权,周瑜、吕蒙共荐达之,权礼异,同于旧臣。

宁献策于权曰:"今汉祚日微,曹操终为篡盗。南荆之地,山川形便,诚国之西势也。宁观刘表,虑既不远,儿子又劣,非能承业传基者也。至尊当早图之,不可后操。图之之计,宜先取黄祖。祖今昏耄已甚,财谷并乏,左右贪纵,吏士心怨,舟船战具,顿废不修,怠于耕农,军无法伍。至尊今往,其破可必。一破祖军,鼓行而西,据楚关,大势弥广,即可渐规巴、蜀矣。"权深纳之。张昭时在坐,难曰:

八年(203)冬季十月,孙权西征黄祖,大败黄祖水师,只是未能攻克城池,而山越再度起兵。孙权回师,经过豫章,派征虏中郎将吕范平定鄱阳、会稽,派荡寇中郎将程普征讨乐安,命建昌都尉太史慈平定海昏,任命别部司马黄盖、韩当、周泰、吕蒙等人分别担任重要县邑长官,讨伐山越,全都平定。建安、汉兴、南平百姓叛乱,各地聚集一万多人,孙权派南部都尉会稽人贺齐进兵征讨,全都平定,重新设立县邑,挑选精兵万人,任命贺齐为平东校尉。

十二年(207),孙权西征黄祖,俘虏大批百姓而归。

孙权的母亲吴氏病重,召集张昭等人,嘱咐完后事后去世。

十三年(208)。当初,巴郡人甘宁率家奴宾客八百人归附刘表,刘表一介儒士,不懂军事,甘宁看出刘表终将一事无成,害怕一朝崩溃,同受其祸,准备东投吴郡。黄祖屯兵在夏口,甘宁的军队无法通过,于是留在夏口,依附黄祖三年,黄祖将其视为普通人收留他。孙权进攻黄祖,黄祖兵败逃走,孙权的校尉凌操率兵猛追黄祖。甘宁善于射箭,带兵尾随黄祖之后,射箭杀死了凌操,黄祖因此逃脱。收兵回营后,黄祖却像以前那样对待甘宁。黄祖的都督苏飞多次推荐甘宁,黄祖不加采用;甘宁准备离去,但担心不能脱身。苏飞于是禀告黄祖,任命甘宁为邾县县长。甘宁于是乘机逃奔孙权,周瑜、吕蒙共同荐举甘宁,孙权像对旧属一样特别礼遇甘宁。

甘宁向孙权献计说:"现在汉王朝日益衰微,曹操终将篡汉。荆州之地,山川险要,实为我们西面的要地。我观察刘表,既无深谋远虑,而他的儿子又很顽劣,并不是能够继承基业的人。您应当及早图取荆州,不可落在曹操之后。图取荆州的策略,应当先攻取黄祖。黄祖现已昏庸老朽至极,财产粮草均为缺乏,左右亲信贪婪放纵,官兵心怀怨恨,舟船战具,残破不修,百姓倦于耕种,军队毫无法纪。您若现在进攻,黄祖定可击破。一旦击败黄祖军队,便鸣鼓西进,占据楚关,地势便更加广阔,这样便可逐步图划巴、蜀。"孙权深以为然。张昭当时也在座,面露难色地说:

"今吴下业业,若军果行,恐必致乱。"宁谓昭曰:"国家以萧何之任付君,君居守而忧乱,奚以希慕古人乎!"权举酒属宁曰:"兴霸,今年行讨,如此酒矣,决以付卿。卿但当勉建方略,令必克祖,则卿之功,何嫌张长史之言乎!"

权遂西击黄祖。祖横两蒙冲挟守沔口,以栟间大绁系石为碇,上有千人,以弩交射,飞矢雨下,军不得前。偏将军董袭与别部司马凌统俱为前部,各将敢死百人,人被两铠,乘大舸,突入蒙冲里。袭身以刀断两绁,蒙冲乃横流,大兵遂进。祖令都督陈就以水军逆战。平北都尉吕蒙勒前锋,亲枭就首。于是将士乘胜,水陆并进,傅其城,尽锐攻之,遂屠其城。祖挺身走,追斩之,虏其男女数万口。

权先作两函,欲以盛祖及苏飞首。权为诸将置酒,甘宁下席叩头,血涕交流,为权言:"飞畴昔旧恩,宁不值飞,固已捐骸于沟壑,不得致命于麾下。今飞罪当夷戮,特从将军乞其首领。"权感其言,谓曰:"今为君置之,若走去何?"宁曰:"飞免分裂之祸,受更生之恩,逐之尚必不走,岂当图亡哉!若尔,宁头当代入函。"权乃赦之。凌统怨宁杀其父操,常欲杀宁,权命统不得仇之,令宁将兵屯于他所。

秋八月,刘表卒。

初,鲁肃闻刘表卒,言于孙权曰:"荆州与国邻接,江山险固,沃野万里,士民殷富,若据而有之,此帝王之资也。今刘表新亡,二子不协,军中诸将,各有彼此。刘备天下枭雄,与操有隙,寄寓于表,表恶其能而不能用也。若备与彼

"现在吴郡人心浮动，大军若果真西行，恐怕定会招致变乱。"甘宁对张昭说："主上将萧何的重任交付给你，你留守后方而担心变乱，怎么能效法古贤呢？"孙权举酒敬甘宁说："兴霸，我今年就征讨黄祖，就犹如此酒，已决定交付给你。你尽管拟定策略，若是定能打败黄祖，就是你的功劳，何必在意张昭的话！"

孙权于是向西进攻黄祖。黄祖用两艘艨艟战船封锁沔口，用棕榈搓成大绳系住石头作为镇舟之石，船上有千馀人，以弩交叉发射，箭如雨下，孙权的军队无法前进。偏将军董袭与别部司马凌统同为先锋，各率敢死队一百人，每人身穿两副铠甲，乘大型战船冲入艨艟舰中。董袭亲自用刀斫断两条绳索，艨艟战船失控横流，孙权大军于是向前攻进。黄祖命都督陈就以水师迎战。平北都尉吕蒙率前锋攻击，亲手斩下陈就首级。于是东吴将士乘胜追击，水陆并进，抵至夏口郡城，挑选精锐攻城，然后屠城。黄祖独自逃走，被追上杀掉，俘虏男女数万人。

孙权事先做好两个木匣，准备用来装黄祖及苏飞的人头。孙权为各位将领置酒设宴，甘宁走下座位向孙权叩头，血泪俱流，向孙权说："苏飞昔时对我有旧恩，若非苏飞，我早就抛尸在水沟山谷，不能效命于将军。现在苏飞罪当诛杀，特向将军请求饶他一命。"孙权为他的话所感动，对他说："现在因你而释放他，若他逃走怎么办？"甘宁说："苏飞免掉了身首分裂之祸，受您再生大恩，赶他他都不会走的，岂会逃亡！如果他真逃走，我的人头当会代他的装入木匣。"孙权于是赦免了苏飞。凌统怨恨甘宁杀死了自己的父亲凌操，常想杀死甘宁，孙权命凌统不得向甘宁报仇，令甘宁率兵屯驻他处。

秋季八月，刘表去世。

当初，鲁肃听说刘表死去，对孙权说道："荆州与我们相邻接壤，江山险固，有沃野万里，人民富实，如果占据了荆州，这将是帝王的资业。现在刘表刚刚去世，他的两个儿子不和，军中诸将，各分彼此。刘备是天下的枭雄，与曹操有裂痕，寄居在刘表那里，而刘表忌恨他的才能却不任用他。如果刘备能与他们

协心,上下齐同,则宜抚安,与结盟好;如有离违,宜别图之,以济大事。肃请得奉命吊表二子,并慰劳其军中用事者,及说备使抚表众,同心一意,共治曹操,备必喜而从命。如其克谐,天下可定也。今不速往,恐为操所先。"权即遣肃行。

到夏口,闻操已向荆州,晨夜兼道,比至南郡,而琮已降,备南走,肃径迎之,与备会于当阳长坂。肃宣权旨,论天下事势,致殷勤之意。且问备曰:"豫州今欲何至?"备曰:"与苍梧太守吴巨有旧,欲往投之。"肃曰:"孙讨虏聪明仁惠,敬贤礼士,江表英豪,咸归附之,已据有六郡,兵精粮多,足以立事。今为君计,莫若遣腹心自结于东,以共济世业。而欲投吴巨,巨是凡人,偏在远郡,行将为人所并,岂足托乎?"备甚悦。肃又谓诸葛亮曰:"我,子瑜友也。"即共定交。子瑜者,亮兄瑾也,避乱江东,为孙权长史。备用肃计,进住鄂县之樊口。

曹操自江陵将顺江东下。诸葛亮谓刘备曰:"事急矣,请奉命求救于孙将军。"遂与鲁肃俱诣孙权。亮见权于柴桑,说权曰:"海内大乱,将军起兵江东,刘豫州收众汉南,与曹操共争天下。今操芟夷大难,略已平矣,遂破荆州,威震四海。英雄无用武之地,故豫州遁逃至此,愿将军量力而处之!若能以吴、越之众与中国抗衡,不如早与之绝;若不能,何不按兵束甲,北面而事之?今将军外托服从之名而内怀犹豫之计,事急而不断,祸至无日矣。"权曰:"苟如

同心协力,上下团结一致,我们则应该安抚他们,与他们结盟友好;如果刘备同他们有异心,则应该另外图取他们,以完成大业。我请求奉命去向刘表的两个儿子吊丧,并且慰劳军中掌权的将领,同时劝说刘备安抚刘表的部众,同心协力,共同抵御曹操,刘备必会高兴地接受我们的建议。如果能够成功,天下就可以平定了。现在若不及早前往,恐怕被曹操抢在前面。"孙权立即派鲁肃前往。

　　鲁肃到夏口时,得知曹操正向荆州推进,于是不分昼夜,兼程赶道,等到达南郡,刘琮已经投降曹操,刘备南逃,鲁肃径直北上迎住刘备,与刘备相会在当阳长坂。鲁肃向刘备转达了孙权的意图,分析天下的形势,并对刘备致以殷切的关心。鲁肃又问刘备说:"你现在打算去哪儿?"刘备说:"我与苍梧太守吴巨有旧交情,准备前往投靠他。"鲁肃说:"孙权聪明仁厚,礼贤下士,江东的英雄豪杰,都归附于他,现已拥有六郡,兵精粮多,完全可以完成大事。现在我替你着想,不如派心腹之人与东吴结好,以共同完成大业。若打算投奔吴巨,吴巨为平凡之人,又远在偏僻之地,即将为他人兼并,岂可托身?"刘备很高兴。鲁肃又对诸葛亮说:"我是令兄子瑜的好友。"于是二人结为好友。子瑜,即是诸葛亮的哥哥诸葛瑾,他逃难到江东,任孙权的长史。刘备采纳了鲁肃的建议,前往鄂县的樊口。

　　曹操从江陵顺长江东下。诸葛亮对刘备说:"事情危急,我请求奉命向孙将军求救。"于是同鲁肃同往晋见孙权。诸葛亮在柴桑见到孙权,劝孙权说:"全国大乱,将军在江东起兵,刘备在汉水以南收集部众,与曹操一道争夺天下。现在曹操在北方削除大乱,平定了北方,接着击破荆州,威震海内。英雄豪杰在北方无用武之地,所以刘豫州才逃至此地,希望将军能估量自己的力量采取行动!如果能以吴、越的兵力与曹操抗衡,不如及早与他断绝来往;如果不能,为什么不收起武器、脱下铠甲,称臣奉事曹操?如今将军外表假托服从朝廷的名义,而心中又犹豫不定,事情紧急而不决断,大祸马上就会降临了。"孙权说:"如果像

君言,刘豫州何不遂事之乎?”亮曰:“田横,齐之壮士耳,犹守义不辱;况刘豫州王室之胄,英才盖世,众士慕仰,若水之归海。若事之不济,此乃天也,安能复为之下乎!”权勃然曰:“吾不能举全吴之地,十万之众,受制于人。吾计决矣! 非刘豫州莫可以当曹操者,然豫州新败之后,安能抗此难乎?”亮曰:“豫州军虽败于长阪,今战士还者及关羽水军精甲万人,刘琦合江夏战士亦不下万人。曹操之众,远来疲敝,闻追豫州,轻骑一日一夜行三百馀里,此所谓‘强弩之末势不能穿鲁缟’者也,故兵法忌之,曰‘必蹶上将军’。且北方之人,不习水战;又,荆州之民附操者,逼兵势耳,非心服也。今将军诚能命猛将统兵数万,与豫州协规同力,破操军必矣。操军破,必北还,如此,则荆、吴之势强,鼎足之形成矣。成败之机,在于今日!”权大悦,与其群下谋之。

是时,曹操遗权书曰:“近者奉辞伐罪,旌麾南指,刘琮束手。今治水军八十万众,方与将军会猎于吴。”权以示群下,莫不响震失色。长史张昭等曰:“曹公,豺虎也,挟天子以征四方,动以朝廷为辞,今日拒之,事更不顺。且将军大势可以拒操者,长江也。今操得荆州,奄有其地。刘表治水军,蒙冲斗舰乃以千数,操悉浮以沿江,兼有步兵,水陆俱下,此为长江之险已与我共之矣,而势力众寡又不可论。愚谓大计不如迎之。”鲁肃独不言。权起更衣,肃追于宇下。权知其意,执肃手曰:“卿欲何言?”肃曰:“向察众人之议,专欲误将军,不足与图大事。今肃可迎操耳,如将军不可也。

你所说的那样,刘豫州为什么不归降曹操?"诸葛亮说:"田横只不过是一个齐国的壮士,还能坚守大义而不屈辱;更何况刘豫州是王室的后裔,英才盖世,众人对他的仰慕,如同流水归向大海。如果大事不成,这是天意,怎能再屈于人下!"孙权大怒地说:"我不能以全部东吴之地,十万兵士受制于他人。我决心已定!若非刘豫州,是不可能抵挡住曹操的,但是刘豫州刚刚战败,又怎能抵抗如此大难?"诸葛亮说:"刘豫州的军队虽在长阪战败,但现在归聚的部众加上关羽的水军,仍有精兵万人,刘琦的部属再加上江夏的兵士也不下万人。曹操的军队,远道而来,身心疲惫,听说他们追击刘豫州时,轻装的骑兵一日一夜急行三百多里,这正是'强弓射出的箭,行至最后,连鲁国的薄缯也穿不透',所以兵法禁忌如此,说'定损上将军'。而且北方人不熟悉水战;又,荆州归附曹操的人,只不过是为大军所迫,并非诚心归服。现在将军若能派猛将率兵数万,与刘豫州同心协力,定可击败曹军。曹军打败后,必定北撤,这样荆州、东吴的力量就会强大,鼎足的形势就形成了。成败的关键,就在今日!"孙权十分高兴,同部属商讨此事。

这时,曹操写信给孙权说:"最近,我奉天子之命,讨伐罪孽,军旗南指,刘琮束手投降。现在我亲率水军八十万人,正好与将军在东吴会猎。"孙权将书信传阅部属,众人无不震惊失色。长史张昭等人说:"曹操是虎狼之人,挟持天子,征讨四方,动不动便以朝廷的名义为说辞,现在与他对抗,事情将更加不利。而且,将军可以抵拒曹操的唯一屏障是长江。现在曹操已夺取荆州,尽占其地。刘表建立的水军,仅艨艟战舰就有数千,曹操将其全都顺江而下,加上步兵,水陆并进,这样长江的险要已经与我们共同占有了,而力量上的强弱又不可相提并论。我认为当今之计,不如迎接曹军。"只有鲁肃一言不发。孙权起身如厕,鲁肃追到走廊上。孙权知道他的用意,握着鲁肃的手说:"你准备讲什么?"鲁肃说:"刚才观察众人的议论,全是贻误将军的话,不值得同他们共商大事。现在我是可以归降曹操的,将军则不能。

何以言之？今肃迎操，操当以肃还付乡党，品其名位，犹不失下曹从事，乘犊车，从吏卒，交游士林，累官故不失州郡也。将军迎操，欲安所归乎？愿早定大计，莫用众人之议也！"权叹息曰："诸人持议，甚失孤望。今卿廓开大计，正与孤同。"

时周瑜受使至番阳，肃劝权召瑜还。瑜至，谓权曰："操虽托名汉相，其实汉贼也。将军以神武雄才，兼仗父兄之烈，割据江东，地方数千里，兵精足用，英雄乐业，当横行天下，为汉家除残去秽，况操自送死，而可迎之邪！请为将军筹之。今北土未平，马超、韩遂尚在关西，为操后患；而操舍鞍马，仗舟楫，与吴、越争衡。又今盛寒，马无藁草；驱中国士众远涉江湖之间，不习水土，必生疾病。此数者用兵之患也，而操皆冒行之。将军禽操，宜在今日。瑜请得精兵数万人，进住夏口，保为将军破之！"权曰："老贼欲废汉自立久矣，徒忌二袁、吕布、刘表与孤耳。今数雄已灭，惟孤尚存。孤与老贼势不两立。君言当击，甚与孤合，此天以君授孤也。"因拔刀斫前奏案曰："诸将吏敢复有言当迎操者，与此案同！"乃罢会。

是夜，瑜复见权曰："诸人徒见操书言水步八十万而各恐慑，不复料其虚实，便开此议，甚无谓也。今以实校之，彼所将中国人不过十五六万，且已久疲；所得表众亦极七八万耳，尚怀狐疑。夫以疲病之卒御狐疑之众，众数虽多，甚未足畏。瑜得精兵五万，自足制之，愿将军勿虑！"权抚其背曰："公瑾，卿言至此，甚合孤心。子布、元表诸人，各

为什么这样讲呢？如今我投降曹操，曹操定会将我交给乡里父老去议论，以确定名位，还不失为一个下曹从事，乘上牛车，带上随从，交结大夫，逐步升官，也许能当上州牧、郡守。将军若迎降曹操，又准备在哪里安身呢？希望及早决定大计，不要采纳众人的意见！"孙权叹息说："众人所持的议论，使我十分失望。现在你阐明策略，正好同我的想法一致。"

当时，周瑜受命驻在番阳，鲁肃劝孙权召回周瑜。周瑜返回，对孙权说："曹操虽托名为汉朝宰相，其实是汉朝的奸贼。将军凭自己的威武英才，兼恃父兄的基业，割据江东，土地方圆数千里，拥有充足的精锐部队，英雄乐于从事大业，应当横行天下，替汉朝铲除奸佞，何况曹操亲自前来送死，岂可投降！请让我为您加以分析。现在北方尚未完全平定，马超、韩遂仍在关西，作为曹操的后患；而曹操却舍弃鞍马，改用舟楫，前来与吴、越抗衡。现又正值严冬，战马没有食草；曹操驱使中原的兵士，深入江湖之地，兵士不服水土，定生疾病。这几点，正是用兵的忧患，而曹操却不顾一切，贸然行动。将军擒获曹操，正在此时。我请求拨给我数万精兵，进驻夏口，保证为将军击破曹军！"孙权说："曹操这个老贼打算废汉自立为帝已经很长时间了，只不过是忌惮袁绍、袁术、吕布、刘表同我罢了。现在几路英雄已被消灭，只有我还在。我与老贼曹操，势不两立。你讲应当迎战，正与我的意思相合，这是上天将你赐给我。"于是拔刀砍向桌案，说："各位敢再讲应当迎降曹操，就与此桌案相同！"于是散会。

当夜，周瑜再次晋见孙权说："大家只是见到曹操书信中讲有水陆军队八十万而各自恐惧，不再核计其虚实，便开口讲出迎降的话，其实毫无意义。现在我将实际情况来分析一下，曹操所率中原的兵士不过十五六万人，而且久已疲惫；他所接收的刘表部众也最多不过七八万人而已，而且他们还心存狐疑。以疲惫之兵，统御军心不稳之部众，人数虽然多，完全不值得害怕。我只需五万兵士，就足以克制敌人，望将军不必多虑！"孙权拍着周瑜的后背说："公谨，你讲到此处，正合我心。张昭、秦松等人，各自

顾妻子，挟持私虑，深失所望；独卿与子敬与孤同耳，此天以卿二人赞孤也。五万兵难卒合，已选三万人，船粮战具俱办。卿与子敬、程公便在前发，孤当续发人众，多载资粮，为卿后援。卿能办之者诚决，邂逅不如意，便还就孤，孤当与孟德决之。"遂以周瑜、程普为左右督，将兵与备并力逆操；以鲁肃为赞军校尉，助画方略。

刘备在樊口，日遣逻吏于水次候望权军。吏望见瑜船，驰往白备，备遣人慰劳之。瑜曰："有军任，不可得委署，傥能屈威，诚副其所望。"备乃乘单舸往见瑜，问曰："今拒曹公，深为得计。战卒有几？"瑜曰："三万人。"备曰："恨少。"瑜曰："此自足用，豫州但观瑜破之。"备欲呼鲁肃等共会语，瑜曰："受命不得妄委署；若欲见子敬，可别过之。"备深愧喜。进，与操遇于赤壁。

时操军众，已有疾疫，初一交战，操军不利，引次江北。瑜等在南岸，瑜部将黄盖曰："今寇众我寡，难与持久。操军方连船舰，首尾相接，可烧而走也。"乃取蒙冲斗舰十艘，载燥荻、枯柴，灌油其中，裹以帷幕，上建旌旗，豫备走舸，系于其尾。先以书遗操，诈云欲降。时东南风急，盖以十舰最著前，中江举帆，馀船以次俱进。操军吏士皆出营立观，指言盖降。去北军二里馀，同时发火，火烈风猛，船往如箭，烧尽北船，延及岸上营落。顷之，烟炎张天，人马烧溺死者甚众。瑜等率轻锐继其后，雷鼓大进，北军大坏。

只顾自己的妻子儿女，胸怀私心，使我大失所望；只有你和鲁肃与我同心，这是上天将你们二人赏赐给我。五万人一下子难以聚集，现已挑选好三万人，船只粮草武器都已准备齐全。你同鲁肃、程普先行出发，我当继续征发兵士，多运送武器粮草，作为你的后援。你若能取胜，则一切都解决；如果凑巧失利，便回到我这里，我当与曹操一决雌雄。"于是任命周瑜、程普为左右督，带兵与刘备合力迎战曹操；任鲁肃为赞军校尉，协助制定策略。

刘备屯驻在樊口，每天派巡逻官吏站在江边等候孙权的军队。这天将士看到周瑜的船只，便飞奔前往报告刘备，刘备派人前去慰劳。周瑜说："有军令在身，不能擅离营署，倘若能委屈大驾前来，实在符合我的愿望。"刘备于是乘一小船前来拜见周瑜，刘备询问说："现在抗拒曹操，确为正确的决定。你们的战士有多少？"周瑜说："三万人。"刘备说："可惜太少。"周瑜说："这些就足够用了，你只管看我破敌。"刘备打算唤鲁肃等前来一起会晤，周瑜说："他们军命在身，不能随便离开自己的营署；你若想见鲁肃，可以另去他那里。"刘备既惭愧又高兴。东吴大军推进，与曹操相遇在赤壁。

当时曹操军队里的众多士兵，已感染瘟疫，刚一交战，曹军就不利，于是退驻在长江北岸。周瑜等人据守在长江南岸，周瑜的部将黄盖说："现在敌众我寡，难以与他们相持太久。曹操的军队正好用铁锁将船连住，首尾相接，可以用火攻打退他们。"于是准备艨艟斗舰十艘，装上干芦草和枯木柴，将油浇灌在上面，外面用帐幕包好，船上竖起军旗，预备好快船，系在舰尾。黄盖事先写信给曹操，诈称投降。当时东南风正急，黄盖命十只战舰行在最前面，到达江心时升起船帆，其馀的船只都随后跟进。曹操军中的官兵都涌出军营站着观看，指着黄盖说他来投降了。当黄盖的船队离曹军二里多远时，同时引火，风猛火烈，船行如箭发，冲入曹操船队，将其全都烧尽，大火还延烧到岸上的营寨。顷刻之间，浓烟直冲天空，人马被烧死、淹死的不计其数。周瑜等人率领轻装的精锐船队随后赶到，雷鼓大作，曹军大败。

操引军从华容道步走，遇泥泞，道不通，天又大风，悉使羸兵负草填之，骑乃得过。羸兵为人马所蹈藉，陷泥中，死者甚众。刘备、周瑜水陆并进，追操至南郡。时操军兼以饥疫，死者太半。操乃留征南将军曹仁、横野将军徐晃守江陵，折冲将军乐进守襄阳，引军北还。

周瑜、程普将数万众，与曹仁隔江未战。甘宁请先径进取夷陵，往，即得其城，因入守之。益州将袭肃举军降，周瑜表以肃兵益横野中郎将吕蒙。蒙盛称"肃有胆用，且慕化远来，于义宜益，不宜夺也"。权善其言，还肃兵。曹仁遣兵围甘宁，宁困急，求救于周瑜，诸将以为兵少不足分。吕蒙谓周瑜、程普曰："留凌公绩于江陵，蒙与君行，解围释急，势亦不久。蒙保公绩能十日守也。"瑜从之，大破仁兵于夷陵，获马三百匹而还。于是将士形势自倍，瑜乃度江，屯北岸，与仁相距。十二月，孙权自将围合肥。

十四年春三月，孙权围合肥，久不下。权率轻骑欲身往突敌，长史张纮谏曰："夫兵者凶器，战者危事也。今麾下恃盛壮之气，忽强暴之虏，三军之众，莫不寒心。虽斩将搴旗，威震敌场，此乃偏将之任，非主将之宜也。愿抑贲、育之勇，怀霸王之计。"权乃止。曹操遣将军张喜将兵解围，久而未至。扬州别驾楚国蒋济密白刺史，伪得喜书，云步骑四万已到雩娄，遣主簿迎喜。三部使赍书语城中守将，一部得入城，二部为权兵所得。权信之，遽烧围走。

曹操率兵从华容道徒步逃走，又遇上道路泥泞，阻塞不通，加上又刮起了大风，曹操于是命令所有的老弱残兵，身负野草，填塞道路，骑兵这才得以通过。老弱残兵被人马所践踏，陷在泥中，死去了很多人。刘备、周瑜水陆并进，一直追击曹操到南郡。这时曹军因为饥饿和瘟疫流行，死去了一大半。曹操于是留下征南将军曹仁、横野将军徐晃驻守江陵，命折冲将军乐进据守襄阳，率军北返。

周瑜、程普率数万兵众，与曹仁隔江扎营，尚未交战。甘宁请求先行径直夺取夷陵，甘宁前往，立即夺取了夷陵城，于是进驻城内据守。益州守将袭肃率全军投降，周瑜上书孙权，建议将袭肃的军队增拨给横野中郎将吕蒙。吕蒙极力称赞"袭肃有胆识才干，并且心怀仰慕，远来归降，在道义上应增加他的兵力，不应该夺去他的军队"。孙权同意他的意见，归还了袭肃的军队。曹仁派兵围攻甘宁，甘宁形势危急，向周瑜求救，诸将领认为兵力很少，不能分兵救援。吕蒙对周瑜、程普说："留下凌统驻守江陵，我与你们前往救援，解除危急，不会费时大久。我担保凌统定能坚守十天。"周瑜听从了他的建议，在夷陵大败曹仁的军队，缴获战马三百匹而回。于是将士斗志更加高昂，周瑜就渡过长江，屯驻在长江北岸，与曹仁相对抗。十二月，孙权亲自率军围攻合肥。

十四年（209）春季三月，孙权围攻合肥，很长时间不能攻下。孙权率轻骑兵准备亲自突击敌人，长史张纮劝阻说："武器是凶器，战争是危险的事情。现在将军仗恃着一股锐气，轻视强大的敌人，全军将士，无不为你担心。即使可以斩杀敌将、拔取敌旗，威震沙场，但这只是一个偏将的责任，并不是主将所该做的事。希望将军克制一下孟贲、夏育那样的勇气，心中多想霸王的谋略。"孙权才停止。曹操派将军张喜率军解除合肥之围，一直没有抵达。扬州别驾楚国人蒋济暗中告诉刺史，假装收到张喜的书信，说步骑联军四万人已到雩娄，派主簿前往迎接张喜。主簿派出三名信差通知城中守将，一人得以入城，另外二人被孙权的兵士俘获。孙权信以为真，于是烧掉围城器具撤走。

冬十二月,周瑜攻曹仁岁馀,所杀伤甚众,仁委城走。权以瑜领南郡太守,屯据江陵;程普领江夏太守,治沙羡;吕范领彭泽太守;吕蒙领寻阳令。

曹操密遣九江蒋幹往说周瑜。幹以才辩独步于江、淮之间,乃布衣葛巾,自托私行诣瑜。瑜出迎之,立谓幹曰:"子翼良苦,远涉江湖,为曹氏作说客邪!"因延幹,与周观营中,行视仓库、军资、器仗讫,还饮宴,示之侍者服饰珍玩之物。因谓幹曰:"丈夫处世,遇知己之主,外托君臣之义,内结骨肉之恩,言行计从,祸福共之,假使苏、张更生,能移其意乎!"幹但笑,终无所言。还白操,称瑜雅量高致,非言辞所能间也。

十五年冬十二月,周瑜诣京见权曰:"今曹操新败,忧在腹心,未能与将军连兵相事也。乞与奋威俱进,取蜀而并张鲁,因留奋威固守其地,与马超结援,瑜还与将军据襄阳以蹙操,北方可图也。"权许之。奋威者,孙坚弟子丹阳太守瑜也。

周瑜还江陵为行装,于道病困,与权笺曰:"修短命矣,诚不足惜,但恨微志未展,不复奉教命耳。方今曹操在北,疆埸未静;刘备寄寓,有似养虎;天下之事,未知终始,此朝士旰食之秋,至尊垂虑之日也。鲁肃忠烈,临事不苟,可以代瑜。傥所言可采,瑜死不朽矣!"卒于巴丘。权闻之哀恸,曰:"公瑾有王佐之资,今忽短命,孤何赖哉?"自迎其丧于芜湖。瑜有一女、二男,权为长子登娶其女;以其男循为骑都尉,妻以女;胤为兴业都尉,妻以宗女。

冬季十二月，周瑜围攻曹仁已有一年多的时间，所杀伤的敌军很多，曹仁弃城逃走。孙权任命周瑜兼任南郡太守，屯据江陵；任程普兼任江夏太守，设郡府于沙羡；任吕范兼彭泽太守；吕蒙兼寻阳县令。

曹操秘密派遣九江人蒋干前往游说周瑜。蒋干以雄辩之才独步于长江、淮河之间，于是身穿布衣、头戴葛巾，假托有私事拜访周瑜。周瑜出营迎接，站着对蒋干说："你不辞辛苦，翻山越水前来，莫非是替曹操作说客吗？"于是请蒋干同自己一起遍观军营，巡视仓库、军用物资、粮草完毕，回来设宴欢饮，向蒋干展示侍者、服饰、珍奇珠宝等物。遂对蒋干说："大丈夫生在世上，遇上知己的君主，外表是君臣，在内却结有兄弟之情，言听计从，祸福共享，假使是苏秦、张仪再生，能更改其意吗！"蒋干只是微笑，最终也没说什么。蒋干回后禀告曹操，讲周瑜胸襟宽广、志向远大，并不是通过言辞便可离间他的。

十五年(210)冬季十二月，周瑜前往京口晋见孙权说："现在曹操刚刚战败，心怀忧患，不能与将军交兵决战。我请求与奋威将军同时出征，夺取蜀地，吞并张鲁，然后留奋威将军固守那里，与马超结盟，我回师与将军据守襄阳以威逼曹操，北方便可以设法图取。"孙权应允。奋威将军，即孙坚的侄儿丹阳太守孙瑜。

周瑜返回江陵整理行装，在途中患病，给孙权写信说："命有长短，实在不必可惜，只是遗憾微小心志未能实现，不能再执行您的命令而已。如今曹操在北方，疆界尚未平静；刘备寄居在荆州，有似家中豢养着老虎；天下之事，不知最终如何，现在正是将士奋发忘食之时，将军殚精竭虑之日。鲁肃性情忠烈，遇事认真，可以接替我。倘若我的建议可以采纳，我虽死也不磨灭！"周瑜死于巴丘。孙权得知周瑜死讯，悲哭说："周瑜有辅佐帝王的才能，现在突然短命而死，我将依赖何人？"亲往芜湖迎接周瑜的棺柩。周瑜有一个女儿、两个儿子，孙权替自己的长子孙登娶了周瑜的女儿；任命周瑜的长子周循为骑都尉，将自己的女儿嫁给他；任命周瑜的次子周胤为兴业都尉，将本宗族的姑娘嫁给他。

权以鲁肃为奋武校尉,代瑜领兵,令程普领南郡太守。鲁肃劝权以荆州借刘备,与共拒曹操,权从之。乃分豫章为番阳郡,分长沙为汉昌郡。复以程普领江夏太守,鲁肃为汉昌太守,屯陆口。

十七年。初,张纮以秣陵山川形胜,劝孙权以为治所。及刘备东过秣陵,亦劝权居之。权于是作石头城,徙治秣陵,改秣陵为建业。

秋九月,吕蒙闻曹操欲东兵,说孙权夹濡须水口立坞。诸将皆曰:"上岸击贼,洗足入船,何用坞为?"蒙曰:"兵有利钝,战无百胜,如有邂逅,敌步骑蹙人,不暇及水,其得入船乎?"权曰:"善!"遂作濡须坞。

冬十月,曹操东击孙权。

十八年春正月,曹操进军濡须口,号步骑四十万,攻破孙权江西营,获其都督公孙阳。权率众七万御之,相守月馀。操见其舟船器仗军伍整肃,叹曰:"生子当如孙仲谋;如刘景升儿子,豚犬耳!"权为笺与操,说:"春水方生,公宜速去。"别纸言:"足下不死,孤不得安。"操语诸将曰:"孙权不欺孤。"乃彻军还。

十九年。初,魏公操遣庐江太守朱光屯皖,大开稻田。吕蒙言于孙权曰:"皖田肥美,若一收熟,彼众必增,宜早除之。"闰五月,权亲攻皖城。诸将欲作土山,添攻具,吕蒙曰:"治攻具及土山,必历日乃成,城备既修,外救必至,不可图也。且吾乘雨水以入,若留经日,水必向尽,还道艰难,蒙窃危之。今观此城,不能甚固,以三军锐气,四面并攻,

孙权任命鲁肃为奋武校尉,接替周瑜统帅军队,任命程普兼任南郡太守。鲁肃劝孙权将荆州借给刘备,与他共同抵抗曹操,孙权听从了他的建议。于是从豫章郡中分立出番阳郡,从长沙郡中分立出汉昌郡。重新任命程普为江夏太守,鲁肃为汉昌太守,屯军陆口。

十七年(212)。当初张纮认为秣陵山川形势有利,建议孙权将其作为将军府的所在地。等到刘备东往经过秣陵时,也劝孙权居住在那里。孙权于是修筑石头城,把治所迁到秣陵,将秣陵改名为建业。

秋季九月,吕蒙听说曹操准备东征,建议孙权在濡须口两岸建立营寨。诸将领都说:"上岸攻击敌人,洗洗脚便上船,还用营寨干什么?"吕蒙说:"战争有利有不利,战斗从无百战百胜,若猝然遇敌,敌军步骑兵急迫我军,连跳到水里都来不及,怎么还能上船?"孙权说:"对!"于是修筑濡须坞。

冬季十月,曹操东征攻击孙权。

十八年(213)春季正月,曹操进兵濡须口,号称步骑兵四十万,攻破孙权长江西岸大营,擒获东吴都督公孙阳。孙权率七万人抵御曹操,双方相持一月有余。曹操看到孙权的舟船、武器、军队严整,叹息说:"生儿子就应当像孙权;像刘表的儿子,不过是猪狗而已!"孙权写信给曹操,说:"春季江河水势正在上涨,你应迅速撤退。"另附一张小纸条说:"足下若不死去,我就不会安宁。"曹操对将领们说:"孙权并未欺骗我。"于是撤军返回。

十九年(214)。当初,魏公曹操派庐江太守朱光屯守皖城,大规模开垦稻田。吕蒙对孙权说:"皖城田地肥沃,若一旦收割熟稻,他们的部众定会增加,应及早将其铲除。"闰五月,孙权亲自率军进攻皖城。各将领打算兴筑土山,添置攻城器械,吕蒙说:"兴修土山和攻城器械,必会经过很长时间才能完成,到时城里的防御工事已经修好,外援定会到达,我们将无法攻取。而且乘雨水上涨战船才可入城,如延迟多日,水必退尽,回路艰难,我认为很危险。我观察此城,并不十分坚固,凭三军锐气,四面齐攻,

不移时可拔，及水以归，全胜之道也。"权从之。蒙荐甘宁为升城督，宁手持练，身缘城，为士卒先。蒙以精锐继之，手执枹鼓，士卒皆腾踊。侵晨进攻，食时破之，获朱光及男女数万口。既而张辽至夹石，闻城已拔，乃退。权拜吕蒙为庐江太守，还屯寻阳。

二十年秋八月，孙权率众十万围合肥。时张辽、李典、乐进将七千余人屯合肥。魏公操之征张鲁也，为教与合肥护军薛悌，署函边曰："贼至，乃发。"及权至，发教，教曰："若孙权至者，张、李将军出战，乐将军守，护军勿得与战。"诸将以众寡不敌，疑之。张辽曰："公远征在外，比救至，彼破我必矣，是以教指及其未合逆击之，折其盛势，以安众心，然后可守也。"进等莫对，辽怒曰："成败之机，在此一战，诸君若疑，辽将独决之。"李典素与辽不睦，慨然曰："此国家大事，顾君计何如耳，吾可以私憾而忘公义乎！请从君而出。"于是辽夜募敢从之士，得八百人，椎牛犒飨。明旦，辽被甲持戟，先登陷阵，杀数十人，斩二大将，大呼自名，冲垒入至权麾下。权大惊，不知所为，走登高冢，以长戟自守。辽叱权下战，权不敢动，望见辽所将众少，乃聚围辽数重。辽急击围开，将麾下数十人得出。馀众号呼曰："将军弃我乎？"辽复前突围，拔出馀众。权人马皆披靡，无敢当者。自旦战至日中，吴人夺气。乃还修守备，众心遂安。

权守合肥十馀日，城不可拔，彻军还。兵皆就路，权与诸将在逍遥津北，张辽觇望知之，即将步骑奄至。甘宁与吕蒙等力战扞敌，凌统率亲近扶权出围，复还与辽战，左右尽死，

不多时就可攻克,乘水仍在上涨时班师回营,这才是全胜之道。"孙权采纳了他的意见。吕蒙推荐甘宁为升城督,甘宁手持绳索,攀城而上,身先士卒。吕蒙命精锐之士随后跟上,亲手擂动战鼓,士卒都踊跃攀城。凌晨开始进攻,早饭时就攻破皖城,俘获朱光及男女数万人。不久,张辽率援军抵达夹石,得知城已攻破,于是退走。孙权任命吕蒙为庐江太守,回军屯驻寻阳。

二十年(215)秋季八月,孙权率军十万围攻合肥。当时张辽、李典、乐进率七千馀人屯守合肥。魏公曹操征讨张鲁时,致函给合肥护军薛悌,在信封上写道:"敌军到时,再拆封此信。"等孙权到达合肥,拆开函令,函令写道:"如果孙权抵至,张辽、李典出战,乐进留守,护军不得与敌交战。"将领们认为众寡不敌,迟疑不定。张辽说:"曹公远征在外,等援军赶到,敌人定已击败我们,所以曹公令我们在敌人尚未合围时,迎击敌人,挫折他们的锐气,以安定军心,然后才可固守。"乐进等都不出声,张辽大怒说:"成败的关键,在此一战,各位若是迟疑,我将独自出战。"李典向来与张辽不和,慷慨地说:"这是国家大事,何需只看各人想法,我怎能因私怨而忘掉公义!我请同你一道出战。"于是张辽连夜招募敢死壮士,得八百人,杀牛犒赏。第二天早晨,张辽身披铠甲,手持长戟,率先冲入敌阵,杀死数十人,斩掉二员大将,大喊着自己的名字,直冲到孙权帅旗之下。孙权大惊,不知所措,逃奔到高大土堆上,以长戟自卫。张辽大叫孙权下来决战,孙权不敢移动,看见张辽所率兵士很少,于是聚兵将张辽层层包围。张辽奋勇出击,冲开包围,率部下数十人突围而出。仍在重围的部众大声呼叫说:"将军要舍弃我们吗?"张辽再次冲入重围,救出馀部。孙权的人马都纷纷退后,无人敢抵挡。从早晨战斗到中午,吴军气势丧失。张辽于是退回城内备战,军心安定下来。

孙权守在合肥城外十馀天,无法破城,只好撤军返回。大军都已上路,孙权与各将逗留在逍遥津北,张辽远望得知后,立即率步骑联军掩杀而至。甘宁与吕蒙等奋力御敌,凌统率亲信搀扶孙权突围后,再返回与张辽交战,身边的兵士全都阵亡,

身亦被创,度权已免,乃还。权乘骏马上津桥,桥南已彻,丈馀无版。亲近监谷利在马后,使权持鞍缓控,利于后著鞭以助马势,遂得超度。贺齐率三千人在津南迎权,权由是得免。权入大船宴饮,贺齐下席涕泣曰:"至尊人主,常当持重,今日之事,几致祸败。群下震怖,若无天地,愿以此为终身之诫!"权自前收其泪曰:"大惭,谨已刻心,非但书绅也。"

二十一年冬十月,魏王操治兵击孙权。

二十二年春正月,魏王操军居巢,孙权保濡须。二月,操进攻之。三月,操引军还,留伏波将军夏侯惇,都督曹仁、张辽等二十六军屯居巢。权令都尉徐详诣操请降,操报使修好,誓重结婚。权留平虏将军周泰督濡须。

冬十月,鲁肃卒,孙权以从事中郎彭城严畯代肃,督兵万人镇陆口。众人皆为畯喜,畯固辞以"朴素书生,不闲军事",发言恳恻,至于流涕。权乃以左护军虎威将军吕蒙兼汉昌太守以代之。众嘉严畯能以实让。

定威校尉吴郡陆逊言于孙权曰:"方今克敌宁乱,非众不济,而山寇旧恶,依阻深地。夫腹心未平,难以图远,可大部伍,取其精锐。"权从之,以为帐下右部督。会丹阳贼帅费栈作乱,扇动山越。权命逊讨栈,破之。遂部伍东三郡,强者为兵,羸者补户,得精卒数万人。宿恶荡除,所过肃清,还屯芜湖。会稽太守淳于式表"逊枉取民人,愁扰所在"。逊后诣都,言次,称式佳吏。权曰:"式白君,而君荐之,

自己也受了重伤,估计孙权已脱险境,这才后退。孙权乘马奔上逍遥津的桥上,桥的南端已被破坏,一丈多的地方没有桥板。亲近监谷利在孙权马后,他让孙权放松缰绳,抱住马鞍,谷利在后面持鞭抽打,以加强马的冲势,于是才得以跃过。贺齐率三千人在逍遥津南迎接孙权,孙权因此得以幸免。孙权到大船上设宴饮酒,贺齐离开座位流着泪说:"您身为人主,应经常慎重,今天的事情,几乎酿成大祸。部属们无不震恐,好像没有了天地,望您以此作为终身的戒鉴!"孙权上前擦掉他的眼泪,说:"十分惭愧,我将永远铭刻在心,不仅是将你的话写在绅带之上。"

二十一年(216)冬季十月,魏王曹操统兵攻击孙权。

二十二年(217)春季正月,魏王曹操率军抵达居巢,孙权坚守濡须。二月,曹操进攻孙权。三月,曹操率军后撤,留下伏波将军夏侯惇,都督曹仁、张辽等二十六支军队屯守居巢。孙权命都尉徐详晋见曹操,请求归降,曹操派使者回报,双方结为盟好,立誓重结婚姻。孙权留下平虏将军周泰屯守濡须。

冬季十月,鲁肃去世,孙权任命从事中郎彭城人严畯接替鲁肃,带兵万人镇守陆口。众人都为严畯贺喜,严畯却以"我只不过为一介书生,不懂军事"为由,坚决推辞,言辞恳切,以致流下眼泪。孙权于是任命左护军虎威将军吕蒙兼任汉昌太守,接替鲁肃。众人都嘉许严畯能据实相让。

定威校尉吴郡人陆逊建议孙权说:"当今若要克敌平乱,非人多不行,而且山寇为恶已久,依据险阻,盘踞深山。心腹之患未能平息,很难图取远处,应扩大队伍,挑选精锐。"孙权采纳了他的建议,任命陆逊为帐下右部督。正好丹阳叛民首领费栈发动叛乱,煽动山越。孙权任命陆逊讨伐费栈,大败费栈。于是便在丹阳、新都、会稽东部三郡征兵,年壮者入伍当兵,老弱者为后备民户,募得精兵数万人。陆逊对残匪加以除灭,对所经地加以清剿,回师屯驻芜湖。会稽太守淳于式上书弹劾陆逊"随意抓人,使所至之地愁苦不堪"。陆逊后来到都府,言谈之间,称赞淳于式是个好官。孙权说:"淳于式曾经上书攻击你,而你却推荐他,

何也?"逊对曰:"式意欲养民,是以白逊;若逊复毁式以乱圣听,不可长也。"权曰:"此诚长者之事,顾人不能为耳。"

二十四年秋七月,孙权攻合肥。时诸州兵戍淮南。扬州刺史温恢谓兖州刺史裴潜曰:"此间虽有贼,然不足忧。今水潦方生,而子孝县军,无有远备,关羽骁猾,正恐征南有变耳。"已而关羽果使南郡太守糜芳守江陵,将军傅士仁守公安,羽自率众攻曹仁于樊。仁使左将军于禁、立义将军庞德等屯樊北。八月,大霖雨,汉水溢,平地数丈,于禁等七军皆没。禁与诸将登高避水,羽乘大船就攻之,禁等穷迫,遂降。庞德不听,骂羽,羽杀之。

冬十月,丞相军司马司马懿、西曹属蒋济言于操曰:"于禁等为水所没,非战攻之失,于国家大计未足有损。刘备、孙权,外亲内疏,关羽得志,权必不愿也。可遣人劝权蹑其后,许割江南以封权,则樊围自解。"操从之。

魏王操之出汉中也,孙权为笺与魏王操,请以讨羽自效。吕蒙袭公安、江陵,羽守将傅士仁、糜芳皆降。蒙入江陵,释于禁之囚,得关羽及将士家属,皆慰抚之。羽遁走,兵皆解散。潘璋司马马忠获羽及其子平于章乡,斩之。事见《吴蜀通好》。

十二月,魏王操表孙权为票骑将军,假节,领荆州牧,封南昌侯。
魏文帝黄初元年,文帝即位。秋七月,孙权遣使奉献。

二年夏四月,孙权自公安徙都鄂,更名鄂曰武昌。

为什么?"陆逊回答说:"淳于式希望休养人民,所以攻击我;如果我再诋毁他以淆乱圣明之德,这种风气不可鼓励。"孙权说:"你这实在是长者所做的事,其他的人是不能做到的。"

二十四年(219)秋季七月,孙权进攻合肥。当时,北方各州军队屯驻在淮南郡。扬州刺史温恢对兖州刺史裴潜说:"这里虽有贼,但不值得忧虑。值得忧虑的只是积水正涨,而曹仁悬军在外,没有长远的戒备,关羽骁悍多谋,恐怕征南将军曹仁有难。"不久关羽果然派南郡太守麋芳留守江陵,将军傅士仁驻守公安,关羽亲自率军在樊城进攻曹仁。曹仁派左将军于禁、立义将军庞德等人屯守樊城之北。八月,大雨连绵,汉水泛溢,平地水深数丈,于禁等七支军队全被淹没。于禁同各将登上高岗避水,关羽乘大船接近进攻,于禁等走投无路,于是投降。庞德不降,并大骂关羽,关羽杀掉了他。

冬季十月,丞相军司马司马懿、西曹属蒋济对曹操说:"于禁等被水所淹没,并非在战争攻击中失利,对国家前途不足以有所损害。刘备、孙权外表亲近而内心疏远,关羽的成功,是孙权绝不希望的。可派人劝孙权抄袭关羽的后路,许诺将江南之地割封给孙权,则樊城之围自然就解除了。"曹操接纳了他的意见。

在魏王曹操出征汉中张鲁的时候,孙权写信给魏王曹操,请求讨伐关羽,以此效力于朝廷。吕蒙偷袭公安、江陵,关羽的守将傅士仁、麋芳全都投降。吕蒙进入江陵城,解除了于禁的囚禁,俘获关羽及其将士家属,都加慰问安抚。关羽逃走,他的军队全都解散。潘璋司马马忠在章乡俘获了关羽及其儿子关平,将他们斩杀。事见《吴蜀通好》。

十二月,魏王曹操上书荐举孙权为骠骑将军,持节,兼任荆州州牧,封南昌侯。

魏文帝黄初元年(220),魏文帝曹仁即位。秋季七月,孙权派使节向朝廷上贡。

二年(221)夏季四月,孙权从公安迁都到鄂城,将鄂城更名为武昌。

秋八月，孙权遣使称臣，卑辞奉章，并送于禁等还。朝臣皆贺，刘晔独曰："权无故求降，必内有急。权前袭杀关羽，刘备必大兴师伐之。外有强寇，众心不安，又恐中国往承其衅，故委地求降，一以却中国之兵，二假中国之援，以强其众而疑敌人耳。天下三分，中国十有其八；吴、蜀各保一州，阻山依水，有急相救，此小国之利也。今还自相攻，天亡之也。宜大兴师，径渡江袭之，蜀攻其外，我袭其内，吴之亡不出旬月矣。吴亡则蜀孤，若割吴之半以与蜀，蜀固不能久存，况蜀得其外，我得其内乎！"帝曰："人称臣降而伐之，疑天下欲来者心，不若且受吴降而袭蜀之后也。"对曰："蜀远吴近，又闻中国伐之，便还军，不能止也。今备已怒，兴兵击吴，闻我伐吴，知吴必亡，将喜而进与我争割吴地，必不改计抑怒救吴也。"帝不听，遂受吴降。

于禁须发皓白，形容憔悴，见帝，泣涕顿首。帝慰喻以荀林父、孟明视故事，拜安远将军，令北诣邺谒高陵。帝使豫于陵屋画关羽战克、庞德愤怒、禁降服之状。禁见，惭恚发病死。

臣光曰：于禁将数万众，败不能死，生降于敌，既而复归，文帝废之可也，杀之可也，乃画陵屋以辱之，斯为不君矣！

丁巳，遣太常邢贞奉策即拜孙权为吴王，加九锡。刘晔曰："不可。先帝征伐天下，十兼其八，威震海内。陛下受禅

秋季八月，孙权派使者向魏称臣，奏章言辞卑谦，并送于禁等人返回魏国。文武大臣一致道贺，只有刘晔说："孙权无缘无故归降，一定是内部有紧急情况。孙权先前袭杀了关羽，刘备定会大规模出兵报仇讨伐。孙权外有强敌，民心不安，又担心我们乘机动手，所以献出土地，请求归降，一则阻止中原之兵，二则借助我们的支援，以增强势力而使敌人惊疑。天下三分，中原占有十分之八；吴、蜀仅据一州，山水相隔，遇上危急则相互救援，这是小国有利的地方。现在却回过头来相互进攻，这是上天要灭亡他们。我们应出动大军，径直渡过长江袭击他们，蜀汉在境外进攻，我们则进取他的腹地，不出一个月吴就会灭亡。东吴灭亡了则蜀汉势单力孤，即使割让东吴一半的土地给蜀汉，蜀汉也不能长久存在，更何况蜀汉仅得到他们的边境之地，而我们却得到了他们的腹地呢？"魏文帝说："别人称臣投降而去讨伐他，恐怕会阻塞天下英雄归降之心，不如暂且接受东吴的归降，而去袭击蜀汉的背后。"刘晔回答说："蜀汉远而东吴近，而且蜀汉若得知我们讨伐他，便会回师迎战，缠斗不已。现在刘备正在发怒，准备兴兵进攻东吴，若听说我们讨伐东吴，知道东吴必会灭亡，将会因此高兴而发兵，与我们争割东吴的土地，必定不会改变计划，克制怒火而去援救东吴。"魏文帝不予采纳，于是接受了东吴的投降。

　　于禁胡须头发全都雪白，样子十分憔悴，晋见魏文帝，流泪叩首。魏文帝以荀林父、孟明视的往事安慰他，任命他为安远将军，让他北往邺城祭拜高陵。文帝却事先在陵园房舍绘画出关羽战胜、庞德愤怒、于禁投降的情形。于禁见到后，十分惭愧悔恨，发病而死。

　　北宋史臣司马光说：于禁率数万军队，战败不能死节，活着投降敌人，之后既已回国，魏文帝罢黜他可以，杀掉他也可以，却在陵园房舍中绘画来羞辱他，这就不像是一个君王！

　　丁巳（十九日），曹魏派遣太常邢贞携带诏策前往东吴，拜授孙权为吴王，并加赐九锡之礼。刘晔说："不能这样做。先帝征讨天下，十分天下，已经兼并了八分，威震海内。陛下受禅

即真，德合天地，声暨四远。权虽有雄才，故汉票骑将军、南昌侯耳，官轻势卑，士民有畏中国心，不可强迫与成所谋也。不得已受其降，可进其将军号，封十万户侯，不可即以为王也。夫王位去天子一阶耳，其礼秩服御相乱也。彼直为侯，江南士民未有君臣之分。我信其伪降，就封殖之，崇其位号，定其君臣，是为虎傅翼也。权既受王位，却蜀兵之后，外尽礼以事中国，使其国内皆闻，内为无礼以怒陛下。陛下赫然发怒，兴兵讨之，乃徐告其民曰：'我委身事中国，不爱珍货重宝，随时贡献，不敢失臣礼，而无故伐我，必欲残我国家，俘我民人以为仆妾。'吴民无缘不信其言也。信其言而感怒，上下同心，战加十倍矣。"又不听。诸将以吴内附，意皆纵缓，独征南大将军夏侯尚益修攻守之备。山阳曹伟，素有才名，闻吴称藩，以白衣与吴王交书求赂，欲以交结京师，帝闻而诛之。

吴又城武昌。

十一月，邢贞至吴，吴人以为宜称上将军、九州伯，不当受魏封。吴王曰："九州伯，于古未闻也。昔沛公亦受项羽封为汉王，盖时宜耳，复何损邪！"遂受之。吴王出都亭候贞，贞入门，不下车。张昭谓贞曰："夫礼无不敬，法无不行。而君敢自尊大，岂以江南寡弱，无方寸之刃故乎！"贞即遽下车。中郎将琅邪徐盛忿愤，顾谓同列曰："盛等不能奋身出命，为国家并许、洛，吞巴、蜀，而令吾君与贞盟，

即位，威德配合天地，声威传播四方。孙权虽有雄才大略，但只不过是已经灭亡了的东汉的骠骑将军、南昌侯而已，官爵轻微，地位低下，他属下的官吏百姓都有畏惧魏国之心，孙权无法迫使他们与自己共成大事。万不得已接受他的归降，可以晋升他将军的称号，封他为十万户侯，不能一下子就封他为王。王位与天子，只不过相距一个台阶，其礼仪服饰车马，与天子相互混乱。他若只是一个侯爵，江南的吏民与他并无君臣的名分。我们若相信他的诈降，就加封他为王，提高他的位号，代他确定君臣关系，这就等于是替老虎加上双翅。孙权既已接受王位，再击退蜀汉军队，在外表上极力事奉魏国，使吴国境内都知道此事，在内部却做出无礼之事来激怒陛下。等到陛下勃然发怒，兴兵讨伐他，他就会告诉他的百姓：'我献身事奉魏国，不惜金银珍宝，随时进贡，不敢丧失君臣之礼，但他们却无缘无故讨伐我们，一定要残灭我们的国家，俘虏我们的人民作奴婢。'吴国百姓没有理由不相信他的言论。相信这些言论进而引起愤怒，上下齐心，战斗力就增加了十倍。"魏文帝又不听从这个建议。各位将领因为吴国归降，都松懈下来，只有征南大将军夏侯尚更加加强攻守战备。山阳人曹伟，素以才华闻名，得知东吴归降，就以平民身份写信给吴王孙权，要求贿赂，想以此交结京师的权贵，魏文帝知道后诛杀了他。

吴国人又兴筑武昌城。

十一月，邢贞到吴国，吴人认为孙权应称上将军、九州伯，不应接受魏的封爵。吴王孙权说："九州伯的名称，从古至今，闻所未闻。从前沛公刘邦也接受项羽的封爵为汉王，只要时机适宜，一个虚有的封号，对我有什么损失？"于是接受封号。吴王孙权到都亭迎候邢贞，邢贞直入大门，不下马车。张昭对邢贞说："礼仪不能不恭敬，法令不能不实行。而你竟敢妄尊自大，是认为江南人少力弱，没有一把小匕首吗？"邢贞于是赶紧下车。中郎将琅邪人徐盛十分愤怒，对身边其他官员说："我们不能奋勇献身，为国家攻取许县、洛阳，吞并巴、蜀，致使我们君主同邢贞结盟，

不亦辱乎!"因涕泣横流。贞闻之,谓其徒曰:"江东将相如此,非久下人者也。"

吴主遣中大夫南阳赵咨入谢。帝问曰:"吴主何等主也?"对曰:"聪明、仁智、雄略之主也。"帝问其状,对曰:"纳鲁肃于凡品,是其聪也;拔吕蒙于行陈,是其明也;获于禁而不害,是其仁也;取荆州兵不血刃,是其智也;据三州虎视于天下,是其雄也;屈身于陛下,是其略也。"帝曰:"吴王颇知学乎?"咨曰:"吴王浮江万艘,带甲百万,任贤使能,志存经略,虽有馀闲,博览书传,历史籍,采奇异,不效书生寻章摘句而已。"帝曰:"吴可征否?"对曰:"大国有征伐之兵,小国有备御之固。"帝曰:"吴难魏乎?"对曰:"带甲百万,江、汉为池,何难之有!"帝曰:"吴如大夫者几人?"对曰:"聪明特达者,八九十人;如臣之比,车载斗量,不可胜数。"

帝遣使求雀头香、大贝、明珠、象牙、犀角、玳瑁、孔雀、翡翠、斗鸭、长鸣鸡于吴。吴群臣曰:"荆、扬二州,贡有常典。魏所求珍玩之物,非礼也,宜勿与。"吴王曰:"方有事于西北,江表元元,恃主为命。彼所求者,于我瓦石耳,孤何惜焉!且彼在谅暗之中,而所求若此,宁可与言礼哉!"皆具以与之。

十二月,帝欲封吴王子登为万户侯,吴王以登年幼,上书辞不受。复遣西曹掾吴郡沈珩入谢,并献方物。帝问曰:"吴嫌魏东向乎?"珩曰:"不嫌。"曰:"何以?"曰:"信恃旧盟,言归于好,是以不嫌;若魏渝盟,自有豫备。"又问:"闻

岂不羞耻!"于是泪流满面。邢贞得知后,对他的随从说:"江东文武官员如此情形,是不可能长久屈居他人之下的。"

吴王孙权派中大夫南阳人赵咨前往洛阳答谢。魏文帝问道:"吴王是怎样的一个君主?"赵咨回答说:"是位聪明、仁慈、智慧而又有雄才大略的君主。"魏文帝询问其根据,赵咨回答说:"在普通人中选用鲁肃,是聪;在行武之中提拔吕蒙,是明;抓获了于禁而不加杀害,是仁慈;收复荆州而不费一兵一卒,是智慧;据守三州,虎视天下,是雄才;屈身于陛下,是大略。"魏文帝说:"吴王很喜欢学习吗?"赵咨说:"吴王拥有战船万艘,兵士百万,任用贤能,志在经略四方,稍有闲暇,便博览群书,遍览史籍,从中领会深意,不效仿那些书生只是寻章摘句而已。"魏文帝说:"吴国可不可以征伐?"赵咨回答说:"大国有讨伐的兵力,小国有充分的防御。"魏文帝说:"吴国惧怕魏国吗?"赵咨回答说:"吴国有雄兵百万,又有长江、汉水作为屏障,有何惧怕!"魏文帝说:"吴国像你这样的官员有多少?"赵咨回答说:"特别聪明通达的人有八九十;像我这样的人,可以用车载、用斗量,不可胜数。"

魏文帝派人向吴国要求进贡雀头香、大贝、明珠、象牙、犀角、玳瑁、孔雀、翡翠、斗鸭、长鸣鸡。吴国文武官员说:"荆州、扬州的贡品,有一定的常规。魏国所要求的珍奇玩物,不合礼制,不应当给他们。"吴王孙权说:"现在我们在西北正与蜀国有战事,吴国的百姓,全靠魏国才能生息。他们所要求的东西,对于我来说,只不过是一堆瓦片石头而已,我有什么值得珍惜的!况且曹丕正在服丧期间,而所要求的却是这些东西,怎能同他谈论礼仪?"全都准备齐全贡献给魏。

十二月,魏文帝准备封吴王孙权的儿子孙登为万户侯,吴王孙权认为孙登年纪幼小,上书推辞不接受。又派遣西曹掾吴郡人沈珩到京师答谢,并呈献上地方特产。魏文帝问沈珩说:"吴国是不是怀疑我们向东征讨?"沈珩说:"不怀疑。"魏文帝说:"为什么?"沈珩说:"我们信任原来的盟约,永结友好,所以不怀疑;如果魏国不遵守盟约,我们自有准备。"魏文帝又问道:"听说

太子当来，宁然乎？"珩曰："臣在东朝，朝不坐，宴不与，若此之议，无所闻也。"帝善之。

三年。初，吴王遣于禁护军浩周、军司马东里衮诣帝，自陈诚款，辞甚恭悫。帝问周等："权可信乎？"周以为权必臣服，而衮谓其不可必服。帝悦周言，以为有以知之，故立为吴王，复使周至吴。周谓吴王曰："陛下未信王遣子入侍，周以阖门百口明之。"吴王为之流涕沾襟，指天为誓。周还而侍子不至，但多设虚辞。帝欲遣侍中辛毗、尚书桓阶往与盟誓，并责任子，吴王辞让不受。帝怒，欲伐之。刘晔曰："彼新得志，上下齐心，而阻带江湖，不可仓卒制也。"帝不从。九月，命征东大将军曹休、前将军张辽、镇东将军臧霸出洞口，大将军曹仁出濡须，上军大将军曹真、征南大将军夏侯尚、左将军张郃、右将军徐晃围南郡。吴建威将军吕范督五军，以舟军拒休等，左将军诸葛瑾、平北将军潘璋、将军杨粲救南郡，裨将军朱桓以濡须督拒曹仁。

冬十月，吴王以扬越蛮夷多未平集，乃卑辞上书，求自改厉："若罪在难除，必不见置，当奉还土地民人，寄命交州以终馀年。"又与浩周书云："欲为子登求昏宗室。"又云："以登年弱，欲遣孙长绪、张子布随登俱来。"帝报曰："朕之与君，大义已定，岂乐劳师远临江、汉？若登身朝到，夕召兵还耳。"于是吴王改元黄武，临江拒守。

吴国太子孙登要入朝,是不是这样?"沈珩说:"我在东吴时,朝议时没有我的座位,官员欢宴我也不能参加,像这样的消息,我没有听说过。"魏文帝很赞赏他。

三年(222)。当初,吴王孙权派于禁的护军浩周、军司马东里衮晋见魏文帝曹丕,代他表述诚意,言辞极为恭敬谦卑。魏文帝问浩周等人:"孙权可以信任吗?"浩周认为孙权定会臣服,而东里衮认为孙权不一定会臣服。魏文帝喜欢浩周的话,认为他很了解孙权,所以封立孙权为吴王,再派浩周到吴国。浩周对吴王孙权说:"陛下不相信你会派儿子入京,我以全家百口人的性命担保会去。"吴王为此感动得泪流沾襟,并且指天发誓。浩周回到京师洛阳,但孙权的儿子却没有到来,只是借口拖延。魏文帝准备派侍中辛毗、尚书桓阶前往吴国盟誓,并催促人质,吴王推辞不肯接受。魏文帝大怒,准备兴兵讨伐。刘晔说:"孙权刚刚取胜,上下一心,而且有江湖阻隔,不可能在仓促之间制服他们。"魏文帝不予听从。九月,魏文帝命令征东大将军曹休、前将军张辽、镇东将军臧霸从洞口出兵,大将军曹仁从濡须出兵,上军大将军曹真、征南大将军夏侯尚、左将军张郃、右将军徐晃围攻南郡。吴国建威将军吕范统率五军,以水军抵抗曹休等人,左将军诸葛瑾、平北将军潘璋、将军杨粲救援南郡,裨将军朱桓凭据濡须阻挡曹仁。

冬季十月,吴王孙权因为扬越一带的蛮夷大多尚未完全平服,于是以谦卑的言辞上书魏文帝曹丕,请求允许他改过自新,说:"如果我的罪过不容免除,一定不会被允许存在,我当奉献出国土人民,寄住在交州以度过馀生。"又写信给浩周说:"想代儿子孙登向曹魏宗室求婚。"又说:"因为孙登年幼弱小,打算派孙邵、张昭随孙登一同前往京师洛阳。"魏文帝回报书信说:"我与你大义已定,哪里愿意劳师动众,远临长江、汉水?如果孙登早晨到达,我晚上就召回大军。"于是吴王孙权改年号为黄武,沿长江拒敌防守。

帝自许昌南征，复郢州为荆州。十一月辛丑，帝如宛。曹休在洞口，自陈："愿将锐卒虎步江南，因敌取资，事必克捷，若其无臣，不须为念。"帝恐休便渡江，驿马止之。侍中董昭侍侧，曰："窃见陛下有忧色，独以休济江故乎？今者渡江，人情所难，就休有此志，势不独行，当须诸将。臧霸等既富且贵，无复他望，但欲终其天年，保守禄祚而已，何肯乘危自投死地，以求徼倖！苟霸等不进，休意自沮。臣恐陛下虽有敕渡之诏，犹必沈吟，未便从命也。"顷之，会暴风吹吴吕范等船，绲缆悉断，直诣休等营下，斩首获生以千数，吴兵进散。帝闻之，敕诸军促渡。军未时进，吴救船遂至，收军还江南。曹休使臧霸追之，不利，将军尹卢战死。

吴将孙盛督万人据江陵中洲，以为南郡外援。
四年春正月，曹真使张郃击破吴兵，遂夺据江陵中洲。

二月，曹仁以步骑数万向濡须，先扬声欲东攻羡溪，朱桓分兵赴之。既行，仁以大军径进，桓闻之，追还羡溪兵，兵未到而仁奄至。时桓手下及所部兵在者才五千人，诸将业业各有惧心，桓喻之曰："凡两军交对，胜负在将，不在众寡。诸君闻曹仁用兵行师，孰与桓邪？兵法所以称'客倍而主人半'者，谓俱在平原无城隍之守，又谓士卒勇怯齐等故耳。今仁既非智勇，加其士卒甚怯，又千里步涉，人马罢困。

魏文帝从许昌出发亲自南征,把郢州恢复为荆州。十一月辛丑(十一日),魏文帝抵达宛城。曹休驻军在洞口,上书陈述:"愿亲率精锐兵士,像老虎一样跃步江南,从敌人那获取粮草军资,一定会传出捷报,若是我不幸丧生,也不必挂念。"魏文帝担心曹休会马上南渡长江,用驿马传令制止他。侍中董昭正在文帝身边,说:"我见陛下面有愁容,难道是担心曹休会渡江的缘故吗?现在渡江,谁也不会冒此风险,即便是曹休有此志向,形势也会不让他单独行动,必须有诸将的支持。臧霸等人现已既富有又尊贵,已再没有其他的奢望,只是希望终享天年,保守自己的官位俸禄而已,怎么肯冒险将自己投入死地,以求得侥幸呢?假如臧霸等人不前进,曹休的意气必会沮丧。我恐怕即使有陛下下令渡江的诏令,他们也定会犹豫拖延,不肯立即奉命。"不久,正好暴风袭击了吴国吕范等人的船舰,缆绳锚链一齐吹断,船舰径直飘到曹休等人营寨外,曹休斩杀及俘获吴军数千人,吴军溃散。魏文帝得到报告,下令各军从速渡江。大军没有及时前进,东吴援救的船队已经到达,吴军收兵撤回江南。曹休命臧霸追击,失利,将军尹卢战死。

吴国将领孙盛率万人据守江陵中洲,作为南郡外援。

四年(223)春季正月,曹真派张郃击破吴军,于是夺取并占据了江陵中洲。

二月,曹仁以步骑兵数万人攻击濡须,事先诈称准备向东攻击羡溪,东吴濡须守将朱桓分兵赴援。刚刚出发,曹仁率领大军直扑濡须,朱桓得知消息后,立即追回前往羡溪的军队,军队尚未回到,曹仁的军队已经掩杀而至。当时朱桓的手下及部属士卒留在濡须的仅有五千人,各位将领害怕不已,心怀恐惧,朱桓告谕他们说:"两军交锋,胜败的关键在于将领,而不在于人数的多少。各位听说曹仁用兵作战,比我朱桓如何呢?兵法上虽讲'客军加倍主军减半',但那是讲在平原作战,没有城垣可以固守,或是指士卒的勇气相等的情况下。现在曹仁既不是有智有勇之人,加上他的兵士十分怯懦,又千里跋涉而来,人马都很疲困。

桓与诸君共据高城,南临大江,北背山陵,以逸待劳,为主制客,此百战百胜之势,虽曹丕自来,尚不足忧,况仁等邪!"桓乃偃旗鼓,外示虚弱以诱致仁。仁遣其子泰攻濡须城,分遣将军常雕、王双等乘油船别袭中洲。中洲者,桓部曲妻子所在也。蒋济曰:"贼据西岸,列船上流,而兵入洲中,是为自内地狱,危亡之道也。"仁不从,自将万人留橐皋,为泰等后援。桓遣别将击雕等而身自拒泰。泰烧营退,桓遂斩常雕,生虏王双,临陈杀溺死者千馀人。

初,吕蒙病笃,吴王问曰:"卿如不起,谁可代者?"蒙对曰:"朱然胆守有馀,愚以为可任。"朱然者,九真太守朱治姊子也,本姓施氏,治养以为子,时为昭武将军。蒙卒,吴王假然节,镇江陵。及曹真等围江陵,破孙盛,吴王遣诸葛瑾等将兵往解围,夏侯尚击却之。江陵中外断绝,城中兵多肿病,堪战者裁五千人。真等起土山,凿地道,立楼橹临城,弓矢雨注,将士皆失色。然晏如无恐意,方厉吏士,伺间隙,攻破魏两屯。魏兵围然凡六月,江陵令姚泰领兵备城北门,见外兵盛,城中人少,谷食且尽,惧不济,谋为内应,然觉而杀之。

时江水浅狭,夏侯尚欲乘船将步骑入渚中安屯,作浮桥,南北往来,议者多以为城必可拔。董昭上疏曰:"武皇帝智勇过人,而用兵畏敌,不敢轻之若此也。夫兵好进恶退,常然之数。平地无险,犹尚艰难,就当深入,还道宜利,兵有进退,不可如意。今屯渚中,至深也;浮桥而济,

我与各位共同据守高城，南临长江，北靠山陵，以逸待劳，以主制客，这是百战百胜的形势，即使是曹丕亲自前来，都不值得忧虑，何况曹仁等人呢？"朱桓于是偃旗息鼓，外表上显示出虚弱，以引诱曹仁前来。曹仁派他的儿子曹泰进攻濡须城，另派将军常雕、王双等人乘坐油皮快船另去袭击中洲。中洲，是朱桓部众的家属所在地。蒋济说："敌军据守在西岸，舰船都陈列于上游，如果我军进入中洲，就是自己跳进地狱，是十分危险的举动。"曹仁不加听从，亲自带领一万人留守橐皋，作为曹泰等人的后援。朱桓派其他将领攻击常雕等人，而亲自迎战曹泰。曹泰烧掉营垒，向后撤退，朱桓于是斩杀了常雕，生擒了王双，曹军在阵前战死、溺死的有一千多人。

当初，吕蒙病重，吴王孙权问他说："你若不能再起来，谁可替代你？"吕蒙回答说："朱然胆识过人，我认为可以委以重任。"朱然，是九真郡太守朱治姐姐的儿子，本来姓施，朱治收养为儿子，当时为昭武将军。吕蒙死后，孙权赐给朱然符节，镇守江陵。等到曹真等围攻江陵，击败孙盛，吴王孙权派诸葛谨等率军前往解围，被夏侯尚击退。江陵内外交通断绝，城中兵士多患肿病，可以作战的士兵减少到仅有五千人。曹真等筑起土山，挖掘地道，架起高台向城中射箭，箭如雨下，守城将士全都吓得面无人色。朱然安然，毫无惧色，而专心激励将士，抓住机会，击破魏军两个据点。魏军围攻朱然共六个月，江陵县令姚泰率军守卫江陵城北门，见到城外敌军强大，城中守军人少，粮食已快吃尽，害怕最终守不住城，谋划作曹军内应，朱然发觉后杀掉了他。

此时，长江水浅狭窄，夏侯尚打算乘船率领步骑兵到中洲驻扎，兴建浮桥，作为南北交通，大家认为江陵城定可攻克。董昭上疏给魏文帝说："魏武皇帝智勇超人，但用兵之时，常怀畏敌之意，不敢如此轻敌。军事行动，进兵容易，退兵困难，这是用兵的规律。平地之上，没有险阻，尚且进退艰难，即使一定要深入险境的话，必须要考虑到撤退的安全，军队的前进和后退，不可能完全称心如意。现在若进驻洲中，则至为深入；建浮桥以交通，

至危也；一道而行，至狭也。三者，兵家所忌，而今行之。贼频攻桥，误有漏失，渚中精锐非魏之有，将转化为吴矣。臣私戚之，忘寝与食，而议者怡然不以为忧，岂不惑哉！加江水向涨，一旦暴增，何以防御！就不破贼，尚当自完，奈何乘危，不以为惧！惟陛下察之。"帝即诏尚等促出，吴人两头并前，魏兵一道引去，不时得泄，仅而获济。吴将潘璋已作荻筏，欲以烧浮桥，会尚退而止。后旬日，江水大涨，帝谓董昭曰："君论此事，何其审也！"会天大疫，帝悉召诸军还。

三月丙申，车驾还洛阳。初，帝问贾诩曰："吾欲伐不从命以一天下，吴、蜀何先？"对曰："攻取者先兵权，建本者尚德化。陛下应期受禅，抚临率土，若绥之以文德而俟其变，则平之不难矣。吴、蜀虽蕞尔小国，依山阻水。刘备有雄才，诸葛亮善治国；孙权识虚实，陆逊见兵势。据险守要，泛舟江湖，皆难卒谋也。用兵之道，先胜后战，量敌论将，故举无遗策。臣窃料群臣无备、权对，虽以天威临之，未见万全之势也。昔舜舞干戚而有苗服，臣以为当今宜先文后武。"帝不纳，军竟无功。

丁未，陈忠侯曹仁卒。

五年秋七月，帝欲大兴军伐吴，侍中辛毗谏曰："方今天下新定，土广民稀，而欲用之，臣诚未见其利也。先帝屡

则至为危险;仅靠一条道通行,则至为狭窄。以上三点,都是兵家的大忌,但现在全都实行。敌军若不断攻击浮桥,万一有所闪失,洲中的精锐之师,就不再属于魏国所有了,他们必将转变为吴国的俘虏。我心中十分忧虑,夜不能眠,饥不能食,而参加议论的人却怡然自得,不知道担忧,难道不使人困惑吗?加上长江的水位正在上升,一旦暴涨,将用什么办法来防御呢?即使不能击破贼敌,还应当设法保全自己,为什么面临危亡而不觉得恐惧!希望陛下明察。"魏文帝立即命令夏侯尚等人迅速撤出,吴军东西并进,魏兵仅从一道浮桥上撤退,几乎无法通过,最终勉强渡完。吴国将领潘璋已做好芦草筏,准备焚烧浮桥,正好夏侯尚退军,这才停止了行动。十天后,长江之水大涨,魏文帝对董昭说:"你推断此事,实在准确!"此时正值瘟疫流行,魏文帝将各路军队召回。

三月丙申(初八),魏文帝御驾返回洛阳。当初,魏文帝问贾诩说:"我准备讨伐抗命的叛逆以统一天下,东吴、蜀汉哪一国将被首先平定?"贾诩回答说:"攻取他人,军事为先;建立根本,必须崇尚道德教化。陛下应顺天命而受禅,安抚全国上下,若推广礼法教化而等待时机的变化,则平定他们就不困难了。东吴、蜀汉虽为寸土大的小国,但却依山阻水。刘备有雄才大略,诸葛亮善于治国;孙权能洞察敌我的虚实,陆逊擅长作战。他们据守险要,纵横江湖,都不是在仓促之间就可以谋取的。用兵原则是,先有取胜的把握,然后才发动战争,估量敌人的力量及将领的优劣,才能万无一失。我估料我们的将领中,无一人是刘备、孙权的对手,虽以陛下的天威亲征,也看不出有必胜的迹象。从前舜作干戚舞而有苗臣服,我认为当今应当先实行文教,然后再采取军事行动。"魏文帝没有采纳,最后大军无功而还。

丁未(十九日),陈忠侯曹仁去世。

五年(224)秋季七月,魏文帝曹丕发动大军讨伐吴国,侍中辛毗劝阻说:"如今天下刚刚稍有平定,土地广阔,人口稀少,此时若打算征用百姓,我实在是看不出有什么好处。先帝曾多次

起锐师，临江而旋。今六军不增于故，而复修之，此未易也。今日之计，莫若养民屯田，十年然后用之，则役不再举矣。"帝曰："如卿意，更当以虏遗子孙邪？"对曰："昔周文王以纣遗武王，惟知时也。"帝不从，留尚书仆射司马懿镇许昌。八月，为水军，亲御龙舟，循蔡、颍，浮淮如寿春。九月，至广陵。

吴安东将军徐盛建计，植木衣苇，为疑城假楼，自石头至于江乘，联绵相接数百里，一夕而成。又大浮舟舰于江。

时江水盛涨，帝临望，叹曰："魏虽有武骑千群，无所用之，未可图也。"帝御龙舟，会暴风漂荡，几至覆没。帝问群臣："权当自来否？"咸曰："陛下亲征，权恐怖，必举国而应。又不敢以大众委之臣下，必当自来。"刘晔曰："彼谓陛下欲以万乘之重牵己，而超越江湖者在于别将，必勒兵待事，未有进退也。"大驾停住积日，吴王不至，帝乃旋师。是时，曹休表得降贼辞："孙权已在濡须口。"中领军卫臻曰："权恃长江，未敢亢衡，此必畏怖伪辞耳。"考核降者，果守将所作也。

六年春三月辛未，帝以舟师复征吴，群臣大议。宫正鲍勋谏曰："王师屡征而未有所克者，盖以吴、蜀唇齿相依，凭阻山水，有难拔之势故也。往年龙舟飘荡，隔在南岸，圣躬蹈危，臣下破胆，此时宗庙几至倾覆，为百世之戒。今又劳兵袭远，日费千金，中国虚耗，今黜虏玩威，臣窃以为

发动精锐之师，但每次都是兵临长江，便即刻班师。现在六军人数并未比以前有所增加，而再去与东吴兴仇修怨，这并不容易。现在最好的办法，不如休养百姓，开荒垦田，十年之后再使用，那就不必再进行第二次征用。"魏文帝说："按你的意思，是不是要将敌人留给子孙去消灭？"辛毗回答说："从前周文王将商纣留给周武王讨灭，只因他知道时机。"魏文帝未加听从，留下尚书仆射司马懿镇守许昌。八月，组建水军，魏文帝亲自乘坐龙舟，沿着蔡河、颍水进入淮河，抵达寿春。九月，抵至广陵。

吴国安东将军徐盛献出计策，搭建木架，裹上芦草，建成假城墙、城楼，从石头城直至江乘，连绵相接数百里，一夜之间全部完成。又大量集结舟船于长江水面。

当时江水猛涨，魏文帝抵至长江边，望着江水，长叹说："魏国虽然有成千上万的大军，但无法使用，看样子很难攻取。"魏文帝乘坐的龙舟，遇上暴风，在江面漂荡，几乎覆没。魏文帝询问群臣："孙权会不会亲自来？"群臣都说："陛下亲自征讨，孙权恐惧，必定发动全国的力量对抗。他不敢将大军交给自己的臣下率领，定会亲自前来。"刘晔说："孙权认为陛下以至尊的御体为重，不会亲自征讨，同时，他会将渡越江湖的任务交给其他的将领，定将亲率军队坐镇后方，自己不可能亲来。"魏文帝在江边停留多日，吴王孙权没有到来，魏文帝于是班师而归。这时曹休上书，说得到投降的敌兵供词："孙权已到濡须口。"中领军卫臻说："孙权仅凭恃长江之险，不敢与我军抗衡，这定是心中恐惧而制造出的假消息。"审问投降的人，果然为东吴守将所指使。

六年（225）春季闰三月辛未（二十四日），魏文帝亲率水师再次征讨吴国，文武大臣在御前讨论。宫正鲍勋劝阻说："王师多次征讨而不能战胜敌人，这是因为东吴、蜀汉唇齿相依，凭借山水险阻，有难以攻克的形势。去年，陛下乘坐的龙舟在长江上漂荡，几乎被阻隔在南岸，陛下身陷险境，臣僚们吓破了胆，当时国家几乎倾覆，此应为百世的戒鉴。现在又发兵远袭敌人，每日耗费千金，国家耗费已尽，而狡黠的敌人依然在施展淫威，我认为

不可。"帝怒，左迁勖为治书执法。勖，信之子也。

夏五月戊申，帝如谯。

秋八月，帝以舟师自谯循涡入淮。尚书蒋济表言水道难通，帝不从。冬十月，如广陵故城，临江观兵，戎卒十馀万，旌旗数百里，有渡江之志。吴人严兵固守。而天寒，冰，舟不得入江。帝见波涛汹涌，叹曰："嗟乎，固天所以限南北也！"遂归。孙韶遣将高寿等率敢死之士五百人，于径路夜要帝，帝大惊。寿等获副车、羽盖以还。于是战船数千皆滞不得行。

七年春正月壬子，帝还洛阳。夏五月，帝疾笃。丁巳，帝殂。

明帝泰和三年夏四月丙申，吴王即皇帝位，大赦，改元黄龙。百官毕会，吴主归功周瑜。绥远将军张昭，举笏欲褒赞功德，未及言，吴主曰："如张公之计，今已乞食矣！"昭大惭，伏地流汗。吴主追尊父坚为武烈皇帝，兄策为长沙桓王，立子登为皇太子。

不可以兴兵。"魏文帝大怒,将鲍勋贬为治书执法。鲍勋,是鲍信的儿子。

夏季五月戊申(初二),魏文帝抵达谯县。

秋季八月,魏文帝率水师从谯县沿着涡水进入淮河。尚书蒋济上书说水道很难通行,魏文帝不予理会。冬季十月,魏文帝率军到达广陵旧城,亲临长江北岸视察部队,战士十余万人,旌旗招展数百里,大有渡过长江的壮志。东吴严加戒备,固守长江。而天气严寒,江岸结冰,舟船不能进入长江。魏文帝见到江水波涛汹涌,叹息说:"唉,这正是上天要以长江来分割南北!"于是班师。孙韶派将领高寿等率领敢死队五百人,在小道上夜袭魏文帝,魏文帝大惊。高寿等缴获魏文帝备用御车、鸟羽为饰的车盖而撤回。此时魏军的数千艘战船,都滞留在冰河中不能前进。

七年(226)春季正月壬子(初十),魏文帝返回洛阳。夏季五月,魏文帝病重。丁巳(十七日),魏文帝去世。

魏明帝太和三年(229)夏季四月丙申(十三日),吴王孙权即皇帝位,大赦,改年号为黄龙。文武大臣全体集会,吴主孙权将功劳归于周瑜。绥远将军张昭举起笏板,准备歌颂功德,还未开口,吴主孙权说:"如果当初听你的话,现在已经讨饭了!"张昭大感羞愧,伏在地上,流汗不已。吴主孙权追尊父亲孙坚为武烈皇帝,兄长孙策为长沙桓王,立儿子孙登为皇太子。

刘备据蜀

汉献帝初平二年。初，涿郡刘备，中山靖王之后也，少孤贫，与母以贩履为业。长七尺五寸，垂手下膝，顾自见其耳。有大志，少语言，喜怒不形于色。尝与公孙瓒同师事卢植，由是往依瓒。瓒使备与田楷徇青州有功，因以为平原相。备少与河东关羽、涿郡张飞相友善，以羽、飞为别部司马，分统部曲。备与二人寝则同床，恩若兄弟，而稠人广坐，侍立终日，随备周旋，不避艰险。常山赵云为本郡将吏兵诣公孙瓒，瓒曰："闻贵州人皆愿袁氏，君何独迷而能反乎？"云曰："天下讻讻，未知孰是，民有倒县之厄，鄙州论议，从仁政所在，不为忽袁公，私明将军也。"刘备见而奇之，深加接纳，云遂从备至平原，为备主骑兵。

兴平元年十二月，徐州牧陶谦疾笃，谓别驾东海麋竺曰："非刘备不能安此州也。"谦卒，竺率州人迎备。备未敢当，曰："袁公路近在寿春，君可以州与之。"典农校尉下邳陈登曰："公路骄豪，非治乱之主。今欲为使君合步骑十万，

刘备据蜀

汉献帝初平二年(191)。当初,涿郡人刘备,是西汉中山靖王刘胜的后裔,幼年丧父,家境贫苦,与他的母亲一起以贩卖草鞋为生。刘备身长七尺五寸,垂下手臂可以超过膝盖,回头可以见到自己的耳朵。刘备心怀大志,平时言语很少,喜怒不形于色。刘备曾与公孙瓒一起在卢植门下学习,因此投靠公孙瓒。公孙瓒派他与田楷夺取青州,建有功劳,因此被任命为平原国相。刘备少时与河东人关羽、涿郡人张飞关系很好,于是任命关羽、张飞为别部司马,分别统领部队。刘备同关、张二人睡时同床,情同兄弟,而在大庭广众之下,关、张二人则整天侍立在刘备身边,追随刘备辗转周旋,不避艰难险阻。常山人赵云率本郡部队投奔公孙瓒,公孙瓒说:"听说你们冀州百姓都归心于袁绍,你为何独能从迷途中返回呢?"赵云说:"天下纷乱,不知道谁是真正的英雄,百姓处境危急困苦,敝州人民只是寻求仁政,并不是轻视袁绍,而偏爱将军。"刘备见此而对他惊奇不已,用心交结,赵云于是跟随刘备到平原,为刘备统管骑兵。

兴平元年(194)十二月,徐州州牧陶谦病重,他对别驾东海人麋竺说:"除了刘备,没有人能安定徐州。"陶谦死后,麋竺率领州府官吏迎接刘备。刘备不敢担当此任,说:"袁术近在寿春,您可以将徐州交给他。"典农校尉下邳人陈登说:"袁术骄横奢侈,并非治理乱世的领袖。现在我们打算为您招集步骑士卒十万,

上可以匡主济民，下可以割地守境。若使君不见听许，登亦未敢听使君也。"北海相孔融谓备曰："袁公路岂忧国忘家者邪！冢中枯骨，何足介意！今日之事，百姓与能。天与不取，悔不可追。"备遂领徐州。

建安元年夏六月，袁术攻刘备以争徐州，备使司马张飞守下邳，自将拒术于盱眙、淮阴，相持经月，更有胜负。下邳相曹豹，陶谦故将也，与张飞相失，飞杀之，城中乖乱。袁术与吕布书，劝令袭下邳，许助以军粮。布大喜，引军水陆东下。备中郎将丹阳许耽开门迎之。张飞败走，布虏备妻子及将吏家口。备闻之，引还，比至下邳，兵溃。备收馀兵东取广陵，与袁术战，又败，屯于海西，饥饿困踧，吏士相食，从事东海糜竺以家财助军。备请降于布，布亦忿袁术运粮不继，乃召备，复以为豫州刺史，与并势击术，使屯小沛。

秋九月，袁术遣将纪灵等步骑三万攻刘备，备求救于布。诸将谓布曰："将军常欲杀刘备，今可假手于术。"布曰："不然。术若破备，则北连泰山诸将，吾为在术围中，不得不救也。"便率步骑千馀驰往赴之。灵等闻布至，皆敛兵而止。布屯沛城西南，遣铃下请灵等，灵等亦请布，布往就之，与备共饮食。布谓灵等曰："玄德，布弟也，为诸君所困，故来救之。布性不喜合斗，喜解斗耳。"乃令军候植戟于营门，布弯弓顾曰："诸君观布射戟小支，中者当各解兵，不中

上可以辅佐君主、拯救人民，下可以占地守境。如果您不答应我们的请求，我们也不会应允您的请求。"北海国相孔融对刘备说："袁术岂是那种因忧虑国家而忘记自己家庭的人？他只不过是坟墓中的一具朽骨，不值得介意！今天的事情，是百姓择选贤能。上天赐予的，如果不接受，以后后悔都来不及。"刘备于是担任了徐州州牧的职位。

建安元年（196）夏季六月，袁术进攻刘备以争夺徐州，刘备派司马张飞据守下邳，亲自率军在盱眙、淮阴抵抗袁术，双方相持了一个多月，互有胜负。下邳国相曹豹，是陶谦生前的将领，与张飞发生冲突，张飞杀掉了他，城中大乱。袁术写信给吕布，劝他袭击下邳，答以援助军粮。吕布大喜，率军水陆两路东下。刘备的中郎将丹阳人许耽打开城门，迎接吕布。张飞战败逃走，吕布俘获了刘备的妻子儿女及其将领、官吏的家属。刘备得知吕布进兵的消息，率军返回营救，等他到达下邳时，部队溃散。刘备收集残兵向东攻取广陵，与袁术交战，又被击败，屯驻于海西，全军饥饿困乏，官兵互相杀食，从事东海人糜竺以自家的资财援助军队。刘备向吕布请求投降，吕布也怨恨袁术中断军粮供应，于是召刘备前来，并又任命刘备担任豫州刺史，与他联合进攻袁术，命他屯驻在小沛。

秋季九月，袁术派部将纪灵等人率领步骑三万进攻刘备，刘备向吕布求救。各位将领对吕布说："将军常想杀死刘备，今天可以假借袁术之手实现这个想法。"吕布说："不行。袁术如果击败刘备，就会联合泰山等地的一些将领，我们就会处在袁术的包围之中，因而我们不能不救刘备。"于是率领步骑一千馀人前往小沛救援。纪灵等人得知吕布到来，都收兵停止攻击。吕布屯住在小沛城西南，派侍卫邀请纪灵等人，纪灵等人也邀请吕布，吕布前往纪灵军营，与刘备共席共宴。吕布对纪灵等人说："刘备，是我的弟弟，今日被各位围困，所以我前来援救他。我不喜欢战斗，只喜欢解斗。"于是命军官在营门外立起铁戟，吕布拉开弓弦，回头说："各位看我射戟头的旁支，若射中，就请各位和解停战，如果不中，

可留决斗。"布即一发,正中戟支。灵等皆惊,言:"将军天威也!"明日复欢会,然后各罢。

备合兵得万馀人,布恶之,自出兵攻备。备败走,归曹操,操厚遇之,以为豫州牧。或谓操曰:"备有英雄之志,今不早图,后必为患。"操以问郭嘉,嘉曰:"有是。然公起义兵,为百姓除暴,推诚仗信以招俊杰,犹惧其未也。今备有英雄名,以穷归己而害之,是以害贤为名也。如此,则智士将自疑,回心择主,公谁与定天下乎!夫除一人之患以沮四海之望,安危之机也,不可不察。"操笑曰:"君得之矣!"遂益其兵,给粮食,使东至沛,收散兵以图吕布。

三年夏四月,吕布复与袁术通,遣其中郎将高顺及北地太守雁门张辽攻刘备。曹操遣将军夏侯惇救之,为顺等所败。秋九月,顺等破沛城,虏备妻子,备单身走。

四年。初,车骑将军董承称受帝衣带中密诏,与刘备谋诛曹操。操从容谓备曰:"今天下英雄,惟使君与操耳。本初之徒,不足数也!"备方食,失匕箸,值天雷震,备因曰:"圣人云'迅雷风烈必变',良有以也。"遂与承及长水校尉种辑、将军吴子兰、王服等同谋。会操遣备与朱灵邀袁术,程昱、郭嘉、董昭皆谏曰:"备不可遣也!"操悔,追之,不及。术既南走,朱灵等还。备遂杀徐州刺史车胄,留关羽守下邳,行太守事,身还小沛。东海贼昌豨及郡县多叛操为备。备众数万人,遣使与袁绍连兵,操遣司空长史沛国刘岱、中郎将扶风王忠击之,不克。备谓岱等曰:"使汝百人来,无如我何;曹公自来,未可知耳!"

则任凭各位决斗。"吕布当即一箭正中戟头旁支。纪灵等人都大惊失色,说:"将军真是天威!"第二天仍旧欢宴聚会,之后各自撤兵。

刘备招集到兵士万馀人,吕布为此忌恨,亲自发兵攻击刘备。刘备败逃,投奔曹操,曹操对待刘备十分优厚,任命他为豫州州牧。有人对曹操说:"刘备有英雄大志,现在不及早除掉他,日后定为后患。"曹操询问郭嘉,郭嘉说:"不错。但是您兴举义兵,替百姓铲除残暴,推心置腹地凭恃信义招徕英雄豪杰,仍担心他们不肯归附。现在刘备有英雄的美名,在走投无路之时归附您,您却杀害他,天下之人就会指责您谋害贤才。这样,才智之士将会自疑,变心另择明主,又有谁会辅佐您平定天下呢?除去一人的祸患,而使四海之人灰心失望,这是安危的关键,不能不明察。"曹操笑着说:"你掌握了其中的奥妙!"于是增拨军队给刘备,供给他军粮,命他向东前往小沛,收集散兵以对抗吕布。

三年(198)夏季四月,吕布再次同袁术联合,派他的中郎将高顺及北地太守雁门人张辽进攻刘备。曹操派将军夏侯惇救援,被高顺等击败。秋季九月,高顺等攻破小沛,俘获刘备的妻子儿女,刘备单身逃走。

四年(199)。当初,车骑将军董承自称收到汉献帝藏在衣带中的密诏,与刘备密谋诛杀曹操。曹操从容地对刘备说:"当今天下的英雄,只有你与我。袁绍之徒,不足为道!"刘备正在用食,手中筷子惊落,正好天上雷声大作,刘备乘机说:"圣人讲'急雷暴风使人变色',确实如此。"于是与董承及长水校尉种辑、将军吴子兰、王服等共同密谋。正好曹操派刘备同朱灵截击袁术,程昱、郭嘉、董昭都劝阻说:"不能放走刘备!"曹操悔悟,派人追赶,没有追上。袁术既已南逃,朱灵等返回。刘备于是杀掉徐州刺史车胄,留下关羽据守下邳,代理郡守,自己回到小沛。东海叛民昌豨及其他郡县多背叛曹操,归附刘备。刘备部众有数万人,派使者去与袁绍联合,曹操派司空长史沛国人刘岱、中郎将扶风人王忠攻击刘备,不能取胜。刘备对刘岱等说:"即使派一百个你这样的将领来,也奈何不了我;曹操亲自来,也难料胜负!

　　五年春正月，董承谋泄。壬子，曹操杀承及王服、种辑，皆夷三族。操欲自讨刘备，诸将皆曰："与公争天下者，袁绍也。今绍方来而弃之东，绍乘人后，若何？"操曰："刘备，人杰也，今不击，必为后患。"郭嘉曰："绍性迟而多疑，来必不速。备新起，众心未附，急击之，必败。"操师遂东。冀州别驾田丰说袁绍曰："曹操与刘备连兵，未可卒解。公举军而袭其后，可一往而定。"绍辞以子疾，未得行。丰举杖击地曰："嗟乎！遭难遇之时，而以婴儿病失其会，惜哉，事去矣！"曹操击刘备，破之，获其妻子。进拔下邳，禽关羽。又击昌豨，破之。备奔青州，因袁谭以归袁绍。绍闻备至，身去邺二百里迎之，驻月馀，所亡士卒稍稍归之。

　　初，操壮关羽之为人，而察其心神无久留之意，使张辽以其情问之。羽叹曰："吾极知曹公待我厚，然吾受刘将军恩，誓以共死，不可背之。吾终不留，要当立效以报曹公乃去耳。"辽以羽言报操，操义之。及羽杀颜良，操知其必去，重加赏赐。羽尽封其所赐，拜书告辞，而奔刘备于袁军。左右欲追之，操曰："彼各为其主，勿追也。"

　　秋七月，刘备略汝、颍之间，自许以南，吏民不安，曹操患之。曹仁曰："南方以大军方有目前急，其势不能相救，刘备以强兵临之，其背叛故宜也。备新将绍兵，未能得其用，

五年（200）春季正月，董承的阴谋泄露。壬子日，曹操杀掉了董承及王服、种辑，诛灭其三族。曹操打算亲自征讨刘备，各位将领都说："同您争夺天下的，是袁绍。现在袁绍正在从北方前来，而我们却放弃他去进攻东方，袁绍如果袭击我们的背后，怎么办？"曹操说："刘备为人中俊杰，现在不讨击，必会成为后患。"郭嘉说："袁绍反应迟钝，情性多疑，即使前来，也不会太快。刘备刚刚兴起，人心尚未完全归附，若我们迅速攻击他，他一定会失败。"曹操于是挥师东进。冀州别驾田丰劝袁绍说："曹操与刘备接兵交战，不会一下子就能解脱出来。您若发兵袭击他的背后，便可一举平定。"袁绍以他的儿子生病作为托辞，没有发兵。田丰用手杖敲击地面说："唉！刚好遇上难得的机会，而因为一个婴儿的疾病而失此良机，真是可惜呀，大事已去了！"曹操攻击刘备，大败刘备的军队，俘获了他的妻子儿女。进军攻克下邳，擒获关羽。又进攻昌豨，攻破了他的军队。刘备逃奔青州，通过袁谭而归附袁绍。袁绍得知刘备到来，亲自离开邺城二百里迎接他，刘备在邺城居住了一个多月，击散的士卒才逐渐归集到这里。

当初，曹操推重关羽的为人，而观察他的心思，看他没有长久留下的意愿，派张辽向他询问实情。关羽叹息说："我十分了解曹公待我很优厚，但我受刘将军的大恩，发誓同他共死，不可能背弃他。我最终不会留在这里，只不过一定要建立功勋回报曹公之后才离去。"张辽将关羽的话禀告给曹操，曹操敬重他的义气。等到关羽杀掉颜良，曹操知道关羽定会离去，于是重加赏赐。关羽将曹操所赏赐的东西全部封存，留下辞别书信，而投奔在袁绍军营的刘备。曹操左右将领准备追赶关羽，曹操说："人各为其主，不必追他。"

秋季七月，刘备掳掠汝水、颍水一带，自许昌以南，官民心中十分不安，曹操为此担忧。曹仁说："南方郡县因为我们的大军目前紧急，势不能援救，刘备以重兵逼迫他们，他们不得不背叛，当然是可以理解的。刘备刚刚统领袁绍的军队，不能称心使用，

击之，可破也。"操乃使仁将骑击备，破走之，尽复收诸叛县而还。备还至绍军，阴欲离绍，乃说绍南连刘表。绍遣备将本兵复至汝南，与贼龚都等合，众数千人。曹操遣将蔡杨击之，为备所杀。

六年秋九月，操自击刘备于汝南，备奔刘表，龚都等皆散。表闻备至，自出郊迎，以上宾礼待之，益其兵，使屯新野。备在荆州数年，尝于表坐起至厕，慨然流涕。表怪，问备，备曰："平常身不离鞍，髀肉皆消；今不复骑，髀里肉生。日月如流，老将至矣，而功业不建，是以悲耳。"

十二年。初，琅邪诸葛亮寓居襄阳隆中，每自比管仲、乐毅，时人莫之许也，惟颍川徐庶与崔州平谓为信然。州平，烈之子也。刘备在荆州，访士于襄阳司马徽，徽曰："儒生俗士，岂识时务？识时务者在乎俊杰。此间自有伏龙、凤雏。"备问为谁，曰："诸葛孔明、庞士元也。"徐庶见备于新野，备器之。庶谓备曰："诸葛孔明，卧龙也，将军岂愿见之乎！"备曰："君与俱来。"庶曰："此人可就见，不可屈致也，将军宜枉驾顾之。"

备由是诣亮，凡三往，乃见。因屏人曰："汉室倾颓，奸臣窃命，孤不度德量力，欲信大义于天下，而智术浅短，遂用猖蹶，至于今日。然志犹未已，君谓计将安出？"亮曰："今曹操已拥百万之众，挟天子而令诸侯，此诚不可与争锋。孙权据有江东，已历三世，国险而民附，贤能为之用，此可与为援而不可图也。荆州北据汉、沔，利尽南海，东连吴会，西通巴、蜀，此用武之国，而其主不能守，此殆天

如果发动攻击,便可击破。"曹操于是派曹仁率领骑兵攻击刘备,击破并赶走刘备,全部收复背叛的县城后班师返回。刘备退回袁绍军营,暗中打算脱离袁绍,于是劝说袁绍向南联合刘表。袁绍派刘备率旧部再到汝南,与叛民龚都等会合,部众数千人。曹操派部将蔡杨攻击刘备,被刘备斩杀。

六年(201)秋季九月,曹操亲自率军在汝南攻击刘备,刘备投奔刘表,龚都等溃散。刘表得知刘备到来,亲自到城外迎接,以贵宾的礼仪对待他,增加他的兵力,让他屯驻在新野。刘备在荆州数年,有一次在刘表座席上起身去厕所,忍不住伤心流泪。刘表感到很奇怪,询问刘备,刘备说:"我过去从不离开鞍马,大腿上的肉都消失了;现在不再骑马,大腿上的肉又长出来了。日月如流水,老年将至,而功业尚未建立,所以伤心。"

十二年(207)。当初,琅邪人诸葛亮居住在襄阳隆中,常把自己比作管仲、乐毅,世人并不这样看他,只有颍川人徐庶与崔州平认为是这样。崔州平,是崔烈的儿子。刘备住在荆州,向襄阳人司马徽寻访人才,司马徽说:"一般的儒生和庸俗之士,怎能认清时世? 能认清时世的只有俊杰。在这一带就有伏龙、凤雏。"刘备问是谁,司马徽说:"是诸葛亮、庞统。"徐庶在新野晋见刘备,刘备非常器重他。徐庶对刘备说:"诸葛亮是一条卧龙,将军难道不愿见他吗?"刘备说:"请你带他一起来。"徐庶说:"此人可以去拜见,但不可使他屈身前来,将军应亲自去拜访他。"

刘备于是前往拜访诸葛亮,共去了三次,才见到。于是刘备遣开他人说:"东汉王室倾废,奸臣把持朝政,我不估料自己本身的品德,不衡量自己的力量,想向天下展示大义,但却智谋短浅,这才屡遭失败,直到现在。但壮志尚未磨灭,您认为应当怎么办?"诸葛亮说:"现在曹操拥有百万大军,挟持天子以号召诸侯,实不可同他争斗。孙权占据江东已历三代,国土险要而百姓归附,贤能之人为他尽力,只能将他作为援友,而不能图取。荆州北靠汉水、沔水,南至南海,东连吴郡、会稽,西面通往巴郡、蜀郡,这是利于用兵的地区,但它的主人却不懂得利用,这大概是上天

所以资将军也。益州险塞，沃野千里，天府之土，刘璋暗弱，张鲁在北，民殷国富而不知存恤，智能之士思得明君。将军既帝室之胄，信义著于四海，若跨有荆、益，保其岩阻，抚和戎、越，结好孙权，内修政治，外观时变，则霸业可成，汉室可兴矣。"备曰："善！"于是与亮情好日密。关羽、张飞不悦，备解之曰："孤之有孔明，犹鱼之有水也，愿诸君勿复言。"羽、飞乃止。

十三年。初，刘表二子，琦、琮。表为琮娶其后妻蔡氏之侄，蔡氏遂爱琮而恶琦。表妻弟蔡瑁、外甥张允并得幸于表，日相与毁琦而誉琮。琦不自宁，与诸葛亮谋自安之术，亮不对。后乃共升高楼，因令去梯，谓亮曰："今日上不至天，下不至地，言出子口，而入吾耳，可以言未？"亮曰："君不见申生在内而危，重耳居外而安乎？"琦意感悟，阴规出计。会黄祖死，琦求代其任，表乃以琦为江夏太守。表病甚，琦归省疾。瑁、允恐其见表而父子相感，更有托后之意，乃谓琦曰："将军命君抚临江夏，其任至重，今释众擅来，必见谴怒，伤亲之欢，重增其疾，非孝敬之道也。"遂遏于户外，使不得见，琦流涕而去。表卒，瑁、允等遂以琮为嗣。琮以侯印授琦，琦怒，投之地，将因奔丧作难。会曹操军至，琦奔江南。

章陵太守蒯越及东曹掾傅巽等劝刘琮降操，曰："逆顺

想以此地资助将军。益州地势险阻，沃土千里，为肥沃、险要、物产富饶的地区，但它的主人刘璋昏庸软弱，张鲁又雄踞在其北面，百姓富庶，国力丰裕，但刘璋不知道珍惜，贤能人士都渴望得到明主。将军既是皇室后裔，信誉仁义又闻名于天下，如果能够占据荆州、益州，固守险要，安抚戎族、越族，结交孙权，在内修明政治，对外洞察时局变化，那么霸主的大业定可完成，汉王室便可复兴了。"刘备说："对极了！"于是同诸葛亮的情谊日益密切。关羽、张飞则因此心中不快，刘备向他们解释说："我得到孔明，就好像鱼儿得到水，希望你们不要因此再进言了。"关羽、张飞于是不再说什么。

十三年(208)。当初，刘表有刘琦、刘琮两个儿子。刘表为刘琮娶了自己后妻蔡氏的侄女为妻，蔡氏于是喜欢刘琮而厌恶刘琦。刘表的妻弟蔡瑁、外甥张允，都受到刘表的宠幸，他们二人常常诋毁刘琦而赞誉刘琮。刘琦深恐不安，向诸葛亮请教保身的办法，诸葛亮拒绝回答。后来，有一次，刘琦同诸葛亮一起登上高楼，刘琦乘机让人抽去楼梯，对诸葛亮说："现在上不接天，不下连地，话从你口中说出来，只进入我一人的耳朵，能否指教一下我？"诸葛亮说："你难道不知道申生在内而危亡，重耳居外而平安吗？"刘琦恍然大悟，暗中策划外出计策。此时正好黄祖被杀，刘琦请求接替黄祖，刘表于是任命刘琦为江夏太守。刘表病危，刘琦返回探病。蔡瑁、张允担心刘琦见到刘表后，触动父子之情，重新产生让刘琦作为继承人的意思，于是对刘琦说："将军命你镇守江夏，责任十分重大，你现在离开部众擅自前来，定会被谴责，激起你父亲的恼怒，伤害你父亲的心情，加重他的病情，这不是孝敬的行为。"于是将刘琦拒之门外，使他不能与刘表见面，刘琦流着泪离去。刘表病死，蔡瑁、张允等人于是立刘琮为继嗣。刘琮将刘表的侯爵印信送给刘琦，刘琦十分恼怒，把印信扔到地上，打算借奔丧的名义发动攻击。刚好遇上曹操的大军到来，刘琦逃奔到长江以南。

章陵太守蒯越及东曹掾傅巽等人劝刘琮投降曹操，说："逆顺

有大体，强弱有定势。以人臣而拒人主，逆道也；以新造之楚而御中国，必危也；以刘备而敌曹公，不当也。三者皆短，将何以待敌？且将军自料何如刘备？若备不足御曹公，则虽全楚不能以自存也；若足御曹公，则备不为将军下也。"琮从之。九月，操军至新野，琮遂举州降，以节迎操。诸将皆疑其诈，娄圭曰："天下扰攘，各贪王命以自重，今以节来，是必至诚。"操遂进兵。

时刘备屯樊，琮不敢告备。备久之乃觉，遣所亲问琮，琮令其官属宋忠诣备宣旨。时曹操已在宛，备乃大惊骇，谓忠曰："卿诸人作事如此，不早相语，今祸至方告我，不亦太剧乎！"引刀向忠曰："今断卿头，不足以解忿，亦耻丈夫临别复杀卿辈！"遣忠去。乃呼部曲共议，或劝备攻琮，荆州可得。备曰："刘荆州临亡托我以孤遗，背信自济，吾所不为，死何面目以见刘荆州乎？"备将其众去，过襄阳，驻马呼琮，琮惧，不能起。琮左右及荆州人多归备。备过辞表墓，涕泣而去。比到当阳，众十馀万人，辎重数千两，日行十馀里，别遣关羽乘船数百艘，使会江陵。或谓备曰："宜速行保江陵。今虽拥大众，被甲者少，若曹公兵至，何以拒之？"备曰："夫济大事必以人为本，今人归吾，吾何忍弃去！"

习凿齿论曰：刘玄德虽颠沛险难而信义愈明，势逼事危而言不失道。追景升之顾，则情感三军；恋

有一定的规范,强弱有固定的形势。以人臣的身份抗拒人君,就是叛逆;以刚到手的楚地抵御朝廷,必定危亡;依靠刘备去抵挡曹操,是抵挡不住的。三方面都处于劣势,凭什么阻挡敌人?况且将军自认为比得上刘备吗?若连刘备都不能挡住曹操,即使发动全楚的力量,也不能使自己生存;如果刘备能够抵住曹操,则刘备定不会屈居将军之下。"刘琮接受了建议。九月,曹军抵至新野,刘琮率全州投降,送出符节迎接曹操,曹操的部将都怀疑有诈,娄主说:"天下分崩离析,各路英雄都看重皇命以抬高自己,现在刘琮将符节送来,定是诚心归降。"曹操于是进军。

当时刘备正屯驻在樊城,刘琮不敢将投降之事告诉刘备。刘备过了很长时间才发觉,派亲信去问刘琮,刘琮派部属宋忠到刘备那里宣明旨意。这时曹操已到宛城,刘备于是大为惊骇,对宋忠说:"你们这些人竟能做出这种事情,不及早通知我,直到现在大祸临头才告诉我,是不是太过分了!"于是拔刀指着宋忠说:"现在就是砍下你的人头,也不足以解恨,我不愿被别人讲我临别时还杀死你们这种人!"命宋忠离去。立即召集部属共同商议对策,有人劝刘备进攻刘琮,荆州便可得到手。刘备说:"刘表在临死时将他的孤儿托交给我,违背信义,拯救自己,是我所不愿做的,若是如此,我死后有什么脸面再见刘表?"刘备率部众离开樊城南下,经过襄阳时,停马向城头呼唤刘琮,刘琮恐惧,不敢露面。刘琮左右亲信及荆州人士,大多归附刘备。刘备去拜辞刘表坟墓,祭奠刘表,流泪离去。及至到达当阳,跟随的部众已有十余万人,辎重车辆数千,每天仅能前进十余里,刘备另派关羽率领船舰数百艘,约定在江陵会合。有人对刘备说:"应该迅速行军,保守江陵。现在虽有很多部众,但披甲的战士很少,如果曹操大军临至,将如何抵抗他们?"刘备说:"创立大事,必须以百姓为根本,现在他们归附我,我怎能忍心舍弃他们!"

东晋学者习凿齿评论说:刘备虽颠沛流离,身处危险艰难之中,但信义却更加显明,形势紧迫、事情危急,而言谈不失正道。追思刘表昔日照顾之恩,至情感动三军;眷恋

赴义之士,则甘与同败。终济大业,不亦宜乎!

操以江陵有军实,恐刘备据之,乃释辎重,轻军到襄阳。闻备已过,操将精骑五千急追之,一日一夜行三百馀里,及于当阳之长坂。备弃妻子,与诸葛亮、张飞、赵云等数十骑走,操大获其人众辎重。徐庶母为操所获,庶辞备,指其心曰:"本欲与将军共图王霸之业者,以此方寸之地也。今已失老母,方寸乱矣,无益于事,请从此别。"遂诣操。

张飞将二十骑拒后,飞据水断桥,瞋目横矛曰:"身是张益德也,可来共决死!"操兵无敢近者。或谓备:"赵云已北走。"备以手戟擿之曰:"子龙不弃我走也。"顷之,云身抱备子禅,与关羽船会,得济沔,遇刘琦众万馀人,与俱到夏口。

冬十月,刘备因鲁肃以归孙权。事见《孙氏据江东》。
十二月,刘备表刘琦为荆州刺史,引兵南徇四郡。武陵太守金旋、长沙太守韩玄、桂阳太守赵范、零陵太守刘度皆降。庐江营帅雷绪率部曲数万口归备。备以诸葛亮为军师中郎将,使督零陵、桂阳、长沙三郡,调其赋税以充军实。以偏将军赵云领桂阳太守。

十四年冬十二月,孙权以备领荆州牧,周瑜分南岸地以给备。备立营于油口,改名公安。权以妹妻备,妹才捷刚猛,有诸兄风,侍婢百馀人,皆执刀侍立,备每入,心常凛凛。

追随他的部众，则使他们甘心与他同遭失败。他最终完成大业，难道不是应该的吗！

曹操因为知道江陵储存有大量的军粮武器，担心刘备夺取，于是扔下辎重，率领轻装部队赶到襄阳。得知刘备已经经过了襄阳，曹操又率领精锐骑兵五千紧急追击，一天一夜行程三百多里，在当阳的长坂追上刘备。刘备舍弃妻子儿女，与诸葛亮、张飞、赵云等数十人骑马逃走，曹操缴获大量的部众和辎重。徐庶的母亲被曹操俘获，徐庶向刘备告辞，指着自己的心说："本想同将军一起共建霸主大业，全凭这方寸之地。现今失去老母亲，方寸已乱，对您再也没有什么帮助了，请让我从此离去。"于是前往曹操那里。

张飞率领二十馀名骑兵在后面抵抗曹军，张飞据守河岸，砍断桥梁，怒目横矛大吼道："我是张飞，有谁敢来与我决一死战！"曹操的兵士没有一人敢靠近。有人报告刘备说："赵云已经向北逃走。"刘备生气地将手戟抛掷过去，说："赵云绝不会抛弃我而逃走。"不久，赵云怀抱着刘备的儿子刘禅归来，同关羽率领的水军会合，渡过沔水，遇到刘琦率领万馀人前来接应，同他们一同抵达夏口。

冬季十月，刘备通过鲁肃归附孙权。事见《孙氏据江东》。

十二月，刘备上书汉献帝，荐举刘琦为荆州刺史，率军南下夺取荆州南部四郡。武陵太守金旋、长沙太守韩玄、桂阳太守赵范、零陵太守刘度全都投降刘备。庐江营帅雷绪，率部众数万人归降刘备。刘备任命诸葛亮为军师中郎将，命他督察零陵、桂阳、长沙三郡，征调赋税以充实军费。任命偏将军赵云兼任桂阳太守。

十四年（209）冬季十二月，孙权任命刘备兼任荆州州牧，周瑜将长江南岸地区分给刘备。刘备在油口建立大营，将油口改名为公安。孙权将妹妹嫁给刘备为妻，孙权的妹妹才思敏捷，性情刚烈勇猛，有她兄长们的风范，侍婢百馀人，都持刀侍立，刘备每次进入内宅，心中常常凛惧。

十五年冬十二月，刘表故吏士多归刘备，备以周瑜所给地少，不足以容其众，乃自诣京见孙权，求都督荆州。瑜上疏于权曰："刘备以枭雄之姿，而有关羽、张飞熊虎之将，必非久屈为人用者。愚谓大计，宜徙备置吴，盛为筑宫室，多其美女玩好，以娱其耳目；分此二人各置一方，使如瑜者得挟与攻战，大事可定也。今猥割土地以资业之，聚此三人俱在疆场，恐蛟龙得云雨，终非池中物也。"吕范亦劝留之。权以曹操在北，方当广揽英雄，不从。备还公安，久乃闻之，叹曰："天下智谋之士，所见略同。时孔明谏孤莫行，其意亦虑此也。孤方危急，不得不往，此诚险涂，殆不免周瑜之手！"

周瑜卒，权以鲁肃代瑜领兵。鲁肃劝权以荆州借刘备与共拒曹操，权从之。

十六年冬十二月，扶风法正为刘璋军议校尉，璋不能用，又为其州里俱侨客者所鄙，正邑邑不得志。益州别驾张松与正善，自负其才，忖璋不足与有为，常窃叹息。松劝璋结刘备，璋曰："谁可使者？"松乃举正。璋使正往，正辞谢，佯为不得已而行。还，为松说备有雄略，密谋奉戴以为州主。

会曹操遣锺繇向汉中，璋闻之，内怀恐惧。松因说璋曰："曹公兵无敌于天下，若因张鲁之资以取蜀土，谁能御之！刘豫州，使君之宗室而曹公之深仇也，善用兵，若使之讨鲁，鲁必破矣。鲁破，则益州强，曹公虽来，无能为也。今州中诸将庞羲、李异等，皆恃功骄豪，欲有外意。不得豫州，则敌攻其外，民攻其内，必败之道也！"璋然之，遣法正

十五年(210)冬季十二月,刘表的旧部大多归附刘备,刘备认为周瑜分给他的土地太少,不能容纳他的部众,于是亲自到京口晋见孙权,请求统领荆州。周瑜上书孙权说:"刘备为一代枭雄,并有关羽、张飞如熊似虎的大将,必定不会长久屈身为他人所用。我从长远大计着想,认为应当将刘备迁居到吴郡,为他兴建盛大的宫室,多给他一些美女珍宝,以娱乐其耳目;再将关、张二人分开,各驻一方,派像我这样的将领率领他们作战,大事就可以完成。现在若分割土地以资助他的事业,把他们三人都聚集在边境,恐怕就会像蛟龙遇上云雨一样,最终不可能是池中之物。"吕范也劝孙权扣留刘备。孙权认为曹操雄踞北方,正值广揽英雄之时,不予听从。刘备返回公安,过了好久才得知内幕,叹息说:"天下的智谋之士,看法大略相同。当时诸葛亮劝我不要去东吴,他也是考虑到这一点。我当时正处于危急之中,不能不去,这确实是危险的举动,差点逃不出周瑜的毒手!"

周瑜死后,孙权任命鲁肃替代周瑜统领军队。鲁肃劝孙权将荆州借给刘备,以共同抗拒曹操,孙权听从了他的建议。

十六年(211)冬季十二月,扶风人法正任刘璋的军议校尉,未得刘璋重用,又被同为流亡客的同乡所轻视,法正忧闷不得志。益州别驾张松与法正友善,张松自负才能,自思同刘璋不会有什么作为,常常私下叹息。张松劝刘璋结交刘备,刘璋说:"可以派谁去?"张松于是推荐法正。刘璋派法正前往,法正辞谢,假装是不得已才前往。法正回后,对张松说刘备有雄才大略,暗中密谋奉迎刘备为益州之主。

刚好曹操派钟繇讨伐汉中,刘璋得知,心怀恐惧。张松于是劝刘璋说:"曹操的军队天下无敌,如果借助张鲁夺取蜀地,谁能抵御?刘备是你的同宗,且是曹操的大仇敌,善于用兵,若让他讨伐张鲁,张鲁必败。张鲁一旦被击败,则益州更加强大,曹操虽来,也无能为力。现在本州的各位将领如庞羲、李异等都仗恃功劳、骄横奢侈,有勾结外敌的意图。若得不到刘备的帮助,则敌人在外攻击,百姓在内反叛,必会失败!"刘璋认为很对,派法正

将四千人迎备。主簿巴西黄权谏曰:"刘左将军有骁名,今请到,欲以部曲遇之,则不满其心;欲以宾客礼待,则一国不容二君,若客有泰山之安,则主有累卵之危。不若闭境以待时清。"璋不听,出权为广汉长。从事广汉王累,自倒县于州门以谏,璋一无所纳。

法正至荆州,阴献策于刘备曰:"以明将军之英才,乘刘牧之懦弱;张松,州之股肱,响应于内;以取益州,犹反掌也。"备疑未决。庞统言于备曰:"荆州荒残,人物殚尽,东有孙车骑,北有曹操,难以得志。今益州户口百万,土沃财富,诚得以为资,大业可成也!"备曰:"今指与吾为水火者,曹操也。操以急,吾以宽;操以暴,吾以仁;操以谲,吾以忠。每与操反,事乃可成耳。今以小利而失信义于天下,奈何?"统曰:"乱离之时,固非一道所能定也。且兼弱攻昧,逆取顺守,古人所贵。若事定之后,封以大国,何负于信!今日不取,终为人利耳。"备以为然。乃留诸葛亮、关羽等守荆州,以赵云领留营司马,备将步卒数万人入益州。

孙权闻备西上,遣舟船迎妹,而夫人欲将备子禅还吴,张飞、赵云勒兵截江,乃得禅还。

刘璋敕在所供奉备,备入境如归,前后赠遗以巨亿计。备至巴郡,巴郡太守严颜拊心叹曰:"此所谓'独坐穷山,放虎自卫'者也。"备自江州北由垫江水诣涪。璋率步骑三万馀人,车乘帐幔,精光耀日,往会之。张松令法正白备,便于会袭璋。备曰:"此事不可仓猝。"庞统曰:"今因会执之,

率四千人迎接刘备。益州主簿巴西人黄权规劝说:"刘备以骁勇著称,现在请他前来,若以部属对待他,他定不会满足;若以宾客之礼对待他,则一国不容许有二主,如果客人有泰山般的安全,则主人便有如累卵般的危险。不如关闭边境以等待大势的安定。"刘璋不听从,将黄权贬出成都,担任广汉县长。从事广汉人王累将自己倒悬在成都城门,劝阻刘璋,刘璋都不采纳。

法正到荆州,暗中向刘备献计说:"以将军的英明才干,利用刘璋的昏庸懦弱,张松作为益州的重臣在内部响应,夺取益州,易如反掌。"刘备犹豫不决。庞统对刘备说:"荆州荒凉残破,人才物资已尽,东有孙权,北有曹操,难有作为。现在益州拥有户口百万,土地肥沃,财产丰富,若真能将其作为资本,大业定可成功!"刘备说:"现在与我势同水火的是曹操。曹操严厉,我则宽厚;曹操残暴,我则仁慈;曹操狡诈,我则忠信。事事与曹操相反,事情才能成功。现在为了小利,而在天下人面前失去信义,怎么行呢?"庞统说:"战乱时期,本不是坚持一个原则便可平定天下的。况且兼并弱小,攻取愚昧,不利时采取攻势,顺利时采取守势,这是古人所赞赏的。如果在事成之后,封给刘璋大片土地,又有什么违背信义的呢?现在即使我们不夺取,最后也会成为他人的利益。"刘备认为很对。于是留下诸葛亮、关羽等人据守荆州,任命赵云兼任留营司马,刘备亲自率步兵数万人进入益州。

孙权得知刘备西上,派舟船迎接妹妹,而夫人打算将刘备的儿子刘禅带回吴郡,张飞、赵云率军在长江截留,这才得以将刘禅截回。

刘璋命沿途供给刘备,刘备进入益州境内就像回到家里,刘璋前前后后赠送的财物,多达上亿。刘备抵至巴郡,巴郡太守严颜抚胸叹息说:"这正是所说的'独自坐在深山中,放出老虎以自卫'。"刘备从江州北上,经由垫江水,前往涪县。刘璋率领步骑兵三万余人,豪华的车辆,华丽的帷帐,色彩与阳光相互辉映,前往与刘备相会。张松让法正告诉刘备,乘相会之时袭击刘璋。刘备说:"这事不能太匆忙。"庞统说:"现在乘相会时将刘璋捉住,

则将军无用兵之劳而坐定一州也。"备曰："初入他国，恩信未著，此不可也。"璋推备行大司马，领司隶校尉；备亦推璋行镇西大将军，领益州牧。所将将士，更相之适，欢饮百馀日。璋增备兵，厚加资给，使击张鲁，又令督白水军。备并军三万馀人，车甲、器械、资货甚盛。璋还成都，备北到葭萌，未即讨鲁，厚树恩德以收众心。

十七年冬十二月，刘备在葭萌，庞统言于备曰："今阴选精兵，昼夜兼道，径袭成都，刘璋既不武，又素无豫备，大军卒至，一举便定，此上计也。杨怀、高沛，璋之名将，各杖强兵，据守关头，闻数有笺谏璋，使发遣将军还荆州。将军遣与相闻，说荆州有急，欲还救之，并使装束，外作归形，此二子既服将军英名，又喜将军之去，计必乘轻骑来见将军，因此执之，进取其兵，乃向成都，此中计也。退还白帝，连引荆州，徐还图之，此下计也。若沈吟不去，将致大困，不可久矣。"备然其中计。

及曹操攻孙权，权呼备自救。备贻璋书曰："孙氏与孤本为唇齿，而关羽兵弱，今不往救，则曹操必取荆州，转侵州界，其忧甚于张鲁。鲁自守之贼，不足虑也。"因求益万兵及资粮，璋但许四千，其馀皆给半。备因激怒其众曰："吾为益州征强敌，师徒勤瘁，而积财吝赏，何以使士大夫死战乎？"张松书与备及法正曰："今大事垂立，如何释此去乎！"松兄广汉太守肃，恐祸及己，因发其谋。于是璋收斩松，

则将军不必用一兵一卒，坐在那里便可平定一州。"刘备说："刚到这里，恩德和信义尚未建立，不能这样。"刘璋推举刘备为大司马，兼任司隶校尉；刘备也推举刘璋为镇西大将军，兼任益州牧。双方所属将士，相互交往，欢宴百馀天。刘璋给刘备增拨军队，提供大量的物资给养，让他去进攻张鲁，又命他统御白水驻军。刘备连同刘璋增拨的军队在内，已有三万多人，车马、盔甲、武器、物资十分充足。刘璋返回成都，刘备北上到葭萌，尚未讨伐张鲁，就已广树恩德，广收众心。

十七年（212）冬季十二月，刘备驻扎在葭萌，庞统对刘备说："现在可暗中挑选精锐兵士，昼夜兼程，径直袭击成都，刘璋既不懂军事，平时又无防备，大军突然抵至，立即便可平定，这是上策。杨怀、高沛，是刘璋手下的名将，各自拥有强大的兵力，据守在白水关隘，听说多次上书规劝刘璋，将将军遣返回荆州。将军可以派人通知他们，说荆州发生紧急情况，打算返回援救，下令整理行装，向外装作要返回荆州的样子，这二人既钦服您的美名，又高兴您将离去，估计定会乘快马来见将军，乘此机会抓住他们，吞并他们的部队，就立即向成都进发，这是中策。不然，我们退回到白帝城，联合荆州，再慢慢地谋取益州，这是下策。如果犹豫又不离去，我们将会被困此地，不可能长久。"刘备同意庞统的中策。

等至曹操进攻孙权，孙权要求刘备援救，刘备写信给刘璋说："孙权与我本是唇齿相依，关羽的留守部队，力量很弱，现在若不去救援，则曹操定会夺取荆州，转而侵犯益州边界，其灾祸远远大过张鲁。张鲁只不过是自保的小贼，不值得忧虑。"因而请求增加一万兵士和粮食物资，刘璋只答应给他四千兵士，其他军需物资全都减半。刘备乘此煽动部下说："我们替益州征讨强敌，大军辛苦劳累，而刘璋却如此吝啬地提供财物，凭什么让我们的将士去拼死作战？"张松写信给刘备和法正说："现在大事即将完成，为什么要放弃离开？"张松的哥哥广汉太守张肃恐怕祸事连及自己，告发了张松的密谋。刘璋于是逮捕并斩杀了张松，

敕关戍诸将文书皆勿复得与备关通。备大怒，召璋白水军督杨怀、高沛，责以无礼，斩之。勒兵径至关头，并其兵，进据涪城。

十八年夏五月，益州从事广汉郑度闻刘备举兵，谓刘璋曰："左将军悬军袭我，兵不满万，士众未附，军无辎重，野谷是资，其计莫若尽驱巴西、梓潼民内、涪水以西，其仓廪野谷，一皆烧除，高垒深沟，静以待之。彼至，请战，勿许，久无所资，不过百日，必将自走，走而击之，此必禽耳。"刘备闻而恶之，以问法正。正曰："璋终不能用，无忧也。"璋果谓其群下曰："吾闻拒敌以安民，未闻动民以避敌也。"不用度计。

璋遣其将刘璝、冷苞、张任、邓贤、吴懿等拒备，皆败，退保绵竹；懿诣军降。璋复遣护军南阳李严、江夏费观督绵竹诸军，严、观亦率其众降于备。备军益强，分遣诸将平下属县。刘璝、张任与璋子循退守雒城，备进军围之。任勒兵出战于雁桥，军败，任死。

十九年夏五月，诸葛亮留关羽守荆州，与张飞、赵云将兵溯流克巴东。至江州，破巴郡太守严颜，生获之。飞呵颜曰："大军既至，何以不降，而敢拒战！"颜曰："卿等无状，侵夺我州。我州但有断头将军，无降将军也！"飞怒，令左右牵去斫头。颜容止不变，曰："斫头便斫头，何为怒邪！"飞壮而释之，引为宾客。分遣赵云从外水定江阳、犍为，飞定巴西、德阳。

下令各关隘守将、文职官吏都不得再与刘备交往。刘备大怒,召见了白水驻军统领杨怀、高沛,斥责他们无礼,最后杀掉了他们二人。然后率领军队进逼白水关门,吞并了杨怀、高沛二人的部队,进军驻守涪城。

十八年(213)夏季五月,益州从事广汉人郑度得知刘备起兵,对刘璋说:"刘备孤军攻袭我们,士卒不满一万,军心尚未归服,部队没有粮草物资,全靠临时征集,我们最好将巴西、梓潼一带的所有居民迁徙到内水、涪水以西地区,把粮仓存粮、田野庄稼,一概焚烧干净,加高城垒、挖深壕沟,静观变化。他们到后挑战,不做反应,时间一长,他们就没有粮草物资,不超过一百天,定将逃走,趁他们逃走时发动攻击,定能擒获。"刘备得知后,十分担忧,就此请教法正。法正说:"刘璋最终不会采纳他的建议,不必担忧。"刘璋果然对他的部下说:"我只听说过抗拒敌人以安定百姓,没有听说过强迫百姓迁移来躲避敌人。"拒绝采用郑度的计策。

刘璋派遣部将刘璝、冷苞、张任、邓贤、吴懿等人抵抗刘备,都被击败,退守绵竹;吴懿到刘备军中投降。刘璋再派护军南阳人李严、江夏人费观统领绵竹各路兵马,李严、费观也率部投降刘备。刘备军队更加强大,分派各位将领去平定附近各县。刘璝、张任与刘璋的儿子刘循退守雒城,刘备进军包围他们。张任率军在雁桥出战,结果大败,张任战死。

十九年(214)夏季五月,诸葛亮留下关羽据守荆州,自己同张飞、赵云率领士兵逆长江而上攻克巴东。抵至江州,击破巴郡太守严颜,生擒了严颜。张飞呵斥严颜说:"大军已经到了,为什么不投降,竟敢抵抗!"严颜说:"你们背信弃义,侵夺我们的土地。我们益州只有断头将军,没有投降将军!"张飞大怒,下令左右将他推出去斩首。严颜面不改色,说:"砍头便砍头,何必如此动怒?"张飞敬佩他的勇气,解开了他的绑绳,让他做自己的宾客。诸葛亮分别派遣赵云从外水深入攻克江阳、犍为,张飞平定巴西、德阳。

刘备围雒城且一年，庞统为流矢所中，卒。法正笺与刘璋，为陈形势强弱，且曰："左将军从举兵以来，旧心依依，实无薄意。愚以为可图变化，以保尊门。"璋不答。雒城溃，备进围成都。诸葛亮、张飞、赵云引兵来会。

马超知张鲁不足与计事，又鲁将杨昂等数害其能，超内怀于邑。备使建宁督邮李恢往说之，超遂从武都逃入氐中，密书请降于备。马超从张鲁事见《韩马之叛》。备使人止超，而潜以兵资之。超到，令引军屯城北，城中震怖。

备围城数十日，使从事中郎涿郡简雍入说刘璋。时城中尚有精兵三万人，谷帛支一年，吏民咸欲死战。璋言："父子在州二十馀年，无恩德以加百姓。百姓攻战三年，肌膏草野者，以璋故也，何心能安！"遂开城，与简雍同舆出降，群下莫不流涕。备迁璋于公安，尽归其财物，佩振威将军印绶。

备入成都，置酒，大飨士卒。取蜀城中金银，分赐将士，还其谷帛。备领益州牧，以军师中郎将诸葛亮为军师将军，益州太守南郡董和为掌军中郎将，并署左将军府事，偏将军马超为平西将军，军议校尉法正为蜀郡太守、扬武将军，裨将军南阳黄忠为讨虏将军，从事中郎糜竺为安汉将军，简雍为昭德将军，北海孙乾为秉忠将军，广汉长黄权为偏将军，汝南许靖为左将军长史，庞羲为司马，李严为犍为太守，费观为巴郡太守，山阳伊籍为从事中郎，零陵刘巴为西曹掾，广汉彭羕为益州治中从事。

初，董和在郡，清俭公直，为民夷所爱信，蜀中推为循吏，故备举而用之。备之自新野奔江南也，荆楚群士从之如云，

刘备包围雒城将近一年之久，庞统被流箭射中而死。法正写信给刘璋，向他分析双方强弱形势，并且说："刘备自发兵以来，仍依恋旧情，实无负心之意。我建议您与刘备交换一下主客位置，以保存您的家族。"刘璋不同意。雒城攻陷，刘备进兵围攻成都。诸葛亮、张飞、赵云率军前来会合。

　　马超知道张鲁不足以共商大事，而且张鲁的部将杨昂等人多次嫉妒他的贤能，马超心怀抑郁。刘备派建宁督邮李恢前往游说马超，马超于是从武都逃到氐中，暗中写信向刘备请求归降。马超归顺张鲁之事见《韩马之叛》。刘备派人去阻止马超，却秘密地拨给他军队。马超抵至成都，刘备命他率军屯驻城北，城中守军非常震惊，心中十分恐惧。

　　刘备包围成都数十天，派从事中郎将涿郡人简雍进入城中劝降刘璋。这时城中还有精兵三万人，粮草布帛仍可支持一年，城中官民都准备拼死以战。刘璋说："我们父子在益州二十多年，没有留下什么恩德给百姓。百姓饱受三年战乱，肌肉脂肪滋润了野草，都是因为我的缘故，我怎能安心！"于是打开城门，与简雍同车出城投降，刘璋的部众无不伤感流泪。刘备将刘璋迁到公安，全部归还他的财物，给他佩带振威将军印信。

　　刘备进入成都，置酒设宴，大大犒劳士卒。取出成都城中库藏金银分别赏赐给将士，将粮食、布帛退还原主。刘备兼任益州州牧，任命军师中郎将诸葛亮为军师将军，益州太守南郡人董和为掌军中郎将，并署左将军府事，偏将军马超为平西将军，军议校尉法正为蜀郡太守、扬武将军，裨将军南阳人黄忠为讨虏将军，从事中郎糜竺为安汉将军，简雍为昭德将军，北海人孙乾为秉忠将军，广汉县长黄权为偏将军，汝南人许靖为左将军长史，庞羲为司马，李严为犍为太守，费观为巴郡太守，山阳人伊籍为从事中郎，零陵人刘巴为西曹掾，广汉人彭羕为益州治中从事。

　　当初，董和担任益州郡守，清廉公正，受到汉夷百姓的爱戴和信任，蜀中人推崇他为奉职守法的官吏，所以刘备荐举并重用他。刘备在从新野逃奔长江以南时，荆楚之地的人士纷纷追随，

而刘巴独北诣魏公操。操辟为掾,遣招纳长沙、零陵、桂阳。会备略有三郡,巴事不成,欲由交州道还京师。时诸葛亮在临蒸,以书招之,巴不从,备深以为恨。巴遂自交阯入蜀依刘璋。及璋迎备,巴谏曰:“备,雄人也,入必为害。”既入,巴复谏曰:“若使备讨张鲁,是放虎于山林也。”璋不听,巴闭门称疾。备攻成都,令军中曰:“有害巴者,诛及三族。”及得巴,甚喜。是时益州郡县皆望风景附,独黄权闭城坚守,须璋稽服,乃降。于是董和、黄权、李严等,本璋之所授用也;吴懿、费观等,璋之婚亲也;彭羕,璋之所摈弃也;刘巴,宿昔之所忌恨也,备皆处之显任,尽其器能,有志之士,无不竞劝,益州之民,是以大和。

　　初,刘璋以许靖为蜀郡太守,成都将溃,靖谋逾城降备,备以此薄靖,不用也。法正曰:“天下有获虚誉而无其实者,许靖是也。然今主公始创大业,天下之人,不可户说,宜加敬重,以慰远近之望。”备乃礼而用之。

　　成都之围也,备与士众约:“若事定,府库百物,孤无预焉。”及拔成都,士众皆舍干戈赴诸藏,竞取宝物。军用不足,备甚忧之。刘巴曰:“此易耳。但当铸直百钱,平诸物价,令吏为官市。”备从之。数月之间,府库充实。

　　时议者欲以成都名田宅分赐诸将。赵云曰:“霍去病以匈奴未灭,无用家为。今国贼非但匈奴,未可求安也。须天下都定,各反桑梓,归耕本土,乃其宜耳。益州人民,

而刘巴却独自投奔曹操。曹操延聘他为掾官，派他去招降长沙、零陵、桂阳。正好遇上刘备夺取了三郡，刘巴招降之事不能完成，准备由交州借道返回京师许昌。当时诸葛亮正在临蒸，写信招纳他，刘巴拒绝，刘备为此怀恨在心。刘巴于是从交阯进入蜀郡归依刘璋。等到刘璋准备迎接刘备，刘巴劝阻说："刘备为一代枭雄，来到益州后，定为祸害。"刘备进入益州后，刘巴又规劝刘璋说："如果派刘备去征讨张鲁，就是将老虎放入山林。"刘璋不予听从，刘巴借口有病，闭门不出。刘备进攻成都，下令军中说："如果有人胆敢伤害刘巴，诛灭三族。"等到擒住刘巴，刘备十分高兴。此时益州各郡县都望风归降刘备，唯独黄权闭城坚守，直到刘璋降服后才投降。到此时，董和、黄权、李严等本为刘璋所任用的官员，吴懿、费观等是刘璋的姻亲，彭羕是刘璋摈弃不用的人，刘巴是刘备从前所忌恨的人，刘备全将他们提升到高位，充分发挥他们的才能，有志气的人士，无不争相尽力，益州百姓，从此团结和睦。

当初，刘璋任命许靖为蜀郡太守，成都将要陷落时，许靖图谋翻过城墙投降刘备，刘备因此轻视许靖而不任用他。法正说："天下有一种获取虚名而不副其实的人，许靖就是这样的人。但是，现在主公刚开始创立大业，不可能向天下的人挨家挨户地去加以解释，对这种人，也应加以敬重，以此来慰藉远近之人的期望。"刘备这才以礼对待许靖并任用他。

在包围成都时，刘备与官兵相约："如果攻破成都，府库中的财物，我什么也不要。"等到攻陷成都，官兵都放下武器赶到各处库藏，争相夺取宝物。军费因此不足，刘备甚为担忧。刘巴说："这很好办。只要铸造一种值百钱的新钱币，然后稳定物价，命官吏管理市场。"刘备采纳了他的建议。数月之间，府库重新充实。

当时，参与决议的人打算将成都的良田美宅赏赐给各位将领。赵云说："西汉的霍去病因为匈奴没有消灭，不要家产。现在国家的敌人不仅仅是匈奴，不能追求安逸。必须等到天下全部平定，各自返回故乡，在家乡耕种，才是适宜的时候。益州的百姓，

初罢兵革，田宅皆可归还，令安居复业，然后可役调，得其欢心；不宜夺之，以私所爱也。"备从之。

备之袭刘璋也，留中郎将南郡霍峻守葭萌城，张鲁遣杨昂诱峻求共守城。峻曰："小人头可得，城不可得！"昂乃退。后璋将扶禁、向存等帅万馀人由阆水上，攻围峻，且一年。峻城中兵才数百人，伺其怠隙，选精锐出击，大破之，斩存。备既定蜀，乃分广汉为梓潼郡，以峻为梓潼太守。

法正外统都畿，内为谋主，一餐之德、睚眦之怨，无不报复，擅杀毁伤己者数人。或谓诸葛亮曰："法正太纵横，将军宜启主公，抑其威福。"亮曰："主公之在公安也，北畏曹操之强，东惮孙权之逼，近则惧孙夫人生变于肘腋。法孝直为之辅翼，令翻然翱翔，不可复制。如何禁止孝直，使不得少行其意邪？"

诸葛亮佐备治蜀，颇尚严峻，人多怨叹者。法正谓亮曰："昔高祖入关，约法三章，秦民知德。今君假借威力，跨据一州，初有其国，未垂惠抚；且客主之义，宜相降下，愿缓刑弛禁以慰其望。"亮曰："君知其一，未知其二。秦以无道，政苛民怨，匹夫大呼，天下土崩。高祖因之，可以弘济。刘璋暗弱，自焉已来，有累世之恩，文法羁縻，互相承奉，德政不举，威刑不肃。蜀土人士，专权自恣，君臣之道，渐以陵替。

刚刚蒙受战乱,田地房屋都应归还原主,让他们平安定居、恢复旧业,然后才能使他们服役纳税,取得他们的信任和悦服;不应该夺取他们的财产,用来偏私自己心爱的将领。"刘备同意。

刘备去袭击刘璋的时候,留下中郎将南郡人霍峻据守葭萌城,张鲁派杨昂引诱霍峻,请求共同守城。霍峻说:"我的人头你们可以得到,但是葭萌城决不让你们得到!"杨昂于是只好撤退。后来刘璋的部将扶禁、向存等人率领万馀人由阆水逆流而上,围攻霍峻,将近一年之久。霍峻在城中的兵士仅数百人,抓住敌军疏怠的间隙,挑选精锐出城反击,大败敌军,斩杀了向存。刘备平定蜀地后,从广汉郡中分出数县,另外设立梓潼郡,任命霍峻为梓潼太守。

法正在外统领都府周围地区,在内作为主要的谋臣,对于一餐饭的恩德、一次瞪眼的仇怨,无不回报,擅自诛杀了几位诋毁伤害过自己的人。有人对诸葛亮说:"法正过于放纵骄横,将军应当启禀主公,压制一下他作威作福的气焰。"诸葛亮说:"主公在公安的时候,北面畏惧曹操的强大,东面忌惮孙权的威逼,在身边又恐怕孙夫人变生肘腋。法正替他插上翅膀,使他能翻身翱翔,不再受到别人的控制。怎么能禁止法正,使他不能稍稍的称心如意呢?"

诸葛亮辅佐刘备治理蜀地,崇尚执法严禁,有很多人怨恨叹息。法正对诸葛亮说:"从前,汉高祖刘邦西入函谷关,约法三章,秦地人民对他感恩戴德。现在你凭借威力,控制全州,刚刚占领这片土地,尚未用恩惠对百姓加以安抚;而且按照主客的道义,应当互相降低要求,希望和缓刑法、松弛禁令,以满足大家的愿望。"诸葛亮说:"你只了解事情的一个方面,却不了解事情的另一个方面。秦施行暴虐,政令苛刻,人民怨恨,一个平民大声呐喊,天下便土崩瓦解。高祖刘邦取代秦朝,理应实行宽大政策。但是刘璋昏庸懦弱,自刘焉以来,留下了累世的恩德,全靠典章和礼仪维系上下的关系,相互阿谀奉承,好的政令不能实行,刑罚不能严肃。蜀境本地人士,专横放纵,君臣之道,逐渐颓废。

宠之以位,位极则贱;顺之以恩,恩竭则慢。所以致敝,实由于此。吾今威之以法,法行则知恩;限之以爵,爵加则知荣。荣恩并济,上下有节,为治之要,于斯而著矣。”

二十年,操自将击张鲁,鲁奔南山,入巴中。事见《曹操篡汉》。

秋七月,丞相主簿司马懿言于操曰:“刘备以诈力虏刘璋,蜀人未附,而远争江陵,此机不可失也。今克汉中,益州震动,进兵临之,势必瓦解。圣人不能违时,亦不可失时也。”操曰:“人苦无足,既得陇,复望蜀邪!”刘晔曰:“刘备,人杰也,有度而迟,得蜀日浅,蜀人未恃也。今破汉中,蜀人震恐,其势自倾,以公之神明,因其倾而压之,无不克也。若小缓之,诸葛亮明于治国而为相,关羽、张飞勇冠三军而为将,蜀民既定,据险守要,则不可犯矣。今不取,必为后忧。”操不从。居七日,蜀降者说:“蜀中一日数十惊,守将虽斩之而不能安也。”操问晔曰:“今尚可击不?”晔曰:“今已小定,未可击也。”乃还。以夏侯渊为都护将军,督张郃、徐晃等守汉中;以丞相长史杜袭为驸马都尉,留督汉中事。

张鲁之走巴中也,黄权言于刘备曰:“若失汉中,则三巴不振,此为割蜀之股臂也。”备乃以权为护军,率诸将迎鲁。鲁已降,权遂击朴胡、杜濩、任约,破之。魏公操使张郃督诸军徇三巴,欲徙其民于汉中,进军宕渠。刘备使巴西

如果用高官来宠幸他人，一旦官位达到极限，反而会落至低贱；用恩德去依顺他人，一旦恩德枯竭，反而会变成怠慢。其所以产生弊端，就是由于这些原因。我现在推行威严的法令，法令彻底实行后，人民就会知道恩德；严格限制官爵，一旦得到了官爵才懂荣耀。荣耀和恩德相互辅济，使上下都有节度，治理天下的关键，于此最为重要。"

二十年(215)，曹操亲自率军攻击张鲁，张鲁逃奔到南山，进入巴中。事见《曹操篡汉》。

秋季七月，丞相主簿司马懿对曹操说："刘备利用欺诈的手段俘获刘璋，蜀地人民还没有归附，而他却向远处争夺江陵，这种大好机会不可错过。现在我们攻克了汉中，益州震动，如果大军压境，他们势必瓦解。圣人既不能违背时势，也不能错失良机。"曹操说："人最痛苦的是不能自我满足，既然已经得到陇地，为何又奢望蜀地呢？"刘晔说："刘备是人中豪杰，有谋略但反应迟钝，他夺取蜀地的时间还不长，蜀地人民还不足为他所利用。而今我们攻破汉中，蜀地人震惊恐惧，势将自行崩溃，以主公的英明，趁他们崩溃的时候对他们施加压力，就没有不攻克的。如果稍加拖延，诸葛亮精于治国，又身为丞相，关羽、张飞作为大将，勇冠三军，蜀地人民一旦安定下来，他们据守险要，就不易侵犯了。现在不去攻取，定为后患。"曹操不听。过了七天，蜀地投降的人说："蜀中一天之内，曾发生数十次惊扰，守将虽诛杀镇压也不能安定。"曹操问刘晔说："现在还能不能发动进攻？"刘晔说："蜀地现已稍稍安定，不可以攻击。"曹操于是班师而回。曹操任命夏侯渊为都护将军，统领张郃、徐晃等人据守汉中；任命丞相长史杜袭为驸马都尉，留在汉中监督诸事。

在张鲁逃奔巴中的时候，黄权对刘备说："如果丧失了汉中，三巴便会被压制，这就等于砍掉了蜀地的手臂。"刘备于是任命黄权为护军，率领各将迎接张鲁。而张鲁已投降曹操，黄权于是进攻朴胡、杜濩、任约，大破其地。魏公曹操派张郃率各军攻取三巴，想将三巴居民迁徙到汉中，张郃率军进驻宕渠。刘备派巴西

太守张飞与郃相拒，五十馀日，飞袭击郃，大破之。郃走还南郑，备亦还成都。

二十二年冬十月，法正说刘备曰："曹操一举而降张鲁，定汉中，不因此势以图巴、蜀，而留夏侯渊、张郃屯守，身遽北还，此非其智不逮，而力不足也，必将内有忧逼故耳。今策渊、郃才略，不胜国之将帅，举众往讨，必可克之。克之之日，广农积谷，观衅伺隙，上可以倾覆寇敌，尊奖王室；中可以蚕食雍、凉，广拓境土；下可以固守要害，为持久之计。此盖天以与我，时不可失也。"备善其策，乃率诸将进兵汉中，遣张飞、马超、吴兰等屯下辨。魏王操遣都护将军曹洪拒之。

二十三年夏四月，刘备屯阳平关，夏侯渊、张郃、徐晃等与之相拒。备遣其将陈式等绝马鸣阁道，徐晃击破之。张郃屯广石，备攻之不能克，急书发益州兵。诸葛亮以问从事犍为杨洪，洪曰："汉中，益州咽喉，存亡之机会，若无汉中，则无蜀矣。此家门之祸也，发兵何疑？"

秋七月，操自将击刘备。九月，至长安。

二十四年。初，夏侯渊战虽数胜，魏王操常戒之曰："为将当有怯弱时，不可但恃勇也。将当以勇为本，行之以智计；但知任勇，一匹夫敌耳。"及渊与刘备相拒逾年，备自阳平南渡沔水，缘山稍前，营于定军山。渊引兵争之。法正曰："可击矣。"备使讨虏将军黄忠乘高鼓噪攻之，渊军大败，斩渊及益州刺史赵颙。张郃引兵还阳平。是时新失元帅，军中扰扰，不知所为。督军杜袭与渊司马太原郭淮收敛散卒，

太守张飞相对抗，双方相持五十多天，张飞袭击张郃，大败张郃。张郃逃回到南郑，刘备也返回成都。

二十二年（217）冬季十月，法正建议刘备说："曹操仅一次进攻便使张鲁投降，平定了汉中，他却不趁此机会攻取巴、蜀，而留下夏侯渊、张郃屯守，自己匆忙北返，这并不是因为他的才智和力量不够，一定是内部出现了忧患而迫使他不得不如此。我估量夏侯渊、张郃的才能，不如我们的将帅，发动大军去征讨，定可打败他们。攻克汉中之后，推广农耕，积蓄粮食，观察时势变化，等待有利时机，上可以消灭敌寇，尊崇王室；中可以蚕食雍州、凉州，开拓疆土；下可以固守险要，做长久的打算。这是上天赐予我们的良机，切不可错过。"刘备认为他的建策很好，于是率领众将，向汉中进兵，派张飞、马超、吴兰等人屯守下辨。魏王曹操派都护将军曹洪前往拒敌。

二十三年（218）夏季四月，刘备屯驻阳平关，夏侯渊、张郃、徐晃等与他相抗拒。刘备派部将陈式等截断马鸣阁隘道，徐晃击破陈式。张郃屯守在广石，刘备进攻，不能攻克，紧急下令调遣益州军队。诸葛亮为此征询犍为人杨洪，从事杨洪说："汉中是益州的咽喉，是益州存亡的关键所在，若失去了汉中，就等于丧失了蜀郡。这是家门口的灾祸，对发兵有什么犹豫的？"

秋季七月，曹操亲自率军攻击刘备。九月，抵达长安。

二十四年（219）。当初，夏侯渊虽多次取胜，但魏王曹操常告诫他说："作为一个将领，应当有胆怯害怕的时候，不可以只是完全仗恃自己的勇敢。对于将领来说，应当将勇敢作为根本，但必须借助智谋；只知道一味的勇敢，也只敌得过一名普通人罢了。"等到夏侯渊与刘备相持一年多后，刘备从阳平向南渡过沔水，沿着山麓，逐渐向前推进，在定军山扎下营寨。夏侯渊率军争夺。法正说："可以出击了。"刘备派讨虏将军黄忠登上高处，击鼓呐喊，发动进攻，大败夏侯渊，斩杀了夏侯渊及益州刺史赵颙。张郃率军退守阳平。这时曹军刚刚失去元帅，军中人心不安，不知如何是好。督军杜袭与夏侯渊的司马太原人郭淮收集残兵，

号令诸军曰："张将军国家名将，刘备所惮，今日事急，非张将军不能安也。"遂权宜推郃为军主。郃出，勒兵按陈，诸将皆受郃节度，众心乃定。明日，备欲渡汉水来攻，诸将以众寡不敌，欲依水为陈以拒之。郭淮曰："此示弱而不足挫敌，非算也。不如远水为陈，引而致之，半济而后击之，备可破也。"既陈，备疑，不渡。淮遂坚守，示无还心。

春三月，魏王操自长安出斜谷，军遮要以临汉中。刘备曰："曹公虽来，无能为也，我必有汉川矣。"乃敛众拒险，终不交锋。操运米北山下，黄忠引兵欲取之，过期不还。翊军将军赵云将数十骑出营视之，值操扬兵大出，云猝与相遇，遂前突其陈，且斗且却。魏兵散而复合，追至营下，云入营，更大开门，偃旗息鼓。魏兵疑云有伏，引去。云雷鼓震天，惟以劲弩于后射魏兵。魏兵惊骇，自相蹂践，堕汉水中死者甚多。备明旦自来，至云营，视昨战处，曰："子龙一身都为胆也！"

操与备相守积月，魏军士多亡。夏五月，操悉引出汉中诸军还长安，刘备遂有汉中。

秋七月，刘备自称汉中王，设坛场于沔阳，陈兵列众，群臣陪位，读奏讫，乃拜受玺绶，御王冠。因驿拜章，上还所假左将军、宜城亭侯印绶。立子禅为王太子。拔牙门将军义阳魏延为镇远将军，领汉中太守，以镇汉川。备还治成都，以许靖为太傅，法正为尚书令，关羽为前将军，张飞为右将军，马超为左将军，黄忠为后将军，馀皆进位有差。

下令各军说:"张郃将军是国家名将,为刘备所忌惮,现在情况紧急,除了张将军没人能安定局势。"于是暂时推举张郃为军中主帅。张郃出营,亲自到阵地巡视,各位将领接受张郃节制,军心这才安定下来。第二天,刘备准备渡过汉水前来进攻,各位将领认为敌众我寡,不能抵挡,打算沿着汉水构筑阵地抵抗。郭淮说:"这只能显示出我们的虚弱而不足以挫败敌人,并非好的计策。不如远离汉水结阵,诱使敌人渡河,等他渡过一半后发动攻击,刘备便可击败。"既已列阵,刘备迟疑而不敢渡河,郭淮于是坚守营寨,以表示没有撤退之心。

春季三月,魏王曹操从长安穿过斜谷,沿途严守要害地带,接近汉中。刘备说:"曹操虽然前来,也无所作为,我们必定会夺取汉川。"于是集中兵力据守险要,始终不与曹军交锋。曹军运粮到北山下,黄忠打算率兵夺取,在预定的时间内还未返回。翊军将军赵云率数十名骑兵出营巡视,刚好遇上曹操大军出动,赵云与曹军猝然相遇,于是上前冲入敌阵,边战边退。魏兵散后重新集合,追击到赵云大营外,赵云进入大营后,大开营门,拔下旗帜,停止击鼓。魏兵怀疑赵云有埋伏,向后撤去。赵云营中突然战鼓震天,用强弓在后射击曹军。曹魏兵士惊恐万分,自相践踏,很多士卒落入汉水中溺死。刘备第二天早晨亲临赵云大营视察,看到昨日作战处说:"赵子龙浑身都是胆!"

曹操同刘备相持有数月之久,魏军士卒伤亡惨重,死伤很多。夏季五月,曹操率领所有的军队退出汉中,撤回长安,刘备于是占据了汉中。

秋季七月,刘备自封为汉中王,在沔阳筑起高台,陈兵列阵,众官陪伴,读完奏章后,行拜礼接受印信,戴上王冠。通过驿马向朝廷送去奏章,缴还曹操以天子名义授予的左将军、宜城亭侯印信。立儿子刘禅为王太子。提升牙门将军义阳人魏延为镇远将军,兼任汉中太守,镇守汉川。刘备返回首府成都,任命许靖为太傅,法正为尚书令,关羽为前将军,张飞为右将军,马超为左将军,黄忠为后将军,其馀的人都依照等级提升职位。

遣益州前部司马犍为费诗即授关羽印绶，羽闻黄忠位与己并，怒曰："大丈夫终不与老兵同列！"不肯受拜。诗谓羽曰："夫立王业者，所用非一。昔萧、曹与高祖少小亲旧，而陈、韩亡命后至，论其班列，韩最居上，未闻萧、曹以此为怨。今汉中王以一时之功隆崇汉室，然意之轻重，宁当与君侯齐乎！且王与君侯譬犹一体，同休等戚，祸福共之。愚谓君侯不宜计官号之高下、爵禄之多少为意也。仆一介之使，衔命之人，君侯不受拜，如是便还，但相为惜此举动，恐有后悔耳。"羽大感悟，遂即受拜。

魏文帝黄初二年春三月，蜀中传言汉帝已遇害，于是汉中王发丧制服，谥曰孝愍皇帝。群下竞言符瑞，劝汉中王称尊号。前部司马费诗上疏曰："殿下以曹操父子逼主篡位，故乃羁旅万里，纠合士众，将以讨贼。今大敌未克而先自立，恐人心疑惑。昔高祖与楚约，先破秦者王之。及屠咸阳，获子婴，犹怀推让，况今殿下未出门庭，便欲自立邪！愚臣诚不为殿下取也。"王不悦，左迁诗为部永昌从事。

夏四月丙午，汉中王即皇帝位于武担之南，大赦，改元章武。

臣光曰：天生烝民，其势不能自治，必相与戴君以治之。苟能禁暴除害以保全其生，赏善罚恶使不至于乱，斯可谓之君矣。是以三代之前，海内诸侯，何啻万国，有民人、社稷者，通谓之君。合万国而君之，立法度，班号令，而天下莫敢违者，乃谓之王。王德

刘备派遣益州前部司马犍为人费诗前往荆州,授给关羽将军印信,关羽得知黄忠的官位同自己相同,大怒说:"大丈夫绝不与老兵同列!"不肯拜受印信。费诗对关羽说:"开创帝王事业,不能只用同一类型的人。以前萧何、曹参同汉高祖小时亲善,而陈平、韩信是后来投奔的亡命之徒,可是排列官位,韩信最高,没有听说过萧何、曹参为此而怨恨。现在汉中王因为黄忠一时的功劳而特别推崇他,但在他内心的轻重亲疏,黄忠怎能同你一样呢!而且汉中王同你犹如一体,休戚相连,祸福同当。我认为你不应该计较官位的高低,在意爵禄的多少。我只不过是一个平凡的使臣,奉命行事,如果你不肯拜受,我立即返回,只是可惜你做出了如此举动,恐怕你后悔。"关羽顿时领悟,立即拜受。

魏文帝黄初二年(221)春季三月,蜀中传言汉献帝刘协已被谋害,于是汉中王刘备发丧追悼,身穿丧服,追谥汉献帝为孝愍皇帝。文武官员争相宣称符瑞出现,劝汉中王称帝。前部司马费诗上疏说:"殿下因为曹操父子逼主篡位,这才流亡到万里之外,集结部众,准备讨伐逆贼。现在强大的敌人尚未击败,却自己先称帝,恐怕会引起人心疑惑。从前汉高祖同项羽相约,先击破秦国的,即位为王。等到汉高祖攻占咸阳,擒获了子婴,尚还推辞谦让,何况现在殿下还没有走出大门,便准备自立为帝呢?我从内心里认为殿下不应该这样做。"汉中王心中不高兴,贬费诗担任部永昌从事。

夏季四月丙午(初六),汉中王在武担山南即皇帝位,大赦,改年号为章武。

北宋史臣司马光说:天生小民,他们不能自己治理自己,必须联合拥戴君主来治理他们。如果谁能禁止残暴,铲除祸害,保证他们生命安全,奖赏善行,惩治罪犯,使社会不至于混乱,他就是一个理想的君主。所以三代以前,海内的诸侯王国何止一万,凡是拥有人民,有祭祀天地神坛的,都称为国君。只有那些能够集结万国而加以统御,建立法度,颁发号令,而天下之人不敢违抗的,才称为国王。王道

既衰，强大之国能帅诸侯以尊天子者，则谓之霸。故自古天下无道，诸侯力争，或旷世无王者，固亦多矣。秦焚书坑儒，汉兴，学者始推五德生、胜，以秦为闰位，在木火之间，霸而不王，于是正闰之论兴矣。及汉室颠覆，三国鼎峙，晋氏失驭，五胡云扰。宋、魏以降，南、北分治，各有国史，互相排黜，南谓北为"索虏"，北谓南为"岛夷"。朱氏代唐，四方幅裂，朱邪入汴，比之穷、新，运历年纪，皆弃而不数，此皆私己之偏辞，非大公之通论也。臣愚诚不足以识前代之正闰，窃以为苟不能使九州合为一统，皆有天子之名而无其实者也。虽华夷仁暴，大小强弱，或时不同，要皆与古之列国无异，岂得独尊奖一国谓之正统，而其余皆为僭伪哉！若以自上相授受者为正邪，则陈氏何所授？拓跋氏何所受？若以居中夏者为正邪，则刘、石、慕容、苻、姚、赫连所得之土，皆五帝、三王之旧都也。若以有道德者为正邪，则蕞尔之国，必有令主，三代之季，岂无僻王！是以正闰之论，自古及今，未有能通其义，确然使人不可移夺者也。臣今所述，止欲叙国家之兴衰，著生民之休戚，使观者自择其善恶得失，以为劝戒，非若《春秋》立褒贬之法，拨乱世反诸正也。正闰之际，非所敢知，但据其功业之实而言之。周、秦、汉、晋、隋、唐，皆尝混壹九州，传祚于后，子孙虽微弱播迁，犹承祖宗之业，

衰落后，强大的封国能够率领其他封国以尊奉天下的，则称为霸主。所以自古天下混乱，诸侯凭借实力相互争夺，天下长期没有国王的情况本来就很多。秦朝焚书坑儒，汉朝兴起后，学者开始推崇五德相生相克学说，认为秦不属正统，而在闰位，位于木、火之间，只能称霸主，不能称君王，于是正统、闰位的理论兴起。等到汉王室灭亡后，三国鼎立，晋朝失去控制，五胡扰乱中原。南朝宋、北魏以后，南北分裂，每个政权都各自有自己的国史，互相排斥诋毁，南方骂北方为"索虏"，北方骂南方为"岛夷"。朱温取代唐朝后，中国四分五裂，沙陀族人李存勖进入汴京，将朱温比作后羿、王莽，把后梁的年代和年号，全都抛弃不用，这实际上是自私的偏激言辞，并非公正的通论。我实在愚昧，辨别不了前代的正统、闰位，只是认为一个君主若不能统一全国，便是只有天子之名而无天子之实。虽然汉族同夷族、仁爱与残暴、大和小、强跟弱在不同时代有所不同，但事实上与古代列国没有什么差别，岂能单独尊崇某一国而将其作为正统，却把其他的政权看作是僭伪？如果认为前后承受更替的是正统，那么陈氏王朝又是承接谁呢？拓跋氏的北魏又是继承谁？如果将居于中原的王朝作为正统，那么刘氏的前赵、石氏的后赵、慕容氏的前燕、符氏的后燕、姚氏的前秦、赫连氏的后秦所拥有的土地，都是五帝、三王旧壤。如果以有道无道区分正闰，那么即使是最小的王朝也有英明的君主，而三代之际，岂无淫僻的暴君？所以正统、闰位的理论，自古至今，都没有人能真正明了它的标准，而且使人能够确信不疑。我现在所叙述的，只准备记述国家的兴衰，人民的悲欢，使读者自己从中辨别善恶、得失，作为今后的鉴戒，并不是像《春秋》那样确立褒贬的法则，将乱世转为正轨。正统、闰位之间的关系，我不敢多谈，只是根据每个政权的功业事实而加以叙述。周、秦、汉、晋、隋、唐，都曾统一全国，传位于后代，子孙虽然微弱流亡，但是仍能继承祖先的功业，

有绍复之望，四方与之争衡者，皆其故臣也，故全用天子之制以临之。其馀地丑德齐，莫能相壹，名号不异，本非君臣者，皆以列国之制处之。彼此钧敌，无所抑扬，庶几不诬事实，近于至公。然天下离析之际，不可无岁、时、月、日以识事之先后。据汉传于魏而晋受之，晋传于宋以至于陈而隋取之，唐传于梁以至于周而大宋承之，故不得不取魏、宋、齐、梁、陈、后梁、后唐、后晋、后汉、后周年号，以纪诸国之事，非尊此而卑彼，有正闰之辨也。昭烈之于汉，虽云中山靖王之后，而族属疏远，不能纪其世数名位，亦犹宋高祖称楚元王后，南唐烈祖称吴王恪后，是非难辨，故不敢以光武及晋元帝为比，使得绍汉氏之遗统也。

有复兴的可能，各地同他们争夺政权的，都是他们从前的臣僚，所以这些君主都用天子的制度来君临他们。其馀的政权土地贫瘠、德行相等，不能统一，名号不同，并没有君臣关系，都按列国的体例加以对待。他们彼此势均力敌，不该抑此扬彼，这样才不至于歪曲事实，接近于最大的公正。但是在天下分裂的时候不可以不用年、月、日、时来记载事情发生的先后。根据汉传于魏，魏传于晋，晋传于南朝宋，直至隋取代陈，唐传于梁，再到大宋继承后周的情况，所以不得不采用魏、宋、齐、梁、陈、后梁、后唐、后晋、后汉、后周的年号，来记载各国发生的事情，这并非是尊崇这个歧视另一个以辩证所谓的正统闰位。刘备同汉的关系，虽说刘备是中山靖王的后代，但血缘关系已经疏远，无法考查他们的代数、名字、排行，也就像是南朝宋高祖刘裕自称是西汉楚元王刘交的后代，南唐烈祖李昪自称是唐朝吴王李恪的后裔，难辨真假，所以不敢将刘备同汉光武刘秀、晋元帝司马睿相比，把他当成东汉王朝的继承者。

卷第十

吴蜀通好

汉献帝建安二十年。初，刘备在荆州，周瑜、甘宁等数劝孙权取蜀。权遣使谓备曰："刘璋不武，不能自守，若使曹操得蜀，则荆州危矣。今欲先攻取璋，次取张鲁，一统南方，虽有十操，无所忧也。"备报曰："益州民富地险，刘璋虽弱，足以自守。今暴师于蜀、汉，转运于万里，欲使战克攻取，举不失利，此孙、吴所难也。议者见曹操失利于赤壁，谓其力屈，无复远念。今操三分天下已有其二，将欲饮马于沧海，观兵于吴会，何肯守此坐须老乎！而同盟无故自相攻伐，借枢于操，使敌承其隙，非长计也。且备与璋托为宗室，冀凭英灵以匡汉朝。今璋得罪于左右，备独悚惧，非所敢闻，愿加宽贷。"权不听，遣孙瑜率水军住夏口。备不听军过，谓瑜曰："汝欲取蜀，吾当被发入山，不失信于天下也。"使关羽屯江陵，张飞屯秭归，诸葛亮据南郡，备自住屖陵。权不得已召瑜还。及备西攻刘璋，权曰："猾虏，乃敢挟诈如此！"备留关羽守江陵，鲁肃与羽邻界，羽数生疑贰，

吴蜀通好

汉献帝建安二十年(215)。起初,刘备驻扎荆州,周瑜、甘宁等几次劝孙权攻占蜀地。孙权派使者对刘备说:"刘璋没有军事才能,守不住自己的地盘,如果曹操得到蜀地,荆州就危险了。现在我想首先攻取刘璋,接着攻取张鲁,统一南方,即使有十个曹操,也没有值得担忧的了。"刘备答复说:"益州人民富庶,地势险要,刘璋虽然懦弱,但足能自守。现在您想让军队在蜀、汉风餐露宿,从万里之外转运粮草,要战必胜,攻必取,不出现失利,这是孙子、吴起都会感到困难的。议论者看到曹操在赤壁失败,就认为他力量竭尽,再也没有长远打算。如今曹操已占有天下的三分之二,将要在沧海饮马,到吴地阅兵,岂肯厮守现有的地盘,坐等衰老?而且同盟之间无缘无故自相攻伐,让曹操抓住把柄,使敌人得到可乘之机,这不是长远之计。况且刘备和刘璋同为汉朝宗室,期望凭借先祖英灵以匡复汉朝。如今刘璋获罪于左右诸侯,刘备只感战栗恐惧,不敢听到动武之事,请您予以宽容。"孙权不听,派孙瑜率水军进驻夏口。刘备不让孙权水军通过,对孙瑜说:"你想攻取蜀地,我就披散头发入山隐居,不失信义于天下。"派关羽屯兵江陵,张飞驻扎秭归,诸葛亮占据南郡,刘备自己驻守孱陵。孙权不得已,将孙瑜召回。等到后来刘备向西攻打刘璋,孙权说:"狡猾的坏蛋,竟敢这样欺诈我!"刘备让关羽留守江陵,鲁肃和关羽边界毗邻,关羽几次对鲁肃生疑心,

肃常以欢好抚之。

及备已得益州，权令中司马诸葛瑾从备求荆州诸郡，备不许，曰："吾方图凉州，凉州定，乃尽以荆州相与耳。"权曰："此假而不反，乃欲以虚辞引岁也。"遂置长沙、零陵、桂阳三郡长吏。关羽尽逐之。权大怒，遣吕蒙督兵二万以取三郡。

蒙移书长沙、桂阳，皆望风归服，惟零陵太守郝普城守不降。刘备闻之，自蜀亲至公安，遣关羽争三郡。孙权进住陆口，为诸军节度。使鲁肃将万人屯益阳以拒羽，飞书召吕蒙，使舍零陵急还助肃。蒙得书，秘之，夜，召诸将授以方略。晨，当攻零陵，顾谓郝普故人南阳邓玄之曰："郝子太闻世间有忠义事，亦欲为之，而不知时也。今左将军在汉中为夏侯渊所围，关羽在南郡，至尊身自临之。彼方首尾倒县，救死不给，岂有馀力复营此哉！今吾计力度虑而以攻此，曾不移日而城必破，城破之后，身死，何益于事？而令百岁老母戴白受诛，岂不痛哉！度此家不得外间，谓援可恃，故至于此耳。君可见之，为陈祸福。"玄之见普，具宣蒙意，普惧而出降。蒙迎，执其手与俱下船，语毕，出书示之，因拊手大笑。普见书，知备在公安而羽在益阳，惭恨入地。蒙留孙皎，委以后事，即日引军赴益阳。

鲁肃欲与关羽会语，诸将疑恐有变，议不可往。肃曰："今日之事，宜相开譬。刘备负国，是非未决，羽亦何敢重欲干命！"乃邀羽相见，各驻兵马百步上，但诸将军单刀俱会。肃因责数羽以不返三郡，羽曰："乌林之役，左将军身在行间，戮力破敌，岂得徒劳，无一块土，而足下来欲收地邪？"

鲁肃却经常用友好的态度安抚他。

等到刘备取得益州，孙权令中司马诸葛瑾向刘备索要荆州各郡，刘备不答应，说："我正谋取凉州，等到凉州平定，就把荆州全部归还。"孙权说："这是把荆州借去不还，想用空话拖延时间。"便委派了长沙、零陵、桂阳三个郡的地方长官。关羽将他们全部赶走。孙权大怒，遣吕蒙领兵二万攻取三郡。

吕蒙写信给长沙、桂阳，二地都望风归降，只有零陵太守郝普坚守城池不肯归降。刘备听说此事，亲自从蜀地赶到公安，派关羽争夺三郡。孙权进驻陆口指挥各军。派鲁肃率兵万人屯驻益阳抵御关羽，发快信给吕蒙，让他舍弃零陵，急速归来协助鲁肃。吕蒙得信，秘而不宣，连夜召集诸将传授机宜。次日清晨，应当攻打零陵，先对郝普的老朋友南阳人邓玄之说："郝普听到人世间有忠义之事，自己也想去做，却不知时势。如今左将军刘备在汉中被夏侯渊围困，关羽在南郡，我主孙权亲自来对付他。他们正首尾危急，救死不暇，哪还有余力经营此地呢？现在我根据力量精心策划来进攻这里，一瞬间城池就会被攻破，城破之后，郝普即使战死了对事情又有什么益处？却让百岁老母白发苍苍的连累被害，岂不令人痛心！我猜想是因为他们得不到外面的消息，以为有援兵可以凭恃，所以才这样做的。你可以前去见他，为他讲明祸福。"邓玄之见到郝普，详细讲述了吕蒙的意思，郝普畏惧而出降。吕蒙迎接郝普，握着他的手一起下船，谈完话，吕蒙拿出孙权的来信给郝普看，并拍手大笑。郝普见信，才知刘备在公安，关羽在益阳，悔惭得恨不得钻入地下。吕蒙留孙皎安排善后事宜，当天率军奔赴益阳。

鲁肃想与关羽会晤交谈，将领们担心有变，主张不要去。鲁肃说："今日之事，应互相把话说开。刘备辜负我们，是非尚未决断，关羽又怎敢伤害我的性命！"于是邀请关羽相见，各自把兵马停在百步开外，只有将军们单刀赴会。鲁肃斥责关羽不归还三郡，关羽说："乌林之役时，左将军刘备身在军伍之间，勠力破敌，岂能白白拼搏，得不到一块土地，你来是想收回土地吗？"

肃曰："不然。始与豫州觐于长阪，豫州之众不当一校，计穷虑极，志势摧弱，图欲远窜，望不及此。主上矜愍豫州之身无有处所，不爱土地士民之力，使有所庇荫以济其患。而豫州私独饰情，愆德堕好。今已藉手于西州矣，又欲翦并荆州之土，斯盖凡夫所不忍行，而况整领人物之主乎！"羽无以答。会闻魏公操将攻汉中，刘备惧失益州，使使求和于权。权令诸葛瑾报命，更寻盟好。遂分荆州，以湘水为界：长沙、江夏、桂阳以东属权，南郡、零陵、武陵以西属备。

二十四年。初，鲁肃常劝孙权以曹操尚存，宜且抚辑关羽，与之同仇，不可失也。及吕蒙代肃屯陆口，以为羽素骁雄，有兼并之心，且居国上流，其势难久，密言于权曰："今令征虏守南郡，潘璋住白帝，蒋钦将游兵万人循江上下，应敌所在，蒙为国家前据襄阳，如此，何忧于操，何赖于羽！且羽君臣矜其诈力，所在反覆，不可以腹心待也。今羽所以未便东向者，以至尊圣明，蒙等尚存也。今不于强壮时图之，一旦僵仆，欲复陈力，其可得邪！"权曰："今欲先取徐州，然后取羽，何如？"对曰："今操远在河北，抚集幽、冀，未暇东顾，徐土守兵，闻不足言，往自可克。然地势陆通，骁骑所骋，至尊今日取徐州，操后旬必来争，虽以七八万人守之，犹当怀忧。不如取羽，全据长江，形势益张，易为守也。"权善之。

权尝为其子求昏于羽，羽骂其使，不许昏，权由是怒。及羽攻樊，关羽攻曹仁于樊事，见《孙氏据江东》。吕蒙上疏曰："羽讨樊而多留备兵，必恐蒙图其后故也。蒙常有病，乞分

鲁肃说:"不是这样。当初我在长阪见到刘备时,他的部下不满一个校的兵力,殚精竭虑毫无办法,沮丧潦倒势单力薄,想着远逃他乡,根本想不到有战功占地盘。我主孙权可怜刘豫州没有容身之处,不爱惜土地兵民之力,让他有所依靠渡过难关。但刘豫州怀私心装假象,丧失道德背弃好意。现在已经着手攻取西州了,还想吞并荆州之地,这恐怕是凡夫俗子都不忍心做的,更何况是统帅豪杰的首领呢!"关羽无言以对。适逢听说魏公曹操将要进攻汉中,刘备害怕失去益州,派使者向孙权求和。孙权令诸葛瑾复命,又达成盟好。于是分割荆州,以湘水为界:长沙、江夏、桂阳以东属孙权,南郡、零陵、武陵以西属刘备。

建安二十四年(219)。起初,鲁肃经常劝孙权,因为曹操还在世,应姑且安抚关羽,与他同仇敌忾,不可失和。等到吕蒙代替鲁肃屯驻陆口,认为关羽素来骁勇,有兼并的雄心,并且地处东吴上游,这种格局难以持久,就秘密对孙权说:"现在如果令征虏将军孙皎守卫南郡,潘璋驻扎白帝城,蒋钦率机动兵力万人沿长江上下活动,随处应敌,吕蒙为国家向前占据襄阳,这样何必担心曹操,何必依赖关羽!并且关羽君臣依仗其狡诈之力,反复无常,不能推心置腹对待他们。如今关羽之所以没有立即东向侵犯,是因为主公圣明,吕蒙等人尚存。现在如果不趁强壮之时谋取他,一旦臣等老迈不堪,再想奋力出击,能做到吗?"孙权说:"现在计划先取徐州,然后再取关羽,怎么样?"吕蒙回答:"如今曹操远在黄河以北,正平定幽、冀,无暇东顾,徐州一带的守军,听说并不足道,前去征伐自会取胜。但是那儿地处平原陆地,利于骑兵驰骋,主上今日占了徐州,曹操不多久就会来争,即使用七八万人守卫,仍然令人担忧。不如攻取关羽,全部占据长江,势力更加壮大,容易防守。"孙权赞赏此议。

孙权曾经为他的儿子向关羽求婚,关羽谩骂来使,不答应婚事,孙权因此而愤怒。等到关羽攻打樊城,关羽攻曹仁于樊城之事,见《孙氏据江东》。吕蒙上疏说:"关羽征讨樊城却在江陵留下很多守军,必定是怕我谋取其后的缘故。我经常有病,请求分派

士众还建业，以治疾为名，羽闻之，必撤备兵，尽赴襄阳。大军浮江昼夜驰上，袭其空虚，则南郡可下而羽可禽也。"遂称病笃。权乃露檄召蒙还，阴与图计。蒙下至芜湖，定威校尉陆逊谓蒙曰："关羽接境，如何远下，后不当可忧也？"蒙曰："诚如来言，然我病笃。"逊曰："羽矜其骄气，陵轹于人，始有大功，意骄志逸，但务北进，未嫌于我，有相闻病，必益无备，今出其不意，自可禽制。下见至尊，宜好为计。"蒙曰："羽素勇猛，既难为敌，且已据荆州，恩信大行，兼始有功，胆势益盛，未易图也。"蒙至都，权问："谁可代卿者？"蒙对曰："陆逊意思深长，才堪负重，观其规虑，终可大任；而未有远名，非羽所忌，无复是过也。若用之，当令外自韬隐，内察形便，然后可克。"权乃召逊，拜偏将军、右部督，以代蒙。逊至陆口，为书与羽，称其功美，深自谦抑，为尽忠自托之意。羽意大安，无复所嫌，稍撤兵以赴樊。逊具启形状，陈其可禽之要。

羽得于禁等人马数万，粮食乏绝，擅取权湘关米。权闻之，遂发兵袭羽。权欲令征虏将军孙皎与吕蒙为左右部大督。蒙曰："若至尊以征虏能，宜用之；以蒙能，宜用蒙。昔周瑜、程普为左右部督，督兵攻江陵，虽事决于瑜，普自恃久将，且俱是督，遂共不睦，几败国事，此目前之戒也。"权寤，谢蒙曰："以卿为大督，命皎为后继可也。"

魏王操之出汉中也，使平寇将军徐晃屯宛，以助曹仁以攻羽。孙权为笺与魏王操，请以讨羽自效。及晃击败羽，羽遂撤围退，然舟船犹据沔水，襄阳隔绝不通。

一些士卒以治病为名护我回建业，关羽听说后，一定撤掉守兵，全部调往襄阳。我大军乘船在长江上，昼夜驰奔上游，击其空虚，就可攻下南郡，擒获关羽。"遂假称病重。孙权就公开发布告示召吕蒙回都城，暗中和他商量计策。吕蒙沿江而下到达芜湖，定威校尉陆逊对吕蒙说："关羽和我们接壤，你怎能远离，后面不应担忧吗？"吕蒙说："确实像您所说，但我病重。"陆逊说："关羽自恃其骁勇之气，好欺凌人，当初有大功，得意骄傲，志趣轻逸，只求北进，不对我防范，如果听说您有病，必定更加没有防备，现在出其不意，自可手到擒来。您回见主上，应想好计策。"吕蒙说："关羽素来勇猛，不但难以与他为敌，而且他已占据荆州，大行恩信，加上过去有功，胆势更盛，不容易打他的主意。"吕蒙回到建业，孙权问："谁可代替你？"吕蒙回答："陆逊见识深远，才能堪承重担，我看他的规划，最终可当大任；而且没有很大名气，不是关羽所忌惮的，没有比陆逊更合适的了。如果用他代替我，要令他外示韬晦，内观时势，然后可以取胜。"孙权就招来陆逊，拜为偏将军、右部督，让他代替吕蒙。陆逊到达陆口，写信给关羽，盛赞他功劳卓著，自己非常谦卑，表达对关羽尽忠寻求寄托之意。关羽非常安心，再无防范，逐渐撤兵调赴樊城。陆逊把关羽的动向详细禀报，表述了可以攻取关羽的要点。

关羽得到投降来的于禁等人的兵马数万，粮食极其匮乏，就擅自取用孙权的湘关米。孙权听说后，就发兵袭击关羽。孙权想让征虏将军孙皎和吕蒙各任左、右部大都督。吕蒙说："如果主上认为征虏将军有才能，就该以他为主；如果认为我吕蒙有才能，就以我为主。当年周瑜、程普各任左、右部都督，率兵攻江陵，虽然事情由周瑜决定，但程普仗着自己是老将，并且与周瑜都是都督，便相互不合，几乎败坏国事，这是眼前的教训。"孙权明白过来，向吕蒙道歉说："以你为大都督，命孙皎做后继就可以。"

魏王曹操出兵汉中时，派平寇将军徐晃屯驻宛城，协助曹仁攻打关羽。孙权写信给曹操，请求讨伐关羽为其效力。等到徐晃击败关羽，关羽便撤围退却，但舟船仍占据沔水，襄阳隔绝不通。

吕蒙至寻阳,尽伏其精兵艑䑲中,使白衣摇橹,作商贾人服,昼夜兼行,羽所置江边屯候,尽收缚之,是故羽不闻知。麋芳、傅士仁素皆嫌羽轻己,羽之出军,芳、仁供给军资不悉相及,羽言:"还,当治之!"芳、仁咸惧。于是蒙令故骑都尉虞翻为书说仁,为陈成败,仁得书即降。翻谓蒙曰:"此谲兵也,当将仁行,留兵备城。"遂将仁至南郡。麋芳城守,蒙以仁示之,芳遂开门出降。蒙入江陵,释于禁之囚,得关羽及将士家属,皆抚慰之,约令军中不得干历人家,有所求取。蒙旦暮使亲近存恤耆老,问所不足,疾病者给医药,饥寒者赐衣粮。羽府藏财宝,皆封闭以待权至。

关羽闻南郡破,即走南还。羽数使人与吕蒙相闻,蒙辄厚遇其使,周游城中,家家致问,或手书示信。羽人还,私相参讯,咸知家门无恙,见待过于平时,故羽吏士无斗心。会权至江陵,荆州将吏悉皆归附。

十一月,汉中王备所置宜都太守樊友委郡走,诸城长吏及蛮夷君长皆降于逊。逊请金、银、铜印以假授初附,击蜀将詹晏等及秭归大姓拥兵者,皆破降之,前后斩获、招纳凡数万计。权以逊为右护军、镇西将军,进封娄侯,屯夷陵,守峡口。

关羽自知孤穷,乃西保麦城。孙权使诱之,羽伪降,立幡旗为象人于城上,因遁走,兵皆解散,才十馀骑。权先使朱然、潘璋断其径路。十二月,璋司马马忠获羽及其子平于章乡,

吕蒙到寻阳,把精兵全部埋伏在艚艒船中,让百姓摇橹,扮作商人的模样,昼夜兼程,关羽设置在江边的屯候被吴军全部收监捆绑起来,所以关羽不知道。麋芳、傅士仁向来都嫌关羽轻视自己,关羽出兵时,麋芳、傅士仁供应的军需物资没有按时全部送到,关羽说:"回去就惩治他们!"麋芳、傅士仁都害怕了。这时吕蒙令前任骑都尉虞翻写信游说傅士仁,为他讲述成败福祸,傅士仁见信就投降了。虞翻对吕蒙说:"这是诡诈之兵,不可不防,应把傅士仁带走,留兵守城。"遂带傅士仁到了南郡。麋芳登城守御,吕蒙带傅士仁给他看,麋芳就开门出降。吕蒙进入江陵,释放被囚的于禁,得到关羽和将士们的家属,都予安抚慰劳,约定军队不得干犯百姓民家,进行敲诈勒索。吕蒙每天早晚都派亲近官员慰问抚恤老人,询问他们缺乏什么,患病者给予医药,饥寒者赐予衣粮。关羽府上收藏的财宝,全部封存起来等候孙权到来。

关羽听说南郡失陷,连忙飞奔南返。关羽几次派人询问吕蒙,吕蒙就盛情款待来使,让他周游城中,家家户户进行慰问,有的写信托他带给亲人。关羽的使者回来,将士们私下向他探听音讯,都知道家中平安无事,他们的待遇比往常还好,所以关羽的将吏士卒没有了斗志。恰好孙权到达江陵,荆州的将领官吏就全部投降了孙权。

十一月,汉中王刘备设置的宜都太守樊友弃城逃走,宜都各城的长官和蛮夷首长们都投降陆逊。陆逊请求孙权把金、银、铜印授予新归附的官吏,进攻蜀将詹晏等人及仍拥兵拒守的秭归大族,将他们全部击败招降,前后斩杀捕获和招降原刘备部众共达数万人。孙权命陆逊为右护军、镇西将军,进封娄侯,屯驻夷陵,守卫峡口。

关羽自知势单力薄,就西去保守麦城。孙权派人招诱关羽,关羽假装投降,在城上立起旗帜,布了假人,乘机逃走,士兵都四散而去,只剩下十余名骑兵。孙权先派朱然、潘璋截断他的逃路。十二月,潘璋手下的司马马忠在章乡抓获关羽和他儿子关平,

斩之,遂定荆州。

初,偏将军吴郡全琮上疏陈关羽可取之计,权恐事泄,寝而不答。及已禽羽,权置酒公安,顾谓琮曰:"君前陈此,孤虽不相答,今日之捷,抑亦君之功也。"于是封琮阳华亭侯。

魏文帝黄初二年六月,汉主耻关羽之没,将击孙权。翊军将军赵云曰:"国贼,曹操,非孙权也。若先灭魏,则权自服。今操身虽毙,子丕篡盗,当因众心,早图关中,居河、渭上流以讨凶逆,关东义士必裹粮策马以迎王师。不应置魏,先与吴战。兵势一交,不得卒解,非策之上也。"群臣谏者甚众,汉主皆不听。广汉处士秦宓陈天时必无利,坐下狱幽闭,然后贷出。

初,车骑将军张飞,雄壮威猛亚于关羽,羽善待卒伍而骄于士大夫,飞爱礼君子而不恤军人。汉主常戒飞曰:"卿刑杀既过差,又日鞭挝健儿而令在左右,此取祸之道也。"飞犹不悛。汉主将伐孙权,飞当率兵万人自阆中会江州。临发,其帐下将张达、范彊杀飞,以其首顺流奔孙权。汉主闻飞营都督有表,曰:"噫,飞死矣!"

　　　　陈寿评曰:关羽、张飞皆称万人之敌,为世虎臣。羽报效曹公,飞义释严颜,并有国士之风。然羽刚而自矜,飞暴而无恩,以短取败,理数之常也。

秋七月,汉主自率诸军击孙权,权遣使求和于汉。南郡太守诸葛瑾遗汉主笺曰:"陛下以关羽之亲,何如先帝?荆州大小,孰与海内?俱应仇疾,谁当先后?若审此数,易于反掌矣。"汉主不听。时或言瑾别遣亲人与汉主相闻者,

将他们杀死,遂平定荆州。

起初,偏将军吴郡人全琮上疏陈述关羽可攻之计,孙权怕事情泄漏,压下不予答复。等到擒获关羽后,孙权在公安摆下酒宴,对全琮说:"你以前曾陈述此事,我虽不予答复,但今天的胜利,也有你的一份功劳。"于是封全琮为阳华亭侯。

魏文帝黄初二年(221)六月,汉主刘备为报关羽被害的耻辱,要进攻孙权。翊军将军赵云说:"国家的大贼,是曹操不是孙权。如果我们先灭曹魏,则孙权自会归服。如今曹操虽然已死,但其子曹丕窃权称帝,应当利用众人之心,早日图攻关中,占据黄河、渭水的上游以讨伐凶顽逆贼,关东的义士必会携粮驱马迎接王师。不应置魏于不顾,先与东吴开战。一旦交战,不会马上结束,这不是上策。"群臣谏阻的人很多,但刘备都不听。广汉处士秦宓说天时肯定不利,被下狱囚禁,后来被宽宥释放。

起初,车骑将军张飞,雄壮威猛仅次于关羽,关羽优待兵卒却瞧不起士大夫,张飞则尊敬士大夫却不体恤军人。刘备经常告诫张飞说:"你用刑诛杀已经过分了,又整天鞭打士兵,却让他们依旧待在身边,这是招祸的做法。"张飞仍旧不悔改。刘备要讨伐孙权,张飞需要率领士兵万人从阆中赶到江州会合。临出发前,张飞的帐下将领张达、范彊杀死张飞,拿着他的头颅顺流而下投奔孙权。汉主刘备听说张飞营中的都督有表奏来,说:"唉,张飞死了!"

> 西晋史臣陈寿评论说:关羽、张飞都号称能敌万人,是当世虎将。关羽报答曹操,张飞义释严颜,都有国中杰出人物的风范。但关羽刚愎自傲,张飞暴虐少恩,因其自身的短失造成灭亡,这是很正常的自然之理。

秋季七月,汉主刘备亲率诸军进攻孙权,孙权遣使向汉求和。南郡太守诸葛瑾写信给刘备说:"陛下认为您和关羽的亲近,与先帝相比如何?荆州与天下相比孰大孰小?吴和魏都应仇恨,但谁该放在首位?若把这三个问题考虑清楚,决定进止易如反掌。"刘备不听。这时有人对孙权说诸葛瑾私遣亲人与刘备交通,

权曰：“孤与子瑜，有死生不易之誓，子瑜之不负孤，犹孤之不负子瑜也。”然谤言流闻于外，陆逊表明瑾必无此，宜有以散其意。权报曰：“子瑜与孤从事积年，恩如骨肉，深相明究。其为人，非道不行，非义不言。玄德昔遣孔明至吴，孤尝语子瑜曰：‘卿与孔明同产，且弟随兄，于义为顺，何以不留孔明？孔明若留从卿者，孤当以书解玄德，意自随人耳。’子瑜答孤言：‘弟亮已失身于人，委质定分，义无二心。弟之不留，犹瑾之不往也。’其言足贯神明，今岂当有此乎！前得妄语文疏，即封示子瑜，并手笔与之。孤与子瑜，可谓神交，非外言所间。知卿意至，辄封来表以示子瑜，使知卿意。”

汉主遣将军吴班、冯习攻破权将李异、刘阿等于巫，进军秭归，兵四万馀人。武陵蛮夷皆遣使往请兵，权以镇西将军陆逊为大都督、假节，督将军朱然、潘璋、宋谦、韩当、徐盛、鲜于丹、孙桓等五万人拒之。

初，帝诏群臣令料刘备当为关羽出报孙权否，众议咸云：“蜀小国耳，名将唯羽，羽死军破，国内忧惧，无缘复出。”侍中刘晔独曰：“蜀虽狭弱，而备之谋欲以威武自强，势必用众以示有馀。且关羽与备，义为君臣，恩犹父子；羽死，不能为兴军报敌，于终始之分不足矣。”

三年春二月，汉主自秭归将进击吴，治中从事黄权谏曰：“吴人悍战，而水军沿流，进易退难。臣请为先驱以当寇，陛下宜为后镇。”汉主不从，以权为镇北将军，使督江北诸军，自率诸将，自江南缘山截岭，军于夷道猇亭。吴将皆欲迎击之，陆逊曰：“备举军东下，锐气始盛；且乘高

孙权说："我和子瑜有生死不变的誓约，子瑜不会背叛我，就像我不会背叛子瑜一样。"但流言蜚语也传到了外地，陆逊上表说诸葛瑾肯定不会这样做，应设法替他辟谣开脱。孙权答复说："子瑜和我交往多年，情如骨肉，彼此都很了解。他为人不合道德的事不做，不合信义的话不说。玄德过去派孔明来吴国，我曾对子瑜说：'你和孔明是同胞兄弟，弟弟跟随哥哥是顺乎道义的，你为何不留下孔明？孔明若能留下跟随你，我就写信劝解刘玄德，估计他自会理解别人的。'子瑜回答我说：'弟弟已委身别的人了，名分已定，按信义不应三心二意。弟弟不会留下来，就像我不会投靠别人一样。'这话足以通达神明，现在岂会发生这种事？以前我得到胡言乱语的文书，就封起来交给子瑜，并亲笔写信给他。我与子瑜称得上是心投意合相知有素的朋友，不是外人的话能够离间的。我知道你相信这一点，就把你的来表密封给了子瑜，让他知道你的心意。"

汉主刘备遣将军吴班、冯习在巫峡打败孙权的将领李异、刘阿等人，进军秭归，有兵四万余人。武陵蛮夷都遣使前往东吴请求援兵，孙权派镇西将军陆逊为大都督、持符节，率领将军朱然、潘璋、宋谦、韩当、徐盛、鲜于丹、孙桓等五万人抵御汉军。

起初，魏文帝诏令群臣估料刘备会不会为关羽出兵报复孙权，众人都议论说："蜀是个小国而已，名将只有关羽，关羽身死军败，国内忧惧恐慌，没有理由再次出兵。"只有侍中刘晔说："蜀虽然狭窄弱小，但刘备打算靠威武自强，势必会用兵来显示他有余力。并且关羽和刘备，义是君臣，恩同父子；关羽死了刘备不兴兵为他报仇，就会使有始有终的情分有所欠缺。"

三年（222）春季二月，汉主刘备要从秭归出发进攻吴国，治中从事黄权进谏说："吴人勇猛善战，水军沿江流而下，前进容易后退困难。臣请求担任先锋与敌交战，陛下应镇守后方。"刘备不从，任命黄权为镇北将军，让他统帅江北各军，自己率领诸将，从长江南岸沿崇山峻岭前进，驻扎到夷道猇亭。吴国诸将都想前往迎击，陆逊说："刘备率兵东下，锐气正盛；并且他凭据高山，

守险，难可卒攻，攻之纵下，犹难尽克。若有不利，损我大势，非小故也。今但且奖厉将士，广施方略，以观其变。若此间是平原旷野，当恐有颠沛交逐之忧；今缘山行军，势不得展，自当罢于木石之间，徐制其敝耳。"诸将不解，以为逊畏之，各怀愤恨。

夏五月，汉人自巫峡建平连营至夷陵界，立数十屯，以冯习为大督，张南为前部督，自正月与吴相拒，至六月不决。汉主遣吴班将数千人于平地立营，吴将帅皆欲击之，陆逊曰："此必有谲，且观之。"汉主知其计不行，乃引伏兵八千从谷中出。逊曰："所以不听诸君击班者，揣之必有巧故也。"逊上疏于吴王曰："夷陵要害，国之关限，虽为易得，亦复易失。失之，非徒损一郡之地，荆州可忧，今日争之，当令必谐。备干天常，不守窟穴而敢自送，臣虽不材，凭奉威灵，以顺讨逆，破坏在近，无可忧者。臣初嫌之水陆俱进，今反舍船就步，处处结营，察其布置，必无他变。伏愿至尊高枕，不以为念也。"

闰月，逊将进攻汉军，诸将并曰："攻备当在初，今乃令入五六百里，相守经七八月，其诸要害皆已固守，击之必无利矣。"逊曰："备是猾虏，更尝事多，其军始集，思虑精专，未可干也。今住已久，不得我便，兵疲意沮，计不复生。犄角此寇，正在今日。"乃先攻一营，不利，诸将皆曰："空杀兵耳！"逊曰："吾已晓破之之术。"乃敕各持一把茅，以火攻，拔之。一尔势成，通率诸军，同时俱攻，斩张南、冯习及胡王

坚守险要，难以攻打，即使攻下来，也难以将他全歼。如果失利，就会损伤我们的全局，这不是小事。现在只需激励将士，全面研究方略，等待形势的变化。如果此处是平原旷野，我们尚且还有失败后追逐的忧虑；现在他沿山行军，力量施展不开，自会在山林岩石之间疲惫，那时再慢慢利用他的漏洞以制服他。"诸将不理解，以为陆逊害怕刘备，都心怀愤恨。

夏季五月，汉军的营垒从巫峡建平一直连结到夷陵边界，设立了数十处据点，任命冯习为大都督，张南为前部督，从正月开始与吴军对峙，到六月还没展开决战。汉主刘备派吴班率数千人在平地建立营垒，吴国将帅都想前去攻击，陆逊说："其中必然有诈，等着瞧吧。"刘备知道此计不成，就率领伏兵八千从山谷中出来。陆逊说："之所以不让诸位进攻吴班，就是因为我料想他必有巧诈。"陆逊上疏给吴王孙权说："夷陵地处要害，是国家的门户，虽说容易得到，但也容易失去。失去之后不仅会损失一郡之地，而且会影响到整个荆州的存亡，现在要争夺夷陵，必须保证成功。刘备冒犯天常，不安居于巢穴却敢自己送上门来，臣虽然没有才能，但凭借陛下的威灵，以顺天之道讨逆天之贼，可马到成功，没有什么可担忧的。臣起初还怕他水陆并进，现在他反而弃船登陆，处处结营，看他的部署，一定没有别的花样。希望陛下高枕无忧，不必惦念此处的战况。"

闰五月，陆逊要出击汉军，将领们都说："进攻刘备应该乘他刚来的时候，现在已经让他深入五六百里了，占据了七八个月，各处要害都已经被他坚守，此时出击他必然失利。"陆逊说："刘备是个狡猾小人，经历的事情多，他刚开始出兵时，思虑周全用心专一，所以不可轻易冒犯。现在他进驻已久，得不到我们的便宜，就会兵卒病愈，十分沮丧，想不出新的计策。夹击此寇，正在今日。"于是先攻击汉军的一个营垒，但是失利，将领们都说："只是白白地牺牲士兵罢了！"陆逊说："我已经知道破敌之术了。"就命令士兵每人持一把茅草，用火攻击，攻克汉营。初战告捷，陆逊就率领全军，同时发起全面进攻，斩获汉将张南、冯习及胡王

沙摩柯等首，破其四十馀营。汉将杜路、刘宁等穷逼请降。

汉主升马鞍山，陈兵自绕，逊督促诸军，四面蹙之，土崩瓦解，死者万数。汉主夜遁，驿人自担烧铙铠断后，仅得入白帝城，其舟船、器械，水、步军资，一时略尽，尸骸塞江而下。汉主大惭恚曰："吾乃为陆逊所折辱，岂非天邪！"将军义阳傅肜为后殿，兵众尽死，肜气益烈。吴人谕之使降，肜骂曰："吴狗，安有汉将军而降者！"遂死之。从事祭酒程畿溯江而退，众曰："后追将至，宜解舫轻行。"畿曰："吾在军，未习为敌之走也。"亦死之。

初，吴安东中郎将孙桓别击汉前锋于夷道，为汉所围，求救于陆逊，逊曰："未可。"诸将曰："孙安东，公族，见围已困，奈何不救？"逊曰："安东得士众心，城牢粮足，无可忧也。待吾计展，欲不救安东，安东自解。"及方略大施，汉果奔溃。桓后见逊曰："前实怨不见救，定至今日，乃知调度自有方耳。"

初，逊为大都督，诸将或讨逆时旧将，或公室贵戚，各自矜恃，不相听从。逊按剑曰："刘备天下知名，曹操所惮，今在境界，此强对也。诸君并荷国恩，当相辑睦，共翦此虏，上报所受，而不相顺，何也？仆虽书生，受命主上，国家所以屈诸君使相承望者，以仆尺寸可称，能忍辱负重故也。各在其事，岂复得辞！军令有常，不可犯也！"及至破备，计多出逊，诸将乃服。吴王闻之曰："公何以初不启诸将违节度者邪？"对曰："受恩深重，此诸将或任腹心，或堪爪牙，或

沙摩柯等人的首级，攻破汉军四十馀营。汉将杜路、刘宁等人走投无路被迫求降。

汉主刘备登上马鞍山，绕山列阵，陆逊率诸军从四面紧逼过来，汉军土崩瓦解，死者数以万计。刘备连夜遁逃，驿人自己担着燃烧的军用铙铠等乐器断后，只跑到了白帝城。汉军的舟船、器械，水军、步军的辎重，一时间全部丧失殆尽，尸体塞满江面顺流而下。刘备万分惭愧愤怒，说："我竟被陆逊所败辱，难道不是天意吗！"将军义阳人傅肜为刘备殿后，兵卒全部战死，傅肜意气昂扬更加壮烈。吴人劝他投降，傅肜骂道："吴狗，哪有汉将军投降的！"遂奋战而死。从事祭酒程畿溯江而退，众人说："敌人追兵将到，应该放弃并连的船只乘轻舟行进。"程畿说："我在军中，不知道被敌人吓跑的事。"也战死。

起初，吴国安东中郎将孙桓在夷道另外出击汉军前锋，被汉军包围，向陆逊求救，陆逊说："不可援救。"将领们说："孙将军是王族，被围受困，怎能不救？"陆逊说："孙将军得士卒爱戴，城池牢固，粮食充足，无可担忧。等到我的计策成功之后，即使不援救他，他自己也会解围的。"等到陆逊的计划全面施展开来，汉军果然溃逃。孙桓后来见到陆逊，说："先前我确实怨恨你见死不救，现在我才知道你那样做自有道理。"

开始时，陆逊担任大都督，将领中有的是孙权当讨逆将军时的老将，有的是王族贵戚，各自恃功骄矜，互不服从命令。陆逊按剑说："刘备是天下知名的英雄，曹操都害怕他，如今他在我国边境，这是强敌。诸君都蒙受国家恩典，应当互相团结和睦，共灭此敌，报答皇上恩典，为什么不团结一致？我虽是一介书生，但受命于皇上，国家之所以委屈诸君听从我的调遣，是因为我还有值得称道的一点才能，能够忍辱负重的缘故。各人职责所在，没有什么可说的！军令自有定规，不可违犯！"等到击破刘备，计策多出自陆逊，将领们这才服气。吴王孙权闻知，寻问陆逊："你当初为什么不告发诸将违令的事呢？"陆逊回答："臣受恩深重，这些将领有的可以作为陛下心腹，有的可以充当陛下爪牙，有的

是功臣，皆国家所当与共克定大事者。臣窃慕相如、寇恂相下之义以济国事。"王大笑称善，加逊辅国将军，领荆州牧，改封江陵侯。

初，诸葛亮与尚书令法正好尚不同，而以公义相取，亮每奇正智术。及汉主伐吴而败，时正已卒，亮叹曰："孝直若在，必能制主上东行；就使东行，必不倾危矣。"汉主在白帝，徐盛、潘璋、宋谦等各竞表言："备必可禽，乞复攻之。"吴王以问陆逊，逊与朱然、骆统上言曰："曹丕大合士众，外托助国讨备，内实有奸心，谨决计辄还。"

初，帝闻汉兵树栅连营七百馀里，谓群臣曰："备不晓兵，岂有七百里营可以拒敌者乎！'苞原隰险阻而为军者为敌所禽'，此兵忌也。孙权上事今至矣。"后七日，吴破汉书到。

冬十一月，吴王使太中大夫郑泉聘于汉，汉太中大夫宗玮报之，吴汉复通。

四年夏四月癸巳，汉主殂于永安。五月，太子禅即位。秋八月，汉尚书义阳邓芝言于诸葛亮曰："今主上幼弱，初即尊位，宜遣大使重申吴好。"亮曰："吾思之久矣，未得其人耳，今日始得之。"芝问："其人为谁？"亮曰："即使君也。"乃遣芝以中郎将修好于吴。冬十月，芝至吴。时吴王犹未与魏绝，狐疑，不时见芝。芝乃自表请见曰："臣今来，亦欲为吴，非但为蜀也。"吴王见之，曰："孤诚愿与蜀和亲，然恐蜀主幼弱，国小势逼，为魏所乘，不自保全耳。"芝对曰："吴、蜀二国，四州之地。大王命世之英，诸葛亮亦一时之杰也。蜀有重险之固，吴有三江之阻。合此二长，

是功臣，都是国家可以依靠成就大业的人。臣仰慕蔺相如、寇恂礼贤下士的风范，要爱护人才使国事成功。"孙权大笑称赞，晋升陆逊为辅国将军，领荆州牧，改封江陵侯。

起初，诸葛亮和尚书令法正各自有不同的志趣，但都能取法公义，诸葛亮每每赞赏法正的智谋。等到汉主刘备伐吴失败，这时法正已死，诸葛亮叹息说："如果法正在世，必能制止主上东征；即使东征，也必定不会倾覆危困。"刘备在白帝城，徐盛、潘璋、宋谦等人竞相上表孙权，说："刘备可以擒获，请求再次攻打他。"孙权就此询问陆逊，陆逊与朱然、骆统上书说："曹丕大规模集结军队，表面上假称协助我国讨伐刘备，实际怀有奸心，我们请求下令撤回。"

当初，魏文帝听说汉军建立栅寨，连营七百馀里，对群臣说："刘备不懂军事，岂有七百里营垒能够拒敌的？'在杂草丛生、地势平坦、潮湿低洼、艰险阻塞处列阵会被敌人所擒'，这是兵家所忌。孙权的捷报很快到了。"七天后，吴军打败汉军的书信送到。

冬季十一月，吴王孙权派太中大夫郑泉出使汉国，汉太中大夫宗玮回报，吴汉再次通好。

四年（223）夏季四月癸巳，汉主刘备死于永安白帝城。五月，太子刘禅即位。秋季八月，汉尚书义阳人邓芝对诸葛亮说："如今主上年幼懦弱，刚刚即位，应当派遣大使，与吴国重申盟好。"诸葛亮说："我考虑这件事情已经有很久了，只是一直得不到合适的人选，今天才得到。"邓芝问："此人是谁？"诸葛亮说："就是你呀。"于是派邓芝以中郎将之职到吴国修好。冬季十月，邓芝到达吴国。这时吴王孙权尚未与魏国断绝关系，心怀狐疑，没有及时召见邓芝。邓芝就自己上表求见，说："我这次来也是为吴国着想，不仅仅只是为了蜀国。"孙权召见了他，说："我确实愿意与蜀和好，但是怕蜀主年幼懦弱，国土狭小势力局促，一旦遭到魏国攻击，只怕难以保全。"邓芝回答说："吴、蜀二国，占有四州之地。大王是盖世英雄，诸葛亮也是一时豪杰。蜀国有重重山险固守，吴国有滔滔江水阻隔。把这两个优势结合起来，

共为唇齿,进可并兼天下,退可鼎足而立,此理之自然也。大王今若委质于魏,魏必上望大王之入朝,下求太子之内侍,若不从命,则奉辞伐叛,蜀亦顺流见可而进,如此,江南之地非复大王之有也。"吴王默然良久曰:"君言是也。"遂绝魏,专与汉连和。

五年夏四月,吴王使辅义中郎将吴郡张温聘于汉,自是吴、蜀信使不绝。时事所宜,吴王常令陆逊语诸葛亮。又刻印置逊所,王每与汉主及诸葛亮书,常过示逊,轻重、可否有所不安,便令改定,以印封之。汉复遣邓芝聘于吴,吴王谓之曰:"若天下太平,二主分治,不亦乐乎?"芝对曰:"天无二日,土无二王。如并魏之后,大王未深识天命,君各茂其德,臣各尽其忠,将提枹鼓,则战争方始耳。"吴王大笑曰:"君之诚款乃当尔耶!"

明帝太和三年夏四月,吴主使以并尊二帝之议往告于汉。汉人以为交之无益而名体弗顺,宜显明正义,绝其盟好。丞相亮曰:"权有僭逆之心久矣,国家所以略其衅情者,求掎角之援也。今若加显绝,仇我必深。更当移兵东戍,与之角力,须并其土,乃议中原。彼贤才尚多,将相辑穆,未可一朝定也。顿兵相守,坐而须老,使北贼得计,非算之上者。昔孝文卑辞匈奴,先帝优与吴盟,皆应权通变,深思远益,非若匹夫之忿者也。今议者咸以权利在鼎足,不能并力,且志望已满,无上岸之情,推此,皆似是而非也。

形成互为唇齿的密切关系，前进可以兼并天下，后退可以与曹魏鼎足而立，这是很自然的道理。大王现在若委身于魏国，魏国的上策必定是召大王入朝加以控制，下策要求太子前去朝廷做人质，如果您不肯从命，魏国就会找借口讨伐叛逆，蜀国也顺流而下，乘机进兵，这样，江南之地就不再是大王所有了。"孙权沉默了好长时间，说："你说得对。"于是断绝了与魏国的关系，专心与蜀汉联合。

五年（224）夏季四月，吴王孙权派辅义中郎将吴郡人张温出使蜀汉，从此吴蜀通使不绝。根据时势应当采取什么样的做法，孙权常令陆逊通知诸葛亮。又刻制印章放在陆逊之处，孙权每次写给汉主刘禅和诸葛亮的信，总要送给陆逊看，轻重、可否、有不合适的，就令陆逊修改，然后盖印密封。蜀汉再次派邓芝出使吴国，孙权对他说："如果天下太平，两个国君分头治理，不是很好吗？"邓芝回答："天无二日，国无二君。如果灭魏之后，大王不能深知天命，那么，当国君的各自推崇自己的道德，当臣子的各尽自己的忠心，当将领的各自提槌击鼓，战争也就开始了。"孙权大笑说："你的真诚实在，竟至于这样！"

魏明帝太和三年（229）夏季四月，吴王孙权派人把吴、蜀二君都尊为皇帝的意见告诉蜀汉。汉人认为与吴国结交没有益处，并且吴称帝名分不正，应当申明正义，断绝与吴的盟好。丞相诸葛亮说："孙权有僭逆称帝的野心已经很久了，我国之所以忽略他的这个野心，避免与他开战，是因为需要他牵制曹魏，作为犄角的支援。现在如果明确断绝关系，他必定痛恨于我。这样就须调兵东征，与他较量，兼并其土地之后，才可议取中原。他贤才尚多，将相团结和睦，不可能很快平定。若屯兵相持，因此疲劳，让北贼得可乘之机，不是上策。过去孝文帝对匈奴卑辞求和，先帝与吴国优容盟好，都是随机应变，深谋远虑，寻求长远利益的做法，不像匹夫忍耐不住一时之愤。现在议论者都认为孙权打算鼎足而立，不能与我并力对敌，并且志向已尽，没有向北岸攻击的情趣，研究一下这些意见，都貌似正确但实际是错误的。

何者？其智力不俦，故限江自保。权之不能越江，犹魏贼之不能渡汉，非力有馀，而利不取也。若大军致讨，彼高当分裂其地以为后规，下当略民广境，示武于内，非端坐者也。若就其不动而睦于我，我之北伐，无东顾忧，河南之众不得尽西，此之为利，亦已深矣。权僭逆之罪，未宜明也。"乃遣卫尉陈震使于吴，贺称尊号。吴主与汉人盟，约中分天下：以豫、青、徐、幽属吴；兖、冀、并、凉属汉；其司州之土，以函谷关为界。

为什么？孙权的才智和力量不相称，所以才划江自保。孙权不能越过长江，就如同魏贼不能渡过汉水一样，不是力量有馀而不取其利。如果我大军讨伐曹贼，他的上策是分裂曹魏的国土为将来规划，下策是掳掠曹魏的民众，扩张国境，对内炫耀武力，不会安坐不动。就算他按兵不动而与我通和，那么我们的北伐就没了东顾之忧，黄河南边的魏军就不会全部调到西线，这样对我们的好处是非常深远的。所以孙权僭逆称帝之罪，不应公开谴责。"就派卫尉陈震出使吴国，祝贺孙权称帝。孙权与汉人约定将来中分天下：豫州、青州、徐州、幽州归于吴；兖州、冀州、并州、凉州归于汉；司州地区以函谷关为界，各占一半。

诸葛亮出师　平南中附

　　魏文帝黄初四年春三月，汉主病笃，命丞相亮辅太子，以尚书令李严为副。汉主谓亮曰："君才十倍曹丕，必能安国，终定大事。若嗣子可辅，辅之；如其不才，君可自取。"亮涕泣曰："臣敢不竭股肱之力，效忠贞之节，继之以死！"汉主又为诏敕太子曰："人五十不称夭，吾年已六十有馀，何所复恨？但以卿兄弟为念耳。勉之，勉之！勿以恶小而为之，勿以善小而不为！惟贤惟德，可以服人。汝父德薄，不足效也。汝与丞相从事，事之如父。"

　　夏四月癸巳，汉主殂于永安，谥曰昭烈。丞相亮奉丧还成都，以李严为中都护，留镇永安。五月，太子禅即位，时年十七。尊皇后曰皇太后，大赦，改元建兴。封丞相亮为武乡侯，领益州牧。政事无巨细，咸决于亮。

　　亮尝自校簿书，主簿杨颙直入，谏曰："为治有体，上下不可相侵。请为明公以作家譬之。今有人，使奴执耕稼，婢典炊爨，鸡主司晨，犬主吠盗，牛负重载，马涉远路，私业无旷，所求皆足，雍容高枕，饮食而已。忽一旦尽欲以身亲其役，

诸葛亮出师 平南中附

魏文帝黄初四年（223）三月，汉主刘备病重，命丞相诸葛亮辅佐太子，任尚书令李严为副。刘备对诸葛亮说："君的才能比曹丕高出十倍，必能使国家安定，最终完成统一天下的大业。如果嗣子刘禅可以辅弼，就辅佐他；若他不才，君可取而代之。"诸葛亮泣涕着说："臣要竭尽股肱之力，贡献忠贞之节，死而后已！"刘备又写诏敕告诫太子刘禅说："人活五十岁就不算夭折，我已六十有馀，又有什么遗憾的？只是惦念你们兄弟罢了。努力啊，努力！不要因恶事小就去做，也不要因善事小而不做！只有贤明和道德才可以服人。你父亲道德低下，不足效法。你与丞相处事，应待他如父。"

夏季四月癸巳，刘备逝世于永安白帝城，谥号昭烈。丞相诸葛亮奉灵柩回到成都，任命李严为中都护，留守永安。五月，太子刘禅即位，时年十七岁。尊皇后为皇太后，大赦，改元建兴。刘禅封诸葛亮为武乡侯，领益州牧。政事无论大小，全决定于诸葛亮。

诸葛亮曾亲自校对文书，主簿杨颙径直入内进谏说："治理国家有体制，上下级不可相互侵越。请让我用治家为您做比喻。现在有个人，使奴仆种庄稼，婢女掌伙食，鸡管报晓，狗管护院，牛负载重物，马跋涉远行，家业没有旷废，所求都能满足，雍容悠闲，高枕而卧，只等吃饭就行。忽有一天，想亲自承担所有的事，

不复付任，劳其体力，为此碎务，形疲神困，终无一成。岂其智之不如奴婢鸡狗哉？失为家主之法也。是故古人称：‘坐而论道，谓之王公；作而行之，谓之士大夫。’故丙吉不问横道死人而忧牛喘，陈平不肯知钱谷之数，云‘自有主者’，彼诚达于位分之体也。今明公为治，乃躬自校簿书，流汗终日，不亦劳乎！”亮谢之。

初，益州郡耆帅雍闿杀太守正昂，因士燮以求附于吴，又执太守成都张裔以与吴，吴以闿为永昌太守。永昌功曹吕凯、府丞王伉率吏士闭境拒守，闿不能进，使郡人孟获诱扇诸夷，诸夷皆从之。牂柯太守朱褒、越巂夷王高定皆叛应闿。诸葛亮以新遭大丧，皆抚而不讨，务农殖谷，闭关息民，民安食足而后用之。

六年春二月，汉诸葛亮率众讨雍闿等，参军马谡送之数十里。亮曰：“虽共谋之历年，今可更惠良规。”谡曰：“南中恃其险远，不服久矣，虽今日破之，明日复反耳。今公方倾国北伐以事强贼，彼知官势内虚，其叛亦速。若殄尽遗类以除后患，既非仁者之情，且又不可仓卒也。夫用兵之道，攻心为上，攻城为下；心战为上，兵战为下。愿公服其心而已。”亮纳其言。谡，良之弟也。

秋七月，汉诸葛亮至南中，所在战捷。亮由越巂入，斩雍闿及高定。使庲降督益州李恢由益州入，门下督巴西马忠由牂柯入，击破诸县，复与亮合。孟获收闿馀众以拒亮。获素为夷、汉所服，亮募生致之，既得，使观于营陈之间，问曰：“此军何如？”获曰：“向者不知虚实，故败。今蒙赐观营陈，

不再委任别人,劳心费力,做这些琐碎事务,结果形疲神乏,最终一事无成。难道是他的才智不如奴婢和鸡狗吗?其所以这样,是因为他丢失了作为一家之主的治家之法。所以古人说:'坐而论道的,称之为王公;劳作执行的,称之为士大夫。'所以丙吉不问横在路上的死人却担忧牛喘粗气,陈平不肯了解钱谷之数,而说'自会有主管的',他们都确实做到了按照其职位的体制办事。如今您来治国,竟亲自校对簿书,终日流汗,不也太劳碌了吗?"诸葛亮向他道歉。

起初,益州郡旧帅雍闿杀死太守正昂,通过士燮请求归附吴国,又抓了太守成都人张裔交给吴国,吴国任命雍闿为永昌太守。永昌的功曹吕凯、府丞王伉率官吏士卒关闭边境拒守,雍闿不能进入永昌,就派郡人孟获引诱煽动各地夷人反对蜀汉,诸夷都听从孟获。牂柯太守朱褒、越巂夷王高定也都反叛响应雍闿。诸葛亮因蜀汉新遭大丧,对反叛诸臣皆安抚不予讨伐,致力于农业生产,闭塞关隘休养民力,准备等民安食足,然后用兵。

六年(225)春季二月,汉诸葛亮率众讨伐雍闿等,参军马谡送出数十里。诸葛亮说:"虽然我们一起谋划讨伐已有几年,现在你仍可惠赐良策。"马谡说:"南中依仗其险阻遥远,不臣服朝廷已有很久了,即使今日击破他们,明日还要谋反。现在您正要倾国北伐对付曹魏强敌,他们知道国中空虚,更会加速反叛。如果将其全歼以除后患,既非仁者之情,又不是仓促之间所能办到的。用兵之道,攻心为上策,攻城为下策;以心战为上策,兵战为下策。希望您能使之心服即可。"诸葛亮采纳其言。马谡是马良的弟弟。

秋季七月,汉诸葛亮到达南中,所战皆捷。诸葛亮攻入越巂,斩杀雍闿和高定。派庲降都督益州人李恢攻入益州,门下都督巴西人马忠攻入牂柯,击破诸县,再与诸葛亮会合。孟获收拾雍闿的馀众抗拒诸葛亮。孟获素来为夷人、汉人所推服,诸葛亮募人活捉他,擒到后,让他观阅汉军营阵,问道:"此军怎么样?"孟获说:"过去我不知虚实,所以失败。今日蒙你赐观营阵,

若只如此，即定易胜耳。"亮笑，纵使更战。七纵七禽而亮犹遣获。获止不去，曰："公，天威也，南人不复反矣！"亮遂至滇池。益州、永昌、牂柯、越巂四郡皆平，亮即其渠率而用之，悉收其俊杰孟获等以为官属，出其金、银、丹、漆、耕牛、战马以给军国之用。自是终亮之世，夷不复反。

七年春正月，汉丞相亮欲出军汉中，前将军李严当知后事，移屯江州，留护军陈到驻永安而统属于严。

明帝太和元年春三月，蜀丞相亮率诸军北驻汉中，使长史张裔、参军蒋琬统留府事。临发，上疏曰："先帝创业未半而中道崩殂，今天下三分，益州疲弊，此诚危急存亡之秋也。然侍卫之臣不懈于内，忠志之士忘身于外者，盖追先帝之殊遇，欲报之于陛下也。诚宜开张圣听，以光先帝遗德，恢弘志士之气；不宜妄自菲薄，引喻失义，以塞忠谏之路也。宫中、府中，俱为一体，陟罚臧否，不宜异同。若有作奸犯科及为忠善者，宜付有司论其刑赏，以昭陛下平明之理，不宜偏私，使内外异法也。侍中、侍郎郭攸之、费祎、董允等，此皆良实，志虑忠纯，是以先帝简拔以遗陛下。愚以为宫中之事，事无大小，悉以咨之，然后施行，必能裨补阙漏，有所广益。将军向宠，性行淑均，晓畅军事，试用于昔日，先帝称之曰能，是以众议举宠为督。愚以为营中之事，悉以咨之，必能使行陈和睦，优劣得所。亲贤臣，远小人，此先汉所以兴隆也；亲小人，远贤臣，此后汉所以倾颓也。先帝在时，每与臣论此事，未尝不叹息痛恨于桓、灵也。侍中、尚书、长史、参军，此悉端良、死节之臣，愿陛下亲之，

如果军队只是这样，那么我定会容易取胜。"诸葛亮笑了，将他放走再交战。放走七次，擒获七次，但诸葛亮仍想放走他。孟获留住不走，说："您是天威，南人不再反叛了！"诸葛亮遂到滇池。益州、永昌、牂柯、越巂四郡全部平定，诸葛亮任用当地原有的首领，委任孟获等俊杰之士为蜀汉命官，征调其金银、丹漆、耕牛、战马供给军国之用。从此，直到诸葛亮死，夷人不再反叛。

七年（226）春季正月，蜀汉丞相诸葛亮打算出兵汉中，前将军李严负责后方事宜，移驻江州，留护军陈到驻扎在永安，隶属于李严。

魏明帝太和元年（227）春季三月，蜀汉丞相诸葛亮率领诸军进驻汉中，派长史张裔、参军蒋琬统率留守丞相府之事。临近出发，诸葛亮上疏说："先帝创业不到一半就中途崩逝，如今天下三分，益州疲劳凋敝，这确实是危急存亡的紧要关头。但是侍卫之臣之所以在朝内不敢懈怠，忠志之士之所以在疆场奋身忘死，大概因为追念先帝的厚待，想要报答于陛下。陛下实在应该广开言路听取群臣的意见，光大先帝的品德，弘扬志士的气节；不应该妄自菲薄，言谈丧失大义，而堵塞忠臣的进谏之路。在皇宫和丞相府任职的官员，同是朝廷的臣子，赏善罚恶，不应该厚此薄彼。如果有营私违法以及尽忠行善的，应交付有关部门论定对他们的赏罚，以昭示陛下的公平英明，不应该偏执有私心，内外有别，用法不一。侍中、侍郎郭攸之、费祎、董允等人都是贤良诚实之臣，志向忠贞，虑事精纯，所以先帝选拔出来留给陛下。臣以为宫中之事无论大小，全要询问他们，然后施行，这样必能裨补欠缺，有所增益。将军向宠性格和善，做事公平，通晓军事，昔日经过试用，先帝称赞他有才能，所以众人推举他为都督。臣以为军中之事全同他商量，必能使将士和睦，处置优劣各得其所。亲近贤臣，摒斥小人，这是前汉兴旺隆盛的原因；亲近小人，摒斥贤臣，这是后汉倾覆颓废的缘由。先帝在世时，每当与臣谈到此事，未曾不对桓帝、灵帝叹息痛恨。侍中、尚书、长史、参军，这全都是端正贤良能为志节而死的大臣，希望陛下亲近他们，

信之,则汉室之隆,可计日而待也。臣本布衣,躬耕南阳,苟全性命于乱世,不求闻达于诸侯。先帝不以臣卑鄙,猥自枉屈,三顾臣于草庐之中,谘臣以当世之事,由是感激,遂许先帝以驱驰。后值倾覆,受任于败军之际,奉命于危难之间,尔来二十有一年矣。先帝知臣谨慎,故临崩寄臣以大事也。受命以来,夙夜忧叹,恐托付不效,以伤先帝之明。故五月渡泸,深入不毛。今南方已定,甲兵已足,当奖率三军,北定中原,庶竭驽钝,攘除奸凶,兴复汉室,还于旧都,此臣所以报先帝,而忠陛下之职分也。至于斟酌损益,进尽忠言,则攸之、祎、允之任也。愿陛下托臣以讨贼兴复之效,不效,则治臣之罪以告先帝之灵;责攸之、祎、允等之慢以彰其咎。陛下亦宜自谋,以谘诹善道,察纳雅言,深追先帝遗诏。臣不胜受恩感激。今当远离,临表涕零,不知所言。"遂行,屯于沔北阳平石马。

亮辟广汉太守姚伷为掾,伷并进文武之士,亮称之曰:"忠益者莫大于进人,进人者各务其所尚。今姚掾并存刚柔以广文武之用,可谓博雅矣。愿诸掾各希此事以属其望。"

帝闻诸葛亮在汉中,欲大发兵就攻之,以问散骑常侍孙资,资曰:"昔武皇帝征南郑,取张鲁,阳平之役,危而后济,又自往拔出夏侯渊军,数言'南郑直为天狱,中斜谷道为五百里石穴耳',言其深险,喜出渊军之辞也。又,武皇帝圣于用兵,察蜀贼栖于山岩,视吴虏窜于江湖,皆挠而避之,不责将士之力,不争一朝之忿,诚所谓见胜而战,知难而退也。

信任他们,那么汉朝王室的兴隆就计日可待。臣本是一介布衣平民,亲自耕种于南阳,苟且在乱世保全性命,不求在诸侯中闻名发迹。先帝不认为臣卑微鄙陋,降低身份枉驾屈就,三顾茅庐探望臣,向臣询问当今之事,因此臣深怀感激,遂答应为先帝奔走效劳。后来先帝被曹操击败于当阳长坂,臣受任于败军之际,奉命于危难之时,至今已有二十一年了。先帝知道臣处事谨慎,所以病危之时把大事托付给臣。自受命以来,臣昼夜忧叹,唯恐完不成托付重任,有损先帝英明。所以五月渡过泸水,深入不毛之地。如今南方已经平定,兵卒甲仗已经富足,应当勉励三军,率领他们北定中原,竭尽臣的短浅之才钝弱之力,除灭奸凶,兴复汉室,回到故都,这是臣报答先帝效忠陛下的本分。至于衡量得失,进呈忠言,则是郭攸之、费祎、董允他们的责任。希望陛下授予臣讨伐奸贼兴复汉室的任务,不成功就将臣治罪,以告慰先帝之灵;谴责郭攸之、费祎、董允等人的怠慢,以彰示他们的过失。陛下也应好自为之,择取善道,察纳忠言,深深地追忆先帝遗诏。臣不胜感恩激动。将要远去之时,面对表文,涕泪涟涟,不知所云。"于是出发,驻扎在沔水以北的阳平石马。

诸葛亮任命广汉太守姚伷为丞掾,姚伷接连荐举文武之士,诸葛亮称赞他说:"尽忠报效最重要的是推荐人才,荐人的官员应当各自致力于发现他所推尚的人才。如今姚丞掾刚柔并存文武皆荐,称得上是见识渊博纯正。希望诸位丞掾都能效慕此事以副厚望。"

魏明帝闻知诸葛亮在汉中,想要大举发兵前去攻打他,就此事询问散骑常侍孙资,孙资说:"过去武皇帝曹操征伐南郑,讨取张鲁,在阳平之战中,先陷危急而后获成功,又亲自前往救出夏侯渊之军,几次说'南郑真是天狱,中间的斜谷道是五百里石穴',说的是此地深远艰险,因救出夏侯渊而高兴的话。而且武皇帝用兵圣明,把蜀地看成栖息于山岩之上的贼盗,把吴地视作远窜于江湖之中的逃虏,都委屈自己回避他们,不责成将士奋力抗击,不争执一朝之愤怒,真是所谓的见胜而战,知难而退。

今若进军就南郑讨亮,道既险阻,计用精兵及转运、镇守南方四州,遏御水贼,凡用十五六万人,必当复更有所发兴,天下骚动,费力广大,此诚陛下所宜深虑。夫守战之力,力役参倍,但以今日见兵分命大将据诸要险,威足以震慑强寇,镇静疆场,将士虎睡,百姓无事。数年之间,中国日盛,吴、蜀二虏必自罢敝。"帝乃止。

六月,以司马懿都督荆、豫州诸军事,率所领镇宛。

初,孟达既为文帝所宠,又与桓阶、夏侯尚亲善。及文帝殂,阶、尚皆卒,达心不自安。诸葛亮闻而诱之,达数与通书,阴许归蜀。达与魏兴太守申仪有隙,仪密表告之。达闻之,惶惧,欲举兵叛。司马懿以书慰解之,达犹豫未决,懿乃潜军进讨。诸将言:"达与吴、汉交通,宜观望而后动。"懿曰:"达无信义,此其相疑之时也,当及其未定促决之。"乃倍道兼行,八日到其城下。吴、汉各遣偏将向西城安桥、木阑塞以救达,懿分诸将以距之。初,达与亮书曰:"宛去洛八百里,去吾一千二百里。闻吾举事,当表上天子,比相反覆,一月间也,则吾城已固,诸军足办。吾所在深险,司马公必不自来;诸将来,吾无患矣。"及兵到,达又告亮曰:"吾举事八日而兵至城下,何其神速也!"

二年春正月,司马懿攻新城,旬有六日,拔之,斩孟达。申仪久在魏兴,擅承制刻印,多所假授,懿召而执之,归于洛阳。

诸葛亮将入寇,与群下谋之。丞相司马魏延曰:"闻夏侯楙,主婿也,怯而无谋。今假延精兵五千,负粮五千,直从褒中出,循秦岭而东,当子午而北,不过十日,可到长安。

现在如果进军到南郑讨伐诸葛亮,道路已是险阻,计算一下需要动用的精兵及运输粮草、镇守南方防御水路敌人的军队,共须十五六万人,必定要再次动员全国,使天下骚扰,费力浩繁,这确实应是陛下仔细考虑的。守御和出外作所花费的力量相差成倍,如今只需用现有的兵力,分命大将据守各处险要,使威势足以震慑强敌,疆场镇静,将士以逸待劳,百姓安居无事。数年之后,中原日益强盛,吴、蜀二敌必自行疲敝。"魏明帝打消出兵念头。

六月,任命司马懿都督荆、豫州诸军事,率领所部镇守宛城。

起初,孟达既得宠于魏文帝,又与桓阶、夏侯尚亲善。等到文帝去世,桓阶、夏侯尚都死去,孟达心中不安。诸葛亮听说后招诱他,孟达便几次与诸葛亮通信,私下答应归降蜀汉。孟达与魏兴太守申仪有矛盾,申仪秘密上表告发他。孟达闻知,惶恐害怕,想举兵反叛。司马懿写信安慰孟达,孟达犹豫不决,司马懿暗中准备进兵讨伐。将领们说:"孟达与吴、汉结交,我们应观望形势而后行动。"司马懿说:"孟达没有信义,这是他自相疑豫之时,应当乘其未做决定迅速解决他。"于是倍道兼程,八天到达城下。吴、汉各派出偏将向西城安桥、木阑塞移动救援孟达,司马懿分派诸将抵御。当初,孟达给诸葛亮的信说:"宛城离洛阳八百里,距我一千二百里。闻知我举兵,他们要上表报告天子,来回也需一月时间,这时我的城池已完固,各军已招足。我所在之处深远险阻,司马懿肯定不会亲自来;其他将领来,我就没有什么担心的了。"等到司马懿兵临城下,孟达又写信告诉诸葛亮:"我举兵只有八天,敌军就到达城下,怎么如此神速!"

二年(228)春季正月,司马懿攻打新城,历时十六天,攻陷,斩杀孟达。申仪多年镇守魏兴,擅自以皇帝旨意刻制印章,假借名义封擅了不少官职,司马懿把申仪招来逮捕,返回洛阳。

诸葛亮将要攻入魏国,与众属将谋划作战策略。丞相司马魏延进言道:"听说夏侯楙是魏国主的女婿,胆小怯懦,头脑简单,毫无谋略。如今若能分给我精兵五千,背粮五千,直接从褒中出击,沿秦岭东进,到子午谷向北,不超过十天,可达长安。

綝闻延奄至，必弃城逃走，长安中惟御史、京兆太守耳。横门邸阁与散民之谷，足周食也。比东方相合聚，尚二十许日，而公从斜谷来，亦足以达。如此，则一举而咸阳以西可定矣。"亮以为此危计，不如安从坦道，可以平取陇右，十全必克而无虞，故不用延计。

亮扬声由斜谷道取郿，使镇东将军赵云、扬武将军邓芝为疑军，据箕谷。帝遣曹真都督关右诸军军郿。亮身率大军攻祁山，戎陈整齐，号令明肃。始，魏以汉昭烈既死，数岁寂然无闻，是以略无备豫，而卒闻亮出，朝野恐惧。于是天水、南安、安定皆叛应亮，关中响震，朝臣未知计所出。帝曰："亮阻山为固，今者自来，正合兵书致人之术，破亮必也。"乃勒兵马步骑五万，遣右将军张郃督之，西拒亮。丁未，帝行如长安。

初，越巂太守马谡，才器过人，好论军计，诸葛亮深加器异。汉昭烈临终，谓亮曰："马谡言过其实，不可大用，君其察之！"亮犹谓不然，以谡为参军，每引见谈论，自昼达夜。及出军祁山，亮不用旧将魏延、吴懿等为先锋，而以谡督诸军在前，与张郃战于街亭。

谡违亮节度，举措烦扰，舍水上山，不下据城。张郃绝其汲道，击，大破之，士卒离散。亮进无所据，乃拔西县千馀家还汉中。收谡下狱，杀之。亮自临祭，为之流涕，抚其遗孤，恩若平生。蒋琬谓亮曰："昔楚杀得臣，文公喜可知也。天下未定而戮智计之士，岂不惜乎！"亮流涕曰："孙武所以能制胜于天下者，用法明也。是以扬干乱法，魏绛戮其仆。

夏侯楙听说我突然出现,定会弃城逃走,长安城中就只剩下御史和京兆太守了。横门邸阁和散居百姓的粮谷,足以供我军食用。等到东方魏军集结起来,还需二十馀日,但丞相从斜谷赶来,也完全能够抵达。这样,咸阳以西可以一举平定。"诸葛亮认为这是冒险之策,不如安然取道坦途,可以平稳地攻取陇右,采取既能获胜又无危险的万全之策,所以不用魏延之计。

诸葛亮扬言从斜谷道出兵攻打郿城,派镇东将军赵云、扬武将军邓芝作为疑兵,占据箕谷。魏明帝遣曹真都督关右诸军,驻屯郿城。诸葛亮亲率大军进攻祁山,兵阵整齐,号令严明。开始时,魏国因蜀汉昭烈帝刘备死后,几年没有动静,所以疏略没有防备,突然听说诸葛亮出兵,朝野恐惧。于是天水、南安、安定等地都反叛响应诸葛亮,关中震动,朝中大臣不知如何是好。魏明帝说:"诸葛亮凭借山险阻隔固守,现在他自己送上门来,正合兵书上的致人之术,一定能击破诸葛亮。"遂集结兵马步骑五万人,遣右将军张郃督领,西去抵御诸葛亮。丁未(二月十七日),魏明帝到达长安。

当初,越巂太守马谡,才智过人,好谈论用兵之计,诸葛亮对他特别器重。刘备临终时对诸葛亮说:"马谡的言论超过他的实际才干,不可大用,希望明察!"诸葛亮还不以为然,任命马谡为参军,每次召他谈话,都从白天谈到夜里。等到出兵祁山,诸葛亮不用旧将魏延、吴懿等人作先锋,而派马谡督领诸军在前,与张郃交战于街亭。

马谡违背诸葛亮的部署,举措烦扰,舍弃水源驻扎山上,不下山占据城池。张郃断绝他的取水之道,发起攻击,大败马谡,士卒四散而逃。诸葛亮前进无所凭恃,于是迁走西县的千馀家百姓返回汉中。逮捕马谡下狱处死。诸葛亮亲临祭奠,哀悼流涕,抚恤马谡的遗孤,恩惠和马谡在世时一样。蒋琬对诸葛亮说:"过去楚国杀死得臣,晋文公之喜可想而知。如今天下未定而杀智谋之士,岂不可惜啊!"诸葛亮流着眼泪说:"孙武之所以能制胜于天下,是因为用法严明。所以扬干犯法,魏绛斩其奴仆。

四海分裂，兵交方始，若复废法，何用讨贼邪！"

谡之未败也，裨将军巴西王平连规谏谡，谡不能用。及败，众尽星散，惟平所领千人鸣鼓自守，张郃疑其有伏兵，不往逼也，于是平徐徐收合诸营遗迸，率将士而还。亮既诛马谡及将军李盛，夺将军黄袭等兵，平特见崇显，加拜参军，统五部兼当营事，进位讨寇将军，封亭侯。亮上疏请自贬三等，汉主以亮为右将军，行丞相事。

是时赵云、邓芝兵亦败于箕谷，云敛众固守，故不大伤，云亦坐贬为镇军将军。亮问邓芝曰："街亭军退，兵将不复相录；箕谷军退，兵将初不相失，何故？"芝曰："赵云身自断后，军资什物，略无所弃，兵将无缘相失。"云有军资余绢，亮使分赐将士，云曰："军事无利，何为有赐！其物请悉入赤岸库，须十月为冬赐。"亮大善之。

或劝亮更发兵者，亮曰："大军在祁山、箕谷，皆多于贼，而不破贼，乃为贼所破，此病不在兵少也，在一人耳。今欲减兵省将，明罚思过，校变通之道于将来，若不能然者，虽兵多何益！自今已后，诸有忠虑于国，但勤攻吾之阙，则事可定，贼可死，功可跷足而待矣。"于是考微劳，甄壮烈，引咎责躬，布所失于境内，厉兵讲武，以为后图，戎士简练，民忘其败矣。

亮之出祁山也，天水参军姜维诣亮降。亮美维胆智，辟为仓曹掾，使典军事。

曹真讨安定等三郡，皆平。真以诸葛亮惩于祁山，后必出从陈仓，乃使将军郝昭等守陈仓，治其城。

现在四海分裂,战争刚开始,若再弛废法令,靠什么讨贼呢!"

马谡没有失败时,禅将军巴西人王平几次劝谏马谡,马谡都置若罔闻。失败后,军众都星散而逃,只有王平统领的一千人仍旧击鼓坚守,张郃疑心有伏兵,不敢进逼,于是王平慢慢收集起各营的散兵游勇,率领他们归来。诸葛亮诛杀马谡和将军李盛之后,剥夺了黄袭等人的兵权,唯独王平特受奖擢,加拜参军,统领五部兼掌本营事宜,晋升讨寇将军,封为亭侯。诸葛亮上疏请求自贬三级,汉主刘禅命诸葛亮为右将军,代理丞相事。

这时,赵云、邓芝的军队也在箕谷战败,赵云集合军队固守,所以没有遭受大的损失,赵云也因战败贬为镇军将军。诸葛亮问邓芝:"街亭之军败退时,兵将失散集合不起来;箕谷之军败退,兵将基本没有丧失,什么原因?"邓芝说:"赵云亲自断后,军物辎重几乎没有丢失,兵将也就没有理由失散。"赵云的军资中有剩余绸绢,诸葛亮让他分赐给将士,赵云说:"军事失利,怎可有赏! 请求将此物全部收入赤岸库,等十月作为冬天赏赐。"诸葛亮大为赞赏。

有人劝诸葛亮增发兵卒,诸葛亮说:"大军在祁山、箕谷,都比敌人多,却不能破敌,反而被敌人所破,这说明问题不在兵少,而在于我本人治军无方。现在我想减兵省将,明赏罚,思过失,研究变通之道作长远打算,如果不能这样,即使兵多又有何用?自今以后,诸位有对国家尽忠竭虑的,只管劝谏我的过失,那么大事可定,敌寇可灭,成功就可以翘首而待了。"于是辨明大小功劳,表彰忠烈之举,引咎自责,把自己的过失在境内张贴公布,整兵习武,为以后打算,军队得以精减训练,百姓也忘记了这次失败。

诸葛亮出师祁山时,魏天水参军姜维前来投降。诸葛亮赞赏姜维的胆识智略,任命其为仓曹掾,让他典掌军事。

曹真征讨安定等三郡,将反叛全部平定。曹真认为诸葛亮接受祁山战败的教训,以后定会从陈仓进犯,便派将军郝昭等镇守陈仓,修治城垣。

　　冬十一月,汉诸葛亮闻曹休败,魏兵东下,关中虚弱,欲出兵击魏,群臣多以为疑。亮上言于汉主曰:"先帝深虑以汉、贼不两立,王业不偏安,故托臣以讨贼。以先帝之明,量臣之才,固当知臣伐贼,才弱敌强。然不伐贼,王业亦亡,惟坐而待亡,孰与伐之! 是故托臣而弗疑也。臣受命之日,寝不安席,食不甘味,思惟北征,宜先入南,故五月渡泸,深入不毛。臣非不自惜也,顾王业不可偏全于蜀都,故冒危难以奉先帝之遗意也,而议者谓为非计。今贼适疲于西,又务于东,兵法乘劳,此进趋之时也,谨陈其事如左。高帝明并日月,谋臣渊深,然涉险被创,危然后安;今陛下未及高帝,谋臣不如良、平,而欲以长计取胜,坐定天下,此臣之未解一也。刘繇、王朗各据州郡,论安言计,动引圣人,群疑满腹,众难塞胸,今岁不战,明年不征,使孙策坐大,遂并江东,此臣之未解二也。曹操智计殊绝于人,其用兵也,仿佛孙、吴,然困于南阳,险于乌巢,危于祁连,逼于黎阳,几败伯山,殆死潼关,然后伪定一时耳;况臣才弱,而欲以不危而定之,此臣之未解三也。曹操五攻昌霸不下,四越巢湖不成,任用李服而李服图之,委夏侯而夏侯败亡。先帝每称操为能,犹有此失;况臣驽下,何能必胜! 此臣之未解四也。自臣到汉中,中间期年耳,然丧赵云、阳群、马玉、阎芝、丁立、白寿、刘郃、邓铜等及曲长、屯将七十馀人,突将、无前、賨叟、青羌、散骑、武骑一千馀人,皆数十年之内,所纠合四方之精锐,非一州之所有;若复数年,则损三分之二,当何以图敌! 此臣之未解五也。今民穷兵疲,

冬季十一月，汉诸葛亮闻知曹休被吴国所败，魏军东下，关中空虚，欲出兵进攻魏国，群臣大多表示怀疑。诸葛亮上疏给汉主刘禅说："先帝考虑到汉朝王室和曹魏逆贼势不两立，帝王事业不能偏安一个角落，所以托付臣讨伐逆贼。以先帝之英明，衡量臣之才智，固然应当知道臣要伐贼，才力寡弱，而敌人强大。但若不伐贼，帝业也会丧失，思量坐等灭亡，何如主动伐贼？所以对臣委任不疑。臣受命之时，寝不安席，食不甘味，思虑若要北征，应先向南，所以五月渡过泸水，深入不毛之地。臣不是不珍惜自己，但帝业不能偏安蜀都，所以甘冒危难而继承先帝的遗志，但议论者认为这不是正确的计划。现在敌人恰好疲惫于西方，又致力于东部，兵法上说可以乘敌人疲劳之时出击，现在正是进取之时，谨陈述其事如下。汉高祖英明如日月，又有深谋远见的能臣，但仍不免历艰险、受创伤，最后才平定了天下；如今陛下比不上高祖，谋臣比不上张良、陈平，却想从长计议将来取胜，安坐而定天下，这是臣第一项不能理解的。刘繇、王朗各自据有州郡，论安邦谈计策，动不动引用圣人经典，满腹疑惑，难题成堆，却今年不战，明年不征，坐使孙策安然壮大，遂吞并江东，这是臣第二项不能理解的。曹操智谋超群，他用兵仿佛孙子、吴起，但仍战败于南阳，遇险于乌巢，危困于祁连，被逼于黎阳，几乎败于伯山，差点死于潼关，然后取得了暂时的稳定；况且臣才力寡弱，却想不涉危难而安定国家，这是臣第三项不能理解的。曹操五次攻不下昌霸，四次渡不过巢湖，任用李服而李服谋杀他，委任夏侯渊而夏侯渊败死。先帝多次称赞曹操的才能，曹操尚且有这些失误；况且臣愚钝低能，怎能保证百战百胜？这是臣第四项不能理解的。自从臣北驻汉中，至今只有一年，已丧失了赵云、阳群、马玉、阎芝、丁立、白寿、刘郃、邓铜等将领及曲长、屯将七十余人，丧失突将、无前、賨叟、青羌、散骑、武骑中的勇士一千余人，他们都是数十年之中，从四面八方集合起来的精锐，不是一州之地所有的；若再过数年，良将勇士会死亡三分之二，将靠什么图谋伐敌？这是臣第五项不能理解的。如今民穷兵疲，

而事不可息，事不可息，则住与行，劳费正等，而不及虚图之，欲以一州之地与贼支久，此臣之未解六也。夫难平者事也，昔先帝败军于楚，当此时，曹操拊手，谓天下已定。然后先帝东连吴、越，西取巴、蜀，举兵北征，夏侯授首，此操之失计而汉事将成也。然后吴更违盟，关羽毁败，秭归蹉跌，曹丕称帝。凡事如是，难可逆见。臣鞠躬尽力，死而后已，至于成败利钝，非臣之明所能逆睹也。"

十二月，亮引兵出散关，围陈仓，陈仓已有备，亮不能克。亮使郝昭乡人靳详于城外遥说昭，昭于楼上应之曰："魏家科法，卿所练也；我之为人，卿所知也。我受国恩多而门户重，卿无可言者，但有必死耳。卿还谢诸葛，便可攻也。"详以昭语告亮，亮又使详重说昭，言"人兵不敌，无为空自破灭"。昭谓详曰："前言已定矣，我识卿耳，箭不识也。"详乃去。亮自以有众数万，而昭兵才千馀人，又度东救未能便到，乃进兵攻昭，起云梯冲车以临城。昭于是以火箭逆射其梯，梯然，梯上人皆烧死。昭又以绳连石磨压其冲车，冲车折。亮乃更为井阑百尺以射城中，以土丸填堑，欲直攀城，昭又于内筑重墙。亮又为地突，欲踊出于城里，昭又于城内穿地横截之。昼夜相攻拒二十馀日。曹真遣将军费耀等救之。帝召张郃于方城，使击亮。帝自幸河南城，置酒送郃，问郃曰："迟将军到，亮得无已得陈仓乎！"郃知亮深入无谷，屈指计曰："比臣到，亮已走矣。"郃晨夜进道，未至，亮粮尽，引去。将军王双追之，亮击斩双。诏赐郝昭爵关内侯。

但战事不能停息，战事既然不能停息，那么坐等敌人来犯和主动出击敌人，二者所耗费的人力、物力是一样的，却不想乘敌空虚发动出击，想凭一州之地与敌人长期对峙，这是臣第六项不能理解的。时势难以预测，过去先帝被败于楚地当阳长坂，当时曹操高兴得拍手，以为天下已定。但是后来先帝东面联合吴、越，西面攻取巴、蜀，举兵北征，斩杀夏侯渊，这是曹操的失策，也说明汉室复兴事业将要成功。然而以后吴国又违背盟约，关羽败死，先帝在秭归失足，曹丕称帝。事势变幻，难以预料。臣鞠躬尽瘁，死而后已，至于成败顺利与否，不是臣的眼光能预见的。"

　　十二月，诸葛亮率兵出师大散关，包围陈仓，陈仓早有防备，诸葛亮攻不下来。诸葛亮派郝昭的同乡靳详在城外远远地游说郝昭，郝昭在城楼上答话说："魏国的法律，你是熟悉的；我的为人，你是知道的。我蒙受国家很多恩典，并且门第高名位重，你没有可说的，我只有必死而已。你回去谢过诸葛，可直接发起进攻了。"靳详把郝昭的话告诉给诸葛亮，诸葛亮又派靳详重新游说郝昭，说："双方的人马相差悬殊，不要徒然自取破灭。"郝昭对靳详说："刚才的话已说定了，我认识你，箭却不认识你。"靳详离去。诸葛亮自以为有兵数万，而郝昭之兵才千馀人，又估计魏国派来救援的军队不会马上赶到，便进攻郝昭，架起云梯、用冲车撞城。郝昭用火箭射击云梯，云梯燃烧，梯上汉兵全被烧死。郝昭又用绳索连结石磨压其冲车，冲车折坏。诸葛亮又架起百尺高的井阑俯射城中，用土块填平堑壕，想直接攀城，郝昭就在城内再筑一道城墙。诸葛亮又挖地道想一直通到城里，郝昭就在城内横着掘沟拦截。昼夜猛攻相持二十馀日。曹真遣将军费耀等前去援救。魏明帝从方城召来张郃，让他攻击诸葛亮。魏明帝亲自赶到河南城，置酒为张郃饯行，问张郃："将军晚到，诸葛亮恐怕已攻下陈仓了吧？"张郃知道诸葛亮这次出兵缺少粮食，屈指计算说："等臣到达，诸葛亮已逃跑了。"张郃昼夜兼程，还没赶到，诸葛亮果然因粮尽撤退。魏将军王双追击，被诸葛亮斩杀。魏明帝诏封郝昭为关内侯。

三年春,汉诸葛亮遣其将陈戒攻武都、阴平二郡,雍州刺史郭淮引兵救之。亮自出至建威,淮退,亮遂拔二郡以归。汉主复策拜亮为丞相。

十二月,汉丞相亮徙府营于南山下原上,筑汉城于沔阳,筑乐城于成固。

四年秋七月,大司马曹真以"汉人数入寇,请由斜谷伐之,诸将数道并进,可以大克"。帝从之,诏大将军司马懿溯汉水由西城入,与真会汉中,诸将或由子午谷、或由武威入。司空陈群谏曰:"太祖昔到阳平攻张鲁,多收豆麦以益军粮,鲁未下而食犹乏。今既无所因,且斜谷阻险,难以进退,转运必见钞截,多留兵守要,则损战士,不可不熟虑也!"帝从群议。真复表从子午道,群又陈其不便,并言军事用度之计。诏以群议下真,真据之遂行。

八月,汉丞相亮闻魏兵至,次于成固赤坂以待之。召李严使将二万人赴汉中,表严子丰为江州都督,督军典严后事。会天大雨三十馀日,栈道断绝,太尉华歆上疏曰:"陛下以圣德当成、康之隆,愿先留心于治道,以征伐为后事。为国者以民为基,民以衣食为本。使中国无饥寒之患,百姓无离上之心,则二贼之衅可坐而待也。"帝报曰:"贼凭恃山川,二祖劳于前世,犹不克平,朕岂敢自多,谓必灭之哉!诸将以为不一探取,无由自敝,是以观兵以窥其衅。若天时未至,周武还师,乃前事之鉴,朕敬不忘所戒。"

少府杨阜上疏曰:"昔武王白鱼入舟,君臣变色。动得吉瑞,犹尚忧惧,况有灾异而不战竦者哉!今吴、蜀未平,

三年(229)春季,诸葛亮遣其将陈戒进攻武都、阴平二郡,魏雍州刺史郭淮率兵赴救。诸葛亮亲自带兵到建成,郭淮退走,诸葛亮遂攻陷二郡返回。汉主刘禅再次拜诸葛亮为丞相。

十二月,诸葛亮将丞相府移驻于南山之下的平原上,在沔阳修筑汉城,在成固修筑乐城。

四年(230)秋季七月,大司马曹真认为"汉人屡次入寇,请求从斜谷出兵讨伐,诸将数道并进,可以大胜"。魏明帝同意,诏令大将军司马懿沿汉水溯流而上从西城出击,与曹真在汉中会合,其他将领有的从子午谷,有的从武威出击。司空陈群进谏说:"太祖曹操当年到阳平攻打张鲁,沿途收了很多麦豆增加军粮,但张鲁没攻下粮食仍然缺乏。如今沿途无所凭借,并且斜谷艰险阻隔,进退皆难,转运粮草必遭敌人抄截,多留士兵驻守要害又会损减战斗力,不可不慎重考虑!"魏明帝听从陈群的意见。曹真又上表请求从子午谷出兵,陈群也谈了很多不便,并提出了一些解决军事费用的计策。魏明帝把陈群的意见下达给曹真,曹真根据它出兵。

八月,诸葛亮听说魏军来到,驻扎在成固赤坂严阵以待。召来李严派他率兵二万赶赴汉中,奏请李严之子李丰担任江州都督,率军掌管李严的后方事宜。适逢天降大雨三十馀日,栈道断绝,魏太尉华歆上疏说:"陛下以圣明之德当成、康中兴之世,希望首先留心于求治之道,把征伐作为后来之事。治国以民众为基础,民众以衣食为根本。假使中原无饥寒之患,百姓无叛上之心,那么吴、蜀二贼的可乘之机就能安然坐待。"魏明帝答复说:"贼寇凭恃山川之险,武帝、文帝操劳终生,尚且没有平灭,我岂敢自夸,以为定能消灭它呢!将领们认为若不一一探取,不可能使它自行破敝,所以出兵以窥伺它的可乘之隙。如果天时未至,周武王在孟津还师的举动,就是先前的鉴戒,我会敬怀不忘的。"

魏少府杨阜上疏说:"当年周武王渡河灭纣,有白鱼跃入舟中,君臣脸色大变。采取正义的行动并有吉祥的瑞兆,尚且会忧惧不安,何况有灾害异常而不战栗惧怕的人!如今吴、蜀未平,

而天屡降变,诸军始进,便有天雨之患,稽阂山险,已积日矣。转运之劳,担负之苦,所费已多,若有不继,必违本图。《传》曰:'见可而进,知难而退,军之善政也。'徒使六军困于山谷之间,进无所略,退又不得,非王兵之道也。"

散骑常侍王肃上疏曰:"前志有之:'千里馈粮,士有饥色;樵苏后爨,师不宿饱。'此谓平涂之行军者也。又况于深入阻险,凿路而前,则其为劳必相百也。今又加之以霖雨,山坂峻滑,众迫而不展,粮远而难继,实行军者之大忌也。闻曹真发已逾月而行裁半谷,治道功夫,战士悉作,是贼偏得以逸待劳,乃兵家之所惮也。言之前代,则武王伐纣,出关而复还;论之近事,则武、文征权,临江而不济。岂非所谓顺天知时,通于权变者哉!兆民知上圣以水雨艰剧之故,休而息之,后日有衅,乘而用之,则所谓悦以犯难,民忘其死者矣。"肃,朗之子也。九月,诏曹真等班师。

冬十二月,丞相亮以蒋琬为长史。亮数外出,琬常足食兵,以相供给。亮每言:"公琰托志忠雅,当与吾共赞王业者也。"

五年春二月,汉丞相亮命李严以中都护署府事。严更名平。亮率诸军入寇,围祁山,以木牛运。于是大司马曹真有疾,帝命司马懿西屯长安,督将军张郃、费曜、戴陵、郭淮等以御之。

三月,邵陵元侯曹真卒。

司马懿使费曜、戴陵留精兵四千守上邽,馀众悉出,

并且上天屡降灾变,各军刚开始出发时,就有大雨的灾患,军队阻滞于山险,已经有一些时日了。转运粮草的辛劳,担负辎重之苦,已经耗费不少,如果接济不上,必定违背原定目标。《左传》说:'发现可行而前进,知道困难而退却,这是治军的良策。'徒然使六军困顿于山谷之间,进无所获,退又不能,这不是王者用兵之道。"

散骑常侍王肃上疏说:"古书上有句话:'千里送粮,士兵就会有饥饿之色;打来柴草然后做饭,军队就会吃不饱晚饭。'这说的是在平原行军。况且深入险阻,凿路前进,则其劳苦程度必定百倍于平原。现在又加上霖雨不止,山坡陡滑,众多士兵拘束在一起得不到施展,粮道遥远而难以接济,这实在是行军之大忌。听说曹真出发已经一个多月却仅仅走了子午谷山路的一半,战士们要全部投入开路的劳作,这是让敌人独得以逸待劳的优势,也是兵家所惧怕的。拿前代之事来说,则是武王伐纣,出关就返回;就近来之事而言,则是武帝、文帝征讨孙权,到江边而不渡。难道这不都是所谓的顺应天意懂得时势,精通随机应变的例子吗?如果万民知道皇上圣明,因为雨水成患行进艰难的缘故让他们得以休息,将来若有争端,乘机利用他们,他们就会乐于效命,正是所谓的在困难的时候满足百姓的愿望让他们高兴,则需要的时候他们就会奋身忘死的道理。"王肃是王朗之子。九月,魏明帝诏令曹真等人班师。

冬季十二月,汉丞相诸葛亮任命蒋琬为长史。诸葛亮几次在外出征,蒋琬常常备足军粮,保证供应。诸葛亮经常说:"蒋琬忠贞高尚,是能与我共辅王业的人。"

五年(231)春季二月,汉丞相诸葛亮命李严为中都护代理丞相府事宜。李严改名李平。诸葛亮率诸军进犯,围攻祁山,用木牛运粮。这时魏大司马曹真有病,魏明帝命司马懿西去屯驻长安,督领将军张郃、费曜、戴陵、郭淮等人抵御诸葛亮。

三月,邵陵元侯曹真死。

司马懿派费曜、戴陵留精兵四千镇守上邽,其余倾巢而出,

西救祁山。张郃欲分兵驻雍、郿，懿曰："料前军能独当之者，将军言是也。若不能当而分为前后，此楚之三军所以为黥布禽也。"遂进。亮分兵留攻祁山，自逆懿于上邽。郭淮、费曜等徼亮，亮破之，因大芟刈其麦，与懿遇于上邽之东。懿敛军依险，兵不得交，亮引还。

懿等寻亮后至于卤城。张郃曰："彼远来逆我，请战不得，谓我利在不战，欲以长计制之也。且祁山知大军已在近，人情自固，可止屯于此，分为奇兵，示出其后，不宜进前而不敢逼，坐失民望也。今亮孤军食少，亦行去矣。"懿不从，故寻亮。既至，又登山掘营，不肯战。贾栩、魏平数请战，因曰："公畏蜀如虎，奈天下笑何！"懿病之。诸将咸请战。夏五月辛巳，懿乃使张郃攻无当监何平于南围，自按中道向亮。亮使魏延、高翔、吴班逆战，魏兵大败，汉人获甲首三千人，懿还保营。

六月，亮以粮尽退军，司马懿遣张郃追之。郃进至木门，与亮战，蜀人乘高布伏，弓弩乱发，飞矢中郃右膝而卒。

丞相亮之攻祁山也，李平留后，主督运事。会天霖雨，平恐运粮不继，遣参军狐忠、督军成藩喻指，呼亮来还，亮承以退军。平闻军退，乃更阳惊，说："军粮饶足，何以便归！"又欲杀督运岑述以解己不办之责，又表汉主，说："军伪退，欲以诱贼与战。"亮具出其前后手笔书疏，本末违错。平辞穷情竭，首谢罪负。于是亮表平前后过恶，免官，削爵土，

西救祁山。张郃想分兵驻守雍州、郿城，司马懿说："料想前军能单独抵抗敌人，这是将军说的。如果不能抵抗，却把军队分为前后两部分，这是楚的三军之所以被黥布擒灭的原因。"于是进兵。诸葛亮分兵留攻祁山，自己迎击司马懿于上邽。郭淮、费曜等拦截诸葛亮，被诸葛亮击败，诸葛亮便大规模收割当地小麦，和司马懿相遇于上邽城东。司马懿集中军队依险固守，汉兵得不到交锋，诸葛亮撤退。

司马懿尾随追寻诸葛亮的踪迹后来到了卤城。张郃说："他远道而来攻击我们，求战不得，以为我们是以不交战为利，想做长久打算制服他。并且祁山知道我大军已在附近，人心自然坚定，我们可以屯驻在这里，分出奇兵，表示要绕到敌人背后，不应既前进却又不敢逼近，徒然丧失百姓的期望。如今诸葛亮军力孤单粮食缺乏，也快要撤走了。"司马懿不听从，故意寻找诸葛亮。到达卤城后，又登山挖掘营垒，不肯交战。贾栩、魏平几次向司马懿请战，并说："您怕蜀人就像害怕老虎，岂不被天下讥笑！"司马懿很担忧。诸将都来请战。夏季五月辛巳（初十），司马懿只得派张郃在南围攻打蜀无当监何平，自己从中道杀向诸葛亮。诸葛亮派魏延、高翔、吴班迎战，魏兵大败，汉军斩获甲首三千人，司马懿还保营垒。

六月，诸葛亮因粮尽退兵，司马懿遣张郃追击。张郃进至木门，与诸葛亮交战，汉军登上高坡设好埋伏，弓箭乱射，张郃被飞矢射中右膝而死。

丞相诸葛亮围攻祁山时，李平留守后方，负责运输粮草。恰好遇上大雨，李平怕运粮跟不上，遣参军狐忠、督军成藩说明情况，呼吁诸葛亮还师，诸葛亮因此退军。李平听说大军归来，却又假装惊讶，说："军粮丰饶富足，为什么就回来了！"又想杀害督运官岑述，解脱自己运粮不力的罪责，还上表汉主刘禅，说："军队伪装撤退，是想引诱敌人交战。"诸葛亮拿出他前后写的亲笔信和奏疏，说的话都自相矛盾。李平理屈词穷，自首谢罪。于是诸葛亮上表历数李平的前后罪恶，免去他的官职，削夺爵位封邑，

徙梓潼郡。复以平子丰为中郎将、参军事。

青龙元年，诸葛亮劝农讲武，作木牛、流马，运米集斜谷口，治斜谷邸阁，息民休士，三年而后用之。

二年春二月，亮悉大众十万由斜谷入寇，遣使约吴同时大举。夏四月，诸葛亮至郿，军于渭水之南。司马懿引军渡渭，背水为垒以拒之。谓诸将曰："亮若出武功，依山而东，诚为可忧；若西上五丈原，诸将无事矣。"亮果屯五丈原。

雍州刺史郭淮言于懿曰："亮必争北原，宜先据之。"议者多谓不然，淮曰："若亮跨渭登原，连兵北山，隔绝陇道，摇荡民夷，此非国之利也。"懿乃使淮屯北原，堑垒未成，汉兵大至，淮逆击却之。

亮以前者数出，皆以运粮不继，使己志不伸，乃分兵屯田为久驻之基，耕者杂于渭滨居民之间，而百姓安堵，军无私焉。

六月，帝使征蜀护军秦朗督步骑二万助司马懿御诸葛亮，敕懿："但坚壁拒守以挫其锋，彼进不得志，退无与战，久停则粮尽，虏略无所获，则必走，走而追之。全胜之道也。"

秋八月，司马懿与诸葛亮相守百馀日，亮数挑战，懿不出，亮乃遗懿巾帼妇人之服。懿怒，上表请战，帝使卫尉辛毗杖节为军师以制之。护军姜维谓亮曰："辛佐治杖节而到，贼不复出矣。"亮曰："彼本无战情，所以固请战者，以示武于其众耳。将在军，君命有所不受，苟能制吾，岂千里而请战邪！"

移居梓潼郡。又任命李平之子李丰任中郎将、参军事。

魏明帝青龙元年(233)，诸葛亮劝课农桑，练兵习武，制造木牛、流马，运米囤积于斜谷口，修整斜谷行栈，息养民力、休整士卒，准备三年后大举用兵。

二年(234)春季二月，诸葛亮出动十万大军从斜谷进兵，派遣使者约吴国同时举兵。夏季四月，诸葛亮到达郿城，驻扎在渭河南岸。司马懿率领军队渡过渭河，背水修筑营垒抵御汉军。司马懿对诸位将领说："诸葛亮如果出兵武功，沿山脉向东，确实令人担忧；如果西向五丈原，诸位就没有事了。"诸葛亮果然驻扎在了五丈原。

雍州刺史郭淮对司马懿说："诸葛亮肯定会争占北原，我们应该先去占据。"议论者大多不以为然，郭淮说："如果诸葛亮跨过渭水登上高原，与北山连兵，隔绝关陇通道，动摇民众，这对国家不利。"司马懿就派郭淮屯于北原，堑壕还没挖成，大批汉军杀到，郭淮迎击，将他们打退。

诸葛亮认为前几次出师，都因运粮不继，使自己的志向不能成功，便分兵屯田为长期驻扎打下基础，耕种的士兵混杂在渭河沿岸的居民中间，但百姓安宁，屯田军队没有谋私利的。

六月，魏明帝派征蜀护军秦朗统领步骑兵二万协助司马懿抵御诸葛亮，敕令司马懿："只需坚壁清野拒守以挫败其兵锋，让他进无所得，退不与交战，时间一久敌人就会粮尽，掳掠又没有收获，就必会退走，等他撤退再发起追击。这是全胜之道。"

秋季八月，司马懿与诸葛亮对垒相持已有百馀天，诸葛亮几次挑战，司马懿都坚守不出，诸葛亮就送给司马懿一些妇女的衣服。司马懿愤怒，上表请战，魏明帝派卫尉辛毗持表示皇权的符节担任军师制止司马懿出兵。护军姜维对诸葛亮说："辛毗持符节来到，敌人不会出战了。"诸葛亮说："他本来就没有打算出战，其所以坚决请战，是想向他的士卒显示勇气罢了。将帅在军队中，可以不接受国君之命，如果他能制服我们，何必千里迢迢到朝中请战！"

亮遣使者至懿军，懿问其寝食及事之烦简，不问戎事。使者对曰："诸葛公夙兴夜寐，罚二十已上，皆亲览焉。所啖食不至数升。"懿告人曰："诸葛孔明食少事烦，其能久乎！"

亮病笃，汉主使尚书仆射李福省侍，因谘以国家大计。福至，与亮语已，别去，数日复还。亮曰："孤知君还意，近日言语虽弥日，有所不尽，更来亦决耳。公所问者，公琰其宜也。"福谢："前实失不谘请，如公百年后，谁可任大事者，故辄还耳。乞复请蒋琬之后，谁可任者？"亮曰："文伟可以继之。"又问其次，亮不答。

是月，亮卒于军中。长史杨仪整军而出，百姓奔告司马懿，懿追之。姜维令仪反旗鸣鼓，若将向懿者，懿敛军退，不敢逼。于是仪结陈而去，入谷然后发丧。百姓为之谚曰："死诸葛走生仲达。"懿闻之，笑曰："吾能料生，不能料死故也。"懿按行亮之营垒处所，叹曰："天下奇才也！"追至赤岸，不及而还。

初，汉前军师魏延，勇猛过人，善养士卒。每随亮出，辄欲请兵万人，与亮异道会于潼关，如韩信故事，亮制而不许。延常谓亮为怯，叹恨己才用之不尽。杨仪为人干敏，亮每出军，仪常规画分部，筹度粮谷，不稽思虑，斯须便了，军戎节度，取办于仪。延性矜高，当时皆避下之，唯仪不假借延，延以为至忿，有如水火。亮深惜二人之才，不忍有所偏废也。

诸葛亮派使者到司马懿军中，司马懿询问诸葛亮的吃饭睡觉情况以及公务是否繁忙，却不问及军事。使者回答说："诸葛丞相早起晚眠，处罚二十板以上的事情他都亲自过问。每天所吃的饭，不到几升。"司马懿对人说："诸葛孔明饭量少事务忙，他能长命吗！"

　　诸葛亮病重，汉主刘禅派尚书仆射李福前来探视，并询问国家大计。李福来到，与诸葛亮谈完，辞别而去，不几天又返了回来。诸葛亮说："我知道你回来的用意，前不久我们虽然谈了一整天，但仍有未尽之处，再来也只是诀别而已。你所要问的事情，蒋琬是比较合适的。"李福道歉说："先前确实没有询问清楚，假若您逝世之后，谁可担当大任，所以就返了回来。还要请示一下蒋琬之后，谁可继任？"诸葛亮说："费祎可以。"李福又问其后是谁，诸葛亮没有回答。

　　这个月，诸葛亮死于军中。长史杨仪整军出营撤退，百姓奔走告诉司马懿，司马懿立刻追击。姜维命令杨仪调转旗帜擂鼓呐喊，摆出要杀向司马懿的架势，司马懿又收军而退，不敢进逼。于是杨仪收阵而去，进入山谷后才为诸葛亮发丧。当地百姓编了谚语说："死诸葛吓跑活仲达。"司马懿听说后，笑着说："这是因为我能料知活的，但不能料知死的。"司马懿一一巡视了诸葛亮留下的营垒处所，感叹说："真是天下奇才啊！"追到赤岸，没有赶上因而返回。

　　起初，蜀汉前军师魏延勇猛过人，善于抚恤士卒。每次跟随诸葛亮出师，就想请兵万人，与诸葛亮分道进发会合于潼关，像韩信的做法，诸葛亮每次都制止不允许他这样做。魏延便常常觉得诸葛亮怯懦，叹息遗憾自己的才干使用不尽。杨仪为人干练机敏，诸葛亮每次出军，杨仪常负责一部分事务，筹集粮谷，不须费心竭虑，很快就能办好，军队的开支用度都由杨仪供应。魏延生性骄矜自大，当时诸位将领都敬而远之，唯独杨仪不买他的账，魏延大为愤恨，两人势同水火。诸葛亮很爱惜两人的才干，不忍心有所偏废。

费祎使吴，吴主醉，问祎曰："杨仪、魏延，牧竖小人也，虽尝有鸣吠之益于时务，然既已任之，势不得轻，若一朝无诸葛亮，必为祸乱矣。诸君愦愦，不知防虑于此，岂所谓贻厥孙谋乎！"祎对曰："仪、延之不协，起于私忿耳，而无黥、韩难御之心也。今方扫除强贼，混一函夏，功以才成，业由才广，若舍此不任，防其后患，是犹备有风波而逆废舟楫，非长计也。"

亮病困，与仪及司马费祎、姜维等作身殁之后退军节度，令延断后，姜维次之；若延或不从命，军便自发。亮卒，仪秘不发丧，令祎往揣延意指。延曰："丞相虽亡，吾自见在。府亲官属，便可将丧还葬，吾自当率诸军击贼，云何以一人死废天下之事邪！且魏延何人，当为杨仪所部勒，作断后将乎！"自与祎共作行留部分，令祎手书与己连名，告下诸将。祎绐延曰："当为君还解杨长史，长史文吏，稀更军事，必不违命也。"祎出门，奔马而去。延寻悔之，已不及矣。

延遣人觇仪等，欲按亮成规，诸营相次引军还。延大怒，攙仪未发，率所领径先南归，所过烧绝阁道。延、仪各相表叛逆，一日之中，羽檄交至。汉主以问侍中董允、留府长史蒋琬，琬、允咸保仪而疑延。仪等令槎山通道，昼夜兼行，亦继延后。延先至，据南谷口，遣兵逆击仪等，仪等令将军何平于前御延。平叱先登曰："公亡，身尚未寒，汝辈何敢乃尔！"延士众知曲在延，莫为用命，皆散。延独与其子数人

费祎曾出使吴国，吴主孙权喝醉了酒，问费祎："杨仪、魏延只是竖子小人，虽然凭鸡鸣狗盗之技有用于一时，但一旦任用他们，他们的权势就不会小，如果有朝一日诸葛亮不在了，他们必成祸乱。你们糊涂，不知防范此事，岂是所谓的遗留给子孙的好办法！"费祎回答说："杨仪、魏延之间的不合，只是因私愤引起的，并无黥布、韩信那种难以制御的野心。如今正扫除强敌，统一华夏，功勋要凭才子取得，大业须要人才众多，如果舍弃他们不委重任，防止他们成为后患，这就好像防备有风波之险而事先废毁舟船一样，不是长久之策。"

诸葛亮病重时，和杨仪及司马费祎、姜维等人制定身死之后的退军策略，令魏延断后，姜维在魏延前面；如果魏延不执行命令，大军便自行出发。诸葛亮死后，杨仪秘不发丧，令费祎前去探询魏延的打算。魏延说："丞相虽然去世，我还活着。由丞相府的官属护丧回去安葬就行了，我要亲率诸军进攻敌人，为什么因一人死去就废天下之事呢？并且我魏延是何许人也，竟然要听杨仪的调遣，做断后之将！"魏延便想私自与费祎一起做去留的安排，让费祎写好命令，两人联名签署，宣告诸将。费祎哄骗他说："我当回去替你劝解杨长史，杨长史是文官，很少懂军事，肯定不会违背你的命令。"费祎出门，飞马而去。魏延很快后悔放走费祎，但已经追赶不上了。

魏延派人伺察杨仪等人的动静，杨仪想按诸葛亮的成规，令各营依次率军撤回。魏延大怒，抢在杨仪出发之前，率领所部首先南归，所过之处，烧毁栈道。魏延、杨仪各自上表说对方反叛，一日之中，插有羽毛的紧急檄书接连飞达朝廷。汉主刘禅就此询问侍中董允、留府长史蒋琬，蒋琬、董允都担保杨仪而怀疑魏延。杨仪等人命令士卒劈山开道，昼夜兼程，也随在魏延后面撤回。魏延先到，占据南谷口，遣兵迎击杨仪等人，杨仪等人令将军何平在前抵御魏延。何平叱骂走在前面的魏延部卒说："丞相刚死，尸骨未寒，你们怎敢这样！"魏延手下的士兵都知道错在魏延，没有肯为他卖命的，都四散而去。魏延只得和儿子等几个人

逃亡,奔汉中。仪遣将马岱追斩之,遂夷延三族。蒋琬率宿卫诸营赴难北行,行数十里,延死问至,乃还。始,延欲杀仪等,冀时论以己代诸葛辅政,故不北降魏而南还击仪,实无反意也。

诸军还成都,大赦,谥诸葛亮曰忠武侯。

逃亡，跑到汉中。杨仪遣将领马岱追上将魏延斩杀，同时诛灭魏延三族。蒋琬率宿卫各营北行赴救国难，走了数十里，得知魏延的死讯，返回。起初魏延想杀杨仪等人时，期望人们能支持自己代替诸葛亮辅政，所以不投降曹魏而南还截击杨仪等，实际并无反叛之意。

蜀汉诸军回到成都，宣布大赦，诸葛亮谥号为忠武侯。

吴侵淮南

魏明帝太和二年夏五月，吴王使鄱阳太守周鲂密求山中旧族名帅为北方所闻知者，令谲挑扬州牧曹休。鲂曰："民帅小丑，不足杖任，事或漏泄，不能致休。乞遣亲人赍笺以诱休，言被谴惧诛，欲以郡降北，求兵应接。"吴王许之。时频有郎官诣鲂诘问诸事，鲂因诣郡门下，下发谢。休闻之，率步骑十万向皖以应鲂；帝又使司马懿向江陵，贾逵向东关，三道俱进。

秋八月，吴王至皖，以陆逊为大都督，假黄钺，亲执鞭以见之。以朱桓、全琮为左右督，各督三万人以击休。休知见欺，而恃其众，欲遂与吴战。朱桓言于吴王曰："休本以亲戚见任，非智勇名将也。今战必败，败必走，走当由夹石、挂车。此两道皆险厄，若以万兵柴路，则彼众可尽，而休可生房。臣请将所部以断之，若蒙天威，得以休自效，便可乘胜长驱，进取寿春，割有淮南，以规许、洛。此万世一时，不可失也！"权以问陆逊，逊以为不可，乃止。

尚书蒋济上疏曰："休深入房地，与权精兵对，而朱然等在上流，乘休后，臣未见其利也。"前将军满宠上疏

吴侵淮南

魏明帝太和二年(228)夏季五月,吴王孙权让鄱阳太守周鲂秘密访求隐居山中、北方知名的旧族将领,令他委婉招诱魏扬州牧曹休。周鲂说:"臣只是个卑微民官,不足以当此重任,万一事情泄露,不能招来曹休。请求派臣的亲人带信诱骗曹休,说臣遭受谴责害怕被杀,欲率鄱阳郡降魏,求他发兵接应。"吴王同意。这时不断地有郎官到周鲂处诘问诸事,周鲂便迎至郡城门外,披发谢罪。曹休闻知,率步骑十万向皖进发,接应周鲂;魏明帝又派司马懿向江陵,贾逵向东关,三路并进。

秋季八月,吴王到达皖,任命陆逊为大都督,假黄钺,亲自执鞭接见陆逊。又命朱桓、全琮为左右都督,各领三万人攻击曹休。曹休发觉被骗,但自恃兵多,准备与吴交战。朱桓对吴王说:"曹休本是因亲戚关系得到重用的,并非智勇名将。这次他战必败,败必逃,逃跑定会经过夹石、挂车。这两处都是险隘之地,如果我军用万人扼守此路,就可全歼敌人生擒曹休。臣请求率所部截断夹石、挂车,若蒙天威垂佑,能够为国效命擒获曹休,便可乘胜长驱直入,进取寿春,据有淮南,以便规划谋取许昌、洛阳。此乃千载难逢之机,不可丧失!"孙权询问陆逊,陆逊认为不可,于是没有采纳朱桓的意见。

魏尚书蒋济上疏说:"曹休深入敌境,与孙权精兵对峙,朱然等在上流,威胁曹休背后,臣觉得形势不妙。"前将军满宠上疏

曰："曹休虽明果而希用兵，今所从道，背湖旁江，易进难退，此兵之绖地也。若入无彊口，宜深为之备！"宠表未报，休与陆逊战于石亭。逊自为中部，令朱桓、全琮为左右翼，三道俱进，冲休伏兵，因驱走之，追亡逐北，径至夹石，斩获万馀，牛马骡驴车乘万两，军资器械略尽。

初，休表求深入以应周鲂，帝命贾逵引兵东与休合。逵曰："贼无东关之备，必并军于皖，休深入与贼战，必败。"乃部署诸将，水陆并进，行二百里，获吴人，言休战败，吴遣兵断夹石。诸将不知所出，或欲待后军，逵曰："休兵败于外，路绝于内，进不能战，退不得还，安危之机，不及终日。贼以军无后继，故至此，今疾进，出其不意，此所谓'先人以夺其心'也，贼见吾兵必走。若待后军，贼已断险，兵虽多何益！"乃兼道进军，多设旗鼓为疑兵。吴人望见逵军，惊走，休乃得还。逵据夹石，以兵粮给休，休军乃振。初，逵与休不善，及休败，赖逵以免。

九月，长平壮侯曹休上书谢罪，帝以宗室不问。休惭愤，疽发于背，庚子，卒。帝以满宠都督扬州以代之。

四年十二月，吴主扬声欲至合肥，征东将军满宠表召兖、豫诸军皆集。吴寻退还，诏罢其兵。宠以为："今贼大举而还，非本意也，此必欲伪退以罢吾兵，而倒还乘虚，掩不备也。"表不罢兵。后十馀日，吴果更来到合肥城，不克而还。

说："曹休虽然明智果断但很少用兵,现在他经过的地方,背湖泊靠长江,易进难退,这是用兵受阻之地。如果进入无疆口,就应该慎重做好准备!"满宠的奏疏未获答复,曹休就与陆逊在石亭展开了战斗。陆逊亲率中军,令朱桓、全琮为左右两翼,三道俱进,冲击曹休的伏兵,将魏军打跑,尾追败兵,一直到了夹石,斩杀俘虏了一万馀人,缴获牛马骡驴车乘万辆,曹休的军资器械丧失殆尽。

起初,曹休上表请求深入吴境接应周鲂,魏明帝命令贾逵领兵东进与曹休会合。贾逵说:"敌人在东关没有设防,肯定是把兵力集中到了皖,曹休孤军深入与敌交战,一定会失败。"于是部署诸位将领,水陆并进,行军二百里,俘获一个吴国人,那人说曹休战败,吴国遣兵截断夹石。诸将不知道怎么办,有人主张等待后续部队,贾逵说:"曹休在境外被打败,归路在境内被截断,进不能战,退不能还,安危之机在于瞬息之间。敌人以为我军没有后继,所以才这样做,现在我们疾速前进,出其不意,正是所谓的'先声夺人以丧失其斗志',敌人见到我军必定逃走。如果等待后续部队,敌人已经截断险路,我军即使再多又有何益?"于是兼程进军,增设旗鼓作为疑兵。吴人望见贾逵之军,惊恐而逃,曹休得以生还。贾逵据守夹石,把自己的军粮分给曹休,曹休之军得以复振。起初,贾逵与曹休关系不睦,等到曹休兵败,靠贾逵的帮助才免除困境。

九月,长平壮侯曹休上表谢罪,魏明帝因他是宗室,不予追究。曹休惭愧羞愤,背上生了疽疮,庚子(十月十四日)病死。魏明帝任命满宠都督扬州代替曹休。

四年(230)十二月,吴王扬言要攻合肥,征东将军满宠上表征召兖、豫诸军,全部集中起来。不久吴军退回其境,魏明帝诏令兖、豫诸军各返原地。满宠认为:"如今敌人大举撤回,不是其本意,这必定是想假装退回以解散我军,然后乘虚复来,攻我不备。"上表请求不罢兵。十几天后,吴军果然再次来到合肥城下,没能攻克而撤退。

五年冬十月，吴主使中郎将孙布诈降以诱扬州刺史王凌，吴主伏兵于阜陵以俟之。布遣人告凌云："道远不能自致，乞兵见迎。"凌腾布书，请兵马迎之。征东将军满宠以为必诈，不与兵，而为凌作报书曰："知识邪正，欲避祸就顺，去暴归道，甚相嘉尚。今欲遣兵相迎，然计兵少则不足相卫，多则事必远闻。且先密计以成本志，临时节度其宜。"会宠被书入朝，敕留府长史："若凌欲往迎，勿与兵也。"凌于后索兵不得，乃单遣一督将步骑七百人往迎之，布夜掩击，督将迸走，死伤过半。凌，允之兄子也。

先是，凌表宠年过耽酒，不可居方任。帝将召宠，给事中郭谋曰："宠为汝南太守、豫州刺史二十馀年，有勋方岳；及镇淮南，吴人惮之。若不如所表，将为所窥。可令还朝，问以东方事以察之。"帝从之。既至，体气康强，帝慰劳遣还。

六年十二月，吴陆逊引兵向庐江，论者以为宜速救之。满宠曰："庐江虽小，将劲兵精，守则经时。又，贼舍船二百里来，后尾空绝，不来尚欲诱致，今宜听其遂进，但恐走不可及耳。"乃整军趋杨宜口。吴人闻之，夜遁。

是时，吴人岁有来计。满宠上疏曰："合肥城南临江湖，北远寿春，贼攻围之，得据水为势；官兵救之，当先破贼大辈，然后围乃得解。贼往甚易，而兵往救之甚难，宜移城内之兵，其西三十里，有奇险可依，更立城以固守，此为引贼平地而掎其归路，于计为便。"护军将军蒋济议以为："既示天下以弱，且望贼烟火而坏城，此为未攻而自拔。

五年(231)冬季十月,吴王让中郎将孙布诈降诱骗魏扬州刺史王凌,吴王在阜陵设伏兵等待王凌上钩。孙布遣人对王凌说:"路途遥远,我自己不能北去,请派兵迎接。"王凌公开了孙布的信,请求兵马迎接孙布。征东将军满宠认为必定有诈,不派给王凌兵马,而是替王凌写了封回信给孙布,说:"你能辨明邪正,欲避祸向顺,离开暴君而回归王道,很是可嘉。现在打算派遣军队迎接你,但考虑兵少则不足以护卫,兵多则事情必定暴露。你暂且先秘密计划实现志向,根据时势相机而动吧。"适逢这时满宠奉召入朝,命令留府的长史说:"如果王凌想去吴国迎接,不要给他兵马。"王凌后来求兵不成,就派一员督将率步骑七百人前去迎接孙布,孙布乘夜袭击,督将抢道逃走,七百魏军死伤过半。王凌是王允哥哥之子。

在此之前,王凌上表说满宠年事已高,沉湎于酒,不可久居方镇重任。魏明帝要召还满宠,给事中郭谋说:"满宠担任汝南太守、豫州刺史二十馀年,有功于地方,镇守淮南以后,吴人畏惧他。如果不像表中所说,而将满宠解职,将会造成敌人觊觎之机。可以令满宠还朝,询问东方之事观察他。"魏明帝听从了建议。满宠来到,身体康健,气度刚强,魏明帝慰劳一番将他遣回。

六年(232)十二月,吴国陆逊引兵进攻庐江,魏国朝中议论者认为应急速救援。满宠说:"庐江虽小,但将领骁劲,兵卒精练,可长时间守御。而且敌人舍弃舟船陆行二百里而来,后续空绝,他不来我们尚且计划引诱他来,现在应听任他冒进,只怕他走不到罢了。"遂整军赶往杨宜口。吴军闻知,连夜遁逃。

这时吴人每年都来较量。满宠上疏说:"合肥城南临长江、巢湖,北面远离寿春,敌人围攻它时,能够占据水路发挥水战优势;我军援救叶,则必须先击破敌军主力,然后才能解围。敌人到来很容易,而官军赴救却很难,应移走城内之兵,在合肥城西三十里有险可依的地方,重新建城固守,这是把敌人引到平地上而断其归路的好办法。"护军将军蒋济却认为:"这样做,既是向天下示弱,又是望见敌人的烟火而毁坏城池,属于未攻而自拔。

一至于此,劫略无限,必淮北为守。"帝未许。宠重表曰:"孙子言'兵者,诡道也,故能而示之不能,骄之以利,示之以慑'。此为形实不必相应也。又曰:'善动敌者形之。'今贼未至而移城却内,所谓形而诱之也。引贼远水,择利而动,举得于外,而福生于内矣!"尚书赵咨以宠策为长,诏遂报听。

青龙元年,吴主出兵欲围新城,以其远水,积二十馀日,不敢下船。满宠谓诸将曰:"孙权得吾移城,必于其众中有自大之言,今大举来,欲要一切之功,虽不敢至,必当上岸耀兵以示有馀。"乃潜遣步骑六千,伏肥水隐处以待之。吴主果上岸耀兵,宠伏军卒起击之,斩首数百,或有赴水死者。吴主又使全琮攻六安,亦不克。

二年五月,吴主入居巢湖口,向合肥新城,众号十万。又遣陆逊、诸葛瑾将万馀人入江夏、沔口,向襄阳;将军孙韶、张承入淮,向广陵、淮阴。六月,满宠欲率诸军救新城,殄夷将军田豫曰:"贼悉众大举,非图小利,欲质新城以致大军耳。宜听使攻城,挫其锐气,不当与争锋也。城不可拔,众必罢怠;罢怠然后击之,可大克也。若贼见计,必不攻城,势将自走。若便进兵,适入其计矣。"

时东方吏士皆分休,宠表请中军兵,并召所休将士,须集击之。散骑常侍广平刘邵议以为:"贼众新至,心专气锐,宠以少人自战其地,若便进击,必不能制。宠请待兵,未有所失也。以为可先遣步兵五千,精骑三千,先军前发,扬声进道,震曜形势。骑到合肥,疏其行队,多其旌鼓,

一旦如此,敌人会更加劫略无度,我军只有退至淮北防守了。"魏明帝不采纳满宠之计。满宠再次上表说:"孙子说'兵者,诡诈之道也,所以我军能战却故意表现出不能战,用好处骄纵他,用怯懦迷惑他'。这就是所谓的表面现象和实际情况不必完全一致。孙子又说:'善于调动敌人的要制造假象。'现在敌人未到而移城后退,正是所谓的制造假象而迷惑他。引诱敌人远离水上,选择对我有利的态势而用兵,就会外得胜利,内得安宁!"尚书赵咨赞成满宠之计,魏明帝遂诏告满宠予以采纳。

青龙元年(233),吴王出兵欲围攻合肥新城,因此地远离水路,历时二十馀天不敢下船。满宠对诸将说:"孙权得知我们移城,必定对他的手下众人有说自大之言,这次大举前来想一举成功,即使不敢来攻,也必会上岸耀武扬威以显示兵力有馀。"于是暗中遣步骑六千埋伏在淝水隐秘处等待吴军。吴王果然上岸耀兵,满宠的伏兵突然发起攻击,斩首数百,吴军有的投水而死。吴王又派全琮进攻六安,也没成功。

二年(234)五月,吴王进入居巢湖口,攻向合肥新城,号称出兵十万。又遣陆逊、诸葛瑾率领万馀人攻入江夏、沔口,挺进襄阳;将军孙韶、张承入淮河,攻向广陵、淮阴。六月,满宠欲率诸军援救新城,殄夷将军田豫说:"敌人全军大举,不是图谋小利,是想拿攻新城当诱饵调动我大军罢了。应该听任他攻城,挫其锐气,不可与他争锋。新城攻不下来,敌人必然疲惫懈怠;趁其懈怠然后我军反攻,可以大胜。如果敌人发现我们的计策,必定不会攻城,只会自己退走。如果现在立即进兵,正好堕入敌人的圈套了。"

这时魏国东部的将士都分头休假,满宠上表请求增派中军兵,并召来休假将士,集中兵力出击。散骑常侍广平人刘邵建议说:"敌人刚到,用心专一,士气正锐,满宠用很少的人在辖地独立作战,如果立即进击,必不能胜。满宠请求增兵,不是过失。臣以为可先遣步兵五千,精锐骑兵三千,作为先头部队出发,一路大张旗鼓,制造声势。骑兵到达合肥后,拉开队形,多设旗鼓,

曜兵城下，引出贼后，拟其归路，要其粮道。贼闻大军来，骑断其后，必震怖遁走，不战自破矣。"帝从之。

宠欲拔新城守，致贼寿春。帝不听，曰："昔汉光武遣兵据略阳，终以破隗嚣。先帝东置合肥，南守襄阳，西固祁山，贼来辄破于三城之下者，地有所必争也。纵权攻新城，必不能拔。敕诸将坚守，吾将自往征之，比至，恐权走也。"秋七月壬寅，帝御龙舟东征。

满宠募壮士焚吴攻具，射杀吴主之弟子泰。又吴吏士多疾病。帝未至数百里，疑兵先至，吴主始谓帝不能出，闻大军至，遂遁。孙韶亦退。

陆逊遣亲人韩扁奉表诣吴主，逻者得之。诸葛瑾闻之甚惧，书与逊云："大驾已还，贼得韩扁，具知吾阔狭。且水干，宜当急去。"逊未答，方催人种葑、豆，与诸将弈棋、射戏如常。瑾曰："伯言多智略，其必当有以。"乃自来见逊。逊曰："贼知大驾已还，无所复忧，得专力于吾。又已守要害之处，兵将意动，且当自定以安之，施设变术，然后出耳。今便示退，贼当谓吾怖，仍来相蹙，必败之势也。"乃密与瑾立计，令瑾督舟船，逊悉上兵马以向襄阳城。魏人素惮逊名，遽还赴城。瑾便引船出，逊徐整部伍，张拓声势，步趋船，魏人不敢逼。行到白围，托言住猎，潜遣将军周峻、张梁等击江夏、新市、安陆、石阳，斩获千馀人而还。

群臣以为司马懿方与诸葛亮相守未解，车驾可西幸长安。帝曰："权走，亮胆破，大军足以制之，吾无忧矣。"遂进军至寿春，录诸将功，封赏各有差。

耀兵于城下，然后转到敌后，谋取其归路，威胁其粮道。敌人听说我大军来到，骑兵又截断后路，必定震惊遁走，可以不战自破了。"魏明帝同意了他的建议。

满宠想撤走新城守军，把敌人引诱到寿春。魏明帝不同意，说："过去汉光武帝遣兵据守略阳，最终靠它打破隗嚣。先帝在东部设置合肥，南面占据襄阳，西边固守祁山，敌人一来就被打败于三城之下，就因为这是必争之地。纵使孙权围攻新城，也肯定不会攻下。敕令诸将坚守，我要前去亲征，等我到达，恐怕孙权已经跑了。"秋季七月壬寅（十九日），魏明帝乘龙舟东征。

满宠招募壮士焚毁吴军攻城器械，射杀吴王弟弟之子孙泰。吴军将士也有不少患了疾病。魏明帝离合肥还有数百里，魏军的疑兵就已到达，吴王原以为魏明帝不会出征，这时闻知魏大军将到，就逃走了。孙韶也撤退了。

陆逊派亲兵韩扁上表给吴王，被魏巡逻兵捕获。诸葛瑾听说后很害怕，写信给陆逊说："我王大驾已回，敌人俘虏韩扁，尽知我虚实。并且到了枯水季节，应急速撤退。"陆逊不予答复，正催促百姓种植芜菁、豆子，还与诸将下棋、射箭，和平常一样。诸葛瑾说："陆逊多智谋，这样做一定有道理。"于是亲自去见陆逊。陆逊说："敌人知道大驾已还，再没什么担忧的了，会全力对付我。并且我已守住险要之地，兵将人心浮动，我应自己镇静使他们安定，策划应变之术，然后出击。如果现在马上摆出撤退的样子，敌人会认为我害怕，仍来进逼，这是必败之势。"陆逊便与诸葛瑾秘密定计，令诸葛瑾督领舟船，陆逊把兵马全调到船上，向襄阳城进发。魏人向来忌惮陆逊的威名，连忙还军赶赴襄阳。诸葛瑾乘机引船而出，陆逊从容地整好队伍，大张声势，步行到船，魏军不敢逼近。走到白围，陆逊假称住下打猎，暗中派将军周峻、张梁等攻击江夏、新市、安陆、石阳，斩杀俘获千馀人而还。

魏国群臣认为司马懿正与诸葛亮相持不下，皇帝可以西到长安。魏明帝说："孙权逃跑，诸葛亮也会心惊胆破，大军足能制服他，我没有忧虑了。"遂进军到寿春，给诸将记功，分等级予以封赏。

魏平辽东

魏明帝太和二年。初,公孙康卒,子晃、渊等皆幼,官属立其弟恭。恭劣弱,不能治国,渊既长,胁夺恭位,上书言状。侍中刘晔曰:"公孙氏汉时所用,遂世官相承。水则由海,陆则阻山,外连胡夷,绝远难制,而世权日久。今若不诛,后必生患。若怀贰阻兵,然后致诛,于事为难。不如因其新立,有党有仇,先其不意,以兵临之,开设赏募,可不劳师而定也。"帝不从,拜渊扬烈将军、辽东太守。

六年秋九月,公孙渊阴怀贰心,数与吴通。帝使汝南太守田豫督青州诸军自海道、幽州刺史王雄自陆道讨之。散骑常侍蒋济谏曰:"凡非相吞之国,不侵叛之臣,不宜轻伐。伐之而不能制,是驱使为贼也。故曰'虎狼当路,不治

魏平辽东

　　魏明帝太和二年(228)。当初,辽东太守公孙康去世,他的儿子公孙晃、公孙渊等人,年龄尚轻,都还幼小,部属们就拥立他的弟弟公孙恭接任。公孙恭愚劣懦弱,不能治理政事,公孙渊长大后,胁迫公孙恭,夺得郡太守的职位,他上奏书给魏明帝,陈述了事情的经过。侍中刘晔说:“公孙氏的官位,是东汉时任命的,后来竟世代承袭。水路有大海相隔,陆路则有群山阻断,对外结交胡夷,从中原地区到那里,路途阻隔遥远,难以控制,所以世代掌权已经有很长时间了。现在如果不诛灭他们,日后一定会生出祸患。如果他们怀有二心,派兵据守险要,阻挡朝廷进军,到那时我们再加以诛讨征伐,事情就难办了。不如乘他新近当权的机会,利用他既有党羽又有仇敌的现状,先发制人,出其不意,派军进逼,设立赏额,募人诛杀,可以不劳动军队攻战,就使辽东平定。”魏明帝没有听从他的建议,诏令公孙渊为扬烈将军、辽东太守。

　　六年(232)秋季九月,公孙渊暗中怀有二心,多次与东吴交往。魏明帝派遣汝南太守田豫统领青州各路军队从海路北上,派幽州刺史王雄从陆路北上,讨伐公孙渊。散骑常侍蒋济劝谏说:“凡不是威胁自身生存的对手,凡不是侵略反叛的臣属,不应该轻易地加以讨伐。讨伐他们,但又不能制服他们,这是迫使他们成为叛贼。所以说‘当猛虎豺狼挡在路上的时候,不要去捕捉

狐狸'。先除大害，小害自已。今海表之地，累世委质，岁
选计、孝，不乏职贡，议者先之。正使一举便克，得其民不
足益国，得其财不足为富；傥不如意，是为结怨失信也。"帝
不听。豫等往皆无功，诏令罢军。

　　青龙元年春二月，公孙渊遣校尉宿舒、郎中令孙综奉
表称臣于吴，吴主大悦，为之大赦。三月，吴主遣太常张
弥、执金吾许晏、将军贺达将兵万人，金宝珍货，九锡备物，
乘海授渊，封渊为燕王。举朝大臣自顾雍以下皆谏，以为
"渊未可信而宠待太厚，但可遣吏兵护送舒、综而已"。吴
主不听。张昭曰："渊背魏惧讨，远来求援，非本志也。若
渊改图，欲自明于魏，两使不反，不亦取笑于天下乎！"吴主
反覆难昭，昭意弥切，吴主不能堪，按刀而怒曰："吴国士人
入宫则拜孤，出宫则拜君，孤之敬君亦为至矣，而数于众中
折孤，孤常恐失计！"昭孰视吴主曰："臣虽知言不用，每竭
愚忠者，诚以太后临崩，呼老臣于床下，遗诏顾命之言故在
耳。"因涕泣横流。吴主掷刀于地，与之对泣。然卒遣弥、
晏往。昭忿言之不用，称疾不朝。吴主恨之，土塞其门，昭
又于内以土封之。

狐狸'。先铲除了大的祸害,小的祸害就会自行消失。如今海边之地的辽东,数代臣服于朝廷,每年都呈交政绩文件供朝廷考核,荐举当地的孝廉人士,向朝廷的进贡始终不曾断绝,议论朝政的官员们都十分赞许他们。即使我们一举就征服了辽东,获得的当地人民不足以增强国力,夺取的当地财产也不足以使国家富裕;万一不能如愿,就结下了仇怨,丧失了信义。"魏明帝没有接受他的劝告。田豫等人前往征讨,都劳而无功,魏明帝只得下诏,命令撤军返回。

青龙元年(233)春季二月,公孙渊派遣校尉宿舒、郎中令孙综,前往东吴奉送奏表,自称臣属,吴主孙权非常高兴,为此颁令大赦。三月,吴主孙权派遣太常张弥、执金吾许晏、将军贺达,率军一万人,携带金银珍宝及九锡仪仗物品,乘船从海路北上封授公孙渊,封公孙渊为燕王。东吴的所有大臣,自顾雍以下都劝谏吴主孙权,认为"公孙渊这个人不可信任,现在对他过于宠幸,待遇太优厚了,只要派遣一些低级吏员和兵士护送宿舒、孙综回去就行了"。吴主孙权没有接受劝告。张昭说:"公孙渊背叛魏朝,害怕受到征讨,所以从遥远的辽东前来向我们请求援助,称臣并不是他的本意。如果公孙渊改变了主意,想向魏朝廷表明自己的忠诚,我们派出去的两位使臣就不能返回了,这不是要被天下之人耻笑了吗?"吴主反复辩驳,张昭更为急切地坚持自己的主张,吴主不能忍耐了,他手按佩刀,恼怒地说:"吴国的士大夫,进宫时参拜我,出宫时参拜你,我敬重你也达到了极点,但你却多次在大庭广众之下顶撞我,我常害怕会一时冲动,做出我不想做的事!"张昭直直地注视着吴主,说:"我虽然知道我的话不会被采用,但每次还是竭尽愚忠,坦诚直言,实在是因为太后临终时,把老臣我叫到床下,遗诏托付我辅佐陛下的话还在耳边。"随即痛哭流泪。吴主将佩刀掷到地上,与张昭相对哭泣。然而,吴主最终还是派遣张弥、许晏前往辽东。张昭因自己的话未被采用而十分愤恨,于是宣称患病,不再上朝。吴主怨恨他,派人用泥土塞住张昭家的大门,张昭又在里面用泥土把门封住。

夏六月，公孙渊知吴远难恃，乃斩张弥、许晏等首，传送京师，悉没其兵资珍宝。冬十二月，诏拜渊大司马，封乐浪公。吴主闻之，大怒曰：“朕年六十，世事难易，靡所不尝。近为鼠子所前却，令人气踊如山。不自截鼠子头以掷于海，无颜复临万国，就令颠沛，不以为恨！”

陆逊上疏曰：“陛下以神武之姿，诞膺期运，破操乌林，败备西陵，禽羽荆州；斯三虏者，当世雄杰，皆摧其锋。圣化所绥，万里草偃，方荡平华夏，总一大猷。今不忍小忿而发雷霆之怒，违垂堂之戒，轻万乘之重，此臣之所惑也。臣闻之，行万里者不中道而辍足，图四海者不怀细以害大。强寇在境，荒服未庭，陛下乘桴远征，必致窥阚，戚至而忧，悔之无及。若使大事时捷，则渊不讨自服。今乃远惜辽东众之与马，奈何独欲捐江东万安之本业而不惜乎！”

尚书仆射薛综上疏曰：“昔汉元帝欲御楼船，薛广德请刎颈以血染车。何则？水火之险至危，非帝王所宜涉也。今辽东戎貊小国，无城隍之固，备御之术，器械铢钝，犬羊无政，往必禽克，诚如明诏。然其方土寒埆，谷稼不殖，民

夏季六月，公孙渊知道东吴与辽东相距遥远，难以依靠，于是将张弥、许晏等人斩首，人头送往魏国京城，并将东吴的士兵和金银珍宝，全部据为己有。冬季十二月，魏朝廷下诏任命公孙渊为大司马，封为乐浪公。吴主孙权听到这一消息后，大怒，说："我六十岁了，人世间的各种事情，不论艰难的，还是容易的，全部经历过了。最近却被卑微不足道的人所折辱，真把人的肺都气炸了。我如果不能亲手砍下那只小老鼠的头，扔到海里，就没有脸再面对万国了，即使遭受百般挫折，我也不因此感到遗憾！"

陆逊上疏说："陛下以神明威武的英姿，承受天命，建立帝业，在乌林击破曹操，在西陵打败刘备，在荆州擒获关羽；这三个敌虏，都是一代英雄豪杰，但都被陛下摧折了锋芒。圣明的教化传布并安抚了四方，方圆万里的草木也都随着顺服，正要扫平中原，策划统一天下。现在不能忍耐小小的气愤，爆发雷霆万钧的震怒，违背古人'千金之子，坐不垂堂'的训诫，忽视了身为君王的贵重身份，我为此感到非常困惑。我听到过这样的说法，走万里路的人，不在中途停下脚步；立志建立帝王大业的人，不会因挂念细微的小事而危害大局。强大的敌寇还在边境上，遥远的荒芜地区还没有臣服进贡，陛下乘船远征，一定会招来敌寇的窥伺，为敌寇提供了算计我们的机会，等到祸患临头再去忧虑，后悔也来不及了。如果我们的大事业不断告捷，那么公孙渊就会不用讨伐而自己臣服。如今，仅仅为了可惜在遥远的辽东损失的人口和马匹，就前去征伐，那么，为什么独独丢弃了江东安定稳固的基业，却不觉得可惜呢？"

尚书仆射薛综上疏说："从前，汉元帝打算乘楼船，薛广德请求用自刎的鲜血沾染车驾，阻止车驾前进。为什么呢？因为水与火是极其危险的东西，不是帝王适宜涉及的。如今，辽东只是一个戎、貊之族的荒蛮小国，既没有坚固的城堡，又没有防御备战的措施，武器轻劣不锋利，当权的人如狗羊般不会治理政事，所以前去进攻，一定能够打败、擒获他们，正如陛下诏书中所说的那样。但是，辽东这个地方，寒冷贫瘠，不长庄稼，当地民众

习鞍马，转徙无常，卒闻大军之至，自度不敌，鸟惊兽骇，长驱奔窜，一人匹马，不可得见，虽获空地，守之无益，此不可一也。加又洪流滉漾，有成山之难。海行无常，风波难免，倏忽之间，人船异势。虽有尧、舜之德，智无所施；贲、育之勇，力不得设。此不可二也。加以郁雾冥其上，咸水蒸其下，善生流肿，转相污染，凡行海者，稀无斯患，此不可三也。天生神圣，当乘时平乱，康此民物。今逆虏将灭，海内垂定，乃违必然之图，寻至危之阻，忽九州之固，肆一朝之忿，既非社稷之重计，又开辟以来所未尝有。斯诚群僚所以倾身侧息，食不甘味，寝不安席者也。"

选曹尚书陆瑁上疏曰："北寇与国，壤地连接，苟有间隙，应机而至。夫所以为越海求马，曲意于渊者，为赴目前之急，除腹心之疾也。而更弃本追末，捐近治远，忿以改规，激以动众，斯乃猾虏所愿闻，非大吴之至计也。又兵家之术，以功役相疲，劳逸相待，得失之间，所觉辄多。且沓渚去渊，道里尚远。今到其岸，兵势三分，使强者进取，次当守船，又次运粮，行人虽多，难得悉用。加以单步负粮，经远深入，贼地多马，邀截无常。若渊狙诈，与北未绝，

熟习骑马，迁徙无常，突然听到大军抵达，自料无法对抗，就会像受到惊吓的鸟兽一样，远远逃窜，以致连一个人一匹马都看不见，虽然获得了土地，但只是一片空地，保守这片土地并无用处，这是不可远征的第一个原因。再加上大海无际，波浪滔天，所以曾发生成山之难。海上航行，变化无常，狂风巨浪难以避免，瞬间船只倾覆，人被海水吞没。即使有唐尧、虞舜那样的才德，智慧也无法施展；即使有孟贲、夏育那样的勇猛，力气也无处发挥。这是不可远征的第二个原因。再加上海上的浓雾笼罩天空，咸苦的海水翻滚船下，将士们容易患脚气病，双腿发肿，并且互相传染，凡是航海的人，极少有不患这种毛病的，这是不可远征的第三个原因。上天诞育了神圣的陛下，陛下应当利用时势，平定祸乱，使人民安康，天下富庶。如今叛逆的故房即将灭亡，海内就要安定，陛下竟违背既定的正确策略，追寻极端危险的阻绝之途，忽略整个国家的安定稳固，只想发泄一时的气愤，既不是富强国家的重大计划，又是建国立业以来从未有过的举动。这实在是群臣所以倾身躺卧，侧鼻呼吸，饮食无味，无法安睡的原因。"

选曹尚书陆瑁上疏说："北方敌寇之国曹魏，与我们的领土接壤，假如有什么漏洞，他们就会乘机前来。我们所以跨海越洋去求取马匹，委屈自己去结交公孙渊，是因为要解除缺少马匹的燃眉之急，以去除曹魏这一心腹之患。现在反而要舍弃根本去追求枝末，扔掉眼前的东西去夺取遥远的东西，因气愤而改变常规，因激动而劳师动众，这正是狡猾的敌房希望听到的消息，而不是大吴的最好国策。此外，根据军事策略，用长途跋涉使对方疲惫，调动对方，使对方由安逸变得劳累，就能战胜对方，人们在开始奔走的时候还不察觉，等到察觉了，得与失之间已差得很远了。而且，即使在沓渚登陆，距离公孙渊路途还很遥远。如果上了岸，兵力势必分成三份，让强壮的士兵进攻，其次的守卫船只，再次的运送粮草，前去的军队虽多，但难以全部使用。再加上徒步行军，背负粮食，长途跋涉，深入敌境，敌方战马很多，就会不断截击我们。如果公孙渊奸诈狡猾，与北方曹魏没有断绝关系，

动众之日，唇齿相济；若实孑然无所凭赖，其畏怖远迸，或难卒灭。使天诛稽于朔野，山虏承间而起，恐非万安之长虑也！"吴主未许。

瑁重上疏曰："夫兵革者，固前代所以诛暴乱、威四夷也。然其役皆在奸雄已除，天下无事，从容庙堂之上，以馀议议之耳。至于中夏鼎沸，九域盘互之时，率须深根固本，爱力惜费，未有正于此时舍近治远，以疲军旅者也。昔尉佗叛逆，僭号称帝，于时天下乂安，百姓康阜，然汉文犹以远征不易，告喻而已。今凶桀未殄，疆场犹警，未宜以渊为先。愿陛下抑威任计，暂宁六师，潜神默规，以为后图，天下幸甚！"吴主乃止。

景初元年秋七月，公孙渊数对国中宾客出恶言，帝欲讨之，以荆州刺史河东毌丘俭为幽州刺史。俭上疏曰："陛下即位已来，未有可书。吴、蜀恃险，未可卒平，聊可以此方无用之士克定辽东。"光禄大夫卫臻曰："俭所陈皆战国细术，非王者之事也。吴频岁称兵，寇乱边境，而犹按甲养士，未果致讨者，诚以百姓疲劳故也。渊生长海表，相承三世，外抚戎夷，内修战射，而俭欲以偏军长驱，朝至夕卷，知其妄矣。"帝不听，使俭率诸军及鲜卑、乌桓屯辽东南界，

我们出动大军时，他们就会唇齿相依，互相帮助；如果公孙渊确实独自成为一方，没有其他人可依靠，那么他们就会因害怕而向远方逃窜，或许我们就难以一下子将他们消灭。假使我们的大军因追杀敌虏滞留在北方荒野，南方国境中的山越又乘机起兵作乱，恐怕远征实在不是万全长安的好计策！”吴主没有接受。

陆瑁再次上疏说：“出兵打仗，古代原本是用来诛灭内部暴乱，威慑四方蛮族的。但出动军队都是要在奸雄已被铲除，天下太平，文武百官在朝廷上从容不迫地反复商议后，才能决定。至于在中原动荡，各地割据的时候，人们都需巩固自己的根本，珍惜人力，节省费用，没有人会恰好在这种时候出兵，舍近求远，使得自己的军队疲惫不堪。从前，尉佗反叛，僭越称帝，当时天下安定，百姓康乐富足，但汉文帝尚且因为远途征讨不容易，只采取劝说告喻的手段来解决。现在首恶元凶还未消灭，边境仍不断有警报，不应将对付公孙渊放在首位。希望陛下压抑盛怒，从长计议，暂且停止出动大军，深思熟虑，仔细规划，为以后的行动做好打算，这样，就是天下之人的大福分了！”吴主这才停止了远征的行动。

景初元年（237）秋季七月，公孙渊多次对曹魏派去辽东的宾客口出恶言，魏明帝打算讨伐他，任命荆州刺史河东人毌丘俭为幽州刺史。毌丘俭上疏说：“陛下自即位以来，没有什么可以书写的业绩。东吴、蜀汉倚仗险阻的地势，我们不能在短时间内平定他们，姑且可用本地未曾使用的兵士来平定辽东。”光禄大夫卫臻说：“毌丘俭所陈述的都是战国时代的细小策略，不是帝王的大事业。东吴连年兴兵，侵扰边境，而我们还是按兵不动，休养军队，没有果断地加以征讨，实在是因为人民疲劳的缘故。公孙渊生长在海边，独占一方的官位也传承了三代，他们对外安抚戎夷部落，在内整治武备，而毌丘俭却想用一支孤军，长驱直入，早晨到达，晚上就把公孙渊的势力席卷一空，可见他只不过是口出狂言罢了。”魏明帝没有听从他的意见，派遣毌丘俭率领各路军队以及鲜卑族、乌桓族的人马，屯驻在辽东的南部边界，

玺书征渊。渊遂发兵反,逆俭于辽隧。会天雨十馀日,辽水大涨,俭与战不利,引军还右北平。渊因自立为燕王,改元绍汉,置百官,遣使假鲜卑单于玺,封拜边民,诱呼鲜卑以侵扰北方。

二年春正月,帝召司马懿于长安,使将兵四万讨辽东。议臣或以为四万兵多,役费难供。帝曰:"四千里征伐,虽云用奇,亦当任力,不当稍计役费也。"帝谓懿曰:"公孙渊将何计以待君?"对曰:"渊弃城豫走,上计也;据辽东拒大军,其次也;坐守襄平,此成禽耳。"帝曰:"然则三者何出?"对曰:"唯明智能审量彼我,乃豫有所割弃,此既非渊所及。"又谓:"今往孤远,不能支久,必先拒辽水,后守襄平也。"帝曰:"还往几日?"对曰:"往百日,攻百日,还百日,以六十日为休息,如此,一年足矣。"

公孙渊闻之,复遣使称臣,求救于吴。吴人欲戮其使,羊衜曰:"不可。是肆匹夫之怒而捐霸王之计也。不如因而厚之,遣奇兵潜往以要其成。若魏伐不克,而我军远赴,是恩结遐夷,义形万里;若兵连不解,首尾离隔,则我虏其傍郡,驱略而归,亦足以致天之罚,报雪曩事矣。"吴主曰:"善!"乃大勒兵谓渊使曰:"请俟后问,当从简书,必与

然后下诏征讨公孙渊。公孙渊于是发动军队反叛，在辽隧迎战毌丘俭。正逢下了十几天的大雨，辽水暴涨，毌丘俭与公孙渊交战时失利，率军撤回右北平。公孙渊乘势自立为燕王，改年号为绍汉，设置文武百官，派遣使者授予鲜卑单于玺印，对边地的一些有势力的人授官封爵，引诱怂恿鲜卑族人侵扰曹魏的北方。

二年(238)春季正月，魏明帝把司马懿从长安召回京城，派他率军四万征讨辽东。参与谋议的大臣中，有人认为四万军队太多了，役夫和军费难以供给。魏明帝说："四千里的远途征讨，虽说要出奇制胜，但也应依靠实力，不应太计较徭役和费用。"魏明帝对司马懿说："公孙渊将会用什么计策来对付你？"司马懿回答："如果公孙渊放弃襄平城，先行逃走，这是他的上策；据守辽东，抵抗我们的大军，这是次等的对策；坐守襄平城，这就要被我们擒获了。"魏明帝说："既然这样，那么公孙渊会采用这三种对策中的哪一种呢？"司马懿回答："只有明智的人，才能仔细而周密地估量敌我双方的力量，才能事先有所割舍放弃，这完全不是公孙渊的才智所能达到的。"又说："如今我们孤军远征，不能坚持很长时间，他一定会先在辽水抵抗，然后坚守襄平。"魏明帝说："你率军往返需要多少天？"司马懿回答："前往那里要一百天，攻战要一百天，返回要一百天，用六十天休息，如上所述，一年的时间足够了。"

公孙渊听到消息，又派使者向吴主孙权称臣，向东吴请求救援。东吴人想杀掉他的使者，羊衜说："不能这样。这是为了发泄一个普通平民的怒气，却舍弃了霸王谋略的做法。不如乘机优厚地对待他的使者，派遣一支奇兵秘密地前往辽东，胁迫公孙渊归附我们。如果曹魏征伐失败，而我军远途赶去救援，这是恩德连结远夷，信义传布万里；如果公孙渊与曹魏连续交战，难分难解，首尾分割，那么我们就掳掠他的边境郡县，驱赶人口，满载财物，返回南方，这也足以执行上天的惩罚，为往日之事报仇雪恨。"吴主说："好主意！"于是大张旗鼓地部署军队，对公孙渊的使者说："请燕王等待随后的消息，我将遵从来信的要求，一定与

弟同休戚。”又曰：“司马懿所向无前，深为弟忧之。”

帝问于护军将军蒋济曰：“孙权其救辽东乎？”济曰：“彼知官备已固，利不可得，深入则非力所及，浅入则劳而无获。权虽子弟在危，犹将不动，况异域之人，兼以往者之辱乎！今所以外扬此声者，谲其行人，疑之于我，我之不克，冀其折节事己耳。然沓渚之间，去渊尚远，若大军相守，事不速决，则权之浅规，或得轻兵掩袭，未可测也。”

六月，司马懿军至辽东，公孙渊使大将军卑衍、杨祚将步骑数万屯辽隧，围堑二十余里。诸将欲击之，懿曰：“贼所以坚壁，欲老吾兵也，今攻之，正堕其计。且贼大众在此，其巢窟空虚，直指襄平，破之必矣。”乃多张旗帜，欲出其南，衍等尽锐趣之。懿潜济水，出其北，直趣襄平。衍等恐，引兵夜走。诸军进至首山，渊复使衍等逆战，懿击，大破之，遂进围襄平。

秋七月，大霖雨，辽水暴涨，运船自辽口径至城下。雨月余不止，平地水数尺，三军恐，欲移营。懿令军中：“敢有言徙者斩！”都督令史张静犯令，斩之，军中乃定。贼恃水，樵牧自若，诸将欲取之，懿皆不听。司马陈珪曰：“昔攻上庸，八部并进，昼夜不息，故能一旬之半，拔坚城，斩孟达。今者远来而更安缓，愚窃惑焉。”懿曰：“孟达众少而食支一年，

燕王老弟休戚与共。"又说道:"司马懿所向无敌,我深深地为燕王老弟担忧。"

魏明帝询问护军将军蒋济说:"孙权会救援辽东吗?"蒋济说:"孙权知道我们已有周密的准备,不能获得什么利益,派军深入则并非他的力量所能达到,浅入则劳师动众而没有任何收获。孙权这个人,即使子弟处在危难中,尚且会无动于衷,何况是异地之人,再加上以前曾受过公孙渊的侮辱呢!如今孙权所以对外宣扬出兵远救,不过是欺骗公孙渊的使者,疑惑我们,如果我们不能攻克,他就希望公孙渊屈服,事奉于他。但沓渚一带,距离公孙渊还很远,如果大军与对方互相僵持,不能速战速决,那么孙权的初步打算,或许是使用轻兵突袭,这就不可预知了。"

六月,司马懿的军队抵达辽东,公孙渊派大将军卑衍、杨祚率领步骑兵数万屯驻在辽隧,构筑围墙、沟堑二十多里。曹魏的将领们想攻击他们,司马懿说:"敌寇所以坚固壁垒,是想使我军疲惫,现在攻打,正中了他们的计谋。而且,敌寇的大部队在这里,他们的巢穴一定空虚,我们直指襄平,一定能够攻破。"于是竖起了很多旗帜,做出想从南面出兵的样子,卑衍等人率领所有的精锐部队奔向南面。司马懿偷偷地渡过辽水,从北面出兵,直扑襄平。卑衍等人十分恐慌,率军连夜撤退。司马懿的各路军队挺进到首山,公孙渊又派卑衍等人迎战,司马懿展开攻击,大败卑衍的军队,于是进军包围襄平。

秋季七月,连绵大雨,辽水暴涨,运送粮草的船只从辽口径直抵达襄平城下。大雨下了一个多月仍然不停止,平地水深数尺,三军十分恐慌,想转移营地。司马懿向军中下令:"有胆敢说迁移营地的人,斩首!"都督令史张静违犯了禁令,被斩首,军中这才安定。敌寇倚仗大水,照常打柴、放牧,将领们想劫掠他们,司马懿对将领们的要求都不准许。司马陈珪说:"以前攻打上庸时,八路兵马齐头并进,昼夜不停,所以能在十五天之内,攻克坚固的城池,斩杀了孟达。这次远道而来,却反而安稳、缓慢了,我私下感到疑惑。"司马懿说:"孟达部众少,但粮食能够支持一年,

将士四倍于达而粮不淹月。以一月图一年，安可不速！以四击一，正令失半而克，犹当为之，是以不计死伤，与粮竞也。今贼众我寡，贼饥我饱，水雨乃尔，功力不设，虽当促之，亦何所为！自发京师，不忧贼攻，但恐贼走。今贼粮垂尽而围落未合，掠其牛马，抄其樵采，此故驱之走也。夫兵者诡道，善因事变。贼凭众恃雨，故虽饥困，未肯束手，当示无能以安之。取小利以惊之，非计也。"朝廷闻师遇雨，咸欲罢兵，帝曰："司马懿临危制变，禽渊可计日待也。"

雨霁，懿乃合围，作土山地道，楯橹钩冲，昼夜攻之，矢石如雨。渊窘急，粮尽，人相食，死者甚多，其将杨祚等降。八月，渊使相国王建、御史大夫柳甫请解围却兵，当君臣面缚。懿命斩之，檄告渊曰："楚、郑列国，而郑伯犹肉袒牵羊迎之。孤天子上公，而建等欲孤解围退舍，岂得礼邪！二人老耄，传言失指，已相为斩之。若意有未已，可更遣年少有明决者来！"渊复遣侍中卫演乞克日送任。懿谓演曰："军事大要有五：能战当战，不能战当守，不能守当走；馀二事，惟有降与死耳。汝不肯面缚，此为决就死也，不须送任！"壬午，襄平溃，渊与子脩将数百骑突围东南走，大兵

我军将士的人数是孟达的四倍,但粮食不够支持一个月。用一个月来谋取一年,怎么能不迅速?用四个人攻击一个人,即使损失一半的军队才能攻克,还是应当进攻的,这是用不管伤亡的方式与粮食竞争。如今敌寇士兵众多,我军人少,敌寇饥,我军饱,大雨大水又是这样,使我们无法展开进攻,即使加快速度,又能干什么?从京城出发以来,我们不担心敌寇进攻,只害怕敌寇逃走。现在,敌寇的粮食就要吃完了,而我们的包围还没有完成,劫掠他们的牛马,夺取他们的柴草,这是故意驱赶他们逃走。军事是一门充满了诡诈的学问,指挥作战必须善于随机应变。敌寇凭借人多,倚仗雨水,所以虽然饥饿困乏,但是仍不肯束手就擒,我们应当表现出无能为力的样子,以此使他们安心。为了夺取小利而惊吓他们,不是好计策。"魏朝廷听说军队遇到大雨,大臣们都主张撤军,魏明帝说:"司马懿面临危难,能够控制事情的变化,擒获公孙渊已指日可待了。"

雨停了,司马懿这才完成了包围,他筑土山,挖地道,使用盾、楼车、钩梯、冲车等器械,日夜攻城,箭矢、弹石密集如雨。公孙渊窘迫危急,粮食吃完,城内人吃人充饥,死去的人很多,公孙渊的将领杨祚等投降。八月,公孙渊派相国王建、御史大夫柳甫前来,请求解围退兵,他们君臣将反绑双手投降。司马懿下令将两人斩首,传送檄文告诉公孙渊说:"楚国、郑国是地位相等的国家,但郑国国君尚且脱去上衣,裸露身体,牵着羊,向楚王投降。我是天子的上公,而王建等人却想要我解围退军,这难道符合礼制吗!他们二人年老糊涂,传话有误,我已将他们斩首。如果你心里还有什么话没有说完,可另派年纪轻的、聪明而有决断能力的人前来!"公孙渊又派遣侍中卫演前来,请求指定日期,送儿子来当人质。司马懿对卫演说:"战争的重要原则有五条:能战就应当战,不能战就应当守,不能守就应当逃走;其余的两条,就只有投降和死了。你们不肯反绑双手投降,这就是决定去死了,不需送儿子来当人质!"壬午(二十三日),襄平陷落,公孙渊与他的儿子公孙脩率领数百名骑兵突围,向东南逃走,曹魏大军

急击之，斩渊父子于梁水之上。懿既入城，诛其公卿以下及兵民七千馀人，筑为京观。辽东、带方、乐浪、玄菟四郡皆平。

渊之将反也，将军纶直、贾范等苦谏，渊皆杀之。懿乃封直等之墓，显其遗嗣，释渊叔父恭之囚。中国人欲还旧乡者，恣听之。遂班师。

初，渊兄晃为恭任子在洛阳，先渊未反，数陈其变，欲令国家讨渊。及渊谋逆，帝不忍市斩，欲就狱杀之。廷尉高柔上疏曰："臣窃闻晃先数自归，陈渊祸萌，虽为凶族，原心可恕。夫仲尼亮司马牛之忧，祁奚明叔向之过，在昔之美义也。臣以为晃信有言，宜贷其死；苟自无言，便当市斩。今进不赦其命，退不彰其罪，闭著囹圄，使自引分，四方观国，或疑此举也。"帝不听，竟遣使赍金屑饮晃及其妻子，赐以棺衣，殡敛于宅。

急速追击,在梁水边上斩杀了公孙渊父子。司马懿进入襄平城后,诛杀公卿以下官员,及士兵、百姓共七千多人,将尸体堆积在一起,在尸体上封堆泥土,堆筑成高丘。辽东、带方、乐浪、玄菟四个郡,全部平定。

公孙渊打算反叛曹魏时,将军纶直、贾范等人苦苦劝谏,公孙渊把他们全都杀了。司马懿就加高纶直等人坟墓的封土,任命他们的后代当官,并释放了被公孙渊囚禁的叔父公孙恭。中原地区的人想返回故乡的,司马懿听凭他们随意返回。然后率军返回。

当初,公孙渊的哥哥公孙晃,在公孙恭当权时,被派往京城洛阳当人质,公孙渊反叛以前,公孙晃多次向魏朝廷陈述公孙渊可能会背叛,想让魏朝廷出兵讨伐公孙渊。等到公孙渊真的谋反,魏明帝不忍心在街市上把公孙晃斩首,想在监狱中将他处死。廷尉高柔上疏说:"我听说公孙晃事先多次表示自己忠于朝廷,揭发公孙渊正在谋划反叛,虽然他是反叛者的家族成员,但根据他的本心来看,是可以宽恕的。孔子信任司马牛,劝他不要忧惧,祁奚了解羊舌肸,说他没有过错,这都是从前的美好义行。我认为,如果公孙晃确实揭发过公孙渊,应该饶他一死;如果他没有,就应当在街市上公开斩首。如今,既不赦免他的性命,又不公开说明他的罪状,紧闭监狱大门,要迫使他自杀,各地人士知道这件事,或许会对这一举动产生疑虑。"魏明帝不接受他的劝告,最终还是派遣使臣带着金屑,迫使公孙晃以及他的妻子、儿女喝下,然后赏赐棺木衣物,在公孙晃的住宅中殓尸、出殡。

明帝奢靡

　　魏明帝青龙三年，帝好土功，既作许昌宫，又治洛阳宫，起昭阳、太极殿，筑总章观，高十馀丈，力役不已，农桑失业。司空陈群上疏曰："昔禹承唐、虞之盛，犹卑宫室而恶衣服。况今丧乱之后，人民至少，比汉文、景之时，不过一大郡。加边境有事，将士劳苦，若有水旱之患，国家之深忧也。昔刘备自成都至白水，多作传舍，兴费人役，太祖知其疲民也。今中国劳力，亦吴、蜀之所愿，此安危之机也，惟陛下虑之！"帝答曰："王业、宫室，亦宜并立，灭贼之后，但当罢守御耳，岂可复兴役邪！是固君之职，萧何之大略也。"群曰："昔汉祖唯与项羽争天下，羽已灭，宫室烧焚，是以萧何建武库、太仓，皆是要急，然高祖犹非其壮丽。今二虏未平，诚不宜与古同也。夫人之所欲，莫不有辞，况乃天王，莫之敢违。前欲坏武库，谓不可不坏也；后欲置之，

明帝奢靡

魏明帝青龙三年(235),魏明帝十分喜好建造宫殿,兴建了许昌宫后,又修筑洛阳宫,兴造昭阳殿、太极殿,建筑总章观,观高十多丈,民众服役不断,耕田种桑等农业生产活动无法正常进行。司空陈群上疏说:"从前,夏禹继承了唐尧、虞舜的兴盛,尚且居住在简陋的宫殿里,身穿粗劣的衣服。何况现在正处在丧亡混乱之后,人口极少,与汉文帝、汉景帝时相比,不超过当时的一个大郡。加上边境上还有战事,将士劳苦,如果发生水旱灾害,国家就会面临深深的忧患。从前,刘备从成都到白水,一路上兴建了很多馆舍,消耗了大量的人力,太祖曹操知道刘备正在使得他的人民疲惫。现在我们中原地区劳动人役,也是东吴、蜀汉所希望的,这是安危存亡的关键,请陛下深思!"魏明帝回答:"帝王大业和宫殿建造,也应该是并行的,消灭了敌寇以后,只能停止战事,解散军队,难道能再征发人民服役吗? 这原本是你的职责,也是萧何当年的宏大谋略。"陈群说:"从前,汉高祖仅与项羽争夺天下,项羽灭亡后,原有的宫殿已被烧毁,所以萧何兴建武库、粮仓,这都是当时重要而急切的事务,但是汉高祖仍认为建造得这样华丽壮观是不对的。现在两大敌房还没有平定,实在不应该做与古代相同的事情。人为了满足自己的欲望,总是有他的一套说法,何况身为皇帝的人,没有人敢违背他的意愿。先前,陛下想拆掉武器库,说不可以不拆掉;随后,想重建武器库,

谓不可不置也。若必作之,固非臣下辞言所屈;若少留神,卓然回意,亦非臣下之所及也。汉明帝欲起德阳殿,锺离意谏,即用其言,后乃复作之。殿成,谓群臣曰:'锺离尚书在,不得成此殿也。'夫王者岂惮一臣,盖为百姓也。今臣曾不能少凝圣听,不及意远矣。"帝乃为之少有减省。

帝耽于内宠,妇官秩石拟百官之数,自贵人以下至掖庭洒扫者,凡数千人。选女子知书可付信者六人,以为女尚书,使典省外奏事,处当画可。廷尉高柔上疏曰:"昔汉文惜十家之资,不营小台之娱;去病虑匈奴之害,不遑治第之事。况今所损者非惟百金之费,所忧者非徒北狄之患乎!可粗成见所营立以充朝宴之仪,讫罢作者,使得就农,二方平定,复可徐兴。《周礼》,天子后妃以下百二十人,嫔嫱之仪,既已盛矣。窃闻后庭之数,或复过之,圣嗣不昌,殆能由此。臣愚以为可妙简淑媛以备内官之数,其馀尽遣还家,且以育精养神,专静为宝。如此,则《螽斯》之征可庶而致矣。"帝报曰:"辄克昌言,他复以闻。"

帝又欲平北芒,令于其上作台观,望见孟津。卫尉辛毗谏曰:"天地之性,高高下下。今而反之,既非其理,加以

又说不可以不重建。如果陛下一定要建造宫殿，本不是我们臣下的话所能劝止的；如果陛下稍微留意一下历史的教训，圣明地回心转意，也不是我们臣下的进言发挥了作用。汉明帝打算兴建德阳殿，钟离意加以劝谏，汉明帝立即听从了他的劝告，后来，又仍然建造了德阳殿。宫殿建成后，汉明帝对群臣说：'钟离意尚书如果仍在，就不能建成这座宫殿了。'当帝王的人，难道会畏忌一个臣僚，只是为百姓着想罢了。如今我没能使陛下稍微听听我的话，我与钟离意相比，差远了。"听了这番话，魏明帝才稍稍有所减省。

魏明帝沉溺于后宫的美女中，宫中女官的品位和俸禄，都比照朝廷文武百官的规格，从贵人以下，到担任宫廷洒扫的宫女，共有数千人。挑选知晓书籍、能够传递和处理书信的宫女六人，任为女尚书，让她们掌管宫外政府官员呈报的奏章，处理批准。廷尉高柔上疏说："从前，汉文帝珍惜十家的费用，不肯兴建一座小台用于娱乐；霍去病忧虑匈奴的危害，顾不上建造住宅。何况现在所损耗的不只百金的费用，所忧虑的不仅仅是北狄的祸患呀！可粗略地完成现在正在修建的宫殿，以满足朝会、宴会礼仪的需要，建成了这些宫殿后，就停止兴建，让服徭役的人都去务农，等到东吴、蜀汉这两方平定以后，再慢慢地继续兴建。《周礼》记载，天子后妃以下各级姬妾，共一百二十人，这样，嫔妃宫女的礼仪排场，已经很盛大了。我听说，现在后宫中的人数，或许已超过《周礼》规定的几倍，陛下的子嗣未能昌盛，恐怕是由此造成的。我认为，可以精心选择一些贤淑美貌的女子留在宫中，以配齐内宫女官应有的人数，其馀的宫女全部遣送回家，陛下暂且休息静养，清心寡欲，蓄精育神。如此，《诗经·螽斯》子孙众多的征兆，就可能出现了。"魏明帝回答："你说得很好，我会克制自己的，其他的事情，可再说给我听。"

魏明帝又打算削平北芒山，下令让人在山上兴建台观，以遥望孟津。卫尉辛毗劝谏说："天地自然的特性，原本就是高高低低的。现在要背反它们的本来特性，既不符合自然之理，又加上

损费人功，民不堪役。且若九河盈溢，洪水为害，而丘陵皆夷，将何以御之！"帝乃止。

少府杨阜上疏曰："陛下奉武皇帝开拓之大业，守文皇帝克终之元绪，诚宜思齐往古圣贤之善治，总观季世放荡之恶政。曩使桓、灵不废高祖之法度，文、景之恭俭，太祖虽有神武，于何所施，而陛下何由处斯尊哉！今吴、蜀未定，军旅在外，诸所缮治，惟陛下务从约节。"帝优诏答之。阜复上疏曰："尧尚茅茨而万国安其居，禹卑宫室而天下乐其业。及至殷、周，或堂崇三尺，度以九筵耳。桀作璇室象廊，纣为倾宫鹿台，以丧其社稷；楚灵以筑章华而身受祸，秦始皇作阿房，二世而灭。夫不度万民之力以从耳目之欲，未有不亡者也。陛下当以尧、舜、禹、汤、文、武为法则，夏桀、殷纣、楚灵、秦皇为深诫。而乃自暇自逸，惟宫台是饰，必有颠覆危亡之祸矣。君作元首，臣为股肱，存亡一体，得失同之。臣虽驽怯，敢忘争臣之义！言不切至，不足以感寤陛下；陛下不察臣言，恐皇祖、烈考之祚坠于地。使臣身死有补万一，则死之日犹生之年也。谨叩棺沐浴，伏俟重诛！"奏御，帝感其忠言，手笔诏答。

帝尝著帽，被缥绫半袖。阜问帝曰："此于礼何法服也？"

损耗人力,人民承受不了这样的苦役。再说,如果各地的河流都暴涨泛滥,洪水成灾,而山脉丘陵都被铲平,将用什么来阻挡洪水呢?"魏明帝这才停止。

少府杨阜上疏说:"陛下承奉武皇帝曹操开创的帝王大业,恪守文皇帝曹丕完成武帝心愿建立起来的皇朝统系,实在应该追慕上古圣贤卓越的治国业绩,综观历代王朝末世的暴政。当初,假使汉桓帝、汉灵帝不败坏汉高祖的法令制度,不丢弃汉文帝、汉景帝谦恭节俭的作风,太祖曹操即使再神明威武,也没有用处,而陛下又怎么能处在现在这样尊贵的位置上呢?如今,东吴、蜀汉还未平定,军队还羁留在外,各类兴造工程,请陛下尽力节约。"魏明帝用措辞温良谦敬的诏书回答他。杨阜再次上疏说:"唐尧乐于住在茅草屋中,使得天下各地的城邑都能安居;夏禹将宫殿盖得十分简陋,使得天下各地的百姓都能乐业。到了商代、周代,有的殿堂仅三尺高,宽度只能容下九张竹席。夏桀建造美玉之室、象牙之廊,商纣修筑倾宫、鹿台,都因此而亡国;楚灵王因兴建章华台而身受大祸;秦始皇兴建阿房宫,传位二世而灭亡。不估量人民的劳力,只顾满足自己耳目的欲望,没有不灭亡的。陛下应当以唐尧、虞舜、夏禹、商汤、周文王、周武王作为自己取法的准则,以夏桀、商纣、楚灵王、秦始皇作为深切的鉴戒。然而,陛下却只管自己的安逸快乐,热衷于修造宫殿,这样,势必会有朝廷颠覆、国家危亡的灾祸。君王是头,臣僚是手脚,生死存亡,连在一起,祸福得失,共同分担。我虽然愚劣懦怯,但不敢忘记一个直言诤臣的大义!言辞不激切透彻,不足以感动陛下,使陛下醒悟;如果陛下不理会我的话,恐怕逝去的太祖曹操、世祖曹丕所确立的皇位,就会坠落到地上。假使我的一死能弥补缺失的万分之一,那么,我觉得我死的日子仍像我的有生之年一样。我手敲棺木,沐浴更衣,听候重罚!"奏疏呈上后,魏明帝被他的忠直之言所感动,亲笔书写诏书回答。

魏明帝曾经头上戴着帽子,身穿青白色绫的半袖衣服。杨阜寻问魏明帝说:"陛下的这身装束比照礼制规定,属于哪一种礼服?"

帝默然不答。自是不法服不以见阜。

阜又上疏欲省宫人诸不见幸者，乃召御府吏问后宫人数。吏守旧令，对曰："禁密，不得宣露。"阜怒，杖吏一百，数之曰："国家不与九卿为密，反与小吏为密乎！"帝愈严惮之。散骑常侍蒋济上疏曰："昔句践养胎以待用，昭王恤病以雪仇，故能以弱燕服强齐，羸越灭劲吴。今二敌强盛，当身不除，百世之责也。以陛下圣明神武之略，舍其缓者，专心讨贼，臣以为无难矣。"

中书侍郎东莱王基上疏曰："臣闻古人以水喻民曰：'水所以载舟，亦所以覆舟。'颜渊云'东野子之御，马力尽矣，而求进不已，殆将败矣。'今事役劳苦，男女离旷，愿陛下深察东野之敝，留意舟水之喻，息奔驷于未尽，节力役于未困。昔汉有天下，至孝文时唯有同姓诸侯，而贾谊忧之曰：'置火积薪之下而寝其上，因谓之安。'今寇贼未殄，猛将拥兵，检之则无以应敌，久之则难以遗后。当盛明之世，不务以除患，若子孙不竞，社稷之忧也。使贾谊复起，必深切于曩时矣。"帝皆不听。

殿中监督役，擅收兰台令史，右仆射卫臻奏按之。诏曰："殿舍不成，吾所留心，卿推之，何也？"臻曰："古制侵官

魏明帝沉默不语，没有回答。从此以后，魏明帝不穿上合乎礼制的礼服，就不与杨阜见面。

杨阜又上疏，主张减裁后宫没侍过寝的宫女，于是召来御府小吏，询问后宫人数。吏员遵守传统规定，回答说："这是宫中机密，不能泄露。"杨阜大怒，将吏员责打了一百杖，指责他说："国家不让九卿参与机密的事务，反而让你这个小吏参与机密事务吗？"魏明帝知道此事后，更加敬畏杨阜。散骑常侍蒋济上疏说："从前越王句践鼓励人民生育，准备日后征用，燕昭王抚恤生病的百姓，准备报仇雪恨，所以能使弱小的燕国制服强大的齐国，使羸弱的越国灭亡强劲的吴国。如今东吴、蜀汉两个敌人很强盛，陛下在位时如果不能除掉它们，百世的后代都会责备陛下。以陛下圣明神武的雄才大略，只要舍弃一些可以慢慢办理的事务，专心致志地讨伐敌寇，我认为没有什么困难。"

中书侍郎东莱人王基上疏说："我听说古人用水来比喻人民，说：'水可以载舟，也可以覆舟。'颜渊说：'东野子架马车，马已经跑得筋疲力尽了，却仍然不停地策马前进，恐怕要将马跑死了。'现在，徭役劳苦，夫妻远远地分离，希望陛下深思东野子的错误，留意水与舟的比喻，在马还没有跑得筋疲力尽的时候，让奔驰的马车停息下来，在人民还没有疲惫困乏的时候，就减省劳役。从前，汉皇朝占有天下，到汉文帝时，只有刘姓的诸侯封国，没有异姓诸侯封国，而贾谊已经担忧了，他说：'把火种放到柴堆下面，自己躺在柴堆上面，说是安全的。'现在，敌寇还未被消灭，勇猛的将领拥有重兵，加以约束就无法对付敌寇，时间久了就会产生尾大不掉的弊病，遗留祸患给后代。现在正当清明兴盛的时代，不致力于铲除祸患，如果子孙后代不强盛，国家就要陷于忧患之中了。假使贾谊复活，一定会比当时更深切地忧虑。"魏明帝全不理会。

殿中监督促建造宫殿之事，擅自逮捕兰台令史，右仆射卫臻奏请查办。魏明帝下诏说："宫殿不能完成，是我最关心的，你查办此事，究竟为何？"卫臻说："古代制定禁止官员互相侵犯职权

之法，非恶其勤事也，诚以所益者小，所堕者大也。臣每察校事，类皆如此，若又纵之，惧群司将遂越职，以至陵夷。”

尚书涿郡孙礼固请罢役，帝诏曰：“钦纳谠言。”促遣民作。监作者复奏留一月，有所成讫。礼径至作所，不复重奏，称诏罢民，帝奇其意而不责。帝虽不能尽用群臣直谏之言，然皆优容之。

秋七月，洛阳崇华殿灾。帝问侍中领太史令泰山高堂隆曰：“此何咎也？于礼宁有祈禳之义乎？”对曰：“《易传》曰：‘上不俭，下不节，孽火烧其室。’又曰：‘君高其台，天火为灾。’此人君务饰宫室，不知百姓空竭，故天应之以旱，火从高殿起也。”诏问隆：“吾闻汉武帝时柏梁灾，而大起宫殿以厌之，其义云何？”对曰：“夷越之巫所为，非圣贤之明训也。《五行志》曰：‘柏梁灾，其后有江充巫蛊事。’如《志》之言，越巫建章无所厌也，今宜罢散民役。宫室之制，务从约节，清扫所灾之处，不敢于此有所立作，则莲莆、嘉禾必生此地。若乃疲民之力，竭民之财，非所以致符瑞而怀远人也。”

秋八月，诏复立崇华殿，更名曰九龙。通引毂水过九龙殿前，为玉井绮栏，蟾蜍含受，神龙吐出。使博士扶风

的法令,不是憎恶官员办事勤奋,实在是因为这样做益处很小,所造成的害处很大。我每次观察检校政事都有类似的弊病,如果再放纵这类行为,不加制止,我怕各部门都将会侵权越职,以致国家的典章制度都要被败坏了。"

尚书涿郡人孙礼坚持请求停止劳役,魏明帝下诏说:"我采纳你忠直的建议。"催促有关部门把民工遣送回乡。监工的官员又上奏,请求再留用一个月,使正在建造的宫殿可以全部完成。孙礼径直前往建筑工地,不再重新奏请,就声称奉诏停工,遣送民工回家,魏明帝为孙礼的忠直言行而称奇,并没有责备他。魏明帝虽然对群臣的直言劝谏不能全部听取,但是都能宽厚地容忍这些意见。

秋季七月,洛阳崇华殿失火。魏明帝询问侍中兼太史令泰山人高堂隆说:"这是因为什么过错而引起的?根据礼制,可有祈求神灵禳除灾祸的说法吗?"高堂隆回答:"《易传》说:'上面的人不俭省,下面的人不节制,不祥的大火焚烧他们的房屋。'又说:'君王加高他的台殿,天火成灾。'这是说当君王的致力于修饰宫殿,不知道百姓的财力已经枯竭,所以上天感应,降下大旱,火从高高的宫殿烧起。"魏明帝又下诏询问高堂隆说:"我听说汉武帝时柏梁台失火,后来汉武帝反而大建宫殿来克压天灾,这种做法的意义怎么说呢?"高堂隆回答:"这种做法是出于夷越巫师的主张,并不是圣贤的英明告训。《五行志》记载:'柏梁台失火,随后发生了江充巫蛊之祸。'根据《五行志》的记载,越巫建议兴造建章宫,并没有克压住灾祸,现在应该停造宫殿,遣散民工。宫殿的规模建制,需尽力节约,把失火的崇华殿清扫干净,不再有大兴宫殿的举动,那么瑞草、嘉禾等预示吉祥的东西一定会在这里生出来。如果仍然使人民劳力疲惫,使人民财物竭尽,这就不是招来祥瑞,安抚远方人民,使他们归附的做法了。"

秋季八月,魏明帝下诏重建崇华殿,改名九龙殿。凿通水道引来榖水,流过九龙殿前,用玉石砌成水井,在井栏上雕刻花纹,水从玉蟾蜍口中流入,又从玉神龙的口中吐出。命博士扶风人

马钧作司南车、水转百戏。陵霄阙始构，有鹊巢其上，帝以问高堂隆，对曰："《诗》曰：'惟鹊有巢，惟鸠居之。'今兴宫室，起陵霄阙，而鹊巢之，此宫未成身不得居之象也。天意若曰：'宫室未成，将有他姓制御之。'斯乃上天之戒也。夫天道无亲，惟与善人，太戊、武丁睹灾竦惧，故天降之福。今若休罢百役，增崇德政，则三王可四，五帝可六，岂惟商宗转祸为福而已哉！"帝为之动容。

帝性严急，其督修宫室有稽限者，帝亲召问，言犹在口，身首已分。散骑常侍领秘书监王肃上疏曰："今宫室未就，见作者三四万人。九龙可以安圣体，其内足以列六宫。惟泰极已前，功夫尚大。愿陛下取常食禀之士，非急要者之用，选其丁壮，择留万人，使一期而更之。咸知息代有日，则莫不悦以即事，劳而不怨矣。计一岁有三百六十万夫，亦不为少。当一岁成者，听且三年。分遣其馀，使皆即农，无穷之计也。夫信之于民，国家大宝也。前车驾当幸洛阳，发民为营，有司命以营成而罢。既成，又利其功力，不以时遣。有司徒营目前之利，不顾经国之体。臣愚以为自今已后，傥复使民，宜明其令，使必如期；以次有事，宁复更发，无或失信。凡陛下临时之所行刑，皆有罪之吏、宜死之人也，

马钧制作指南车,制作用水运转的能表演百戏节目的大型玩具。陵霄阙刚搭好构架,就有鹊鸟在上面筑巢,魏明帝询问高堂隆对此事的看法,高堂隆回答:"《诗经》说:'鹊鸟有巢,斑鸠占居。'如今兴造宫殿,建筑陵霄阙,而鹊鸟在阙上筑巢,这是宫殿不能建成,此身不能住进去的预兆。上天的意思好像是说:'宫殿还未完成时,将有异姓之人进来支配统治。'这是上天的警告。天道并不特别亲近某个人,它只赐福给善良的人,商代的太戊、武丁目睹灾异的迹象,都惶悚恐惧,所以上天降给他们福分。现在如果停止各种劳役,更多地施行德政,那么陛下就可与古代圣贤并列,三王可增为四王,五帝可增为六帝,岂止是像太戊、武丁那样的转祸为福而已呀!"魏明帝听了为之动容。

魏明帝性情严厉急躁,那些督工修建宫殿的官吏,凡在时限内不能完工的,魏明帝就要亲自召他们来查问,他们常常口中还在解释,人头已被砍下。散骑常侍兼秘书监王肃上疏说:"如今宫殿还未完工,现有的民工有三四万人。九龙殿可以让陛下的圣体安居,殿内足以安置六宫的所有宫女。只有泰极殿在建九龙殿以前就动工了,至今还未完成,工程浩大。希望陛下召取常年享用国家粮饷而且目前没有紧急任务的人,从中选择成年男子一万人,从事宫殿建造,一年一更换。他们都知道有了替代休息之日,就会高兴地从事这项工作,即使劳苦也不会有怨言。这样计算下来,一年有三百六十万个劳动日,也不算少。应当一年完成的,不妨听凭其三年完成。遣散其馀征发的民工,让他们全都回家务农,这是夫役没有穷尽的计划。取信于百姓,是国家的重大财富。以前,陛下车驾将要前往洛阳时,征发民工修造营垒,有关部门向人们明确宣布,营垒建成后就遣送回家。但是营垒建成后,又贪图这些无偿的劳力,不按时遣返。有关部门只追求眼前的利益,不顾治理国家的大政方针。我认为,从今以后,倘若再征发民工,应该有明确的命令,使有关部门必须依照期限遣返民工;以后还有其他事情,宁可再次征发,不可丧失信用。凡是被陛下临时决定诛杀的人,都是有罪的官吏、该死的人。

然众庶不知，谓为仓卒。故愿陛下下之于吏，而暴其罪，钩其死也，无使污于宫掖而为远近所疑。且人命至重，难生易杀，气绝而不续者也，是以圣贤重之。昔汉文帝欲杀犯跸者，廷尉张释之曰：'方其时，上使诛之则已，今下廷尉，廷尉，天下之平，不可倾也。'臣以为大失其义，非忠臣所宜陈也。廷尉者，天子之吏也，犹不可以失平，而天子之身反可以惑谬乎！斯重于为己而轻于为君，不忠之甚也，不可不察。"

四年冬十月甲申，有星孛于大辰，又孛于东方。高堂隆上疏曰："凡帝王徙都立邑，皆先定天地、社稷之位，敬恭以奉之。将营宫室，则宗庙为先，厩库为次，居室为后。今圜丘、方泽、南北郊、明堂、社稷神位未定，宗庙之制又未如礼，而崇饰居室，士民失业。外人咸云宫人之用与军国之费略齐。民不堪命，皆有怨怒。《书》曰：'天聪明自我民聪明，天明畏自我民明威。'言天之赏罚，随民言，顺民心也。夫采椽、卑宫，唐、虞、大禹之所以垂皇风也；玉台、琼室，夏癸、商辛之所以犯昊天也。今宫室过盛，天彗章灼，斯乃慈父恳切之训。当崇孝子祗耸之礼，不宜有忽，以重天怒。"隆数切谏，帝颇不悦。侍中卢毓进曰："臣闻君明则臣直，古之圣王惟恐不闻其过，此乃臣等所以不及隆也。"帝

然而，庶民不知道具体情况，认为这样处以死罪过于匆忙了。所以希望陛下将这些人交付给有关官员审理，公布他们的罪状，同样是处死，不要让他们的血污染了宫廷，并且被内外远近的人猜疑。而且，人的性命最为重要，求生困难，杀戮容易，气断了，就不能再续接，所以圣贤十分慎重。从前，汉文帝想杀掉冒犯了出行车驾的人，廷尉张释之说：'当时，皇上假使杀掉他，也就罢了，现在已交付给廷尉审理，廷尉的职责是维护天下的公平，所以不可偏倚。'我认为张释之的话，完全丧失了大义，不是忠臣应该讲的。廷尉是天子的官吏，尚且不可以有失公平，而天子本人反而可以昏乱犯错吗？这是注重为自己，忽视了为君王，这是严重的不忠，不可不仔细考虑。"

四年（236）冬季十月甲申（十五日），天上有彗星出现在大辰星旁边，又出现在东方。高堂隆上疏说："每逢帝王迁徙都城、兴建城邑，都要先设定天神、地神、社神、稷神的地位，恭恭敬敬地供奉祭祀。打算兴建宫殿时，要首先建造宗庙，其次建造马厩、仓库，最后才建造居室。如今，祭祀各位神灵的圜丘、方泽、南北郊、明堂、社稷的神位还没有设定，宗庙的规模建制也不符合礼制规定，却大肆兴建和装饰居室，使人民失掉生业。外面的人都说，后宫的费用，与国家的军政开支，差不多相等。人民已无法负担，都心怀怨恨愤怒。《尚书》说：'上天的聪明，来自人民的聪明；上天的威严，来自人民的威严。'说的是上天的赏赐和惩罚，都是根据人民的看法，顺从人民的心愿而做出的。砍伐树木，不加刨削，直接用来作屋椽，把宫殿造得低矮简陋，这是唐尧、虞舜、夏禹所以能流传堂皇风范的原因；用美玉来兴建、装饰宫殿，这是夏桀、商纣所以冒犯上天的原因。现在宫殿过于盛大，天上的彗星明亮地照耀，这是仁慈天父的恳切告诫。陛下应像孝子那样恭敬地接受天父的训示，不应有所疏忽，使上天更加增添愤怒。"高堂隆曾多次激切地劝谏，魏明帝很不高兴。侍中卢毓进言说："我听说君王圣明，则臣下忠直，古代的圣明君王只怕听不到别人指出他的过失，这正是我们比不上高堂隆的地方。"魏明帝

乃解。毓,植之子也。

景初元年,徙长安钟簴、橐佗、铜人、承露盘于洛阳。盘折,声闻数十里。铜人重,不可致,留于霸城。大发铜铸铜人二,号曰"翁仲",列坐于司马门外。又铸黄龙、凤皇各一,龙高四丈,凤高三丈馀,置内殿前。起土山于芳林园西北陬,使公卿群僚皆负土,树松、竹、杂木善草于其上,捕山禽杂兽致其中。司徒军议掾董寻上疏谏曰:"臣闻古之直士,尽言于国,不避死亡,故周昌比高祖于桀、纣,刘辅譬赵后于人婢。天生忠直,虽白刃沸汤,往而不顾者,诚为时主爱惜天下也。建安以来,野战死亡,或门殚户尽,虽有存者,遗孤老弱。若今宫室狭小,当广大之,犹宜随时,不妨农务,况乃作无益之物。黄龙、凤皇、九龙、承露盘,此皆圣明之所不兴也,其功三倍于殿舍。陛下既尊群臣,显以冠冕,被以文绣,载以华舆,所以异于小人;而使穿方举土,面目垢黑,沾体涂足,衣冠了鸟,毁国之光以崇无益,甚非谓也。孔子曰:'君使臣以礼,臣事君以忠。'无忠无礼,国何以立!臣知言出必死,而臣自比于牛之一毛,生既无益,死亦何损!秉笔流涕,心与世辞。臣有八子,臣死之后,累陛下矣。"将奏,沐浴以待命。帝曰:"董寻不畏死邪!"主者奏收寻,有诏勿问。

这才平息了心中的怒气。卢毓是卢植的儿子。

　　景初元年(237)，魏国将原在长安的铜钟和钟架、铜骆驼、铜人、承露盘，迁往洛阳。承露盘折断，响声传到数十里以外。铜人太重，无法运到洛阳，只得留在霸城。朝廷下令大规模收罗铜料，另外铸成两个铜人，称作"翁仲"，分别放置在司马门外。又铸成黄龙、凤凰各一具，黄龙高四丈，凤凰高三丈馀，放置在皇宫内殿前面。又在芳林园西北角堆起土山，让公卿百官都去搬运泥土，山上种植松树、竹子以及各种树木、花草，并捕捉各种野禽走兽，放养在土山的树林中。司徒军议掾董寻上疏劝谏说："我听说古代的忠直之士，总是把对国家大事的看法全部向君王陈述，从不畏惧死亡，所以周昌将汉高祖比作夏桀、商纣，刘辅将赵飞燕比作婢女。他们天生忠直，即使面前放着雪亮的利刀和开水沸腾的大锅，也一往无前，义不反顾，实在是为当时的君王爱惜他们的天下。建安年间以来，在野外的征战中死了很多人，人民有的全家死光，有的一户灭尽，即使幸存的人，也都是老弱孤幼。如果现在的宫殿十分狭小，必须扩建，尚且应该利用适当的时候，不要妨碍农业生产，何况制作那些不必要的东西。黄龙、凤凰、九龙、承露盘，这些都是圣明的君王所不愿兴作的东西，这些东西所需的人力、物力是建造宫殿的三倍。陛下既然尊重群臣，让他们头戴冠冕，身穿绣服，乘坐华丽的车辆，以此区别于平民；现在却让他们挖泥背土，皮肤污黑，满脸污垢，身上都是灰尘，双脚沾满泥土，冠帽官服肮脏破烂，毁弃了国家的荣誉，去加高那座无用的土山，真是非常的不妥当。孔子说：'君王依照礼仪任用臣下，臣下竭尽忠心事奉君王。'不尽忠心，不行礼仪，国家依靠什么存在？我知道这些话说出后一定会死，但我把自己比作牛身上的一根毛，既然活着并无什么增益，死了又有什么减损呢？提笔流泪，此心已与世长辞。我有八个儿子，我死了以后，要烦累陛下抚养了。"将要上奏时，董寻沐浴一净，等待皇帝处置。魏明帝说："董寻真的不怕死啊！"主管官员上奏请求逮捕董寻，魏明帝下诏不加追究。

　　高堂隆上疏曰："今之小人，好说秦、汉之奢靡以荡圣心；求取亡国不度之器，劳役费损以伤德政：非所以兴礼乐之和，保神明之休也。"帝不听。

　　隆又上书曰："昔洪水滔天二十二载，尧、舜君臣南面而已。今无若时之急，而使公卿大夫并与厮徒共供事役，闻之四夷，非嘉声也，垂之竹帛，非令名也。今吴、蜀二贼，非徒白地小虏、聚邑之寇，乃僭号称帝，欲与中国争衡。今若有人来告'权、禅并修德政，轻省租赋，动咨耆贤，事遵礼度'，陛下闻之，岂不惕然恶其如此，以为难卒讨灭而为国忧乎！若使告者曰'彼二贼并为无道，崇侈无度，役其士民，重其赋敛，下不堪命，吁嗟日甚'，陛下闻之，岂不幸彼疲敝而取之不难乎！苟如此，则可易心而度，事义之数亦不远矣！亡国之主自谓不亡，然后至于亡；贤圣之君自谓亡，然后至于不亡。今天下凋敝，民无儋石之储，国无终年之畜，外有强敌，六军暴边，内兴土功，州郡骚动。若有寇警，则臣惧版筑之士不能投命虏庭矣。又，将吏奉禄，稍见折减，方之于昔，五分居一；诸受休者又绝禀赐；不应输者今皆出半。此为官入兼多于旧，其所出与参少于昔。而度支经用，更每不足，牛肉小赋，前后相继。反而推之，凡此诸费，

高堂隆上疏说："现在的小人，喜欢述说秦朝、汉朝的奢侈淫靡，以此迷惑陛下的心志；搜求获取前代丧亡、奢侈无度的器物，损耗劳力，浪费财力，伤害德政：这不是在兴盛礼乐的和谐，保有神灵的福禄啊。"魏明帝没有听从他的话。

　　高堂隆又上书说："从前，洪水成灾，波浪滔天，历时二十二年，唐尧、虞舜等君臣只是面朝南方，安然地坐着。现在，情况并没有像当时那样紧急，却要公卿大夫与奴仆役夫一同去服劳役，如果传到四方的蛮夷地区，并不是美好的声誉，如果记载到历史书上，也并不是美好的名声。如今，东吴、蜀汉二贼，并不是沙漠荒地上的小胡虏，不是聚集在乡邑中的小盗寇，而是僭越本分地自称皇帝，想与我们中原抗争的强敌。现在如果有人前来报告'孙权、刘禅都在完善德政，减轻赋税，任何举动都要征询老人和贤者的意见，任何事情都遵守礼制和制度'，陛下听了，难道会不震惊，不憎恶他们这样做，认为难以很快把他们消灭，并因此而为国家担忧吗？假若报告的人说'那两个敌寇都昏乱无道，奢侈淫逸，毫无节制，驱使士人平民服苦役，征收沉重的赋税，人民无法忍受，怨恨的声音一天高过一天'，陛下听了，难道会不庆幸他们疲惫衰敝，认为不难消灭他们吗？如果是这样的话，陛下可以换一换位置估量一下吧，事奉正义的命运就不远了！亡国的君主，总是自认为不会灭亡，最后终遭灭亡；圣贤的君王，总是自认为随时会灭亡，最后才没有灭亡。现在，天下凋敝，人民家中没有一石以上的存粮，国家没有一年以上的积蓄，外部有强大的敌人，大军暴露在边境，内部大兴土木，各地州郡骚动不安。如果边境传来敌寇入侵的警报，我怕那些负板筑墙的役夫，不能奔赴敌寇领土，为国家效命作战了。此外，将士官吏的俸禄逐渐减少，与从前相比，只有五分之一；那些退休的官吏，又断绝了俸禄赏赐；过去不纳赋税的人，现在全都要交纳一半。这样，政府的收入比以前增加一倍多，而正式的开支比以前减少三分之一。然而，度支尚书在安排收入支出时，反而年年不够，因此连卖牛肉也要收税，前后相袭成律。反过来推算，诸如此类的费用，

必有所在。且夫禄赐谷帛，人主所以惠养吏民而为之司命者也，若今有废，是夺其命矣。既得之而又失之，此生怨之府也。"帝览之，谓中书监、令曰："观隆此奏，使朕惧哉！"

尚书卫觊上疏曰："今议者多好悦耳：其言政治，则比陛下于尧、舜；其言征伐，则比二虏于狸鼠。臣以为不然。四海之内，分而为三，群士陈力，各为其主，是与六国分治无以为异也。当今千里无烟，遗民困苦，陛下不善留意，将遂凋敝，难可复振。武皇帝之时，后宫食不过一肉，衣不用锦绣，茵蓐不缘饰，器物无丹漆，用能平定天下，遗福子孙，此皆陛下之所览也。当今之务，宜君臣上下，计校府库。量入为出，犹恐不及；而工役不辍，侈靡日崇，帑藏日竭。昔汉武信神仙之道，谓当得云表之露以餐玉屑，故立仙掌以承高露。陛下通明，每所非笑。汉武有求于露而犹尚见非，陛下无求于露而空设之，不益于好而糜费功夫，诚皆圣虑所宜裁制也！"

时有诏录夺士女前已嫁为吏民妻者，还以配士，听以生口自赎；又简选其有姿色者内之掖庭。太子舍人沛国张茂上书谏曰："陛下，天之子也，百姓吏民，亦陛下子也，今夺彼以与此，亦无以异于夺兄之妻妻弟也！于父母之恩偏矣。

一定有它使用的地方。再说,俸禄、谷米、布帛,是君王用来赡养官吏和百姓的东西,这些东西决定了人们是否能活命,如果现在废除,这就是剥夺人们的生命。得到以后,又丧失掉,这就成为产生怨恨的源头。"魏明帝阅读了这道奏章后,对中书监、中书令说:"看高堂隆这道奏章,使我感到害怕!"

尚书卫觊上疏说:"现在议论朝政的人,多数都喜欢说一些让陛下觉得很舒服的话:他们谈到政治,就将陛下比作唐尧、虞舜;他们谈到征战,就将孙权、刘禅两个敌虏比作狸猫和老鼠。我认为不是这样。四海之内,分割成三个国家,众多的杰出人士贡献出自己的力量,各为他们的主人竭尽忠心,这与当时六国割据治理没有什么不同。如今,方圆千里没有人烟,幸存的人民生活困苦,陛下如果不好好地留心这些问题,国家将会更加萧条凋敝,难以重新振兴。武皇帝曹操时,后宫中进餐,只不过一盘肉,衣服不穿锦绣的,床褥不加修饰,器具不涂朱漆,因此能够平定天下,将福分遗留给子孙,这些都是陛下亲眼看到的。目前最重要的,应该让君王和臣僚上下同心,统计核对国库的粮食和财物。根据收入来安排支出,还怕不够;如果兴造工程不停息,奢侈浮靡的作风一天比一天厉害,国库一定会日益枯竭。从前,汉武帝崇信神仙方术,认为应当求得云端的露水,用来调和玉石粉末,喝下才能长生,所以铸造神仙手掌,以此承接高空的云露。陛下通达明智,经常批评嘲笑这种做法。汉武帝想求取露水,尚且被人们批评,陛下不想求取露水,却白白地摆设毫无作用的承露盘,既没有对好处有所增益,又浪费了大量的人力财力,这些实在都是陛下应该深思,并加裁减的!"

当时,魏明帝下诏,检索拘收士族的女儿,如果先前已嫁与吏员平民为妻,就听任士族用奴隶赎回与士人婚配;此外还挑选其中容貌美丽的送入皇宫。太子舍人沛国人张茂上书劝谏说:"陛下是天的儿子,平民百姓是陛下的孩子,现在夺取某些人的妻子,给另一些人做妻子,这与夺取哥哥的妻子给弟弟做妻子没什么两样! 对于当父母的人来说,就是恩爱有所偏向的表现。

又，诏书听得以生口年纪、颜色与妻相当者自代，故富者则倾家尽产，贫者举假贷赁，贵买生口以赎其妻。县官以配士为名而实内之掖庭，其丑恶乃出与士。得妇者未必喜而失妻者必有忧，或穷或愁，皆不得志。夫君有天下而不得万姓之懽心者，鲜不危殆。且军师在外数十万人，一日之费非徒千金，举天下之赋以奉此役，犹将不给，况复有宫庭非员无录之女。椒房母后之家，赏赐横与，内外交引，其费半军。昔汉武帝掘地为海，封土为山，赖是时天下为一，莫敢与争者耳。自衰乱以来，四五十载，马不舍鞍，士不释甲，强寇在疆，图危魏室。陛下不战战业业，念崇节约，而乃奢靡是务，中尚方作玩弄之物，后园建承露之盘，斯诚快耳目之观，然亦足以骋寇仇之心矣。惜乎！舍尧、舜之节俭而为汉武之侈事，臣窃为陛下不取也。"帝不听。

高堂隆疾笃，口占上疏曰："曾子有言曰：'人之将死，其言也善。'臣寝疾有增无损，常恐奄忽，忠款不昭，臣之丹诚，愿陛下少垂省览！臣观三代之有天下，圣贤相承，历数百载，尺土莫非其有，一民莫非其臣。然癸、辛之徒，纵心极欲，皇天震怒，宗国为墟，纣枭白旗，桀放鸣条，天子之尊，汤、武有之。岂伊异人？皆明王之胄也。黄初之际，天兆其戒，异类之鸟，育长燕巢，口爪胸赤，此魏室之大异也，

又下诏书容许用年龄、容貌可与妻子相当的奴隶，来赎回妻子，所以富裕的士人倾家荡产，贫穷的士人纷纷借债，出高价购买奴隶，用以赎回妻子。陛下用许配给士人为名，实际上是把她们召入后宫，其中那些相貌丑陋的才放给士人做妻子。这样，得到妻子的未必高兴，而失去妻子的必定悲哀，有的穷困，有的愁苦，都不满意。一个拥有天下，却得不到广大民众欢心的君王，很少有不陷于危险的。再说，我们屯驻在野外的大军有数十万人，一天的费用，不止千金，把全国的赋税收入全部用于军费开支，尚且不够，何况再加上后宫中那些编制以外簿籍中没有著录的宫女。此外，又对皇后、皇太后的娘家，任意赏赐，宫内宫外共同影响，费用相当于军费的一半。从前，汉武帝挖掘土地，凿成人工湖，堆积泥土，建成假山，倚仗的是当时天下统一，没有人敢同他对抗。自从汉末衰落战乱以来，四五十年，战马不离鞍，将士不解甲，强大的敌寇在边疆窥伺，谋划危害魏国。陛下不战战兢兢，考虑厉行节约，却只是追求奢侈浮靡，中尚方正在制作专供玩耍的器物，后花园又要设置承露盘，这些东西确实可以使耳目舒服愉快，然而也足以启动敌寇进犯的野心。痛心啊！舍弃了唐尧、虞舜的节俭美德，而去追慕汉武帝奢侈浮靡的举动，我私下以为陛下实在不应该这样啊。"魏明帝不肯听从。

高堂隆病重，口述了一道上疏，说："曾参曾说：'人之将死，其言也善。'我卧病在床，病情有增无减，一直害怕突然死去，无法向陛下表明忠心，我的一片赤诚，希望陛下稍稍留意察看一下！我观察夏、商、周三代占有天下的时候，圣贤英明的君王上下传承，经历了几百年，没有一尺土地不是属于他们所有，没有一个百姓不是他们的臣下。然而，夏桀、商纣之流，随心所欲，皇天震怒，宗庙社稷被毁成废墟，商纣的人头被悬挂在白旗上，夏桀被放逐到鸣条山，天子的尊贵地位，被商汤、周武王占据。难道夏桀、商纣都是别的什么人？不是，他们都是圣明君王的后裔。黄初年间，上天用预兆来表示警告，有一只怪异的鸟，在燕子巢中孵出并长大，嘴部、脚爪、前胸都是红色的，这是魏王室的大怪事，

宜防鹰扬之臣于萧墙之内。可选诸王,使君国典兵,往往棋跱,镇抚皇畿,翼亮帝室。夫皇天无亲,惟德是辅。民咏德政,则延期过历;下有怨叹,则辍录授能。由此观之,天下乃天下之天下,非独陛下之天下也!"帝手诏深慰劳之。未几而卒。

　　陈寿评曰:高堂隆学业修明,志存匡君,因变陈戒,发于恳诚,忠矣哉! 及至必改正朔,俾魏祖虞,所谓意过其通者欤!

应该提防在萧墙之内出现猛鹰飞扬般的臣僚。可选择一些曹姓亲王，让他们统治封国，掌管军队，像棋盘上的棋子一样，分布各地，镇守京畿地区，维护皇家。古书上说过，皇天不特别亲近某个人，谁有德行就辅助谁。人民歌颂德政，王朝的国运就会延长；人民怨恨叹息，上天就会收回地图和户录，授给其他贤能的人。由此看来，天下是天下人民的天下，不是陛下一个人的天下！"魏明帝亲笔书写诏书，亲切地慰劳了高堂隆。不久，高堂隆去世。

西晋史臣陈寿评论说：高堂隆学识渊博而纯正，一心一意地规劝、帮助君王，他利用灾异物变的征兆，提出劝诫警告，表现出发自内心的诚恳，真是忠心耿耿！只是一定要修改历法重新排定元旦日期，使曹魏王室祖述虞舜，这样做，难道不是对自己并不精通的东西过于坚持了吗？

司马懿诛曹爽

魏明帝景初二年。初，太祖为魏公，以赞令刘放、参军事孙资皆为秘书郎。文帝即位，更命秘书曰中书，以放为监，资为令，遂掌机密。帝即位，尤见宠任，皆加侍中、光禄大夫，封本县侯。是时，帝亲览万机，数兴军旅，腹心之任，皆二人管之。每有大事，朝臣会议，常令决其是非，择而行之。中护军蒋济上疏曰："臣闻大臣太重者国危，左右太亲者身蔽，古之至戒也。往者大臣秉事，外内扇动，陛下卓然自览万机，莫不祗肃。夫大臣非不忠也，然威权在下，则众心慢上，势之常也。陛下既已察之于大臣，愿无忘之于左右，左右忠正远虑，未必贤于大臣，至于便辟取合，或能工之。今外所言，辄云'中书'，虽使恭慎，不敢外交。但有此名，犹惑世俗，况实握事要，日在目前。倪因疲倦之间，

司马懿诛曹爽

　　魏明帝景初二年(238)。当初,魏太祖曹操是东汉的魏公,他任命赞县县令刘放、参军事孙资,一同担任秘书郎之职。魏文帝曹丕即位之后,便将秘书改名为中书,任命刘放为中书监,任命孙资为中书令,于是二人执掌了朝政机要。魏明帝曹叡即位后,对二人更加宠爱信任,都加授侍中、光禄大夫的职衔,封为本县侯。当时,魏明帝亲自处理各类朝政事务,多次发动征战,最机要的政务,都由二人负责。每次遇到重大的政事,朝中大臣会合商议,魏明帝曹叡常常命令他们二人最后裁决,由他们确定大臣的意见正确还是错误,然后选择实行。中护军蒋济上奏疏,说:"我听说大臣的权势太大,国家就危险了,与左右近臣太亲密,帝王自身就会被蒙蔽,这是古代最重要的鉴戒。过去,大臣掌权,内外动摇不安,陛下卓越地亲自处理各种事务,朝廷内外无不肃然恭敬,平静安定。并不是大臣们不忠诚,只是威权下移后,人们就会产生轻慢君王之心,这是正常的趋势。陛下既然已能洞察大臣权势太大所带来的问题,希望不要忘了与左右亲信关系过于亲密所造成的流弊,左右亲信的忠诚正直和深思远虑,不一定超过朝中大臣,至于投人所好,避人所忌,或许很精通。如今外面流传的说法是,'中书'虽然恭敬谨慎,却不敢结交政府官员。只要有了这一名称,就能迷惑住世俗之人,何况切实掌握着朝廷的机要,整天在陛下面前侍奉。倘若乘陛下疲倦的时候,

有所割制，众臣见其能推移于事，即亦因时而向之。一有此端，私招朋援，臧否毁誉，必有所兴，功负赏罚，必有所易，直道而上者或壅，曲附左右者反达。因微而入，缘形而出，意所狎信，不复猜觉。此宜圣智所当早闻，外以经意，则形际自见。或恐朝臣畏言不合而受左右之怨，莫适以闻。臣窃亮陛下潜神默思，公听并观，若事有未尽于理而物有未周于用，将改曲易调。远与黄、唐角功，近昭武、文之绩，岂牵近习而已哉！然人君不可悉任天下之事，必当有所付；若委之一臣，自非周公旦之忠，管夷吾之公，则有弄权败官之敝。当今柱石之士虽少，至于行称一州，智效一官，忠信竭命，各奉其职，可并驱策，不使圣明之朝有专吏之名也！"帝不听。

　　及寝疾，深念后事，乃以武帝子燕王宇为大将军，与领军将军夏侯献、武卫将军曹爽、屯骑校尉曹肇、骁骑将军秦朗等对辅政。爽，真之子；肇，休之子也。帝少与燕王宇善，故以后事属之。

　　刘放、孙资久典机任，献、肇心内不平。殿中有鸡栖树，二人相谓曰："此亦久矣，其能复几！"放、资惧有后害，阴图间之。燕王性恭良，陈诚固辞。帝引放、资入卧内，问曰：

窃弄权柄,臣僚们发现他们能够影响陛下的决定,就会顺着时势趋附他们。这种情况一旦萌发,私自拉帮结派,毁谤抨击、赞扬称誉等风气,必定会随着兴起,功过赏罚,必定会不公正,正直地通过正规的渠道而做官的人,或许会受到阻塞,曲意奉承依附左右的人,反而飞黄腾达。从细微的事情开始,逐渐形成显著的后果,陛下对他们一向亲近信任,不再有什么怀疑和警觉。这些弊病,应该是圣明智慧的陛下早就知晓的,在外再加以留意,那么形迹就会明显地呈现。有人恐怕朝中大臣顾忌所说的话不合左右亲信的意而受到他们的怨恨,不能根据实情,没有偏颇地奏告陛下知晓。我私下确信,陛下能深思细想,公正地倾听和看待不同意见,如果发现有不合情理的事情,和不适合实行的政策,就会变更修正。这样,从远处说,能与黄帝、唐尧比功,从近处说,能发扬光大魏武帝、魏文帝的业绩,岂止是纠正近来的习气而已呀!然而君王不可能亲自处理天下所有事务,必然要将一部分事务交付给他人办理;如果将这些事务全部托付给一个臣僚,这个臣僚假如不是像周公旦那样的忠诚,不是像管仲那样的公正,那么就会产生玩弄权术、败坏朝政的弊病。如今,栋梁之材虽然很少,但德行被一州之人称誉,智慧足以担当起一官责任,尽忠竭力,恪守官职的人很多,可以同时任用这些人,不要让圣明的朝代蒙上臣下专权的名声!"魏明帝没有听从他的劝告。

魏明帝病重时,记挂着身后的事情,就任命武帝曹操的儿子燕王曹宇为大将军,与领军将军夏侯献、武卫将军曹爽、屯骑校尉曹肇、骁骑将军秦朗等共同辅政。曹爽是曹真的儿子,曹肇是曹休的儿子。明帝从小就与燕王曹宇友善,所以向他托付后事。

刘放、孙资长时间地主管着朝廷机要,夏侯献、曹肇因此心中愤愤不平。宫殿中有一只鸡栖止在树上,二人相互说:"这只鸡占据这棵树已经很久了,看它还能再占据几天!"刘放、孙资害怕日后会有祸患,暗中策划离间魏明帝与曹宇、曹肇等人的关系。燕王曹宇性情谦恭温良,他向魏明帝恳切陈述,执意推辞委托给他的重任。魏明帝将刘放、孙资召进卧室中,询问他们说:

"燕王正尔为?"对曰:"燕王实自知不堪大任故耳。"帝曰:"谁可任者?"时惟曹爽独在帝侧,放、资因荐爽,且言:"宜召司马懿与相参。"帝曰:"爽堪其事不?"爽流汗不能对。放蹑其足,耳之曰:"臣以死奉社稷。"帝从放、资言,欲用爽、懿,既而中变,敕停前命。放、资复入见说帝,帝又从之。放曰:"宜为手诏。"帝曰:"我困笃,不能。"放即上床,执帝手强作之,遂赍出,大言曰:"有诏免燕王宇等官,不得停省中。"皆流涕而出。甲申,以曹爽为大将军。帝嫌爽才弱,复拜尚书孙礼为大将军长史以佐之。

是时,司马懿在汲,帝令给使辟邪赍手诏召之。先是,燕王为帝画计,以为关中事重,宜遣懿便道自轵关西还长安,事已施行。懿斯须得二诏,前后相违,疑京师有变,乃疾驱入朝。

三年春正月,懿至,入见,帝执其手曰:"吾以后事属君,君与曹爽辅少子。死乃可忍,吾忍死待君,得相见,无所复恨矣!"乃召齐、秦二王以示懿,别指齐王芳谓懿曰:"此是也,君谛视之,勿误也!"又教齐王令前抱懿颈。懿顿首流涕。是日,立齐王为皇太子。帝寻殂。

孙盛论曰:闻之长老,魏明帝天姿秀出,立发垂地,

"燕王曹宇为什么这样?"他们回答:"燕王曹宇其实知道自己无力担当这样重大的责任,所以执意推辞。"魏明帝说:"谁能担当这一重任?"当时只有曹爽一个人在魏明帝身边,刘放、孙资就推荐曹爽,并说:"应召司马懿一同辅政。"魏明帝说:"曹爽能否担当这一重任?"曹爽汗流浃背,紧张得不知怎么回答。刘放暗暗地踢了踢他的脚,在他耳边轻声说:"你就说,我将用性命来保护国家。"魏明帝听从了刘放、孙资的话,打算任用曹爽、司马懿辅政,不久,又中途改变主意,下诏收回前命。刘放、孙资又去见魏明帝,极力说服他,魏明帝又听从了他们的话。刘放说:"应该亲笔写一道诏书。"魏明帝说:"我非常疲困,全身无力,无法书写。"刘放就爬上御床,抓住魏明帝的手,勉强写下诏书,随后拿着诏书出了内宫,大声说:"陛下有诏书,免去燕王曹宇等人的官职,不准在朝中停留。"曹宇等人流泪退出朝中。甲申(十一月二十七日),任命曹爽为大将军。魏明帝嫌曹爽才能较差,又任命尚书孙礼为大将军长史,辅佐曹爽。

当时,司马懿正在汲县,魏明帝派给使辟邪携带亲笔诏书前去召他回来。在此以前,燕王曹宇为魏明帝筹划策略,认为关中事情重大,应该派遣司马懿通过近便的道路,从轵关向西返回长安,诏书已经下达。司马懿在很短的时间内接连接到两道诏书,前后内容又相矛盾,他怀疑京城中发生了事变,于是急速返回京城。

三年(239)春季正月,司马懿回到京城,入宫晋见魏明帝,魏明帝握着他的手说:"我把身后的事情托付给你,你与曹爽一同辅佐幼儿。死竟然可以忍住,我忍住死来等待你,现在能够相见,就不再有遗恨了!"于是把齐、秦二王召来让司马懿认识,并且特别指着齐王曹芳对司马懿说:"就是他了,你仔细看看他,不要看错!"又叫齐王上前抱住司马懿的脖子。司马懿磕头流泪。当天,立齐王曹芳为皇太子。不多久,魏明帝就去世了。

东晋史臣孙盛评论说:曾经从前辈们那里听说过,魏明帝仪态秀美,相貌堂堂,站立的时候长发可以垂到地上,

口吃少言，而沈毅好断。初，诸公受遗辅导，帝皆以方任处之，政自己出。优礼大臣，开容善直，虽犯颜极谏，无所摧戮，其君人之量如此之伟也。然不思建德垂风，不固维城之基，至使大权偏据，社稷无卫，悲夫！

太子即位，年八岁，大赦。尊皇后曰皇太后。加曹爽、司马懿侍中，假节钺，都督中外诸军、录尚书事。诸所兴作宫室之役，皆以遗诏罢之。

爽、懿各领兵三千人更宿殿内。爽以懿年位素高，常父事之，每事谘访，不敢专行。

初，并州刺史东平毕轨及邓飏、李胜、何晏、丁谧皆有才名，而急于富贵，趋时附势，明帝恶其浮华，皆抑而不用。曹爽素与亲善，及辅政，骤加引擢，以为腹心。晏，进之孙；谧，斐之子也。晏等咸共推戴爽，以为重权不可委之于人。丁谧为爽画策，使爽白天子发诏，转司马懿为太傅，外以名号尊之，内欲令尚书奏事，先来由己，得制其轻重也。爽从之。二月丁丑，以司马懿为太傅，以爽弟羲为中领军，训为武卫将军，彦为散骑常侍、侍讲，其馀诸弟皆以列侯侍从，出入禁闼，贵宠莫盛焉。

爽事太傅，礼貌虽存，而诸所兴造，希复由之。爽徙吏

虽然口吃而且很少讲话，但性格沉稳坚毅，善于决断。起初，各位接受曹丕遗诏的大臣辅佐他当政时，魏明帝都委任他们外出担当镇守一方的重任，朝廷政务都由自己处理。他对大臣优渥宽厚，以礼相待，心胸广大，赞许率直的批评，即使有人当面冒犯，激切地劝谏，也从不加以处罚诛杀，他作为君王的度量是这样的宽宏。但是，他没有考虑建立恩德，流传风范，没有去巩固维护国家安全的基础，以致使大权旁落，国家无人护卫，真是可悲！

皇太子曹芳继承皇帝之位，当时他年龄只有八岁，颁令大赦。尊称皇后为皇太后。加授曹爽、司马懿为侍中，特赐象征皇帝权威的符节和黄钺，都督中外诸军、录尚书事。各类兴修宫殿的工程，都以遗诏的名义下令停止。

曹爽、司马懿各率军三千人，轮流在宫内值宿。曹爽因司马懿年龄辈分和官位向来很高，一直将司马懿作为父辈来看待和侍奉，每件事都征询他的意见，不敢专断独行。

当初，并州刺史东平人毕轨以及邓飏、李胜、何晏、丁谧等人，都以才干闻名于世，但急于获取财富和高官，趋炎附势，魏明帝厌恶他们浮华不实的言行，都加以排斥，不予任用。曹爽一向与这些人亲近友善，等到辅政时，立即加以任用擢升，将他们作为自己的心腹亲信。何晏是何进的孙子，丁谧是丁斐的儿子。何晏等人全都拥戴曹爽，认为大权不可交付给他人。丁谧为曹爽出谋划策，让曹爽奏报皇帝，由皇帝下诏，晋升司马懿为太傅，外表上用高贵的名号来尊崇司马懿，其实是想让尚书启奏政事时，先经过曹爽，由他裁决，这样就可对朝政加以控制。曹爽听从了他的建议。二月丁丑（二十一日），皇帝曹芳任命司马懿为太傅，任命曹爽的弟弟曹羲为中领军，曹训为武卫将军，曹彦为散骑常侍、侍讲，曹爽其馀的弟弟们也都以列侯的身份担任皇家侍从，进出宫禁，尊贵宠幸，没人能与他们相比。

曹爽对待司马懿，虽然表面上仍保持着应有的礼貌，但各类朝政决策，都由曹爽自己做出，很少再通过司马懿。曹爽改迁吏

部尚书卢毓为仆射，而以何晏代之。以邓飏、丁谧为尚书，毕轨为司隶校尉。晏等依势用事，附会者升进，违忤者罢退，内外望风，莫敢忤旨。黄门侍郎傅嘏谓爽弟羲曰："何平叔外静而内躁，铦巧好利，不念务本，吾恐必先惑子兄弟，仁人将远而朝政废矣！"晏等遂与嘏不平，因微事免嘏官。又出卢毓为廷尉，毕轨复枉奏毓免官。众论多讼之，乃复以为光禄勋。孙礼亮直不挠，爽心不便，出为扬州刺史。

邵陵厉公正始四年冬十一月，宗室曹冏上书曰："古之王者，必建同姓以明亲亲，必树异姓以明贤贤。亲亲之道专用，则其渐也微弱；贤贤之道偏任，则其敝也劫夺。先圣知其然也，故博求亲疏而并用之，故能保其社稷，历纪长久。今魏尊尊之法虽明，亲亲之道未备，或任而不重，或释而不任。臣窃惟此，寝不安席。谨撰合所闻，论其成败曰：'昔夏、商、周历世数十，而秦二世而亡。何则？三代之君与天下共其民，故天下同其忧；秦王独制其民，故倾危而莫救也。秦观周之敝，以为小弱见夺，于是废五等之爵，立郡县之官。内无宗子以自毗辅，外无诸侯以为藩卫，譬犹芟刈股肱，

部尚书卢毓为仆射,任命何晏接替卢毓的职位。任命邓飏、丁谧为尚书,毕轨为司隶校尉。何晏等人倚仗曹爽的势力掌握大权,依附他们的人得到升迁,忤逆他们的人遭到罢黜,朝廷内外都屈服于他们的权势,没有人敢违背他们的意愿。黄门侍郎傅嘏对曹爽的弟弟曹羲说:"何晏外表恬静,但内心急躁,锋利机巧,热衷名利,却不想在根本上下功夫,我怕他必定会先迷惑你们兄弟,仁义的人将会远远离去,朝政将会败坏!"于是何晏等人就与傅嘏有了嫌隙,利用一件小事,免去了傅嘏的官职。又将卢毓逐出内朝,让他担任廷尉一职,毕轨又歪曲事实,向皇帝上奏,免去卢毓的官职。众人议论此事,很多人都为卢毓申辩,于是再任命卢毓为光禄勋。孙礼正直不屈,由于他的存在,曹爽感到不能随心所欲,于是让他出任扬州刺史。

邵陵厉公正始四年(243)冬季十一月,皇族曹冏上书说:"古代的帝王,必定要分封同姓宗族,建立藩国,以此表明亲近自己的亲族;必定要重用异姓的臣属,以此表明尊崇贤能。只采用亲近自己亲族的政策,政权就会逐渐趋于衰微;只采用尊崇异姓贤能的政策,政权就可能会被人强行夺去。先前的圣人懂得这个道理,所以广泛求取亲族和异姓中的贤能之人,同时并用,因而能保全他们的国家,经历很长的时期而不坠灭。现在,魏朝尊崇皇家的法规虽然很明确,但亲近自己亲族的政策措施却不完备,有的虽被任用,但职权不大,有的甚至被遗弃而不予以任用。我私下想到这一点,就无法安睡。现在谨就我所知道的,写成这篇文章,讨论历代王朝的成功和失败,文章说:'从前,夏朝、商朝、周朝,王位的传承都经历了数十代,但秦朝传到第二代就灭亡了。为什么会这样呢?夏、商、周三代的君王,与天下各封国的国君共同管辖人民,所以各封国与君王共同分担忧患;秦朝皇帝独自统治人民,所以国家面临危亡时,没有人前来救援。秦朝看到了周朝的弊病,认为王室小而弱,就会被强国吞并,于是废除了五等爵位和封国,设立郡县长官。这样,内部没有皇族子弟辅佐皇帝,外部没有诸侯封国捍卫中央,就好像砍断了手脚,

独任胸腹。观者为之寒心，而始皇晏然自以为子孙帝王万世之业也，岂不悖哉！故汉祖奋三尺之剑，驱乌集之众，五年之中，遂成帝业。何则？伐深根者难为功，摧枯朽者易为力，理势然也。汉监秦之失，封殖子弟，及诸吕擅权，图危刘氏，而天下所以不倾动者，徒以诸侯强大，磐石胶固故也。然高祖封建，地过古制，故贾谊以为欲天下之治安，莫若众建诸侯而少其力，文帝不从。至于孝景，猥用晁错之计，削黜诸侯，遂有七国之患。盖兆发高帝，衅钟文、景，由宽之过制，急之不渐故也。所谓"末大必折，尾大难掉"。尾同于体，犹或不从，况乎非体之尾，其可掉哉！武帝从主父之策，下推恩之令，自是之后，遂以陵夷，子孙微弱，衣食租税，不预政事。至于哀、平，王氏秉权，假周公之事而为田常之乱，宗室王侯，或乃为之符命，颂莽恩德，岂不哀哉！由斯言之，非宗子独忠孝于惠、文之间而叛逆于哀、平之际也，徒权轻势弱，不能有定耳。赖光武皇帝挺不世之姿，擒王莽于已成，绍汉嗣于既绝，斯岂非宗子之力也！而曾不监秦之失策，袭周之旧制，至于桓、灵，阉宦用事，君

只依靠胸腹。旁观的人都为此感到胆战心惊，但始皇帝却安然自得，自认为可以将皇帝之位让子子孙孙千世万世地传下去，难道不很荒谬吗！所以汉高祖刘邦举起三尺之剑，指挥乌合之众，五年之内，就完成了帝王大业。为什么会这样？砍伐深深扎根的大树，难以成功；摧枯拉朽，十分容易，情理形势就是这样。汉朝借鉴了秦朝的失误，分封皇族子弟，等到吕家的人独掌大权时，图谋危害刘姓皇族，而整个刘家天下所以没有倾覆动摇，其原因只不过是诸侯封国的力量强大，就好像用胶粘住了磐石。但是汉高祖分封建国，封国面积超过了古代的惯制，所以贾谊认为要想使得天下长治久安，最好的方法就是建立众多的诸侯封国，减小他们的地盘和力量，汉文帝没有接受他的建议。到了汉景帝的时候，匆匆忙忙地采用了晁错的计策，削弱诸侯，于是爆发了七国之乱。这一问题在汉高祖时已经开始萌发，到汉文帝、汉景帝时，各种嫌隙怨恨都汇聚起来了，这都是由于当初分封时的宽厚超过了古代的制度，而削减行动又过于急躁，不能逐渐进行的缘故。这就是所谓的"树梢太大，必然折断；尾巴太大，难以摆动"。尾巴与身子同一体，尚且有时还不听身子摆布，何况与身子不是一体的尾巴，怎么能够摆得动呢？汉武帝采纳了主父偃的计策，颁布推恩令，从此以后，封国力量衰颓，刘氏皇族子孙日益微弱，除收取租税维持衣食所需外，不参与政事。到汉哀帝、汉平帝时，王莽家族执掌大权，借周公辅佐周成王的历史事实，但干着田常篡夺齐国政权的勾当，皇族王侯，有的竟然制造符命祥瑞，歌颂王莽的恩德，难道还不悲哀吗！从这种现象来说，并不是皇族子弟仅仅在汉惠帝、汉文帝的时代是既忠又孝的，而到了汉哀帝、汉平帝的时代，就都成了叛逆，只不过到了后来，他们权力太小，势力太弱，因而无法有一个确定的立场。后光武帝刘秀挺出稀世罕有的英姿，在王莽已经成功的时候制住了他，在汉朝灭绝的时候又使它得以延续，这难道不是皇族子弟的力量吗？然而，由于没有吸取秦朝失策的教训，沿用周朝旧有的制度，以致到了汉桓帝、汉灵帝的时候，宦官专权，君王

孤立于上，臣弄权于下，由是天下鼎沸，奸宄并争，宗庙焚为灰烬，宫室变为榛薮。太祖皇帝龙飞凤翔，扫除凶逆。大魏之兴，于今二十有四年矣。观五代之存亡而不用其长策，睹前车之倾覆而不改于辙迹。子弟王空虚之地，君有不使之民；宗室窜于间阎，不闻邦国之政；权均匹夫，势齐凡庶。内无深根不拔之固，外无磐石宗盟之助，非所以安社稷，为万世之业也。且今之州牧、郡守，古之方伯、诸侯，皆跨有千里之土，兼军武之任；或比国数人，或兄弟并据；而宗室子弟曾无一人间厕其间，与相维制。非所以强干弱枝，备万一之虞也。今之用贤，或超为名都之主，或为偏师之帅。而宗室有文者必限小县之宰，有武者必致百人之上，非所以劝进贤能、褒异宗室之礼也。语曰"百足之虫，至死不僵"，以其扶之者众也。此言虽小，可以譬大。是以圣王安不忘危，存不忘亡，故天下有变而无倾危之患矣。'"冏冀以此论感寤曹爽，爽不能用。

八年二月，日有食之。时尚书何晏等朋附曹爽，好变改法度。太尉蒋济上疏曰："昔大舜佐治，戒在比周；周公辅政，慎于其朋。夫为国法度，惟命世大才，乃能张其纲维以垂于后，岂中下之吏所宜改易哉！终无益于治，适足伤民。宜使文武之臣，各守其职，率以清平，则和气祥瑞可感而致也！"

孤立地处在上面，臣僚弄权专断于下，因此天下动荡，奸邪之徒互相争夺，宗庙被烧成灰烬，宫殿变成草木丛杂的荒野。太祖皇帝如龙飞凤翔一般，扫除了凶徒叛逆。大魏朝的兴起，至今已有二十四年。观察五代的存亡，却不采用它们的好政策；目睹了前面车辆的倾覆，却不改变车道。皇族子弟封王的空有封国之名，不能真正拥有封地，作为封国的君主不能使唤领地的人民；皇族成员流窜到平民居住区，不知道国家大事；权力声势，与普通平民一样。朝廷内部缺乏深深扎根不可摧拔般的稳固，外部没有磐石般的宗族同盟的援助，这不是安定国家，建立万世大业的好方法。而且如今的州牧、郡守，就像古代的封疆大臣、封国诸侯，都占有方圆千里的土地，身兼军政重任；有的一家接连几个人担当一方重任，有的兄弟同时占据这类职位；但皇族子弟却没有一人能置身于这一重要职务的行列，与他们互相牵制。这不是加强主干，削弱枝叶，防备发生万一事变的好措施。现在任用贤能，有的越级擢升为大都市的长官，有的重用为一支军队的统帅。但皇族成员有文才的只能当小县的县长，有武功的只能当一个带领一百名士兵的百夫长，这不是奖励贤能、褒扬皇族的符合礼制的做法。俗话说"百足之虫，一直到死也不僵"，这是因为扶持躯体的脚很多。这句话讲的虽是小事，但可以用来比喻天下大事。所以圣明的君王在安定的时候不忘记危险，在生存的时候不忘记灭亡，因此即使天下发生变化，也不会有倾覆的祸患。'"曹冏希望用这一段论述来感动曹爽，使曹爽醒悟，但曹爽不能采纳。

八年（247）二月，日食。当时，尚书何晏等人结党依附曹爽，热衷更改国家的法令制度。太尉蒋济上奏疏说："从前虞舜辅佐唐尧治国时，禁止官员结党营私；周公辅政时，特别小心地提防朝臣拉帮结派。制定国家的法令制度，只有才能举世无双的人，才可使法令制度齐备完善，流传于后世，这难道是一些只有中下等才智的官吏可以随便改变的吗！终究无助于治理国家，仅足以伤害人民。应该让文武官员，各自恪守职责，都以清纯平和的态度来办事，那么就可感动上天，使上天降下祥和之气！"

大将军爽用何晏、邓飏、丁谧之谋，迁太后于永宁宫，专擅朝政，多树亲党，屡改制度。太傅懿不能禁，与爽有隙。五月，懿始称疾，不与政事。

九年，大将军爽骄奢无度，饮食衣服，拟于乘舆；尚方珍玩，充牣其家；又私取先帝才人以为伎乐。作窟室，绮疏四周，数与其党何晏等纵酒其中。弟羲深以为忧，数涕泣谏止之，爽不听。爽兄弟数俱出游，司农沛国桓范谓曰："总万机，典禁兵，不宜并出，若有闭城门，谁复内人者？"爽曰："谁敢尔邪！"

初，清河、平原争界，八年不能决。冀州刺史孙礼请天府所藏烈祖封平原时图以决之。爽信清河之诉，云图不可用，礼上疏自辨，辞颇刚切。爽大怒，劾礼怨望，结刑五岁，久之复为并州刺史。往见太傅懿，有忿色而无言。懿曰："卿得并州少邪？恚理分界失分乎？"礼曰："何明公言之乖也！礼虽不德，岂以官位往事为意邪？本谓明公齐踪伊、吕，匡辅魏室，上报明帝之托，下建万世之勋。今社稷将危，天下凶凶，此礼之所以不悦也！"因涕泣横流。懿曰："且止，忍不可忍！"

冬，河南尹李胜出为荆州刺史，过辞太傅懿。懿令两婢侍，持衣，衣落。指口言渴，婢进粥，懿不持杯而饮，粥皆流出沾胸。胜曰："众情谓明公旧风发动，何意尊体

大将军曹爽采用何晏、邓飏、丁谧的计谋，将皇太后迁移到永宁宫，自己独揽大权，专断朝政，安插了很多亲朋党羽，屡次更改制度。太傅司马懿不能禁止，于是与曹爽有了嫌隙。五月，司马懿开始声称患病，不再参与朝廷政事。

九年(248)，大将军曹爽骄横奢侈，没有限度，饮食、服饰依照皇帝的规格；为皇帝置办的珍宝奇玩，充满了他的私家；又私自将魏明帝的妃嫔带回家中充当女妓乐人。建造地下室，四周都雕刻出花纹，多次与他的党羽何晏等人在室中纵酒欢饮。曹爽的弟弟曹羲为此深感忧虑，多次流着泪进谏劝止，曹爽全不接受。曹爽兄弟时常一起出游，司农沛国人桓范对他们说："你们曹家兄弟，总揽朝廷大权，管辖禁军，不应该一同外出，如果有人关闭城门，谁能再进来？"曹爽说："谁敢这样做啊！"

当初，清河王与平原王发生边界纠纷，历时八年不能解决。冀州刺史孙礼请求拿出天府中收藏的魏明帝封平原王时的地图，来解决这一纠纷。曹爽听信了清河王的申诉，说地图不可用作证据，孙礼上疏申辩，措辞刚直激烈。曹爽大怒，指控孙礼心怀怨恨，判处他五年徒刑，过了很久，才恢复孙礼的官职，任命他为并州刺史。孙礼前去晋见太傅司马懿，脸上呈现出愤恨的神色，但沉默不语。司马懿说："你是嫌并州太小呢，还是为处理边界纠纷失去官位而怨恨？"孙礼说："明公您说的话，怎么这样不合情理了？我孙礼虽然无才无德，难道会因官位和往事而介意吗？我原本认为明公您可与伊尹、吕尚并列，辅助魏皇室，上报魏明帝的托付，下建万世的勋业。如今国家面临危亡，天下之人惶恐不安，这才是我孙礼不高兴的原因！"于是流泪痛哭。司马懿说："不要哭，暂且忍下这不可忍之事！"

冬季，河南尹李胜出任荆州刺史，他前去向太傅司马懿辞行。司马懿让两名婢女服侍自己，拿衣服时，竟然拿不住，衣服掉到地上。又指着自己的嘴巴说口渴，婢女送上粥，司马懿不用手拿碗，伸出嘴去喝，粥都从嘴里流出来，沾满了胸前。李胜说："大家都以为明公您风痹的老毛病又复发了，但没想到您的身体

乃尔！"懿使声气才属，说："年老枕疾，死在旦夕。君当屈
并州，并州近胡，好为之备。恐不复相见，以子师、昭兄弟
为托。"胜曰："当还忝本州，非并州。"懿乃错乱其辞曰："君
方到并州？"胜复曰："当忝荆州。"懿曰："年老意荒，不解君
言。今还为本州，盛德壮烈，好建功勋！"胜退，告爽曰："司
马公尸居馀气，形神已离，不足虑矣。"他日，又向爽等垂泣
曰："太傅病不可复济，令人怆然！"故爽等不复设备。

　　何晏闻平原管辂明于术数，请与相见。十二月丙戌，
辂往诣晏，晏与之论《易》。时邓飏在坐，谓辂曰："君自谓
善《易》，而语初不及《易》中辞义，何也？"辂曰："夫善《易》
者不言《易》也。"晏含笑赞之曰："可谓要言不烦也！"因谓
辂曰："试为作一卦，知位当至三公不？"又问："连梦见青蝇
数十，来集鼻上，驱之不去，何也？"辂曰："昔元、凯辅舜，周
公佐周，皆以和惠谦恭，享有多福，此非卜筮所能明也。今
君侯位尊势重，而怀德者鲜，畏威者众，殆非小心求福之
道也。又，鼻者天中之山，'高而不危，所以长守贵'，今青
蝇臭恶而集之，位峻者颠，轻豪者亡，不可不深思也！愿
君侯裒多益寡，非礼不履，然后三公可至，青蝇可驱也。"
飏曰："此老生之常谭。"辂曰："夫老生者见不生，常谭者

竟然会这样!"司马懿故意做出上气不接下气的样子,说:"我年老卧病,很快就会死去。你将要屈就并州刺史,并州接近胡人地区,要好好防备。我恐怕再也见不到你了,我把儿子司马师、司马昭兄弟托付给你。"李胜说:"我将返回原籍荆州,不是并州。"司马懿就故意颠倒错乱他的话,说:"你正要去并州?"李胜又说了一遍:"我将要前去荆州。"司马懿说:"我年纪老了,脑子糊涂了,听不懂你的话。如今返回你的本州当刺史,你德才卓越,好好地建立功勋!"李胜回来后,告诉曹爽说:"司马懿躯体虽在,却仅有一息尚存,神魂已与躯体脱离,不值得担忧了。"过了几天,李胜又向曹爽等人流着眼泪说:"太傅司马懿的病无法医治了,真让人悲伤!"所以曹爽等人对司马懿不再加以防备。

何晏听说平原人管辂精通占卜预测之学,就请求与管辂见面。十二月丙戌(二十八日),管辂前去晋见何晏,何晏与他谈论《周易》。当时邓飏也在座,他对管辂说:"你自称通晓《周易》,但谈论的话一直没有涉及《周易》中的文辞含义,这是什么缘故?"管辂说:"真正精通《周易》的人,不谈论《周易》本身。"何晏含笑赞许他说:"你可称得上要言不烦!"于是对管辂说:"请你为我试着占卜一卦,看我的官位将来是否能升到三公?"又询问管辂说:"我接连梦见几十只苍蝇飞来,聚集在我的鼻子上,赶也赶不走,这是为什么?"管辂说:"从前八元、八凯辅佐虞舜,周公辅佐周王室,都用温和仁爱、谦恭有礼的态度来行事,所以享有多种福分,这不是占卜所能解释的。现在君侯您的地位尊贵,权势显赫,但感怀您恩德的人极少,畏惧您威势的人众多,这恐怕不是小心求福的途径。另外,在相面书上,鼻子被称为天中之山,古人说'高而不危殆,就可以长久地保持富贵',现在苍蝇闻到了恶臭而聚集在鼻子上,官位太高峻了就会跌落,为人轻慢而豪横就会覆亡,不可不加以认真而仔细地考虑! 希望君侯减少您已经过于多的东西,补充您缺少的东西,不合礼义的事情不要做,然后三公自然可以当上,苍蝇自然可被赶走。"邓飏说:"这真是老生常谈。"管辂说:"老生能看到那些不能生的人,常谈的人

见不谭。"辂还邑舍，具以语其舅，舅责辂言太切至。辂曰："与死人语，何所畏邪！"舅大怒，以辂为狂。

　　太傅懿阴与其子中护军师、散骑常侍昭谋诛曹爽。

　　嘉平元年春正月甲午，帝谒高平陵，大将军爽与弟中领军羲、武卫将军训、散骑常侍彦皆从。太傅懿以皇太后令，闭诸城门，勒兵据武库，授兵出屯洛水浮桥。召司徒高柔假节行大将军事，据爽营。太仆王观行中领军事，据羲营。因奏爽罪恶于帝曰："臣昔从辽东还，先帝诏陛下、秦王及臣升御床，把臣臂，深以后事为念。臣言：'太祖、高祖亦属臣以后事，此自陛下所见，无所忧苦。万一有不如意，臣当以死奉明诏。'今大将军爽，背弃顾命，败乱国典。内则僭拟，外则专权，破坏诸营，尽据禁兵。群官要职，皆置所亲，殿中宿卫，易以私人，根据槃互，纵恣日甚。又以黄门张当为都监，伺察至尊，离间二宫，伤害骨肉。天下汹汹，人怀危惧。陛下便为寄坐，岂得久安！此非先帝诏陛下及臣升御床之本意也。臣虽朽迈，敢忘往言！太尉臣济等皆以爽为有无君之心，兄弟不宜典兵宿卫，奏永宁宫，皇太后令敕臣如奏施行。臣辄敕主者及黄门令罢爽、羲、训吏兵，

能看到那些不能谈的人。"管辂回到家中，把事情的经过全部告诉给了舅舅，舅舅责备管辂的话太过激切，太过直露。管辂反驳说："同死人讲话，有什么可害怕的呢？"舅舅十分生气，认为管辂是个疯子。

太傅司马懿秘密地与他的儿子中护军司马师、散骑常侍司马昭谋划诛杀曹爽。

嘉平元年（249）春季正月甲午（初六），皇帝曹芳出城拜谒魏明帝的高平陵，大将军曹爽与他的弟弟中领军曹羲、武卫将军曹训、散骑常侍曹彦，都随从前去。太傅司马懿宣称奉皇太后的命令，关闭京城各道城门，带兵占据武器库，分发武器给所统军队，率军出城，驻守在洛水浮桥。召请司徒高柔，特赐象征皇权的符节，行大将军事，进占曹爽的军营。又任命太仆王观行中领军事，进占曹羲的军营。于是上奏书，向皇帝指控曹爽的罪行，说："我昔日从辽东返回，先帝下诏让陛下、秦王以及我，登上御床，他握住我的手臂，深深地为身后的事情忧虑。我说：'太祖、高祖也都把身后之事托付给我，这是陛下亲眼看见的，没有什么可忧虑悲苦的。万一发生不如意的事情，我将用性命来遵奉您的旨意。'现在大将军曹爽背弃了先帝的遗命，败坏淆乱了国家的典章制度。在内超越臣僚本分，比拟皇帝；在外专权独断，破坏军事体制，控制所有的禁军。文武百官中的重要职位，都任命他的亲信担任；宫中值宿的卫士，都换成他私家的人；亲党势力盘根错节，蔓延缠绕，骄横纵恣的程度一天比一天厉害。又任命黄门张当为都监，监视陛下；离间陛下与皇太后的关系，伤害母子间的骨肉感情。天下动荡不安，人心惶恐惊惧。陛下您就像暂时借坐皇帝的宝座一样，怎么能够长治久安？这绝不是当初先帝下诏让陛下与我同登御床接受遗命的本意。我虽老朽年迈，但怎么敢忘记以前的誓言！太尉蒋济等人都认为曹爽心目中已没有君王，曹家兄弟不适宜再统领禁军，值宿守卫皇宫，我已上奏永宁宫的皇太后，皇太后命令我依照奏章上所说的执行。我擅自命令主管官员及黄门令罢免曹爽、曹羲、曹训的官职和兵权，

以侯就第，不得逗留，以稽车驾；敢有稽留，便以军法从事！臣辄力疾将兵屯洛水浮桥，伺察非常。"爽得懿奏事，不通，迫窘不知所为，留车驾宿伊水南，伐木为鹿角，发屯田兵数千人以为卫。

懿使侍中高阳许允及尚书陈泰说爽，宜早自归罪。又使爽所信殿中校尉尹大目谓爽，唯免官而已，以洛水为誓。泰，群之子也。

初，爽以桓范乡里老宿，于九卿中特礼之，然不甚亲也。及懿起兵，以太后令召范，欲使行中领军。范欲应命，其子止之曰："车驾在外，不如南出。"范乃出。至平昌城门，城门已闭。门候司蕃，故范举吏也，范举手中版以示之，矫曰："有诏召我，卿促开门！"蕃欲求见诏书，范呵之曰："卿非我故吏邪？何以敢尔！"乃开之。范出城，顾谓蕃曰："太傅图逆，卿从我去！"蕃徒行不能及，遂避侧。懿谓蒋济曰："智囊往矣！"济曰："范则智矣，然驽马恋栈豆，爽必不能用也。"

范至，劝爽兄弟以天子诣许昌，发四方兵以自辅。爽疑未决，范谓羲曰："此事昭然，卿用读书何为邪！于今日卿等门户，求贫贱复可得乎！且匹夫质一人，尚欲望活，卿与天子相随，令于天下，谁敢不应也！"俱不言。范又谓羲曰："卿别营近在阙南，洛阳典农治在城外，呼召如意。

各以侯爵的身份，返回住宅，不得停留，阻挠皇上车驾返宫；有敢阻挠皇上车驾的，就按照军法处置！我又擅自强撑着率军驻守在洛水浮桥，监视有无异常情况发生。"曹爽得到司马懿的奏章，不敢立即呈交给皇帝，惊慌窘迫，不知道该怎么办，于是将皇帝车驾停留在伊水南面过夜，下令砍伐树木作军事障碍物鹿角，征调屯田兵数千人，担任防卫。

司马懿派侍中高阳人许允及尚书陈泰前去游说曹爽，劝说他最好还是早些返回，承认自己的罪行。又派曹爽所信任的殿中校尉尹大目对曹爽说，司马懿的目的仅仅是免除曹爽的官职而已，并对着洛水发誓保证。陈泰是陈群的儿子。

当初，曹爽因为桓范是同乡的长辈，所以在九卿之中对桓范特别礼敬，但是并不十分亲近。等到司马懿发动兵变时，司马懿用皇太后的命令征召桓范，想让他担任中领军。桓范本打算接受任命，但他的儿子劝止他说："皇上的车驾在城外，不如从南面出城。"于是桓范向南出城。到平昌城门时，城门已经关闭。门候司蕃是桓范荐举的官吏，桓范举起手中的版牍给司蕃看，谎称："皇上下诏书征召我，你赶快打开城门！"司蕃想要查看诏书，桓范呵责他道："你不是我的老部下吗？怎么敢这样做！"司蕃于是打开了城门。桓范出了城，回过头来对司蕃说："太傅司马懿谋反，你跟随我离开吧！"司蕃步行，追不上桓范，于是到路旁躲避起来了。司马懿对蒋济说："曹爽的智囊去了！"蒋济说："桓范确实是智谋超人，但是劣马留恋马厩中的黑豆，曹爽肯定不能采纳桓范的建议。"

桓范到达后，劝曹爽兄弟带着皇帝前往许昌，征调四方军队辅助自己。曹爽迟疑不决，桓范对曹羲说："这件事十分明显，你们读书有什么用！就你们今天的权势地位来说，能再想求得一个贫困低贱的处境吗？而且一个普通平民劫持一个人质，人们尚且希望他能存活，你们与皇上在一起，号令天下，谁敢不响应！"曹家兄弟都默不作声。桓范又对曹羲说："你的另一座军营近在伊阙南面，洛阳典农的官署也在城外，下令征调，就能集结。

今诣许昌，不过中宿。许昌别库，足相被假。所忧当在谷食，而大司农印章在我身。"羲兄弟默然不从。自甲夜至五鼓，爽乃投刀于地曰："我亦不失作富家翁！"范哭曰："曹子丹佳人，生汝兄弟，独犊耳！何图今日坐汝等族灭也！"

爽乃通懿奏事，白帝下诏免己官，奉帝还宫。爽兄弟归家，懿发洛阳吏卒围守之，四角作高楼，令人在楼上察视爽兄弟举动。爽挟弹到后园中，楼上人便唱言："故大将军东南行！"爽愁闷不知为计。

戊戌，有司奏："黄门张当私以所择才人与爽，疑有奸。"收当付廷尉考实，辞云："爽与尚书何晏、邓飏、丁谧、司隶校尉毕轨、荆州刺史李胜等阴谋反逆，须三月中发。"于是收爽、羲、训、晏、飏、谧、轨、胜并桓范皆下狱，劾以大逆不道，与张当俱夷三族。

初，爽之出也，司马鲁芝留在府，闻有变，将营骑斫津门出赴爽。及爽解印绶，将出，主簿杨综止之曰："公挟主握权，舍此以至东市乎？"有司奏收芝、综治罪，太傅懿曰："彼各为其主也。"宥之。顷之，以芝为御史中丞，综为尚书郎。

鲁芝将出，呼参军辛敞欲与俱去。敞，毗之子也，其姊宪英为太常羊耽妻。敞与之谋曰："天子在外，太傅闭城门，

现在前往许昌，不到次日夜就能到达。许昌还有另一座武器库，库中武器装备足够分发给士兵。所需担心的只是粮食，而大司农的印章就在我身上。"曹羲兄弟沉默不语，没有听从桓范的建议。从初夜到五更拂晓，仍不能决定，于是曹爽将佩刀掷到地上，说："免去官职，我也不失当一个富家翁！"桓范哭着说："曹真是豪杰，生出你们兄弟，却都是小猪小牛！没有想到今天会被你们连累，落得全族诛灭的下场！"

曹爽于是将司马懿的奏书呈交给皇帝，请皇帝下诏免除自己的官位，然后护送皇帝返回宫中。曹爽兄弟也返回家中，司马懿派遣洛阳官吏和士兵包围和看守住曹家兄弟的住宅，在住宅四角造起高楼，命人在高楼上监视曹爽兄弟的行动。曹爽拿着弹弓到后花园中，高楼上的人就高声大叫："前大将军，向东南行走。"曹爽忧愁烦闷，不知怎么对付。

戊戌（初十），有官员上奏："黄门张当私下选择才人献给曹爽，怀疑他们之间有奸诈的阴谋。"于是逮捕张当交付廷尉审问查实，张当的供词说："曹爽与尚书何晏、邓飏、丁谧、司隶校尉毕轨、荆州刺史李胜等，阴谋反叛，等到三月中旬发动。"于是逮捕曹爽、曹羲、曹训、何晏、邓飏、丁谧、毕轨、李胜以及桓范，将他们都关进监狱，上奏皇帝，以大逆不道的罪名弹劾他们，将他们与张当一同斩首，并且诛灭三族。

当初，曹爽出城时，司马鲁芝留守在曹爽的官府中，他得知发生事变的消息后，率领军营中的骑士砍开津门，出城奔赴曹爽处。等到曹爽请求免职，解下印信绶带，将要出门时，主簿杨综劝止他说："您挟持着皇帝，手中握有大权，要舍弃这些而前往东市刑场吗？"相关部门上奏，请求逮捕鲁芝、杨综治罪，太傅司马懿说："他们是各为其主。"赦免了他们。不久，任命鲁芝为御史中丞，任命杨综为尚书郎。

鲁芝将要出城奔赴曹爽处时，招呼参军辛敞，想与他一同前去。辛敞是辛毗的儿子，他的姐姐辛宪英是太常羊耽的妻子。辛敞与姐姐商量说："皇帝在城外，太傅司马懿关闭了城门，

人云将不利国家,于事可得尔乎?"宪英曰:"以吾度之,太傅此举,不过以诛曹爽耳。"敞曰:"然则事就乎?"宪英曰:"得无殆就!爽之才非太傅之偶也。"敞曰:"然则敞可以无出乎?"宪英曰:"安可以不出!职守,人之大义也。凡人在难,犹或恤之;为人执鞭而弃其事,不祥莫大焉。且为人任,为人死,亲昵之职也,从众而已。"敞遂出。事定之后,敞叹曰:"吾不谋于姊,几不获于义!"

先是,爽辟王沈及泰山羊祜,沈劝祜应命。祜曰:"委质事人,复何容易!"沈遂行。及爽败,沈以故吏免,乃谓祜曰:"吾不忘卿前语。"祜曰:"此非始虑所及也!"

爽从弟文叔妻夏侯令女,早寡而无子,其父文宁欲嫁之,令女刀截两耳以自誓,居常依爽。爽诛,其家上书绝昏,强迎以归,复将嫁之。令女窃入寝室,引刀自断其鼻。其家惊惋,谓之曰:"人生世间,如轻尘栖弱草耳,何至自苦乃尔!且夫家夷灭已尽,守此欲谁为哉?"令女曰:"吾闻仁者不以盛衰改节,义者不以存亡易心。曹氏前盛之时,尚欲保终,况今衰亡,何忍弃之!此禽兽不行,吾岂为乎!"司马懿闻而贤之,听使乞子字养为曹氏后。

人们传言说太傅将图谋不轨,危害国家,事情是这样的吗?"辛宪英说:"依我推测,太傅司马懿的这次行动,不过是想以此来诛杀曹爽罢了。"辛敞说:"既是这样,那么事情会成功吗?"辛宪英说:"恐怕已近乎成功了!曹爽的才能无法与太傅司马懿相比。"辛敞说:"既然这样,我辛敞可以不出城吗?"辛宪英说:"怎么可以不出城!臣僚恪守职分,是做人的最大道义。普通人处在危难中,尚且要去援助;当人家的部属,为人执鞭驾车,却丢弃自己的职守,没有比这更大的不祥了。再说为人尽到责任,为人去死,这是亲信宠爱之人的职责,你还是随着众人的做法去做吧。"于是辛敞出了城。事情平定以后,辛敞叹息着说:"如果我不同姐姐商量,几乎丧失了道义!"

在此以前,曹爽征辟王沈及泰山人羊祜为官,王沈劝羊祜接受任命。羊祜说:"委身事奉他人,难道那么容易!"王沈就单独前往。等到曹爽败亡时,王沈因为是曹爽的旧部属,被免去官职,于是他对羊祜说:"我没有忘记你以前讲过的话。"羊祜说:"这种情形也不是我当初就能想到的!"

曹爽堂弟曹文叔的妻子夏侯令女,早年守寡,没有子女,她的父亲夏侯文宁想要她再嫁人,夏侯令女用刀割掉自己的两个耳朵,誓不再嫁,平时生活起居一直依靠曹爽。曹爽被诛杀后,她的家人上书朝廷,与曹家断绝婚姻关系,将夏侯令女强行接回娘家,又打算要她再嫁。夏侯令女偷偷进入寝室,拿刀割下自己的鼻子。她的家人惊骇叹息,对她说:"人生在世,就如一粒轻尘落在柔弱的小草上,何必这样折磨自己呢!再说,你丈夫的家族已被全部杀尽,你想为谁守节呢?"夏侯令女说:"我听说心怀仁爱的人,不因为别人的兴盛衰落,改变节操;坚守信义的人,不因为别人的生存灭亡,改变心意。曹家从前兴盛的时候,我尚且想守节终身,何况现在衰亡了,我怎么忍心抛弃他们啊!这是禽兽都不愿做的事情,我难道可以做这种事情吗!"司马懿听说这件事情后,十分赞许她的贤惠,听凭她领养别人的儿子,作为曹家的后裔。

何晏等方用事，自以为一时才杰，人莫能及。晏尝为名士品目曰："'唯深也故能通天下之志'，夏侯泰初是也。'唯几也故能成天下之务'，司马子元是也。'惟神也不疾而速，不行而至'，吾闻其语，未见其人。"盖欲以神况诸己也。

选部郎刘陶，晔之子也，少有口辩，邓飏之徒称之以为伊、吕。陶尝谓傅玄曰："仲尼不圣。何以知之？智者于群愚，如弄一丸于掌中。而不能得天下，何以为圣！"玄不复难，但语之曰："天下之变无常也，今见卿穷。"及曹爽败，陶退居里舍，乃谢其言之过。

管辂之舅谓辂曰："尔前何以知何、邓之败？"辂曰："邓之行步，筋不束骨，脉不制肉，起立倾倚，若无手足，此为'鬼躁'。何之视候则魂不守宅，血不华色，精爽烟浮，容若槁木，此为'鬼幽'。二者皆非遐福之象也。"

何晏性自喜，粉白不去手，行步顾影。尤好老、庄之书，与夏侯玄、荀粲及山阳王弼之徒，竞为清谈，祖尚虚无，谓"六经"为圣人糟粕。由是天下士大夫争慕效之，遂成风流，不可复制焉。

何晏等人正掌权的时候，自以为是一代英才俊杰，没有人能比得上他们。何晏曾经品评名士等级，说："'因为深思远虑，所以能通晓天下大势'，夏侯玄是这种人。'因为洞察万事的萌发，所以能完成天下大业'，司马师是这种人。'因为出神入化，所以不用加快就可飞速，不用前行就可到达'，我听到过这种说法，但还未看见过这种人。"其实他是想以出神入化来比喻自己。

选部郎刘陶是刘晔的儿子，从小就能言善辩，邓飏之辈称誉他，将他比作伊尹、吕尚。刘陶曾经对傅玄说："孔子并不圣明。通过什么知道这一点？智慧的人面对一大群愚昧的人，就可像用手掌玩弄一个球丸那样，把他们玩得团团转。但孔子却不能得到天下，怎么能算圣人！"傅玄没有加以诘难，只是告诉他说："天下的事情是变化无常的，今天这番话，显示了你的浅薄。"等到曹爽败亡，刘陶退回乡里，住在家宅中，才为自己言论的谬误感到惭愧。

管辂的舅舅对管辂说："你以前怎么会看出何晏、邓飏的败亡？"管辂说："邓飏走路时，筋络不能束骨骼，经脉不能控制肌肉，站起来的时候，身体倾斜，好像没有手脚一样，这称作'鬼躁'。何晏看人的时候，精神恍惚，魂不守舍，面无血色，神态不清朗，好像浮着一层烟气，形貌好像一棵枯树，这称作'鬼幽'。这两种情形都不是具有长远福分者的面相。"

何晏生性好自我欣赏，敷面的白粉从不离手，走路时总是顾影自怜。特别爱读《老子》《庄子》之类的书，与夏侯玄、荀粲以及山阳人王弼等一群人，竞相作清谈，崇尚虚无，认为"六经"是圣人的糟粕。从此天下的士大夫争相仿效，于是成为一种社会风气，再也无法制止了。

吴易太子

魏邵陵厉公正始二年五月,吴太子登卒。

三年春正月,吴主立其子和为太子。

八月,吴主封子霸为鲁王。霸,和母弟也,宠爱崇特,与和无殊。尚书仆射是仪领鲁王傅,上疏谏曰:"臣窃以鲁王天挺懿德,兼资文武,当今之宜,宜镇四方,为国藩辅,宣扬德美,广耀威灵,乃国家之良规,海内所瞻望。且二宫宜有降杀,以正上下之序,明教化之本。"书三四上,吴主不听。

六年春正月,吴太子和与鲁王同宫,礼秩如一,群臣多以为言。吴主乃命分宫别僚,二子由是有隙。卫将军全琮遣其子寄事鲁王,以书告丞相陆逊,逊报曰:"子弟苟有才,不忧不用,不宜私出以要荣利;若其不佳,终为取祸。且闻二宫势敌,必有彼此,此古人之厚忌也。"寄果阿附鲁王,

吴易太子

魏邵陵厉公正始二年(241)五月,东吴太子孙登去世。

三年(242)春季正月,吴主孙权立他的儿子孙和为太子。

八月,吴主孙权封儿子孙霸为鲁王。孙霸是孙和的胞弟,孙权对孙霸特别宠爱,待遇同孙和没有什么差别。尚书仆射是仪兼任鲁王傅,他上疏劝谏说:"我私下认为,鲁王孙霸具有天生的美德,才智出众,文武双全,目前最适当的事情,应该是派他去镇守四方,成为国家的屏藩,并且宣扬朝廷的美好德业,广泛传播国家的威望,这是保持国家安定的良好制度,也是四海之内的一致盼望。而且,太子和亲王之间应该有等级差别,以此确立上下的次序,彰明礼制教化的基本准则。"奏书呈上去三四次,吴主不接受他的劝告。

六年(245)春季正月,东吴太子孙和与鲁王孙霸同住一宫,两人所受的礼仪待遇也完全一样,很多大臣因为这件事向孙权提出意见。吴主于是命令两人分开宫殿居住,分别设立僚属,自此,两位皇子产生嫌隙。卫将军全琮派遣他的儿子全寄事奉鲁王,并写信将此事告诉给丞相陆逊,陆逊回信说:"子弟如果有才能,不必担心不受到重用,不应利用私人关系来求取荣华富贵;如果子弟没有才能的话,最终还会招来灾祸。而且,我听说太子孙和与鲁王孙霸势均力敌,必然会成为相互对立的两方,而这种状况被古人看作最大的忌讳。"全寄果然迎合依附鲁王孙霸,

轻为交构。逊书与琮曰："卿不师日磾而宿留阿寄,终为足下门户致祸矣。"琮既不纳逊言,更以致隙。

鲁王曲意交结当时名士。偏将军朱绩以胆力称,王自至其廨,就之坐,欲与结好。绩下地住立,辞而不当。绩,然之子也。

于是自侍御、宾客,造为二端,仇党疑贰,滋延大臣,举国中分。吴主闻之,假以精学,禁断宾客往来。督军使者羊衜上疏曰:"闻明诏省夺二宫备卫,抑绝宾客,使四方礼敬不复得通,远近悚然,大小失望。或谓二宫不遵典式,就如所嫌,犹宜补察,密加斟酌,不使远近得容异言。臣惧积疑成谤,久将宣流,而西北二隅,去国不远,将谓二宫有不顺之愆,不审陛下何以解之?"

吴主长女鲁班适左护军全琮,少女小虎适骠骑将军朱据。全公主与太子母王夫人有隙,吴主欲立王夫人为后,公主阻之。恐太子立怨己,心不自安,数谮毁太子。吴主寝疾,遣太子祷于长沙桓王庙,太子妃叔父张休居近庙,邀太子过所居。全公主使人觇视,因言:"太子不在庙中,专就妃家计议。"又言:"王夫人见上寝疾,有喜色。"吴主由是发怒,夫人以忧死,太子宠益衰。

随意挑拨,加深了鲁王孙霸与太子孙和之间的怨恨。陆逊写信给全琮说:"你不效法金日磾的做法,却容忍全寄的行为,这最终会给你们全家带来灾祸。"全琮没有接受陆逊的劝告,而且更加深了孙霸与孙和之间的矛盾。

鲁王孙霸用尽心机结交当时的名士。偏将军朱绩以胆量勇力著称,鲁王孙霸亲自到他办公的地方去,坐在他旁边,想与他交好。朱绩走下座位,站在一旁,推辞说不敢当。朱绩是朱然的儿子。

于是,从宫廷侍从到外来宾客,都分成两派,两派各自培植党羽,互相猜忌仇视,并滋蔓影响到朝廷大臣,以致整个吴国分成了两方。吴主孙权听说了这种情况后,借口要他们二人精研学问,禁止他们同宾客来往。督军使者羊衜上疏说:"听说陛下下诏,撤销太子孙和与鲁王孙霸的禁卫部队,断绝宾客与他们的来往,使四方人士的礼敬不再能表达上来,听到这个消息,远近各地都很惶恐,全国上下都很失望。有人说太子、鲁王没有遵守国家的法规制度,即使他们有这方面的嫌疑,仍应该仔细调查,加以弥补,周密地斟酌后,才采取措施,不要让远近之人有闲话可说。我害怕他们之间的猜疑会积聚成诽谤,时间久了就会向各地传播,而位于西部和北部两个角落的蜀汉和曹魏,距离吴国并不远,他们听到这个消息后,可能会认为太子、鲁王有忤逆的过失,不知道陛下用什么话来解释?"

吴主孙权的大女儿孙鲁班嫁给左护军全琮,小女儿孙小虎嫁给骠骑将军朱据。全公主孙鲁班与太子孙和的母亲王夫人有嫌怨,吴主打算立王夫人为皇后,全公主加以阻止。她害怕太子孙和上位后会怨恨自己,心中不安,多次在吴主面前诋毁中伤太子。吴主卧病在床,派遣太子孙和前去长沙桓王孙策庙祈祷,太子妃的叔父张休居住在庙的附近,他邀请太子祈祷后顺路到家中稍坐。全公主派人监视太子,她利用这件事情对吴主说:"太子不在庙里,他专程到妃子娘家商议大事去了。"又说:"王夫人看到皇上卧病在床,流露出高兴的神色。"吴主为此大发雷霆,王夫人因忧虑而死去,太子孙和受到的宠爱更加衰退。

鲁王之党杨竺、全寄、吴安、孙奇等共谮毁太子，吴主惑焉。陆逊上疏谏曰："太子正统，宜有磐石之固；鲁王藩臣，当使宠秩有差。彼此得所，上下获安。"书三四上，辞情危切。又欲诣都，口陈嫡庶之义。吴主不悦。

太常顾谭，逊之甥也，亦上疏曰："臣闻有国有家者，必明嫡庶之端，异尊卑之礼，使高下有差，等级逾邈。如此，则骨肉之恩全，觊觎之望绝。昔贾谊陈治安之计，论诸侯之势，以为：'势重虽亲，必有逆节之累；势轻虽疏，必有保全之祚。'故淮南亲弟，不终飨国，失之于势重也；吴芮疏臣，传祚长沙，得之于势轻也。昔汉文帝使慎夫人与皇后同席，袁盎退夫人之位，帝有怒色。及盎辨上下之义，陈人彘之戒，帝既悦怿，夫人亦悟。今臣所陈，非有所偏，诚欲以安太子而便鲁王也。"由是鲁王与谭有隙。

芍陂之役，谭弟承及张休皆有功。全琮子端、绪与之争功，谮承、休于吴主，吴主徙谭、承、休于交州，又追赐休死。

太子太傅吾粲请使鲁王出镇夏口，出杨竺等不得令在京师，又数以消息语陆逊。鲁王与杨竺共谮之，吴主怒，收粲下狱，诛。数遣中使责问陆逊，逊愤恚而卒。其子抗为建武校尉，代领逊众，送葬东还。吴主以杨竺所白逊二十

鲁王孙霸的党羽杨竺、全寄、吴安、孙奇等人，一同在吴主孙权面前诬陷诋毁太子孙和，吴主因而受迷惑。陆逊上疏劝谏说："太子是国家的正统，地位应像磐石一样的稳固；鲁王是臣属，给予他的宠爱和待遇，应当与太子有差别。这样，彼此都得到适当的位置，上下都得到安定。"奏书呈上去三四次，心情忧虑，措辞激切。陆逊又打算亲自前来建业，当面向吴主陈述嫡子与庶子的礼制大义，吴主很不高兴。

　　太常顾谭是陆逊的外甥，也上疏说："我听说，治国的君主，理家的家长，必须明确嫡与庶的差别，区分尊与卑的礼制地位，使高下有差别，等级不可逾越。这样，骨肉的恩情可以保全，夺嫡的企图可以断绝。从前，贾谊陈述治安的计策，讨论诸侯王的势力，认为：'势力太大，即使是亲族，也一定会有叛逆的忧患；势力较小，即使关系疏远，也一定能保全爵位。'所以，淮南王刘长是汉文帝的亲弟弟，却不能长久地享有他的封国，丧失封国的原因就是势力太大；长沙王吴芮是与刘姓皇族关系疏远的臣属，却世代传袭长沙王位，保全王位的原因就是势力较小。从前，汉文帝让慎夫人与皇后同坐一席，袁盎将慎夫人的座位移下去，汉文帝露出怒容。等到袁盎讲清了尊卑上下的大义，陈述了人彘的鉴戒后，汉文帝十分高兴，慎夫人也幡然省悟。我今天的陈述，并不偏袒哪个人，实在是想以此使太子平安，同时也为鲁王好。"自此，鲁王孙霸与顾谭有了嫌隙。

　　在芍陂战役中，顾谭的弟弟顾承以及张休都有功劳。全琮的儿子全端、全绪与他们争功，在吴主孙权面前诬陷中伤顾承、张休，吴主将顾谭、顾承、张休贬逐到交州去，后又迫使张休自杀。

　　太子太傅吾粲请求派鲁王孙霸去镇守夏口，并请求派杨竺等到外地去，不让他们留在京城，又多次把消息告诉给陆逊。鲁王孙霸与杨竺一同诬陷中伤吾粲，吴主大怒，逮捕吾粲，关进监狱，把他杀了。吴主多次派遣宫廷使者前去责问陆逊，陆逊悲愤怨恨而死。陆逊的儿子陆抗任建武校尉，替代陆逊统领军队，护送陆逊的灵柩返回东部安葬。吴主用杨竺指控陆逊的二十

事问抗，抗事事条答，吴主意乃稍解。

嘉平二年。初，会稽潘夫人有宠于吴主，生少子亮，吴主爱之。全公主既与太子和有隙，欲豫自结，数称亮美，以其夫之兄子尚女妻之。吴主以鲁王霸结朋党以害其兄，心亦恶之，谓侍中孙峻曰：“子弟不睦，臣下分部，将有袁氏之败，为天下笑。若使一人立者，安得不乱乎！”遂有废和立亮之意，然犹沈吟者历年。峻，静之曾孙也。

秋，吴主遂幽太子和。票骑将军朱据谏曰：“太子，国之本根，加以雅性仁孝，天下归心。昔晋献用骊姬而申生不存，汉武信江充而戾太子冤死。臣窃惧太子不堪其忧，虽立思子之宫，无所复及矣！”吴主不听。据与尚书仆射屈晃率诸将吏泥头自缚，连日诣阙请和。吴主登白爵观，见，甚恶之，敕据、晃等：“无事匆匆！”无难督陈正、五营督陈象各上书切谏，据、晃亦固谏不已。吴主大怒，族诛正、象。牵据、晃入殿，据、晃犹口谏，叩头流血，辞气不挠。吴主杖之各一百，左迁据为新都郡丞，晃斥归田里。群司坐谏诛放者以十数。遂废太子和为庶人，徙故鄣，赐鲁王霸死。杀杨竺，流其尸于江。又诛全寄、吴安、孙奇，皆以其党霸谮和故也。

项事情来质问陆抗，陆抗一项一项地加以申诉回答，吴主心中的怒意才稍稍平息。

嘉平二年（250）。当初，会稽人潘夫人得到吴主孙权的宠爱，生了小儿子孙亮，吴主对孙亮非常喜爱。全公主孙鲁班已与太子孙和有了嫌恨，她想预先结成自己的势力，早做防范，因此多次称赞孙亮的才智美德，并将她丈夫的侄子全尚的女儿嫁给孙亮。吴主因鲁王孙霸结党结派陷害他的哥哥，心里也对他很厌恶，吴主对侍中孙峻说："子弟不和睦，臣属分成派别，将会有袁绍家那样的毁败，被天下之人耻笑。如果让其中的一人得以确立，继承皇位，怎么会不生出大乱呢？"于是产生了废黜孙和，改立孙亮为太子的想法，然而，吴主对这件事仍不能做出决断，犹豫了好几年。孙峻是孙静的曾孙。

秋季，吴主孙权终于下令将太子孙和囚禁起来。骠骑将军朱据劝谏说："太子是国家的根本，加上他生性素来仁爱孝顺，天下人士都倾心于他。从前，晋献公听信了骊姬的话，使太子申生自杀；汉武帝听信了江充的话，使戾太子刘据冤屈而死。我私下害怕太子无法忍受这种忧虑悲愤，到那时，即使建立'思子宫'，也什么都不能补救了！"吴主不接受他的劝谏。朱据与尚书仆射屈晃率领将领官员们将泥土涂在头上，自己捆绑双手，连续多日前往皇宫门口，请求宽恕太子孙和。吴主登上白爵观看见这种情况，心里非常憎恶他们，下诏斥责朱据、屈晃等人说："本来没事，你们却不仔细考虑，急急匆匆做出这种举动！"无难督陈正、五营督陈象分别上书激切地劝谏，朱据、屈晃也不停地坚持劝谏。吴主大怒，诛灭了陈正和陈象的全族。又把朱据、屈晃拉入殿中，朱据、屈晃仍然劝谏，叩头叩得流出血来，语气激烈毫不屈服。吴主下令将二人各打一百杖，贬谪朱据为新都郡丞，贬斥屈晃为平民，逐归家乡。各部门官员因劝谏被诛杀和放逐的有十多人。于是，吴主废黜太子孙和，贬作平民，放逐到故鄣，下令迫使鲁王孙霸自杀。诛杀杨竺，将他的尸体扔进长江，随江漂流。又诛杀全寄、吴安、孙奇，都因为他们与孙霸结党，诬陷孙和。

初，杨竺少获声名，而陆逊谓之终败，劝竺兄穆令与之别族。及竺败，穆以数谏戒竺得免死。朱据未至官，中书令孙弘以诏书追赐死。

冬十一月，吴主立子亮为太子。

三年夏四月，吴主立潘夫人为皇后。

吴主颇寤太子和之无罪。冬十一月，吴主祀南郊，还得风疾，欲召和还，全公主及侍中孙峻、中书令孙弘固争之，乃止。

四年春正月，吴主立故太子和为南阳王，使居长沙；仲姬子奋为齐王，居武昌；王夫人子休为琅邪王，居虎林。

吴潘后性刚戾，吴主疾病，后使人问孙弘以吕后称制故事。左右不胜其虐，伺其昏睡，缢杀之，托言中恶。后事泄，坐死者六七人。

夏四月，吴主殂，太子亮即位。太傅恪不欲诸王处滨江兵马之地，乃徙齐王奋于豫章，琅邪王休于丹阳。奋不肯徙，又数越法度，恪为笺以遗奋曰："帝王之尊，与天同位，是以家天下，臣父兄。仇雠有善，不得不举，亲戚有恶，不得不诛。所以承天理物，先国后家。盖圣人立制，百代不易之道也。昔汉初兴，多王子弟，至于太强，辄为不轨，上则几危社稷，下则骨肉相残，其后惩戒以为大讳。自光武以来，诸王有制，惟得自娱于宫内，不得临民，干与政事，其与交通，皆有重禁，遂以全安，各保福祚。此则前世得失之验也。

最初，杨竺年少时就很有名声，但陆逊认为他最终会失败，就劝告杨竺的哥哥杨穆，要杨穆与杨竺分成两个家族。等到杨竺败亡，杨穆因为曾多次规劝告诫杨竺，得以免除一死。朱据还未到达贬所，中书令孙弘传达诏书，将贬谪改为赐死。

冬季十一月，吴主孙权立儿子孙亮为太子。

三年（251）夏季四月，吴主孙权立潘夫人为皇后。

吴主孙权稍稍有些醒悟到太子孙和的无辜。冬季十一月，吴主前去南郊祭祀，返回后突然中风，他想召孙和回来，全公主孙鲁班以及侍中孙峻、中书令孙弘极力劝阻，孙权才作罢。

四年（252）春季正月，吴主孙权封前太子孙和为南阳王，让他住在长沙；封仲姬的儿子孙奋为齐王，居住武昌；封王夫人的儿子孙休为琅邪王，居住虎林。

东吴潘皇后生性刚愎乖戾，吴主病情加重，潘皇后派人询问孙弘有关汉朝吕后代皇帝主持朝政的事情。宫中的左右侍从忍受不了潘皇后的暴虐，趁她熟睡的时候，将她勒死，伪称她得暴病而死。后来事情泄露，牵涉此事而被处死的有六七人。

夏季四月，吴主孙权去世，太子孙亮即位。太傅诸葛恪不想让宗室亲王们占据长江沿岸的战略要地，于是将齐王孙奋迁往豫章，将琅邪王孙休迁往丹阳。孙奋不肯迁移，并多次违犯国家法令制度，诸葛恪写信给孙奋说："帝王的尊贵，与上天处于相同的地位，因此以天下为家，以父亲兄弟为臣下。仇人中有德才兼备的人，不可不提拔任用，亲属中有犯下罪恶的人，也不可不诛杀。这是为了承奉天意，治理万物，故以国家为先，以自身为后。圣人建立的制度，是万世不变的原则。从前汉朝刚刚建立，皇族子弟多被封为王，到了他们过于强大时，就图谋不轨，对上几乎危害了国家，对下则兄弟骨肉互相残杀，此后都引以为戒，认为这是最大的忌讳。自从东汉光武帝以来，宗室封王都有制度，只许在宫内自行娱乐，不许管理人民，干涉政治事务，对于亲王们的交往，都有严格的禁令，终于使亲王们因此而保全了自己，保住了福禄和王位。这是前代政治上得失成败的经验教训。

大行皇帝览古戒今，防芽遏萌，虑于千载，是以寝疾之日，分遣诸王各早就国，诏策勤渠，科禁严峻，其所戒敕，无所不至。诚欲上安宗庙，下全诸王，使百世相承，无凶国害家之悔也。大王宜上惟太伯顺父之志，中念河间献王、东海王彊恭顺之节，下存前世骄恣荒乱之王以为警戒。而闻顷至武昌以来，多违诏敕，不拘制度，擅发诸将兵治护宫室。又左右常从有罪过者，当以表闻，公付有司，而擅私杀，事不明白。中书杨融，亲受诏敕，所当恭肃，乃云：‘正自不听禁，当如我何！’闻此之日，小大惊怪，莫不寒心。里语曰：‘明鉴所以照形，古事所以知今。’大王宜深以鲁王为戒，改易其行，战战兢兢，尽礼朝廷，如此，则无求不得。若弃忘先帝法教，怀轻慢之心，臣下宁负大王，不敢负先帝遗诏；宁为大王所怨疾，岂敢忘尊主之威而令诏敕不行于藩臣邪！向使鲁王早纳忠直之言，怀惊惧之虑，则享祚无穷，岂有灭亡之祸哉！夫良药苦口，唯病者能甘之；忠言逆耳，唯达者能受之。今者恪等慺慺，欲为大王除危殆于萌芽，广德庆之基原，是以不自知言至，愿蒙三思！”王得笺，惧，遂移南昌。

去世的皇帝考察古代的经验，作为今天的鉴戒，在事情处于萌芽状态时就加以遏止和防备，从国家长治久安的角度进行考虑，所以在卧病于床的时候，分别派遣诸王尽早地前往各自的封国，不断地下诏勉励诸王，严格实施禁律，他的告诫和敕令，可以说是无所不至。这实在是因为想要对上安定宗庙，对下保全诸王，使王位能世代相传，不会有危害国家毁灭自己的悔恨。大王您应该往远处思索周太伯怎样顺从父亲的心愿，让季历继位；中处考虑汉朝河间献王刘德、东海王刘彊怎样保持恭敬顺服的节义；近处以前代骄横纵恣、荒淫暴乱的诸王为警戒。然而，听说您自不久前到达武昌以来，多次违犯诏令，不遵守法律制度，擅自征调将领士兵修造保护您的王宫。另外，您身边的常从吏兵中有犯下罪过的人，应当上表报告朝廷，交付有关部门秉公处置，而您却擅自私下杀掉，对事情的原因、经过都不报告清楚。中书杨融亲自传达诏令，您本应当恭敬严肃地接受，而您竟然说：'我就是不遵守禁令，你们能把我怎么样呢！'听到您这些言行的时候，人们都十分震惊诧异，没有一个人不为您寒心。俚语说：'明镜用来观照形貌，古事用来知晓现在。'大王您应该好好地用鲁王孙霸的事情作为鉴戒，改变自己的行为，战战兢兢，小心谨慎，用完全遵守礼法的态度来敬奉朝廷，如果能这样做，那么您的要求没有得不到的，都可满足。倘若您背弃、遗忘了先帝的法令制度和教诲，对朝廷怀有轻视怠慢之心，我宁可对不起大王，绝不敢辜负先帝的遗诏；宁可被大王所怨恨，哪里敢忘记尊贵的君主的权威，而使诏令不能对分封的诸王实施呢！先前，假如鲁王孙霸能够早点接受忠直的劝告，心怀戒惧，那么他就会享受无穷的福分，怎么会有杀身之祸呢！良药苦口，只有病人才甘心服用；忠言逆耳，只有通达的人才能欣然接受。现在，我诸葛恪等人，恭恭敬敬，勤勤恳恳，想为大王清除危险于萌芽状态之中，奠定幸福康乐的基础，所以自己也不知道说的话是否太过分了，希望大王您能够三思！"齐王孙奋接到信后非常恐惧害怕，于是就迁到南昌去了。

五年冬十月，孙峻杀诸葛恪。齐王奋闻诸葛恪诛，下住芜湖，欲至建业观变。傅相谢慈等谏，奋杀之。坐废为庶人，徙章安。

南阳王和妃张氏，诸葛恪之甥也。先是恪有徙都之意，使治武昌宫，民间或言恪欲迎和立之。及恪被诛，丞相峻因此夺和玺绶，徙新都，又遣使者赐死。初，和妾何氏生子晧，诸姬子德、谦、俊。和将死，与张妃别，妃曰："吉凶当相随，终不独生。"亦自杀。何姬曰："若皆从死，谁当字孤！"遂抚育晧及其三弟，皆赖以获全。

五年（253）冬季十月，孙峻杀了诸葛恪。齐王孙奋听到诸葛恪被诛杀，从豫章前往芜湖，打算到建业去观察时局变化。齐王的傅相谢慈等人加以劝谏，齐王孙奋将他们杀了。朝廷因此事办孙奋的罪，废除他的王位，贬作平民，把他迁徙到章安。

　　南阳王孙和的妃子张氏是诸葛恪的外甥女。先前，诸葛恪曾有迁徙都城的意向，让人修缮武昌的宫殿，民间有人传言说诸葛恪打算迎回孙和，拥立他当皇帝。等到诸葛恪被诛杀，丞相孙峻因为此事夺去了孙和的南阳王玺印，把他迁往新都，随后又派使者前去迫令他自杀。当初，孙和的小妾何氏生下儿子孙晧，其他姬妾生下儿子孙德、孙谦、孙俊。孙和临死时与张妃诀别，张妃说："吉凶祸福，我都将伴随你，决不独自活着。"也自杀而死。何姬说："如果都随大王去死，将由谁来养育这些孤儿？"于是抚育孙晧及其三个弟弟，这些孩子都依靠何姬而得以保全。

诸葛恪寇淮南 孙綝逆节附

魏邵陵厉公嘉平三年冬十一月，吴主以太子亮幼少，议所付托，孙峻荐大将军诸葛恪可付大事。吴主嫌恪刚很自用，峻曰："当今朝臣之才，无及恪者。"乃召恪于武昌。恪将行，上大将军吕岱戒之曰："世方多难，子每事必十思。"恪曰："昔季文子三思而后行，夫子曰：'再思可矣。'今君令恪十思，明恪之劣也！"岱无以答，时咸谓之失言。

虞喜论曰：夫托以天下，至重也；以人臣行主威，至难也；兼二至而管万机，能胜之者鲜矣。吕侯，国之元耆，志度经远，甫以十思戒之，而便以示劣见拒，此元逊之疏，机神不俱者也！若因十思之义，广谘当世之务，闻善速于雷动，从谏急于风移，岂得陨首殿堂，

诸葛恪寇淮南 孙綝逆节附

魏邵陵厉公嘉平三年（251）冬季十一月，吴主孙权因太子孙亮年幼，与大臣们商议，将来可以把孙亮托付给谁，孙峻推荐大将军诸葛恪，认为他可以担当这一重任。吴主嫌诸葛恪刚愎自用，孙峻说："如今朝中大臣的才能，没有比得上诸葛恪的。"于是，吴主征召诸葛恪从武昌返回建业。诸葛恪临行时，上大将军吕岱告诫他说："现在世上正有着众多的忧患，你每遇见一件事，必须思考十次再去做。"诸葛恪说："从前，季文子遇事思考三次，然后去做，孔子说：'思考两次就可以了。'现在你让我诸葛恪思考十次，分明是说我诸葛恪愚劣！"吕岱无法回答，当时人都认为吕岱失言了。

东晋学者虞喜评论说：君主将天下托付给自己，是最重要的责任；以臣僚的身份来行使君主的权威，是最困难的事情；在兼有上述二者的情况下，去掌管天下万事，能胜任的人是很少的。吕岱是东吴的元老，度量宽宏，深谋远虑，刚用十思来告诫诸葛恪，就被诸葛恪认为是说他愚劣而加以拒绝，这正是诸葛恪性格粗疏，机变和神志不能同时具备的反映！如果他当时能够理解吕岱提出十思的用意，广泛地向人征询对当时世务的见解，对别人的好建议，马上就能听取，速度比电闪雷鸣还快，对别人的劝谏，立即就能接受并改正，速度比疾风突起还急，后来怎么会在殿堂上掉下脑袋，

死于凶竖之刃！世人奇其英辩，造次可观，而哂吕侯无对为陋。不思安危终始之虑，是乐春藻之繁华，而忘秋实之甘口也。昔魏人伐蜀，蜀人御之，精严垂发，而费祎方与来敏对棋，意无厌倦。敏以为必能办贼，言其明略内定，貌无忧色也。况长宁以为君子临事而惧，好谋而成。蜀为蕞尔之国，而方向大敌，所规所图，唯守与战，何可矜己有馀，晏然无戚！斯乃祎性之宽简，不防细微，卒为降人郭循所害，岂非兆见于彼而祸成于此哉！往闻长宁之甄文伟，今睹元逊之逆吕侯，二事体同，皆足以为世鉴也。

恪至建业，见吴主于卧内，受诏床下，以大将军领太子太傅，孙弘领少傅。诏有司诸事一统于恪，惟杀生大事，然后以闻。为制群官百司拜揖之仪，各有品序。又以会稽太守北海滕胤为太常。胤，吴主婿也。

四年春二月，吴主病困，召诸葛恪、孙弘、滕胤及将军吕据、侍中孙峻入卧内，属以后事。夏四月，吴主殂。孙弘素与诸葛恪不平，惧为恪所治，秘不发丧，欲矫诏诛恪。孙峻以告恪。恪请弘咨事，于坐中杀之，乃发丧。谥吴主曰"大皇帝"。太子亮即位，大赦，改元建兴。闰月，以诸葛恪为太傅，滕胤为卫将军，吕岱为大司马。

死在凶残小子的刀下呢？世上的人赞叹他的杰出口才，不假思索地回答的才智蔚为可观，而将吕岱的无话回答讥笑为浅陋。人们不思考事情的安危始终，这是喜欢春天花草的繁华茂盛，却忘记了秋天果实的香甜可口。以前，曹魏军队攻伐蜀汉，蜀汉人进行抵御，军队整装待发时，费祎却正与来敏对局下棋，脸上毫无厌倦不安的表情。来敏以为费祎一定能打败敌军，断定他已在心中谋划好了取胜的策略，所以脸上才没有担忧的神态。何况长宁认为君子面临大事，一定心怀警惧，周密地谋划才能成功。蜀汉只是一个小国，正在对抗一个强大的敌人，所谋划的只是守和战，怎么可以过于骄傲自大，安然无忧呢？这正是费祎生性宽厚坦率的表现，他不对细微的事情加以防备，最终被投降敌人的郭循所杀害，这难道不是预兆显现在那里，灾祸形成于这里吗？过去听到长宁评论费祎，现在看到诸葛恪顶撞吕岱，两件事情的性质是相同的，都足以成为世人的鉴戒。

诸葛恪抵达建业，在卧室中晋见吴主孙权，在御床边接受诏书，被任命为大将军兼太子太傅，孙弘兼任少傅。吴主又下诏，命令朝廷各部门的事务由诸葛恪统一掌管，只有判处死刑之类的重大事情，仍需向皇帝奏报。为此还制定了文武百官参拜诸葛恪的礼仪，各级官员都依照品位规定了相应的仪式和秩序。又任命会稽郡太守北海人滕胤为太常。滕胤是吴主孙权的女婿。

四年（252）春季二月，吴主孙权病危，召集诸葛恪、孙弘、滕胤以及将军吕据、侍中孙峻到卧室内，将身后的事情托付给他们。夏季四月，吴主孙权去世。孙弘一向与诸葛恪关系不好，害怕被诸葛恪迫害，就隐瞒孙权去世的消息，不发丧讯，想伪造诏书诛杀诸葛恪。孙峻把这件事告诉给诸葛恪。诸葛恪请孙弘前去商议事情，就在座位上把孙弘杀了，这才发布丧讯。确定吴主孙权的谥号为"大皇帝"。太子孙亮继承皇帝之位，全国大赦，改年号为建兴。闰四月，朝廷任命诸葛恪为太傅，任命滕胤为卫将军，任命吕岱为大司马。

初，吴大帝筑东兴堤以遏巢湖，其后入寇淮南，败，以内船，遂废不复治。冬十月，太傅恪会众于东兴，更作大堤，左右结山，侠筑两城，各留千人，使将军全端守西城，都尉留略守东城，引军而还。

镇东将军诸葛诞言于大将军师曰："今因吴内侵，使文舒逼江陵，仲恭向武昌，以羁吴之上流。然后简精卒攻其两城，比救至，可大获也。"是时征南大将军王昶、征东将军胡遵、镇南将军毌丘俭等各献征吴之计。朝廷以三征计异，诏问尚书傅嘏。嘏对曰："议者或欲泛舟径济，横行江表；或欲四道并进，攻其城垒；或欲大佃疆场，观衅而动：诚皆取贼之常计也。然自治兵以来，出入三载，非掩袭之军也。贼之为寇，几六十年矣，君臣相保，吉凶共患。又丧其元帅，上下忧危，设令列船津要，坚城据险，横行之计，其殆难捷。今边壤之守，与贼相远，贼设罗落，又特重密，间谍不行，耳目无闻。夫军无耳目，校察未详，而举大众以临巨险，此为希幸徼功，先战而后求胜，非全军之长策也。唯有进军大佃，最差完牢。可诏昶、遵等择地居险，审所错置，及令三方一时前守。夺其肥壤，使还堉土，一也；兵出民表，寇钞不犯，二也；招怀近路，降附日至，三也；罗落远设，间构

当初，吴大帝孙权修筑东兴堤阻遏巢湖，后来入侵淮南战败，用巢湖容纳战舰，于是废掉东兴堤不再整修。冬季十月，太傅诸葛恪征发民众，会集于东兴，再次修筑大堤，左右两端与大山连接，夹堤兴建两座城，每座城留下一千人驻守，派将军全端守备西城，派都尉留略守备东城，随后率军返回。

曹魏镇东将军诸葛诞向大将军司马师建议："现在可利用东吴入侵我们的领土为借口，派王昶进逼江陵，派毌丘俭进攻武昌，以牵制长江上游的东吴军队。然后挑选精兵，进攻东兴的两座城，等东吴的救兵到达，我们就可取得很大收获。"当时，征南大将军王昶、征东将军胡遵、镇南将军毌丘俭等，各为征伐东吴提出了自己的计策。魏朝廷因三个作战计划不同，下诏询问尚书傅嘏。傅嘏回答："提议进攻东吴的人，有的主张乘船径直渡过长江，扫荡江南；有的主张分成四路大军，齐头并进，进攻对方的城堡；有的主张在边境进行大规模的武装屯垦，寻找机会出击：实在都是制服敌寇的通常计策。然而自从整治伐吴军队以来，前后已有三年，已不是一支可以搞突然袭击的军队了。敌寇进行侵扰，也将近六十年了，期间他们君王与臣僚一直很团结，吉凶祸福，共同承担。最近，他们的君王刚刚去世，朝廷上下因面临忧患而兢兢业业，假如他们布置战舰防守重要渡口，凭借险要的地势据守城市，扫荡江南的计策，恐怕难以实现。如今我们的边境守军，与敌寇相距很远，敌寇还密密麻麻地设置岗哨，无法派遣间谍前去打探情报，任何消息都得不到。军队的耳目不明，侦察不能详尽，就发动大部队去冒巨大的危险，这是希望以侥幸求得成功，先投入战斗，然后再考虑取胜，这不是保全军队的好计策。只有进军边境，开展大规模武装屯垦的计策，比较完善稳妥。可下诏命令王昶、胡遵等选择险要地区，周密地筹备，命令三位将领的军队同时进驻。这样做有七大长处：夺取敌寇的肥沃土壤，迫使他们返回贫瘠地区，这是一；军队驻于民众外围，敌寇不敢侵犯，这是二；安抚招徕附近的居民，投降归附的人会每天前来，这是三；在前方很远的地方设置巡逻哨所，使敌寇的间谍暗探

不来,四也;贼退其守,罗落必浅,佃作易立,五也;坐食积谷,士不运输,六也;衅隙时闻,讨袭速决,七也。凡此七者,军事之急务也。不据则贼擅便资,据之则利归于国,不可不察也。夫屯垒相逼,形势已交,智勇得陈,巧拙得用,策之而知得失之计,角之而知有馀不足,虏之情伪,将焉所逃! 夫以小敌大,则役烦力竭;以贫敌富,则敛重财匮。故曰'敌逸能劳之,饱能饥之',此之谓也。"司马师不从。

十一月,诏王昶等三道击吴。十二月,王昶攻南郡,毌丘俭向武昌,胡遵、诸葛诞率众七万攻东兴。甲寅,吴太傅恪将兵四万,晨夜兼行,救东兴。胡遵等敕诸军作浮桥以渡,陈于堤上,分兵攻两城。城在高峻,不可卒拔。诸葛恪使冠军将军丁奉与吕据、留赞、唐咨为前部,从山西上。奉谓诸将曰:"今诸军行缓,若贼据便地,则难以争锋,我请趋之。"乃辟诸军使下道,奉自率麾下三千人径进。时北风,奉举帆二日,即至东关,遂据徐塘。时天雪,寒,胡遵等方置酒高会。奉见其前部兵少,谓其下曰:"取封侯爵赏,正在今日!"乃使兵皆解铠,去矛戟,但兜鍪刀楯,倮身缘堨。魏人望见,大笑之,不即严兵。吴兵得上,便鼓噪,斫破魏前屯,吕据等继至。魏军惊扰散走,争渡浮桥,桥坏绝,自投于水,

不敢前来,这是四;敌寇的防守向后退却,巡逻岗哨的纵深一定
会缩短,垦田就容易进行,这是五;我们的军队驻守垦田地区,自
己种粮食用,不必再由士卒运输粮食,这是六;一有可乘之机,进
军突袭,很快就能取胜,这是七。这七点,都是军事上的急切事
务。我们不进驻,那么敌寇就独占了有利的资源;进驻就可以使
利益归于我们,不可不加以考虑。实施屯垦后,堡垒交错密布,
进逼敌方,形势上已经取得了有利地位,才智勇武能够施展,计
策无论巧拙都可得以运用,谋划后就能知道计划的得与失,抗击
后就可知道双方的长处和短处,敌情的真伪,怎么能逃出我们的
掌握呢! 敌寇以小敌大,就会差役繁重,劳力枯竭;以贫穷对抗
富有,就会加重赋税,财物匮乏。所以说'敌人安逸,可以使他疲
劳;敌人肚饱,可以使他饥饿',就是说的这种情况。"司马师没有
听从他的话。

　　十一月,魏朝廷下诏,命令王昶等人率领军队分三路攻击东
吴。十二月,王昶进攻南郡,毌丘俭进军武昌,胡遵、诸葛诞率军
七万进攻东兴。甲寅(十九日),东吴太傅诸葛恪率军四万,日
夜兼程,急赴东兴救援。胡遵等人命令各支部队建造浮桥渡河,
在东兴堤上列阵,分兵进攻两座城。两城地势高峻,无法很快攻
克。诸葛恪派冠军将军丁奉与吕据、留赞、唐咨为前锋,从山的
西面上去。丁奉对将领们说:"现在各支部队进军迟缓,如果敌
寇占据有利地形,就难以取胜,请让我急速赶去。"于是命令各支
部队让开道路,丁奉亲自率领部下三千人径直前进。当时,正遇
上北风,丁奉扬帆急进,两天就抵达东关,随即占领了徐塘。当
时天上下雪,十分寒冷,胡遵等人正大摆酒宴,聚会共饮。丁奉
看到对方前锋部队人少,就对部下说:"获得爵位,领取赏赐,今
天正是时候!"于是让兵士都解下铠甲,扔下长矛长戟,只戴着头
盔,拿着短刀和盾牌,赤身露体,攀登堤防。曹魏军队看见后,哈
哈大笑,没有立即戒备。东吴军队攀上堤岸,大声喊杀,打败曹
魏军队的前锋部队,吕据等人随后赶到。曹魏军队惊恐混乱,
溃散奔逃,争先恐后地抢着过浮桥,浮桥断裂,士兵们掉入水中,

更相蹈藉。前部督韩综、乐安太守桓嘉等皆没,死者数万。综故吴叛将,数为吴害,吴大帝常切齿恨之。诸葛恪命送其首以白大帝庙。获车乘、牛马、驴骡各以千数,资器山积,振旅而归。

五年春正月,光禄大夫张缉言于师曰:"恪虽克捷,见诛不久。"师曰:"何故?"缉曰:"威震其主,功盖一国,求不死,得乎?"

二月,吴军还自东兴,进封太傅恪阳都侯,加荆、扬州牧,督中外诸军事。恪遂有轻敌之心,复欲出军,诸大臣以为数出罢劳,同辞谏恪,恪不听。中散大夫蒋延固争,恪命扶出。因著论以谕众曰:"凡敌国欲相吞,即仇雠欲相除也。有仇而长之,祸不在己,则在后人,不可不为远虑也。昔秦但得关西耳,尚以并吞六国;今以魏比古之秦,土地数倍,以吴与蜀比古六国,不能半也。然今所以能敌之者,但以操时兵众,于今适尽,而后生者未悉长大,正是贼衰少未盛之时。加司马懿先诛王淩,续自陨毙,其子幼弱而专彼大任,虽有智计之士,未得施用。当今伐之,是其厄会。圣人急于趋时,诚谓今日。若顺众人之情,怀偷安之计,以为长江之险可以传世,不论魏之终始而以今日遂轻其后,此吾所以长叹息者也! 今闻众人或以百姓尚贫,欲务闲息,

互相践踏。前部督韩综、乐安郡太守桓嘉等人全部阵亡，魏军此次战役死亡数万人。韩综曾经是东吴的叛逃将领，多次危害东吴，吴大帝孙权一直对他恨得咬牙切齿。诸葛恪命令手下人把他的人头送到吴大帝庙中，向孙权的神位报告。缴获的车辆、牛、马、驴、骡，数目都以千计算，军械物资堆积如山，东吴军队士气高昂地返回了。

五年（253）春季正月，光禄大夫张缉对司马师说："诸葛恪虽然取得胜利，但不久就会被诛杀。"司马师说："什么缘故呢？"张缉说："威望震动了他的君主，功劳超过了国内所有的人，想不死，可能吗？"

二月，东吴军队从东兴返回，朝廷进封太傅诸葛恪为阳都侯，加授荆、扬州牧，督中外诸军事。于是，诸葛恪产生了轻敌的思想，打算再次出兵，大臣们认为多次出兵会使军队疲惫，异口同声地劝谏诸葛恪，诸葛恪不接受。中散大夫蒋延坚持自己的主张，与诸葛恪争辩，诸葛恪命人把他扶出朝廷。于是诸葛恪起草文书告谕众人说："凡是敌对的国家都想吞并对方，就像仇人想互相消灭一样。听凭仇人发展壮大，灾祸不降临到自己的头上，也会降临到后代人的头上，不可不做长远的考虑。从前秦国仅拥有函谷关以西的土地，尚且能够吞并六国；如今以曹魏与古代的秦国相比，领土大数倍，以东吴和蜀汉与古代的六国相比，领土还不到一半。然而现在所以能同曹魏对抗，只不过因为曹操时军队众多，到如今大都死去，而后来出生的人还未全部长大，现在正是敌寇力量衰弱还未强盛起来的时候。再加上司马懿先杀了王凌，随后他自己也死了，他的儿子年少势弱，却独揽大权，虽有足智多谋的人士，但得不到任用。如今讨伐曹魏，正值它遭受危难的时候。圣明的人急于抓住时机，说的就是今天这样的机会。如果顺从大家的想法，只考虑苟且偷安，认为凭借长江天险就可以使皇位世代相传，不管曹魏的发展变化，只根据它今天的状况就轻视它的将来，这使我深感遗憾，为之叹息！现在听说大家中有人认为百姓还很贫穷，主张致力于休养生息，

此不知虑其大危而爱其小勤者也。昔汉祖幸已自有三秦之地，何不闭关守险以自娱乐，空出攻楚，身被创痍，介胄生虮虱，将士厌困苦，岂甘锋刃而忘安宁哉？虑于长久不得两存者耳。每鉴荆邯说公孙述以进取之图，近见家叔父表陈与贼争竞之计，未尝不喟然叹息也！夙夜反侧，所虑如此，故聊疏愚言，以达二三君子之末。若一朝陨没，志画不立，贵令来世知我所忧，可思于后耳。"众人虽皆心以为不可，然莫敢复难。

丹阳太守聂友素与恪善，以书谏恪曰："大行皇帝本有遏东关之计，计未施行。今公辅赞大业，成先帝之志，寇远自送，将士凭赖威德，出身用命，一旦有非常之功，岂非宗庙神灵社稷之福邪！宜且按兵养锐，观衅而动。今乘此势欲复大出，天时未可而苟任盛意，私心以为不安。"恪题论后，为书答友曰："足下虽有自然之理，然未见大数，熟省此论，可以开悟矣。"

滕胤谓恪曰："君受伊、霍之托，入安本朝，出摧强敌，名声振于海内，天下莫不震动，万姓之心，冀得蒙君而息。今猥以劳役之后，兴师出征，民疲力屈，远主有备。若攻城不克，野略无获，是丧前劳而招后责也。不如按甲息师，观隙而动。且兵者大事，事以众济，众苟不悦，君独安之！"恪曰：

这是不知道考虑巨大的危险，而热衷于做些小事情。从前，汉高祖已经幸运地占有了三秦地区，但为什么不闭关自守，自寻安乐，却要出动全部的兵力进攻楚王项羽，身受伤痛，甲胄上都长出了虮虱，将士们都厌倦战争的困苦，难道是喜欢刀枪战火而忘记了安定宁静吗？这是为长久的安宁考虑，故我双方不能同时并存。我经常用荆邯劝说公孙述主动进取的策略作为戒鉴，近来又看到我的叔父诸葛亮上表陈述与敌寇竞争的计策，未曾不为之喟然长叹！我整夜不能安睡，一直在考虑这些问题，所以姑且陈述一些并不高明的议论，来向君子们请教。如果我一旦死去，志愿和计划不能实现，能让后世的人知道我的忧虑，可引起后人的深思。"大家心里虽然都不同意，但没有人敢再来争辩诘难。

丹阳郡太守聂友一向与诸葛恪友善，他写信劝谏诸葛恪说："已故的皇帝原有遏止东关的计划，没来得及实施就去世了。现在您辅助朝廷大政，完成先帝的心愿，敌寇从远方前来送死，将士凭借您的威望恩德，奋不顾身，拼死作战，一下子就取得了辉煌胜利，这难道不是祖先神灵和国家的福分吗！应暂且按兵不动，养精蓄锐，等待机会出动。如今想乘战胜后的形势再次大规模出兵，时机还不成熟，假如任凭自己的强烈愿望做出决定，我内心深感不安。"诸葛恪在自己的文书后面题写了几句话，作为回信答复聂友："足下您所说的虽然有通常的道理，但未能认识胜败存亡的大形势，仔细地读一读这篇论述，就可以领悟了。"

滕胤对诸葛恪说："您像伊尹、霍光一样，受已故君王的托付，回到都城，安定朝廷，出兵摧毁了强大的敌寇，名声传扬于四海之内，天下之人无不为之震动，亿万人民的心中，希望能够蒙受您的恩惠，得到休息。如今我愚昧地认为，经过大规模的劳师动众以后，又要征发军队外出征战，人民疲惫力竭，远方的敌寇也有防备。如果进攻城池不能攻克，野外作战没有收获，这是丧失以前的功劳，而招致后来的责备。不如按兵不动，休息军队，寻找时机再出动。况且战争是大事情，只有依靠众人的力量才能取胜，如果众人不愿意合作，您一个人怎么能成功！"诸葛恪说：

“诸云不可，皆不见计算，怀居苟安者也。而子复以为然，吾何望乎！夫以曹芳暗劣，而政在私门，彼之民臣，固有离心。今吾因国家之资，藉战胜之威，则何往而不克哉！”三月，恪大发州郡二十万众复入寇，以滕胤为都下督，掌统留事。

夏四月，吴诸葛恪入寇淮南，驱略民人。诸将或谓恪曰：“今引军深入，疆场之民，必相率远遁，恐兵劳而功少。不如止围新城，新城困，救必至，至而图之，乃可大获。”恪从其计。五月，还军围新城。

诏太尉司马孚督诸军二十万往赴之。大将军师问于虞松曰：“今东西有事，二方皆急，而诸将意沮，若之何？”松曰：“昔周亚夫坚壁昌邑而吴、楚自败，事有似弱而强，不可不察也。今恪悉其锐众，足以肆暴，而坐守新城，欲以致一战耳。若攻城不拔，请战不可，师老众疲，势将自走，诸将之不径进，乃公之利也。姜维有重兵而县军应恪，投食我麦，非深根之寇也。且谓我并力于东，西方必虚，是以径进。今若使关中诸军倍道急赴，出其不意，殆将走矣。”师曰：“善！”乃使郭淮、陈泰悉关中之众，解狄道之围；救毌丘俭等按兵自守，以新城委吴。陈泰进至洛门，姜维粮尽，退还。

"大家说不能出兵，都是因为没有深谋远虑，心里只想着苟且偷安。但是你居然也认为大家的意见是对的，我还有什么指望呢？曹芳昏暗愚劣，政权把持在私家手中，他们的臣民百姓，本来就离心离德。现在我利用国家的力量，凭借战争胜利之后的馀威，就可以无往不胜，无不攻克了！"三月，诸葛恪大规模征发各州郡士兵，共计二十万人，再次进攻曹魏，他任命滕胤为都下督，掌管全部留守事务。

夏季四月，东吴诸葛恪率军攻入淮南，驱赶劫掠当地人民。将领中有人对诸葛恪说："如今率军深入敌寇领土，边疆地区的人民一定会一同远逃，恐怕我们会军队疲劳而收获很少。不如只包围新城，新城遭围困，他们的救兵一定会前来，等到他们的救兵到达，我们再谋划打击他们，就可以获得大胜。"诸葛恪采纳了他的计策。五月，回军包围了新城。

魏朝廷下诏命太尉司马孚统领各路军队，共计二十万人，前去救援。大将军司马师询问虞松说："现在东西两面都有战事，两面都很危急，而将领们心中沮丧，应该怎么办？"虞松说："从前，周亚夫坚守昌邑城，吴王、楚王的军队自行溃败，战争中，有的情况表面上看似乎力量很弱，实际上很强，不可不加考虑。如今诸葛恪出动了全部的精锐部队，实力足以横冲直撞，然而停下来围攻新城，打算引我们去做一次决战。如果他们攻城却不能攻克，想决战又战不成，军队疲惫不堪，势必会自己退走，只要将领们不径自进军，就对您有利。蜀汉将领姜维率领大军在远方与诸葛恪相呼应，依靠劫掠我们的麦子作为军粮，不是能坚持作战的敌寇。而且他们认为我们全力向东，西部一定空虚，所以才径直进军。现在如果派关中地区的各路军队以加倍的速度，紧急奔赴那里，出乎他们的意料之外，恐怕他们就会逃走。"司马师说，"好主意！"于是派郭淮、陈泰率领关中地区的所有军队，解救被姜维包围的狄道城；又命令毌丘俭等人停军驻屯，听任东吴军队包围新城。陈泰进军抵达洛门，姜维率领的军队粮食吃完了，撤军退回。

　　扬州牙门将涿郡张特守新城，吴人攻之连月。城中兵合三千人，疾病战死者过半，而恪起土山急攻，城将陷，不可护。特乃谓吴人曰："今我无心复战也。然魏法，被攻过百日而救不至者，虽降，家不坐。自受敌以来，已九十馀日矣，此城中本有四千馀人，战死者已过半，城虽陷，尚有半人不欲降，我当还为相语，条别善恶，明日早送名，且以我印绶去为信。"乃投其印绶与之。吴人听其辞而不取印绶。特乃投夜彻诸屋材栅，补其缺为二重。明日，谓吴人曰："我但有斗死耳！"吴人大怒，进攻之，不能拔。

　　会大暑，吴士疲劳，饮水、泄下、流肿，病者太半，死伤涂地。诸营吏日白病者多，恪以为诈，欲斩之，自是莫敢言。恪内惟失计，而耻城不下，忿形于色。将军朱异以军事迕恪，恪立夺其兵，斥还建业。都尉蔡林数陈军计，恪不能用，策马来奔。诸将伺知吴兵已疲，乃进救兵。秋七月，恪引军去，士卒伤病，流曳道路，或顿仆坑壑，或见略获，存亡哀痛，大小嗟呼。而恪晏然自若，出住江渚一月，图起田于浔阳，诏召相衔，徐乃旋师。由是众庶失望，怨讟兴矣。

　　汝南太守邓艾言于司马师曰："孙权已没，大臣未附，

扬州牙门将涿郡人张特守卫新城,东吴军队连续进攻了几个月。城中守军总计三千人,患病和战死的人数超过一半,而诸葛恪的军队堆起土山猛烈攻击,城即将被攻陷,无法守护了。张特就对东吴军队说:"如今我已不想再打了。但根据曹魏法律,城池被围攻超过一百天而救兵不来的,即使投降,家族也不连坐治罪。自从被围攻以来,至今已有九十多天了,这座城中原有四千多人,现在战死的人已经超过半数,即使城池陷落,还有一半人不想投降,我打算回去同他们谈谈,看看大家的意向,分别一下愿降的和不愿降的人,明天一早就将名册送给你们,暂且先把我的印信给你们,以此表明我的诚意。"于是张特把他的印信扔给了东吴人。东吴人听信了张特的话,却没有拿走他的印信。张特就在夜晚拆掉许多房屋,用造房的材料将城池的缺口修补了两层。第二天,他对东吴人说:"我只能战斗到死!"东吴人大怒,继续攻城,但不能攻克。

当时正值酷暑季节,东吴士兵十分疲劳,饮水不洁,造成腹泻和肿胀,大半的人都患上了疾病,死伤遍地。各营寨的军官每天都来报告日益增多的患病人数,诸葛恪认为他们说假话,想把他们斩首,从此没有人再敢报告。诸葛恪心中已知道自己的失策,但因为不能攻下新城而感到羞耻,恼怒的心情在脸上流露出来。将军朱异因军事上的策略与诸葛恪不同,冒犯了他,诸葛恪立即剥夺了朱异的兵权,责令朱异返回建业。都尉蔡林多次陈述军事计策,诸葛恪不予采纳,蔡林骑马逃奔曹魏。曹魏的将领们得知东吴军队已疲惫不堪的消息,就率领救兵向前挺进。秋季七月,诸葛恪率军撤退,士兵受伤患病,溃散搀扶于道路,有的倒在坑沟之中死去,有的被俘虏,身处这种伤亡惨重的境况中,全军上下深感悲哀痛心,发出一片叹息之声。然而诸葛恪却安然自得,若无其事,前往长江的岛上住了一个月,打算在浔阳围造农田,东吴朝廷召他回师的诏令前后相继,他才慢慢回师。从此,人们对诸葛恪大失所望,怨恨指责之声四起。

魏汝南太守邓艾对司马师说:"孙权已死,大臣还在观望,

吴名宗大族皆有部曲，阻兵仗势，足以违命。诸葛恪新秉国政，而内无其主，不念抚恤上下以立根基，竞于外事，虐用其民，悉国之众，顿于坚城，死者万数，载祸而归，此恪获罪之日也。昔子胥、吴起、商鞅、乐毅皆见任时君，主没犹败，况恪才非四贤，而不虑大患，其亡可待也。"

八月，吴军还建业，诸葛恪陈兵导从，归入府馆，即召中书令孙嘿，厉声谓曰："卿等何敢数妄作诏！"嘿惶惧辞出，因病还家。

恪征行之后，曹所奏署令长职司，一罢更选，愈治威严，多所罪责，当进见者无不竦息。又改易宿卫，用其亲近。复敕兵严，欲向青、徐。

孙峻因民之多怨，众之所嫌，构恪于吴主，云欲为变。冬十月，孙峻与吴主谋置酒请恪。恪将入之夜，精爽扰动，通夕不寐。又，家数有妖怪，恪疑之。旦日，驻车宫门。峻已伏兵于帷中，恐恪不时入，事泄，乃自出见恪曰："使君若尊体不安，自可须后，峻当具白主上。"欲以尝知恪意。恪曰："当自力入。"散骑常侍张约、朱恩等密书与恪曰："今日张设非常，疑有他故。"恪以书示滕胤，胤劝恪还。恪曰："儿辈何能为！正恐因酒食中人耳。"恪入，剑履上殿，

东吴有名望的大家族都有自己的家兵,他们恃仗自己的势力,以武力相对抗,足可以违背朝廷的命令。诸葛恪新近主持国家政务,在内还未取得君王的宠信,又不注意抚恤官员平民来建立自己的根基,只致力于对外征战,暴虐地驱使人民,出动全国的军队攻打坚固的城池,死去的人成千上万,带着祸患返回,这是诸葛恪获罪的时候了。从前,伍子胥、吴起、商鞅、乐毅都受到当时君主的重用,君主去世后尚且遭到败亡,何况诸葛恪的才能远不及这四位贤能之人,又不考虑大忧大患,他的灭亡已指日可待。"

八月,东吴军队返回建业,诸葛恪布置兵士护卫,前呼后拥地回到官邸,即刻召见中书令孙嘿,严厉地责问:"你们这些人怎么敢多次随意起草诏书!"孙嘿惶恐畏惧地告辞出来,因病返回家中休养。

诸葛恪出征回来以后,把选举部门奏请皇帝任命的各级官吏,一律罢免,重新任命,治理更加严厉峻刻,受谴责被办罪的人很多,将要晋见诸葛恪的人无不因害怕而心跳气喘。他还更换了皇宫的警卫部队,让他的亲信部众充任。又下令军队进入戒备状态,打算向青州、徐州进兵。

孙峻利用人民的怨恨、众人的厌恶,在东吴主孙亮面前诬陷诸葛恪,说诸葛恪想发动政变。冬季十月,孙峻与东吴皇帝密谋设酒宴请诸葛恪。诸葛恪即将赴宴的前夜,心神不宁,彻夜不眠。此外,家中还多次出现怪异的现象,诸葛恪心中有所疑虑。第二天早晨,诸葛恪前往皇宫,停车在宫门口。孙峻已在帷幔后面布置了伏兵,他担心诸葛恪不按时进宫,时间长了密谋会泄露,于是亲自出来见诸葛恪,说:"假如您贵体不舒服,当然可以改在以后,孙峻我会详细报告给主上。"其实是想以此来试探一下诸葛恪的意向。诸葛恪说:"我将打起精神入宫见主上。"散骑常侍张约、朱恩等人暗中写信给诸葛恪说:"今天宴会的布置情况不同平常,怀疑其中另有企图。"诸葛恪把信拿给滕胤看,滕胤劝诸葛恪回去。诸葛恪说:"小儿之辈能够干什么! 恐怕他们只会在酒菜中下毒害人罢了。"诸葛恪进入宫中,佩剑穿履走上宫殿,

进谢还坐。设酒，恪疑未饮。孙峻曰："使君病未善平，有常服药酒，可取之。"恪意乃安，别饮所赍酒。数行，吴主还内，峻起如厕，解长衣，著短服，出曰："有诏收诸葛恪。"恪惊起，拔剑未得，而峻刀交下。张约从旁斫峻，裁伤左手，峻应手斫约，断右臂。武卫之士皆趋上殿，峻曰："所取者恪也，今已死！"悉令复刃，乃除地更饮。恪二子竦、建闻难，载其母欲来奔，峻使人追杀之。以苇席裹恪尸，篾束腰，投之石子冈。又遣无难督施宽就将军施绩、孙壹军，杀恪弟奋威将军融于公安，及其三子。恪外甥都乡侯张震、常侍朱恩，皆夷三族。

临淮臧均表乞收葬恪曰："震雷电激，不崇一朝；大风冲发，希有极日。然犹继以云雨，因以润物。是则天地之威，不可经日浹辰；帝王之怒，不宜讫情尽意。臣以狂愚，不知忌讳，敢冒破灭之罪以邀风雨之会。伏念故太傅诸葛恪，罪积恶盈，自致夷灭，父子三首，枭市积日，观者数万，詈声成风。国之大刑，无所不震；长老孩幼，无不毕见。人情之于品物，乐极则哀生。见恪贵盛，世莫与贰，身处台辅，中间历年，今之诛夷，无异禽兽。观讫情反，能不憯然！且已死之人，与土壤同域，凿掘斫刺，无所复加。愿圣朝稽则乾坤，怒不极旬，使其乡邑若故吏民收以土伍之服，惠以三寸之棺。

上前拜谢吴帝孙亮后，回到座位上。摆上酒席，诸葛恪心存疑虑，没有饮酒。孙峻说："假如您的病还未痊愈，您有经常服用的药酒，就取药酒来喝吧。"诸葛恪这才安下心来，另外饮用自己带来的酒。酒过数巡以后，吴帝孙亮回内宫，孙峻起身上厕所，他脱去长衣，身穿短服，出来说："皇上有诏书，命令逮捕诸葛恪。"诸葛恪大惊跳起，剑还没来得及拔出来，而孙峻的刀已经连续砍下。张约从旁边用刀砍孙峻，砍伤了孙峻的左手，孙峻立即回手砍张约，砍断了他的右臂。事先埋伏的士兵都冲上宫殿，孙峻说："要逮捕的是诸葛恪，现在已杀死了！"命令士兵们都收起武器，于是换了一个地方，继续饮酒。诸葛恪的两个儿子诸葛竦、诸葛建听到事变的消息，用车辆载着母亲想逃奔曹魏，孙峻派人追上并杀死了他们。用芦苇席裹起诸葛恪的尸体，用篾条绑束腰部，扔到了石子冈。又派无难督施宽前往将军施绩、孙壹军中，在公安杀死了诸葛恪的弟弟奋威将军诸葛融以及他的三个儿子。诸葛恪的外甥都乡侯张震、常侍朱恩都被诛灭了三族。

临淮人臧均上表请求准许收殓埋葬诸葛恪，他说："雷震电击，不会延续一个早上；狂风骤起，很少有刮一整天的。然而，继雷电狂风之后，还有云和雨，以此润泽万物。因此，天地的威严不可连日累月，帝王的愤怒不应该灭绝人情。我生性癫狂愚昧，不知道忌讳，敢冒自己被杀全家被灭的重罪，请求雷电狂风之后，云雨同来。回想故太傅诸葛恪罪大恶极，自己招致家族诛灭，父子三人的首级，悬挂在街市上已有很多天，观看的人有好几万，诟骂的声音连成一片，就像刮起了大风。国家的重刑，震动了每一个角落；老人儿童，全都亲眼看见。人情世故，乐极生悲。看见诸葛恪尊贵显赫的时候，世上无人能同他相比，身居三公宰相的高位，历时两年，如今诛杀，却与禽兽没有两样。看到这种极端相反的情况，怎能不痛心啊！而且已死的人，与泥土同归一个处所，砍剁尸体与凿挖泥土一样，并不能再加重什么东西。希望圣明的朝廷效法天地，愤怒不要超过十天，让诸葛恪的乡亲或者老部下，用士兵的服装收殓他，赏赐给他平民的三寸薄棺。

昔项籍受殡葬之施，韩信获收敛之恩，斯则汉高发神明之誉也。惟陛下敦三皇之仁，垂哀矜之心，使国泽加于辜戮之骸，复受不已之恩，于以扬声遐方，沮劝天下，岂不大哉！昔栾布矫命彭越，臣窃恨之，不先请主上而专名以肆情，其得不诛，实为幸耳。今臣不敢章宣愚情以露天恩，谨伏手书，冒昧陈闻，乞圣明哀察。"于是吴主及孙峻听恪故吏敛葬。

初，恪少有盛名，大帝深器重之，而恪父瑾常以为戚，曰："非保家之主也。"父友奋威将军张承亦以为恪必败诸葛氏。陆逊尝谓恪曰："在我前者吾必奉之同升，在我下者则扶接之。今观君气陵其上，意蔑乎下，非安德之基也。"汉侍中诸葛瞻，亮之子也。恪再攻淮南，越巂太守张嶷与瞻书曰："东主初崩，帝实幼弱，太傅受寄托之重，亦何容易！亲有周公之才，犹有管、蔡流言之变；霍光受任，亦有燕、盖、上官逆乱之谋，赖成、昭之明以免斯难耳。昔每闻东主杀生赏罚，不任下人，又今以垂没之命，卒召太傅，属以后事，诚实可虑。加吴、楚剽急，乃昔所记。而太傅离少主，履敌庭，恐非良计长算也。虽云东家纲纪肃然，上下辑睦，

从前，项籍死后受到了殡葬的恩赐，韩信死后获得了收殓的恩赐，这都成为汉高祖显示神明的美誉。希望陛下推行三皇时代的仁爱，体现哀怜之心，让国家的恩泽也降到有罪被杀的尸骨之上，使死者再次受到陛下无穷无尽的恩德，并以此使得朝廷的美好声誉传扬到远方各国，劝勉善行，而惩戒罪恶于天下，这难道不伟大吗！往昔，栾布向悬挂着的彭越人头报告出使的经过，我私下很痛恨这种行为，他不首先向皇帝请示，却放纵自己的情感，想获得忠于主人的好名声，他没有被诛杀，实在是很幸运了。如今我不敢让别人知道我的请求，以免人们误会了陛下的恩泽，谨手写奏表，冒昧地向陛下陈述，请求圣明的陛下哀怜考虑。"于是吴主孙亮以及孙峻，准许诸葛恪的老部下收殓他的尸体，并将其埋葬。

当初，诸葛恪年少时就有很大的名声，吴帝孙权非常器重他，但诸葛恪的父亲诸葛瑾却常为此忧虑，说："他不是保护我们家族的人。"他父亲的朋友奋威将军张承也认为诸葛恪一定会毁了诸葛家。陆逊曾对诸葛恪说："在我前面的人，我一定扶助他一同登上台阶；在我下面的人，我一定俯身拉他一把。现在看您的作风，对上盛气凌人，对下则不把人放在眼里，这不是奠定恩德基础的做法。"蜀汉侍中诸葛瞻是诸葛亮的儿子。诸葛恪再次进攻淮南时，越巂太守张嶷写信给诸葛瞻说："东吴大帝孙权刚刚去世，即位的皇帝孙亮确实是年幼势弱，太傅诸葛恪接受孙权托付的辅政重任，何等的不容易！近亲而又有才能的周公旦，尚且有管叔、蔡叔的造谣诽谤；霍光接受辅政重任，也有燕王刘旦、盖公主、上官桀的阴谋叛乱，只是依赖周成王、汉昭帝的圣明才得以避免灾祸。从前经常听说东吴大帝孙权将生杀赏罚的大权握在自己手里，从不交付给下面的人，如今却在临死之前，匆忙地征召太傅诸葛恪托付后事，实在很值得忧虑。加上原吴、楚地区的人民，性格剽悍容易发怒，是过去一直都有的看法。而太傅诸葛恪远离年幼的皇帝，深入敌寇领土，恐怕不是深思远虑的好计策。虽说东吴朝廷纲纪严整，君主臣下仍然和睦团结，

百有一失,非明者之虑也。取古则今,今则古也。自非郎君进忠言于太傅,谁复有尽言者邪!旋军广农,务行德惠,数年之中,东西并举,实为不晚。愿深采察!"恪果以此败。

吴群臣共议上奏,推孙峻为太尉,滕胤为司徒。有媚峻者言曰:"万机宜在公族,若承嗣为亚公,声名素重,众心所附,不可量也。"乃表峻为丞相、大将军,督中外诸军事,又不置御史大夫。由是士人失望。滕胤女为恪子竦妻,胤以此辞位。孙峻曰:"鲧、禹罪不相及,滕侯何为!"峻与胤虽内不沾洽,而外相苞容,进胤爵高密侯,共事如前。

高贵乡公正元元年,孙峻骄矜淫暴,国人侧目。司马桓虑谋杀峻,立太子登之子吴侯英,不克,皆死。

二年秋七月,吴将军孙仪、张怡、林恂谋杀孙峻,不克,死者数十人。全公主谮朱公主于峻曰:"与仪同谋。"峻遂杀朱公主。

甘露元年秋九月,孙峻使票骑将军吕据及车骑将军刘纂、镇南将军朱异、前将军唐咨自江都入淮、泗,以图青、徐。峻饯之于石头,遇暴疾,以后事付从父弟偏将军綝。丁亥,峻卒。吴以綝为侍中、武卫将军、都督中外诸军事,召吕据等还。

吕据闻孙綝代孙峻辅政,大怒,与诸督将连名共表

但仍可能百有一失，因此这不是明智者的策略。用古代的事情来对照今天，今天就和古代一样。假如郎君您不向太傅诸葛恪进献忠诚的劝谏，还有谁能毫不隐瞒地向诸葛恪进献忠告呢？但愿他撤回军队，推广农业，致力于实施德政惠政，几年以后，东西两方同时出动，实在也不能算晚。希望您能认真考虑我的建议，加以采纳！"后来诸葛恪果然因此败亡。

东吴的大臣们共同商议上奏，推举孙峻为太尉，滕胤为司徒。有奉承巴结孙峻的人说："处理国家各类事务的大权应当掌握在孙姓皇族手中，如果滕胤任三公中仅次于太尉的高位，他一向有很高的声望，大众之心都归附他，他日后的前途就不可限量了。"于是群臣又上奏表，推举孙峻为丞相、大将军，督中外诸军事，并且不任命御史大夫一职。由于此事，士大夫们大失所望。滕胤的女儿是诸葛恪的儿子诸葛竦的妻子，滕胤因为这个原因请求辞去官位。孙峻说："鲧和禹是父子，但鲧的罪并不牵连到禹，滕侯您何必这样呢！"孙峻与滕胤虽然内心并不融洽，但表面上还是互相包容的，于是进封滕胤爵位为高密侯，两人像以前一样共事。

高贵乡公正元元年（254），孙峻骄横淫逸，暴虐凶残，国内人士都对他心怀怨恨，侧目而视。司马桓虑谋划诛杀孙峻，拥立太子孙登的儿子吴侯孙英即位，计划失败，参与的人都被诛杀。

二年（255）秋季七月，东吴将军孙仪、张怡、林恂合谋诛杀孙峻，没能成功，被杀死的有几十个人。全公主在孙峻那里陷害朱公主，说："朱公主与孙仪是同谋。"于是孙峻又杀死了朱公主。

甘露元年（256）秋季九月，孙峻派遣骠骑将军吕据和车骑将军刘纂、镇南将军朱异、前将军唐咨，率领军队从江都进入淮河、泗水，打算进攻青州、徐州。孙峻在石头城为他们饯行，突然得了急病，他把后事托付给堂弟偏将军孙綝。丁亥（十四日），孙峻去世。东吴朝廷任命孙綝为侍中、武卫将军，都督中外诸军事，召吕据等人率领军队返回。

吕据听到孙綝替代孙峻辅政，大怒，与督将们联名上书共同

荐滕胤为丞相，綝更以胤为大司马，代吕岱驻武昌。据引兵还，使人报胤，欲共废綝。冬十月丁未，綝遣从兄宪将兵逆据于江都，使中使敕文钦、刘纂、唐咨等共击取据，又遣侍中左将军华融、中书丞丁晏告喻胤宜速去意。胤自以祸及，因留融、晏勒兵自卫，召典军杨崇、将军孙咨告以綝为乱。迫融等使有书难綝，綝不听，表言胤反，许将军刘承以封爵，使率兵骑攻围胤。胤又劫融等使诈为诏发兵，融等不从，皆杀之。或劝胤引兵至苍龙门，将士见公出，必委綝就公。时夜已半，胤恃与据期，又难举兵向宫，乃约令部曲，说吕侯已在近道，故皆为胤尽死，无离散者。胤颜色不变，谈笑如常。时大风，比晓，据不至，綝兵大会，遂杀胤及将士数十人，夷胤三族。己酉，大赦，改元太平。或劝吕据奔魏者，据曰："吾耻为叛臣。"遂自杀。

十一月，吴孙綝迁大将军。綝负贵倨傲，多行无礼。峻从弟宪尝与诛诸葛恪，峻厚遇之，官至右将军、无难督，平九官事。綝遇宪薄于峻时，宪怒，与将军王惇谋杀綝。事泄，綝杀惇，宪服药死。

二年夏四月，吴主临正殿，大赦，始亲政事。孙綝表奏，多见难问。又科兵子弟十八已下、十五以上三千馀人，选大将子弟年少有勇力者，使将之，日于苑中教习。曰：

推荐滕胤任丞相，孙綝就改命滕胤为大司马，接替吕岱驻守武昌。吕据率军返回，派人报告滕胤，想共同废黜孙綝。冬季十月丁未（初四），孙綝派堂兄孙宪率军前往江都，阻击吕据；又派宫廷使者前去命令文钦、刘纂、唐咨等人，共同攻击吕据；又派遣侍中左将军华融、中书丞丁晏前往滕胤处转达孙綝的意思，劝他最好赶快离开建业，到武昌去上任。滕胤认为灾祸降临到自己头上了，就扣留华融、丁晏，组织部众自卫，并召请典军杨崇、将军孙咨，告诉他们孙綝发动叛乱。又强迫华融等人写信给孙綝，加以责难，孙綝不接受，上奏表指控滕胤谋反，向将军刘承许诺，事后一定封他爵位，派他率领步骑兵围攻滕胤。滕胤又劫持华融等人，要他们假传诏书，征调军队，华融等人不肯服从，滕胤就把华融、丁晏都杀死。有人劝滕胤率领士兵到苍龙门去，将士们看到滕胤出来，一定会舍弃孙綝，归附滕胤。当时已是半夜，滕胤恃仗已与吕据约定日期，又对率军进逼皇宫感到为难，于是集合部众，向他们宣告，说吕据的军队已经接近这里，所以部众都为滕胤拼死战斗，没有人离开逃散。滕胤神色不变，谈笑风生，与往常一样。当时正刮大风，等到拂晓，吕据的军队没有到达，而孙綝的军队蜂拥而来，于是杀死了滕胤以及将士数十人，诛灭滕胤三族。己酉（初六日），全国大赦，改年号为太平。有人劝吕据投奔曹魏，吕据说："我以当叛变之臣为耻。"于是自杀。

十一月，东吴孙綝晋升为大将军。孙綝自恃地位尊贵，倨傲骄横，做了很多无礼的事情。孙峻的堂弟孙宪曾参与诛杀诸葛恪，孙峻对待他很优厚，官当到右将军、无难督，平九官事。孙綝对待孙宪较孙峻时冷淡，孙宪十分恼怒，与将军王惇密谋诛杀孙綝。计划泄露，孙綝杀了王惇，孙宪服毒药自杀。

二年（257）夏季四月，吴主孙亮坐临正殿，全国大赦，开始亲自处理朝政事务。孙綝奏上的表章，常遭到孙亮的质问责难。孙亮又挑选士兵子弟中十八岁以下、十五岁以上的三千多人组成一支军队，再挑选大将子弟中年轻勇敢强壮的人，派他们统领这支军队，每天在皇家园苑中进行军事训练。孙亮说：

"吾立此军,欲与之俱长。"又数出中书视大帝时旧事,问左右侍臣曰:"先帝数有特制,今大将军问事,但令我书可邪?"

三年秋八月,吴孙綝以吴主亲览政事,多所难问,甚惧,返自镬里,遂称疾不朝。使弟威远将军据入苍龙门宿卫,武卫将军恩、偏将军幹、长水校尉闿分屯诸营,欲以自固。吴主恶之,乃推朱公主死意。全公主惧曰:"我实不知,皆朱据二子熊、损所白。"是时熊为虎林督,损为外部督,吴主皆杀之。损妻,即孙峻妹也。綝谏,不从,由是益惧。

吴主阴与全公主及将军刘承谋诛綝。全后父尚为太常、卫将军,吴主谓尚子黄门侍郎纪曰:"孙綝专势,轻小于孤。孤前敕之使速上岸,为唐咨等作援,而留湖中不上岸一步。事见《淮南三叛》。又委罪于朱异,擅杀功臣,不先表闻。筑第桥南,不复朝见。此为自在,无复所畏。不可久忍,今规取之。卿父作中军都督,使密严整士马,孤当自出临桥,率宿卫虎骑、左右无难一时围之,作版诏敕綝所领皆解散,不得举手。正尔,自当得之。卿去,但当使密耳!卿宣诏卿父,勿令卿母知之。女人既不晓大事,且綝同堂姊,邂逅漏泄,误孤非小也!"纪承诏以告尚。尚无远虑,以语纪母,母使人密语綝。

"我建立这支军队，想同其一起长大。"又多次前去中书官署，翻阅吴大帝孙权时的旧文件，询问左右侍从说："先帝经常有亲笔书写的独断决定，如今大将军呈上表章，却只让我签字批准，为什么？"

三年（258）秋季八月，东吴孙綝因吴主孙亮亲自主持朝政事务，经常对他责难质问，非常害怕，从镬里返回后，就声称患病，不上朝。孙綝派弟弟威远将军孙据进入苍龙门，在宫中值宿守卫；又派弟弟武卫将军孙恩、偏将军孙幹、长水校尉孙闿，分别屯驻各军营，企图以此来巩固自己。吴主孙亮厌恶孙綝，于是下令追查朱公主的死因。全公主恐慌，说："我确实不知道，都是朱据的两个儿子朱熊、朱损告发的。"当时，朱熊任虎林督，朱损任外部督，吴帝孙亮把二人都杀了。朱损的妻子就是孙峻的妹妹。孙綝加以劝谏，孙亮不接受，自此，孙綝更加害怕。

吴主孙亮秘密地与全公主以及将军刘承谋划诛杀孙綝。全皇后的父亲全尚任太常、卫将军，孙亮对全尚的儿子黄门侍郎全纪说："孙綝仗势专权，认为我年幼，对我十分轻视。先前，我下令要他赶快上岸进军，充当唐咨等人的后援，他却留在巢湖中，不肯上岸一步。事情见《淮南三叛》。又把罪责推到朱异头上，擅自诛杀功臣，而事先不上奏表。在朱雀桥南兴建住宅，不再上朝晋见。在住宅中自由自在，无所顾忌。对这种情况不能长久地忍耐下去，现在我正策划制服他。你的父亲任中军都督，你让他秘密地集结人马，做好准备，我将亲自出马前去朱雀桥，率领宿卫虎骑和左右无难营的禁军，同时包围孙綝的住宅，下诏书命令孙綝所统领的部众全部解散，不准动手抵抗。真能这样，当然就能成功了。你前去传话吧，只是一定要保守秘密！你向你的父亲传达我的诏令，但不要让你的母亲知道这件事。女人不懂得大事，而且你母亲又是孙綝的堂姐，万一两人遇见，泄漏了秘密，就把我害惨了！"全纪将孙亮的诏令传达给全尚。全尚没有深远的谋略，把这件事告诉给了全纪的母亲，全纪的母亲就派人秘密地通知了孙綝。

　　九月戊午，綝夜以兵袭尚，执之，遣弟恩杀刘承于苍龙门外，比明，遂围宫。吴主大怒，上马带鞬执弓欲出，曰："孤大皇帝适子，在位已五年，谁敢不从者！"侍中近臣及乳母共牵攀止之，不得出，叹咤不食，骂全后曰："尔父愦愦，败我大事！"又遣呼纪，纪曰："臣父奉诏不谨，负上，无面目复见。"因自杀。綝使光禄勋孟宗告太庙，废吴主为会稽王。召群臣议曰："少帝荒病昏乱，不可以处大位，承宗庙，已告先帝废之。诸君若有不同者，下异议。"皆震怖，曰："唯将军令！"綝遣中书郎李崇夺吴主玺绶，以吴主罪班告远近。尚书桓彝不肯署名，綝怒，杀之。典军施正劝綝迎立琅邪王休，綝从之。己未，綝使宗正楷与中书郎董朝迎琅邪王于会稽。遣将军孙耽送会稽王亮之国。亮时年十六。徙全尚于零陵，寻追杀之。迁全公主于豫章。

　　冬十月戊午，琅邪王行至曲阿，有老公遮王叩头曰："事久变生，天下喁喁，愿陛下速行。"王善之。是日，进及布塞亭。孙綝以琅邪王未至，欲入居宫中，召百官会议，皆惶怖失色，徒唯唯而已。选曹郎虞汜曰："明公为国伊、周，处将相之任，擅废立之威，将上安宗庙，下惠百姓，大小踊跃，自以伊、霍复见。今迎王未至而欲入宫，如是，群下摇荡，

九月戊午（二十六日），孙綝在夜里派兵袭击全尚，捕获了全尚，派遣弟弟孙恩在苍龙门外杀死了刘承，等到天亮时，就包围了皇宫。吴主孙亮大怒，骑上马，执弓带箭，打算出宫应战，说："我是大皇帝的嫡子，在位已有五年，谁敢不服从我！"侍中、左右亲信以及奶妈等人，一同上前拉扯劝止孙亮，孙亮无法出去，怨恨叹息，不吃东西，辱骂全皇后说："你的父亲昏乱糊涂，败坏了我的大事！"又派人传唤全纪，全纪说："我的父亲接受诏令后，没有谨慎从事，辜负了陛下，我也没有脸面再晋见陛下。"就自杀而死。孙綝派光禄勋孟宗前往太庙，向祖先禀告，要废黜吴帝孙亮，改封他为会稽王。然后召集大臣们商议，说："年轻皇帝荒急悖谬，昏妄迷乱，不能再高居皇帝之位，承奉祖先宗庙，已经禀告先帝将他废黜。你们各位如果有不赞同的，请把不同意见提出来。"大家都震惊恐惧，说："全听将军的命令！"孙綝派中书郎李崇入宫夺取吴帝孙亮的玺印，并颁布文告，向远近各地宣布孙亮的罪状。尚书桓彝不肯签名，孙綝大怒，杀了桓彝。典军施正劝孙綝迎回琅邪王孙休，拥立他继承皇帝之位，孙綝听从了施正的意见。己未（二十七日），孙綝派宗正孙楷与中书郎董朝前往会稽迎回琅邪王孙休。又派将军孙耽送会稽王孙亮前往他的封国。孙亮当年十六岁。孙綝将全尚贬逐到零陵去，随后又派人追杀了全尚。又将全公主迁往豫章。

　　冬季十月戊午，琅邪王孙休行路到达曲阿，有一位老翁拦住马头，向琅邪王叩头，说："事情耽搁久了，就会发生变化，天下之人都对您仰首翘望，希望陛下急速前行。"琅邪王认为他说得很对。当天，琅邪王赶到布塞亭。孙綝因琅邪王孙休还未到达，想住到皇宫中去，他召集文武百官一同商议此事，百官都惊慌恐惧，脸色骤变，只能表示同意。选曹郎虞汜说"明公您为国家担当伊尹、周公旦那样的重任，身居将相的高位，独掌废立皇帝的权威，将对上安慰宗庙祖先，对下施惠广大百姓，全国上下欢呼踊跃，都认为伊尹、霍光再次出现。如今，还没有把君王迎接回来，却想入皇宫居住，如果这样的话，臣民们就会动摇不安，

众听疑惑,非所以永终忠孝,扬名后世也。"綝不怿而止。氾,翻之子也。

綝命弟恩行丞相事,率百僚以乘舆法驾迎琅邪王于永昌亭。筑宫,以武帐为便殿,设御坐。己卯,王至便殿,止东厢。孙恩奉上玺符,王三让,乃受。群臣以次奉引,王就乘舆,百官陪位。綝以兵千人迎于半野,拜于道侧,王下车答拜。即日,御正殿,大赦,改元永安。孙綝称:"草莽臣,诣阙上书,上印绶、节钺,求避贤路。"吴主引见慰谕。下诏以綝为丞相、荆州牧,增邑五县;以恩为御史大夫、卫将军、中军督,封县侯。孙据、幹、闿皆拜将军,封侯。又以长水校尉张布为辅义将军,封永康侯。

先是,丹阳太守李衡数以事侵琅邪王,其妻习氏谏之,衡不听。琅邪王上书乞徙他郡,诏徙会稽。及琅邪王即位,李衡忧惧,谓妻曰:"不用卿言,以至于此。吾欲奔魏,何如?"妻曰:"不可。君本庶民耳,先帝相拔过重。既数作无礼,而复逆自猜嫌,逃叛求活。以此北归,何面目见中国人乎!"衡曰:"计何所出?"妻曰:"琅邪王素好善慕名,方欲自显于天下,终不以私嫌杀君明矣。可自囚诣狱,表列前失,显求受罪。如此,乃当逆见优饶,非但直活而已。"衡从之。

大家会对所见所闻的事情,疑惑猜忌,这并不是永保忠孝,扬名于后世的做法啊。"孙綝很不高兴,然后停止了这一举动。虞汜是虞翻的儿子。

孙綝命令弟弟孙恩代理丞相的职务,率领文武百官带着皇帝专用的车驾前往永昌亭迎接琅邪王孙休。在永昌亭修筑行宫,用皇帝专用的武帐布置便殿,设立皇帝御座。己卯(十八日),琅邪王孙休来到便殿,停在东厢。孙恩呈上皇帝玺印,琅邪王按惯例辞让三次,这才接受。大臣们按照官位高低排列,引导皇帝车驾,琅邪王乘上车驾,百官陪同在旁。孙綝率领士兵一千人,在半路上迎接,他在道路旁边下拜,琅邪王下车答拜。当天,琅邪王孙休来到正殿,正式即位,颁令全国大赦,改年号为永安。孙綝上书称:"草莽之臣孙綝,前来宫阙上书,缴还印信、符节、黄钺,请求准许辞职,让出贤才晋升之路。"吴帝孙休接见了他,好言安慰一番。孙休下诏任命孙綝为丞相、荆州牧,增加封邑五个县;任命孙恩为御史大夫、卫将军、中军督,封为县侯。孙据、孙干、孙闿,都任为将军,封侯爵。又任命长水校尉张布为辅义将军,封为永康侯。

在此以前,丹阳太守李衡多次寻事欺凌琅邪王孙休,他的妻子习氏规劝他,李衡不接受。琅邪王上奏书请求迁移到别郡,皇帝下诏,要他迁往会稽。等到琅邪王即位,李衡忧虑害怕,对妻子说:"我没有听从你的劝告,才到现在这个地步。我打算投奔曹魏,你觉得怎么样?"妻子说:"不能这样。你原来是个平民,先帝越级提拔你,才得到现在的地位。你已经多次做了无礼的事情,而又自己胡乱猜疑,想叛变逃亡,求得活命。像你这种情况,逃到北方,又有什么面目去见中原地区的人呢?"李衡说:"你说该怎么办?"妻子说:"琅邪王孙休一向喜好善行,追求名誉,正想向天下显示自己,最终不会因为私人怨恨而杀你,这是很明显的。你可前往京城建业的监狱,自己要求囚禁,上表列举以前所犯的过失,公开地请求接受处罚。这样做的话,我预料你将会受到优厚的待遇,不只是能够活命而已。"李衡听从了妻子的话。

吴主诏曰："丹阳太守李衡，以往事之嫌，自拘司败。夫射钩、斩祛，在君为君。其遣衡还郡，勿令自疑。"又加威远将军，授以棨戟。

己丑，吴主封故南阳王和子皓为乌程侯。

群臣奏立皇后、太子。吴主曰："朕以寡德，奉承洪业，莅事日浅，恩泽未敷，后妃之号，嗣子之位，非所急也。"有司固请，吴主不许。

孙綝奉牛酒诣吴主，吴主不受，赍诣左将军张布。酒酣，出怨言曰："初废少主时，多劝吾自为之者。吾以陛下贤明，故迎之。帝非我不立，今上礼见拒，是与凡臣无异，当复改图耳。"布以告吴主，吴主衔之，恐其有变，数加赏赐。戊戌，吴主诏曰："大将军掌中外诸军事，事统烦多，其加卫将军、御史大夫恩侍中，与大将军分省诸事。"或有告綝怀怨侮上，欲图反者，吴主执以付綝，綝杀之。由是益惧，因孟宗求出屯武昌，吴主许之。綝尽敕所督中营精兵万馀人，皆令装载。又取武库兵器，吴主咸令给与。綝求中书两郎典知荆州诸军事，主者奏中书不应外出，吴主特听之。其所请求，一无违者。

吴帝孙休下诏说:"丹阳郡太守李衡因过去的嫌隙,自己前往司法部门要求拘禁。古人也有被射中带钩,被斩去衣袖的嫌恨,但既然在君主的位置上,就要当好君主,从国家公事考虑,不记以前的私怨。送李衡返回原郡任太守,不要使他自己猜疑。"又加授李衡为威远将军,赐予象征权威的荣载。

己丑(二十八日),吴主孙休封故南阳王孙和的儿子孙皓为乌程侯。

大臣们上奏请求确立皇后、太子。吴主孙休说:"我建立的德业很少,却继承了先帝的大业,即位处理国事的时间很短,恩德还未广泛施行,皇后嫔妃的名号,太子的人选,并不是现在的急务。"有关部门坚持请求,孙休不准许。

孙綝前去晋见吴主孙休,送上牛肉美酒,孙休不接受,孙綝就带着牛肉美酒去拜访左将军张布。两人共饮,孙綝喝得半醉时,口出怨言说:"当初废黜孙亮时,很多人劝我自己当皇帝。我以为陛下贤能聪明,所以迎回并拥立了他。他要是没有我,当不上皇帝,现在我送上礼物,却被他拒绝,这是把我同普通的臣僚一样来看待,我将要重新考虑了。"张布把孙綝的话告诉给吴主孙休,孙休对孙綝怀恨在心,但怕他发动事变,就多次对他加以赏赐。戊戌(十一月初七),吴主孙休下诏说:"大将军孙綝执掌中外诸军事,掌管的事务繁多,现加授卫将军、御史大夫孙恩为侍中,与大将军孙綝分担责任,共同处理各类事务。"有人来告发孙綝心怀怨恨,欺侮君王,企图谋反,孙休拘捕了告发者,交给孙綝,孙綝把告发者杀了。自从这件事情以后,孙綝更加害怕,他通过孟宗向吴帝孙休请求离开建业,驻守武昌,孙休准许了他的请求。孙綝下令调集他所统领的中央禁军的所有精锐部队一万多人,命令他们全部登上船舰。又要取出武器库中的各种武器,吴帝孙休下令全部给与。孙綝请求派两位中书郎同他一起前去,掌管荆州诸军事,主管官员上奏说,中书不应离开京城到地方去,吴帝孙休破例地准许了孙綝的请求。凡是孙綝所请求的,吴帝没有一项不准许。

将军魏邈说吴主曰："綝居外，必有变。"武卫士施朔又告綝谋反。吴主将讨綝，密问辅义将军张布，布曰："左将军丁奉，虽不能吏书，而计略过人，能断大事。"吴主召奉告之，且问以计画。奉曰："丞相兄弟支党甚盛，恐人心不同，不可卒制，可因腊会有陛兵以诛之。"吴主从之。

十二月丁卯，建业中谣言明会有变，綝闻之，不悦。夜，大风，发屋扬沙，綝益惧。戊辰，腊会，綝称疾不至。吴主强起之，使者十馀辈，綝不得已，将入，众止焉。綝曰："国家屡有命，不可辞。可豫整兵，令府内起火，因是可得速还。"遂入，寻而火起，綝求出。吴主曰："外兵自多，不足烦丞相也。"綝起离席，奉、布目左右缚之。綝叩头曰："愿徙交州。"吴主曰："卿何以不徙滕胤、吕据于交州乎！"綝复曰："愿没为官奴。"吴主曰："卿何不以胤、据为奴乎！"遂斩之。以綝首令其众曰："诸与綝同谋者，皆赦之。"放仗者五千人。孙闿乘船欲降北，追杀之。夷綝三族，发孙峻棺，取其印绶，斫其木而埋之。

吴主改葬诸葛恪，朝臣有乞为诸葛恪立碑者，吴主诏曰："盛夏出军，士卒伤损，无尺寸之功，不可谓能；受托孤之任，死于竖子之手，不可谓智。"遂寝。

将军魏邈提醒吴主孙休说："孙綝居住在外地，一定会发动事变。"武卫士施朔又告发孙綝谋反。吴帝打算讨伐孙綝，秘密地询问辅义将军张布，张布说："左将军丁奉，虽不会做起草公文之类的事，但谋略超过常人，能决断重大事情。"吴帝将丁奉召来，把打算讨伐孙綝的事告诉他，并且询问他有什么计策。丁奉说："丞相孙綝兄弟党羽很多，怕人们心中对这件事的看法不一样，不能一下子制服他，可乘朝廷举行腊日祭祀大会，有宫廷卫士陛兵拱卫时，再诛杀他。"吴帝孙休接受了丁奉的建议。

十二月丁卯(初七)，建业城中谣言四起，说第二天的祭祀大会上会发生事变，孙綝听到传言后，很不高兴。当天夜晚刮起大风，吹坏了房屋，扬起了灰沙，孙綝更加害怕。戊辰(初八)，朝廷举行腊日祭祀大会，孙綝声称患病，不肯前去参加。吴帝坚持要孙綝参加，前后派出十多批使者，敦请孙綝前去，孙綝无可奈何，只得前去，将要入宫时，手下的人都劝阻他。孙綝说："皇帝多次下令，不可推辞。你们可预先整顿部队，做好准备，在我的官邸中放火，我以起火为由，可以很快返回。"于是进入宫内，一会儿，官邸中火起，孙綝请求出宫。吴主说："外面士兵很多，不值得烦劳丞相本人回去。"孙綝站起身，离开座位，丁奉、张布用眼色向左右的卫士示意，命他们将孙綝捆绑起来。孙綝叩头说："我愿意被贬逐到交州去。"吴帝说："你为什么不把滕胤、吕据贬逐到交州去呢？"孙綝又说："我愿意被籍没为官奴。"吴帝孙休说："你为什么不把滕胤、吕据籍没为官奴呢？"于是将孙綝斩首。拿孙綝的首级给他的部下看，向他们下令说："所有与孙綝同谋的人，全部赦免。"听到这一命令，放下武器的有五千人。孙闿乘船逃走，想投降北方的曹魏，被朝廷追上杀死了。诛灭孙綝三族，掘出孙峻的棺材，取回他的印信，将棺木砍薄，然后埋葬。

吴主孙休下令重新安葬诸葛恪，朝中大臣有人请求为诸葛恪立碑，吴主孙休下诏说："在酷热的夏季出动大军，士兵伤亡惨重，没有建立一点功绩，不能说是有才能；接受先帝托孤的重任，却死在无赖小子的手中，不能说是有智谋。"于是立碑的事就中止了。

卷第十一

魏灭蜀

魏邵陵厉公嘉平五年。汉卫将军姜维自以练西方风俗，兼负其才武，欲诱诸羌、胡以为羽翼，谓自陇以西，可断而有。每欲兴军大举，大将军费祎常裁制不从，与其兵不过万人，曰："吾等不如丞相亦已远矣，丞相犹不能定中夏，况吾等乎！不如且保国治民，谨守社稷，如其功业，以俟能者。无为希冀徼幸，决成败于一举，若不如志，悔之无及。"及祎死，维得行其志，乃将数万人出石营，围狄道。

高贵乡公正元元年夏四月，狄道长李简密书请降于汉。六月，姜维寇陇西。

冬十月，汉姜维自狄道进拔河关、临洮。将军徐质与战，杀其荡寇将军张嶷，汉兵乃还。

二年秋七月，姜维复议出军，征西大将军张翼廷争，以为："国小民劳，不宜黩武。"维不听，率车骑将军夏侯霸及翼同进。八月，维将数万人至枹罕，趋狄道。

魏灭蜀

魏邵陵厉公曹芳嘉平五年（253）。蜀汉卫将军姜维认为自己熟悉西方的风土人情，又对自己的才智与武功十分自负，就打算引诱各羌人、匈奴人部落归附，成为蜀汉的辅佐力量，认为这样一来，陇山以西的地区必定可以为蜀汉所有。每当他想兴兵大举进攻，大将军费祎总加以限制，不听从他的计划，给他的兵力也不超过一万人。费祎说："我们的能力比起丞相诸葛亮是相差太远了，丞相都没能平定中原，何况是我们呢？还不如暂且保卫好国家，治理好百姓，兢兢业业地守住我们的江山社稷，至于建立更大的功业，就等待更有能力的人吧。不要寄希望于侥幸，企图靠一次行动来决定胜负，万一事与愿违，后悔也来不及了。"直到费祎去世后，姜维才能够按照他自己的意愿行动，于是就率领几万人从石营出击，包围了曹魏统辖下的狄道。

高贵乡公正元元年（254）夏季四月，狄道县县长李简秘密修书请求归降于蜀汉。六月，姜维率兵进犯陇西。

冬季十月，蜀汉姜维从狄道进发，攻下了河关、临洮。曹魏将军徐质与蜀汉军队交战，杀了蜀汉荡寇将军张嶷，蜀汉军队才撤退。

二年（255）秋季七月，姜维又提出要出兵，征西大将军张翼在上朝时与他争辩，认为："国家弱小百姓劳苦，不应该穷兵黩武。"姜维不接受他的意见，率领车骑将军夏侯霸以及张翼一同出兵。八月，姜维率领数万人抵达枹罕，直逼狄道。

　　征西将军陈泰救雍州刺史王经进屯狄道，须泰军到，东西合势乃进。泰军陈仓，经所统诸军于故关与汉人战，不利，经辄渡洮水。泰以经不坚据狄道，必有他变，率诸军以继之。经已与维战于洮西，大败，以万馀人还保狄道城，馀皆奔散，死者万计。张翼谓维曰："可以止矣，不宜复进，进或毁此大功，为蛇画足。"维大怒，遂进围狄道。

　　辛未，诏长水校尉邓艾行安西将军，与陈泰并力拒维。戊辰，复以太尉孚为后继。泰进军陇西，诸将皆曰："王经新败，蜀众大盛，将军以乌合之卒，继败军之后，当乘胜之锋，殆必不可。古人有言：'蝮蛇螫手，壮士解腕。'《孙子》曰：'兵有所不击，地有所不守。'盖小有所失而大有所全故也。不如据险自保，观衅待敝，然后进救，此计之得者也。"泰曰："姜维提轻兵深入，正欲与我争锋原野，求一战之利。王经当高壁深垒，挫其锐气，今乃与战，使贼得计。经既破走，维若以战克之威，进兵东向，据栎阳积谷之实，放兵收降，招纳羌、胡，东争关、陇，传檄四郡，此我之所恶也。而乃以乘胜之兵，挫峻城之下，锐气之卒，屈力致命。攻守势殊，客主不同。兵书曰：'修橹轒辒，三月乃成，拒堙三月而后已。'

曹魏征西将军陈泰命令雍州刺史王经进驻狄道,等陈泰的军队到达,东西两股力量会合后一起进发。陈泰的军队驻扎于陈仓,王经统领的各军在洮水西岸的汉代旧关与蜀汉军队交战,却打了败仗,王经于是渡过洮水。陈泰认为王经不坚守狄道,必定会发生其他变故,于是率领各军随后赶到。而王经已经与姜维在洮水西岸交战了,结果大败,带着一万多残部退守狄道城,其馀部众都四处逃散,死的人数以万计。张翼对姜维说:"可以停止了,不要再进军了,继续进军可能会把我们已取得的大功也毁掉,是画蛇添足。"姜维大怒,于是进军包围狄道。

　　辛未(二十二日),魏帝诏令长水校尉邓艾代理安西将军,与陈泰合力抗击姜维。戊辰,又命太尉司马孚率大军为后援部队。陈泰进军到达陇西,各将领都说:"王经刚刚打了败仗,蜀汉军队士气正旺盛,将军率领的是临时聚集起来的军队,又是在大军战败之后,面临的是蜀汉乘胜而来的兵锋,恐怕必定不利于我们。古人说:'一旦被蝮蛇咬了手,即便是壮士也要砍断手腕。'《孙子兵法》也说:'有的敌兵可以不去打他,有的土地也可以不必固守。'这是因为小的地方有所失而大的地方就能有所保全的缘故。我们不如据守险要的地势,保全自己的力量,然后静观敌人的破绽,等他们疲困了,再出兵去救援,这是较妥善的计划。"陈泰说:"姜维率领轻装的部队深入我国境内,正希望与我们在平原上作战,希望一战而胜。王经应该高筑营垒,挫败他们的锐气,现在王经却与他们交战,使敌人计谋得逞。王经既已战败逃走,姜维如果乘大胜的馀威,向东进兵,占据有充足存粮的栎阳,让部将到四面八方去招纳降兵,再招徕羌人、匈奴人归附,然后向东争夺关陇地区,并向周围四郡发布檄文动摇民心,这倒使我感到棘手。但他却让打了胜仗的军队,受挫于坚固的城池之下,让士气高昂的兵士,尽力攻城以至送命。在战争中,攻方与守方的形势不一样,主军与客军的地位也不同。兵书上说:'修造攻城用的盾牌与轒辒车,需要三个月,如用堆筑土山的方法攻城,也要三个月的时间。'

诚非轻军远入之利也。今维孤军远侨,粮谷不继,是我速进破贼之时,所谓疾雷不及掩耳,自然之势也。洮水带其表,维等在其内,今乘高据势,临其项领,不战必走。寇不可纵,围不可久,君等何言如是!"遂进军度高城岭,潜行,夜至狄道东南高山上,多举烽火,鸣鼓角。狄道城中将士见救至,皆愤踊。维不意救兵卒至,缘山急来攻之,泰与交战,维退。泰引兵扬言欲向其还路,维惧,九月甲辰,维遁走,城中将士乃得出。王经叹曰:"粮不至旬,向非救兵速至,举城屠裂,覆丧一州矣!"泰慰劳将士,前后遣还,更差军守,并治城垒,还屯上邽。

泰每以一方有事,辄以虚声扰动天下,故希简上事,驿书不过六百里。大将军昭曰:"陈征西沉勇能断,荷方伯之重,救将陷之城,而不求益兵。又希简上事,必能办贼故也。都督大将不当尔邪!"

姜维退驻钟提。

甘露元年春正月,姜维进位大将军。夏六月,姜维在钟提,议者多以为维力已竭,未能更出。安西将军邓艾曰:"洮西之败,非小失也,士卒凋残,仓廪空虚,百姓流离。今以策言之,彼有乘胜之势,我有虚弱之实,一也。彼上

攻城对轻军深入的军队来说实在不是一件有利的事。如今姜维正是孤军深入，居于客地，粮食供应不上，这正是我们迅速进军打败敌人的好时机，所谓迅雷不及掩耳，这是自然的趋势。洮水围绕在城外，姜维的军队正夹在其中，我们如果登上高处占据险要地势，就好比是扼住了他们的脖子，不用交战就必能使敌军逃走。对敌人不能放纵，狄道城被围也不可太久，你们怎么会说出这样的话来？"于是，陈泰率军翻过高城岭，一路上秘密行军，到深夜时分到了狄道城东南的高山上，将士们多燃烽火，擂鼓鸣号。狄道城中的将士见救兵到了，都奋发振作欢呼跳跃起来。姜维没有想到曹魏救兵会突然来到，急忙登山来攻，陈泰率兵与之交战，姜维退走。陈泰带领着部队扬言要去切断姜维的退路，姜维害怕了，九月甲辰（二十五日），姜维率部逃走，狄道城中的将士才得以出来。王经叹息说："城中粮食已不够十天食用的，如果不是救兵来得快，不仅全城会遭到屠杀，一州也会沦丧！"陈泰对将士们表示慰问，先后让他们返回，另外派军士守狄道城，并且修筑城池营垒，然后回军驻扎于上邽。

陈泰认为当边境一发生情况，守边的将帅总是虚张声势，使全国上下都受到惊扰，因此上书言事总是次数少而又简略，即使上书，也不用每日超过六百里的加急文书。大将军司马昭说："征西将军陈泰沉着勇敢，遇事有决断，他担负着方面大员的重任，拯救快要陷落的城池，却不要求增加兵力。并且他上书言事次数少而简略，是因为他一定有把握战胜敌人。作为都督大将难道不应该如此吗？"

姜维撤退后驻扎在钟提。

甘露元年（256）春季正月，姜维被擢升为大将军。夏季六月，姜维驻扎在钟提，议论的人大多认为姜维的军事力量已经消耗尽了，不可能再次出击。安西将军邓艾却说："在洮水西岸我们打了败仗，这次败仗损失并不小，士卒伤亡严重，粮食仓库空虚，百姓流离失所。现在从谋略来说，他们有乘胜出击的气势，我们的现状却是十分虚弱，这是其一。他们的部队，将帅

下相习，五兵犀利，我将易兵新，器仗未复，二也。彼以船行，吾以陆军，劳逸不同，三也。狄道、陇西、南安、祁山各当有守，彼专为一，我分为四，四也。从南安、陇西因食羌谷，若趣祁山，熟麦千顷，为之外仓，五也。贼有黠计，其来必矣。"

秋七月，姜维复率众出祁山，闻邓艾已有备，乃回，从董亭趣南安。艾据武城山以拒之。维与艾争险不克，其夜，渡渭东行，缘山趣上邽，艾与战于段谷，大破之。以艾为镇西将军、都督陇右诸军事。维与其镇西大将军胡济期会上邽，济失期不至，故败，士卒星散，死者甚众。蜀人由是怨维。维上书谢，求自贬黜。乃以卫将军行大将军事。

二年冬十二月，姜维闻魏分关中兵以赴淮南，欲乘虚向秦川，率数万人出骆谷，至沈岭。时长城积谷甚多，而守兵少，征西将军都督雍、凉诸军事司马望及安西将军邓艾进兵据之，以拒维。维壁于芒水，数挑战，望、艾不应。

是时，维数出兵，蜀人愁苦。中散大夫谯周作《仇国论》以讽之曰："或问：'往古能以弱胜强者，其术何如？'曰：'吾闻之，处大无患者常多慢，处小有忧者常思善。多慢则生乱，思善则生治，理之常也。故周文养民，以少取多，句践恤众，以弱毙强，此其术也。'或曰：'曩者，项强

与士兵互相熟习,武器又精良锋利,而我们却是新任命的将领,新征集的士兵,武器装备也还没有补充,这是其二。他们是乘船前进,我们全靠步行,一劳一逸,这是其三。狄道、陇西、南安、祁山都必须有军队守卫,他们可以集中力量专攻一处,而我们的力量却一分为四,这是其四。他们从南安到陇西,一路可以依靠羌人的粮食作为军粮,如果到祁山,那里的千顷麦子已经成熟,足以成为他们在国外的粮仓,这是其五。蜀汉一向多诡计,他们必定会出击的。"

秋季七月,姜维又率领军队出祁山,听到邓艾已有所准备,就撤兵返回,又从董亭直趋南安。邓艾凭借武城山之险抗击姜维。姜维向邓艾发动攻势争夺险要之处,却没有取胜,这天夜间,姜维渡过渭河往东进发,沿山而行直趋上邽,邓艾在段谷与姜维交战,大破蜀汉军。曹魏朝廷任命邓艾为镇西将军、都督陇右诸军事。姜维原与镇西大将军胡济约定在上邽会合,胡济没能如期到达,姜维才打了败仗,士兵四处逃散,战死者很多。蜀人因此怨恨姜维。姜维上书请罪,自己要求降职处分。于是被贬为卫将军,仍代理大将军的职务。

二年(257)冬季十二月,姜维听到消息说曹魏分出关中部分兵力调往淮南,就打算乘其内部空虚而攻击秦川,于是率数万人从骆谷出击,至沈岭。当时长城一带的存粮很多,但守卫兵士却较少,征西将军都督雍州、凉州诸军事司马望以及安西将军邓艾立即进兵据守,以阻击姜维。姜维在芒水边构筑营垒,屡次出兵挑战,但司马望和邓艾却坚守着不应战。

当时,姜维几次出兵,蜀人愁苦不堪。中散大夫谯周写了篇《仇国论》讽谏说:"有人问:'古时候能以弱胜强的,用的是什么方法?'回答说:'我听说,处于强大地位而没有什么忧患的国家常有许多轻忽之处,处于弱小地位又有很多忧虑的国家就常想着向善。轻忽之处多了就会发生变乱,想着向善则会实现大治,这是一般的规律。所以周文王注意养民,结果以少胜多,句践体恤百姓,最终以弱胜强,这就是他们的方法。'有人说:'过去,项羽强

汉弱,相与战争,项羽与汉约分鸿沟,各归息民;张良以为民志既定则难动也,率兵追羽,终毙项氏。岂必由文王之事乎?'曰:'当商、周之际,王侯世尊,君臣久固,民习所专;深根者难拔,据固者难迁。当此之时,虽汉祖安能仗剑鞭马取天下乎!及秦罢侯置守之后,民疲秦役,天下土崩,或岁改主,或月易公,鸟惊兽骇,莫知所从。于是豪强并争,虎裂狼分,疾搏者获多,迟后者见吞。今我与彼皆传国易世矣,既非秦末鼎沸之时,实有六国并据之势。故可为文王,难为汉祖。夫民之疲劳,则骚扰之兆生,上慢下暴,则瓦解之形起。谚曰:"射幸数跌,不如审发。"是故智者不为小利移目,不为意似改步,时可而后动,数合而后举。故汤、武之师不再战而克,诚重民劳而度时审也。如遂极武黩征,土崩势生,不幸遇难,虽有智者将不能谋之矣。'"

三年春二月,姜维退还成都,复拜大将军。

初,汉昭烈留魏延镇汉中,皆实兵诸围以御外敌,敌若来攻,使不得入。及兴势之役,王平捍拒曹爽,皆承此制。及姜维用事,建议以为:"错守诸围,适可御敌,不获

而汉高祖弱,双方交战,项羽与汉相约以鸿沟为界,各归本土使人民休养生息;张良认为民心一旦安定就难以动摇了,于是率领兵马追逼项羽,最终置项羽于死地。难道一定要像周文王那样行事吗?'回答是:'在商、周之际,王侯世代处于最尊贵的地位,君与臣的关系已十分稳固,人民也习惯了专心事奉君上;根扎得太深难以拔除,盘踞得太牢固难以迁移。在那个时候,即便是汉高祖出世,又怎能打破这种君臣关系,持剑策马靠武力夺取天下呢?等到秦代罢列国诸侯,改设郡县置郡守以后,百姓不堪承受秦朝的劳役,天下土崩瓦解,有的一年就变换一个君主,有的每月更换一个王公,百姓像受了惊吓的鸟兽,不知何去何从。于是,豪强们纷纷起兵争夺天下,其激烈程度就如同虎狼在瓜分猎物一样,搏杀得快的人收获也多,行动迟缓的则往往被吞并。眼下,我们和曹魏都是经过改朝换代而来,我们所处的已不是秦末那种如滚水沸腾一般大动荡的时代,而是类似于战国时群雄并峙的局面。因此,我们可以仿效周文王,却难以成为汉高祖。人民疲敝劳苦,骚动惊扰的征兆就会出现,统治者过于轻忽,民间就会多暴行,这样,土崩瓦解的形势就会形成。谚语说:"射箭射了几次都不中,还不如仔细瞄准了再射。"因此,聪明的人不会为一点小利益就改变目标,也不会为似是而非的情况而改变方向,时机允许才行动,形势合宜才出击。因此商汤和周武王的军队都是一战而胜,实在是因为他们都重视人民的劳苦,又能谨慎地分析形势。如果无限制地使用武力,频繁地征伐,使土崩瓦解的形势产生,而又不幸遭受了这种危难,那么即使是智力超群的人也无法谋划了。'"

三年(258)春季二月,姜维退兵回到成都,再次被任命为大将军。

当初,蜀汉昭烈帝刘备留魏延镇守汉中,各营垒都有很强的兵力用以抵抗入侵之敌,敌人如果来攻击,也不让他们打进来。到兴势之役时,王平抗拒曹爽,都是沿袭这一制度。姜维掌权后,建议说:"分散兵力守卫各营垒,只可以防御敌人,不能获得

大利。不若使闻敌至，诸围皆敛兵聚谷，退就汉、乐二城，听敌入平，重关头镇守以捍之，令游军旁出以伺其虚。敌攻关不克，野无散谷，千里运粮，自然疲乏。引退之日，然后诸城并出，与游军并力搏之，此殄敌之术也。"于是汉主令督汉中胡济却住汉寿，监军王含守乐城，护军蒋斌守汉城。

四年。尚书令陈祗以巧佞有宠于汉主。姜维虽位在祗上，而多率众在外，希亲朝政，权任不及祗。秋八月丙子，祗卒，汉主以仆射义阳董厥为尚书令，尚书诸葛瞻为仆射。

元皇帝景元二年冬十月，汉主以董厥为辅国大将军，诸葛瞻为都护、卫将军，共平尚书事，以侍中樊建为尚书令。时中常侍黄皓用事，厥、瞻皆不能矫正，士大夫多附之，唯建不与皓往来。秘书令郤正久在内职，与皓比屋，周旋三十馀年，澹然自守，以书自娱，既不为皓所爱，亦不为皓所憎，故官不过六百石，而亦不罹其祸。汉主弟甘陵王永憎皓，皓谮之，使十年不得朝见。

吴主使五官中郎将薛珝聘于汉，及还，吴主问汉政得失，对曰："主暗而不知其过，臣下容身以求免罪。入其朝不闻直言，经其野民皆菜色。臣闻燕雀处堂，子母相乐，自以为至安也。突决栋焚，而燕雀怡然不知祸之将及，其是之谓乎！"珝，综之子也。

大的利益。还不如一旦听到敌军来到，各营垒都收敛兵力聚集粮草，退守汉城、乐城，听任敌入平原，各关卡严密防守以抵御敌人，再派机动部队从两侧出动伺察敌人的虚弱之处。敌军攻关不能取胜，田野中又没有可收的粮食，要千里迢迢运送粮食，当然疲惫不堪。等他们撤退的时候，各城的守军再同时出击，与机动部队合力搏击，这是彻底歼灭敌人的战略方针。"于是汉帝刘禅命令督领汉中的胡济退守汉寿，监军王含守乐城，护军蒋斌守汉城。

四年（259）。尚书令陈祗凭借奸诈机巧、谄媚奉承而深得刘禅宠爱。姜维地位虽然比陈祗高，但他多数时间率军队在外，较少亲自参预朝廷大事，实权反而不如陈祗大。秋季八月丙子（二十日），陈祗去世，刘禅任命仆射义阳人董厥为尚书令，尚书诸葛瞻为仆射。

元皇帝景元二年（261）冬季十月，刘禅任命董厥为辅国大将军，诸葛瞻为都护、卫将军，共同职掌尚书事，任命侍中樊建为尚书令。当时中常侍黄皓当权用事，董厥、诸葛瞻都不能纠正其错误行事，士大夫大多数依附黄皓，只有樊建不与他来往。秘书令郤正长期在内宫任职，与黄皓屋舍紧邻，与之打交道三十多年，淡然自守，以读书为乐，既不为黄皓喜爱，也没有被他憎恨，因而官位一直没有超过六百石，但也没有因黄皓而遭狭。刘禅的弟弟甘陵王刘永十分讨厌黄皓，黄皓在刘禅面前诋毁刘永，使刘永有十年没能上朝觐见。

东吴景帝孙休派五官中郎将薛珝到蜀汉访问，薛珝回来后，孙休问他蜀汉的政治得失，薛珝回答说："君主愚昧不明而且不知道自己的过错，臣下安身其间只求免除罪责。到了他们的朝廷，听不到正直的言论，经过他们的田野，只见百姓都面有饥色。我听说燕子、麻雀在高堂内筑窝，母子之间十分安乐，自认为这是最安全的地方。然而烟囱断裂，窜出了火苗，房梁已经开始燃烧，但燕子与麻雀仍然安逸愉快，不知道大祸将要来临，这说的就与蜀汉的情况一样吧？"薛珝，是薛综的儿子。

　　三年秋八月，大将军姜维将出军，右车骑将军廖化曰：
"兵不戢，必自焚，伯约之谓也。智不出敌而力少于寇，用
之无厌，将何以存！"

　　冬十月，维入寇洮阳，邓艾与战于侯和，破之，维退住
沓中。初，维以羁旅依汉，身受重任，兴兵累年，功绩不立。
黄皓用事于中，与右大将军阎宇亲善，阴欲废维树宇。维
知之，言于汉主曰："皓奸巧专恣，将败国家，请杀之！"汉主
曰："皓趋走小臣耳。往董允每切齿，吾常恨之，君何足介
意！"维见皓枝附叶连，惧于失言，逊辞而出。汉主敕皓诣
维陈谢。维由是自疑惧，返自洮阳，因求种麦沓中，不敢归
成都。

　　司马昭患姜维数为寇，官骑路遗求为刺客入蜀，从事
中郎荀勖曰："明公为天下宰，宜杖正义以伐违贰，而以刺
客除贼，非所以刑于四海也。"昭善之。勖，爽之曾孙也。

　　昭欲大举伐汉，朝臣多以为不可，独司隶校尉锺会劝
之。昭谕众曰："自定寿春以来，息役六年，治兵缮甲以
拟二虏。今吴地广大而下湿，攻之用功差难，不如先定巴
蜀，三年之后，因顺流之势，水陆并进，此灭虢取虞之势
也。计蜀战士九万，居守成都及备他境不下四万，然则馀
众不过五万。今绊姜维于沓中，使不得东顾，直指骆谷，

三年(262)秋季八月,蜀汉大将军姜维将出兵攻曹魏,右车骑将军廖化说:"用兵不知收敛,必定自取灭亡,这说的正是姜维的情况。智谋并不比敌人高,力量又比敌人小,还要无休止地用兵,还依靠什么使自己生存呢?"

冬季十月,姜维进犯洮阳,邓艾在侯和与他交战,击败了姜维的军队,姜维只好退守沓中。当初,姜维因寄居在外而投奔蜀汉,肩负着国家的重任,但连年出兵,却未能建立大的功勋。这时,黄皓在宫中擅权用事,与右大将军阎宇亲近友善,私下打算废黜姜维任用阎宇。姜维得知这一消息,就对刘禅说:"黄皓奸邪巧诈恣意妄为,将会倾覆我们的国家,请把他杀了!"刘禅说:"黄皓只是一个供人差遣的小臣而已。过去,董允总是对他恨得咬牙切齿,我也常常恨他,你何必将这种小人物挂在心上?"姜维看到黄皓势力如树木的枝叶般紧密相连,担心失言,谦恭地说了几句话就退出宫来。刘禅命黄皓去面见姜维,赔礼道歉。姜维因此更加疑虑惊恐,洮阳之战败退后,他就要求在沓中屯田种麦,不敢回成都。

司马昭对姜维不断入侵感到忧虑,官骑路遗请求到蜀国去暗杀姜维,从事中郎荀勖说:"明公你作为天下的主宰,应该依靠正义去讨伐违逆,却用刺客来除掉逆贼,不是让天下人效法的行为。"司马昭十分赞赏他的观点。荀勖,是荀爽的曾孙。

司马昭打算大规模出兵进攻蜀汉,朝中大臣大多认为不可行,只有司隶校尉钟会赞同鼓励他。司马昭告诉大家说:"自从平定寿春以来,我们已有六年没有战事了,我们整顿军队补充武器装备,为的是对付蜀汉与东吴两个敌人。如今东吴地域广大而且地势低湿,进攻他们施展兵力较困难,不如先把巴蜀之地平定了,三年以后,凭借长江顺流东下的水势,水陆并进,这就像春秋时晋国先灭虢国,又乘势消灭虞国的形势是一样的。估计蜀汉兵力约有九万,守卫成都以及保卫其他边境的至少有四万,这样,剩下的就不过是五万人。现在我们只要把姜维困绊在沓中,使他不能照顾到东面的情况,我们的军队直接进兵骆谷,

出其空虚之地以袭汉中。以刘禅之暗，而边城外破，士女内震，其亡可知也。"乃以锺会为镇西将军，都督关中。征西将军邓艾以为蜀未有衅，屡陈异议。昭使主簿师纂为艾司马以谕之，艾乃奉命。

姜维表汉主："闻锺会治兵关中，欲规进取，宜并遣左右车骑张翼、廖化，督诸军分护阳安关口及阴平之桥头，以防未然。"黄皓信巫鬼，谓敌终不自致，启汉主寝其事，群臣莫知。

四年夏五月，诏诸军大举伐汉，遣征西将军邓艾督三万馀人自狄道趣甘松、沓中，以连缀姜维。雍州刺史诸葛绪督三万馀人自祁山趣武街、桥头，绝维归路。锺会统十馀万众分从斜谷、骆谷、子午谷趣汉中。以廷尉卫瓘持节监艾、会军事，行镇西军司。瓘，觊之子也。

会过幽州刺史王雄之孙戎，问："计将安出？"戎曰："道家有言：'为而不恃。'非成功难，保之难也。"或以问参相国军事平原刘寔曰："锺、邓其平蜀乎？"寔曰："破蜀必矣，而皆不还。"客问其故，寔笑而不答。

秋八月，军发洛阳，大赍将士，陈师誓众。将军邓敦谓蜀未可讨，司马昭斩以徇。

汉人闻魏兵且至，乃遣廖化将兵诣沓中为姜维继援，张翼、董厥等诣阳安关口为诸围外助。大赦，改元炎兴。敕诸围皆不得战，退保汉、乐二城，城中各有兵五千人。

打进蜀汉防卫空虚的地方然后袭击汉中。以刘禅的昏庸无能，边境城市在外部被攻破，其国男女老少在内部震恐不安，其灭亡就是可以预料的事了。"于是，任命钟会为镇西将军，都督关中。征西将军邓艾认为蜀汉眼下并没有给人以可乘之机，屡次上书表示异议。司马昭派遣主簿师纂担任邓艾的司马去向他讲明，邓艾才接受命令。

姜维上书给刘禅说："听说钟会在关中整顿兵马，规划着进军行动，最好能同时派左车骑将军张翼、右车骑将军廖化，统帅各军分别护卫阳安关口和阴平的桥头，以防患于未然。"黄皓相信巫术鬼神，得出结论说敌人终究不会自己找上门来，他报告了刘禅，让刘禅对姜维的建议不予理会，大臣们也都不知道这事。

四年（263）夏季五月，曹魏皇帝诏令各军大举进攻蜀汉，派遣征西将军邓艾督领三万余人从狄道攻向甘松、沓中，目的是牵制住姜维。派遣雍州刺史诸葛绪统率三万多人从祁山攻向武街、桥头，目的是切断姜维的退路。派遣钟会统领十几万人分别从斜谷、骆谷、子午谷攻向汉中。任命廷尉卫瓘持符节担任邓艾、钟会两军的监军，并代理镇西军司。卫瓘是卫觊的儿子。

钟会拜访幽州刺史王雄的孙子王戎，问他："此次出征该用怎样的计策？"王戎回答说："道家学派有句话：'大胆去做，但不要自认为有功。'取得成功并不难，难的是保住成果。"有人去问参相国军事平原人刘寔："钟会、邓艾能不能平定蜀汉？"刘寔说："他们一定可以击破蜀汉，但是两人都回不来了。"问者追问其中缘故，刘寔微笑着却不回答。

秋季八月，曹魏军队从洛阳出发，出发前，大规模赏赐将士，并且列队宣誓。将军邓敦认为现在去讨伐蜀汉不合适，司马昭把他杀了示众。

蜀汉听到曹魏军队将要到来的消息，于是派廖化率兵前往沓中作为姜维的增援部队，张翼、董厥等到阳安关口作为各个营垒的外援。大赦天下，改年号为炎兴。刘禅下令，各营垒都不能出战，其馀兵力都退保汉城、乐城，两城各有守军五千人。

翼、厥比至阴平,闻诸葛绪将向建威,留住月馀待之。锺会率诸军平行至汉中。九月,锺会使前将军李辅统万人围王含于乐城,护军荀恺围蒋斌于汉城。会径过西趣阳安口,遣人祭诸葛亮墓。

初,汉武兴督蒋舒在事无称,汉朝令人代之,使助将军傅佥守关口,舒由是恨。锺会使护军胡烈为前锋,攻关口。舒诡谓佥曰:"今贼至不击而闭城自守,非良图也。"佥曰:"受命保城,惟全为功。今违命出战,若丧师负国,死无益矣。"舒曰:"子以保城获全为功,我以出战克敌为功,请各行其志。"遂率其众出。佥谓其战也,不设备。舒率其众迎降胡烈。烈乘虚袭城,佥格斗而死。佥,肜之子也。锺会闻关口已下,长驱而前,大得库藏积谷。

邓艾遣天水太守王颀直攻姜维营,陇西太守牵弘邀其前,金城太守杨欣趣甘松。维闻锺会诸军已入汉中,引兵还。欣等追蹑于强川口,大战,维败走。闻诸葛绪已塞道屯桥头,乃从孔函谷入北道,欲出绪后。绪闻之,却还三十里。维入北道三十馀里,闻绪军却,寻还,从桥头过。绪趣截维,较一日不及。维遂还至阴平,合集士众,欲赴关城。未到,闻其已破,退趣白水,遇廖化、张翼、董厥等,合兵守剑阁以拒会。

等到张翼、董厥赶到阴平，听说雍州刺史诸葛绪将进军建威，于是就停止前进，留在阴平一个多月等待诸葛绪。钟会率三路兵马齐头并进抵达汉中。九月，钟会派遣前将军李辅统领一万人包围了由王含守卫的乐城，又派护军荀恺包围了由蒋斌守卫的汉城。钟会自己则率兵马径直西行，直逼阳安关口，还派人去祭扫蜀汉已故丞相诸葛亮的墓。

最初，蜀汉武兴督蒋舒于职事毫无建树，朝廷派人来取代他，派他辅佐将军傅佥守卫关口，蒋舒因此而心怀怨恨。钟会派护军胡烈为前锋，去攻关口。蒋舒假意对傅佥说："如今敌人已攻到眼前却不出击，反而关闭城门自守，这不是好计谋。"傅佥说："我们接到的命令是保住城池，只要能保全此城，就是功劳。如果违背命令出战，万一丧失了军队，辜负了国家，即使丢了性命也是不会获益的。"蒋舒说："你以保全城池建立功劳，我以出战杀敌建立功劳，让我们按照各人的意愿行动吧。"于是蒋舒就率领兵马出城。傅佥以为他是去迎战敌人，一点也没有防备。蒋舒却带领人马迎上曹魏军队，向胡烈投降了。胡烈立即乘虚袭击关口，傅佥格斗拼杀而死。傅佥是傅肜的儿子。钟会听说关口已经攻下，便长驱直入，获得了蜀汉仓库中大量的粮草储备。

邓艾派遣天水太守王颀直接进攻姜维的军营，派陇西太守牵弘在前方堵截，派金城太守杨欣直逼甘松。姜维听说钟会的各路兵马已经进入汉中，便领兵退回。杨欣等跟踪追击，在强川口与姜维大战，姜维败退。他听说诸葛绪已堵住了退路，屯兵桥头，就从孔函谷进入北道，想绕到诸葛绪的后方。诸葛绪得到消息，就退后三十里。姜维的军队进入北道三十多里后，听到诸葛绪的军队后退，立即返回，通过了桥头。诸葛绪赶快再回军阻截姜维，与姜维军队已经相距一天的路程，没有赶上。姜维于是回到了阴平，集合部队，想奔赴关城。还未赶到，听到关城已经陷落，就退往白水，遇到廖化、张翼、董厥等，于是将兵力合并守于剑阁，以抵抗钟会的继续南下。

　　冬十月，邓艾进至阴平，简选精锐，欲与诸葛绪自江油趣成都。绪以本受节度邀姜维，西行非本诏，遂引军向白水，与锺会合。会欲专军势，密白绪畏懦不进。槛车征还，军悉属会。

　　姜维列营守险，会攻之不能克。粮道险远，军食乏，欲引还。邓艾上言："贼已摧折，宜遂乘之。若从阴平由邪径经汉德阳亭趣涪，出剑阁西百里，去成都三百馀里，奇兵冲其腹心，出其不意，剑阁之守必还赴涪，则会方轨而进；剑阁之军不还，则应涪之兵寡矣。"遂自阴平行无人之地七百馀里，凿山通道，造作桥阁。山高谷深，至为艰险，又粮运将匮，濒于危殆。艾以毡自裹，推转而下。将士皆攀木缘崖，鱼贯而进。先登至江油，蜀守将马邈降。诸葛瞻督诸军拒艾，至涪，停住不进。尚书郎黄崇，权之子也，屡劝瞻宜速行据险，无令敌得入平地，瞻犹豫未纳。崇再三言之，至于流涕，瞻不能从。艾遂长驱而前，击破瞻前锋，瞻退住绵竹。艾以书诱瞻曰："若降者，必表为琅琊王。"瞻怒，斩艾使，列阵以待艾。艾遣子惠唐亭侯忠等出其右，司马师纂等出其左。忠、纂战不利，并引还，曰："贼未可击。"艾怒曰："存亡之分，

冬季十月，邓艾进兵抵达阴平，他挑选了精锐部队，想与诸葛绪从江油进击成都。诸葛绪认为他本来接受的任务是阻截姜维，而没有接到要他西行入成都的命令，于是率领兵马到白水，与钟会会合。钟会正想要专擅军权，就秘密地向朝廷报告说诸葛绪畏惧怯懦不敢进兵。朝廷就将诸葛绪关进囚车押回洛阳，诸葛绪的军队全部隶属于钟会。

姜维安下营帐据守险要之地，钟会发动进攻，却不能取胜。运送粮食的道路既险又远，军中粮食已经十分缺乏，钟会就想率军队撤回。邓艾上书建议说："敌人已经受到严重挫折，应该乘势进击。如果从阴平出发走小路经过蜀汉的德阳亭直逼涪县，德阳亭在剑阁西面约一百里的地方，离成都有三百多里，我们出奇兵直攻他们的心脏地带，这是敌人没有预料到的，剑阁的守军必然会回头赶赴涪县，那么钟会的军队就可以顺顺当当两车并行而进；如果剑阁的守军不回头救援涪县，那么能对涪县的危急做出反应的兵力就很少了。"于是，邓艾率兵从阴平出发，在荒无人烟的地区跋涉了七百馀里，一路上凿山开路，架桥梁，修栈道。山高谷深，极为艰险，途中军粮又将耗尽，已濒临绝境。邓艾用毡子把自己裹起来，从山上翻滚而下。其馀将士都攀缘着树木悬崖，成单行相继前进。邓艾的军队首先攻到江油，江油的守将马邈开城门投降。诸葛瞻率大军准备迎战邓艾，到达涪县的时候却停下不再前进了。尚书郎黄崇，是黄权的儿子，多次劝诸葛瞻迅速前进抢占险要地势，不要让敌人进入平原，但诸葛瞻总是犹豫不决，不采纳他的建议。黄崇再三建议，甚至流下眼泪，然而诸葛瞻仍然不听从他的意见。邓艾的军队于是长驱直入，打败了诸葛瞻的先头部队，诸葛瞻只得撤退，驻守于绵竹。邓艾写信劝诱诸葛瞻说："你如果能投降，我一定上表请求封你为琅琊王。"诸葛瞻大为恼怒，杀了邓艾的使者，排好了军阵等待邓艾前来进攻。邓艾派他的儿子惠唐亭侯邓忠等从右翼出兵进攻，命司马师纂等从左翼出兵进攻。邓忠与师纂打了败仗，都引兵撤回，并说："敌人无法击破。"邓艾大怒说："胜败存亡，

在此一举,何不可之有!"叱忠、纂等,将斩之。忠、纂驰还更战,大破,斩瞻及黄崇。瞻子尚叹曰:"父子荷国重恩,不早斩黄皓,使败国殄民,用生何为!"策马冒陈而死。

汉人不意魏兵卒至,不为城守调度。闻艾已入平土,百姓扰扰,皆迸山野,不可禁制。汉主使群臣会议,或以为蜀之与吴,本为与国,宜可奔吴。或以为南中七郡,阻险斗绝,易以自守,宜可奔南。光禄大夫谯周以为:"自古以来,无寄他国为天子者,今若入吴国,亦当臣服。且治政不殊,则大能吞小,此数之自然也。由此言之,则魏能并吴,吴不能并魏明矣。等为称臣,为小孰与为大,再辱之耻何与一辱。且若欲奔南,则当早为之计,然后可往。今大敌已近,祸败将及,群小之心,无一可保,恐发足之日,其变不测,何至南之有乎!"或曰:"今艾已不远,恐不受降,如之何?"周曰:"方今东吴未宾,事势不得不受,受之不得不礼。若陛下降魏,魏不裂土以封陛下者,周请身诣京都,以古义争之。"众人皆从周议。汉主犹欲入南,狐疑未决。周上疏曰:"南方远夷之地,平常无所供为,犹数反叛,自丞相亮以兵威逼之,穷乃率从。今若至南,外当拒敌,内供服御,费用张广,他无所取,耗损诸夷,其叛必矣!"汉主乃遣侍中张绍等奉玺绶以降于艾。北地王谌怒曰:

在此一举,哪有什么无法击破的事!"他大声叱责邓忠和师纂等人,并且要将他们斩首。邓忠、师纂跑回来重新出战,大破蜀汉军队,杀了诸葛瞻与黄崇。诸葛瞻的儿子诸葛尚叹息说:"我们父子两代都受国家的大恩,因为没能早点杀了黄皓,导致国败民亡,我还活着干什么!"于是催赶战马直冲敌阵,战死疆场。

　　蜀汉朝廷并没有想到曹魏军队会突然来到,因此没做守城的部署准备。听说邓艾已攻入平原,百姓一片混乱,都逃进山林荒野,无法制止。刘禅召集百官讨论对策,有人认为蜀国与吴国,本来就是结盟的国家,应该投奔吴国。有人认为南中七个郡,山川险阻,地势陡峭,容易守卫,应该往南去。光禄大夫谯周认为:"自古以来,没有寄居于别国仍能保住天子地位的事,现在如果投奔吴国,也一定会成为他们的臣僚。况且治理国家的方法相同,则大国将吞并小国,这是自然规律。由此而言,魏国能够吞并吴国,而吴国不能吞并魏国,这是很明显的。一样是低头称臣,向小国称臣还不如向大国称臣,与其忍受两次羞辱的耻辱,还不如受一次羞辱。况且如果要投奔南方,则应早早筹划,然后才可以去。如今大敌已逼近,大祸也将临头,那些小人的心,没有一个可以保证不变,恐怕到了出发的时候,其变化难以预料,怎么还可能到得了南中呢?"有人问:"眼下邓艾已经离成都不远了,恐怕他不肯接受我们的投降,那该怎么办?"谯周说:"现在东吴还没有宾服于曹魏,形势决定邓艾不得不接受我们的投降,接受了就不会不以礼相待。如果陛下向魏投降,而魏不封土地给陛下的话,我请求亲自到魏国京城,依据古代礼义与他们争辩。"百官都同意谯周的主张。刘禅仍想到南中去,犹疑不决。谯周上书说:"南方是遥远的蛮夷之地,平时不要求他们贡物纳税,他们还数次反叛,自从丞相诸葛亮用武力威逼他们,他们走投无路才臣服于我们。现在如果全迁往那儿,对外要抵御强敌,对内要供奉服饰车马等,费用很大,我们没有其他财源,必定要耗损各蛮夷部落,他们一定会叛变的!"刘禅就派遣侍中张绍等人带着皇帝玉玺去向邓艾投降。北地王刘谌大怒说:

“若理穷力屈，祸败将及，便当父子君臣背城一战，同死社稷，以见先帝可也，奈何降乎！”汉主不听。是日，谌哭于昭烈之庙，先杀妻子而后自杀。

张绍等见邓艾于雒，艾大喜，报书褒纳。汉主遣太仆蒋显别敕姜维使降锺会，又遣尚书郎李虎送士民簿于艾，户二十八万，口九十四万，甲士十万二千，吏四万人。艾至成都城北，汉主率太子诸王及群臣六十馀人，面缚舆榇诣军门。艾持节解缚焚榇，延请相见。检御将士，无得虏略，绥纳降附，使复旧业；辄依邓禹故事，承制拜汉主禅行骠骑将军，太子奉车、诸王驸马都尉，汉群司各随高下拜为王官，或领艾官属。以师纂领益州刺史，陇西太守牵弘等领蜀中诸郡。艾闻黄皓奸险，收闭，将杀之。皓赂艾左右，卒以得免。

姜维等闻诸葛瞻败，未知汉主所向，乃引军东入于巴。锺会进军至涪，遣胡烈等追维。维至郪，得汉主敕命，乃令兵悉放仗，送节传于胡烈，自从东道与廖化、张翼、董厥等同诣会降。将士咸怒，拔刀斫石。于是诸郡县围守皆被汉主敕罢兵降。锺会厚待姜维等，皆权还其印绶节盖。

魏之伐蜀也，吴人或谓襄阳张悌曰：“司马氏得政以来，大难屡作，百姓未服，今又劳力远征，败于不暇，何以能克！”悌曰：“不然。曹操虽功盖中夏，民畏其威而不

"如果是势穷力竭，祸败将至，也应该父子君臣一起背城一战，共同为国家捐躯，才有脸面去见先帝，为什么就这样投降了！"刘禅不接受他的意见。当天，刘谌在刘备祭庙中大哭一场，先杀了妻子儿女，然后自杀。

张绍等人在雒城拜见了邓艾，邓艾大喜，回信给刘禅，对他的投降表示赞赏和接纳。刘禅派遣太仆蒋显另奉一敕书去见姜维，命令他向钟会投降。又派遣尚书郎李虎把蜀国官民的户籍登记册送交邓艾，共有二十八万户，九十四万人，军士十万二千，官吏四万。邓艾到成都的城北，刘禅率领太子、诸王和大臣六十多人，两手反绑，用车载着棺木前往邓艾军营门口。邓艾持符节为刘禅松绑，焚毁了棺木，并请他进军营相见。邓艾约束所统领的将士，不准抢劫掠夺，安抚已经投降了的百姓，使他们恢复旧业；然后就按照当年邓禹的旧例，秉承皇帝旨意任命刘禅为代理骠骑将军，太子为奉车都尉，诸王为驸马都尉，原蜀汉各级官员依照级别高低分别授予曹魏的官职，有的则成为邓艾的部属。邓艾任命师纂兼领益州刺史，陇西太守牵弘等兼领蜀中各郡。邓艾听说黄皓狡诈阴险，把他逮捕关押起来，准备杀了他。黄皓贿赂邓艾的左右亲信，最后得以免死。

姜维等人得到诸葛瞻战败的消息，但还不知道刘禅的意向，就领兵向东进入巴中。钟会此时率军抵达涪县，另派胡烈等去追赶姜维。姜维的部队到达郪县时，接到了刘禅的敕令，于是就命令部下全部放下武器，把所持符节送到胡烈处，自己向东与廖化、张翼、董厥等一同到钟会的军营投降。蜀汉将士得到投降命令后都异常愤怒，纷纷拔出佩刀砍山石以泄怒气。于是蜀汉各郡县的围守部队都在接到刘禅敕令后罢兵投降。钟会以礼厚待姜维等蜀汉降将，暂时把他们所交出的印信符节等都还给他们。

曹魏兴兵进攻蜀汉时，东吴有人对襄阳人张悌说："司马氏掌握曹魏政权后，屡次发生大乱，百姓没有真正归服，现在又费尽辛劳远征蜀汉，失败都来不及，怎么能够取胜呢？"张悌说："并非如此。曹操虽然功盖中原，但是百姓都只畏惧他的威严而不

怀其德也。丕、叡承之,刑繁役重,东西驱驰,无有宁岁。司马懿父子累有大功,除其烦苛而布其平惠,为之谋主而救其疾苦,民心归之亦已久矣。故淮南三叛,而腹心不扰;曹髦之死,四方不动。任贤使能,各尽其心,其本根固矣,奸计立矣。今蜀阉宦专朝,国无政令,而玩戎黩武,民劳卒敝,竞于外利,不修守备。彼强弱不同,智算亦胜,因危而伐,殆无不克。噫!彼之得志,我之忧也。"吴人笑其言,至是乃服。

十二月乙卯,以邓艾为太尉,钟会为司徒。

邓艾在成都,颇自矜伐,谓蜀士大夫曰:"诸君赖遭艾,故得有今日耳,如遇吴汉之徒,已珍灭矣。"艾以书言于晋公昭曰:"兵有先声而后实者,今因平蜀之势以乘吴,吴人震恐,席卷之时也。然大举之后,将士疲劳,不可便用,且徐缓之。留陇右兵二万人、蜀兵二万人,煮盐兴冶,为军农要用。并作舟船,豫为顺流之事。然后发使告以利害,吴必归化,可不征而定也。今宜厚刘禅以致孙休,封禅为扶风王,锡其资财,供其左右。郡有董卓坞,为之宫舍。爵其子为公侯,食郡内县,以显归命之宠。开广陵、城阳以待吴人。则畏威怀德,望风而从矣!"昭使监军卫瓘喻艾:"事当须报,不宜辄行。"艾重言曰:"衔命征行,

感怀他的恩德。曹丕、曹叡继承他的大业，但是都刑罚繁多，劳役沉重，百姓被驱使得东奔西跑，没有一年是安定的。司马懿父子屡建大功，废除了原来繁琐苛严的法令，广泛地布施平和仁惠之政，为百姓着想，拯救他们的疾苦，民心归附也已经很久了。因而淮南地区三次叛乱，曹魏的心脏地带却未受惊扰；曹髦被杀，全国也没有骚动。司马氏善于任用贤能，使他们都尽心效力，其根基已经非常牢固，其阴谋奸计也已确定。而目前蜀汉却是宦官专权，国家没有纲纪法令，却偏要穷兵黩武，使百姓劳顿，士兵疲惫不堪，竞争于外利，却不知加强内部的守备。魏与蜀力量强弱不同，魏的智谋又胜过蜀，乘蜀汉危机四伏的时候去攻伐，恐怕不会不胜的。唉！曹魏的得志，可就是我们的忧虑了。"吴国人当时都嘲笑张悌的话，到这时才算是信服了。

十二月乙卯(二十四日)，曹魏任命邓艾为太尉，钟会为司徒。

邓艾在成都，颇为居功自傲，对蜀汉的士大夫们说："你们幸亏遇到了我，才能有今天，如果遇到东汉初年吴汉那样的人，你们已经没命了。"邓艾上书给晋公司马昭说："打仗有先造声势，然后才实际行动的，现在乘着平定蜀国的气势去攻打吴国，吴国民心震恐，正是横扫吴国的好时机。但是我们刚进行了一次大战役，将士们都很疲劳，无法立即再让他们打仗，因此平吴可以暂缓一步。我建议留下陇右兵二万人、蜀兵二万人，在这里煮盐炼铁，以备军事农事之用。同时修造船舰，为以后顺流而下灭吴国做准备。然后派使者到吴国，告诉他们利害关系，吴国必然会归顺投降，这样就可以不用征战而平定吴国。现在我们应该厚待刘禅以招引孙休，封刘禅为扶风王，赐给他财产，为他配备左右侍从。扶风郡内有董卓坞，可以作为他的宫室。把刘禅的儿子封为公爵或侯爵，扶风郡内的各县可以作为他们的食邑，以显示朝廷对归降之人的恩宠。然后，把广陵郡和城阳郡改为封国，以等待吴人的归服。这样，吴国人畏惧我们的威势，又感怀我们的恩德，一定会望风归顺的！"司马昭派监军卫瓘告诉邓艾："任何事情都应禀报，不可自作主张随意行动。"邓艾再次上书说："我奉命远征，

奉指授之策,元恶既服,至于承制拜假,以安初附,谓合权宜。今蜀举众归命,地尽南海,东接吴、会,宜早镇定。若待国命,往复道途,延引日月。《春秋》之义:'大夫出疆,有可以安社稷、利国家,专之可也。'今吴未宾,势与蜀连,不可拘常,以失事机。《兵法》:'进不求名,退不避罪。'艾虽无古人之节,终不自嫌以损国家计也!"

锺会内有异志,姜维知之,欲构成扰乱,乃说会曰:"闻君自淮南已来,算无遗策,晋道克昌,皆君之力。今复定蜀,威德振世,民高其功,主畏其谋,欲以此安归乎!何不法陶朱公泛舟绝迹,全功保身邪!"会曰:"君言远矣,我不能行。且为今之道,或未尽于此也。"维曰:"其他则君智力之所能,无烦于老夫矣。"由是情好欢甚,出则同舆,坐则同席。会因邓艾承制专事,乃与卫瓘密白艾有反状。会善效人书,于剑阁要艾章表、白事,皆易其言,令辞指悖傲,多自矜伐;又毁晋公昭报书,手作以疑之。

咸熙元年春正月壬辰,诏以槛车征邓艾。晋公昭恐艾不从命,敕锺会进军成都,又遣贾充将兵入斜谷。昭自将大军从帝幸长安。以诸王公皆在邺,乃以山涛为行军司马,镇邺。

按朝廷指示的策略行动,现在元凶刘禅已臣服,至于秉承旨意任命一些官职,以安抚刚刚归附的人,我认为这是根据时势采用的合适办法。而今蜀汉全国都归顺了,地域南到南海,东接吴郡、会稽,应该尽早镇服平定。如果还要等待朝廷的命令,使信息往返于路途,势必拖延时日。根据《春秋》大义:'大夫出使到境外,只要是能安定社稷、有利于国家的事,就可以自己决断施行。'现在吴国尚未宾服,国土又与蜀国相连,不应该拘泥于常法,失去做事的良机。《孙子兵法》说:'前进不是为了求名,后退也不是逃避罪责。'我虽然没有古人那样的节操,但终究不会自生疑忌而损害国家利益!"

　　钟会内心有叛离之志,姜维了解这一情况后,想要促成他作乱,于是劝钟会说:"我听说你从淮南之战平定诸葛诞以来,计谋没有一次落空的,晋室的运道能够昌盛,全是靠你的力量。如今又平定了蜀汉,威望与恩德使天下为之震动,百姓高度评价你的功劳,而你的上司却害怕你的智谋,在这种情况下,你还想安然而归吗?为什么不仿效陶朱公范蠡泛舟五湖绝迹于世,以保全你的功业和性命呢?"钟会说:"你说得太远了,我做不到。况且处在今天这样的形势,或许没到这个地步。"姜维说:"其他方法,以你的智力一定能够做到,不需要我担心了。"从这以后,两人感情融洽,相处甚欢,出则同车,坐则同席。钟会因为邓艾秉承皇帝旨意独断专行,就与卫瓘一起秘密报告朝廷说邓艾有叛变迹象。钟会善于模仿别人的笔迹,于是派人在剑阁扣留邓艾给朝廷的奏章、报告,把其中的言辞都更换了,使其语气显得狂悖傲慢,自负自夸;又把晋公司马昭的回信毁掉,另换语气写,使邓艾疑惧。

　　咸熙元年(264)春季正月壬辰,魏帝诏令用囚车将邓艾押回京师。晋公司马昭怕邓艾不服从命令,下令让钟会进军成都,又派贾充率兵马进入斜谷。司马昭自己率大军侍奉着魏帝曹奂进驻长安。由于各位王公都在邺城,于是任命山涛为行军司马,镇守邺城。

初，锺会以才能见任，昭夫人王氏言于昭曰："会见利忘义，好为事端，宠过必乱，不可大任。"及会将伐汉，西曹属邵悌言于晋公曰："今遣锺会率十万馀众伐蜀，愚谓会单身无任，不若使馀人行也。"晋公笑曰："我宁不知此邪！蜀数为边寇，师老民疲，我今伐之，如指掌耳，而众言蜀不可伐。夫人心豫怯则智勇并竭，智勇并竭而强使之，适所以为敌禽耳。惟锺会与人意同，今遣会伐蜀，蜀必可灭。灭蜀之后，就如卿虑，何忧其不能办邪！夫蜀已破亡，遗民震恐，不足与共图事；中国将士各自思归，不肯与同也。会若作恶，只自灭族耳。卿不须忧此，慎勿使人闻也！"及晋公将之长安，悌复曰："锺会所统兵，五六倍于邓艾，但可敕会取艾，不须自行。"晋公曰："卿忘前言邪？而云不须行乎？虽然，所言不可宣也。我要自当以信意待人，但人不当负我耳，我岂可先人生心哉！近日贾护军问我：'颇疑锺会不？'我答言：'如今遣卿行，宁可复疑卿邪？'贾亦无以易我语也。我到长安，则自了矣。"

锺会遣卫瓘先至成都收邓艾，会以瓘兵少，欲令艾杀瓘，因以为艾罪。瓘知其意，然不可得距，乃夜至成都，檄艾所统诸将，称："奉诏收艾，其馀一无所问。若来赴官军，爵赏如先，敢有不出，诛及三族！"比至鸡鸣，悉来赴瓘，唯艾帐

当初，钟会由于才能出众受到朝廷信任，司马昭夫人王氏对司马昭说："钟会见利忘义，好生事端，对他过分宠信必然会产生变乱，不可将重要任务交给他。"在钟会将讨伐蜀汉的时候，西曹属邵悌对司马昭说："如今派遣钟会率领十万多兵马攻蜀，我认为钟会这个单身汉没有家属可以留下做人质，还不如改派其他人去。"司马昭笑着说："我怎么会不知道这一点？蜀国数次来侵扰我们边境，他们的军队与百姓都已精疲力尽，我现在要攻伐他们，易如反掌，可朝中众人都认为现在不宜攻蜀。人遇到事情如果事先胆怯，那么他的智慧和勇气都将枯竭，智慧勇气枯竭了而又勉强派他去作战，就正好会被敌人擒获。只有钟会的看法与我相同，如今派他去攻蜀，蜀国一定会灭亡。蜀灭之后，即使发生了像你所忧虑的事，还担心不能解决他吗？蜀国被攻破灭亡后，蜀国的旧臣内心震恐不安，不会与钟会联合起来图谋作乱；钟会所率的中原将士在战罢之后也都归心似箭，不会与他同心协力。这种情况下钟会如果作乱，只会是自取灭族的下场。你不用担心这一问题，但是要谨慎，不要让人知道我们今天所谈的事！"等到司马昭将要到长安去时，邵悌又说："钟会统领的兵马五六倍于邓艾，只需命令钟会去逮捕邓艾，你不需要亲自出马。"司马昭说："你忘了先前说的话了？此刻反劝我不要亲征？虽然如此，我们所谈的事仍然不可泄漏。我自当以诚意待人，但别人不当辜负我，我怎么可以先去怀疑别人？最近贾充问我：'是否很怀疑钟会？'我回答说：'如果现在派你出征，难道可以再怀疑你？'贾充也无法反驳我的话。等我到了长安，自会处理。"

钟会派遣卫瓘先到成都去逮捕邓艾，钟会因为卫瓘的兵少，想让邓艾不从命而杀卫瓘，再借此事定邓艾的罪。卫瓘完全了解钟会的用意，但是又没有理由拒绝执行，于是在夜晚进入成都，向邓艾所统率的将领们宣布说："我奉皇帝命令来逮捕邓艾，其馀的人一概不追究。你们如果来归附朝廷的军队，那么官爵与赏赐全如以前一样，谁如果不出降，那将要夷灭他的三族！"到了鸡叫时，这些将领们都已来投奔卫瓘，只有邓艾帐

内在焉。平旦，开门，瓘乘使者车，径入至艾所居。艾尚卧未起，遂执艾父子，置艾于槛车。诸将图欲劫艾，整仗趣瓘营，瓘轻出迎之，伪作表草，将申明艾事，诸将信之而止。

丙子，会至成都，送艾赴京师。会所惮惟艾，艾父子既禽，会独统大众，威震西土，遂决意谋反。会欲使姜维将五万人出斜谷为前驱，会自将大众随其后。既至长安，令骑士从陆道、步兵从水道顺流浮渭入河，以为五日可到孟津，与骑兵会洛阳，一旦天下可定也。会得晋公书云："恐邓艾或不就征，今遣中护军贾充将步骑万人径入斜谷，屯乐城，吾自将十万屯长安，相见在近。"会得书惊，呼所亲语之曰："但取邓艾，相国知我独办之。今来大重，必觉我异矣，便当速发。事成，可得天下，不成，退保蜀、汉，不失作刘备也！"丁丑，会悉请护军、郡守、牙门骑督以上及蜀之故官，为太后发哀于蜀朝堂，矫太后遗诏，使会起兵废司马昭，皆班示坐上人，使下议讫，书版署置，更使所亲信代领诸军；所请群官，悉闭著益州诸曹屋中，城门宫门皆闭，严兵围守。卫瓘诈称疾笃，出就外廨。会信之，无所复惮。

姜维欲使会尽杀北来诸将，己因杀会，尽坑魏兵，复立汉主。密书与刘禅曰："愿陛下忍数日之辱，臣欲使社稷

内的人还留在原处。黎明时，军营的门打开，卫瓘乘坐朝廷使者的专用车，直接进入邓艾的居所。邓艾还没有起床，于是顺利地逮捕了邓艾父子，将邓艾关进囚车。邓艾的手下计划着要劫持邓艾，整顿队伍逼向卫瓘军营，卫瓘便装出迎，又假装正在写奏章，说将要向朝廷申明邓艾没有反心，邓艾的部将相信了他的话，就停止了劫持行动。

　　正月丙子（十五日），钟会到达成都，押送邓艾前往京师洛阳。钟会所忌惮的只有邓艾一人，邓艾父子被擒获后，钟会就独自统领大军，声威震动西部广大地区，于是他决心谋反。钟会计划派姜维率五万人马从斜谷出击，担任先头部队，他自己率领主力部队跟随其后。占领长安后，命骑兵从陆路进发，步兵走水路由渭水顺流进入黄河，估计五天可以到达孟津，然后就与骑兵在洛阳会师，一时之间就可平定天下。钟会接到司马昭的信说："我担心邓艾可能会抗拒征召，现在派遣中护军贾充率领步兵、骑兵一万人直接进入斜谷，驻扎于乐城，我自己率领十万人驻扎于长安，我们相见的日子已经不远了。"钟会收到信大吃一惊，叫来左右亲信，对他们说："仅仅是逮捕邓艾，相国知道我独自可以办到。如今却重兵压境，一定是觉察到我的异样，我们应该尽快发难。事情如果成功，可以得到天下，如不成，我们就退保蜀、汉，仍可以做刘备那样的人！"丁丑（十六日），钟会把护军、郡守、牙门骑督以上的将领和原蜀汉的官员全部召集起来，在蜀汉的朝堂上为曹魏郭太后举行丧礼仪式，假称接到太后遗诏，命令钟会起兵废黜司马昭，并且将伪造的诏书给在座的人传阅，让大家议论之后，开始授官任职，又派自己的亲信去统领各部队；把请来的那些官吏，都软禁在益州的各官舍中，关闭城门、宫门，派兵严加看守。卫瓘见此情景就假称病重，要求住在外面的官舍。钟会相信了他，对他不再忌惮。

　　姜维想让钟会把北来的魏军将领全都杀了，自己便可以乘机杀掉钟会，然后坑杀所有的魏兵，重新拥立刘禅为皇帝。他秘密写信给刘禅说："希望陛下您再忍耐几天羞辱，我要使社稷

危而复安，日月幽而复明。"会欲从维言诛诸将，犹豫未决。

会帐下督丘建本属胡烈，会爱信之。建愍烈独坐，启会，使听内一亲兵出取饮食，诸牙门随例各内一人。烈绐语亲兵及疏与其子渊曰："丘建密说消息，会已作大坑，白棓数千，欲悉呼外兵入，人赐白帩，拜散将，以次棓杀，内坑中。"诸牙门亲兵亦咸说此语，一夜，转相告，皆遍。己卯，日中，胡渊率其父兵雷鼓出门，诸军不期皆鼓噪而出，曾无督促之者，而争先赴城。时会方给姜维铠杖，白外有匈匈声，似失火者。有顷，白兵走向城。会惊，谓维曰："兵来似欲作恶，当云何？"维曰："但当击之耳！"会遣兵悉杀所闭诸牙门郡守，内人共举机以挂门，兵斫门，不能破。斯须，城外倚梯登城，或烧城屋，蚁附乱进，矢下如雨。牙门郡守各缘屋出，与其军士相得。姜维率会左右战，手杀五六人，众格斩维，争前杀会。会将士死者数百人。杀汉太子璿及姜维妻子，军众钞略，死丧狼籍。卫瓘部分诸将，数日乃定。

邓艾本营将士追出艾于槛车，迎还。卫瓘自以与会共陷艾，恐其为变，乃遣护军田续等将兵袭艾，遇于绵竹西，

转危为安,日月由暗变明。"钟会准备听从姜维的建议诛杀那些将领,但一时又犹豫不决。

钟会的帐下督丘建原是胡烈的部下,钟会十分宠信他。丘建不忍心见胡烈孤独地坐着,就请求钟会,允许胡烈派一个亲兵出官舍去取些吃的喝的,其他各营将领也都照其样派一人外出。胡烈编了一套假话告诉亲兵,同时又写信给他的儿子胡渊说:"丘建秘密地告诉我,钟会已挖好一个大坑,准备了数千根白木棍,准备逐个传唤外面的兵士进来,每人赐一顶白帽,告诉他们要任命他们为散将,然后用木棍一个个将他们打死,扔在大坑中。"其他军官派出的亲兵也都将这些话广为传播,一夜之间,大家互相转告,都传遍了。己卯(十八日)中午,胡渊率领其父胡烈的部下擂起战鼓,冲出军营,其他各军也不约而同地呐喊着跑出军营,竟然没有谁去组织与督促,但大家都争先恐后地奔向城门。这时钟会正在给姜维发铠甲武器,有人报告说城外一片嘈杂声,好像什么地方失火了。不久,又报告说有大批士兵正向城门冲来。钟会大惊,问姜维说:"这些兵马冲来似乎是想叛乱闹事,怎么办才好?"姜维说:"只有痛击他们了!"于是钟会派兵士去把软禁着的牙门、郡守们全部诛杀,但是那些将领们都在里面用门闩顶住门,钟会派去的兵士用刀砍门,一时无法砍破。转瞬间,城外的兵士攀梯子登城,有人烧了城楼,于是攻城的兵士如蚂蚁一样乱哄哄地涌进来,箭如雨下。被关押的牙门、郡守们都从屋子上爬出来,与各自的军队会合。姜维率领钟会的左右卫士与攻城将士作战,亲手杀了五六个人,大批涌上来的兵士击杀了姜维,又争相向前杀了钟会。钟会手下的将士被杀的有数百人。兵士们又杀了蜀汉的太子刘璿以及姜维的妻子儿女,军队在城中大肆抢劫,死伤众多,一片混乱。卫瓘出面约束各将领,几天以后城中才逐渐安定。

邓艾本营将士追赶押送邓艾的队伍,把邓艾从囚车中救出,迎回成都。卫瓘觉得自己曾与钟会一起陷害邓艾,唯恐邓艾回来后发动变乱,就派护军田续等率兵袭击邓艾,在绵竹西部相遇,

斩艾父子。艾之入江油也，田续不进，艾欲斩续，既而舍之。及瓘遣续，谓曰："可以报江油之辱矣。"镇西长史杜预言于众曰："伯玉其不免乎！身为名士，位望已高，既无德音，又不御下以正，将何以堪其责乎！"瓘闻之，不候驾而谢预。预，恕之子也。邓艾馀子在洛阳者悉伏诛，徙其妻及孙于西城。

钟会兄毓尝密言于晋公曰："会挟术难保，不可专任。"及会反，毓已卒，晋公思钟繇之勋与毓之贤，特原毓子峻、辿，官爵如故。会功曹向雄收葬会尸，晋公召而责之曰："往者王经之死，卿哭于东市而我不问。钟会躬为叛逆，又辄收葬，若复相容，其如王法何！"雄曰："昔先王掩骼埋胔，仁流朽骨，当时岂先卜其功罪而后收葬哉！今王诛既加，于法已备，雄感义收葬，教亦无阙。法立于上，教弘于下，以此训物，不亦可乎！何必使雄背死违生以立于世！明公仇对枯骨，捐之中野，岂仁贤之度哉！"晋公悦，与宴谈而遣之。

三月，刘禅举家东迁洛阳。时扰攘仓卒，禅之大臣无从行者，惟秘书令郤正及殿中督汝南张通舍妻子单身随禅。禅赖正相导宜适，举动无阙，乃慨然叹息，恨知正之晚。

把邓艾父子都斩杀了。当初，邓艾在进攻江油的时候，田续畏缩不前，邓艾想把他杀了，可是最终又放了他。等到卫瓘派田续去追杀邓艾时，对他说："这次你可以为江油之战所受的侮辱报仇雪恨了。"镇西长史杜预对众人说："卫瓘恐怕难逃灾难了！他身为名士，地位与名望都已达到高峰，可是既没有颂其美德的赞誉，又不能用正直的言行来管理部下，他将用什么来承担他的责任？"卫瓘听说后，来不及准备车就去问候杜预。杜预是杜恕的儿子。邓艾留在洛阳的其他儿子全部被杀，他的妻子与孙儿被流放到西城。

钟会的哥哥钟毓曾经秘密地对晋公司马昭说："钟会有一定的才能但心术难知，不可以让他独当一面。"到钟会谋反时，钟毓已经逝世，司马昭念及钟繇的功勋和钟毓的贤能，特别宽恕了钟毓的儿子钟峻、钟迅，使他们保持原来的官爵。钟会手下的功曹向雄收拾钟会的尸首加以埋葬，司马昭把他叫来斥责他说："过去王经死的时候，你在东市痛哭，我没有追究。钟会身为叛逆之人，你又来收葬，我要是再容忍你，还有没有王法了！"向雄说："过去圣明的君主总是及时地掩埋原野上的死尸，仁德施及枯骨，当时难道是先弄清死者生前的功过然后才掩埋的吗？如今您已经杀了钟会，于法律已经完备，而我有感于道义前来收葬，于礼教也无缺损。法律由上面制定，教化在民间弘扬，以此来教育百姓，不是也可以吗？又何必让我向雄背弃死者的情义、违背生者的意愿而苟活于世上呢？明公您把枯骨视为仇敌，将其抛弃在荒野之中，这难道是仁义贤良之人的度量吗？"司马昭转怒为喜，与向雄共同进餐并畅谈一番后才送他回去。

三月，刘禅全家东迁到洛阳。当时十分混乱仓促，原蜀汉的高级官员没有人与之同行，只有秘书令郤正和殿中督汝南人张通置妻子儿女于不顾单身跟随着刘禅。刘禅依靠郤正的引导得当，才使自己在与曹魏君臣相见时举止言谈都较得体，这时才感慨地叹息，恨自己了解郤正太迟了。

　　初，汉建宁太守霍弋都督南中，闻魏兵至，欲赴成都，刘禅以备敌既定，不听。成都不守，弋素服大临三日。诸将咸劝弋宜速降，弋曰："今道路隔塞，未详主之安危，去就大故，不可苟也。若魏以礼遇主上，则保境而降不晚也。若万一危辱，吾将以死拒之，何论迟速邪！"得禅东迁之问，始率六郡将守上表曰："臣闻人生于三，事之如一，惟难所在，则致其命。今臣国败主附，守死无所，是以委质，不敢有贰。"晋王善之，拜南中都尉，委以本任。

　　丁亥，封刘禅为安乐公，子孙及群臣封侯者五十馀人。晋王与禅宴，为之作故蜀技，旁人皆为之感怆，而禅喜笑自若。王谓贾充曰："人之无情，乃至于是！虽使诸葛亮在，不能辅之久全，况姜维邪！"他日，王问禅曰："颇思蜀否？"禅曰："此间乐，不思蜀也。"郤正闻之，谓禅曰："若王后问，宜泣而答曰：'先人坟墓，远在岷、蜀，乃心西悲，无日不思。'因闭其目。"会王复问，禅对如前。王曰："何乃似郤正语邪！"禅惊视曰："诚如尊命。"左右皆笑。

　　初，锺会之伐汉也，辛宪英谓其夫之从子羊祜曰："会在事纵恣，非持久处下之道，吾畏其有他志也。"会请其子郎中琇为参军，宪英忧曰："他日吾为国忧，今日难至吾家矣。"琇固请于晋王，王不听。宪英谓琇曰："行矣，戒之，

当初，蜀汉的建宁太守霍弋都督南中，得到曹魏大军压境的消息，就想奔赴成都增援，刘禅认为防备敌人的措施都已落实，不批准霍弋的计划。成都失守后，霍弋穿着丧服哭吊了三天。将领们都劝他应尽快向曹魏投降，他说："现在道路隔绝阻塞，还不知主上的安危如何，归降与否是件大事，不可轻易而定。如果魏国对我们主上以礼相待，那么我们维持好境内安定再投降也不晚。万一主上遭受危难与凌辱，我们就以死抗拒，还谈什么早晚？"得到刘禅东迁的音讯后，霍弋才率领六郡的将领与郡守向曹魏朝廷上书说："我听说人生在世对于父、母、君主这三位尊长，应一视同仁地侍奉，只要三者有难，就应该舍命相随。如今我的国家败亡，主上归附，我决意效死也没有对象，因此归顺朝廷，绝不敢再有二心。"晋王司马昭对他忠于故主的节操表示赞许，任命他为南中都尉，仍担任原来的职务。

丁亥（二十七日），曹魏朝廷封刘禅为安乐公，刘禅的儿孙与臣僚被封侯爵的有五十多人。司马昭设宴招待刘禅，为他表演原来蜀国的歌舞，刘禅左右之人都为之感伤不已，而刘禅却喜笑自若，毫不在意。司马昭对贾充说："一个人没有情义，竟然可以到如此地步！即使诸葛亮在世，也不能辅佐他国运长久，又何况是姜维呢？"过了几天，司马昭问刘禅说："你是否很思念蜀国？"刘禅说："这里很快乐，我不想蜀国。"郤正听说后，对刘禅说："以后晋王如果再这样问你，你应该流着眼泪回答他说：'先人的坟墓远在岷、蜀，我心常常西望而悲，没有一天不思念着蜀国。'说此话时你要闭上眼睛。"后来司马昭又问起这个问题，刘禅就照之前郤正所教的话回答。司马昭说："你的话怎么像是郤正说的？"刘禅吃惊地睁开眼睛说："确实如你所说。"左右都大笑。

当初，钟会攻伐蜀汉时，辛宪英对她丈夫羊耽的侄子羊祜说："钟会办事放纵恣意，这不是久处人下的做法，我担心他会有异志。"钟会聘她的儿子羊琇为参军，辛宪英忧心忡忡地说："过去我是为国家担忧，今天灾祸降临到我家了。"羊琇一再向司马昭请求辞职，司马昭不允许。辛宪英对羊琇说："去吧，但要警惕，

军旅之间,可以济者,其惟仁恕乎!"琇竟以全归。癸巳,诏以琇尝谏会反,赐爵关内侯。

晋武帝泰始五年春二月,济阴太守巴西文立上言:"故蜀之名臣子孙流徙中国者,宜量才叙用,以慰巴、蜀之心,倾吴人之望。"帝从之。己未,诏曰:"诸葛亮在蜀,尽其心力,其子瞻临难而死义,其孙京宜随才署吏。"又诏曰:"蜀将傅佥父子,死于其主。天下之善一也,岂由彼此以为异哉! 佥息著、募没入奚官,宜免为庶人。"

七年。安乐思公刘禅卒。

九年。初,邓艾之死,人皆冤之,而朝廷无为之辨者。及帝即位,议郎敦煌段灼上疏曰:"邓艾心怀至忠而荷反逆之名,平定巴、蜀而受三族之诛。艾性刚急,矜功伐善,不能协同朋类,故莫肯理之。臣窃以为艾本屯田掌犊人,宠位已极,功名已成,七十老公,复何所求! 正以刘禅初降,远郡未附,矫令承制,权安社稷。锺会有悖逆之心,畏艾威名,因其疑似,构成其事。艾被诏书,即遣强兵,束身就缚,不敢顾望,诚自知奉见先帝,必无当死之理也。会受诛之后,艾官属将吏,愚戆相聚,自共追艾,破坏槛车,解其囚执。艾在困地,狼狈失据,未尝与腹心之人有平素之谋,

在军队当中，能够行得通的，恐怕只有仁爱宽恕了！"羊琇最终得以保全自身而返回。八月癸巳(初六)，魏帝诏令因羊绣曾劝阻锺会不要谋反，赐以关内侯的爵位。

晋武帝泰始五年(269)春季二月，济阴太守巴西人文立上书说："过去蜀国有名望的大臣，子孙流落到中原地区的，应该考察他们的才能，任以一定的官职，来安慰巴蜀地区的民心，也使东吴的百姓倾心钦慕。"晋帝司马炎采纳了这一建议。三月己未(二十八日)，下诏说："诸葛亮在蜀汉，尽心尽力，他的儿子诸葛瞻在战乱中又守节义而死，他的孙子诸葛京可以根据才能安排官职。"又下诏说："蜀汉的大将傅佥父子二人都为其君主而捐躯。天底下善的标准是一致的，岂能因彼此效忠对象不同而另眼相待？傅佥的儿子傅著、傅募已没入官府为奴，可以赦免他们，恢复庶人身份。"

七年(271)。安乐思公刘禅逝世。

九年(273)。当初，邓艾之死，人人都觉得他冤枉，但是朝中没有一个人为他申辩。司马炎即位后，议郎敦煌人段灼上书说："邓艾忠心耿耿却背着反叛的恶名，他建立了平定巴、蜀的大功却受到诛灭三族的惩罚。邓艾性情刚直急躁，夸耀着自己的功劳和长处，不能与同僚和睦相处，所以没有人愿意为他申辩。我认为邓艾本是一个屯田放牛的人，他所受到的恩宠和官位已达到了顶峰，功勋与名望都已经得到，一个七十岁的老人，他还会企求什么？只是因为刘禅刚刚投降，蜀汉边远的郡县尚未归附，因此才假称秉承皇帝旨意采取了一些措施，权且安定国家。锺会有叛逆之心，但畏惧邓艾的威名，利用邓艾所做的那些是非难辨的事，构成他谋反的罪名。邓艾接到诏书，立即遣散他所统领的强兵，毫不反抗地接受捆绑，不敢有所踌躇或观望，实在是因为他明白只要能面见先帝，必定没有死的道理。锺会被诛后，邓艾的那些将吏部属，愚昧不明事理，聚集起来，自行追赶押送邓艾的队伍，他们打破囚车，把邓艾解救出来。邓艾在囚禁的地方，情状狼狈，失去一切依靠，也不曾与其心腹之人有什么预谋，

独受腹背之诛,岂不哀哉！陛下龙兴,阐弘大度,谓可听艾归葬旧墓,还其田宅,以平蜀之功继封其后,使艾阖棺定谥,死无所恨,则天下徇名之士,思立功之臣,必投汤火,乐为陛下死矣！"帝善其言而未能从。会帝问给事中樊建以诸葛亮之治蜀,曰:"吾独不得如亮者而臣之乎？"建稽首曰:"陛下知邓艾之冤而不能直,虽得亮,得无如冯唐之言乎！"帝笑曰:"卿言起我意。"乃以艾孙朗为郎中。

可是这一变故却使他处于前进也受诛杀后退也受诛杀的绝境，岂不是很可悲吗？陛下创立帝业，应该显扬您的宽宏大度，如果可以允许将邓艾遗骸归葬祖坟，发还他的田产宅院，根据他平定蜀汉的大功加封他的后嗣，使得邓艾盖棺之后确定谥号，死后没有遗恨，那么天下那些舍身为名的人士，希望建立功业的臣民，必定会赴汤蹈火，乐意为陛下效死！"司马炎觉得他说的话很有道理，但是却不能有所行动。恰好司马炎向给事中樊建问起诸葛亮治理蜀国的事情，说："难道我就不能得到像诸葛亮那样的人做我的臣下吗？"樊建叩头说："陛下明知邓艾的冤情却不能为他昭雪，即使得到了诸葛亮，恐怕也会像西汉冯唐所说的那样，得不到重用吧！"司马炎笑着说："你的话启发了我。"于是任命邓艾的孙子邓朗为郎中。

淮南三叛 文钦 毌丘俭 诸葛诞

魏高贵乡公正元元年。初,扬州刺史文钦,骁果绝人,曹爽以乡里故爱之。钦恃爽势,多所陵傲。及爽诛,钦已内惧,又好增虏级以邀功赏,司马师常抑之,由是怨望。镇东将军毌丘俭素与夏侯玄、李丰善,玄等死,俭亦不自安,乃以计厚待钦。俭子治书侍御史甸谓俭曰:"大人居方岳重任,国家倾覆而晏然自守,将受四海之责矣!"俭然之。

二年春正月,俭、钦矫太后诏,起兵于寿春,移檄州郡以讨司马师,乃表言:"相国懿忠正,有大勋于社稷,宜宥及后世。请废师,以侯就第,以弟昭代之。太尉孚,忠孝小心,护军望,忠公亲事,皆宜亲宠,授以要任。"望,孚之子也。俭又遣使邀镇南将军诸葛诞,诞斩其使。俭、钦将五六万众渡淮,西至项。俭坚守,使钦在外为游兵。

司马师问计于河南尹王肃,肃曰:"昔关羽虏于禁于汉滨,有北向争天下之志。后孙权袭取其将士家属,羽士众一

淮南三叛 文钦 毌丘俭 诸葛诞

曹魏高贵乡公正元元年(254)。当初，扬州刺史文钦，骁勇果敢，超越常人，曹爽因与他是同乡而十分赏识他。文钦依仗曹爽的势力，常常欺凌蔑视同僚。曹爽被诛杀，文钦内心已有些恐惧，又由于他作战喜欢虚报斩获敌军的数目以邀取功名赏赐，司马师常常贬抑他，于是他心生怨恨。镇东将军毌丘俭一向与夏侯玄、李丰友善，夏侯玄等被杀，毌丘俭也感到惴惴不安，于是想方设法厚待文钦。毌丘俭的儿子治书侍御史毌丘甸对父亲说："您肩负专任一方的重任，国家倾危覆没您却安然自保，您这样做会受到天下人的责备的！"毌丘俭认为他说得很对。

二年(255)春季正月，毌丘俭、文钦假称奉太后密诏，起兵于寿春，向全国各州郡发布檄文讨伐司马师，又上表说："相国司马懿忠诚正直，对国家有大功，应该宽恕他的后裔。请求罢黜司马师的官职，以侯爵身份居家度日，而让他的弟弟司马昭接替他的职务。太尉司马孚忠孝谨慎，护军司马望忠于职守尽职尽责，都应受到亲近与宠信，授以重要职位。"司马望是司马孚的儿子。毌丘俭又派使者邀镇南将军诸葛诞共同起兵，诸葛诞斩杀了来使。毌丘俭、文钦率领五六万人马渡过淮河，向西进发到达项县。毌丘俭坚守据点，而让文钦在外四处游击。

司马师向河南尹王肃请教平定叛乱的计策，王肃回答说："过去关羽在汉水之滨俘虏了于禁，有北上争夺天下的大志。后来孙权袭击并俘获了关羽将士们的家属，关羽的大军一

且瓦解。今淮南将士父母妻子皆在内州,但急往御卫,使不得前,必有关羽土崩之势矣。"时师新割目瘤,创甚,或以为大将军不宜自行,不如遣太尉孚拒之。唯王肃与尚书傅嘏、中书侍郎钟会劝师自行,师疑未决。嘏曰:"淮、楚兵劲,而俭等负力远斗,其锋未易当也。若诸将战有利钝,大势一失,则公事败矣。"师蹶然起曰:"我请舆疾而东。"戊午,师率中外诸军以讨俭、钦,以弟昭兼中领军,留镇洛阳,召三方兵会于陈、许。

师问计于光禄勋郑袤,袤曰:"毌丘俭好谋而不达事情,文钦勇而无算。今大军出其不意,江、淮之卒,锐而不能固,宜深沟高垒以挫其气,此亚夫之长策也。"师称善。

师以荆州刺史王基为行监军,假节,统许昌军。基言于师曰:"淮南之逆,非吏民思乱也,俭等诳诱迫胁,畏目下之戮,是以尚屯聚耳。若大兵一临,必土崩瓦解,俭、钦之首不终朝而致于军门矣。"师从之。以基为前军,既而复敕基停驻。基以为:"俭等举军足以深入,而久不进者,是其诈伪已露,众心疑沮也。今不张示威形以副民望,而停军高垒,有似畏懦,非用兵之势也。若俭、钦虏略人民以自益,又州郡兵家为贼所得者,更怀离心;俭等所迫胁者,自顾罪重,

下子全瓦解了。现在淮南叛军将士的父母妻儿都在内地，我们只要迅速出兵阻截并保护其家属，使毌丘俭、文钦的军队不能继续前进，势必会产生当年关羽那种土崩瓦解的形势。"当时司马师刚刚割掉眼部的肿瘤，创口很大，有人认为大将军不应亲自出动，不如派太尉司马孚前往阻截。只有王肃与尚书傅嘏、中书侍郎钟会劝司马师亲征，司马师犹疑不决。傅嘏说："淮、楚之地兵力强劲，而毌丘俭等依仗自己的实力远道攻来，其锋芒不易抵挡。如果各将领作战有什么闪失，大势一去，你的事情就全完了。"司马师听了跃起身来说："我要躺在车上，亲自东征。"戊午（初五），司马师率领朝廷与地方的军队讨伐毌丘俭、文钦，任命他的弟弟司马昭兼中领军，留守洛阳，征召东、南、北三方兵力在陈县、许昌会师。

司马师又向光禄勋郑袤询问计策，郑袤说："毌丘俭喜欢玩弄智谋但往往不能正确分析事情，文钦有勇力但是没有心计。现在大军出其不意地进攻，江淮之军虽然锐不可当却不能持久，应该深挖沟高筑墙增强防卫，来打击他们的锐气，这是汉代周亚夫破吴、楚的良策。"司马师认为郑袤的建议很好。

司马师任命荆州刺史王基为代理监军，持符节，统领许昌的军队。王基对司马师说："淮南的叛变，并不是那里的官吏与百姓想作乱，而是在毌丘俭等人的欺骗、利诱与胁迫下，害怕眼下受到杀戮，才姑且聚集在一起。如果我们大军一到，他们一定土崩瓦解，毌丘俭与文钦的首级用不了多久就会送到军营门口。"司马师表示同意。于是以王基为前军，不久又命王基停止前进驻扎下来。王基认为："毌丘俭等人发兵足以深入挺进，他们之所以长久不前进，是因为他们假传太后旨意的欺骗行为已经暴露，众人心中都疑虑沮丧的缘故。我们如果不展示军队的威势以符合百姓的愿望，反而停止前进高筑营垒，好像畏惧怯懦，这不是用兵应有的气势。如果毌丘俭、文钦掳掠人民以增强自己的实力，再劫持我们手下州郡兵的家属，使我们军心更加离散；被毌丘俭等胁迫参与其事的人，考虑到自己罪孽深重，

不敢复还，此为错兵无用之地而成奸宄之源。吴寇因之，则淮南非国家之有，谯、沛、汝、豫危而不安，此计之大失也。军宜速进据南顿，南顿有大邸阁，计足军人四十日粮。保坚城，因积谷，先人有夺人之心，此平贼之要也。"基屡请，乃听，进据濦水。

　　闰月甲申，师次于濦桥，俭将史招、李续相次来降。王基复言于师曰："兵闻拙速，未睹巧之久也。方今外有强寇，内有叛臣，若不时决，则事之深浅未可测也。议者多言将军持重。将军持重，是也；停军不进，非也。持重，非不行之谓也，进而不可犯耳。今保壁垒以积实资虏而远运军粮，甚非计也。"师犹未许。基曰："将在军，君令有所不受。彼得则利，我得亦利，是谓争地，南顿是也。"遂辄进据南顿。俭等从项亦欲往争，发十馀里，闻基先到，乃复还保项。

　　吴丞相峻率票骑将军吕据、左将军会稽留赞袭寿春，司马师命诸军皆深壁高垒，以待东军之集。诸将请进军攻项，师曰："诸军得其一，未知其二。淮南将士本无反志，俭、钦说诱与之举事，谓远近必应。而事起之日，淮北不从，史招、李续前后瓦解，内乖外叛，自知必败。困兽思斗，速战更合其志，虽云必克，伤人亦多。且俭等欺诳将士，诡变万端，小与持久，诈情自露，此不战而克之术也。"

也不敢再回归朝廷，这就是把兵力搁置在无用之地而使犯罪作乱之源形成。如果东吴乘机进攻，那么淮南之地就不再属于我国，谯郡、沛郡、汝南郡、颍川郡都将处于危险境地而不安定，这便是计谋的最大失误。我们的军队应火速占据南顿，南顿有大邸阁，估计藏有足供大军四十天的粮食。我们守着坚固的城池，利用积蓄的粮食，先发制人往往就能使敌人丧失信心，这是平定叛贼的关键。"王基多次请求继续前进，司马师才允许，于是王基进军抵达㶏水。

闰正月甲申（初一），司马师率军驻扎于㶏桥，毌丘俭的部将史招、李续先后投降。王基又对司马师说："用兵只听说宁可拙于机智也要力求迅速的，没见过求巧而久拖的。现在外有强大的吴国，内有叛变的大臣，如不及时决断，事情发展到什么程度就不可预测了。议论的人都说将军稳健持重。将军持重是对的，但是停止进军不前进却是错误的。持重并不是不前进的意思，而是前进时不能给敌人以侵犯的机会。如今我们坚守堡垒，用存粮资助敌人而自己却从远处运军粮，实在不是上策。"司马师仍然不允许。王基说："将军在出征打仗时，皇帝的命令也可不接受。这地方他们得到则于他们有利，我们得到也对我们有利，这就是必争之地，这个地方就是南顿。"王基随即率兵进驻南顿。毌丘俭等从项县出发也准备争夺南顿，出发行进了十多里后，听说王基已经先到了，就又退兵守卫项县。

东吴丞相孙峻率领骠骑将军吕据、左将军会稽人留赞袭击曹魏的寿春，司马师命令各军都深壁高垒，以等待青州、徐州、兖州部队的集结。各将领请求进兵攻项县，司马师说："各军只得其一，不知其二。淮南将士本来没有反叛之意，是毌丘俭、文钦劝诱他们共同举兵的，并说一旦起兵无论远近都会响应。但起事之后，淮北地区都不追随，史招、李续又先后出降，内部上下不一致，外部又离心反叛，自己也明白必败无疑。被困的野兽想要挣扎反抗，速战速决更符合他们的愿望，虽说我们一定能取胜，然而死伤也一定很多。而且毌丘俭等人欺骗将士，诡计百出，变异万端，只要相持稍久，其欺诈的情况就会自己暴露，这是不需攻战就可克敌的方法。"

乃遣诸葛诞督豫州诸军自安风向寿春；征东将军胡遵督青、徐诸军出谯、宋之间，绝其归路；师屯汝阳。毌丘俭、文钦进不得斗，退恐寿春见袭，计穷不知所为。淮南将士家皆在北，众心沮散，降者相属，惟淮南新附农民为之用。

俭之初起，遣健步赍书至兖州，兖州刺史邓艾斩之，将兵万馀人，兼道前进，先趋乐嘉城，作浮桥以待师。俭使文钦将兵袭之。师自汝阳潜兵就艾于乐嘉，钦猝见大军，惊愕未知所为。钦子鸯，年十八，勇力绝人，谓钦曰："及其未定，击之可破也。"于是分为二队，夜夹攻军。鸯率壮士先至鼓噪，军中震扰。师惊骇，所病目突出，恐众知之，啮被皆破。钦失期不应，会明，鸯见兵盛，乃引还。师谓诸将曰："贼走矣，可追之！"诸将曰："钦父子骁猛，未有所屈，何苦而走？"师曰："夫一鼓作气，再而衰。鸯鼓噪失应，其势已屈，不走何待！"钦将引而东，鸯曰："不先折其势，不得去也。"乃与骁骑十馀摧锋陷陈，所向皆披靡，遂引去。师使左长史司马班率骁骑八千翼而追之，鸯以匹马入数千骑中，辄杀伤百馀人，乃出，如此者六七，追骑莫敢逼。

殿中人尹大目少为曹氏家奴，常在天子左右，师将与俱行。大目知师一目已出，启云："文钦本是明公腹心，但为人所误耳。又天子乡里，素与大目相信，乞为公追解语之，

于是派遣诸葛诞统领豫州各军从安风出发攻向寿春；征东将军胡遵统领青州、徐州各军从谯郡、睢阳一带出发，切断叛军的退路；司马师自己屯兵于汝阳。毌丘俭、文钦想进攻则无法与敌交战，撤退又怕寿春被袭击，无计可施，不知如何行动。所率的淮南将士家都在北方，军心沮丧离散，投降司马师的士兵接连不断，只有淮南新归附的农民为其所用。

　　毌丘俭刚起兵时，派遣送急信的人持书信至兖州，兖州刺史邓艾斩杀信使，率一万余兵马日夜兼程前进，先赶到乐嘉城，修筑浮桥等候司马师。毌丘俭派文钦率兵袭击他们。司马师从汝阳秘密进兵至乐嘉与邓艾会合，文钦见大军突然出现，大惊失色，不知所措。文钦的儿子文鸯，十八岁，勇力超越常人，对文钦说："趁其大军还没安定，出击可以破敌。"于是文钦军分两队，深夜夹攻司马师军营。文鸯率勇士首先赶到，擂鼓呐喊，军营中极为震恐混乱。司马师惊慌害怕，紧张之中刚动过手术的眼睛伤口裂开，眼珠突了出来，他怕将士们知道，咬着被子，把被子都咬破了。文钦那一支队伍在约定时间没有及时赶到会合，到天亮时，文鸯看到司马师军队人多，就引兵撤回。司马师对将领们说："叛贼逃走了，可以去追赶！"将领们说："文钦父子骁勇善战，夜袭顺利并没受到挫折，何苦要逃走？"司马师说："作战要一鼓作气，再次击鼓就气衰了。文鸯擂鼓呐喊了一夜却没等来接应，他的气势已遭到打击，不逃走还等什么？"文钦想率军向东进发，文鸯说："不先给追兵一个打击压下他们的气势，我们是脱不了身的。"于是率十几个骁勇的骑兵冲入敌阵，挫其锋芒，所到之处敌军尽皆溃败，然后撤军而去。司马师派左长史司马班率骑兵八千分左右两翼追击，文鸯单枪匹马冲入数千骑兵中，一次杀伤百余人后才冲出，这样反复冲击了六七次，追兵不敢进逼。

　　殿中官员尹大目年少时是曹家奴仆，常随侍于皇帝左右，司马师要带着他同行。尹大目知道司马师一只眼珠已突出，就报告说："文钦原来是明公您的心腹，只是被人所误罢了。他又是天子的同乡，平时与我互相信任，请让我追上去代您劝解他，

令还与公复好。"师许之。大目单身乘大马，被铠胄，追钦，遥相与语。大目心实欲为曹氏，谬言："君侯何苦不可复忍数日中也！"欲使钦解其旨。钦殊不悟，乃更厉声骂大目曰："汝先帝家人，不念报恩，而反与司马师作逆，不顾上天，天不祐汝！"张弓傅矢欲射大目，大目涕泣曰："世事败矣，善自努力！"

是日，毌丘俭闻钦退，恐惧夜走，众遂大溃。钦还至项，以孤军无继，不能自立，欲还寿春，寿春已溃，遂奔吴。吴孙峻至东兴，闻俭等败，壬寅，进至橐皋，文钦父子诣军降。毌丘俭走，比至慎县，左右人兵稍弃俭去，俭藏水边草中。甲辰，安风津民张属就杀俭，传首京师，封属为侯。诸葛诞至寿春，寿春城中十馀万口，惧诛，或流迸山泽，或散走入吴。诏以诞为镇东大将军、仪同三司，都督扬州诸军事。夷毌丘俭三族，俭党七百馀人系狱，侍御史杜友治之，惟诛首事者十人，馀皆奏免之。

吴孙峻闻诸葛诞已据寿春，乃引兵还。以文钦为都护、镇北大将军、幽州牧。

甘露元年秋九月，吴孙峻卒，孙綝辅政。

二年夏四月，征东大将军诸葛诞素与夏侯玄、邓飏等友善，玄等死，王凌、毌丘俭相继诛灭，诞内不自安，乃倾帑藏振施，曲赦有罪以收众心，畜养扬州轻侠数千人以为死士。因吴人欲向徐堨，请十万众以守寿春，又求临淮筑城以备吴寇。司马昭初秉政，长史贾充请遣参佐慰劳四征，

让他与您恢复旧交。"司马师允许了。尹大目一个人骑一匹大马，披上铠甲，追赶文钦，见到文钦，两人遥相对话。尹大目内心实际是为了曹氏皇室，无法明言，只能假意说："您为什么不能再忍耐几天呢？"想让文钦明白他的意思。但是文钦一点也没领会，反而更加严厉地痛骂尹大目："你是先帝的家人，不想着如何报恩，却反而和司马师勾结做反叛曹氏的事，你这样不顾上天，上天也不会保佑你！"他张弓搭箭要射尹大目，尹大目哭泣着说："世事已败，你好好努力吧！"

当天，毌丘俭听说文钦退兵，十分恐惧，连夜撤退，于是全军溃败。文钦回到项县，因孤军无援，不能自立，想回寿春，可此时寿春守军也已溃败，于是投奔东吴。东吴的孙峻抵达东兴，听到毌丘俭等失败的消息，于壬寅（十九日）这一天，又进军至橐皋，文钦父子到军营归降。毌丘俭逃走，等到了慎县，左右兵士渐渐弃他而去，毌丘俭就在水边草丛中藏身。甲辰（二十一日），安风津小民张属靠近毌丘俭并杀了他，将他的首级送到京师洛阳，张属被封为侯。诸葛诞率兵行至寿春，寿春城中有十多万人，惧怕遭到杀戮，有的流窜到山林水泽，有的逃散到东吴。朝廷下诏，任命诸葛诞为镇东大将军、仪同三司，都督扬州诸军事。将毌丘俭夷灭三族，其同党七百馀人逮捕下狱，由侍御史杜友审理，只诛杀了为首的十人，其馀都奏请免死。

东吴丞相孙峻得知诸葛诞已经占据了寿春，就率军队返回。东吴任命文钦为都护、镇北大将军、幽州牧。

甘露元年（256）秋季九月，东吴丞相孙峻去世，由孙綝辅政。

二年（257）夏季四月，征东大将军诸葛诞一向与夏侯玄、邓飏等关系密切，夏侯玄等人被杀，王凌、毌丘俭又相继被诛灭，诸葛诞内心很不安，于是就倾尽府库财产赈济施舍，又特赦有罪之人来收买人心，并畜养扬州数千名轻生重义的侠士作为敢死队。当时东吴准备进攻徐堨，诸葛诞向朝廷请求十万援兵以守寿春，又请求在淮河边筑城以防备吴军。司马昭刚刚掌握大权，长史贾充请求派遣僚属慰劳征东、征南、征西、征北四将军，

且观其志。昭遣充至淮南，充见诞，论说时事，因曰："洛中诸贤，皆愿禅代，君以为如何？"诞厉声曰："卿非贾豫州子乎？世受魏恩，岂可欲以社稷输人乎！若洛中有难，吾当死之。"充默然。还，言于昭曰："诸葛诞再在扬州，得士众心。今召之，必不来，然反疾而祸小；不召，则反迟而祸大。不如召之。"昭从之。甲子，昭以诞为司空，召赴京师。诞得诏书，愈恐，疑扬州刺史乐綝间己，遂杀綝。敛淮南及淮北郡县屯田口十馀万官兵，扬州新附胜兵者四五万人，聚谷足一年食，为闭门自守之计。遣长史吴纲将小子靓至吴，称臣请救，并请以牙门子弟为质。

司马昭奉帝及太后讨诸葛诞。

吴纲至吴，吴人大喜，使将军全怿、全端、唐咨、王祚将三万众，与文钦同救诞。以诞为左都护，假节、大司徒、票骑将军、青州牧，封寿春侯。怿，琮之子；端，其从子也。

六月甲子，车驾次项，司马昭督诸军二十六万进屯丘头。以镇南将军王基行镇东将军，都督扬、豫诸军事，与安东将军陈骞等围寿春。基始至，围城未合，文钦、全怿等从城东北，因山乘险，得将其众突入城。昭敕基敛军坚壁。基累求进讨，会吴朱异率三万人进屯安丰，为文钦外势。诏

并观察一下他们的志趣动向。司马昭派遣贾充到淮南,贾充见了诸葛诞,议论起时局政事,顺势说:"洛阳各贤良人士都愿意皇帝禅让,您以为如何呢?"诸葛诞厉声回答说:"你难道不是贾逵的儿子?世代都受曹魏的恩典,怎么能想把国家政权送给别人呢!如果洛阳陷于危难,我将为社稷而死。"贾充听了默默无语。回到洛阳后,贾充对司马昭说:"诸葛诞再次镇守扬州后,很得部众的拥护。现在如果召他返回京师,他必定不肯来,然而他反得越快,造成的祸害也就越小;反之,如果不去征召他,那么他的反叛会推迟,但造成的祸害却更大。不如现在就召他回洛阳。"司马昭听从了他的建议。甲子(二十四日),司马昭任命诸葛诞为司空,召他返回京师。诸葛诞接到诏书,越发惶恐,怀疑是扬州刺史乐綝在自己与司马昭之间挑拨离间,于是就把乐綝杀了。又集结了在淮南和淮北各郡县屯田的十多万官兵,以及在扬州新召募的士兵四五万人,积聚了足以维持一年的粮食,准备采用闭门自守的计划。同时派遣长史吴纲带着他的幼子诸葛靓前往东吴,向东吴投降称臣,并请求东吴派出援兵,还请求用牙门将的子弟留做人质。

司马昭事奉着魏帝和太后亲自出征讨伐诸葛诞。

吴纲到了东吴,吴国君臣十分高兴,派遣将军全怿、全端、唐咨、王祚等率领三万兵马,与文钦一同去救援诸葛诞。并任命诸葛诞为左都护、假节、大司徒、骠骑将军、青州牧,封寿春侯。全怿是全琮的儿子,全端是全怿的侄子。

六月甲子(二十五日),魏帝和太后一行抵达项县,司马昭统领各路大军共二十六万人进兵驻扎于丘头。任命镇南将军王基代理镇东将军,都督扬州、豫州诸军事,与安东将军陈骞等一起包围寿春。王基的部队刚赶到,包围圈还没有合拢,文钦、全怿等人就从城的东北方,凭借八公山险要地势,才得以率领兵马冲入寿春城。司马昭命令王基管束好部队坚守营垒。但是王基连连请求进兵讨伐,正好此时东吴将领朱异率领三万人马进驻于安丰,成为寿春城内文钦的外部接应势力。朝廷便诏令

基引诸军转据北山。基谓诸将曰："今围垒转固,兵马向集,但当精修守备以待越逸。而更移兵守险,使得放纵,虽有智者,不能善其后矣!"遂守便宜,上疏曰："今与贼家对敌,当不动如山,若迁移依险,人心摇荡,于势大损。诸军并据深沟高垒,众心皆定,不可倾动,此御兵之要也。"书奏,报听。于是基等四面合围,表里再重,堑垒甚峻。文钦等数出犯围,逆击,走之。司马昭又使奋武将军监青州诸军事石苞督兖州刺史州泰、徐州刺史胡质等,简锐卒为游军,以备外寇。泰击破朱异于阳渊,异走,泰追之,杀伤二千人。

秋七月,吴大将军綝大发卒出屯镬里,复遣朱异帅将军丁奉、黎斐等五人前解寿春之围。异留辎重于都陆,进屯黎浆,石苞、州泰又击破之。泰山太守胡烈以奇兵五千袭都陆,尽焚异资粮,异将馀兵食葛叶,走归孙綝。綝使异更死战,异以士卒乏食,不从綝命。綝怒,九月己巳,綝斩异于镬里。辛未,引兵还建业。綝既不能拔出诸葛诞,而丧败士众,自戮名将,由是吴人莫不怨之。

司马昭曰："异不得至寿春,非其罪也,而吴人杀之,欲以谢寿春而坚诞意,使其犹望救耳。今当坚围,备其越逸,而多方以误之。"乃纵反间,扬言："吴救方至,大军乏食,

王基率领军队转而占据北面的八公山。王基对将领们说："目前包围圈已形成，营垒坚固，各路人马也已会集，只需要专心加强守备以防止他们逃遁。如果又转移兵力去据守险要，万一使他们逃脱，即使是很有智慧的人，也无法很好地收拾结局了！"于是他坚持有利的做法，按兵不动，同时上书说："我们现在是与贼寇对峙，应该像山一样不动摇，如果将部队调走去依据险要，军心动摇，在气势上就大大亏损了。各军都已经据守深沟高垒的营盘，人心稳定，不可撼动，这是率兵的关键。"奏章送上后，朝廷同意了他的意见。于是王基等将领从四面八方合围上来，里外有两道防线，并且有深沟高垒，防守极严。文钦等人好几次出城突围，王基都迎面阻击，把他们赶了回去。司马昭又派遣奋武将军、监青州诸军事石苞统领兖州刺史州泰、徐州刺史胡质等，选择精兵在外围游动作战，以防备外来援军。州泰在阳渊打败了朱异的军队，朱异撤退，州泰紧追不舍，杀伤了吴军两千人。

秋季七月，东吴大将军孙綝发动大军进兵驻扎于镬里，又派遣朱异率领将军丁奉、黎斐等五将前往解寿春之围。朱异把粮草辎重都留在都陆，进驻黎浆，石苞、州泰又一次打败了他。与此同时，泰山太守胡烈率领奇兵五千人袭击都陆，把朱异的物资粮草全部焚毁了，朱异领着残馀兵马一路以葛叶充饥，逃归孙綝大营。孙綝命令朱异再次出兵死战，朱异以士卒缺少粮食为由，不服从孙綝的命令。孙綝大为恼怒，九月己巳（初一）这一天，在镬里斩杀了朱异。辛未（初三）这一天，孙綝率领大军返回首都建业。孙綝既没有能够把诸葛诞救出重围，又丧失了许多士兵，还杀戮了本国的名将，因此东吴朝野内外没有不埋怨他的。

司马昭说："朱异没能打到寿春，不是他的错，而孙綝杀他，是为了向寿春被围的人表示歉意并坚定诸葛诞的斗志，使他仍然寄希望于外援。如今我们应当进一步加强包围，防备城中围军突围逃跑，并且采取多种方法使他们做出错误判断。"于是使用反间计，扬言说："东吴的救援部队即将赶到，而曹魏大军缺粮，

分遣羸疾就谷淮北，势不能久。"诞等益宽恣食。俄而城中乏粮，外救不至。将军蒋班、焦彝，皆诞腹心谋主也，言于诞曰："朱异等以大众来而不能进，孙綝杀异而归江东，外以发兵为名，内实坐须成败。今宜及众心尚固，士卒思用，并力决死，攻其一面，虽不能尽克，犹有可全者，空坐守死，无为也。"文钦曰："公今举十馀万之众归命于吴，而钦与全端等皆同居死地。父兄子弟尽在江表，就孙綝不欲来，主上及其亲戚岂肯听乎！且中国无岁无事，军民并疲，今守我一年，内变将起，奈何舍此，欲乘危徼幸乎！"班、彝固劝之，钦怒。诞欲杀班、彝，二人惧，十一月，弃诞逾城来降。全怿兄子辉、仪在建业，与其家内争讼，携其母将部曲数十家来奔。于是怿与兄子靖及全端弟翩、缉皆将兵在寿春城中，司马昭用黄门侍郎锺会策，密为辉、仪作书，使辉、仪所亲信赍入城告怿等，说："吴中怒怿等不能拔寿春，欲尽诛诸将家，故逃来归命。"十二月，怿等率其众数千人开门出降，城中震惧，不知所为。诏拜怿平东将军，封临湘侯，端等封拜各有差。

三年春正月，文钦谓诸葛诞曰："蒋班、焦彝谓我不能出而走，全端、全怿又率众逆降，此敌无备之时也，可以战矣。"诞及唐咨等皆以为然，遂大为攻具，昼夜五六日

已分出一部分病弱的士兵前往淮北去吃那里的粮食,看形势包围不会长久了。"诸葛诞等人于是更加放宽心吃城中的粮食。不久,城中粮食也开始缺乏,而救援部队又迟迟不到。将军蒋班、焦彝都是诸葛诞的心腹参谋,见此情况,就对诸葛诞说:"朱异等率大军来救却未能攻入,孙綝杀了朱异,自己又回军江东,对外宣称将重新集结兵力来救援,实际上是坐等我们的成败。现在应趁城中人心尚稳定,士兵们有报效之念的时候,集中力量决一死战,攻击敌人的一段防线,即使不能获全胜,还可有人突围而出得以保全,像现在这样空坐着等死,实在是毫无意义的。"文钦说:"你如今率十多万人马归附于东吴,而我与全端等为救你们也一起被陷在这必死之地。这些人的父兄子弟全在江东,即使孙綝不想来救,东吴皇帝与这些将士的亲戚们又怎么肯罢休?况且中原曹魏没有一年是太平无事的,军队与百姓都已十分疲困,如果他们围守在这里一年,势必产生内乱,为什么要放弃这些有利因素,而想冒着危险侥幸一战呢?"蒋班和焦彝坚持力劝诸葛诞,文钦大为愤怒。诸葛诞打算诛杀蒋班、焦彝,两人害怕了,就在十一月间舍弃了诸葛诞,翻墙出城,归降曹魏军队。全怿哥哥的儿子全辉、全仪在建业,与家族内部的人发生了争执,就带着母亲、率领私家兵将几十家投奔曹魏。当时全怿和侄子全靖以及全端的弟弟全翩、全缉都率兵守在寿春城中,司马昭采用黄门侍郎钟会的计策,秘密地伪造了全辉、全仪的书信,派全辉、全仪的亲信带进寿春城向全怿等人报告,说:"东吴对全怿等人不能解救寿春非常恼怒,准备把各将领的家属全部诛杀,所以逃命归降。"十二月,全怿等人率领部下数千人打开寿春城门投降魏军,城内一片震恐,不知如何是好。魏帝下诏任命全怿为平东将军,封临湘侯,全端等人也封爵任官,各有等级差别。

三年(258)春季正月,文钦对诸葛诞说:"蒋班、焦彝认为我们无法突围逃走,全端、全怿又率领部众迎敌而降,这正是敌人没有防备的时刻,我们可以突围一战了。"诸葛诞和唐咨等人都同意文钦的分析,于是就大量准备进攻的器具,一连五六天昼夜

攻南围，欲决围而出。围上诸军临高发石车火箭，逆烧破其攻具。矢石雨下，死伤蔽地，血流盈堑，复还城。城内食转竭，出降者数万口。钦欲尽出北方人省食，与吴人坚守，诞不听，由是争恨。钦素与诞有隙，徒以计合，事急愈相疑。钦见诞计事，诞遂杀钦。钦子鸯、虎将兵在小城中，闻钦死，勒兵赴之，众不为用，遂单走逾城出，自归于司马昭。军吏请诛之，昭曰："钦之罪不容诛，其子固应就戮；然鸯、虎以穷归命，且城未拔，杀之是坚其心也。"乃赦鸯、虎，使将数百骑巡城，呼曰："文钦之子犹不见杀，其馀何惧！"又表鸯、虎皆为将军，赐爵关内侯。城内皆喜，且日益饥困。司马昭身自临围，见城上持弓者不发，曰："可攻矣！"乃四面进军，同时鼓噪登城。二月乙酉，克之。诞窘急，单马将其麾下突小城欲出，司马胡奋部兵击斩之，夷其三族。诞麾下数百人，皆拱手为列，不降。每斩一人，辄降之，卒不变，以至于尽。吴将于诠曰："大丈夫受命其主，以兵救人，既不能克，又束手于敌，吾弗取也。"乃免胄冒陈而死。唐咨、王祚等皆降。吴兵万众，器仗山积。

攻打南面围城的魏军，打算突围而出。围城的魏军占领制高点用炮车射出大石与火箭，迎面烧毁、砸坏了许多攻击器具。一时巨石与箭矢如大雨倾盆而下，突围军死伤遍地，鲜血几乎流满壕沟，只好又退回城中。城内粮食又快吃完了，有数万人出城投降。文钦打算把城中原属曹魏的居民全部送出城以省下粮食，使自己的军队与东吴派来的军队能够坚守待援，诸葛诞不同意，于是争执不下，互生怨恨。文钦与诸葛诞一向不和，只是因为目标与利益一致才勉强合作，情势危急，相互间就越加猜疑。文钦去见诸葛诞商议事情，诸葛诞就乘机击杀了文钦。文钦的儿子文鸯、文虎率兵驻扎在寿春小城中，听到文钦的死讯，立即纠集兵马准备前去复仇，但是部属都不听从命令，两人只好只身逃走，翻城墙而出，向司马昭投降。军吏请求把文鸯、文虎杀了，司马昭说："文钦的罪处以死刑都不够，他的儿子当然也应处死；但是文鸯、文虎因走投无路而来归顺，而且寿春城又没有攻破，杀了这两人，反使城中守军死守的决心更加坚定。"于是下令赦免文鸯、文虎，让两人率数百名骑兵巡城高呼说："文钦的儿子都没有被杀，其他人还害怕什么呢？"又上表任命文鸯、文虎为将军，封以关内侯的爵位。城中守军听说归降会受到如此善待都十分欣喜，加上饥饿与疲困日甚一日，军心动摇。司马昭亲自到围堡下观察敌情，看见城上守卒手持弓箭却不发射，就说："现在可以发动进攻了！"于是围城的军队从四面八方缩小包围圈，同时擂鼓呐喊着攀城墙而上。二月乙酉（二十日），寿春城被攻克。诸葛诞窘困急迫，单人匹马率领部下突入小城，打算冲出敌阵，司马胡奋的部属斩杀了诸葛诞，并夷灭三族。诸葛诞的数百名部属都拱手而立，排列成行，拒不投降。曹魏兵士每杀一人，就劝他们投降，但是直至杀到最后一人，都没人改变初衷。东吴将领于诠说："大丈夫奉国君命令，率领兵马救人，而今既不能战胜，又要被敌人擒获，这种结局我不愿接受。"于是摘下头盔杀入敌阵而死。唐咨、王祚等人都投降了。俘虏的东吴军队有一万多人，武器装备堆积如山。

司马昭初围寿春，王基、石苞等皆欲急攻之，昭以为："寿春城固而众多，攻之必力屈；若有外寇，表里受敌，此危道也。今三叛相聚于孤城之中，天其或者使同就戮，吾当以全策縻之。但坚守三面，若吴贼陆道而来，军粮必少，吾以游兵轻骑绝其转输，可不战而破也。吴贼破，钦等必成擒矣！"乃命诸军按甲以守之，卒不烦攻而破。议者又以为："淮南仍为叛逆，吴兵室家在江南，不可纵，宜悉坑之。"昭曰："古之用兵，全国为上，戮其元恶而已。吴兵就得亡还，适可以示中国之大度耳。"一无所杀，分布三河近郡以安处之。拜唐咨安远将军，其馀裨将，咸假位号，众皆悦服。其淮南将士吏民为诞所胁略者，皆赦之。听文鸯兄弟收敛父丧，给其车牛，致葬旧墓。

昭遗王基书曰："初议者云云，求移者甚众，时未临履，亦谓宜然。将军深算利害，独秉固志，上违诏命，下拒众议，终至制敌禽贼，虽古人所述，不是过也。"昭欲遣诸军轻兵深入，招迎唐咨等子弟，因衅有灭吴之势。王基谏曰："昔诸葛恪乘东关之胜，竭江表之兵以围新城，城既不拔，而众死者太半。姜维因洮西之利，轻兵深入，粮饷不继，军覆上邽。夫大捷之后，上下轻敌，轻敌则虑难不深。

司马昭刚开始包围寿春时，王基、石苞等人都主张立即攻击，司马昭认为："寿春城池坚固，守军又多，强攻必定受到挫折；如果敌军再有外援，我们腹背受敌，这是很危险的策略。现在诸葛诞、文钦、唐咨三个叛贼聚集在一座孤城中，也许是上天让他们同时被诛杀吧？我要以万全之计将他们围困在城中。你们只须紧密地围守三面，如果东吴军队从陆路来救援，所带军粮一定不会多，我们用游兵轻骑截断他们的运输渠道，不用大战就可破敌。东吴援兵被击败，文钦等人也必然束手就擒！"于是命令各路人马约束士兵，坚守不动，最终没费多大周折便攻破了城池。议论的人又认为："淮南地区相继发生叛乱，东吴士兵的家属都在长江南岸，不能够放他们回去，应该全部坑杀。"司马昭说："古代用兵作战，以尽量保全敌方的国家与百姓为上策，诛杀首恶也就罢了。东吴士兵即使得以逃回国中，也正可以显示我们中原之国的宽宏大量啊。"于是，东吴降卒一个都不杀，把他们分送到首都洛阳附近的河南、河东、河内三郡妥善安置。任命唐咨为安远将军，其余副将都授予官位称号，大家都高兴地顺服了。对于那些被诸葛诞胁迫、掳掠而来的淮南将士和官吏、百姓，一律予以赦免。准许文鸯兄弟收殓父亲文钦的尸体，并拨给车与牛，让他们扶灵柩归葬于谯郡祖坟。

司马昭写信给王基说："当初好多人议论纷纷，认为应该把军队移驻于八公山，我当时没有亲自考察实际情况，也认为应该如此。只有将军你深入地考虑利害得失，独自坚持固有的意见，对上违背皇帝的诏令，对下拒绝同僚的建议，终于制服了敌人擒获了贼寇，即使是古人所称述的人，也不会超过你了。"司马昭打算命各军派遣轻装部队深入东吴内部，招降唐咨等人的子弟，利用敌人内部的裂痕造成一举消灭东吴的形势。王基劝阻说："过去诸葛恪乘着东关获胜的余威，倾动江表所有兵力去包围新城，结果不仅没能攻下城池，而且损失了大半兵力。姜维趁着洮西之战得胜的气势，率轻兵深入我国境内，结果粮草供应不上，全军覆没于上邽。获得大胜之后，自上而下都产生轻敌心理，轻敌就会对危难考虑得不深。

今贼新败于外，又内患未弭，是其修备设虑之时也。且兵出逾年，人有归志，今俘馘十万，罪人斯得，自历代征伐，未有全兵独克如今之盛者也。武皇帝克袁绍于官渡，自以所获已多，不复追奔，惧挫威也。"昭乃止。以基为征东将军、都督扬州诸军事，进封东武侯。

习凿齿曰：君子谓司马大将军于是役也，可谓能以德攻矣。夫建业者异道，各有所尚而不能兼并也。故穷武之雄，毙于不仁；存义之国，丧于懦退。今一征而禽三叛，大虏吴众，席卷淮浦，俘馘十万，可谓壮矣。而未及安坐，赏王基之功；种惠吴人，结异类之情；宠鸯葬钦，忘畴昔之隙；不咎诞众，使扬土怀愧。功高而人乐其成，业广而敌怀其德。武昭既敷，文算又洽，推此道也，天下其孰能当之哉！

如今敌人在外刚打了败仗,而内部的祸患还没有平息,这正是他们加强战备设计御敌的时候。况且我们出兵已超过一年,人心思归,这一仗我们俘虏了十万敌军,叛臣诸葛诞也已伏法,自古以来出兵征伐,还没有既保全所有兵力又取得全面胜利的战役能像这次这样盛大的。当年武皇帝在官渡大胜袁绍,认为所获得的已经够多,而不再继续追击,就是害怕使已有的威势受到挫伤。"司马昭于是中止了这次行动。任命王基为征东将军、都督扬州诸军事,进封为东武侯。

东晋学者习凿齿说:君子认为司马大将军在这一战役中,可算是能以恩德攻敌制胜了。建立功业的人走的道路不尽相同,各自都有所崇尚的方法但不能兼容并蓄。因而滥用武力的枭雄往往死于自己的残暴不仁,讲究仁义的国家又常常败亡于他们的怯懦退缩。如今寿春一战擒获了三个叛徒,俘虏了大批东吴的士卒,席卷淮河之滨,俘虏十万,可谓壮观了。然而大战之后未及安坐歇息,就奖赏王基的功劳;施恩惠于吴国降卒,在敌国仇雠之间建立感情;又优宠文鸯,允许其埋葬文钦,忘记往昔的仇怨;不加罪于诸葛诞的部属,使扬州的军民深感羞愧。功高盖世却使人们乐于看到他的成就,事业拓展又让敌人感怀他的恩德。武功的光芒已普照于天下,文治的筹谋又周全而和洽,奉行这样的治国之道,天下还有谁能抵挡呢?

司馬氏篡魏

魏高貴鄉公正元元年春二月，殺中書令李豐。初，豐年十七八，已有清名，海內翕然稱之。其父太僕恢不願其然，敕使閉門斷客。曹爽專政，司馬懿稱疾不出。豐為尚書僕射，依違二公間，故不與爽同誅。豐子韜，以選尚齊長公主。司馬師秉政，以豐為中書令。是時，太常夏侯玄有天下重名，以曹爽親故，不得在勢任，居常怏怏；張緝以後父去郡家居，亦不得意；豐皆與之親善。師雖擢用豐，豐私心常在玄。豐在中書二歲，帝數獨召豐與語，不知所說。師知其議己，請豐相見以詰豐，豐不以實告。師怒，以刀鐶築殺之，送屍付廷尉。遂收豐子韜及夏侯玄、張緝等皆下廷尉。鍾毓按治，云："豐與黃門監蘇鑠、永寧署令樂敦、冗從僕射劉賢等謀曰：'拜貴人日，諸營兵皆屯門，陛下臨軒，因此同奉陛下，將群僚人兵，就誅大將軍；

司马氏篡魏

　　曹魏高贵乡公正元元年（254）春季二月，司马师杀了中书令李丰。起初，李丰在十七八岁时，已有清雅的名声，海内人士一致称赞他。他的父亲太仆李恢却不愿意儿子这样，就命李丰闭门谢客。曹爽独揽朝政时，司马懿佯称有病，隐居不出。当时李丰是尚书仆射，他在曹爽和司马懿之间周旋反复，因此没有和曹爽一同被诛杀。李丰的儿子李韬，被选配给齐长公主。司马师主政，任命李丰为中书令。当时，太常夏侯玄在天下颇有盛名，但因为同曹爽有亲戚关系，不能够身居要职显位，平素一直快快不乐；张缉因为是皇后父亲的缘故，离开郡守职位闲居在家，也不得志；而李丰与这二人都非常友好。所以，司马师虽然提拔任用李丰，而李丰的内心仍一直倾向于夏侯玄。李丰在担任中书令的两年间，魏帝曹芳数次单独召见李丰，与他密谈，不知道所谈的内容是什么。司马师知道他们是在议论自己，就约请李丰前来相见，诘问李丰，李丰却不把密谈内容如实相告。司马师大怒，用刀把上的铁环猛烈捣击，杀死了他，并将尸体交付廷尉。接着又逮捕了李丰的儿子李韬以及夏侯玄、张缉等人，全都送交廷尉。钟毓负责审讯，说道："李丰与黄门监苏铄、永宁署令乐敦、冗从仆射刘贤等密谋说：'待到迎娶公主的那一天，各营军队都去守卫宫门了，陛下必定会亲自驾临前殿接见臣僚，趁此机会我们共同挟持陛下，率众官和亲信兵士，近前诛杀大将军司马师；

陛下傥不从人，便当劫将去耳。'又云：'谋以玄为大将军，缉为票骑将军。'玄、缉皆知其谋。"庚戌，诛韬、玄、缉、铄、敦、贤，皆夷三族。

帝以李丰之死，意殊不平。安东将军司马昭镇许昌，诏召之使击姜维。九月，昭领兵入见，帝幸平乐观以临军过。左右劝帝因昭辞，杀之，勒兵以退大将军。已书诏于前，帝惧，不敢发。

昭引兵入城，大将军师乃谋废帝。甲戌，师以皇太后令召群臣会议，以"帝荒淫无度，亵近倡优，不可以承天绪"。群臣皆莫敢违。乃奏收帝玺绶，归藩于齐。使郭芝入白太后，太后方与帝对坐，芝谓帝曰："大将军欲废陛下，立彭城王据！"帝乃起去。太后不悦。芝曰："太后有子不能教，今大将军意已成，又勒兵于外以备非常，但当顺旨，将复何言！"太后曰："我欲见大将军，口有所说。"芝曰："何可见邪！但当速取玺绶！"太后意折，乃遣傍侍御取玺绶著坐侧。芝出报师，师甚喜。又遣使者授帝齐王印绶，使出就西宫。帝与太后垂涕而别，遂乘王车，从太极殿南出。群臣送者数十人，司马孚悲不自胜，馀多流涕。

师又使使者请玺绶于太后。太后曰："彭城王，我之季叔也，今来立，我当何之！且明皇帝当永绝嗣乎？高贵乡

如果陛下不顺从众人，就应将他劫持而去。'还密约：'谋划推奉夏侯玄当大将军，张缉为骠骑将军。'夏侯玄、张缉都知道这一阴谋。"庚戌（二十二日）这一天，司马师下令诛杀了李韬、夏侯玄、张缉、苏铄、乐敦、刘贤等人，将他们全部夷灭三族。

　　魏帝曹芳因为李丰身死，内心尤为不平。当时，安东将军司马昭镇守在许昌，他接到诏书，派他率军迎战蜀汉的姜维。九月，司马昭领兵入见魏帝，曹芳亲临平乐观检阅司马昭的军队。左右心腹力劝魏帝趁司马昭拜辞的机会杀掉他，然后控制他的兵马来击退司马师。有关的诏书都已写好放在曹芳面前，但曹芳恐惧，不敢发布。

　　司马昭率领兵马进入洛阳城，大将军司马师于是策划废掉魏帝曹芳。甲戌（十九日），司马师借用皇太后的名义召集群臣开会议事，提出"皇帝生活荒淫，毫无节制，又宠幸亲近歌舞艺人，不能再承担帝王的重任"。文武百官听后都不敢提出异议，于是奏请太后收回皇帝印玺，让他回到原来的封国仍做齐王。司马师派郭芝进宫去向太后报告，这时太后正与皇帝对坐，郭芝对皇帝说："大将军想要废黜陛下，另立彭城王曹据！"曹芳于是起身离去。太后非常不高兴。郭芝对她说："太后有儿子却不能好好管教，如今大将军的主意已经拿定，又布置了兵马在宫外，以应付非常事件，您只有顺着他的意思去做，还要说什么呢？"太后说："我想见见大将军，有话对他说。"郭芝说："大将军怎么能见到呢？应当尽快把皇帝印玺取来！"太后无奈屈服，只得命身边侍御取来皇帝印玺放在座位旁边。郭芝出宫把情况报告给司马师，司马师十分高兴。又派遣使者把齐王的印绶交给曹芳，让他出殿到西宫暂住。曹芳与太后流泪告别，然后乘坐亲王专用的车子，从太极殿的南门出宫。有数十名官员为他送行，司马孚悲伤得无法自持，其馀臣僚也大都流下了眼泪。

　　司马师又派使者向太后索取皇帝印玺。太后说："彭城王按照辈分来说是我的小叔，如今他来当皇帝，那么我应该到哪儿去呢？况且先帝明皇帝就应该永远断绝后嗣吗？高贵乡

公，文皇帝之长孙，明皇帝之弟子，于礼，小宗有后大宗之义，其详议之。"丁丑，师更召群臣，以太后令示之，乃定迎高贵乡公髦于元城。髦者，东海定王霖之子也，时年十四。使太常王肃持节迎之。

师又使请玺绶，太后曰："我见高贵乡公，小时识之，我自欲以玺绶手授之。"冬十月己丑，高贵乡公至玄武馆，群臣奏请舍前殿，公以先帝旧处，避止西厢；群臣又请以法驾迎，公不听。庚寅，公入于洛阳，群臣迎拜西掖门南，公下舆答拜，傧者请曰："仪不拜。"公曰："吾人臣也。"遂答拜。至止车门下舆，左右曰："旧乘舆入。"公曰："吾被皇太后征，未知所为。"遂步至太极东堂，见太后。其日，即皇帝位于太极前殿，百僚陪位者皆欣欣焉。大赦，改元。为齐王筑宫于河内。

二年春，文钦、毌丘俭起兵寿春，司马师率中外诸军讨之。事见《淮南三叛》。

舞阳忠武侯司马师疾笃还许昌，卫将军昭自洛阳往省师，师令昭总统诸军。辛亥，师卒于许昌。

二月丁巳，诏以司马昭为大将军、录尚书事。

甘露元年夏四月庚戌，赐大将军昭衮冕之服，赤舄副焉。秋八月庚午，诏司马昭加号大都督，奏事不名，假黄钺。

公是文皇帝的长孙,明皇帝弟弟的儿子,按照礼制的规定,小宗是可以入继大宗的,还是再周密慎重地商议商议这件事吧。"丁丑(二十二日),司马师又召集文武百官,将太后的旨意告诉大家,于是商定到元城去迎立高贵乡公曹髦。曹髦是东海定王曹霖的儿子,这年十四岁。司马师派太常王肃持朝廷符节前往迎接。

司马师又派人向太后索要皇帝印玺,太后说:"我见过高贵乡公,小时候就认识他,我想亲手把皇帝印玺授予他。"这年冬季的十月己丑(初四),高贵乡公抵达玄武馆,群臣启奏,请他下榻前殿,曹髦认为这是以前的皇帝曾居住过的地方,就避开前殿而在西厢房歇息;群臣又请求用天子的车驾迎他入宫,曹髦不同意。庚寅(初五),高贵乡公进入洛阳城,文武百官都到西掖门南侧迎接拜见,曹髦要下车答拜,司仪对他说:"按照礼仪,天子不用答拜。"高贵乡公说:"我现在还是臣子呀。"于是下车行了答拜礼。到了皇宫的止车门,曹髦要下车,左右侍从说:"按过去惯例,天子是可以乘车进去的。"曹髦回答说:"我被皇太后召见,还不知道要我干什么呢。"于是就步行到太极殿东堂,拜见太后。当天,曹髦就在太极殿前殿即皇帝位,出席登基仪式的文武百官都感到十分欣喜。大赦天下,改年号为正元。在河内为齐王曹芳修筑宫殿。

正元二年(255)春季,文钦、毌丘俭在寿春起兵,司马师率领京师内外的军队前往征讨。事见《淮南三叛》。

舞阳忠武侯司马师病重,返回许昌养病,卫将军司马昭从洛阳赶到许昌去探望司马师,司马师就让司马昭统领全国军队。闰正月辛亥(二十八日),司马师在许昌去世。

二月丁巳(初五),魏帝下诏任命司马昭为大将军、录尚书事。

甘露元年(256)夏季四月庚戌(初四),魏帝下诏赐大将军司马昭绣龙的礼服、礼冠,和一双红色礼鞋。到了秋季八月庚午(二十六日)那天,魏帝又下诏加授司马昭大都督封号,允许他上朝奏事时可以不自报名字,并赐给他象征帝王征伐权力的用黄金装饰的大斧。

二年。司马昭奉帝讨诸葛诞。事见《淮南三叛》。

三年夏五月，诏以司马昭为相国，封晋公，食邑八郡，加九锡。昭前后九让，乃止。

四年春正月，黄龙二见宁陵井中。先是顿丘、冠军、阳夏井中屡有龙见，群臣以为吉祥。帝曰："龙者，君德也。上不在天，下不在田，而数屈于井，非嘉兆也。"作《潜龙诗》以自讽。司马昭见而恶之。

元皇帝景元元年夏四月，诏有司率遵前命，复进大将军昭位相国，封晋公，加九锡。

帝见威权日去，不胜其忿。五月己丑，召侍中王沈、尚书王经、散骑常侍王业，谓曰："司马昭之心，路人所知也。吾不能坐受废辱，今日当与卿自出讨之。"王经曰："昔鲁昭公不忍季氏，败走失国，为天下笑。今权在其门，为日久矣，朝廷四方皆为之致死，不顾逆顺之理，非一日也。且宿卫空阙，兵甲寡弱，陛下何所资用？而一旦如此，无乃欲除疾而更深之邪！祸殆不测，宜见重详。"帝乃出怀中黄素诏投地曰："行之决矣！正使死何惧，况不必死邪！"于是入白太后。沈、业奔走告昭，呼经欲与俱，经不从。帝遂拔剑升辇，

二年(257)。司马昭事奉魏帝亲征,去讨伐诸葛诞。事见《淮南三叛》。

三年(258)夏季五月,魏帝曹髦下诏擢升司马昭为相国,爵封晋公,赐予八个郡作为食邑,加授九锡的特殊礼仪。司马昭前后辞让了九次,皇帝才收回成命。

四年(259)春季正月,在宁陵的水井中两次显现了黄龙。在此之前,顿丘、冠军、阳夏等地的井中也屡次有龙出现,百官都认为这是吉祥的征兆。魏帝曹髦却说:"龙是君王德业的象征。可是它却上不在天,下不在田,反而数次屈伏在水井中,不是好的征兆。"于是他作了一首《潜龙诗》来自我讽谕。司马昭看到了这首诗,十分厌恶。

元皇帝景元元年(260)夏季四月,魏帝下诏,责成有关部门完全遵奉之前的诏命,再次擢升大将军司马昭为相国,爵封晋公,加授九锡殊礼。

魏帝曹髦见自己皇帝的威势与权力日渐失去,无法忍受内心的愤恨。五月己丑(初七),他召见侍中王沈、尚书王经、散骑常侍王业,对他们说:"司马昭的篡逆之心,连路上行人都知道了。我不能坐等着遭受被他废黜的羞辱,今天我将与你们一起出去讨伐他。"王经说:"过去鲁昭公不堪忍受季氏的专权,与他抗争,结果失败逃奔,丢掉了国家,被天下人讥笑。现今大权掌握在司马氏手中,为时已久,朝廷以及四方之臣都愿为他效死力,不顾应该违逆谁顺从谁的为臣之理,也不是一天两天的了。况且眼下皇宫禁卫空缺,武器盔甲又少又差,陛下您依靠什么去讨伐呢?而一旦这样做,恐怕是本想治愈疾病却反使疾病更为严重吧?这样做,祸患或许会不可预测,陛下应该再慎重考虑。"魏帝于是从怀中取出书写在黄色绸缎上的诏书扔在地上说:"就照此行动,我已经决定了!纵使我死了,又有什么可怕的?何况不一定就会死呢!"于是魏帝进宫去向太后报告。王沈、王业跑出宫去向司马昭报信,他们原想叫王经一同去,但是遭到王经的拒绝。魏帝曹髦于是拔出佩剑,登上车辇,

率殿中宿卫、苍头、官僮鼓噪而出。昭弟屯骑校尉伷遇帝于东止车门，左右呵之，伷众奔走。中护军贾充自外入，逆与帝战于南阙下，帝自用剑。众欲退，骑督成倅弟太子舍人济问充曰："事急矣，当云何？"充曰："司马公畜养汝等，正为今日。今日之事，无所问也！"济即抽戈前刺帝，殒于车下。昭闻之，大惊，自投于地。太傅孚奔往，枕帝股而哭甚哀，曰："杀陛下者，臣之罪也！"

昭入殿中，召群臣会议。尚书左仆射陈泰不至，昭使其舅尚书荀��召之。泰曰："世之论者以泰方于舅，今舅不如泰也。"子弟内外咸共逼之，乃入见昭，悲恸，昭亦对之泣曰："玄伯，卿何以处我？"泰曰："独有斩贾充，少可以谢天下耳。"昭久之曰："卿更思其次。"泰曰："泰言惟有进于此，不知其次。"昭乃不复更言。��，或之子也。

太后下令，罪状高贵乡公，废为庶人，葬以民礼。收王经及其家属付廷尉。经谢其母，母颜色不变，笑而应曰："人谁不死，正恐不得其所。以此并命，何恨之有！"及就诛，故吏向雄哭之，哀动一市。王沈以功封安平侯。庚寅，太傅孚等上言，请以王礼葬高贵乡公，太后许之。使中护军司马炎迎燕王宇之子常道乡公璜于邺，以为明帝嗣。炎，昭之子也。

率宫中禁卫、奴仆、侍者呼喊着冲出宫去。司马昭的弟弟屯骑校尉司马伷在东止车门处遇见了魏帝的人马，魏帝左右侍从大声呵责，司马伷的部众四处逃窜。中护军贾充闻讯率军自外而入，在南阙下与魏帝面对面交战，曹髦亲自挥剑迎击。贾充的部下想往后退，骑督成倅的弟弟太子舍人成济问贾充说："事情已十万火急，我们应该怎么办？"贾充说："司马公养你们，正是为了今天。今天的事情，不需要再问什么了！"成济于是抽出长戈上前直刺魏帝，魏帝曹髦命丧车下。司马昭听到这一消息，大惊失色，自己伏身在地上。太傅司马孚跑到现场，抱起曹髦尸体枕在自己腿上，哭得十分悲哀，说："陛下被杀害，是我的罪过啊！"

司马昭来到宫中，召集文武百官议论。尚书左仆射陈泰不来出席，司马昭就派陈泰的舅舅尚书荀颢去叫他。陈泰对荀颢说："世间的议论都把我比作舅舅您，今日看来舅舅您不如我。"在子弟们里里外外共同逼迫下，陈泰才进宫去见司马昭，他悲痛欲绝，司马昭也对着他流泪哭泣，并问道："玄伯，你会怎样对待我呢？"陈泰说："只有斩杀贾充，才稍微可以向天下人谢罪。"司马昭沉默良久，又说："你再想一个退一步的办法。"陈泰说："我只有更进一步的话要说，不知道还有什么退而求其次的办法。"司马昭于是不再讨论这一问题。荀颢，是荀彧的儿子。

皇太后下令，宣布了高贵乡公曹髦的罪状，把他废为平民，并且用平民的礼仪安葬。又逮捕了王经和他的家属，把他们交付廷尉审讯。王经行前向母亲谢罪，他母亲神色自若，笑着回答说："人谁能不死，担心的只是不能死得其所。今天你和全家为国捐躯，还有什么遗憾呢？"到王经被杀时，老部下向雄为之痛哭，悲哀之情感动了满街观看的人们。王沈因报信有功，被封为安平侯。庚寅（初八），太傅司马孚等人上书，要求用亲王的礼仪安葬高贵乡公，太后同意了。派遣中护军司马炎到邺城去迎接燕王曹宇的儿子常道乡公曹璜，作为魏明帝的继承人。司马炎，是司马昭的儿子。

癸卯，司马昭固让相国、晋公、九锡之命，太后诏许之。

戊申，昭上言："成济兄弟大逆不道。"夷其族。

六月癸丑，太后诏常道乡公更名奂。甲寅，常道乡公入洛阳，是日即皇帝位，年十五。大赦，改元。丙辰，诏进司马昭爵位九锡如前，昭固让，乃止。

二年秋八月甲寅，复命司马昭进爵位如前，不受。

四年春二月，复命司马昭进爵位如前，又辞不受。冬十月，复命大将军昭进位，爵赐一如前诏，昭乃受命。昭辟任城魏舒为相国参军。

咸熙元年春三月己卯，进晋公爵为王，增封十郡。王祥、何曾、荀顗共诣晋王，顗谓祥曰："相王增重，何侯与一朝之臣皆已尽敬，今日便当相率而拜，无所疑也。"祥曰："相国虽尊，要是魏之宰相，吾等魏之三公；王、公相去一阶而已，安有天子三公可辄拜人者！损魏朝之望，亏晋王之德。君子爱人以礼，我不为也。"及入，顗遂拜，而祥独长揖。王谓祥曰："今日然后知君见顾之重也！"

夏五月癸未，追命舞阳文宣侯懿为晋宣王，忠武侯师为景王。

秋八月庚寅，命中抚军司马炎副贰相国事。

癸卯（二十一日），司马昭坚决辞让相国、晋公和加九锡殊礼，太后下诏，同意他的辞请。

戊申（二十六日），司马昭上奏："成济兄弟杀了皇帝，大逆不道。"于是诛灭了成氏家族。

六月癸丑（初一），太后下诏，命常道乡公曹璜改名为奂。甲寅（初二），常道乡公曹奂进入国都洛阳，就在这一天举行了登基仪式，当时他十五岁。大赦天下，改年号为景元。丙辰（初四），魏帝曹奂下诏，进封司马昭爵位和加九锡殊礼，如前所命，司马昭又坚决辞让，于是作罢。

二年（261）秋季八月甲寅这天，魏帝又下诏，进封司马昭爵位，悉如前定，司马昭仍然不肯接受。

四年（263）春季二月，魏帝再次下诏，进封司马昭前番所定的爵位，司马昭还是推辞不接受。这年冬季的十月，再次下诏，命司马昭进位相国、爵封晋公、礼加九锡，完全同前几次诏命一样，司马昭这才接受了诏命。司马昭征召任城人魏舒担任相国参军。

咸熙元年（264）春季三月己卯（十九日），魏帝进封晋公司马昭为晋王，增加十个郡的封邑。王祥、何曾、荀𫖮一起去见晋王，荀𫖮对王祥说："司马公如今即是相国又是晋王，一身而二任，何曾与满朝文武官员都已经以大礼参拜他了，今天我们也都该向他跪拜了吧，没什么可犹豫的了。"王祥说："相国虽然尊贵，总归是曹魏的宰相，我们是魏国的三公；王与公只相差一个品阶，哪里有皇帝的三公随便就向人跪拜的！这样做不仅有损魏国的威望，也亏减晋王的美德。君子对人表示爱重应该符合礼法，我是不会像你说的那样做的。"等进入晋王府，荀𫖮就伏身跪拜，而王祥只作了一个长揖。晋王对王祥说："今天我才知道你对我的关心之情是多么深切！"

夏季五月癸未（二十四日），诏命追封舞阳文宣侯司马懿为晋宣王，忠武侯司马师为景王。

秋季八月庚寅（初三），任命中抚军司马炎辅佐相国事务。

九月戊午，以司马炎为抚军大将军。

冬十月丙午，立炎为世子。

晋武帝泰始元年夏五月，魏帝加文王殊礼，进王妃曰后，世子曰太子。

秋八月辛卯，文王卒，太子嗣为相国、晋王。

戊午，以魏司徒何曾为晋丞相。癸亥，以票骑将军司马望为司徒。

冬十二月壬戌，魏帝禅位于晋。甲子，出舍于金墉城。太傅司马孚拜辞，执帝手，流涕歔欷不自胜，曰：“臣死之日，固大魏之纯臣也。”丙寅，王即皇帝位，大赦，改元。丁卯，奉魏帝为陈留王，即宫于邺。优崇之礼，皆仿魏初故事。魏氏诸王皆降为侯。追尊宣王为宣皇帝，景王为景皇帝，文王为文皇帝；尊王太后曰皇太后。以石苞为大司马，郑冲为太傅，王祥为太保，何曾为太尉，贾充为车骑将军，王沈为票骑将军；其馀文武增位进爵有差。

诏除魏宗室禁锢。

初置谏官，以散骑常侍傅玄、皇甫陶为之。玄，幹之子也。玄以魏末士风颓敝，上疏曰：“臣闻先王之御天下，教化隆于上，清议行于下。近者魏武好法术而天下贵刑名，魏文慕通达而天下贱守节。其后纲维不摄，放诞盈朝，遂使天下无复清议。陛下龙兴受禅，弘尧、舜之化，惟未举清远有礼

九月戊午(初一),擢升司马炎为抚军大将军。

冬季十月丙午(二十日),立司马炎为晋王世子。

晋武帝泰始元年(265)夏季五月,魏帝曹奂再对文王司马昭加授一如皇帝享用的特殊礼仪,晋王王妃进称王后,晋王世子进称太子。

秋季八月辛卯(初九),文王司马昭去世,太子司马炎继任相国,袭爵晋王。

九月戊午(初七),晋王司马炎任命曹魏的司徒何曾为晋王的丞相。癸亥(十二日),又任命骠骑将军司马望为司徒。

冬季十二月壬戌(十三日),魏帝曹奂将帝位禅让给晋王司马炎。甲子(十五日),曹奂出宫,到金墉城居住。太傅司马孚前去叩拜辞别,他拉着曹奂的手,流泪叹息不能自制,对曹奂说:"到我死的那一天,我也仍是曹魏王朝真正的臣子。"丙寅(十七日),晋王司马炎即皇帝位,大赦天下,改年号为泰始。丁卯(十八日),司马炎封魏帝曹奂为陈留王,在邺城设宫居住。对他表示优待崇敬的礼仪,都仿照曹魏初期对待东汉末代皇帝刘协的旧例。魏国所有的王都降爵为侯。追尊宣王司马懿为宣皇帝,景王司马师为景皇帝,文王司马昭为文皇帝;尊王太后为皇太后。任命石苞为大司马,郑冲为太傅,王祥为太保,何曾为太尉,贾充为车骑将军,王沈为骠骑将军;其馀的文武百官都提升职位,晋升封爵,各有等级差别。

晋帝司马炎下诏,解除对曹魏皇族的禁锢。

晋王朝首次设置谏官,任命散骑常侍傅玄、皇甫陶担任这一职务。傅玄,是傅干的儿子。傅玄因为曹魏末期士人风气颓废败坏,就上书说:"我听说先王统治天下,教化昌盛于上,清正的议论通行于下。近世魏武帝曹操喜好法与术,导致天下人就重视刑名;魏文帝曹丕仰慕通脱豁达,导致天下人就轻视恪守礼节的行为。此后纲纪不整,狂放怪诞的言行充斥朝廷,于是使得天下再也没有清正的议论了。陛下开创帝业,接受禅让,弘扬唐尧、虞舜的教化,只是还没有选用一些清正高洁、遵守礼法

之臣以敦风节，未退虚鄙之士以惩不恪，臣是以犹敢有言。"上嘉纳其言，使玄草诏进之，然亦不能革也。

二年春正月丁亥，即用魏庙祭征西府君以下，并景帝凡七室。

秋九月戊戌，有司奏："大晋受禅于魏，宜一用前代正朔、服色，如虞遵唐故事。"从之。

八年春二月壬辰，安平献王孚卒，年九十三。孚性忠慎，宣帝执政，孚常自退损。后逢废立之际，未尝预谋。景、文二帝以孚属尊，亦不敢逼。及帝即位，恩礼尤重。元会，诏孚乘舆上殿，帝于阼阶迎拜。既坐，亲奉觞上寿，如家人礼。帝每拜，孚跪而止之。孚虽见尊宠，不以为荣，常有忧色。临终，遗令曰："有魏贞士河内司马孚字叔达，不伊不周，不夷不惠，立身行道，终始若一。当衣以时服，敛以素棺。"诏赐东园温明秘器，诸所施行，皆依汉东平献王故事。其家遵孚遗旨，所给器物，一不施用。

十年，邵陵厉公曹芳卒。初，芳之废迁金墉也，太宰中郎陈留范粲素服拜送，哀动左右。遂称疾不出，阳狂不言，寝所乘车，足不履地。子孙有婚宦大事，辄密谘焉，合者则

的大臣来敦厚风俗节义，也还没有罢免那些虚伪鄙陋的人来警戒不恭敬的行为，因此我才敢说这些话。"司马炎嘉勉傅玄，采纳了他的建议，并命他草拟一个诏书呈递上来，然而颓废之风也未能革正。

二年(266)春季正月丁亥(初八)，直接袭用魏庙来祭祀征西将军司马钧以下的历代祖宗，加上景帝司马师，共有七个祭室。

秋季九月戊戌(二十三日)，有关部门上奏说："大晋是接受曹魏禅让而立国的，应当一律袭用前代的历法和车马、服饰的颜色，就像虞舜继承唐尧的典章制度一样。"晋帝批准了这一提议。

八年(272)春季二月壬辰(十八日)，安平献王司马孚逝世，享年九十三岁。司马孚为人忠厚谨慎，司马懿掌握大权时，司马孚就常常退避谦让。后来赶上司马氏废立魏帝，他也从未参与谋划。司马师、司马昭因为司马孚是元老长辈，也不敢逼迫他。司马炎即位后，对他的恩典和礼遇比从前更隆重。元旦朝会，司马炎下诏，允许司马孚坐轿上殿，自己在大堂东阶迎接拜见。坐定后，又亲自举杯敬酒向他祝寿，就像一家人奉行的礼仪一样。司马炎每次迎拜，司马孚总是跪下来阻止他。司马孚尽管受到皇帝的尊敬与恩宠，却从不把这当成荣耀，脸上常有忧郁的神色。临终时，留下遗嘱说："曹魏的忠贞之士河内人司马孚，字叔达，不是伊尹、周公旦，也不是伯夷、柳下惠，但立身行道，始终如一。我死后，应该给我穿上平时的衣服，用没有漆过的棺木装殓。"晋帝下诏赐予东园署所制、专供皇室贵族使用的葬具，其他各项丧葬礼仪，完全依照汉朝东平献王刘苍的先例。司马孚的家属遵照他的遗嘱，对皇帝所赐的器物，一样也没有使用。

十年(274)，邵陵厉公曹芳逝世。当初，曹芳被废黜，迁到金墉城，太宰中郎陈留人范粲穿着白色服装跪拜送别，悲哀之声使周围的人都深深被感动。随后范粲就称病闭门不出，又假装疯癫不言不语，睡在平时乘坐的车中，脚不着地。子孙中有人遇到婚嫁或仕宦等大事，就秘密地向他询问，他觉得合适就

色无变,不合则眠寝不安,妻子以此知其旨。子乔等三人,并弃学业,绝人事,侍疾家庭,足不出邑里。及帝即位,诏以二千石禄养病,加赐帛百匹,乔以父疾笃,辞不敢受。粲不言凡三十六年,年八十四,终于所寝之车。

惠帝太安元年。陈留王奂,谥曰魏元皇帝。

神色没有变化,觉得不合适,就在车中辗转反侧,睡不安稳,妻子儿女们就凭此迹象来了解他的意旨。他的儿子范乔等三人,都放弃了学业,断绝与外人的交往,在家中照顾病中的父亲,从不走出他们居住的里巷。等到司马炎即位,下诏赐给范粲二千石官员享受的俸禄用来养病,另外赐一百匹绸缎,范乔以父亲病重为由,辞谢不敢接受。范粲闭口不言共三十六年,八十四岁时,死在所睡的车上。

晋惠帝太安元年(302)。陈留王曹奂去世,晋王朝给他的谥号是魏元皇帝。

晋灭吴

魏元帝景元三年冬十月，吴主以濮阳兴为丞相，廷尉丁密、光禄勋孟宗为左右御史大夫。初，兴为会稽太守，吴主在会稽，兴遇之厚。左将军张布尝为会稽王左右督将，故吴主即位，二人皆贵宠用事。布典宫省，兴关军国，以佞巧更相表里，吴人失望。

咸熙元年秋七月，吴主寝疾，口不能言，乃手书呼丞相濮阳兴入，令子霬出拜之。休把兴臂，指霬以托之。癸未，吴主殂，谥曰景帝。群臣尊朱后为皇太后。

吴人以蜀初亡，交趾携叛，国内恐惧，欲得长君。左典军万彧尝为乌程令，与乌程侯皓相善，称"皓才识明断，长沙桓王之俦也；又加之好学，奉遵法度"。屡言之于丞相兴、左将军布，兴、布说朱太后，欲以皓为嗣。朱后曰："我寡妇人，安知社稷之虑！苟吴国无陨，宗庙有赖，可矣。"于是遂迎立皓，改元元兴，大赦。

晋灭吴

魏元帝景元三年（262）冬季十月，吴主孙休任命濮阳兴为丞相，廷尉丁密、光禄勋孟宗为左、右御史大夫。起初，濮阳兴任会稽太守时，孙休在会稽，濮阳兴侍奉他十分周到。左将军张布曾是会稽王的左右督将，因此孙休即位后，两人都显贵受宠而掌握权柄。张布掌管宫廷事务，濮阳兴主持军国大事，他们以奸佞谄媚、巧言趋奉内外勾结，吴国的臣民大失所望。

咸熙元年（264）秋季七月，孙休病重，嘴里说不出话来，于是亲笔写信召丞相濮阳兴进宫，命令儿子孙𩅂出来拜见他。孙休握着濮阳兴的手臂，指着孙𩅂，把他托付给濮阳兴。癸未（二十五日），孙休去世，谥号为景帝。大臣们尊奉朱皇后为皇太后。

吴人由于蜀国刚刚灭亡，交趾又离心反叛，吴国上下一片恐惧，臣民都希望有个年长的国君来主持国政。左典军万彧曾经担任过乌程县令，与乌程侯孙皓关系很好，他称"孙皓有才有识，英明果断，与长沙桓王孙策是一类的人物；加上他又十分好学，遵奉法度"。万彧屡次向丞相濮阳兴、左将军张布进言，濮阳兴和张布就去劝说朱太后，希望让孙皓继承帝位。朱太后说："我一个寡妇，哪里知道国家大事的谋划与安排？如果能让吴国不陨灭，宗庙有所依靠，就可以了。"于是就迎立孙皓为吴国皇帝，改元元兴，大赦天下。

冬十月丁亥，诏以寿春所获吴相国参军事徐绍为散骑常侍，水曹掾孙彧为给事黄门侍郎，以使于吴，其家人在此者悉听自随，不必使还，以开广大信。晋王因致书吴主，谕以祸福。

初，吴主之立，发优诏，恤士民，开仓廪，振贫乏；科出宫女以配无妻者，禽兽养于苑中者皆放之。当时翕然称为明主。及既得志，粗暴骄盈，多忌讳，好酒色，大小失望。濮阳兴、张布窃悔之。或谮诸吴主。十一月朔，兴、布入朝，吴主执之，徙于广州，道杀之，夷三族。

晋武帝泰始元年春三月，吴主使光禄大夫纪陟、五官中郎将洪璆与徐绍、孙彧偕来报聘。绍行至濡须，有言绍誉中国之美者，吴主怒，追还，杀之。

冬，吴西陵督步阐表请吴主徙都武昌，吴主从之，使御史大夫丁固、右将军诸葛靓守建业。

二年春三月，吴主大会群臣，庐江王蕃沉醉顿伏，吴主疑其诈，舆蕃出外。顷之召还，蕃行止自若。吴主大怒，斩之。

五官中郎将丁忠说吴主曰：“北方无守战之备，弋阳可袭而取。”吴主以问群臣，镇西大将军陆凯曰：“北方新并巴、蜀，遣使求和，非求援于我也，欲蓄力以俟时耳。敌势方强，而欲徼幸求胜，未见其利也。”吴主虽不出兵，然遂与晋绝。

冬季十月丁亥（初一），曹魏皇帝下诏任命在寿春战役中被俘获的东吴相国参军事徐绍为散骑常侍，水曹掾孙彧为给事黄门侍郎，派他们两人出使吴国，他们在魏国的家属也听任其全部跟随，并且不要求他们一定回来，以此来扩大曹魏讲究信誉的影响。晋王司马昭还写信给吴国国君，对他说明归附与否所带来的祸与福。

起初，吴帝孙晧刚即位时，发布优抚诏令，体恤士民百姓，打开仓库，救济贫困之人；制定有关规定放出宫女，让她们婚配给无妻者，养在御花园中的珍禽异兽也都放归山林。当时举国上下一致称赞他是英明君主。等到他帝位巩固之后，开始变得粗暴骄傲，而且忌讳特别多，嗜酒好色，朝野内外大小吏民都深感失望。濮阳兴和张布私下也后悔不已。有人在孙晧面前说他们的坏话。十一月初一，濮阳兴和张布入朝，孙晧下令逮捕他们，发配到广州，在半路上又把他们杀了，并且夷灭三族。

晋武帝泰始元年（265）春季三月，吴主孙晧派遣光禄大夫纪陟、五官中郎将洪璆与徐绍、孙彧一起前往魏国回访。徐绍等走到濡须的时候，又有人对孙晧密告说徐绍有赞美中原之国的言论，孙晧大怒，追回徐绍，并且杀了他。

冬季，东吴的西陵督步阐上书请求孙晧把首都迁到武昌，孙晧同意了，派遣御史大夫丁固、右将军诸葛靓留守建业。

二年（266）春季三月，吴主孙晧大宴文武百官，庐江人王蕃喝醉了，困顿倒伏，孙晧却怀疑他是假装的，用轿子把王蕃送出宫。不一会儿又召他回来，王蕃的行为举止与平时一样。孙晧大怒，下令斩杀了王蕃。

五官中郎将丁忠向孙晧建议说："北方的晋朝没有做打仗的准备，我们可以袭击弋阳并占领这个地方。"孙晧征求大臣们的意见，镇西大将军陆凯说："晋朝新近吞并了巴蜀之地，并派使者来请求与我国和睦相处，不是求我们援助，而是想积蓄力量等待时机罢了。敌人势力正强，若想凭侥幸来取得胜利，我看不出这样做有什么利益。"孙晧虽未出兵，却从此与晋朝断绝了往来。

秋八月，吴主以陆凯为左丞相，万彧为右丞相。吴主恶人视己，群臣侍见，莫敢举目。陆凯曰："君臣无不相识之道，若猝有不虞，不知所赴。"吴主乃听凯自视，而他人如故。

吴主居武昌，扬州之民溯流供给，甚苦之；又奢侈无度，公私穷匮。凯上疏曰："今四边无事，当务养民丰财，而更穷奢极欲；无灾而民命尽，无为而国财空，臣窃痛之。昔汉室既衰，三家鼎立，今曹、刘失道，皆为晋有，此目前之明验也。臣愚，但为陛下惜国家耳。武昌土地危险墝确，非王者之都；且童谣曰：'宁饮建业水，不食武昌鱼；宁还建业死，不止武昌居。'以此观之，足明民心与天意矣。今国无一年之蓄，民有离散之怨，国有露根之渐，而官吏务为苛急，莫之或恤。大帝时，后宫列女及诸织络数不满百，景帝以来，乃有千数，此耗财之甚者也。又左右之臣，率非其人，群党相扶，害忠隐贤，此皆蠹政病民者也。臣愿陛下省息百役，罢去苛扰，科出宫女，清选百官，则天悦民附，国家永安矣。"吴主虽不悦，以其宿望，特优容之。

冬十二月，吴主使黄门遍行州郡，科取将吏家女，其二千石大臣子女，皆岁岁言名，年十五六一简阅，简阅不中，乃得出嫁。后宫以千数，而采择无已。

秋季八月，吴主孙皓任命陆凯为左丞相，万彧为右丞相。孙皓厌恶别人注视自己，大臣们在侍奉朝见时，都不敢抬眼正视。陆凯说："国君与臣僚没有见面不认识的道理，万一突然有什么意想不到的事情发生，大臣们就不知该奔赴谁的身边了。"孙皓就允许陆凯看他，而对其他官员依然如故。

孙皓迁都武昌后，扬州百姓逆长江而上供应各种物资，苦不堪言；孙皓又奢侈挥霍，毫无节制，不论国家府库还是民间储藏全都穷困匮乏。陆凯上书说："目前四方边境平安无事，应当致力于使人民休养生息和积聚财富，然而却极尽奢华以满足私欲；那么没有灾害人民也无法活下去，没有什么行动国家的资财也会空虚，我私下常感到痛心。过去汉王朝衰落，魏、蜀、吴三国鼎立，现在曹、刘统治无方，都被晋朝吞并取代，这是眼前能够看到的明显的证据。我十分愚笨，只是为陛下珍惜国家而已。武昌的土地，地势危险，又十分贫瘠，不是君王合适的首都；况且有童谣说：'宁愿饮建业的水，不愿食武昌的鱼；宁可回到建业死，不愿留在武昌住。'由此来看，已足以表明百姓的心愿与上天的意向了。现在国家没有一年的积蓄，百姓都有流离散亡的怨恨，国家这棵大树已有了露出深根的迹象，而官吏却致力于苛刻的政令与急征暴敛，没有人去体恤民间疾苦。大帝在位时，后宫女子以及纺织的女工总共不满一百人，景帝以来，已有一千多人，这是消耗财产非常厉害的地方。另外，皇帝左右亲信，大都不称职，他们结党营私相互扶持，陷害忠良压制贤才，这都是危害政治伤害百姓的人啊。我希望陛下能够减省停止各种劳役，革除苛刻扰民的法令，按规定放出宫女，严格选拔文武百官，这样，就能使上天欢悦，百姓归附，国家永远安宁了。"孙皓听了虽然满心不快，但因陆凯一向很有名望，因而特别优待容忍了他。

冬季十二月，孙皓派黄门走遍各个州郡，挑选文官武将家中的女儿，级别在二千石的大臣的女儿，每年都要把名字上报，到十五六岁时要进行一次挑选，没有挑中的，才允许出嫁。后宫美女数以千计，可是挑选美女的事却接连不停。

　　三年夏六月，吴主作昭明宫，二千石以下，皆自入山督伐木。大开苑囿，起土山、楼观，穷极伎巧，功役之费以亿万计。陆凯谏，不听。中书丞华覈上疏曰："汉文之世，九州晏然，贾谊独以为如抱火厝于积薪之下而寝其上。今大敌据九州之地，有太半之众，欲与国家为相吞之计，非徒汉之淮南、济北而已也，比于贾谊之世，孰为缓急！今仓库空匮，编户失业，而北方积谷养民，专心东向。又，交趾沦没，岭表动摇，胸背有嫌，首尾多难，乃国朝之厄会也。若舍此急务，尽力功作，卒有风尘不虞之变，当委版筑而应烽燧，驱怨民而赴白刃，此乃大敌所因以为资者也。"时吴俗奢侈，覈又上疏曰："今事多而役繁，民贫而俗奢，百工作无用之器，妇人为绮靡之饰，转相仿效，耻独无有。兵民之家，犹复逐俗，内无儋石之储而出有绫绮之服，上无尊卑等级之差，下有耗财费力之损，求其富给，庸可得乎！"吴主皆不听。

　　五年春二月，帝有灭吴之志。壬寅，以尚书左仆射羊祜都督荆州诸军事，镇襄阳；征东大将军卫瓘都督青州诸军事，镇临淄；镇东大将军东莞王伷都督徐州诸军事，镇下邳。祜绥怀远近，甚得江、汉之心，与吴人开布大信，降者欲去，皆听之，减戍逻之卒，以垦田八百馀顷。其始至也，

三年(267)夏季六月,孙皓兴建昭明宫,命二千石以下的官员都亲自进山监督砍伐木材。还大肆开辟皇家园林,堆积土山,盖起亭台楼阁,都极尽精巧,工程的费用需以亿万为单位来计算。陆凯进谏,可是孙皓不理会。中书丞华覈上书说:"西汉文帝在位的时代,九州大地一派太平景象,唯独贾谊认为当时的情况好比是把火种放在堆积的柴草之下,而人们都躺在柴堆之上。现在强大的敌人占据了九州广大的地区,拥有全国半数以上的人口,谋划着吞并我们整个国家,而并不准备容忍我们如同汉代对于淮南国、济北国那样,现在的情势与贾谊那时相比,谁更为危急? 如今国家仓库空虚,百姓失业,而北方晋朝却在积聚粮食,休养百姓,一心一意地准备往东进发。另外,交趾反叛沦亡,岭南地区形势也不稳定,我们腹背皆有仇怨,首尾有很多灾难,这是国家十分危急的时候。如果舍弃这些极为急迫的事情不做,反而竭尽全力去大兴土木,若突然有不可预料的战乱发生,就只好丢下营造之事去响应烽火告急,驱赶满腹愁怨的人民去对抗刀刃,这正是我们的强敌用以对付我们的重要资本。"当时东吴社会风气十分奢侈,华覈又上书说:"目前工程太多而劳役繁重,人民很贫困但风俗却很奢侈,那些工匠制造的是毫不实用的器具,妇女们佩戴的是华丽浮艳的首饰,并且相互仿效,如果人有而我无就感到十分羞耻。一般的士卒与平民家庭,也都追随这种风气,家里没有一坛米一石谷的储蓄,而出门都有绫罗绸缎的衣服,这种风气对上显不出尊卑等级的差异,对下又有耗费财力的损伤,想求得国家富足,怎么可能做到?"孙皓全都不加理会。

　　五年(269)春季二月,晋武帝司马炎有了消灭东吴的打算。壬寅这一天,任命尚书左仆射羊祜都督荆州诸军事,镇守襄阳;征东大将军卫瓘都督青州诸军事,镇守临淄,镇东大将军东莞王司马伷都督徐州诸军事,镇守下邳。羊祜安抚远近郡县,很得长江、汉水一带人民的好感,他对东吴人开诚布公,以信义相待,投降的人如果想回本国,也全都听任他们离开,减少守边、巡逻的士兵,让他们开垦了八百多顷荒地。羊祜刚到任的时候,

军无百日之粮；及其季年，乃有十年之积。祜在军，常轻裘缓带，身不被甲，铃阁之下，侍卫不过十数人。

初，汝南何定尝为吴大帝给使，及吴主即位，自表先帝旧人，求还内侍。吴主以为楼下都尉，典知酤籴事，遂专为威福；吴主信任之，委以众事。左丞相陆凯面责定曰："卿见前后事主不忠，倾乱国政，宁有得以寿终者邪！何以专为奸邪，尘秽天听？宜自改厉，不然，方见卿有不测之祸。"定大恨之。凯竭心公家，忠恳内发，表疏皆指事不饰。及疾病，吴主遣中书令董朝问所欲言，凯陈："何定不可信用，宜授以外任。奚熙小吏，建起浦里田，亦不可听。姚信、楼玄、贺邵、张悌、郭逴、薛莹、滕脩及族弟喜、抗，或清白忠勤，或资才卓茂，皆社稷之良辅，愿陛下重留神思，访以时务，使各尽其忠，拾遗万一。"邵，齐之孙；莹，综之子；玄，沛人；脩，南阳人也。凯寻卒。吴主素衔其切直，且日闻何定之谮，久之，竟徙凯家于建安。

六年夏四月，吴左大司马施绩卒。以镇军大将军陆抗都督信陵、西陵、夷道、乐乡、公安诸军事，治乐乡。抗以吴主政事多阙，上疏曰："臣闻德均则众者胜寡，力侔则安者制危。此六国所以并于秦，西楚所以屈于汉也。今敌之所据，非特关右之地，鸿沟以西，而国家外无连衡之援，

部队没有能维持一百天的粮食;到他在任的后期,已经有足够十年用的储备。羊祜在军队里,常常不披盔甲,而是穿着轻便的皮袍,衣带宽松,他处理公务的地方,侍卫不过十几个人。

当初,汝南人何定曾经在吴大帝孙权手下当差,到孙皓即位,他上书表明自己是先帝的老部属,请求仍回皇宫侍奉。孙皓任命他为楼下都尉,掌管采购酒和粮食的事务,于是他利用职权作威作福;孙皓十分信任他,许多事都委任给他。左丞相陆凯当面斥责何定说:"你看到前前后后那些侍奉君主不忠心、扰乱国政的臣子,难道有能够寿终正寝的吗?为什么专门去做奸邪不正的事情,污染天子的耳目?你应该改过自勉,否则,将会看到你遭遇不可预测的大祸。"何定对陆凯恨之入骨。陆凯尽心竭力为国家,忠诚恳切都发自内心,所上奏章都直指事实不加掩饰。在他病重的时候,孙皓派遣中书令董朝前去问他有什么要交代的,陆凯说:"何定不能信任和重用,应该派他到地方上去任职。奚熙这个低级官吏,修建浦里塘,也不能听任他这样做。姚信、楼玄、贺卲、张悌、郭逴、薛莹、滕脩和我的族弟陆喜、陆抗,有的清廉忠诚勤奋,有的才能超群不凡,都是国家优秀的辅佐人才,希望陛下对他们多加留意,常向他们询问国家事务,使他们能够各尽忠心,或许可以纠正、补漏于万一。"贺卲,是贺齐的孙子;薛莹,是薛综的儿子;楼玄,是沛郡人;滕脩,是南阳人。不久,陆凯去世。孙皓对陆凯的刚正直言一直怀恨在心,而且天天听到何定对他的诋毁,时间稍久,竟然把陆凯全家放逐到建安。

六年(270)夏季四月,东吴的左大司马施绩去世。朝廷任命镇军大将军陆抗为都督信陵、西陵、夷道、乐乡、公安诸军事,办事机构设在乐乡。陆抗因孙皓处理国家事务失误太多,上书说:"我听说两个国家如果具有的德行相等,那么人口多的将战胜人口少的;如果力量相等,那么内部安定的将战胜内部危乱的。这就是六国被秦吞并、西楚受制于汉的原因。现在敌人所占据的,并不仅仅是当年秦始皇所拥有的关右地区,也不仅是汉高祖所拥有的鸿沟以西地区,而我国却是外面没有可资救援的盟邦,

内非西楚之强，庶政陵迟，黎民未乂。议者所恃，徒以长江、峻山限带封域，此乃守国之末事，非智者之所先也。臣每念及此，中夜抚枕，临餐忘食。夫事君之义，犯而勿欺，谨陈时宜十七条以闻。"吴主不纳。

吴主遣监军李勖、督军徐存从建安海道击交趾。勖以建安道不利，杀导将冯斐，引军还。初，何定尝为子求婚于勖，勖不许，乃白勖枉杀冯斐，擅彻军还。诛勖及徐存并其家属，仍焚勖尸。定又使诸将各上御犬，一犬至直缣数十匹，缨绁直钱一万，以捕兔供厨。吴人皆归罪于定，而吴主以为忠勤，赐爵列侯。陆抗上疏曰："小人不明理道，所见既浅，虽使竭情尽节，犹不足任，况其奸心素笃而憎爱移易哉！"吴主不从。

冬十一月，吴主从弟前将军秀为夏口督，吴主恶之。民间皆言秀当见图。会吴主遣何定将兵五千人猎夏口，秀惊，夜将妻子亲兵数百人来奔。十二月，拜秀票骑将军、开府仪同三司，封会稽公。

七年春正月，吴人刁玄诈增谶文曰："黄旗紫盖，见于东南，终有天下者，荆、扬之君。"吴主信之。是月晦，大举兵出华里，载太后、皇后及后宫数千人，从牛渚西上。东观令华覈等固谏，不听。行遇大雪，道涂陷坏，兵士被甲持仗，百人共引一车，寒冻殆死，皆曰："若遇敌，

内部又没有西楚那样强大的力量，各种政务都呈衰颓趋势，黎民百姓并不安宁。那些议政的人所依仗的，只是以长江和险峻的山岭作为天然屏障保护国境，这是守卫国家的下策，不是智能之士首先考虑的方法。我每当想到这事，都半夜抚枕，无法入眠，面对饮食，也忘记下咽。事奉君王的准则，是宁可冒犯也不能欺骗，因此，我恭敬地陈述有关当前政务的十七条建议让皇上知晓。"孙皓不采纳。

孙皓派监军李勖、督军徐存从建安走海路袭击交趾。李勖因建安的道路不畅，杀了担任向导的将领冯斐，率兵撤退。起初，何定曾为儿子向李勖求婚，李勖没有应允，何定便向孙皓报告说李勖杀害无罪的冯斐，又擅自撤军返回。于是，孙皓下令诛杀了李勖、徐存和他们的家属，并焚烧李勖的尸体。何定又让各将领进献御犬，一条狗的价值达到数十匹细绢，牵狗用的绳索也值一万钱，用这些御犬捕捉兔子供给御厨。吴国百姓把这一切都归罪于何定，而孙皓却认为他忠诚勤勉，赐给他列侯爵位。陆抗上书说："无德小人不懂得治理国家的道理，见识浅陋，即使是竭力尽心，仍然不足以委以重任，何况他的奸邪之心向来严重，而憎恶与喜爱在他心中又是完全颠倒的呢？"孙皓不听他的劝告。

冬季十一月，孙皓的堂弟前将军孙秀担任夏口督，孙皓讨厌他。民间都传言说孙秀总有一天会被皇帝铲除。正好孙皓派何定率五千兵马在夏口狩猎，孙秀惊恐不安，连夜带着妻子儿女以及亲信卫士数百人投奔了晋朝。十二月，晋朝任命孙秀为骠骑将军、开府仪同三司，封为会稽公。

七年（271）春季正月，东吴人刁玄伪造了几句谶言，说："帝王专用的黄色旗帜与紫色华盖，出现在东南方，最终得到天下的，是荆州、扬州的君王。"孙皓十分相信。就在这月的最后一天，发动大军向华里进发，带着太后、皇后以及后宫美女等数千人，经牛渚然后往西进发。东观令华覈等一再劝谏，可是孙皓不理。途中遇到天降大雪，道路塌陷毁坏，士兵们穿着盔甲拿着武器，一百个人共拉一辆车，冻得半死，都说："如果前方遇到敌人，

便当倒戈。"吴主闻之,乃还。帝遣义阳王望统中军二万、骑三千屯寿春以备之,闻吴师退,乃罢。

八年。初,广汉太守弘农王濬为羊祜参军,祜深知之。祜兄子暨白:"濬为人志大奢侈,不可专任,宜有以裁之。"祜曰:"濬有大才,将以济其所欲,必可用也。"更转为车骑从事中郎。濬在益州,明立威信,蛮夷多归附之;俄迁大司农。时帝与羊祜阴谋伐吴,祜以为伐吴宜借上流之势,密表留王濬复为益州刺史,使治水军。寻加龙骧将军,监益、梁诸军事。

诏濬罢屯田兵,大作舟舰。别驾何攀以为:"屯田兵不过五六百人,作船不能猝办,后者未成,前者已腐。宜召诸郡兵合万馀人造之,岁终可成。"濬欲先上须报,攀曰:"朝廷猝闻召万兵,必不听;不如辄召,设当见却,功夫已成,势不得止。"濬从之,令攀典造船舰器仗。于是作大舰,长百二十步,受二千馀人,以木为城,起楼橹,开四出门,其上皆得驰马往来。时作船木柹,蔽江而下,吴建平太守吴郡吾彦取流柹以白吴主曰:"晋必有攻吴之计,宜增建平兵以塞其冲要。"吴主不从。彦乃为铁锁横断江路。

秋八月,吴主征昭武将军、西陵督步阐。阐世在西陵,猝被征,自以失职,且惧有谗,九月,据城来降。

我们就倒戈投降。"孙晧听到这一情况,才返回京师。晋武帝司马炎派遣义阳王司马望统领中军二万人、骑兵三千人驻守在寿春防备东吴,听说吴军撤退,才罢兵。

八年(272)。起初,广汉太守弘农人王濬担任羊祜的参军,羊祜对他的了解很深。羊祜哥哥的儿子羊暨禀告说:"王濬为人志向远大,却很奢侈,不能够一心任用他,应该对他有所抑制。"羊祜说:"王濬才能很高,足以达到目的,必然可以重用。"就将王濬调任为车骑从事中郎。王濬在益州时,显扬与建立威信,夷族大多归附他;不久,升任大司农。当时晋武帝与羊祜正在暗中谋划攻伐吴国,羊祜认为讨伐吴国应该借助长江上游的有利地势,于是秘密上书请求留下王濬,还让他担任益州刺史,负责治理水军。不久,朝廷下诏加王濬龙骧将军的封号,监益州、梁州诸军事。

晋武帝下诏,命王濬解散屯田兵,把屯田兵调来建造大量的船舰。别驾何攀认为:"屯田兵不过五六百人,靠他们造船不能很快造好,很可能后面的还没造好,先造的已经腐烂了。应该征召各郡兵士,集合一万多人赶造,年终就可完成。"王濬打算先上请求报告,何攀说:"朝廷猛然听到要征召一万兵士,必定不会批准;还不如马上自行征召,万一奏章被拒绝,事已办好,势必不能中止。"王濬听从了他的建议,并命令他掌管造船舰、兵器这一工作。于是,设计制造了一种很大的战舰,从舰首到舰尾长达一百二十步,可容纳两千多人,舰上用木头筑成城楼,城上修了瞭望台,城楼四面都开了门,舰上可骑马奔驰往来。当时造船锯下的碎木片,遍浮于江面,顺流而下,东吴的建平太守吴郡人吾彦捞取了一些漂流的碎木,报告孙晧说:"晋朝必定有进攻我国的计划,最好能增加建平的兵力,以塞断敌人的要害必经之地。"孙晧不同意。吾彦只好用一些铁链横跨两岸,封锁长江水路。

秋季八月,孙晧征召昭武将军、西陵督步阐。步阐世代在西陵担任防守重任,突然被征召,以为自己有失职的地方,又害怕有人在孙晧面前进了谗言,于是就在九月,率全城向晋朝投降。

冬十月，吴陆抗闻步阐叛，亟遣将军左奕、吾彦等讨之。帝遣荆州刺史杨肇迎阐于西陵，车骑将军羊祜帅步军出江陵，巴东监军徐胤帅水军击建平以救阐。陆抗敕西陵诸军筑严围，自赤溪至于故市，内以围阐，外以御晋兵，昼夜催切，如敌已至，众甚苦之。诸将谏曰："今宜及三军之锐，急攻阐，比晋救至，必可拔也，何事于围，以敝士民之力！"抗曰："此城处势既固，粮谷又足，且凡备御之具，皆抗所宿规，今反攻之，不可猝拔。北兵至而无备，表里受难，何以御之！"诸将皆欲攻阐，抗欲服众心，听令一攻，果无利。围备始合，而羊祜兵五万至江陵。诸将咸以抗不宜上，抗曰："江陵城固兵足，无可忧者。假令敌得江陵，必不能守，所损者小。若晋据西陵，则南山群夷皆当扰动，其患不可量也！"乃自帅众赴西陵。

初，抗以江陵之北，道路平易，敕江陵督张咸作大堰遏水，渐渍平土以绝寇叛。羊祜欲因所遏水以船运粮，扬声将破堰以通步军。抗闻之，使咸亟破之。诸将皆惑，屡谏不听。祜至当阳，闻堰败，乃改船以车运粮，大费功力。

十一月，杨肇至西陵。陆抗令公安督孙遵循南岸御羊祜，水军督留虑拒徐胤，抗自将大军凭围对肇。将军朱乔营都督俞赞亡诣肇。抗曰："赞军中旧吏，知吾虚实。

冬季十月，东吴的陆抗听说步阐反叛，立即派遣将军左奕、吾彦等率兵前往讨伐。晋武帝派遣荆州刺史杨肇到西陵去迎接步阐，车骑将军羊祜率步兵向江陵进发，巴东监军徐胤率水军攻击建平以救援步阐。陆抗命令攻击西陵的各部队，火速筑起工事，构成严密的包围圈，从赤溪到故市，对内用来包围步阐，对外用来抵抗晋兵，他日夜催逼，好像敌人已到面前，各路军队为此十分劳苦。将领们劝谏说："目前应趁三军士气正锐，立即对步阐发动攻势，等晋军救援部队赶到，我们必定已攻克了西陵，为什么要用包围的办法，使兵士与百姓的气力都疲惫呢？"陆抗说："西陵城所处地势很稳固，城内粮草又充足，而且所有的防御工事，都是我过去所规划设置的，今天反过来去攻破它，恐怕不能马上攻克。一旦晋兵赶到而我们无所防备，腹背受敌，将如何抵御？"各将领都希望向步阐发动攻击，陆抗为了让大家心服，同意他们进行一次攻击，果然一无所获。东吴军设置的包围圈刚合拢，羊祜就已率兵五万直指江陵。各将领都认为陆抗不应该亲自率兵西上攻西陵，陆抗说："江陵的城池坚固兵力充足，不需担忧。假如敌人得到了江陵，也不可能守得住，我们的损失很小。而万一晋军占据了西陵，那么江南山区的夷族都将惊慌骚动，这后患是不可估量的！"于是，陆抗亲自率兵马奔赴西陵。

起初，陆抗认为江陵北面的道路平坦宽阔，就命令江陵督张咸筑大水坝阻截水流，使水漫上平地，以断绝敌人入侵和叛变者出逃。羊祜想利用大坝阻住的水用船只运送军粮，故意扬言要破坏水坝让步兵通过。陆抗得到消息后，命令张咸尽快将水坝毁掉。各将领都困惑不解，多次劝谏，可是陆抗拒不接受。羊祜大军行至当阳时，听说水坝已被破坏，只好放弃船只，改用车辆运送粮草，比先前多费了许多功力。

十一月，杨肇率军抵达西陵。陆抗命令公安督孙遵沿着长江南岸抵御羊祜，水军督留虑迎战徐胤，陆抗自己率大军凭借包围圈的防御工事与杨肇对峙。将军朱乔的营都督俞赞逃亡投奔了杨肇。陆抗说："俞赞是老军官了，对我军内部虚实十分清楚。

吾常虑夷兵素不简练，若敌攻围，必先此处。"即夜易夷兵，皆以精兵守之。明日，肇果攻故夷兵处，抗命击之，矢石雨下，肇众伤死者相属。十二月，肇计屈，夜遁。抗欲追之，而虑步阐畜力伺间，兵不足分，于是但鸣鼓戒众，若将追者。肇众凶惧，悉解甲挺走。抗使轻兵蹑之，肇兵大败，祜等皆引军还。抗遂拔西陵，诛阐及同谋将吏数十人，皆夷三族，自馀所请赦者数万口。东还乐乡，貌无矜色，谦冲如常。吴主加抗都护。羊祜坐贬平南将军，杨肇免为庶人。

吴主既克西陵，自谓得天助，志益张大，使术士尚广筮取天下，对曰："吉。庚子岁，青盖当入洛阳。"吴主喜，不修德政，专为兼并之计。

吴主之游华里也，右丞相万彧与右大司马丁奉、左将军留平密谋曰："若至华里不归，社稷事重，不得不自还。"吴主颇闻之，以彧等旧臣，隐忍不发。是岁，吴主因会，以毒酒饮彧，传酒人私减之。又饮留平，平觉之，服他药以解，得不死。彧自杀，平忧懑，月馀亦死。徙彧子弟于庐陵。

初，彧请选忠清之士以补近职，吴主以大司农楼玄为宫下镇，主殿中事。玄正身帅众，奉法而行，应对切直，吴主浸不悦。中书令领太子太傅贺邵上疏谏曰："自顷年

我常常担心夷族军队一向缺少严格的训练，敌人如果来进攻我们的防线，必定先攻他们所防守的地方。"于是连夜把夷族军队调走，都改用精兵防守。第二天，杨肇果然进攻原来由夷族军队把守的防线，陆抗命令还击，一时间箭矢与石块如大雨倾盆而下，杨肇的部众死伤者接连不断。十二月，杨肇无计可施，只好在夜间撤兵逃跑。陆抗原想追击，又担心步阐会积蓄力量，等待时机突围，自己不足以分兵抗敌，于是只是擂响战鼓，号令军队，做出要追击的样子。杨肇的部众极为恐惧，都丢盔弃甲，脱身而逃。陆抗派遣轻装部队跟踪追击，杨肇军队一败涂地，羊祜等将领也都率领兵马撤退。于是陆抗攻克了西陵，诛杀了步阐以及同谋的将领官吏数十人，都夷灭三族，其余因陆抗请求而获得赦免的有数万人。陆抗引兵东还乐乡，脸上一点都没有矜功自傲的神色，谦和淡泊仍与往常一样。孙皓加陆抗为都护。羊祜因出征失利被贬为平南将军，杨肇被革职贬为平民。

孙皓自从攻克了西陵，自以为得到上天的帮助，更加志高气扬，他让方士尚广占卜何时能够取得天下，尚广回答说："大吉大利。庚子那年（太康元年，280），您专用的青色华盖将进入洛阳。"孙皓大喜，从此不行德政，一心谋划着兼并天下。

去年孙皓巡游华里时，右丞相万彧与右大司马丁奉、左将军留平一起秘密商议说："如果陛下走到华里再不回去，以国家社稷为重，我们不得不自行回去了。"孙皓风闻他们的议论，但因为万彧等人都是元老旧臣，就一直把不满藏在心里没有发作。就在这一年，孙皓趁一次宴会的机会，将毒酒赐给万彧喝，但传递毒酒的人暗中减少了分量。孙皓又让留平饮毒酒，留平觉察了，急忙服别的药解毒，才得以不死。万彧自杀了，留平忧郁愤懑，一个多月后也死了。孙皓下令把万彧的子弟放逐到庐陵。

当初，万彧请求挑选忠诚清廉之士补充皇帝身边的近侍，孙皓于是任命大司农楼玄担任宫下镇，主持皇宫事务。楼玄修身率众，遵照法令规章办事，在孙皓面前回答问题恳切率直，孙皓渐渐心中不快。中书令兼太子太傅贺邵上书劝谏说："近年

以来，朝列纷错，真伪相贸，忠良排坠，信臣被害。是以正士摧方而庸臣苟媚，先意承指，各希时趣。人执反理之评，士吐诡道之论，遂使清流变浊，忠臣结舌。陛下处九天之上，隐百里之室，言出风靡，令行景从。亲洽宠媚之臣，日闻顺意之辞，将谓此辈实贤而天下已平也。臣闻兴国之君乐闻其过，荒乱之主乐闻其誉。闻其过者过日消而福臻，闻其誉者誉日损而祸至。陛下严刑法以禁直辞，黜善士以逆谏口，杯酒造次，死生不保，仕者以退为幸，居者以出为福，诚非所以保光洪绪，熙隆道化也。何定本仆隶小人，身无行能，而陛下爱其佞媚，假以威福。夫小人求入，必进奸利。定间者妄兴事役，发江边戍兵以驱麋鹿，老弱饥冻，大小怨叹。《传》曰：'国之兴也，视民如赤子；其亡也，以民为草芥。'今法禁转苛，赋调益繁，中官、近臣所在兴事，而长吏畏罪，苦民求办。是以人力不堪，家户离散，呼嗟之声，感伤和气。今国无一年之储，家无经月之畜，而后宫之中坐食者万有馀人。又，北敌注目，伺国盛衰，长江之限，不可久恃，

以来,朝中官员派系纷杂,正直的与奸诈虚伪的混在一起,忠良的大臣被排挤,诚实的大臣被杀害。因此那些忠直方正的人被磨去棱角,而庸碌无为的臣子却苟且谄媚,揣度君王旨意,迎合奉承,趋媚之俗,竟成了社会所仰慕的风气。人们都发表违反常理的评论,提出违背道义的论调,于是使清高之士变得污浊,忠正之臣不敢说话。陛下身处九天之上,隐居在百里深宫,您口出一言,天下都会顺风倾倒,下一道命令,大家就会如影随形般遵照执行。而您却与那些受宠谄媚的臣子亲近欢洽,每天听到的都是依顺您心意的话,并认为这些人是真正的贤才,而天下也已太平无事了。我听说能振兴国家的君主喜欢听到自己的过失,荒淫昏乱的君主喜欢听到对他的赞誉。经常听人指出过失的,他的过失就会日益减少而福气就会来到,经常听赞誉的,他可被称誉的地方就会日益减少而灾祸将会降临。陛下用苛严的刑法来禁止正直的言论,废黜忠贞的大臣来堵塞规劝的嘴巴,只要有一杯酒那样小的过失,就生死难料,因而当官的以退身辞职为幸运,在位的也以离开京城担任地方官为福气,这实在不是保全光大祖先大业、弘扬兴盛圣人教化的做法。何定本是一个奴仆小人,既无好的品行,又无才能,但陛下喜爱他的谄媚,给予他作威作福的权势。那些奸邪小人为了得到进用,总要将一些以非法手段获取的利益进奉给您。何定近来擅自兴起劳役,征发长江沿岸的守卫部队去驱赶麋鹿,年老体弱者都不得不忍饥挨冻,自上到下都怨愁叹息。《传》说:'国家兴盛时,对待人民像对待婴儿那样关怀备至;国家要灭亡时,把人民当野草那样不管不顾。'现在法令越来越严苛,赋税征调越来越繁杂,宦官与皇帝近臣所到之处总要做一些劳民伤财的事,而地方官员害怕得罪他们,逼着百姓照办。因此百姓不堪重负,许多人家妻离子散,他们的悲呼与哀叹之声,伤害了国家的祥和之气。目前国家没有可以支持一年的储备,百姓家中没有能够维持一月的积蓄,但后宫里吃白食的却有一万多人。此外,北方的敌人虎视眈眈,窥视着我国的盛衰,长江这一天然屏障,并不能长久依恃,

苟我不能守,一苇可杭也。愿陛下丰基强本,割情从道,则成、康之治兴,圣祖之祚隆矣!"吴主深恨之。

于是左右共诬:"楼玄、贺邵相逢,驻共耳语大笑,谤讪政事。"俱被诘责。

羊祜归自江陵,务修德信以怀吴人。每交兵,刻日方战,不为掩袭之计。将帅有欲进谲计者,辄饮以醇酒,使不得言。祜出军行吴境,刈谷为粮,皆计所侵,送绢偿之。每会众江、沔游猎,常止晋地,若禽兽先为吴人所伤而为晋兵所得者,皆送还之。于是吴边人皆悦服。祜与陆抗对境,使命常通。抗遗祜酒,祜饮之不疑;抗疾,求药于祜,祜以成药与之,抗即服之。人多谏抗,抗曰:"岂有鸩人羊叔子哉!"抗告其边戍曰:"彼专为德,我专为暴,是不战而自服也。各保分界而已,无求细利。"吴主闻二境交和,以诘抗,抗曰:"一邑一乡不可以无信义,况大国乎!臣不如此,正是彰其德,于祜无伤也。"

吴主用诸将之谋,数侵盗晋边。陆抗上疏曰:"昔有夏多罪而殷汤用师,纣作淫虐而周武授钺。苟无其时,虽复大圣,亦宜养威自保,不可轻动也。今不务力农富国,审官任能,明黜陟,慎刑赏,训诸司以德,抚百姓以仁,而听

如果我们不能防守，敌人凭借一束芦苇草一样的小船就可以渡过来。但愿陛下努力充实国家基础，强化根本，舍弃私情，顺从正道，那么，周成王、周康王时期的太平盛世就会再现，我们先祖创下的基业就可以昌隆！"孙晧看了奏章，对贺邵痛恨不已。

于是孙晧左右亲信共同诬陷说："楼玄与贺邵在路上相遇，停下来窃窃私语并放声大笑，他们是在诽谤朝政。"二人因此都受到质问与斥责。

羊祜从江陵回军后，致力于树立恩德信义以感化吴国人。每次与吴军作战，都事先约好时间才攻击，从不做偷袭的打算。将领中如果有人想提一些诡诈计策，他总用美酒把他们灌醉，使他们没法提出。羊祜出兵从吴国境内经过，割当地成熟的谷子作为军粮，都计算谷物的价值，送上绸缎补偿。每次会集部众在长江、沔水边打猎，总是限于晋朝的境内，从不过界，如果有飞鸟走兽先被吴国人击伤又逃入晋境被晋兵抓获，都如数送还。于是东吴边境地区的军民都对羊祜心悦诚服。羊祜与陆抗在边境对峙，常互通使节。陆抗送酒给羊祜，羊祜毫不怀疑地喝下；陆抗得病，向羊祜求药，羊祜把配好的成药给他，陆抗立即服下。很多人都劝阻陆抗，但陆抗说："哪有下毒的羊祜啊？"陆抗告诫守卫边境的将士说："他们专行恩惠，若我们专为暴虐，这是不用交战我们就已经屈服了。大家各自保住边界而已，不要追求细小的利益。"孙晧听说两国边境和睦相处，就派人质问陆抗，陆抗说："一个城邑、一个村落都不可以不讲信义，又何况是堂堂大国呢？我如果不这样做，正是显扬了他们的德行，对羊祜丝毫不会有所伤害。"

孙晧采用了一些将领的计谋，几次侵犯晋国边境。陆抗上书说："过去夏朝多行罪恶之事，商汤才发动大军，商纣王淫乱暴虐，周武王才举起出征的战斧。若没有这样的形势与机会，即使是最圣明的君王，也只应培养威望，保护好自己，不可轻举妄动。现在不努力发展农业使国家富强，不审查官员任用贤能，做到升降明确，赏罚慎重，用道德教育官员，用仁爱安抚百姓，反而听任

诸将徇名，穷兵黩武，动费万计，士卒凋瘁，寇不为衰而我已大病矣。今争帝王之资而昧十百之利，此人臣之奸便，非国家之良策也。昔齐、鲁三战，鲁人再克，而亡不旋踵。何则？大小之势异也。况今师所克获，不补所丧哉！"吴主不从。

九年春三月，吴以陆抗为大司马、荆州牧。

十年秋七月，吴大司马陆抗疾病，上疏曰："西陵、建平，国之蕃表，既处上流，受敌二境。若敌泛舟顺流，星奔电迈，非可恃援他部以救倒县也。此乃社稷安危之机，非徒封疆侵陵小害也。臣父逊，昔在西垂上言：'西陵国之西门，虽云易守，亦复易失。若有不守，非但失一郡，荆州非吴有也。如其有虞，当倾国争之。'臣前乞屯精兵三万，而主者循常，未肯差赴。自步阐以后，益更损耗。今臣所统千里，外御强对，内怀百蛮，而上下见兵，财有数万，羸敝日久，难以待变。臣愚以为诸王幼冲，无用兵马以妨要务。又，黄门宦官开立占募，兵民避役，逋逃入占。乞特诏简阅，一切料出，以补疆场受敌常处，使臣所部足满八万，省息众务，并力备御，庶几无虞。若其不然，深可忧也！臣死之后，乞以西方为属。"及卒，吴使其子晏、景、玄、机、云分将其兵。

一些将领争名夺利,滥用武力,动辄花费数万开支,使兵士为之凋伤憔悴,敌寇还没被削弱,我们已经大伤元气了。而如今用帝王赖以立国的资本,去贪图数十数百的小利,这是献计的官员可以从中渔利的事,对国家却不是好的策略。过去齐国与鲁国三次交战,鲁国两次获胜,却还来不及转身国家就灭亡了。为什么呢?就是因为国家势力的大小不同。更何况今天我们出兵所获得的,还不能弥补我们损失的呢!"吴主孙晧听不进陆抗的劝告。

九年(273)春季三月,东吴任命陆抗为大司马、荆州牧。

十年(274)秋季七月,东吴大司马陆抗病重,上书说:"西陵、建平是国家的藩篱屏障,地处长江上游,两面受敌。如果敌人乘船顺流而下,速度快如流星、闪电,这二郡是没有时间等待其他部队来解救其倒悬之势的。这是关系国家安危的关键,不只是边疆被侵犯的小祸患。我的父亲陆逊过去在西部边境,曾经上书说:'西陵是国家的西大门,虽说容易守,但也容易失。如果西陵守不住,不仅仅是失掉一个郡,整个荆州地区都不再为吴国所有。如果西陵有了意外,一定要倾全国之力争夺。'我以前曾请求派精兵三万驻防于西陵,但主管者仍按常例行事,不肯派遣。从步阐反叛事件之后,兵力损耗更多。目前我统辖的千里疆土,对外要防御强敌,对内要安抚各夷族,但是所统领的兵力从上到下才数万人,而且早已疲弱不堪,难以应付突发事变。我认为各位王子年纪还小,不用给他们配备兵马,使国家要务受到妨害。另外,黄门宦官公开招募卫士,士兵百姓为了逃避服役,纷纷逃亡应招入籍。请求陛下特别下诏进行检查,将逃避兵役的人口一概挑出,把他们补充到边境线上最容易受敌攻击的地方,让我的部属能有八万之数,节省与停止其他事务,全力防备和抵御敌人,也许可保平安。如果不能这样,就实在令人担忧!我死了以后,希望您特别留意西方。"陆抗逝世后,东吴朝廷下令让他的儿子陆晏、陆景、陆玄、陆机、陆云分别率领陆抗原先的部队。

咸宁二年秋七月，吴人或言于吴主曰：“临平湖自汉末蔽塞，长老言：‘此湖塞，天下乱；此湖开，天下平。’近无故忽更开通，此天下当太平，青盖入洛之祥也。”吴主以问奉禁都尉历阳陈训，对曰：“臣止能望气，不能达湖之开塞。”退而告其友曰：“青盖入洛者，将有衔璧之事，非吉祥也。”

冬十月，以羊祜为征南大将军。祜上疏请伐吴曰：“先帝西平巴、蜀，南和吴、会，庶几海内得以休息。而吴复背信，使边事更兴。夫期运虽天所授，而功业必因人而成，不一大举扫灭，则兵役无时得息也。蜀平之时，天下皆谓吴当并亡，自是以来，十有三年矣。夫谋之虽多，决之欲独。凡以险阻得全者，谓其势均力敌耳。若轻重不齐，强弱异势，虽有险阻，不可保也。蜀之为国，非不险也，皆云一夫荷戟，千人莫当。及进兵之日，曾无藩篱之限，乘胜席卷，径至成都，汉中诸城，皆鸟栖而不敢出，非无战心，诚力不足以相抗也。及刘禅请降，诸营堡索然俱散。今江、淮之险不如剑阁，孙晧之暴过于刘禅，吴人之困甚于巴、蜀，而大晋兵力盛于往时，不于此际平壹四海，而更阻兵相守，使天下困于征戍，经历盛衰，不可长久也。今若引梁、益之兵水陆俱下，荆、楚之众进临江陵，平南、豫州直指夏口，徐、扬、青、兖并会秣陵，以一隅之吴，

咸宁二年(276)秋季七月,东吴有人对孙晧说:"临平湖从汉末开始荒芜淤塞,当地老人说:'此湖塞,天下乱;此湖开,天下平。'最近,临平湖突然无缘无故地开通了,这正是天下即将太平,您所用的青色华盖将进入洛阳的吉祥之兆啊。"孙晧向奉禁都尉历阳人陈训询问此事,陈训回答说:"我只会望云气,不懂得湖泊通塞的学问。"退出宫来,陈训告诉朋友说:"所谓'青盖入洛阳',恐怕会有国君衔璧面缚、投降称臣的事要发生,不是吉祥的征兆。"

　　冬季十月,晋朝任命羊祜为征南大将军。羊祜上书请求征伐东吴,他说:"先帝在西面平定了巴蜀地区的蜀国,南面与吴郡、会稽地区的东吴和睦相处,四海黎民几乎可以得到休息了。但东吴却又背信弃义,使边境事端重新兴起。机运虽然是上天授予的,但功业必须靠人才能完成,不进行一次大规模的行动消灭敌国,那战争将永远不能停止。蜀国平定的时候,天下人都认为东吴也将一起灭亡,从那以来,已经十三年了。谋略虽然很多,做决断还靠您一人。凡是依靠险要地势而得以保全的国家,首先是因为它与敌国势均力敌。如果国力不相等,强弱差异很大,那么即使有险阻屏障,也无法保全。蜀汉这个国家,地势并不是不险要,很多人都认为只要有一个人扛着武器把守,一千个人都无法抵挡。但到了进兵的时候,却一点也没有藩篱的阻碍,我们乘胜而入势如卷席,一直推进到成都,汉中各个城池的守军,都像是宿栖的鸟不敢出来应战,并不是他们没有作战之心,实在是他们的力量不足以与我们相抗衡。等到刘禅请降,各个营垒都索然离散。如今江淮之地的险要不如剑阁,孙晧的暴虐超过刘禅,东吴百姓的困苦远甚于当时的巴蜀百姓,而我们晋朝的兵力却比以前强盛,不趁此时机平定统一天下,而仍设置重兵固守边境,使国家长期被远行守边所困,由盛转衰,是不能长久的。现在如果率梁州、益州的军队水陆并进,荆楚之地的部队进逼江陵,平南将军的部队与豫州的军队直抵夏口,徐州、扬州、青州、兖州的军队会师于秣陵,以偏居一隅的东吴,

当天下之众，势分形散，所备皆急。巴、汉奇兵出其空虚，一处倾坏，则上下震荡，虽有智者不能为吴谋矣。吴缘江为国，东西数千里，所敌者大，无有宁息。孙晧恣情任意，与下多忌，将疑于朝，士困于野，无有保世之计，一定之心。平常之日，犹怀去就，兵临之际，必有应者，终不能齐力致死，已可知也。其俗急速不能持久，弓弩戟楯不如中国，唯有水战是其所便。一入其境，则长江非复所保，还趣城池，去长入短，非吾敌也。官军县进，人有致死之志；吴人内顾，各有离散之心。如此，军不逾时，克可必矣。"帝深纳之。而朝议方以秦、凉为忧。祜复表曰："吴平则胡自定，但当速济大功耳。"议者多有不同，贾充、荀勖、冯紞尤以伐吴为不可。祜难曰："天下不如意事十常居七、八。天与不取，岂非更事者恨于后时哉！"唯度支尚书杜预、中书令张华与帝意合，赞成其计。

三年夏五月，吴将邵颛、夏祥帅众七千馀人来降。

冬十二月，吴夏口督孙慎入江夏、汝南，略千馀家而去。诏遣侍臣诘羊祜不追讨之意，并欲移荆州。祜曰："江夏去襄阳八百里，比知贼问，贼已去经日，步军安能追之！劳师以免责，非臣志也。昔魏武帝置都督，类皆与州相近，

抵挡全天下的大军,兵力分散,所有的防线都会告急。由巴蜀、汉中地区出奇兵进攻他们的薄弱环节,只要有一处溃败,就会使全国上下震动不安,到了这种时候,即使再有智慧的人也无法为吴国谋划了。东吴地处长江边,地域东西长达数千里,要设防抗敌的地方太广大,一刻也不能安宁。孙皓放纵任性,对待下属多猜忌,朝廷不信任将领,士兵又长期困于荒野,没有保全国家的计划与坚定的信念。平常的日子,尚且考虑是走还是留,一旦大兵压境,必然会有响应我们的人,终究不会齐心协力以效死命,这是已经很清楚的。东吴军队的作战风格是攻势急速凌厉但不能持久,弓弩戟盾等武器都不如我们中原,只有水战是他们的特长。我们的军队只要进入东吴国境,长江就不再是他们的屏障,只好退守城池,这就失去了长处而不得不使用短处,也就不是我们的对手了。我军深入敌国境内,人人都会有拼死效命的斗志;东吴人挂念着妻儿老小,个个都有离散之心。照这种情况,我们的军队不需多长时间,就必定可以取得胜利。"晋武帝深表赞同。但是此时朝中的议论正在为秦州、凉州的战事忧虑。羊祜又上书说:"东吴平定了,胡人的事自然也会解决,现在只应当迅速完成平吴的功业。"参与议政的官员中仍有许多人不同意,贾充、荀勖、冯纨更是认为不能伐吴。羊祜责难说:"天下的事十件之中常常有七八件不如人意。上天赐与的却拒绝接受,岂不是让经历此事的人今后感到遗憾吗?"只有度支尚书杜预、中书令张华与晋武帝的意见相合,赞成羊祜的计划。

三年(277)夏季五月,东吴将领邵颙、夏祥率领部属七千多人投降晋朝。

冬季十二月,东吴夏口督孙慎侵入晋朝的江夏、汝南,掳掠了一千多户居民后离去。武帝下诏派侍从官去责问羊祜为什么不追击,并打算把荆州的州治从襄阳迁走。羊祜说:"江夏离襄阳有八百里,等得到贼寇入侵的消息,贼寇已离开好几天了,步兵怎能追得上? 劳师动众只是为了避免朝廷责备,这不是我愿做的事。过去魏武帝曹操设置都督,大抵总与州政府所在地相近,

以兵势好合恶离故也。疆埸之间，一彼一此，慎守而已。若辄徙州，贼出无常，亦未知州之所宜据也。"

四年夏六月，羊祜以病求入朝。既至，帝命乘辇入殿，不拜而坐。祜面陈伐吴之计，帝善之。以祜病，不宜数入，更遣张华就问筹策，祜曰："孙皓暴虐已甚，于今可不战而克。若皓不幸而没，吴人更立令主，虽有百万之众，长江未可窥也，将为后患矣！"华深然之。祜曰："成吾志者，子也。"帝欲使祜卧护诸将，祜曰："取吴不必臣行，但既平之后，当劳圣虑耳。功名之际，臣不敢居，若事了，当有所付授，愿审择其人也。"

冬十月，吴人大佃皖城，欲谋入寇。都督扬州诸军事王浑遣扬州刺史应绰攻破之，斩首五千级，焚其积谷百八十馀万斛，践稻苗四千馀顷，毁船六百馀艘。

十一月，羊祜疾笃，举杜预自代。辛卯，以预为镇南大将军，都督荆州诸军事。祜卒，帝哭之甚哀。南州民闻祜卒，为之罢市，巷哭声相接。吴守边将士亦为之泣。祜好游岘山，襄阳人建碑立庙于其地，岁时祭祀。望其碑者无不流涕，因谓之"堕泪碑"。

杜预至镇，简精锐袭吴西陵督张政，大破之。政，吴之名将也，耻以无备取败，不以实告吴主。预欲间之，乃表

这是因为喜欢兵力集中、厌恶兵力分散的缘故。在边境上,一来一往,谨慎地守卫是主要的。如果轻易迁移州治,而贼寇出没无常,也不知道哪儿是州治最合适的所在地。"

四年(278)夏季六月,羊祜因病重请求回洛阳朝见。等到了以后,武帝特准他乘车进入宫殿,不必行叩拜之礼即坐下论事。羊祜当面陈述了攻伐东吴的计划,武帝十分赞同。由于羊祜病势沉重,不能经常入宫,武帝又派遣张华到他家去请教伐吴的策略,羊祜说:"孙皓的暴虐已发展到极点,目前已可不战而胜了。如果孙皓不幸死了,东吴人另立英明的君主,那么,即使我们拥有百万大军,长江也不是我们可以窥视图谋的了,这样,就将留下无穷的后患!"张华非常同意他的分析。羊祜又说:"实现我志向的,只有你了。"武帝打算让羊祜躺在车上指挥各将领作战,羊祜说:"攻取东吴不需要我亲自去,但是平定东吴之后,还要劳烦陛下多多思虑。功名利禄,我不敢要,如果事情成功了,必然还要任命大员去镇抚东南之地,希望陛下谨慎选择合适的人。"

冬季十月,东吴军队在皖城大举屯田,打算对晋发动进攻。晋都督扬州诸军事王浑派遣扬州刺史应绰率兵攻破屯田军,斩杀了五千人,焚烧了一百八十多万斛存粮,又践踏破坏了稻秧四千多顷,摧毁了船舰六百多艘。

十一月,羊祜病危,推荐杜预代替自己。辛卯这一天,朝廷任命杜预为镇南大将军,都督荆州诸军事。羊祜逝世,武帝痛哭流涕,十分悲哀。南方百姓听到羊祜的死讯,商贾小贩都不做生意了,街道里巷一片哭声。东吴的守边将士也都为羊祜的死伤心落泪。羊祜生前喜欢游览岘山,襄阳的百姓就在山上建立纪念碑和祭庙,一年四季祭祀。看到纪念碑的人没有不悲泣流泪的,因此就称这块碑为"堕泪碑"。

杜预到任后,挑选精锐部队袭击东吴西陵督张政,大败吴军。张政是东吴名将,因自己没有戒备而被击败,深以为耻,因而没将实际情况向皇帝报告。杜预想离间东吴君臣关系,于是上表

还其所获。吴主果召政还，遣武昌监留宪代之。

五年。吴主每宴群臣，咸令沉醉。又置黄门郎十人为司过，宴罢之后，各奏其阙失，迕视谬言，罔有不举。大者即加刑戮，小者记录为罪，或剥人面，或凿人眼。由是上下离心，莫为尽力。

益州刺史王濬上疏曰："孙晧荒淫凶逆，宜速征伐。若一旦晧死，更立贤主，则强敌也。臣作船七年，日有朽败。臣年七十，死亡无日。三者一乖，则难图也。诚愿陛下无失事机。"帝于是决意伐吴。会安东将军王浑表孙晧欲北上，边戍皆戒严，朝廷乃更议明年出师。王濬参军何攀奉使在洛，上疏称："晧必不敢出，宜因戒严，掩取甚易。"

杜预上表曰："自闰月以来，贼但敕严，下无兵上。以理势推之，贼之穷计，力不两完，必保夏口以东以延视息，无缘多兵西上，空其国都。而陛下过听，便用委弃大计，纵敌患生，诚可惜也。向使举而有败，勿举可也。今事为之制，务从完牢，若或有成，则开太平之基，不成不过费损日月之间，何惜而不一试之！若当须后年，天时人事，不得如常，臣恐其更难也。今有万安之举，无倾败之虑，臣心实了，不敢以暧昧之见自取后累，惟陛下察之。"旬月未报，预

把俘获的东吴兵士送还。孙皓果然把张政召还,另外派遣武昌监留宪代替他的职务。

五年(279)。孙皓每次大宴群臣时,总要设法让百官全都喝醉。又设置十个宦官专门监视大臣在席间的过失,宴会结束之后,就分别报告百官的过错,包括直视皇帝、说错话,没有不举报的。过失大的立即处死,过失小的就记录在案,有的被活剥脸皮,有的被挖去眼珠。因此上下离心离德,没有人愿为朝廷尽力。

晋朝益州刺史王濬上书说:"孙皓荒淫残暴违逆天命,应该迅速征伐。万一孙皓死了而东吴另立贤明君主,就成为我们的强敌了。我负责造船已有七年了,船只每天都有朽烂的情况发生。我年已七十,离死也不远了。这三者之中如有一处发生问题,伐吴之事就难以图谋了。恳切地希望陛下不要坐失良机。"武帝于是下定决心征伐东吴。恰在此时,安东将军王浑上书说孙皓正准备北上攻伐晋朝,边境的守卫部队都已进入戒严状态,朝廷于是商议改为明年再出兵。王濬的参军何攀此时正出使洛阳,他上书提出:"孙皓必定不敢对我国用兵,应该正好趁戒严的时候,发动袭击更容易取胜。"

杜预上书说:"自从闰七月以来,东吴只是下令戒严,并没有发兵北上。按照常理与形势推断,敌人已无计可施,没有东西兼顾的力量,必然要全力保住夏口以东地区来苟延残喘,不可能派很多兵力向西进发,而使国都空虚。陛下如听信错误的情报,因而放弃了如此重大的决策,放纵敌人留下后患,实在是可惜。如果我们发动进攻会失败,那么不出兵也就罢了。如今事情已经做了决定,要力求完备牢靠,如果成功了,就开创了天下太平的基业,不成功,也不过是耗费一些时间而已,有什么可舍不得而不试一试呢?如果一定要等第二年,天时人事都不会一如往常,我担心会更加困难。现在我们有万无一失的措施,没有全军覆没的忧虑,我心里十分清楚,因此不敢以暧昧不明的态度为国家招来后患,希望陛下明察。"奏章呈上后一个月未见批复,杜预

复上表曰："羊祜不先博谋于朝臣，而密与陛下共施此计，故益令朝臣多异同之议。凡事当以利害相校，今此举之利十有八、九，而其害一、二，止于无功耳。必使朝臣言破败之形，亦不可得，直是计不出己，功不在身，各耻其前言之失而固守之也。自顷朝廷事无大小，异意锋起，虽人心不同，亦由恃恩不虑后患，故轻相同异也。自秋已来，讨贼之形颇露，今若中止，孙晧或怖而生计，徙都武昌，更完修江南诸城，远其居民，城不可攻，野无所掠，则明年之计或无所及矣！"帝方与张华围棋，预表适至，华推枰敛手曰："陛下圣武，国富兵强，吴主淫虐，诛杀贤能。当今讨之，可不劳而定，愿勿以为疑！"帝乃许之。以华为度支尚书，量计运漕。贾充、荀勖、冯紞固争之，帝大怒，充免冠谢罪。仆射山涛退而告人曰："'自非圣人，外宁必有内忧'，今释吴为外惧，岂非算乎！"

冬十一月，大举伐吴。遣镇军将军琅邪王伷出涂中，安东将军王浑出江西，建威将军王戎出武昌，平南将军胡奋出夏口，镇南大将军杜预出江陵，龙骧将军王濬、巴东监军鲁国唐彬下巴、蜀，东西凡二十馀万。命贾充为使持节、假黄钺、大都督，以冠军将军杨济副之。充固陈伐吴不利，且自言衰老，不堪元帅之任。诏曰："君若不行，吾便自出。"充不得已，乃受节钺，将中军南屯襄阳，为诸军节度。

又上书说："当初羊祜没有先广泛地与大臣们商议,而是秘密地与陛下共同制定这一计划,所以更使大臣们有这么多的不同议论。任何事都应比较利弊得失,这次伐吴,利占八九成而害只有一两成,顶多不过是徒劳无功罢了。一定要使那些大臣说出我们出兵会失败的理由,实际上也不可能,只是因为伐吴的谋略不是他们提出的,功勋不会归于他们,又都对自己以前的错误言论感到羞愧,因而固守己见。近来朝廷不论决定大事小事,都会引起许多不同意见,虽然各人的看法可以不一样,但也是由于他们依仗陛下的恩宠,不必考虑发言的后果,才轻率地表达相同或不同的意见。入秋以来,可以讨伐吴贼的迹象已逐步显露,如果中止行动,孙晧有可能因惧怕而想出新的对策,把首都迁到武昌,同时修缮江南各城,把百姓迁居到远处,使我们攻城攻不下,田野又掠取不到军粮,那么明年伐吴的计划恐怕也为时已晚了!"武帝正与张华下围棋,杜预的表章刚好送到,张华推开棋盘,拱手说:"陛下圣明神武,我晋朝国家富足,兵力强大,而孙晧荒淫暴虐,诛杀贤才良臣。现在去讨伐他,可以不费周折地平定,请别再迟疑不决了!"武帝于是批准伐吴。任命张华为度支尚书,筹划粮草军备的运输。贾充、荀勖、冯纨再三争辩,武帝大怒,贾充才脱帽请罪。仆射山涛退朝后告诉别人说:"古人有言:'除非是圣人,没有外患就必有内忧。'今天如果放过东吴,使他存在着作为我们的外患,不是很好的谋算吗?"

　　冬季十一月,晋朝军队对东吴发起大规模进攻。派遣镇军将军琅邪王司马伷进击涂中,安东将军王浑进击江西,建威将军王戎进击武昌,平南将军胡奋进击夏口,镇南大将军杜预进击江陵,龙骧将军王濬、巴东监军鲁国人唐彬从巴蜀沿长江而下,东西军队共二十多万。又任命贾充为使持节、假黄钺、大都督,并任命冠军将军杨济为他的副将。贾充仍坚持讨伐东吴不利的意见,并说自己年老体衰,难以担当元帅重任。武帝下诏说:"你如果不去,我就亲自出征。"贾充迫不得已,接受符节和黄钺,率领中军南进,驻扎于襄阳,指挥调度各军作战。

太康元年春正月,杜预向江陵,王浑出横江,攻吴镇、戍,所向皆克。二月戊午,王濬、唐彬击破丹阳监盛纪。吴人于江碛要害之处,并以铁锁横截之,又作铁锥,长丈余,暗置江中,以逆拒舟舰。濬作大筏数十,方百余步,缚草为人,被甲持仗,令善水者以筏先行,遇铁锥,锥辄著筏而去。又作大炬,长十余丈,大数十围,灌以麻油,在船前,遇锁,然炬烧之,须臾,融液断绝,于是船无所碍。庚申,濬克西陵,杀吴都督留宪等。壬戌,克荆门、夷道二城,杀夷道监陆晏。杜预遣牙门周旨等帅奇兵八百泛舟夜渡江,袭乐乡,多张旗帜,起火巴山。吴都督孙歆惧,与江陵督伍延书曰:"北来诸军,乃飞渡江也。"旨等伏兵乐乡城外,歆遣军出拒王濬,大败而还。旨等发伏兵随歆军而入,歆不觉,直至帐下,虏歆而还。乙丑,王濬击杀吴水军都督陆景。杜预进攻江陵,甲戌,克之,斩伍延。于是沅、湘以南,接于交、广,州郡皆望风送印绶。预仗节称诏而绥抚之。凡所斩获吴都督、监军十四,牙门、郡守百二十余人。胡奋克江安。

乙亥,诏:"王濬、唐彬既定巴丘,与胡奋、王戎共平夏口、武昌,顺流长骛,直造秣陵。杜预当镇静零、桂,怀辑衡阳。大兵既过,荆州南境固当传檄而定。预等各分兵以益濬、彬,太尉充移屯项。"

王戎遣参军襄阳罗尚、南阳刘乔将兵与王濬合攻武昌,吴江夏太守刘朗、督武昌诸军虞昺皆降。昺,翻之子也。

太康元年（280）春季正月，杜预率军进攻江陵，王浑进击横江，攻占东吴边境的营垒、城堡，兵锋所指，节节胜利。二月戊午（初一），王濬、唐彬击败了东吴丹阳监盛纪。东吴把江边浅滩上的险要区域，都用铁链拦住，又造铁锥，长一丈多，沉入江中，用来阻挡晋军船舰通过。王濬建造了几十个大木筏，有百馀步见方，上面扎着很多草人，都披着盔甲，拿着武器，命令水性好的士兵乘筏子开路，遇到铁锥，铁锥就扎在木筏上一起被激流冲走。又做大火炬，长十多丈，有几十围粗，灌上麻油，放在船头，遇到铁链，就燃起火炬，不一会儿铁链就被烧化断开，于是船舰畅行无阻。庚申（初三），王濬攻克西陵，诛杀了东吴都督留宪等。壬戌（初五），攻克荆门、夷道两城，杀了夷道监陆晏。杜预派牙门周旨等率突击部队八百人在夜间乘船渡过长江，袭击乐乡，他们沿途树立了许多旗帜，又在巴山纵火。东吴都督孙歆十分害怕，写信给江陵督伍延说："从北方来的晋朝军队，是飞过了长江。"周旨等人在乐乡城外设下伏兵，孙歆派兵去抵御王濬，大败而归。周旨等立即率伏兵尾随着孙歆败军进了城，而孙歆浑然不觉，晋军一直冲到都督营帐，俘获了孙歆，然后撤兵。乙丑（初八），王濬击杀了东吴的水军都督陆景。杜预进攻江陵，甲戌（十七日），江陵被攻克，诛杀了江陵督伍延。于是沅江、湘江以南，直到交州、广州一带，各州郡纷纷望风而降，交出印信。杜预手持符节以皇帝的名义加以安抚。共计斩杀、俘获了东吴都督、监军十四人，牙门、郡守一百二十馀人。胡奋也攻克了江安。

乙亥（十八日），晋武帝下诏："王濬、唐彬平定巴丘之后，应与胡奋、王戎共同平定夏口、武昌，然后顺流长驱直下，直抵秣陵。杜预应该安定零陵、桂阳，怀柔招抚衡阳。等大军过后，荆州以南地区只需传布一纸檄文便可平定。杜预等各自分一部分兵力增援王濬、唐彬，太尉贾充可移驻于项县。"

王戎派遣参军襄阳人罗尚、南阳人刘乔率兵与王濬会合攻击武昌，东吴江夏太守刘朗、督武昌诸军虞昺都投降了。虞昺，是虞翻的儿子。

杜预与众军会议,或曰:"百年之寇,未可尽克,方春水生,难于久驻,宜俟来冬,更为大举。"预曰:"昔乐毅借济西一战以并强齐,今兵威已振,譬如破竹,数节之后,皆迎刃而解,无复著手处也。"遂指授群帅方略,径造建业。

吴主闻王浑南下,使丞相张悌督丹阳太守沈莹、护军孙震、副军师诸葛靓帅众三万渡江逆战。至牛渚,沈莹曰:"晋治水军于蜀久矣,上流诸军,素无戒备,名将皆死,幼少当任,恐不能御也。晋之水军必至于此,宜畜众力以待其来,与之一战,若幸而胜之,江西自清。今渡江与晋大军战,不幸而败,则大事去矣!"悌曰:"吴之将亡,贤愚所知,非今日也。吾恐蜀兵至此,众心骇惧,不可复整。及今渡江,犹可决战。若其败丧,同死社稷,无所复恨。若其克捷,北敌奔走,兵势万倍,便当乘胜南上,逆之中道,不忧不破也。若如子计,恐士众散尽,坐待敌到,君臣俱降,无复一人死难者,不亦辱乎!"

三月,悌等济江,围浑部将城阳都尉张乔于杨荷。乔众才七千,闭栅请降。诸葛靓欲屠之,悌曰:"强敌在前,不宜先事其小,且杀降不祥。"靓曰:"此属以救兵未至,力少不敌,故且伪降以缓我,非真伏也。若舍之而前,必为后患。"悌不从,抚之而进。悌与扬州刺史汝南周浚结陈相对,沈莹帅丹阳锐卒、刀楯五千,三冲晋兵,不动。莹引退,

杜预与各路将领举行军事会议，有人说："立国近百年的东吴，不可能一下子全部消灭，现在是春天雨水多的时候，大军难以长久驻留，应该等到冬季来临，再大举攻伐。"杜预说："从前乐毅靠济西一次胜仗而吞并了强大的齐国，如今我们军威已振，好像是刀劈竹子，破开几节之后，以下都会迎刃而解，不需要再用什么劲了。"于是向各将帅指示作战方略，直指东吴首都建业。

孙皓听到王浑大军南下的消息，派丞相张悌督率丹阳太守沈莹、护军孙震、副军师诸葛靓领兵三万，渡过长江迎战晋军。行进到牛渚的时候，沈莹说："晋朝在蜀地训练水军已经很久了，我们在长江上游地区的各支军队一向没什么戒备，名将都已死亡，现由年轻人掌握兵权，恐怕抵挡不住。晋朝水军必定会到达此地，我们应积蓄力量严阵以待，与他们决一死战，如侥幸获胜，江西地区自然就太平无事了。而今渡江与晋朝大军作战，若不幸失败，大势就无法挽回了！"张悌说："东吴将要亡国，这是贤明的人和愚笨的人都知道的事，也不是今天所决定的。我担心在蜀地的晋军水兵攻到此地时，我方军心恐惧，就不能再整肃起来了。趁现在渡江，还可以决一死战。如果战败，就共同为国捐躯，死也不再有遗憾。如能战胜，晋军逃走，我军声势倍增，就可以乘胜沿江而上，在中途阻截晋军，不愁攻不破他们。如果按照你的计划，恐怕兵士会逃散殆尽，只好坐等敌军来到，君臣一起投降，连一个战死者也没有，岂不是耻辱吗！"

三月，张悌等率军渡江，在杨荷包围了王浑的部将城阳都尉张乔的部队。张乔手下只有七千人，紧闭营栅请求投降。诸葛靓想把他们全部处死，张悌说："还有强敌在前面，不应该先把精力消耗在小部队上，况且杀降卒是不吉祥的。"诸葛靓说："这批人是因为救兵没赶到，势单力薄无法抵挡，才假意投降来拖延我们，不是真心降伏。如果留下他们继续前进，必然成为后患。"张悌仍不同意，于是安抚了张乔的降军后继续进发。张悌和晋扬州刺史汝南人周浚列阵相对峙，沈莹率领丹阳的精兵与刀盾手五千人，对晋军发动了三次冲击，晋军并未动摇。沈莹率军撤退，

其众乱,将军薛胜、蒋班因其乱而乘之,吴兵以次奔溃,将帅不能止,张乔自后击之,大败吴兵于版桥。诸葛靓帅数百人遁去,使过迎张悌,悌不肯去。靓自往牵之曰:"存亡自有大数,非卿一人所支,奈何故自取死!"悌垂涕曰:"仲思,今日是我死日也。且我为儿童时,便为卿家丞相所识拔,常恐不得其死,负名贤知顾。今以身徇社稷,复何道邪!"靓再三牵之,不动,乃流泪放去,行百馀步,顾之,已为晋兵所杀。并斩孙震、沈莹等七千八百级,吴人大震。

初,诏书使王濬下建平,受杜预节度,至建业,受王浑节度。预至江陵,谓诸将曰:"若濬得建平,则顺流长驱,威名已著,不宜令受制于我。若不能克,则无缘得施节度。"濬至西陵,预与之书曰:"足下既摧其西藩,便当径取建业,讨累世之逋寇,释吴人于涂炭,振旅还都,亦旷世一事也。"濬大悦,表呈预书。及张悌败死,扬州别驾何恽谓周浚曰:"张悌举全吴精兵殄灭于此,吴之朝野莫不震慑。今王龙骧既破武昌,乘胜东下,所向辄克,土崩之势见矣。谓宜速引兵渡江,直指建业,大军猝至,夺其胆气,可不战禽也。"浚善其谋,使白王浑。恽曰:"浑暗于事机,而欲慎己免咎,必不我从。"浚固使白之,浑果曰:"受诏但令屯江北以抗吴军,不使轻进。贵州虽武,岂能独平江东乎! 今者违命,胜不足多,若其不胜,

队伍大乱,晋将领薛胜、蒋班乘乱进攻,东吴军队节节败退,将领们无法阻止,已投降的张乔又从后面夹击,在版桥大败吴军。诸葛靓率几百人逃脱,派人去接应张悌,张悌不肯离开。诸葛靓亲自去拉他,说:"国家存亡自有天数,不是你一个人的力量能够支撑的,为什么一定要自己找死?"张悌流着眼泪说:"仲思,今天是我的死期。况且,在我还是一个孩子的时候,就受到你家丞相的赏识提拔,常常担心不能死得其所,辜负了名贤的知遇之恩。今天能以身殉国,还有什么可说的?"诸葛靓再三拉他,他都不动,只好流着眼泪放手而去,走了不过百馀步,回头一看,张悌已被晋兵杀了。孙震、沈莹等七千八百人都被斩首,吴国上下都大为震恐。

起初,晋武帝下诏命令王濬攻下建平,受杜预节制调度,到建业时受王浑节制调度。杜预到达江陵,对各位将领说:"如果王濬攻下建平,则应顺流而下,长驱直入,威名已经建立,不应该再让他受我节制。如果攻不下建平,那么他离我太远,我也无法节制他。"王濬兵至西陵,杜预写信给他说:"你既然已经摧毁了东吴的西部屏障,就应该直接攻取建业,讨伐已历经几代的逃寇,把东吴人民从水深火热中解救出来,然后整军凯旋,这也是历代难见的壮举。"王濬十分高兴,把杜预的信上呈给晋武帝。等到张悌战败身亡,扬州别驾何恽对周浚说:"张悌率领东吴全部精兵覆没在这里,东吴朝野内外没有不震惊害怕的。如今龙骧将军王濬已经攻破武昌,乘胜东下,攻无不克,敌人土崩瓦解之势已经显现。我认为应该迅速率兵渡过长江,直逼东吴首都建业,大军突然来到,敌军必将胆战心惊,不用大战就可以擒获他们。"周浚认为他的谋略很好,让他去报告王浑。何恽说道:"王浑这个人不善于把握事情的机会,只知道谨慎小心,但求无过,一定不会听从我的意见。"周浚一定要他去报告,王浑果然说:"我受到的诏命只是要我驻守在长江北岸抗击东吴军队,并没有要我轻率地进攻。你们州的军队虽然英勇善战,怎么能够独自平定江东呢?如今违背命令,战胜了也不值得称赞,如果不能战胜,

为罪已重。且诏令龙骧受我节度,但当具君舟楫,一时俱济耳。"恽曰:"龙骧克万里之寇,以既成之功来受节度,未之闻也。且明公为上将,见可而进,岂得一一须诏令乎!今乘此渡江,十全必克,何疑何虑而淹留不进!此鄙州上下所以恨恨也。"浑不听。

王濬自武昌顺流径趣建业。吴主遣游击将军张象帅舟师万人御之,象众望旗而降。濬兵甲满江,旌旗烛天,威势甚盛,吴人大惧。

吴主之嬖臣岑昏,以倾险谀佞,致位九列,好兴功役,为众患苦。及晋兵将至,殿中亲近数百人叩头请于吴主曰:"北军日近而兵不举刃,陛下将如之何?"吴主曰:"何故?"对曰:"正坐岑昏耳。"吴主独言:"若尔,当以奴谢百姓!"众因曰:"唯!"遂并起收昏,吴主络绎追止,已屠之矣。

陶濬将讨郭马,至武昌,闻晋兵大入,引兵东还。至建业,吴主引见,问水军消息,对曰:"蜀船皆小,今得二万兵,乘大船以战,自足破之。"于是合众,授濬节钺。明日当发,其夜,众悉逃溃。

时王浑、王濬及琅邪王伷皆临近境,吴司徒何植、建威将军孙晏悉送印节诣浑降。吴主用光禄勋薛莹、中书令胡冲等计,分遣使者奉书于浑、濬、伷以请降。又遗其群臣书,深自咎责,且曰:"今大晋平治四海,是英俊展

那么罪可就大了。况且皇帝命令王濬是受我节制的，你们只要准备好船舰，等王濬舰队到达，一起渡江。"何恽说："王濬出征万里战胜强敌，已经建立了战功还会来听从您的调度，这是从没听说过的事情。而且明公您身为上将，见到有可乘之机就应前进，怎么能事事等待皇帝的命令呢？眼下趁此机会渡江，完全有把握取胜，有什么可犹疑可考虑而停留不进的呢？这正是我州全体将士都感到深深遗憾的原因。"王浑不接受。

王濬从武昌顺流而下直逼建业。孙皓派遣游击将军张象率领水兵一万人迎战，张象的部下看到王濬大军的军旗就立即投降了。王濬军队士兵的铠甲布满江面，高扬的旌旗映照着天空，气势极其盛大，东吴人大为恐惧。

孙皓的宠臣岑昏，依靠阴险奸佞、善于阿谀奉承被提拔于九卿之列，他喜欢大兴工程劳役，为百姓所憎恨厌恶。等到晋朝大军将至，宫中其他亲信侍从数百人叩头请求孙皓说："晋兵越来越近而我们的军队却不肯举起武器抵抗，陛下准备怎么办？"孙皓说："军队为什么不抵抗？"大家回答说："就是因为岑昏。"孙皓只说了一句："如果是这样，应该让这个奴才去向百姓谢罪！"众人于是说："遵命！"于是一拥而上去捉岑昏，等孙皓接二连三派人追上去阻止时，岑昏已被杀了。

东吴将领陶濬准备讨伐广州郭马，刚到武昌，听到晋军大举进攻的消息，便率兵东返。回到建业，孙皓接见他，向他询问晋水军的情况，陶濬回答说："巴蜀地区的船舰都很小，如果给我两万兵力，乘大船与晋军作战，足以打败他们。"孙皓于是集结士兵，授予陶濬符节与黄钺。准备第二天出发，但在当天夜里，士兵全都逃光了。

这时王浑、王濬以及琅邪王司马伷三路大军都已逼近建业，东吴的司徒何植、建威将军孙晏都送上印信符节向王浑投降。孙皓听从了光禄勋薛莹、中书令胡冲等的主意，分别派使者奉上书信到王浑、王濬、司马伷军中请降。又向臣属发送文告，深深地责备自己，并说："现在晋王朝平定四海，正是英雄豪杰施展

节之秋，勿以移朝改朔，用损厥志。"使者先送玺绶于琅邪王仙。壬寅，王濬舟师过三山，王浑遣信要濬暂过论事，濬举帆直指建业，报曰："风利，不得泊也。"是日，濬戎卒八万，方舟百里，鼓噪入于石头。吴主皓面缚舆榇，诣军门降。濬解缚焚榇，延请相见。收其图籍，克州四，郡四十三，户五十二万三千，兵二十三万。

朝廷闻吴已平，群臣皆贺上寿，帝执爵流涕曰："此羊太傅之功也！"票骑将军孙秀不贺，南向流涕曰："昔讨逆弱冠以一校尉创业，今后主举江南而弃之，宗庙山陵，于此为墟。悠悠苍天，此何人哉！"

吴之未下也，大臣皆以为未可轻进，独张华坚执以为必克。贾充上表称："吴地未可悉定，方夏，江、淮下湿，疾疫必起，宜召诸军还，以为后图。虽腰斩张华不足以谢天下。"帝曰："此是吾意，华但与吾同耳。"荀勖复奏，宜如充表。帝不从。杜预闻充奏乞罢兵，驰表固争，使至辕辕而吴已降。充惭惧，诣阙请罪，帝抚而不问。

夏四月甲申，诏赐孙皓爵归命侯。乙酉，大赦，改元。大酺五日。遣使者分诣荆、扬抚慰，吴牧、守已下皆不更易。除其苛政，悉从简易，吴人大悦。

气节操守的时候,希望大家不要因为改朝换代、改奉正朔而丧失一贯的志向。"使者先把皇帝印玺送交给琅邪王司马伷。壬寅(十五日),王濬的船队经过三山,王浑派人送信要王濬先过去商议军务,王濬命船舰扬起风帆,直趋建业,派人回报王浑说:"船正顺风而行,不便停泊。"当天,王濬军队八万人,乘着相连百里的战船,擂鼓呐喊进入石头城。孙皓反绑着双手,把棺材装在车上,到王濬军营门口投降。王濬命人为他松了绑,焚烧了棺木,请他相见。接收了东吴的地图和户籍档案,共计攻克四州、四十三郡,有五十二万三千户,军队二十三万。

晋朝廷听到东吴已平定的消息,文武百官都上朝向晋武帝敬酒祝贺,晋武帝手拿酒杯流着泪说:"这是羊祜的功劳啊!"只有骠骑将军孙秀不参与祝贺,他面向南方哭泣着说:"当年讨逆将军孙策年方二十,以一个校尉的身份开创了东吴的基业,今日孙皓把整个江南抛弃,祖宗的祭庙陵园从此成为废墟。悠悠苍天,他算什么人啊!"

东吴还没有被攻克时,大臣们都认为不可轻易进兵,只有张华坚持进兵,认为必定能获胜。贾充上书说:"东吴之地不可能完全平定,现在正值夏季,长江、淮河一带地势低洼潮湿,必生瘟疫,应该把各路人马召回,以后再作打算。即使是将张华腰斩,也不足以向天下人谢罪。"晋武帝说:"这是我的主意,张华只是与我的看法相同罢了。"荀勖又上书,认为应当照贾充的表奏办理。晋武帝仍然不听从。杜预听到贾充上表请求停战的消息,派人火速送上表章坚决反对,信使刚到轘辕东吴就已经投降。贾充既惭愧又恐惧,上朝请罪,晋武帝予以安抚,不加追究。

夏季四月甲申(二十八日),晋武帝下诏赐孙皓为归命侯。乙酉(二十九日),大赦天下,改年号为太康。特准全国百姓聚饮五天。又派遣使者分别到荆州、扬州安抚慰问,原东吴牧、守以下的官员全部留任不更换。废除了东吴原有的苛刻政令,一切要求简单易行,吴人十分喜悦。

滕脩讨郭马未克，闻晋伐吴，帅众赴难，至巴丘闻吴亡，缟素流涕，还，与广州刺史闾丰、苍梧太守王毅各送印绶请降。孙晧遣陶璜之子融持手书谕璜，璜流涕数日，亦送印绶降。帝皆复其本职。

王濬之东下也，吴城戍皆望风款附，独建平太守吾彦婴城不下，闻吴亡，乃降。帝以彦为金城太守。

初，朝廷尊宠孙秀、孙楷，欲以招来吴人。及吴亡，降秀为伏波将军，楷为度辽将军。

琅邪王伷遣使送孙晧及其宗族诣洛阳。五月丁亥朔，晧至，与其太子瑾等泥头面缚，诣东阳门。诏遣谒者解其缚，赐衣服、车乘、田三十顷，岁给钱谷、绵绢甚厚。拜瑾为中郎，诸子为王者皆为郎中。吴之旧望，随才擢叙。孙氏将吏渡江者复十年，百姓复二十年。

庚寅，帝临轩，大会文武有位及四方使者，国子学生皆预焉。引见归命侯晧及吴降人。晧登殿稽颡。帝谓晧曰："朕设此座以待卿久矣。"晧曰："臣于南方，亦设此座以待陛下。"贾充谓晧曰："闻君在南方凿人目，剥人面皮，此何等刑也？"晧曰："人臣有弑其君及奸回不忠者，则加此刑耳。"充默然甚愧，而晧颜色无怍。

帝从容问散骑常侍薛莹，孙晧所以亡，对曰："晧昵近小人，刑罚放滥，大臣诸将，人不自保，此其所以亡也。"他日，又问吾彦，对曰："吴主英俊，宰辅贤明。"帝笑曰：

原东吴广州牧滕脩率兵讨伐郭马还没攻克，听到晋朝大举攻吴的消息，立即率军前往救援，赶到巴丘时听到东吴灭亡的消息，于是换上白色丧服，流着眼泪，回到广州，与广州刺史闾丰、苍梧太守王毅各自送上印信向晋朝投降。孙晧派遣陶璜的儿子陶融带着他的亲笔信去劝谕陶璜投降，陶璜一连几天流泪不止，也送上印信投降晋王朝。晋武帝都恢复他们原来的官职。

王濬的军队一路东下时，东吴各城的守军都望风归附，只有建平太守吾彦环城固守，没有攻下来，直到听到吴国灭亡的消息，方才投降。晋武帝任命吾彦为金城太守。

当初，朝廷优待恩宠降将孙秀、孙楷，是想以此招徕东吴人。到东吴亡国后，就把孙秀降为伏波将军，孙楷为度辽将军。

琅邪王司马伷派人把孙晧和吴国皇族送往洛阳。五月丁亥是初一，孙晧抵达洛阳，与太子孙瑾等都把泥涂在脸上，双手缚于背后，到洛阳东阳门。晋武帝下诏派谒者为他们松绑，赐给他们衣服、车辆，以及三十顷田地，每年还赏赐相当丰厚的钱财、粮食以及绸缎等。任命孙瑾为中郎，其他原已封王的皇子都为郎中。东吴从前有声望的人士，也根据才能擢升任用。东吴将吏随同渡江的，免除十年赋税徭役，江南百姓免除二十年赋税徭役。

庚寅(初四)，晋武帝亲自驾临前殿，会见文武官员中有爵位者与四方使臣，国子学生也都出席。晋武帝传令接见归命侯孙晧和东吴其他投降官员。孙晧登上宝殿，以额触地叩头跪拜。晋武帝对孙晧说："朕设置这个座位等你已很久了。"孙晧说："我在南方，也设有这个座位等待陛下。"贾充问孙晧："听说你在南方挖人眼睛，剥人脸皮，这是什么等级的刑法？"孙晧说："作为臣子却谋杀他的君王以及奸邪不忠的人，就可对他用这种刑法。"贾充哑口无言，十分羞愧，而孙晧却面无愧色。

晋武帝曾从容地问散骑常侍薛莹孙晧灭亡的原因，薛莹回答说："孙晧亲近小人，刑罚又太滥，文臣武将都不能自保，这就是他灭亡的原因。"过了几天，晋武帝又问东吴的旧臣吾彦，吾彦回答说："孙晧英明有才能，辅臣也贤能聪明。"晋武帝笑着说：

"若是，何故亡？"彦曰："天禄永终，历数有属，故为陛下禽耳。"帝善之。

王濬之入建业也，其明日，王浑乃济江，以濬不待己至，先受孙皓降，意甚愧忿，将攻濬。何攀劝濬送皓与浑，由是事得解。何恽以浑与濬争功，与周浚笺曰："《书》贵克让，《易》大谦光。前破张悌，吴人失气，龙骧因之，陷其区宇。论其前后，我实缓师，即失机会，不及于事。而今方竞其功，彼既不吞声，将亏雍穆之弘，兴矜争之鄙，斯愚情之所不取也。"浚得笺，即谏止浑。浑不纳，表濬违诏不受节度，诬以罪状。浑子济，尚常山公主，宗党强盛。有司奏请槛车征濬，帝弗许，但以诏书责让濬以不从浑命，违制昧利。濬上书自理曰："前被诏书，令臣直造秣陵，又令受太尉充节度。臣以十五日至三山，见浑军在北岸，遣书邀臣。臣水军风发，乘势径造贼城，无缘回船过浑。臣以日中至秣陵，暮乃被浑所下当受节度之符，欲令臣明十六日悉将所领还围石头，又索蜀兵及镇南诸军人名定见。臣以为皓已来降，无缘空围石头。又，兵人定见，不可仓猝得就。皆非当今之急，不可承用，非敢忽弃明制也。皓众叛亲离，匹夫独坐，雀鼠贪生，苟乞一活耳。而江北诸军不知虚实，

"如果是这样,怎么会灭亡?"吾彦说:"上天所赐的福禄已经终止了,天数已有了新的归属,所以才被陛下擒获。"晋武帝十分欣赏他的回答。

王濬攻入建业后,第二天王浑才渡过长江,由于王濬没有等他来到,抢先接受孙晧的投降,王浑心中又是羞愧,又是愤恨,于是要攻击王濬。何攀劝王濬把孙晧送到王浑处,此事方才化解。何悍看到王浑与王濬争功,就写了封信给周浚说:"《尚书》重视克制和礼让,《周易》也赞扬谦退自抑。我们先击破张悌,使东吴军队丧失士气,王濬乘此机会,攻陷其疆土。如果讨论谁前谁后,我们确实行动太慢,以至于丧失了机会,没能赶上建立大功。而现在去争夺这一功劳,王濬是决不会忍气吞声的,这样就会有损于和睦融洽的美德,引起自傲争功的鄙陋行为,这种做法是我从心里所不认可的。"周浚接到书信后,立即劝阻王浑。可是王浑不听,上书指控王濬违背皇帝命令,不接受节制调度,还捏造了其他罪状。王浑的儿子王济娶常山公主为妻,因此王氏在朝中党羽强盛。有关部门上书请求用囚车把王濬押回京师,晋武帝不同意,只是下诏书责备王濬不遵从王浑命令,为贪图小利而违背诏命。王濬上书为自己申辩说:"当初接到诏书,命令我直接进攻秣陵,又命令我接受太尉贾充的节制。我在十五日那天到达三山,见王浑率军驻扎于长江北岸,他送信邀我前往他的军营。但是当时我的水军正顺风而行,乘势直扑敌人都城,没有办法调转船头去见王浑。我在当天中午抵达秣陵,傍晚的时候才接到王浑发下的应受他节制的虎符,想要命令我在第二天十六日率全部兵力回军包围石头城,又向我索要巴蜀之兵与镇南各部队的确切人数。我认为当时孙晧已经投降,没有理由再去包围空的石头城。另外,呈报数万上兵的确切人数,也不是仓促之间可以完成的。这些都不是眼前的紧要任务,不应顺从接受,并不是我胆敢轻视、弃置朝廷圣明的诏令。当时,孙晧已众叛亲离,只剩下孤家寡人,像贪生怕死的麻雀与老鼠一样,只求一条活命而已。但在长江北岸的军队不知道城中虚实,

不早缚取，自为小误。臣至便得，更见怨恚，并云守贼百日，而令他人得之。臣愚以为事君之道，苟利社稷，死生以之。若其顾嫌疑以避咎责，此是人臣不忠之利，实非明主社稷之福也！"浑又腾周浚书，云濬军得吴宝物，又云濬牙门将李高放火烧皓伪宫。濬复表曰："臣孤根独立，结恨强宗。夫犯上干主，其罪可救，乖忤贵臣，祸在不测。伪中郎将孔摅说：'去二月武昌失守，水军行至，皓按行石头还，左右人皆跳刀大呼云："要当为陛下一死战决之。"皓意大喜，谓必能然，便尽出金宝以赐与之。小人无状，得便持走。皓惧，乃图降首。降使适去，左右劫夺财物，略取妻妾，放火烧宫。皓逃身窜首，恐不脱死。'臣至，遣参军主者救断其火耳。周浚先入皓宫，浑又先登皓舟，臣之入观，皆在其后。皓宫之中，乃无席可坐，若有遗宝，则浚与浑先得之矣。浚等云臣屯聚蜀人，不时送皓，欲有反状。又恐动吴人，言臣皆当诛杀，取其妻子，冀其作乱，得骋私忿。谋反大逆，尚以见加，其馀谤嗟，故其宜耳。今年平吴，诚为大庆；于臣之身，更受咎累。"濬至京师，有司奏："濬违诏，大不敬，请付廷尉科罪。"诏不许。又奏："濬赦后烧贼船百三十五艘，

没有趁早去捉拿孙晧,这是他们小小的失误。我及时赶到生擒孙晧,却又引来怨恨不满,并说他们已围困敌人一百天,却让别人摘取了果实。我认为事奉君王的态度应该是只要是有利于国家的事,就不顾生死地全力以赴。如果为了避嫌疑,逃避责任,这是臣子为了私利而不肯尽忠的做法,实在不是圣明的君主与国家的福分啊!"王浑又把周浚的书信上报,说王濬的军队得到了东吴的金银财宝,又说王濬的牙门将李高放火焚烧了孙晧的皇宫。王濬又上书说:"我孤单一人,没有根基,已与势力强大的皇亲国戚结下仇恨。如果是冒犯了君主,其罪还有得救的可能,但违忤了贵戚权臣,带来的祸患则不可预料。东吴中郎将孔摅说:'二月武昌失守,晋朝水军即将抵达,孙晧巡视石头城后返回,左右侍从都挥舞着刀斧大声呼喊道:"我们要为陛下决一死战。"孙晧心里十分高兴,以为他们必定会如此做,就拿出所有的金银财宝赏赐给他们。但是那些小人是不讲信义的,得到财宝后就拿走了。孙晧非常恐惧,于是打算投降。请降的使节刚刚派出,左右侍从就到宫中抢劫财物,掠夺孙晧的妻妾,并且放火焚烧皇宫。孙晧狼狈地到处逃窜,唯恐不能免死求生。'等我赶到之后,才派遣主管的军官把火扑灭。最先进入孙晧皇宫的是周浚,最先登上孙晧舟船的是王浑,我进入这两处观看,都是在他们之后。孙晧的宫中,已经连座位都没有了,如果还有遗留的珍宝,也是先被周浚与王浑弄去了。周浚等人指控我集结巴蜀之兵,又没有及时把孙晧交出,想要谋反。又去恐吓挑动东吴遗民,说我要把他们全体屠杀,掠夺他们的妻子儿女,希望他们作乱反抗,造成我的罪行,从而发泄周浚等人对我的私恨。连谋反这种大逆不道的罪名,都可以随便加到我头上,其他的恶毒诽谤,更是再自然不过的了。今年平定东吴,实在是件大喜事;可谁知在我身上,却遭到那么多罪过的牵连。"王濬回到京师洛阳,有关部门上书指出:"王濬违抗诏命,犯大不敬之罪,请求交付廷尉治罪。"晋武帝下诏不准。有关部门又上书:"在朝廷颁布大赦令之后,王濬焚烧了东吴船舰一百三十五艘,

辄敕付廷尉禁推。"诏勿推。

浑、濬争功不已,帝命守廷尉广陵刘颂校其事,以浑为上功,濬为中功。帝以颂折法失理,左迁京兆太守。庚辰,增贾充邑八千户;以王濬为辅国大将军,封襄阳县侯;杜预为当阳县侯;王戎为安丰县侯;封琅邪王伷二子为亭侯;增京陵侯王浑邑八千户,进爵为公;尚书关内侯张华进封广武县侯,增邑万户;荀勖以专典诏命功,封一子为亭侯;其馀诸将及公卿以下,赏赐各有差。帝以平吴,策告羊祜庙,乃封其夫人夏侯氏为万岁乡君,食邑五千户。

王濬自以功大,而为浑父子及党与所挫抑,每进见,陈其攻伐之劳及见枉之状,或不胜忿愤,径出不辞,帝每容恕之。益州护军范通谓濬曰:"卿功则美矣,然恨所以居美者未尽善也。卿旋旆之日,角巾私第,口不言平吴之事;若有问者,辄曰:'圣主之德,群帅之力,老夫何力之有!'此蔺生所以屈廉颇也,王浑能无愧乎!"濬曰:"吾始惩邓艾之事,惧祸及身,不得无言;其终不能遣诸胸中,是吾褊也。"时人咸以濬功重报轻,为之愤邑。博士秦秀等并上表讼濬之屈,帝乃迁濬镇军大将军。王浑尝诣濬,濬严设备卫,然后见之。

杜预还襄阳,以为天下虽安,忘战必危,乃勤于讲武,申严戍守。又引滍、淯水以浸田万馀顷,开杨口通零、桂之

应立即交付廷尉推究审问。"晋武帝又诏令不必推问。

王浑、王濬为了争功劳而争执不休,晋武帝命令守廷尉广陵人刘颂校核此事,刘颂得出的结论是,王浑为上功,王濬为中功。晋武帝认为刘颂枉法论事,丧失公理,贬为京兆太守。庚辰这天,增加贾充食邑八千户;任命王濬为辅国大将军,封为襄阳县侯;封杜预为当阳县侯;封王戎为安丰县侯;封琅邪王司马伷的两个儿子为亭侯;京陵侯王浑增加食邑八千户,进封为公爵;尚书、关内侯张华进封为广武县侯,增加食邑一万户;荀勖因专门掌管诏命的功劳,一个儿子被封为亭侯;其馀各将领以及公卿以下的官员,都依照等级各有赏赐。晋武帝又因为平定了东吴,派人到羊祜家庙宣读策命告慰他,封羊祜夫人夏侯氏为万岁乡君,食邑五千户。

王濬认为自己功劳大,却被王浑父子及其党羽所打击压制,每次晋见皇帝,总要陈述他攻伐东吴的功劳和被冤枉的情况,有时无法抑制自己的愤恨,不告退就径自走了,晋武帝总是容忍宽恕他。益州护军范通对王濬说:"你的功劳固然很大,但是遗憾的是你对待大功的态度还没做到尽善尽美。假如你在凯旋之日,即换上隐士的衣装回到自己家里,闭口不谈平定东吴的事;如果有人问你,就说:'这是靠皇上的明德,各位将帅的同心协力,我个人有什么贡献可谈?'这是当年蔺相如最终使廉颇折服的方法,王浑难道能不惭愧?"王濬说:"开始时,我那样做是吸取邓艾的教训,担心把灾祸惹上身,不能不说明实际情况;但是最终仍不能排遣心中的不平之气,这是我的心胸太狭隘了。"当时人们都认为王濬功大,但得到的酬报却偏轻,因而都替他愤愤不平。博士秦秀等人联名上书申诉王濬的冤屈,晋武帝于是又提升王濬为镇军大将军。王浑曾经去拜访王濬,王濬命卫士全副武装严加防备,然后才与他相见。

杜预回到襄阳,认为天下虽已太平,但忘记备战必然会有新的危险产生,于是仍经常讲习武事,命各城池严加防守。又引来滍水、淯水灌溉了一万多顷农田,开凿从杨口到零陵、桂阳的

漕,公私赖之。预身不跨马,射不穿札,而用兵制胜,诸将莫及。预在镇,数饷遗洛中贵要,或问其故,预曰:"吾但恐为害,不求益也。"王浑迁征东大将军,复镇寿阳。

　　诸葛靓逃窜不出。帝与靓有旧,靓姊为琅邪王妃,帝知靓在姊间,因就见焉。靓逃于厕,帝又逼见之,谓曰:"不谓今日复得相见!"靓流涕曰:"臣不能漆身皮面,复睹圣颜,诚为惭恨!"诏以为侍中,固辞不拜,归于乡里,终身不向朝廷而坐。

运河,官府与百姓都赖此得到方便。杜预不骑战马,射箭也穿不透铠甲,但是指挥军队破敌制胜,其他将领都不如他。杜预在襄阳时,好几次赠送礼物给洛阳的权贵,有人问他为什么要这样做,杜预说:"我只是害怕他们会陷害我,而不求什么利益。"王浑升任征东大将军,仍镇守寿阳。

诸葛靓在吴亡后逃亡不出。晋武帝与诸葛靓原有交往,诸葛靓的姐姐是琅邪王司马伷的王妃,晋武帝知道他躲在他姐姐家中,就亲自上门去看他。诸葛靓逃到厕所里,晋武帝又追到厕所去见他,对他说:"想不到今天又能相见!"诸葛靓流着眼泪说:"作为亡国之臣,我不能像豫让那样用漆涂身、像聂政那样自毁面皮来为故主报仇,却这样再见圣上,实在是又愧又恨!"晋武帝下诏任命诸葛靓为侍中,但他坚决拒绝接受,回到故乡,终其一生都不肯面向晋朝廷的方向落座。

羌胡之叛 树机能 齐万年

晋武帝泰始五年春二月，分雍、凉、梁州置秦州。以胡烈为刺史。先是，邓艾纳鲜卑降者数万，置于雍、凉之间，与民杂居。朝廷恐其久而为患，以烈素著名于西方，故使镇抚之。

六年夏六月戊午，胡烈讨鲜卑秃发树机能于万斛堆，兵败，被杀。都督雍、凉州诸军事扶风王亮遣将军刘旂救之，旂观望不进。亮坐贬为平西将军，旂当斩。亮上言："节度之咎，由亮而出，乞丐旂死。"诏曰："若罪不在旂，当有所在。"乃免亮官。

遣尚书乐陵石鉴行安西将军，都督秦州诸军事，讨树机能。树机能兵盛，鉴使秦州刺史杜预出兵击之。预以虏乘胜马肥，而官军县乏，宜并力大运刍粮，须春进讨。鉴奏预稽乏军兴，槛车征诣廷尉，以赎论。既而鉴讨树机能，卒不能克。

羌胡之叛 树机能 齐万年

晋武帝泰始五年（269）春季二月，晋朝把雍州、凉州、梁州各分割出一部分，设置了秦州。任命胡烈为秦州刺史。起先，邓艾接受了几万投降的鲜卑人，安置在雍州、凉州之间，与汉族百姓混居在一起。朝廷担心这些鲜卑人时间长了会生出祸患，因为胡烈在西部地区一向很有威名，所以就派他去镇守安抚。

六年（270）夏季六月戊午（初四），胡烈在万斛堆讨伐鲜卑酋长秃发树机能，胡烈兵败被杀。都督雍州、凉州诸军事扶风王司马亮派遣将军刘旂前去救援，但是刘旂却在一旁观望，不进军。司马亮获罪被贬为平西将军，刘旂依罪论处应被斩首。司马亮上书说："部署调度的过错全是我造成的，希望能免刘旂一死。"晋武帝司马炎下诏说："如果刘旂无罪，那自当有人有罪。"于是罢免了司马亮的官职。

朝廷派遣尚书乐陵人石鉴代理安西将军，都督秦州诸军事，讨伐秃发树机能。秃发树机能兵力强盛，石鉴命令秦州刺史杜预出兵攻击。杜预认为鲜卑部落车强马壮，而朝廷军队孤军在外而且疲乏，应该集中力量大量运输粮草，等到明年春季再进兵讨伐。石鉴上书劾奏杜预延误了军用物资的征集，朝廷下令用囚车把杜预押送到廷尉审讯，判处以免去侯爵来赎罪。不久石鉴进兵讨伐秃发树机能，但始终不能取胜。

七年夏四月,北地胡寇金城,凉州刺史牵弘讨之。众胡皆内叛,与树机能共围弘于青山,弘军败而死。初,大司马陈骞言于帝曰:"胡烈、牵弘皆勇而无谋,强于自用,非绥边之材也,将为国耻。"时弘为扬州刺史,多不承顺骞命,帝以为骞与弘不协而毁之。于是征弘,既至,寻复以为凉州刺史。骞窃叹息,以为必败。二人果失羌戎之和,兵败身没,征讨连年,仅而能定。帝乃悔之。

咸宁三年春三月,平虏护军文鸯督凉、秦、雍州诸军,讨树机能,破之,诸胡二十万口来降。

四年春正月,司马督东平马隆上言:"凉州刺史杨欣失羌戎之和,必败。"
夏六月,欣与树机能之党若罗拔能等战于武威,败死。

冬十二月,鲜卑树机能久为边患,仆射李憙请发兵讨之。朝议皆以为出兵重事,虏不足忧。

五年春正月,树机能攻陷凉州。帝甚悔之,临朝而叹曰:"谁能为我讨此虏者?"司马督马隆进曰:"陛下能任臣,臣能平之。"帝曰:"必能平贼,何为不任,顾方略何如耳!"隆曰:"臣愿募勇士三千人,无问所从来,帅之以西,虏不足平也。"帝许之。乙丑,以隆为讨虏护军、武威太守。公卿皆曰:"见兵已多,不宜横设赏募,隆小将妄言,不足信也。"

七年(271)夏季四月,北地郡的胡人进犯金城,凉州刺史牵弘出兵讨伐。原已归附的各胡人部落一时都起兵反叛,与秃发树机能联合,共同把牵弘包围在青山,牵弘战败而亡。最初,大司马陈骞对司马炎说:"胡烈、牵弘都有勇力而无谋略,又总是自以为是,都不是安定边疆的人才,将会给国家带来耻辱。"当时牵弘是扬州刺史,常常不听从陈骞的命令,司马炎认为陈骞是因为与牵弘关系不好而故意诋毁他。于是司马炎把牵弘召回京师,牵弘回来不多久,又被任命为凉州刺史。陈骞暗暗叹息不已,认为牵弘必定会失败。果然,胡烈与牵弘都与羌人关系恶化,兵败身亡,而且从此征伐战争连年不断,仅仅勉强能平定叛乱。司马炎这才对以前没有重视陈骞的话而感到后悔。

咸宁三年(277)春季三月,晋平虏护军文鸯统领凉州、秦州、雍州各军讨伐秃发树机能,击败了他,各胡人部落共二十万人归顺晋王朝。

四年(278)春季正月,司马督东平人马隆上书说:"凉州刺史杨欣与羌族的关系恶化,必然会失败。"

夏季六月,杨欣与秃发树机能的同党若罗拔能等在武威交战,杨欣战败而死。

冬季十二月,鲜卑秃发树机能长期以来一直是边境地区的祸患,仆射李憙请求朝廷出兵讨伐。但朝中官员在议论时都认为出兵是重大的事,鲜卑人目前还不值得担心。

五年(279)春季正月,秃发树机能攻陷凉州。司马炎十分后悔当时没及时出兵讨伐,在朝会时叹息说:"有谁能为我讨伐这个鲜卑逆贼?"司马督马隆进言说:"陛下如能任用我,我就能把他平定。"司马炎说:"你如果一定能平定反贼,我为什么不任用你,只是你有什么谋略?"马隆说:"我愿意召募三千勇士,不论他们的出身来历,率领他们往西攻伐,那些鲜卑逆贼是经不起一攻的。"司马炎批准了他的请求。乙丑(初一),任命马隆为讨虏将军、武威太守。朝中公卿大臣们都说:"现在军队已经很多,不应再额外设立赏格召募,马隆这小将信口说大话,不值得相信。"

帝不听。隆募能引弓四钧、挽弩九石者取之，立标简试，自旦至日中，得三千五百人。隆曰："足矣。"又请自至武库选仗，武库令与隆忿争，御史中丞劾奏隆。隆曰："臣当毕命战场，武库令乃给以魏时朽仗，非陛下所以使臣之意也。"帝命惟隆所取，仍给三年军资而遣之。

十一月，马隆西渡温水，树机能等以众数万据险拒之。隆以山路狭隘，乃作扁箱车，为木屋，施于车上，转战而前，行千馀里，杀伤甚众。自隆之西，音问断绝，朝廷忧之，或谓已没。后隆使夜到，帝抚掌欢笑。诘朝，召群臣谓曰："若从诸卿言，无凉州矣。"乃诏假隆节，拜宣威将军。隆至武威，鲜卑大人猝跋韩且万能等帅万馀落来降。十二月，隆与树机能大战，斩之，凉州遂平。

太康元年。汉、魏以来，羌、胡、鲜卑降者，多处之塞内诸郡。其后数因忿恨，杀害长吏，渐为民患。侍御史西河郭钦上疏曰："戎狄强犷，历古为患。魏初民少，西北诸郡，皆为戎居，内及京兆、魏郡、弘农，往往有之。今虽服从，若百年之后有风尘之警，胡骑自平阳、上党不三日而至孟津，北地、西河、太原、冯翊、安定、上郡尽为狄庭矣。宜及平吴之威，谋臣猛将之略，渐徙内郡杂胡于边地，峻四夷出入之防，明先王荒服之制，此万世之长策也。"帝不听。

司马炎不加理会。马隆召募勇士，要能够拉开一百二十斤的弓，或拉开九石巨弩的人才被录取，他立下标准考试挑选，从早晨到中午，共选到三千五百个人。马隆说："够了。"又请求亲自到武器库去挑选武器，武库令与他发生了争执，御史中丞就弹劾马隆。马隆说："我将要在战场上尽忠效命，而武库令却发给我们曹魏时期已经锈烂的武器，我想这绝不是陛下派我出征的本意。"司马炎命令让马隆随意选取，并且拨给他三年的军用物资，然后令他们出发。

十一月，马隆向西渡过温水，秃发树机能等率数万人占据险要地形抗拒马隆。马隆因为山路狭窄，就制造扁箱车，另外做了些木制车厢放在车上，用来挡住箭矢与石块，一路边战边行，挺进一千多里，鲜卑军伤亡惨重。自从马隆往西进发，音讯断绝，朝廷十分担心，有人说马隆已经死了。后来，马隆的使者星夜赶到京师汇报，司马炎高兴得抚掌大笑。第二天早上，召见群臣，对他们说："如果听从你们的话，凉州就没有了。"于是下诏赐给马隆符节，擢升为宣威将军。马隆抵达武威，鲜卑族首长猝跋韩且万能等率一万多帐落归降。十二月，马隆与秃发树机能大战，斩杀了秃发树机能，凉州于是平定。

太康元年(280)。从汉、魏以来，归降中国的羌人、匈奴人、鲜卑人多数都被安置在长城以南各个郡居住。后来这些人好多次因为仇恨忿怒的缘故，杀害地方官吏，逐渐成为民间祸患。侍御史西河人郭钦上书说："戎狄部落强悍粗犷，自古以来就是祸患。曹魏初期人口稀少，西北各郡都成为戎狄居住区，内地一直到京兆、魏郡和弘农，也常有外族杂居。如今他们虽然臣服于朝廷，但如果百年之后有战乱的危机，外族骑兵从平阳、上党出发，用不了三天就可抵达孟津，那样，北地、西河、太原、冯翊、安定、上郡等地都会成为夷狄的地盘。应该趁着平定东吴的强大声威，运用谋臣猛将的策略，把内地的胡人逐渐迁到边疆地区，加强对夷狄出入关塞的防卫，以彰明古代君王实行的让夷狄居于荒野之地的一贯制度，这是千秋万世的长远之计。"司马炎未予采纳。

惠帝元康四年夏五月，匈奴郝散反，攻上党，杀长吏。秋八月，郝散帅众降，冯翊都尉杀之。

六年夏，郝散弟度元与冯翊、北地马兰羌、卢水胡俱反，杀北地太守张损，败冯翊太守欧阳建。

征西大将军赵王伦与雍州刺史济南解系争军事，更相表奏，朝廷以梁王肜为征西大将军，都督雍、凉二州诸军事。

秋八月，解系为郝度元所败，秦、雍氐、羌悉反，立氐帅齐万年为帝，围泾阳。御史中丞周处，弹劾不避权戚，梁王肜尝违法，处按劾之。冬十一月，诏以处为建威将军，与振威将军卢播俱隶安西将军夏侯骏，以讨齐万年。中书令陈准言于朝曰："骏及梁王皆贵戚，非将帅之才，进不求名，退不畏罪。周处吴人，忠直勇果，有仇无援。宜诏积弩将军孟观，以精兵万人为处前锋，必能殄寇。不然，梁王当使处先驱，而不救以陷之，其败必也。"朝廷不从。齐万年闻处来，曰："周府君尝为新平太守，有文武才，若专断而来，不可当也；或受制于人，此成禽耳！"

七年春正月，齐万年屯梁山，有众七万。梁王肜、夏侯骏使周处以五千兵击之。处曰："军无后继，必败，不徒亡身，为国取耻。"肜、骏不听，逼遣之。癸丑，处与卢播、解系攻万年于六陌。处军士未食，肜促令速进，自旦战至暮，斩

晋惠帝元康四年(294)夏季五月,匈奴人郝散反叛,进攻上党,斩杀了地方官吏。秋季八月,郝散率领部众归降朝廷,冯翊都尉杀了郝散。

六年(296)夏季,郝散的弟弟郝度元与冯翊、北地的马兰羌部落、卢水胡部落一起反叛,杀了北地太守张损,打败了冯翊太守欧阳建。

征西大将军赵王司马伦与雍州刺史济南人解系因为军事问题发生争执,各自上表控告对方,朝廷任命梁王司马肜为征西大将军,都督雍州、凉州诸军事。

秋季八月,解系被郝度元击败,秦州、雍州的氐人、羌人全部反叛,他们拥立氐族首领齐万年当皇帝,并且发兵包围了泾阳。御史中丞周处,弹劾官吏不畏权贵,梁王司马肜曾经犯法,周处照样调查、弹劾他。冬季十一月,惠帝下诏任命周处为建威将军,与振威将军卢播共同隶属于安西将军夏侯骏,以讨伐齐万年。中书令陈准在朝堂上进言说:"夏侯骏与梁王都是皇亲国戚,没有将军元帅的才干,他们若成功了也不求提高声望,败退了也不用担心会受到惩处。周处是东吴人,忠诚刚直,勇敢果断,却势单力孤,在朝中只有仇人,没有党援。应该诏令积弩将军孟观,率领精兵一万担任周处的前锋,就一定能够歼灭敌寇。否则的话,梁王一定会让周处担任先锋,然后故意不发兵增援,陷他于死地,他的战败是一定的。"但是朝廷没有采纳陈准的建议。齐万年听到周处率兵前来的消息,说:"周府君曾经当过新平郡太守,能文能武,如果他这次来拥有绝对的指挥权,便势不可挡;如果他是受别人管制摆布的,那么这次必定能捉住他!"

七年(297)春季正月,齐万年屯驻在梁山,有七万人。梁王司马肜、夏侯骏派周处率五千人进击。周处说:"军队如果没有后援部队,必然会战败,不仅我个人送命,而且也给国家带来耻辱。"司马肜、夏侯骏不理睬他,硬逼着他出发。癸丑(初四),周处与卢播、解系在六陌进攻齐万年。周处的士兵还没有吃饭,司马肜却催促他快速前进,周处率部属从早晨苦战到傍晚,斩杀

获甚众，弦绝矢尽，救兵不至。左右劝处退，处按剑曰："是吾效节致命之日也！"遂力战而死。朝廷虽以尤肜，而亦不能罪也。

八年秋九月，张华、陈准以赵王、梁王相继在关中，皆雍容骄贵，师老无功，乃荐孟观沉毅有文武材用，使讨齐万年。观身当矢石，大战十数，皆破之。

九年春正月，孟观大破氐众于中亭，获齐万年。

太子洗马陈留江统以为戎狄乱华，宜早绝其原，乃作《徙戎论》以警朝廷，曰：

"夫夷、蛮、戎、狄，地在要荒，禹平九土而西戎即叙。其性气贪婪，凶悍不仁。四夷之中，戎、狄为甚。弱则畏服，强则侵叛。当其强也，以汉之高祖困于白登、孝文军于霸上；及其弱也，以元、成之微而单于入朝。此其已然之效也。是以有道之君牧夷、狄也，惟以待之有备，御之有常。虽稽颡执贽而边城不弛固守，强暴为寇而兵甲不加远征。期令境内获安，疆埸不侵而已。

"及至周室失统，诸侯专征，封疆不固，而利害异心。戎、狄乘间，得入中国，或招诱安抚以为己用。自是四夷交侵，与中国错居。及秦始皇并天下，兵威旁达，攘胡，走越，当是时，中国无复四夷也。

俘获了许多敌寇,但是他们自己也弓弦断绝,箭矢用尽,而援兵却迟迟不到。左右将士都劝周处撤退,周处手握佩剑说:"现在是我尽忠义之节、为国捐躯的时候了!"于是继续奋力作战,直至阵亡。朝廷虽然责备司马肜,但也没能按罪处罚他。

八年(298)秋季九月,张华、陈准认为赵王、梁王相继镇守关中,但都悠闲享乐,骄横自傲,军队长期在外已十分疲惫,却什么功劳也没有建立,于是推荐孟观,说他沉着刚毅,有文才武略,派他去讨伐齐万年。孟观在战斗中亲自冒着弓箭石块勇往直前,打了十几回大仗,都击败了齐万年的军队。

九年(299)春季正月,孟观在中亭大破氐族叛军,擒获了齐万年。

太子洗马陈留人江统认为戎狄扰乱中华大地,应该尽早断绝他们的根源,于是写了篇《徙戎论》来警示朝廷,文章说:

"东夷、南蛮、西戎、北狄,都居住在远离中原本土的'要服''荒服'地带,当年禹平定了九州,西方的戎人即已归服。这些夷族本性贪婪,凶残剽悍,不讲仁义。四夷当中,尤以西戎、北狄最为厉害。当自身力量衰弱时,他们就对中原之国敬畏臣服;当自身力量强盛时,马上就背叛侵扰我们。他们强盛时,能把汉高祖围困在白登,能让孝文帝被迫在霸上驻军;等到他们衰弱时,即使是汉元帝、汉成帝时那样的微弱国力,单于也会前来朝见。这是已经发生过的例证。因此,圣明的君主管理夷狄,总是处于戒备状态,有经常性的防御措施。即使他们叩头称臣,进贡厚礼,边防要塞的防守也决不松弛;夷狄侵扰时,也只是把他们击退,从不穷追远征。目的是让国内平安无事,边疆不受侵扰而已。

"等到周王室失去纲纪时,各诸侯国任意征伐,疆界不能稳定,而利害关系又使各国异心。戎狄趁此机会,得以入侵中原,有的是被中原某国招徕安抚而为其所用。从此以后四夷交相侵入,与中原人民杂居。等到秦始皇统一天下时,军威远达四方,狠狠打击了北方匈奴,又赶走了南方越族,在那个时候,中原地区已没有所谓四夷了。

"汉建武中,马援领陇西太守,讨叛羌,徙其馀种于关中,居冯翊、河东空地。数岁之后,族类蕃息,既恃其肥强,且苦汉人侵之;永初之元,群羌叛乱,覆没将守,屠破城邑。邓骘败北,侵及河内,十年之中,夷、夏俱敝,任尚、马贤,仅乃克之。自此之后,馀烬不尽,小有际会,辄复侵叛,中世之寇,惟此为大。魏兴之初,与蜀分隔,疆场之戎,一彼一此。武帝徙武都氐于秦川,欲以弱寇强国,扞御蜀虏,此盖权宜之计,非万世之利也。今者当之,已受其敝矣。

"夫关中土沃物丰,帝王所居,未闻戎、狄宜在此土也。非我族类,其心必异。而因其衰敝,迁之畿服,士庶玩习,侮其轻弱,使其怨恨之气毒于骨髓。至于蕃育众盛,则坐生其心。以贪悍之性,挟愤怒之情,候隙乘便,辄为横逆。而居封域之内,无障塞之隔,掩不备之人,收散野之积,故能为祸滋蔓,暴害不测,此必然之势,已验之事也。当今之宜,宜及兵威方盛,众事未罢,徙冯翊、北地、新平、安定界内诸羌,著先零、罕开、析支之地,徙扶风、始平、京兆之氐,出还陇右,著阴平、武都之界,廪其道路之粮,令足自致,各附本种,反其旧土,使属国、抚夷就安集之。戎、晋不杂,并得其所,纵有猾夏之心,风尘之警,则绝远中国,隔阂山河,

"东汉建武年间，马援出任陇西太守，讨伐反叛的羌人，迁徙剩馀的羌人到关中，居住在冯翊、河东间的空旷地区。若干年之后，人口繁衍生息，羌人一方面依仗着自己力量强大，一方面也不堪忍受汉人对他们的侵凌；于是在永初初年，羌族各部落叛乱，杀害地方官吏，屠戮城池。在邓骘战败之后，羌人势力侵入到河内，十年的战乱，使夷狄和华夏两败俱伤，任尚、马贤，只能勉强制服他们。从此以后，羌族势力馀灰不灭，只要有个小小的机会，就再次侵扰叛乱，汉代中叶的寇患，就数这羌人的叛乱最为严重。曹魏刚兴起时，与蜀汉分隔，西部边疆的戎人，也分属魏、蜀两国。曹操把武都地区的氐族人迁到秦川，想以此削弱敌寇增强国力，以防御蜀国的入侵，这是当时的权宜之计，并不会带来长久的便利。我们今天承担的，就是当年的计策带来的弊病。

"关中地区土地肥沃、物产丰富，是历代帝王的居所，从没听说过戎狄应当生活在这片土地上。不是我们本民族的人，心中必怀有异志。然而趁着他们衰弱的时候，强令他们迁到京畿地区，士人平民习以为常，便欺侮他们的软弱，使得他们对中原人民的怨恨深入骨髓。一旦他们人口繁育力量强盛，则必然产生反抗之心。以贪婪剽悍的本性，加上愤怒仇恨的感情，时刻窥测时机，随时都会横行逆施发动叛乱。而他们居住于中原地区，没有要塞关卡的阻隔，袭击没有防备的人民，抢夺散在田野间的粮草储备，因而能够使祸乱不断蔓延，对国家与人民的损害无法预测，这是必然的趋势，也是已经验证了的事实。目前最好的办法，是趁着我们军队的威力正处鼎盛，许多军事措施还没有撤除或废弃，先把冯翊、北地、新平、安定界内的羌人迁徙到原来先零、罕开、析支等部落居住的地区，把扶风、始平、京兆地区的氐族人，迁回到陇右，安置在阴平、武都两郡间，由官府发给他们迁徙途中所需的粮食，足够他们自己到达目的地，让他们各自归附本民族，返回故土，再命令属国都尉和抚夷护军就近安抚管理他们。戎人与晋人不再混杂居住，各得其所，戎狄纵然再有侵扰华夏的野心，有挑起战乱的预兆，也距离中原太远，隔山阻河，

虽为寇暴，所害不广矣。

"难者曰：'氐寇新平，关中饥疫，百姓愁苦，咸望宁息；而欲使疲悴之众，徙自猜之寇，恐势尽力屈，绪业不卒，前害未及弭而后变复横出矣。'答曰：'子以今者群氐为尚挟馀资，悔恶反善，怀我德惠而来柔附乎？将势穷道尽，智力俱困，惧我兵诛以至于此乎？'曰：'无有馀力，势穷道尽故也。'然则我能制其短长之命而令其进退由己矣。夫乐其业者不易事，安其居者无迁志。方其自疑危惧，畏怖促遽，故可制以兵威，使之左右无违也。迨其死亡散流，离逖未鸠，与关中之人，户皆为仇，故可遐迁远处，令其心不怀土也。夫圣贤之谋事也，为之于未有，治之于未乱，道不著而平，德不显而成。其次则能转祸为福，因败为功，值困必济，遇否能通。今子遭敝事之终而不图更制之始，爱易辙之勤而遵覆车之轨，何哉！且关中之人百馀万口，率其少多，戎、狄居半，处之与迁，必须口实。若有穷乏，糁粒不继者，故当倾关中之谷以全其生生之计，必无挤于沟壑而不为侵掠之害也。今我迁之，传食而至，附其种族，自使相赡，而秦地之人得其半谷。此为济行者以廪粮，遗居者以积仓，宽关中之逼，去盗贼之原，除旦夕之损，建终年之益。若惮暂举之小劳

即使有侵夺劫掠,造成的伤害也不会很大。

"反对的人会说:'氐族人的叛乱刚平息,关中地区闹饥荒,又有瘟疫流行,百姓愁苦不堪,都希望安宁休息;如果想驱使这些疲惫憔悴的百姓,去迁移心存猜疑的叛贼,恐怕竭尽全力,仍不能成就功业,前面的祸害还没来得及平息而后面的变乱又突然发生了。'我的回答是:'你认为目前的氐人是还有馀力,但想弃恶从善,感激朝廷的恩德而来归附的呢?还是他们已穷途末路,无计可施也无力可用,惧怕我们的武力诛杀才到这一地步呢?'答案是:'是没有馀力、走投无路的缘故。'既然如此,我们就能控制他们的生死,也能根据我们的意愿安排他们的进退。喜欢自己职业的人不轻易调换工作,满意自己居住地方的人不想迁移。现在他们正疑心有危险而惧怕,恐怖而紧张急迫,所以我们可以用兵威来震慑他们,使他们听从指使,一点也不敢违抗。趁着他们死亡逃散,流离于各地还没来得及重新集结,与关中百姓又互相仇视,所以能够把他们迁到远处,使他们不怀恋中土。圣贤之人谋划事情,要在事情未发生时已做准备,在变乱未爆发时已在治理,大道虽不显著天下却已平定,德业虽不显赫事情却已完成。次一等的人也能转祸为福,反败为胜,遇到困境能够渡过,遇到穷厄也能够疏通。今天大家面对旧措施带来的结果,却不去考虑开始更换一种措施,喜欢不断改弦易辙,却沿着翻车的轨道前进,这是为什么啊?况且关中人口有一百多万,大概在这个数目上下,戎狄占了一半,不论把他们留下还是迁走,都必须有口粮。如果他们缺粮,连稀粥都喝不上了,就要倾尽关中所有的存粮来保全他们的生计,这样才能使他们不会拥挤着死在沟渠之中,也不会有掠夺侵扰的危害。现在我们把他们迁走,沿途郡县供应食物使他们到达,让他们回去依附本族,使他们自己养活自己,而关中的百姓就能得到原要供应给戎狄的那一半粮食。这个办法能提供迁徙者以粮食,给留居者以积储,减轻关中地区的压力,肃清产生盗贼的根源,清除随时可能发生的伤害,建立永久的安宁。如果畏惧暂时行动的小麻烦

而忘永逸之弘策,惜日月之烦苦而遗累世之寇敌,非所谓能创业垂统,谋及子孙者也。

"并州之胡,本实匈奴桀恶之寇也,建安中,使右贤王去卑诱质呼厨泉,听其部落散居六郡。咸熙之际,以一部太强,分为三率,泰始之初,又增为四。于是刘猛内叛,连结外虏,近者郝散之变,发于谷远。今五部之众,户至数万,人口之盛,过于西戎。其天性骁勇,弓马便利,倍于氐、羌。若有不虞风尘之虑,则并州之域可为寒心。

"正始中,毌丘俭讨句骊,徙其馀种于荥阳。始徙之时,户落百数;子孙孳息,今以千计;数世之后,必至殷炽。今百姓失职,犹或亡叛,犬马肥充,则有噬啮,况于夷、狄,能不为变!但顾其微弱,势力不逮耳。夫为邦者,忧不在寡而在不安。以四海之广,士民之富,岂须夷虏在内然后取足哉!此等皆可申谕发遣,还其本域,慰彼羁旅怀土之思,释我华夏纤介之忧。'惠此中国,以绥四方',德施永世,于计为长也!"

朝廷不能用。

而舍弃一劳永逸的宏大方略,吝惜数日数月的辛劳,而留下累及后世的贼寇,这不是所谓能开创基业并留传后世,为子孙后代着想的人。

"并州的胡人,本来是凶恶的匈奴贼寇,东汉建安年间,曾派遣右贤王去卑去诱骗单于呼厨泉,把他留做人质,听任其部众散居于并州六郡之间。魏咸熙年间,因为一个部落力量太强大,就分成三支,晋泰始初年,又增为四支。结果刘猛从内部叛变,勾结外族敌人,最近郝散发动变乱,也是在谷远地区。现在匈奴五部,共有几万户,人口之多,超过西戎。匈奴人天性骁勇,善使弓箭,精于骑术,战斗力几倍于氐人与羌人。如果一旦发生不可预料的事,有爆发战争的忧患,并州地区的形势将令人寒心。

"魏正始年间,毌丘俭出兵讨伐高句骊,把高句骊馀部迁到荥阳。刚迁徙时,不过数百户人家;但子孙繁衍,现在已有几千户;几代之后,必定更繁盛。现在汉族百姓失去生计,尚且会逃亡反叛,狗或马长到肥壮时,就会咬人,又何况是夷狄,怎么能不发生变乱? 只不过他们目前力量还微弱,势力不够罢了。治理国家的人,担心的不应是国家的贫困而应是国家的不安定。以四海的辽阔,人民的富庶,难道一定要把夷狄留在内地国家才会富足吗? 对于这些人,都可以耐心劝喻他们,送他们返回本土,一方面解除他们的客居思乡之苦,一方面也解除我华夏细微的忧患。《诗经》说'爱护中华,安抚四方',功德施于万世,这是最长远的策略!"

朝廷没有采纳江统的建议。

陈敏之叛

　　晋惠帝太安二年夏五月，新野庄王歆，为政严急，失蛮夷心，义阳蛮张昌聚党数千人，欲为乱。荆州以壬午诏书发武勇赴益州讨李流，号"壬午兵"。民惮远征，皆不欲行。诏书督遣严急，所经之界停留五日者，二千石免官。由是郡县官长皆亲出驱逐，展转不远，辄复屯聚为群盗。时江夏大稔，民就食者数千口。张昌因之诳惑百姓，更姓名曰李辰，募众于安陆石岩山，诸流民及避戍役者多往从之。太守弓钦遣兵讨之，不胜。昌遂攻郡，钦兵败，与部将朱伺奔武昌。歆遣骑督靳满讨之，满复败走。

　　昌遂据江夏，造妖言云："当有圣人出为民主。"得山都县吏丘沈，更其姓名曰刘尼，诈云汉后，奉以为天子，曰："此圣人也。"昌自为相国，诈作凤皇、玉玺之瑞，建元神凤；郊祀、服色，悉依汉故事。有不应募者，族诛之，士民莫敢不从。又流言云："江、淮已南皆反，官军大起，当悉诛之。"

陈敏之叛

晋惠帝太安二年(303)夏季五月,新野庄王司马歆,处理政事苛严急迫,失去境内夷族的信任与拥戴,义阳蛮人张昌聚集党羽数千人,准备作乱。荆州政府根据朝廷壬午这一天(正月初八)的诏书征发壮士武夫到益州讨伐李流,号称"壬午兵"。百姓们害怕长途远征,都不想去。但朝廷诏书催促急切,在所经过的地方逗留五天的,郡太守就要被免职。因此沿途各郡县官员都亲自出马督促驱赶,被征发的百姓辗转行军走不多远,便又聚集在一起成为强盗。当时江夏粮食大丰收,流落当地求生的百姓有数千人。张昌利用这一机会欺骗迷惑百姓,改名叫李辰,在安陆县的石岩山招募百姓,流民和逃避兵役的人大都去投奔他。江夏太守弓钦派遣兵马前去讨伐,不能取胜。于是张昌就进攻郡城,弓钦战败,与部将朱伺逃奔武昌。司马歆派遣骑督靳满前往讨伐,靳满又战败逃走。

张昌于是占据了江夏,制造谣言说:"将有圣人出现,为人君主。"又寻访到山都县小吏丘沈,将他改名为刘尼,谎称他是汉朝刘氏皇族后裔,尊奉他为皇帝,说:"这就是圣人。"张昌自己当相国,又伪造凤凰、玉玺等祥瑞,建年号为神凤,郊外祭祀的仪式、服饰颜色等,都依照汉王朝的先例。有不响应他召募的,全族诛灭,士人平民都不敢不服从他。张昌又散布流言说:"长江、淮河以南地区已全部反叛,官军大举出动,将把叛民诛杀光。"

互相扇动，人情惶惧。江、沔间所在起兵以应昌，旬月间众至三万，皆著绛帽，以马尾作髯。诏遣监军华宏讨之，败于障山。

歆上言："妖贼犬羊万计，绛头毛面，挑刀走戟，其锋不可当。请台敕诸军三道救助。"朝廷以屯骑校尉刘乔为豫州刺史，宁朔将军沛国刘弘为荆州刺史。又诏河间王颙遣雍州刺史刘沈将州兵万人并征西府五千人出蓝田关以讨昌。颙不奉诏，沈自领州兵至蓝田，颙又逼夺其众。于是刘乔屯汝南，刘弘及前将军赵骧、平南将军羊伊屯宛。昌遣其将黄林帅二万人向豫州，刘乔击却之。昌至樊城，歆出拒之，众溃，为昌所杀。诏以刘弘代歆为镇南将军，都督荆州诸军事。

秋七月，张昌党石冰寇扬州，败刺史陈徽，诸郡尽没；又攻破江州。别将陈贞等攻武陵、零陵、豫章、武昌、长沙，皆陷之。临淮人封云起兵寇徐州以应冰。于是荆、江、扬、豫、徐五州之境，多为昌所据。昌更置牧守，皆桀盗小人，专以劫掠为务。刘弘遣陶侃等攻昌于竟陵，刘乔遣其将李杨等向江夏。侃等屡与昌战，大破之，前后斩首数万级，昌逃于下儁山，其众悉降。

冬十二月，议郎周玘、前南平内史长沙王矩起兵江东以讨石冰，推前吴兴太守吴郡顾秘都督扬州九郡诸军事，传檄州郡，杀冰所署将吏。于是前侍御史贺循起兵于会稽，庐江内史广陵华谭及丹杨葛洪、甘卓皆起兵以应秘。玘，处之子；循，邵之子；卓，宁之曾孙也。

百姓们互相煽动,人心惊惶恐惧。长江、沔水一带都聚众起兵响应张昌,不到一个月的时间已聚集了三万人,都头戴深红色帽子,用马尾巴作假胡须。朝廷下诏派遣监军华宏前去讨伐,在障山被张昌击败。

司马歆上书说:"妖贼如犬羊一般数以万计,都是深红色的头,脸上长满毛,舞刀弄戟,锐气不可阻挡。请求朝廷下令各军分三路救援。"于是朝廷任命屯骑校尉刘乔为豫州刺史,宁朔将军沛国人刘弘任荆州刺史。又诏令河间王司马颙派遣雍州刺史刘沈率领州属部队一万人和征西将军府直属兵五千人出蓝田关,讨伐张昌。司马颙拒不接受诏命,刘沈自己率领州兵赶到蓝田,司马颙又强行剥夺了他的部众。于是只有刘乔屯驻汝南,刘弘及前将军赵骧、平南将军羊伊屯驻宛城。张昌派遣部将黄林率二万人前往豫州,被刘乔击退。张昌进攻樊城,司马歆出城迎战,晋军溃败,司马歆被张昌斩杀。朝廷又诏命刘弘代替司马歆为镇南将军,都督荆州诸军事。

秋季七月,张昌的同党石冰侵犯扬州,击败了刺史陈徽,扬州各郡全都沦陷;又攻陷江州。别将陈贞等人进攻武陵、零陵、豫章、武昌、长沙,五城都被攻陷。临淮人封云起兵进犯徐州以响应石冰。于是荆州、江州、扬州、豫州、徐州境内,大多数地方都被张昌所占据。张昌重新委派州郡长官,都是一些行凶盗窃之类的小人,专门以抢劫掠夺为职业。刘弘派遣陶侃等在竟陵进攻张昌,刘乔派遣部将李杨等前往江夏。陶侃等屡次与张昌交战,大破张昌,前后斩杀了数万人,张昌逃窜到下隽山,他的部众全都投降。

冬季十二月,议郎周玘、前任南平内史长沙人王矩在江东起兵讨伐石冰,推举前任吴兴太守吴郡人顾秘都督扬州九郡诸军事,他们向各州郡发布檄文,斩杀石冰委派的将领官吏。于是前侍御史贺循在会稽起兵,庐江内史广陵人华谭以及丹杨人葛洪、甘卓都起兵响应顾秘。周玘,是周处的儿子;贺循,是贺邵的儿子;甘卓,是甘宁的曾孙。

冰遣其将羌毒帅兵数万拒玘，玘击斩之。冰自临淮退趋寿春。征东将军刘准闻冰至，惶惧不知所为。广陵度支庐江陈敏统众在寿春，谓准曰："此等本不乐远戍，逼迫成贼，乌合之众，其势易离，敏请督帅运兵为公破之。"准乃益敏兵，使击之。

永兴元年二月，陈敏与石冰战数十合，冰众十倍于敏，敏击之，所向皆捷，遂与周玘合攻冰于建康。三月，冰北走，投封云，云司马张统斩冰及云以降，扬、徐二州平。周玘、贺循皆散众还家，不言功赏。朝廷以陈敏为广陵相。

秋八月，荆州兵擒斩张昌，同党皆夷三族。

二年。初，陈敏既克石冰，自谓勇略无敌，有割据江东之志。其父怒曰："灭我门者，必此儿也！"遂以忧卒。敏以丧去职。司空越起敏为右将军、前锋都督。越为刘祐所败，敏请东归收兵，遂据历阳叛。吴王常侍甘卓，弃官东归，至历阳，敏为子景娶卓女，使卓假称皇太弟令，拜敏扬州刺史。

敏使弟恢及别将钱端等南略江州，弟斌东略诸郡。江州刺史应邈、扬州刺史刘机、丹杨太守王旷皆弃官走。敏遂据有江东，以顾荣为右将军，贺循为丹杨内史，周玘为安丰太守，凡江东豪桀、名士，咸加收礼，为将军、郡守者四十馀人；或有老疾，就加秩命。循诈为狂疾，得免；乃以荣领丹杨内史。玘亦称疾，不之郡。敏疑诸名士终不为己用，欲尽诛之。荣说敏曰："中国丧乱，胡夷内侮，

石冰派遣他的部将羌毒率数万兵马抵御周玘,周玘击杀了羌毒。石冰从临淮退向寿春。征东将军刘准听说石冰将到,惊慌失措不知如何是好。广陵度支庐江人陈敏此时正率部众在寿春,他对刘准说:"石冰这些人本来不愿意远离故土去当兵,被迫当了反贼,这是一群乌合之众,很容易瓦解,请让我督率漕运部队为您破敌。"刘准就增加陈敏的兵力,命他迎击石冰。

永兴元年(304)二月,陈敏与石冰交战几十回合,石冰的人马是陈敏的十倍,但陈敏进击,连战连胜,于是与周玘的兵马联合进攻石冰所占的建康。三月,石冰向北逃窜去投奔封云,封云的司马张统斩杀了石冰和封云后投降,扬州、徐州全部平定。周玘、贺循都遣散了他们的部众回到家中,口中从不提功劳封赏。朝廷任命陈敏为广陵相。

秋季八月,荆州的士兵擒获并斩杀了张昌,张昌的同党全部夷灭三族。

二年(305)。当初,陈敏击败了石冰,自认为智勇双全天下无敌,就产生了割据江东的野心。他的父亲气愤地说:"屠灭我们一家的,一定是这个孩子!"最终忧郁而死。陈敏因父丧辞官,不久,司空司马越征召陈敏为右将军、前锋都督。司马越被刘祐打败,陈敏请求回东部集结军队,于是占据历阳叛变。吴王府常侍甘卓此时也辞职东归,抵达历阳时,陈敏为儿子陈景娶了甘卓的女儿,又让甘卓假称奉皇太弟命令,任陈敏为扬州刺史。

陈敏派弟弟陈恢以及属将钱端等向南侵犯江州,另一个弟弟陈斌向东侵犯各郡。江州刺史应邈、扬州刺史刘机、丹杨太守王旷等都丢下官职逃走。于是陈敏占据了江东,任命顾荣为右将军,贺循为丹杨内史,周玘为安丰太守,凡是江东的豪杰、名士,他都以礼收罗招徕,其中任命为将军、郡太守的有四十多人;对其中年老多病的,也按等级给予俸禄。贺循假装疯癫,才免于出任官职;陈敏就任命顾荣兼丹杨内史。周玘也说有病在身,不到安丰上任。陈敏怀疑那些名士最终不会为自己所用,想把他们全杀了。顾荣劝陈敏说:"中原战乱不断,夷狄侵辱内地,

观今日之势，不能复振，百姓将无遗种。江南虽经石冰之乱，人物尚全，荣常忧无孙、刘之主有以存之。今将军神武不世，勋效已著，带甲数万，舳舻山积，若能委信君子，使各得尽怀，散蒂芥之嫌，塞谗谄之口，则上方数州，可传檄而定；不然，终不济也。"敏乃止。敏命僚佐推己为都督江东诸军事、大司马、楚公，加九锡，列上尚书；称被中诏，自江入沔、汉，奉迎銮驾。

太宰颙以张光为顺阳太守，帅步骑五千诣荆州讨敏。刘弘遣江夏太守陶侃、武陵太守苗光屯夏口，又遣南平太守汝南应詹督水军以继之。

侃与敏同郡，又同岁举吏。随郡内史扈怀言于弘曰："侃居大郡，统强兵，脱有异志，则荆州无东门矣！"弘曰："侃之忠能，吾得之已久，必无是也。"侃闻之，遣子洪及兄子臻诣弘以自固。弘引为参军，资而遣之。曰："贤叔征行，君祖母年高，便可归也。匹夫之交，尚不负心，况大丈夫乎！"

敏以陈恢为荆州刺史，寇武昌，弘加侃前锋督护以御之。侃以运船为战舰，或以为不可。侃曰："用官船击官贼，何为不可！"侃与恢战，屡破之；又与皮初、张光、苗光共破钱端于长岐。南阳太守卫展说弘曰："张光，太宰腹心，公既与东海，宜斩光以明向背。"弘曰："宰辅得失，岂张光之罪！危人自安，君子弗为也。"乃表光殊勋，乞加迁擢。

看现在的形势,如果再不能复兴,百姓恐怕要死亡殆尽了。江南地区虽然遭受石冰之乱,但社会上的重要人物还都活着,我常常担忧没有孙权、刘备那样的明主来保全他们。如今将军您英明神武,是不世出的人才,您的功业已经显赫,拥有数万武装部队,船舰众多如重重山峦,如果能够取信于正人君子,使他们各自心情舒畅,消除细微的嫌隙,堵塞那些谗言诣媚之口,那么长江上游的各州就可以靠一纸檄文而平定;否则,终究是成不了大事的。"陈敏这才打消了尽诛名士的想法。陈敏命令部属推举自己为都督江东诸军事、大司马、楚公,加九锡,并且呈报尚书台;他又声称接到皇帝亲笔诏书,要他从长江进入沔水、汉水流域,迎接皇帝圣驾。

太宰司马颙任命张光为顺阳太守,率步兵、骑兵共五千人前往荆州讨伐陈敏。刘弘派遣江夏太守陶侃、武陵太守苗光驻守于夏口,又派遣南平太守汝南人应詹统帅水军作为后援。

陶侃与陈敏是同郡人,又在同一年被推荐做官。随郡内史扈怀对刘弘说:"陶侃居守大郡,统领强兵,万一怀有异心,那荆州就没了东门了!"刘弘说:"陶侃的忠诚能干,我久已知晓,必定不会这样。"陶侃得知后,派儿子陶洪、侄子陶臻到刘弘那儿当人质,以此来稳固自己的地位。刘弘任命两人为参军,送了许多礼物并让他们回去,说:"你叔父出征在外,你们的祖母年事已高,你们应回去奉养。匹夫相交往尚且不负心,何况是大丈夫呢?"

陈敏任命弟弟陈恢为荆州刺史,进攻武昌,刘弘让陶侃兼任前锋督护来抵御叛军。陶侃把运粮船改为战舰,有人认为不能这么做。陶侃说:"用国家的船攻击国家的敌人,为什么不可以?"陶侃与陈恢交战,屡次击败他;又与皮初、张光、苗光合兵在长岐击破钱端。南阳太守卫展劝刘弘说:"张光,是太宰司马颙的心腹,您既然已经倾向于东海王司马越,应该杀了张光以表明立场。"刘弘说:"太宰的行为得失,怎么能成为张光的罪状?置别人于危亡之地来求得自己的安全,有德君子是不做这种事的。"于是上表陈奏张光的功勋,请求加以擢升。

怀帝永嘉元年。陈敏刑政无章，不为英俊所附，子弟凶暴，所在为患。顾荣、周玘等忧之。庐江内史华谭遗荣等书曰："陈敏盗据吴、会，命危朝露。诸君或剖符名郡，或列为近臣，而更辱身奸人之朝，降节叛逆之党，不亦羞乎！吴武烈父子皆以英杰之才，继承大业。今以陈敏凶狡，七弟顽冗，欲蹑桓王之高踪，蹈大皇之绝轨，远度诸贤，犹当未许也。皇舆东返，俊彦盈朝，将举六师以清建业，诸贤何颜复见中州之士邪！"荣等素有图敏之心，及得书，甚惭，密遣使报征东大将军刘准，使发兵临江，己为内应，翦发为信。准遣扬州刺史刘机等出历阳讨敏。

敏使其弟广武将军昶将兵数万屯乌江，历阳太守宏屯牛渚。敏弟处知顾荣等有贰心，劝敏杀之，敏不从。昶司马钱广，周玘同郡人也，玘密使广杀昶，因宣言州下已杀敏，敢动者诛三族。广勒兵朱雀桥南，敏遣甘卓讨广，坚甲精兵尽委之。顾荣虑敏疑之，故往就敏。敏曰："卿当四出镇卫，岂得就我邪！"荣乃出，与周玘共说甘卓曰："若江东之事可济，当共成之。然卿观兹事势，当有济理不？敏既常才，政令反覆，计无所定，其子弟各已骄矜，其败必矣。而吾等安然受其官禄，事败之日，使江西诸军函首送洛，题曰'逆贼顾荣、甘卓之首'，此万世之辱也！"卓遂诈称疾，

晋怀帝永嘉元年(307)。陈敏在江东刑法政令混乱无章，英雄豪杰都不愿归附他，陈氏子弟又凶狠残暴，每到一处当地都把他们当作祸患。顾荣、周玘等都深以为忧。庐江内史华谭写信给顾荣等，说："陈敏非法占据吴郡、会稽地区，他的性命就像清晨的露珠一样，长不了。各位作为晋朝大臣，有的拿着朝廷符节管辖大郡，有的则是皇帝近臣，但是却玷污自己投身奸贼的伪朝，抛弃节义与叛徒为伍，难道不感到羞耻吗？当年吴武烈皇帝孙坚父子都以英俊杰出之才，继承大业。今天凭着陈敏的凶残狡猾，他七个弟弟的顽劣，却想追随孙策高绝的足迹，循孙权非凡的轨迹，我猜想各位贤人，也都不认为他们有此能力。现在皇帝御驾已东返洛阳，俊杰贤才充满朝廷，准备发动六军荡平建业，到那时各位贤人还有什么脸面再见中原人士？"顾荣等一向有收拾陈敏的想法，收到书信后，十分惭愧，就秘密派人报告征东大将军刘准，要求他出动兵马逼近长江，自己作为内应，并剪下头发作为信物。刘准派扬州刺史刘机等从历阳出发，讨伐陈敏。

陈敏派他的弟弟广武将军陈昶率几万人马屯驻在乌江，历阳太守陈宏驻守牛渚。陈敏的弟弟陈处知道顾荣等人怀有二心，劝说陈敏把他们都杀了，但陈敏不同意。陈昶的司马钱广，与周玘是同郡人，周玘密令钱广暗杀陈昶，并且宣称陈敏已在建业被杀，谁敢轻举妄动，屠灭三族。钱广聚集兵力守在朱雀桥南，陈敏派遣甘卓讨伐钱广，把精良的装备和精锐部队全部交给他。顾荣担心陈敏怀疑他，因此去见陈敏。陈敏说："你应该到各地镇守护卫，怎么可以到我身边？"顾荣于是退出，与周玘一起去劝甘卓说："如果陈敏江东的事业可以成功，我们应该共同辅佐他建立大业。但是你看目前的形势，有成功的可能吗？陈敏才能平平，政令反复无常，也没有个固定的奋斗目标，陈氏子弟又个个骄傲自负，他的失败已经是必然的了。而我们却安心接受他的官职与俸禄，等到彻底失败的那天，让长江以西攻来的各支朝廷大军把我们的首级装在盒子里送到洛阳，上面写着'叛贼顾荣、甘卓的首级'，这真是万世的耻辱！"甘卓就假称生病，

迎女，断桥，收船南岸，与玘、荣及前松滋侯相丹杨纪瞻共攻敏。

敏自帅万馀人讨卓，军人隔水语敏众曰："本所以戮力陈公者，正以顾丹杨、周安丰耳，今皆异矣，汝等何为！"敏众狐疑未决，荣以白羽扇麾之，众皆溃去。敏单骑北走，追获之于江乘，叹曰："诸人误我，以至今日！"谓弟处曰："我负卿，卿不负我！"遂斩敏于建业，夷三族。于是会稽等郡尽杀敏诸弟。

时平东将军周馥代刘准镇寿春。三月己未朔，馥传敏首至京师。诏征顾荣为侍中，纪瞻为尚书郎。太傅越辟周玘为参军，陆玩为掾。玩，机之从弟也。荣等至徐州，闻北方愈乱，疑不进。越与徐州刺史裴盾书曰："若荣等顾望，以军礼发遣。"荣等惧，逃归。盾，楷之兄子，越妃兄也。

把女儿接回,折断了桥,把船只全部调回南岸,与周玘、顾荣以及前松滋侯国相丹杨人纪瞻联合进攻陈敏。

陈敏亲自率领一万多人讨伐甘卓,甘卓的部下隔着河水对陈敏的部众说:"我们之所以勠力同心为陈敏效忠,正是因为顾荣、周玘的缘故,如今他们都已改变了立场,你们还留在那儿干什么?"陈敏的部众还迟疑不决,顾荣挥动白羽毛扇,陈敏的部众便都逃溃。陈敏单枪匹马向北逃走,在江乘被追上并抓住,他叹息说:"都是这些人误了我,以至于到今天这个地步!"又对他弟弟陈处说:"我对不起你,但你没有对不起我!"于是就在建业斩杀了陈敏,并屠灭三族。于是会稽等郡也把陈敏的几个弟弟全都杀了。

这时,平东将军周馥代替刘准镇守寿春。三月己未这天,周馥把陈敏的首级传到洛阳。晋怀帝诏令征召顾荣为侍中,纪瞻为尚书郎。太傅司马越征聘周玘为参军,陆玩为掾。陆玩,是陆机的堂弟。顾荣等人到达徐州时,听说北方形势越来越乱,迟疑着不敢前进。司马越写信给徐州刺史裴盾说:"如果顾荣等还要犹豫观望,就用军法遣送他们。"顾荣等很害怕,就逃回了故乡。裴盾,是裴楷哥哥的儿子,司马越妃子的哥哥。

卷第十二

西晋之乱 贾氏 诸王 胡羯 江左中兴附

魏元帝咸熙元年。初,晋王娶王肃之女,生炎及攸,以攸继景王后。攸性孝友,多材艺,清和平允,名闻过于炎。晋王爱之,常曰:"天下者,景王之天下也。吾摄居相位,百年之后,大业宜归攸。"炎立发委地,手垂过膝,尝从容问裴秀曰:"人有相否?"因以异相示之。秀由是归心。羊琇与炎善,为炎画策,察时政所宜损益,皆令炎豫记之,以备晋王访问。晋王欲以攸为世子,山涛曰:"废长立少,违礼不祥。"贾充曰:"中抚军有君人之德,不可易也。"何曾、裴秀曰:"中抚军聪明神武,有超世之才,人望既茂,天表如此,固非人臣之相也。"晋王由是意定,丙午,立炎为世子。

晋武帝泰始元年五月,魏帝加文王殊礼,进王妃曰后,世子曰太子。秋八月辛卯,文王卒,太子嗣为晋王。

西晋之乱 贾氏 诸王 胡羯 江左中兴附

魏元帝咸熙元年（264）。当初，晋王司马昭迎娶王肃的女儿为夫人，生下司马炎和司马攸，把司马攸过继给景王司马师做后代。司马攸性情孝顺友爱，多才多艺，清正温和，宽平允洽，名声超过司马炎。晋王司马昭很喜爱他，经常说："天下是景王创立的天下。我不过是代理相国之位，我死后，帝王大业应当交还给司马攸。"司马炎挺身站立时头发长得能够拖到地上，双手下垂能超过膝盖，他曾经从容不迫地询问尚书仆射裴秀说："人有吉相与否？"随后把自己头发和手臂过长的奇异特征展示给裴秀看。裴秀由此心向司马炎。羊琇与司马炎关系亲密，专门为司马炎出谋划策，观察当世政务所应减损和补益的地方，都让司马炎预先记下来，准备应对晋王司马昭的询问。晋王司马昭想把司马攸册立为继承王位的世子，山涛说："废弃长子而立少子，违背礼制，不吉祥。"贾充说："中抚军具有做人君主的品德，不能更替。"何曾、裴秀也说："中抚军聪明异常，神明威武，具有超出当世的才能，声望已很隆盛，帝王的仪表就是如此，这本来就不是做人臣子的骨相。"晋王司马昭由此拿定主意，在十月丙午（二十日）那天，册立司马炎为世子。

晋武帝泰始元年（265）五月，魏元帝曹奂加授文王司马昭特殊的礼仪，并晋升其王妃为王后，世子为太子。秋季八月辛卯（初九），文王司马昭去世，太子司马炎继位为晋王。

冬十二月壬戌，魏帝禅位于晋。丙寅，王即皇帝位。丁卯，封皇叔祖父孚为安平王，叔父幹为平原王，亮为扶风王，伷为东莞王，骏为汝阴王，肜为梁王，伦为琅邪王，弟攸为齐王，鉴为乐安王，机为燕王。又封群从司徒望等十七人皆为王。帝惩魏氏孤立之敝，故大封宗室，授以职任，又诏诸王皆得自选国中长吏。卫将军齐王攸独不敢，皆令上请。

三年春正月丁卯，立子衷为皇太子。

七年。侍中、尚书令、车骑将军贾充，自文帝时宠任用事，帝之为太子，充颇有力，故益有宠于帝。充为人巧谄，与太尉行太子太傅荀𫖮、侍中中书监荀勖、越骑校尉安平冯纨相为党友，朝野恶之。帝问侍中裴楷以方今得失，对曰："陛下受命，四海承风，所以未比德于尧、舜者，但以贾充之徒尚在朝耳。宜引天下贤人，与弘政道，不宜示人以私。"侍中乐安任恺、河南尹颍川庾纯皆与充不协，充欲解其近职，乃荐恺忠贞，宜在东宫。帝以恺为太子少傅，而侍中如故。会树机能乱秦、雍，帝以为忧，恺曰："宜得威望重臣有智略者以镇抚之。"帝曰："谁可者?"恺因荐充，纯亦称之。秋七月癸酉，以充为都督秦、凉二州诸军事，侍中、车骑将军如故。充患之。

冬季十二月壬戌（十三日），魏元帝曹奂把帝位禅让给晋王司马炎。丙寅（十七日），晋王司马炎登上皇帝宝座。丁卯（十八日），封皇帝的叔祖父司马孚为安平王，叔父司马幹为平原王，司马亮为扶风王，司马伷为东莞王，司马骏为汝阴王，司马肜为梁王，司马伦为琅邪王，弟弟司马攸为齐王，司马鉴为乐安王，司马机为燕王。又把司徒司马望等司马家众兄弟子侄十七人都封为王。晋武帝司马炎把曹魏皇帝没有亲属扶助的危害作为教训，所以大封同姓亲属，授给他们职权，又下诏，诸王都可以自行选用本封国中的官吏。卫将军齐王司马攸唯独不敢这样做，官吏都请晋武帝委派。

三年（267）春季正月丁卯这一天，晋武帝册立皇子司马衷为皇太子。

七年（271）。侍中、尚书令、车骑将军贾充，自司马昭时就受到宠信而当权，司马炎能够成为太子，贾充出了很大力气，所以越发受到晋武帝的宠信。贾充为人巧佞谄媚，与太尉行太子太傅荀颢、侍中中书监荀勖、越骑校尉安平人冯纨相互结成同党，朝野内外都很憎恶他们。晋武帝向侍中裴楷询问当今的朝政得失，裴楷对答说："陛下承受天命当了皇帝，四海接受教化，但之所以还没把陛下的功德比拟成唐尧、虞舜那样，只是因为贾充这帮人还在朝廷掌权罢了。应当引进天下的贤人，与他们一同弘扬为政之道，不应向人们显露您有偏私。"侍中乐安人任恺、河南尹颍川人庾纯都与贾充不和，贾充打算解除掉任恺的侍中职务，就向晋武帝推荐任恺，说他忠贞，应在太子东宫供职。晋武帝委任任恺为太子少傅，而侍中一职仍然保留。恰逢此时，秃发树机能侵扰秦州、雍州地区，晋武帝对此很忧虑，任恺就提议说："应当选派一位威望很高，而且具有智谋策略的重臣去镇守安抚那里。"晋武帝说："谁是可以胜任的人选呢？"任恺乘便推荐贾充，庾纯也称赞贾充足以胜任。秋季七月癸酉（二十六日），晋武帝任命贾充为都督秦、凉二州诸军事，而侍中、车骑将军的职务依旧保留。贾充对这一安排感到很忧虑。

冬十一月，贾充将之镇，公卿钱于夕阳亭。充私问计于荀勖，勖曰："公为宰相，乃为一夫所制，不亦鄙乎！然是行也，辞之实难，独有结婚太子，可不辞而自留矣。"充曰："然。孰可寄怀？"勖曰："勖请言之。"因谓冯𬘩曰："贾公远出，吾等失势。太子婚尚未定，何不劝帝纳贾公之女乎！"𬘩亦然之。初，帝将纳卫瓘女为太子妃，充妻郭槐赂杨后左右，使后说帝求纳其女。帝曰："卫公女有五可，贾公女有五不可：卫氏种贤而多子，美而长、白；贾氏种妒而少子，丑而短、黑。"后固以为请，荀𫖮、荀勖、冯𬘩皆称充女绝美，且有才德，帝遂从之。留充复居旧任。

八年春二月辛卯，皇太子纳贾妃。妃年十五，长于太子二岁，妒忌多权诈，太子壁而畏之。秋七月，以贾充为司空，侍中、尚书令、领兵如故。

十年秋七月丙寅，皇后杨氏殂。初，帝以太子不慧，恐不堪为嗣，常密以访后。后曰："立子以长不以贤，岂可动也！"镇军大将军胡奋女为贵嫔，有宠于帝，后疾笃，恐帝立贵嫔为后，致太子不安，枕帝膝泣曰："叔父骏女芷有德色，愿陛下以备六宫。"帝流涕许之。

冬季十一月，贾充即将赶赴任所，朝廷公卿在夕阳亭为他饯行。贾充私下向荀勖探问不去赴任的对策，荀勖说："您身为宰相，竟被一个小官所制住，不也太丢脸面了吗？但这次赴任，推辞掉确实很难，只有同太子结下姻亲关系，才可以不必推辞讨伐叛贼的差使，而您也自然能够留下来了。"贾充说："对。但谁能代我去表达心愿呢？"荀勖说："我来替您说话。"于是荀勖对冯紞说："贾公去远地赴任，我们就会失去权势。太子的婚姻现在还没确定下来，我们为什么不劝皇帝为太子纳娶贾公的女儿呢？"冯紞也认为这样做很对。当初，晋武帝准备纳娶卫瓘的女儿为太子正妃，贾充的夫人郭槐贿赂杨皇后的左右侍从，让他们怂恿杨皇后去劝说晋武帝纳娶自己的女儿。晋武帝说："卫公的女儿具有五个方面的好条件，贾公的女儿具有五个方面的不利条件：卫家祖上就贤良而且儿女众多，个个长得漂亮、高大、白净；贾家祖上就善于嫉妒而且儿女很少，个个长得丑陋、矮小、黝黑。"杨皇后坚决请求纳娶贾女，荀颛、荀勖、冯紞也都夸赞贾充的女儿绝顶漂亮，而且具有才艺美德，晋武帝于是听从了他们的鼓动。留下贾充，依然官居原职。

　　八年（272）春季二月辛卯（十七日），皇太子纳娶贾女为正妃。贾妃十五岁，比太子大两岁，她性情嫉妒又会耍很多手腕，太子既偏爱她又怕她。秋季七月，任命贾充为司空，原来的侍中、尚书令和统领诸军的职务仍不变。

　　十年（274）秋季七月丙寅（初六），皇后杨氏去世。当初，晋武帝鉴于太子不聪慧，担心他承接不了帝位，曾经暗地里征求过杨皇后的意见。杨皇后说："定立皇位继承人要按嫡庶长幼而不能按贤能与否，怎么能够变动呢？"镇军大将军胡奋的女儿是贵嫔，很受晋武帝的宠爱，杨皇后病势沉重，恐怕晋武帝册立胡贵嫔为皇后，致使太子地位不安稳，就把头枕在晋武帝的双膝上哭泣说："我叔父杨骏的女儿杨芷既有美德，又容貌出众，但愿陛下能把她选入后宫充个数。"晋武帝泪流不止地答应了她。

　　咸宁二年。初,齐王攸有宠于文帝,每见攸,辄抚床呼其小字曰:"此桃符座也!"几为太子者数矣。临终,为帝叙汉淮南王、魏陈思王事而泣,执攸手以授帝。太后临终,亦流涕谓帝曰:"桃符性急,而汝为兄不慈,我若不起,必恐汝不能相容,以是属汝,勿忘我言!"及帝疾甚,朝野皆属意于攸。攸妃,贾充之长女也。河南尹夏侯和谓充曰:"卿二婿,亲疏等耳。立人当立德。"充不答。攸素恶荀勖及左卫将军冯统倾谄,勖乃使统说帝曰:"陛下前日疾若不愈,齐王为公卿百姓所归,太子虽欲高让,其得免乎!宜遣还藩,以安社稷。"帝阴纳之,乃徙和为光禄勋,夺充兵权,而位遇无替。

　　冬十月丁卯,立皇后杨氏,大赦。后,元皇后之从妹也,美而有妇德。帝初聘后,后叔父珧上表曰:"自古一门二后,未有能全其宗者,乞藏此表于宗庙,异日如臣之言,得以免祸。"帝许之。十二月,以后父镇军将军骏为车骑将军,封临晋侯。尚书褚䂮、郭奕皆表骏小器,不可任社稷之重。帝不从。骏骄傲自得,胡奋谓骏曰:"卿恃女更益豪邪!历观前世,与天家婚,未有不灭门者,但早晚事耳。"骏曰:"卿女不在天家乎?"奋曰:"我女与卿女作婢耳,

咸宁二年(276)。当初,齐王司马攸在父亲司马昭那里很受宠爱,司马昭每次召见司马攸,总是用手抚摸御床,叫他小名说:"这是你桃符的座位!"司马攸有过好几回差点被立为太子了。司马昭临终前,向长子司马炎述说西汉淮南王刘安被杀、曹魏陈思王曹植被兄长逼迫的事,泪流满面,抓着司马攸的手,把他托付给司马炎。司马昭的夫人王氏临终前,也泪流不止地对晋武帝说:"桃符他性情急躁,而你作为兄长又不仁慈,我如果病好不了,怎么都担心你会不能宽容他,因此嘱咐你,不要忘了我的话!"等到晋武帝病重时,朝野内外都对司马攸登上皇位大抱希望。司马攸的王妃,是贾充的大女儿。河南尹夏侯和对贾充说:"您这两个女婿,与皇帝的亲疏都一样。立皇位继承人应该立有德的。"贾充不回答。司马攸一向憎恶荀勖以及左卫将军冯纨的谄媚逢迎,于是荀勖让冯纨劝晋武帝说:"陛下前些日子真像是一病不起,而齐王是公卿百姓所拥戴的人,太子即使想把皇位让给他,难道最后能免于灾祸吗?应当把齐王派回到他的封国去,以使晋室江山社稷安宁。"晋武帝心中认为冯纨说得有道理,于是把夏侯和由河南尹调任为光禄勋,削夺了贾充的兵权,但地位和待遇仍没有改变。

冬季十月丁卯(二十一日),册立杨芷为皇后,大赦天下。新皇后是武元皇后杨艳的堂妹,容貌美丽,又有妇女的德操。晋武帝最初聘娶杨芷时,杨芷的叔父杨珧奏上章表说:"自古一门出了两个皇后的,没有能够保全本宗族的,我乞求把这道章表收藏在皇室宗庙,日后若真如我所说,那我应免除受株连的祸殃。"晋武帝答应了这一请求。十二月,任命杨芷的父亲镇军将军杨骏为车骑将军,封为临晋侯。尚书褚䂮、郭奕都奏上章表,说杨骏器度狭小,不能担任辅佐晋室的重任。晋武帝拒不听从。杨骏十分骄傲,自鸣得意,胡奋对杨骏说:"您依仗女儿会更加豪纵了吧!纵观前代,与天子家联姻,没有不被满门诛灭的,只不过是时间早晚的事情罢了。"杨骏说:"您的女儿不也在皇室当贵嫔吗?"胡奋说道:"我的女儿只不过是给您的女儿充当婢女罢了,

何能为损益乎！”

三年秋七月，卫将军杨珧等建议，以为："古者封建诸侯，所以藩卫王室；今诸王公皆在京师，非扞城之义。又，异姓诸将居边，宜参以亲戚。"帝乃诏诸王各以户邑多少为三等：大国置三军五千人，次国二军三千人，小国一军一千一百人；诸王为都督者，各徙其国使相近。八月癸亥，徙扶风王亮为汝南王，出为镇南大将军，都督豫州诸军事；琅邪王伦为赵王，督邺城守事；勃海王辅为太原王，监并州诸军事。以东莞王伷在徐州，徙封琅邪王；汝阴王骏在关中，徙封扶风王。又徙太原王颙为河间王，汝南王柬为南阳王。辅，孚之子；颙，孚之孙也。其无官者，皆遣就国。诸王公恋京师，皆涕泣而去。又封皇子玮为始平王，允为濮阳王，该为新都王，遐为清河王。其异姓之臣有大功者，皆封郡公、郡侯。

四年冬十月，征征北大将军卫瓘为尚书令。是时，朝野咸知太子昏愚，不堪为嗣，瓘每欲陈启而未敢发。会侍宴陵云台，瓘阳醉，跪帝床前曰："臣欲有所启。"帝曰："公所言何邪？"瓘欲言而止者三，因以手抚床曰："此座可惜！"帝意悟，因谬曰："公真大醉邪？"瓘于此不复有言。帝悉召东宫官属，为设宴会，而密封尚书疑事，令太子决之。贾妃大惧，情外人代对，多引古义。给使张泓曰："太子不学，陛下所知，而答诏多引古义，必责作草主，更益谴负，

怎么会对家族有所损害或增益呢?"

三年(277)秋季七月,卫将军杨珧等人提出建议,认为:"古代分封诸侯,目的是藩屏护卫王室;现今各个王公都身在京师洛阳,不符合保卫国家的本意。再者,各个异姓将帅驻守在边境,也应把皇室亲属派去参与其中。"晋武帝于是下诏,诸王各按封国户数的多少分为三等:大封国设立三军,限定在五千人;中等封国设立两军,限定在三千人;小封国设立一军,限定在一千一百人;诸王担任都督的,分别变动封国,使与都督府驻地相靠近。八月癸亥(二十一日),迁扶风王司马亮为汝南王,出任镇南大将军,都督豫州诸军事;琅邪王司马伦为赵王,督邺城守事;勃海王司马辅为太原王,监并州诸军事。鉴于东莞王司马伷在徐州,改封琅邪王;汝阴王司马骏在关中,改封扶风王。又改封太原王司马颙为河间王,汝南王司马柬为南阳王。司马辅是司马孚的儿子,司马颙是司马孚的孙子。凡是诸王在朝中没有官职的,都让他们到自己的封国去。各位王公留恋京师,都泪流满面地离去。又封皇子司马玮为始平王,司马允为濮阳王,司马该为新都王,司马遐为清河王。对异姓臣僚,凡是立有大功的,都封为郡公、郡侯。

四年(278)冬季十月,征召征北大将军卫瓘担任尚书令。这时候,朝野内外都知道太子昏昧愚笨,不能继承帝位,卫瓘时常想陈说启奏而未敢开口。赶上有一次在陵云台陪同晋武帝饮宴,卫瓘假装喝醉了,跪在晋武帝的御床前说:"臣有事想启奏。"晋武帝说:"你想说什么呢?"卫瓘几次想开口而又停了下来,就用手抚摸着御床说:"这个座位太可惜了!"晋武帝明白了他的意思,就假装说:"你真是喝得大醉了吧?"卫瓘自此以后不再进言。晋武帝把太子东宫的下属官员全都叫来,为他们举行宴会,同时密封尚书决断不了的公文,让太子裁决。贾妃对此十分恐慌,雇请外人代为对答,援引了很多古义。负责传递文书的小吏张泓对贾妃说:"太子没学问,这是陛下所了解的,而对答诏书援引了很多古义,一定会责问起草的人,更会加重太子的罪责,

不如直以意对。"妃大喜,谓泓曰:"便为我好答,富贵与汝
共之。"泓即具草,令太子自写,帝省之甚悦。先以示瓘,瓘
大踧踖,众人乃知瓘尝有言也。贾充密遣人语妃云:"卫瓘
老奴,几破汝家!"

太康元年。侍御史郭钦上疏,请徙内郡羌胡、鲜卑于
边地,帝不听。事见《羌胡之叛》。

二年。帝既平吴,颇事游宴,怠于政事,掖庭殆将万
人。后父杨骏及弟珧、济始用事,交通请谒,势倾内外,时
人谓之"三杨",旧臣多被疏退。山涛数有规讽,帝虽知而
不能改。

三年春正月,帝晛然问司隶校尉刘毅曰:"朕可方汉之
何帝?"对曰:"桓、灵。"帝曰:"何至于此?"对曰:"桓、灵卖
官钱入官库,陛下卖官钱入私门,以此言之,殆不如也!"帝
大笑曰:"桓、灵之世,不闻此言,今朕有直臣,固为胜之。"

尚书张华,以文学才识名重一时,论者皆谓华宜为三
公。中书监荀勖、侍中冯统,以伐吴之谋深疾之。会帝问
华:"谁可托后事者?"华对以"明德至亲,莫如齐王"。由是
忤旨,勖因而谮之。甲午,以华都督幽州诸军事。

齐王攸德望日隆,荀勖、冯统、杨珧皆恶之。统言于帝
曰:"陛下诏诸侯之国,宜从亲者始。亲者莫如齐王,今独
留京师,可乎?"勖曰:"百僚内外皆归心齐王,陛下万岁后,

不如直接怎么想就怎么对答。"贾妃听后大喜,对张泓说:"马上替我好生对答,富贵与你共享。"张泓立即起草好,让太子亲自写下来,晋武帝看后十分高兴。头一个拿给卫瓘看,卫瓘十分局促不安,众人这才知道卫瓘曾向晋武帝讲过太子不行的话。贾充秘密派人告诉贾妃说:"卫瓘这老奴才,差点儿毁灭了你们家!"

太康元年(280)。侍御史郭钦上书,请求把内地各郡的羌人、鲜卑人迁徙到边境一带,晋武帝拒不采纳。事见《羌胡之叛》。

二年(281)。晋武帝平定东吴后,把很大精力放到游乐宴饮上,对政事懒得处理,后宫的宫女妃嫔多到将近一万人。杨皇后的父亲杨骏以及弟弟杨珧、杨济开始当权,上下勾结,相互请托,势力倾动朝廷内外,当世的人们称他们为"三杨",老臣大多被疏远贬退。山涛屡屡进行规谏讽喻,晋武帝虽然明白却不能改正。

三年(282)春季正月,晋武帝喟然长叹,询问司隶校尉刘毅说:"朕能同汉室哪个皇帝相比?"刘毅对答说:"汉桓帝和汉灵帝。"晋武帝说:"为什么低到这种地步?"对答说:"桓帝和灵帝在位期间,卖官鬻爵的收入尚且归入公家府库,陛下这时卖官鬻爵的收入却进入了臣僚的私人腰包,由此说来,您恐怕还不如桓帝、灵帝呢!"晋武帝大笑说:"桓帝和灵帝时期,没听过你这样的话,如今朕有你这样的忠直臣僚,固然胜过他们。"

尚书张华,凭借文章学问和才干识见名重一时,议政的人都认为张华应当位居三公之列。中书监荀勖、侍中冯𫄧,因张华赞同征伐东吴的决策而深深忌恨他。正好赶上晋武帝询问张华:"谁是能够托付后事的人选?"张华的对答为:"贤明仁德又加至亲骨肉,没有谁比得上齐王。"由此违逆了晋武帝的旨意,荀勖乘机诋毁张华。甲午(十九日),任命张华为都督幽州诸军事。

齐王司马攸的德操与威望一天比一天高,荀勖、冯𫄧、杨珧全都憎恶他。冯𫄧向晋武帝进言说:"陛下下诏,命各个王侯到自己的封国去,这应该从关系最亲的人开始做起。关系最亲的人,谁都赶不上齐王,可是现在单单把他留在京师,这样可以吗?"荀勖也说:"内外百官都归心于齐王,陛下您万年之后,

太子不得立矣。陛下试诏齐王之国，必举朝以为不可，则臣言验矣。"帝以为然。冬十二月甲申，诏曰："古者九命作伯，或入毗朝政，或出御方岳，其揆一也。侍中、司空、齐王攸，佐命立勋，劬劳王室，其以为大司马、都督青州诸军事，侍中如故，仍加崇典礼，主者详案旧制施行。"以汝南王亮为太尉、录尚书事、领太子太傅，光禄大夫山涛为司徒，尚书令卫瓘为司空。

征东大将军王浑上书，以为："攸至亲盛德，侔于周公，宜赞皇朝，与闻政事。今出攸之国，假以都督虚号，而无典戎干方之实，亏友于款笃之义，惧非陛下追述先帝、文明太后待攸之宿意也。若以同姓宠之太厚，则有吴、楚逆乱之谋，汉之吕、霍、王氏，皆何人也！历观古今，苟事之轻重所在，无不为害，唯当任正道而求忠良耳。若以智计猜物，虽亲见疑，至于疏者，庸可保乎！愚以为太子太保缺，宜留攸居之，与汝南王亮、杨珧共干朝事。三人齐位，足相持正，既无偏重相倾之势，又不失亲亲仁覆之恩，计之尽善者也。"于是扶风王骏、光禄大夫李憙、中护军羊琇、侍中王济、甄德皆切谏，帝并不从。济使其妻常山公主及德妻长广公主俱入，稽颡涕泣，请帝留攸。帝怒，谓侍中王戎曰："兄弟至亲，今出齐王，自是朕家事，而甄德、王济连遣妇来生哭人邪！"

太子就不能够立为皇帝了。陛下您试着下诏书，让齐王到他的封国去，必定会满朝文武都认为不妥当，那就正好验证了臣的这番话。"晋武帝认为他俩说得对。于是在冬季十二月甲申这天下诏书说："古代按九等爵位委任侯伯，有的入京辅佐朝政，有的出外统领一方，道理是相同的。如今侍中、司空、齐王司马攸，辅助天子，建立功勋，为王室勤勤恳恳，特命他出任大司马、都督青州诸军事，侍中依旧保留，还要增加、提高典制礼仪，令主管部门详细查考旧制施行。"任命汝南王司马亮为太尉、录尚书事、兼领太子太傅，原光禄大夫山涛为司徒，尚书令卫瓘为司空。

　　征东大将军王浑向朝廷上书，认为："司马攸是皇帝最亲的人，又很有德行，可与周公旦相比，理应佐助皇朝，参与政事。如今让司马攸出京，到他的封国去，授给都督的虚衔，却没有掌领军队、治理一方的实权，对兄长真诚笃厚地对待弟弟的古训颇有亏损，我感到恐惧的是，这不是陛下追怀奉行先帝和文明太后临终前嘱告怎样对待司马攸的平素心愿。如果认为是同姓，恩宠他们过于厚重，就会发生类似汉代吴、楚七国的叛乱阴谋，可反过来看，汉代吕后、霍光、王莽又都是什么样的人呢？纵观古今，如果事情的轻重所在，没有绝对不对皇室造成祸害的，就只应任用持守正道的人而选求忠良罢了。倘若靠智巧计谋猜疑事物，即便是至亲骨肉也会受到疑忌，至于非亲非故的那些人，又怎么能得到保全呢？我认为，太子太保目前还空缺着，应当留下司马攸，让他来担任，与汝南王司马亮、杨珧共同主持朝廷事务。这三个人地位平等，足以相互持守正道，既不存在一方权重倾轧另一方的情势，又不失掉皇帝以亲属为亲，以仁慈庇荫的恩德，这是全部计策中的最好计策。"在此时，扶风王司马骏、光禄大夫李憙、中护军羊琇、侍中王济、甄德都激切进谏，晋武帝一律不采纳。王济让他的夫人常山公主和甄德的夫人长广公主一起入宫，跪下磕头，泪流满面，请求晋武帝留下司马攸。晋武帝勃然大怒，对侍中王戎说："兄弟是至亲骨肉，如今让齐王出京，原本是朕的家务事，可甄德、王济却一起派老婆来哭死哭活的！"

乃出济为国子祭酒,德为大鸿胪。羊琇与北军中候成粲谋见杨珧,手刃杀之。珧知之,辞疾不出,讽有司奏琇,左迁太仆。琇愤怨,发病卒。李憙亦以年老逊位,卒于家。

　　四年春正月,帝命太常议崇锡齐王之物。博士庾旉、太叔广、刘暾、缪蔚、郭颐、秦秀、傅珍上表曰:"昔周选建明德以左右王室,周公、康叔、聃季,皆入为三公。明股肱之任重,守地之位轻也。汉诸王侯,位在丞相、三公上,其入赞朝政者,乃有兼官,其出之国,亦不复假台司虚名为隆宠也。今使齐王贤邪,则不宜以母弟之亲尊居鲁、卫之常职;不贤邪,不宜大启土宇,表建东海也。古礼,三公无职,坐而论道,不闻以方任婴之。惟宣王救急朝夕,然后命召穆公征淮夷,故其诗曰:'徐方不回,王曰旋归。'宰相不得久在外也。今天下已定,六合为家,将数延三事,与论太平之基,而更出之,去王城二千里,违旧章矣。"旉,纯之子;暾,毅之子也。旉既具草,先以呈纯,纯不禁。

　　事过太常郑默、博士祭酒曹志,志怆然叹曰:"安有如此之才,如此之亲,不得树本助化,而远出海隅!晋室之隆,其殆矣乎!"乃奏议曰:"古之夹辅王室,同姓则周公,异姓则太公,皆身居朝廷,五世反葬。及其衰也,虽有五霸

于是把王济赶出内宫,改任国子祭酒,甄德也改任大鸿胪。羊琇与北军中候成粲密谋面见杨珧,亲手杀掉他。杨珧得知消息,假装有病不出来,同时示意有关部门劾奏羊琇,把他降职为太仆。羊琇愤怒怨恨,生病死去。李憙也以年纪已老为由退职,最后死在家中。

四年(283)春季正月,晋武帝命太常讨论赐给齐王以表示尊崇的法物。博士庾旉、太叔广、刘暾、缪蔚、郭颐、秦秀、傅珍联名奏上章表说:"过去西周选择树立贤明仁德的亲属来佐助王室,周公、康叔、聃季都入朝担任三公。这样做,是表明股肱大臣的责任重大,镇守一方的职位轻微。汉朝各个王侯,品位在丞相、三公之上,其中入朝辅佐朝政的人,才有兼任的官职,他们如果出京到自己的封国去,也不再授予朝廷重要部门的虚衔来表示推重和恩宠。现在如果齐王很贤明呢,那就不应因他是同母所生胞弟的亲近关系和尊贵地位,让他出任鲁国、卫国那样的一般职务;如果齐王不贤明呢,也不应大大扩展封地,在东海边建国。古代礼制有规定,三公没有实际职务,专门坐在朝堂上讨论治国之道,没听说过把统辖一方的重任拴系在他们身上的。只有周宣王一时间要解救危急,才命令召穆公去征伐淮夷,所以《诗经》中说:'徐地不敢违逆,王命班师回朝。'这是说宰相不能长时间在外地。现今天下已经平定,天地四方均属晋室,应遵循古时候的做法,频繁召请三公,与他们一起讨论太平的基业如何延续,现在反而让齐王出京,到距离京师两千里的封国去,这违背了古代的典章制度。"庾旉,是庾纯的儿子;刘暾,是刘毅的儿子。庾旉打好了草稿,先呈交给庾纯过目,庾纯未加以阻止。

此事经由太常郑默、博士祭酒曹志料理,曹志伤心地感叹说:"天下哪有像齐王这样的人才,这样的皇帝亲属,却不用来扶植根基、协助教化,而把他远远支到海角去的事呢?晋室的昌盛,看来要危险了!"于是上奏建议说:"古代护卫辅佐王室的人,同姓的要数周公,异姓的要数太公吕望,他们都身居朝廷,历经五代之后,都归葬于周地。等到周王室衰败的时候,尽管有春秋五霸

代兴,岂与周、召之治同日而论哉!自羲皇以来,岂一姓所能独有!当推至公之心,与天下共其利害,乃能享国久长。是以秦、魏欲独擅其权而才得没身,周、汉能分其利而亲疏为用,此前事之明验也。志以为当如博士等议。"帝览之,大怒曰:"曹志尚不明吾心,况四海乎!"且谓:"博士不答所问而答所不问,横造异论。"下有司策免郑默。于是尚书朱整、褚䂮等奏:"志等侵官离局,迷罔朝廷,崇饰恶言,假托无讳。请收志等付廷尉科罪。"诏免志官,以公还第,其馀皆付廷尉科罪。

　　庾纯诣廷尉自首:"䂮以议草见示,愚浅听之。"诏免纯罪。廷尉刘颂奏䂮等大不敬,当弃市。尚书奏请报听廷尉行刑。尚书夏侯骏曰:"官立八座,正为此时。"乃独为驳议。左仆射下邳王晃亦从骏议。奏留中七日,乃诏曰:"䂮是议主,应为戮首,但䂮家人自首,宜并广等七人皆丐其死命,并除名。"

　　二月,诏以济南郡益齐国。己丑,立齐王攸子长乐亭侯寔为北海王。命攸备物典策,设轩县之乐,六佾之舞,黄钺朝车,乘舆之副从焉。

交替兴起,但哪里能和周公、召公的政绩同日而语呢?从伏羲氏以来,国家政权哪能总由一姓来把持住呢?应当以至公之心待人,与天下人共有利与害,才能够长久享有国家政权。所以嬴政、曹操原想独占政权却仅仅落个平安死去,周朝、汉室能让人们分享到利益,而同姓、异姓才各自替它们效力,这是前代事实的明证。我曹志认为应当按照博士庾旉等人的提议来处理。"晋武帝看过奏疏,勃然大怒说:"连曹志尚且不了解我的心意,何况全天下呢!"并且说:"博士不对答朝廷的询问,却对答朝廷所未曾询问的事,肆意编造歧异的言论。"命令主管部门把郑默免职。这时尚书朱整、褚䂮等人启奏说:"曹志等人超越职权,背离本职,迷惑欺骗朝廷,张扬粉饰奸恶的言论,却假托直言无讳。请陛下逮捕曹志等人,送交廷尉治罪。"晋武帝下诏,免掉曹志的官职,按甄城县公的身份回家去,其馀的人都送交廷尉治罪。

庾纯主动到廷尉那里投案自首说:"庾旉曾经把奏议的草稿拿给我看过,我愚昧肤浅,由他去干了。"晋武帝下诏,赦免庾纯的罪过。廷尉刘颂奏报庾旉等人犯下了对皇帝大不敬的重罪,应当处以死刑并在街市示众。尚书又奏请报与廷尉,任凭廷尉行刑。尚书夏侯骏说:"朝廷官职中设立尚书台八大要员,正是为了在这个时候发挥作用。"于是独自一人赶写驳回廷尉的奏议。尚书左仆射下邳王司马晃也同意夏侯骏的奏议。奏议在宫中搁置了七天,晋武帝才下诏说:"庾旉是上表制造异议的主犯,应当定为被杀戮的头一个人,但庾旉的家人投案自首,应当连同太叔广等七个人都免除死罪,一律在朝官登记册上除名。"

二月,晋武帝下诏,把济南郡并入齐王的封国。己丑(十九日),封齐王司马攸的儿子、长乐亭侯司马寔为北海王。下命令确定了司马攸使用的全套礼法仪物及行使权力的规格,可以张设三面悬挂的乐器,用六行四十八人的舞蹈队,仪仗有黄金斧、入朝乘坐的专车,车驾的其他附属车辆也都随同配备。

三月，齐献王攸愤怨发病，乞守先后陵。帝不许，遣御医诊视，诸医希旨，皆言无疾。河南尹向雄谏曰："陛下子弟虽多，然有德望者少。齐王卧居京邑，所益实深，不可不思也。"帝不纳，雄愤恚而卒。攸疾转笃，帝犹催上道。攸自强入辞，素持容仪，疾虽困，尚自整厉，举止如常，帝益疑其无疾。辞出数日，欧血而薨。帝往临丧，攸子冏号踊，诉父病为医所诬。诏即诛医，以冏为嗣。

初，帝爱攸甚笃，为荀勖、冯紞等所构，欲为身后之虑，故出之。及薨，帝哀恸不已。冯紞侍侧，曰："齐王名过其实，天下归之，今自薨殒，社稷之福也，陛下何哀之过！"帝收泪而止。诏攸丧礼依安平献王故事。攸举动以礼，鲜有过事，虽帝亦敬惮之。每引之同处，必择言而后发。

十年。帝极意声色，遂至成疾。杨骏忌汝南王亮，排出之。冬十一月甲申，以亮为侍中、大司马、假黄钺、大都督、督豫州诸军事，镇许昌；徙南阳王柬为秦王，都督关中诸军事；始平王玮为楚王，都督荆州诸军事；濮阳王允为淮南王，都督扬、江二州诸军事；并假节之国。立皇子乂为长沙王，颖为成都王，晏为吴王，炽为豫章王，演为代王；皇孙遹为广陵王。又封淮南王子迪为汉王，楚王子仪为毗陵王，

三月,齐献王司马攸因愤怒怨恨得了病,乞求护守生母文明太后的陵墓。晋武帝不答应,派御医去诊断察看病情,各个御医都迎合晋武帝的旨意,全说齐王没生病。河南尹向雄进谏说:"陛下弟兄子侄虽然很多,但有德行威望的却很少。齐王即便卧病留居京师,对国家的补益也实在很深远,不能不予考虑。"晋武帝拒不采纳,向雄愤恨去世。司马攸的病情恶化,晋武帝还催促他赶快启程。司马攸强打精神入朝辞行,因他一向注意容貌仪表,病得尽管很厉害,还是整饬振作,举止同日常一样,晋武帝由此更加怀疑他根本没有病。司马攸辞行出京不几天,就吐血去世了。晋武帝前去参加丧礼,司马攸的儿子司马囧号啕大哭,捶胸顿足,诉说父亲本来生病,因被御医所欺骗而耽误了。晋武帝下诏立刻诛杀御医,把司马囧定为齐王的继承人。

起初,晋武帝对司马攸的疼爱特别深厚,被荀勖、冯紞等人所挑拨构陷,打算为死后太子即位着想,所以让他出京去封国。等到司马攸病故,晋武帝哀伤悲痛不止。冯紞正在身边侍候,就说:"齐王的名望超过了他的实际,天下都归向他,如今他自己死去了,这是晋室江山社稷的福分,陛下为什么哀伤得这么过分呢?"晋武帝听后,收住眼泪不哭了。下诏对司马攸的丧礼按照叔祖父安平献王司马孚的规格来办理。司马攸一举一动都照礼制去做,很少有过错,即便是晋武帝也很敬畏他。每次引见他一起坐,晋武帝一定想好该说的话,然后才说。

十年(289)。晋武帝纵情声色,于是到了疾病缠身的地步。杨骏忌恨汝南王司马亮,把他排挤出京。冬季十一月甲申(二十三日),朝廷任命司马亮为侍中、大司马、假黄钺、大都督、督豫州诸军事,坐镇许昌;改封南阳王司马柬为秦王,都督关中诸军事;始平王司马玮为楚王,都督荆州诸军事;濮阳王司马允为淮南王,都督扬、江二州诸军事;一律都授予朝廷旄节让他们赶赴各自的封国。册立皇子司马乂为长沙王,司马颖为成都王,司马晏为吴王,司马炽为豫章王,司马演为代王;皇孙司马遹为广陵王。又封淮南王的儿子司马迪为汉王,楚王的儿子司马仪为毗陵王,

徙扶风王畅为顺阳王，畅弟歆为新野公。畅，骏之子也。琅邪王觐弟澹为东武公，繇为东安公。觐，伷之子也。

初，帝以才人谢玖赐太子，生皇孙遹。宫中尝夜失火，帝登楼望之，遹年五岁，牵帝裾入暗中曰："暮夜仓猝，宜备非常，不可令照见人主。"帝由是奇之。尝对群臣称遹似宣帝，故天下咸归仰之。帝知太子不才，然恃遹明慧，故无废立之心。复用王佑之谋，以太子母弟柬、玮、允分镇要害。又恐杨氏之逼，复以佑为北军中候，典禁兵。帝为皇孙遹高选僚佐，以散骑常侍刘寔志行清素，命为广陵王傅。

惠帝永熙元年春三月，帝疾笃，未有顾命。勋旧之臣多已物故，侍中、车骑将军杨骏独侍疾禁中，大臣皆不得在左右。骏因辄以私意改易要近，树其心腹。会帝小间，见其新所用者，正色谓骏曰："何得便尔！"时汝南王亮尚未发，乃令中书作诏，以亮与骏同辅政，又欲择朝士有闻望者数人佐之。骏从中书借诏观之，得便藏去，中书监华廙恐惧，自往索之，终不与。会帝复迷乱，皇后奏以骏辅政，帝颔之。夏四月辛丑，皇后召华廙及中书令何劭，口宣帝旨作诏，以骏为太尉、太子太傅、都督中外诸军事、侍中、录尚书事。诏成，后对廙、劭以呈帝，帝视而无言。

改封扶风王司马畅为顺阳王,司马畅的弟弟司马歆为新野公。司马畅,是司马骏的儿子。又封琅邪王司马觐的弟弟司马澹为东武公,司马繇为东安公。司马觐,是司马伷的儿子。

当初,晋武帝把才人谢玖赐给了太子司马衷,生下了皇孙司马遹。宫内曾有一次夜间失火,晋武帝登上楼台观看火势,当时司马遹年仅五岁,用手牵着晋武帝的衣襟走到了暗处,说:"夜间突然失火,应当防备意外情况,不能让火光映照,被人看见君主在哪里。"晋武帝由这件事对他感到很惊奇。曾经向群臣称赞司马遹很像宣帝司马懿,所以天下都归附仰慕司马遹。晋武帝知道太子没有才能,但依仗司马遹聪明敏慧,所以没有废立太子的念头。又采用王佑的计谋,让太子的亲弟弟司马柬、司马玮、司马允分别镇守要害地区。又担心皇后杨家的进逼,再任命王佑为北军中候,掌领宫廷卫队。晋武帝以很高的标准替皇孙司马遹选配下属官员,鉴于散骑常侍刘寔志向和品行清正纯朴,特地委任他充当广陵王司马遹的师傅。

晋惠帝永熙元年(290)春季三月,晋武帝病危,还未留下遗嘱。这时立过功勋、多年随从的大臣大都已经去世,只有侍中、车骑将军杨骏独自在宫中侍候晋武帝,大臣们全都没办法守候在左右。杨骏乘机按自己的意愿随便更换枢要亲近官员,培植他的心腹。偏巧晋武帝病情略有好转,发现杨骏新任用的人,严厉地对杨骏说:"怎么能这样干!"当时汝南王司马亮还没有启程,晋武帝于是命中书写好遗诏,命司马亮和杨骏共同辅政,又准备选择朝廷官员中有名望的几个人佐助他俩。杨骏从中书那里借来遗诏观看,瞅准一个空隙就藏起来带走了,中书监华廙十分恐惧,亲自去索要遗诏,杨骏到最后也没还给他。正赶上晋武帝又昏迷错乱,皇后杨芷奏请由父亲杨骏辅政,晋武帝点头算是表示同意了。夏季四月辛丑(十二日),皇后杨芷召见华廙和中书令何劭,口头宣达晋武帝的旨意,写下遗诏,任命杨骏为太尉、太子太傅、都督中外诸军事、侍中、录尚书事。遗诏写好后,杨芷当着华廙、何劭两人的面呈献给晋武帝,晋武帝看了看,没有发话。

廙,歆之孙;勔,曾之子也。遂趋汝南王亮赴镇。帝寻小
间,问:"汝南王来未?"左右言:"未至。"帝遂困笃。己酉,
崩于含章殿。帝宇量弘厚,明达好谋,容纳直言,未尝失色
于人。太子即皇帝位,大赦,改元,尊皇后曰皇太后,立妃
贾氏为皇后。

　　杨骏入居太极殿,梓宫将殡,六宫出辞,而骏不下殿,
以虎贲百人自卫。诏石鉴与中护军张劭监作山陵。汝南
王亮畏骏,不敢临丧,哭于大司马门外。出营城外,表求过
葬而行。或告亮欲举兵讨骏者,骏大惧,白太后,令帝为手
诏与石鉴、张劭,使帅陵兵讨亮。劭,骏甥也,即帅所领趋
鉴速发。鉴以为不然,保持之。亮问计于廷尉何勖,勖曰:
"今朝野皆归心于公,公不讨人而畏人讨邪!"亮不敢发,
夜,驰赴许昌,乃得免。骏弟济及甥河南尹李斌皆劝骏留
亮,骏不从。济谓尚书左丞傅咸曰:"家兄若征大司马,退
身避之,门户庶几可全。"咸曰:"宗室外戚,相恃为安。但
召大司马还,共崇至公以辅政,无为避也。"济又使侍中石
崇见骏言之,骏不从。

　　五月辛未,葬武帝于峻阳陵。
　　杨骏自知素无美望,欲依魏明帝即位故事,普进封爵
以求媚于众。左军将军傅祇与骏书曰:"未有帝王始崩,

华廙，是华歆的孙子；何劭，是何曾的儿子。于是皇后和杨骏催促汝南王司马亮赶赴镇所。晋武帝不久病情又略有好转，问侍从说："汝南王来了没有？"左右说："没来。"晋武帝于是病情变得危急沉重。己酉（二十日）这天，在含章殿驾崩。晋武帝的器宇度量宏大宽厚，明智通达又好谋略，能容忍采纳正直的言论，未曾对人失掉过威仪。太子司马衷登上皇帝宝座，大赦天下，改年号为永熙，尊奉杨皇后为皇太后，册立正妃贾氏为皇后。

杨骏入居太极殿，晋武帝的灵柩要移到殿内停放，六宫妃嫔出来哭送灵柩，而杨骏却不下殿，用一百名勇士来护卫自己。朝廷下诏，命石鉴和中护军张劭监督修造晋武帝的陵墓。汝南王司马亮害怕杨骏对自己下毒手，不敢去宫中参加丧礼，在大司马府的府门外痛哭致哀。然后出京，在城外扎营，上表请求等到晋武帝安葬后再上路。有人举报司马亮打算兴兵讨伐杨骏，杨骏十分害怕，禀告给杨太后，杨太后让惠帝写下亲笔诏书，赐给石鉴、张劭，命他们率领监修晋武帝陵墓的军队去讨伐司马亮。张劭，是杨骏的外甥，马上就统领手下部队，催促石鉴火速发兵。石鉴认为不会这样，就按兵不动。司马亮向廷尉何勖询问对策，何勖说："如今朝野内外都把希望寄托在您的身上，您不讨伐别人却害怕别人讨伐您吗？"但司马亮不敢采取行动，在夜间飞快奔赴许昌，才得以免祸。杨骏的弟弟杨济以及外甥河南尹李斌都劝杨骏把司马亮留在朝廷，杨骏拒不听从。杨济对尚书左丞傅咸说："我哥哥如果征召大司马司马亮，自己从高位上退下来回避他，杨氏家门或许可以得到保全。"傅咸说："皇族与外戚，相互依靠才能平安。只须征召大司马还朝，共同本着公正无私的原则来辅佐朝政，用不着有意回避。"杨济又让侍中石崇拜见杨骏说明这一主张，杨骏仍不接受。

五月辛未（十三日），在峻阳陵安葬了晋武帝。

杨骏自己知道自己一向没有良好的声望，打算效仿魏明帝即位时候的老办法，对官员们普遍提高封爵等级，借此来讨好众人。左军将军傅祗给杨骏写信说："世上没有帝王刚刚驾崩，

臣下论功者也。"骏不从。祗,暇之子也。丙子,诏中外群臣皆增位一等,预丧事者增二等,二千石已上皆封关中侯,复租调一年。散骑常侍石崇、散骑侍郎何攀共上奏,以为:"帝正位东宫二十馀年,今承大业,而班赏行爵,优于泰始革命之初及诸将平吴之功,轻重不称。且大晋卜世无穷,今之开制,当垂于后,若有爵必进,则数世之后,莫非公侯矣。"不从。

诏以太尉骏为太傅、大都督、假黄钺,录朝政,百官总己以听。傅咸谓骏曰:"谅暗不行久矣。今圣上谦冲,委政于公,而天下不以为善,惧明公未易当也。周公大圣,犹致流言,况圣上春秋非成王之年乎!窃谓山陵既毕,明公当审思进退之宜。苟有以察其忠款,言岂在多!"骏不从。咸数谏骏,骏渐不平,欲出咸为郡守。李斌曰:"斥逐正人,将失人望。"乃止。杨济遗咸书曰:"谚云:'生子痴,了官事。'官事未易了也。想虑破头,故具有白。"咸复书曰:"卫公有言:'酒色杀人,甚于作直。'坐酒色死,人不为悔,而逆畏以直致祸,此由心不能正,欲以苟且为明哲耳。自古以直致祸者,当由矫枉过正,或不忠笃,欲以亢厉为声,故致忿耳。安有悾悾忠益而返见怨疾乎!"

就由臣下来论功行赏的事。"杨骏拒不听从。傅祗，是傅嘏的儿子。丙子(十八日)，朝廷下诏，朝廷内外群臣全都晋升一级，参加晋武帝丧礼的晋升两级，俸禄在二千石以上的官员一律封为关中侯，免除赋税一年。散骑常侍石崇、散骑侍郎何攀共同上奏，认为："皇帝在东宫取得太子地位已经二十多年了，如今承继帝王大业，而颁行赏赐，晋升爵位，超过了泰始初年取代曹魏以及众将平定东吴所建功勋的优厚程度，前后显得轻重极不相称。况且大晋朝世代相传，没有尽头，如今开启这种制度，就会垂示于后代，如果有爵位就必定晋升，那么几代以后，就没人不是公侯了。"但这道奏议未被采纳。

　　朝廷下诏，委任太尉杨骏为太傅、大都督、假黄钺，总领朝政，百官各自行守本职，听命于杨骏。傅咸对杨骏说："皇帝守丧三年的古制，已经很久不实行了。如今圣上谦和淡泊，把朝政委托给明公您，可天下人并不认为这样很好，是担心您不容易承当得起。周公是大圣贤，尚且招来流言蜚语，何况圣上的年龄又不是周成王那样小的岁数呢？我私下认为，先帝的安葬事宜已经结束了，明公您应当仔细考虑进退的合适做法。如果可以体察到别人对您的忠实诚恳，又哪里在于他言辞的多少呢？"杨骏拒不听从。傅咸多次劝谏杨骏，杨骏渐渐不满意，打算把傅咸调出去当郡守。李斌说："斥逐正直的人，将会失去人们对您的敬仰。"杨骏这才作罢。杨济给傅咸写信说："有句谚语说：'生了一个傻儿子，可以了结官家事。'须知官家事不容易了结啊。我为您思考忧虑得脑袋都要破了，所以写信对您有所忠告。"傅咸回信说："卫公有句话：'酒色杀人，比直言杀人还厉害。'因酒色而死，人们不感到后悔，但反过来却害怕因忠直招来祸殃，这是由于内心不能纯正，只想把苟且偷安当成明哲保身罢了。自古因忠直招来祸殃的人，实际是由于纠正过错过了头，或者不是出自忠诚，想借疾言厉色来沽名钓誉，所以才招来对方的愤恨罢了。世间哪有诚恳尽忠、有所补益却反而被人怨恨的呢？"

杨骏以贾后险悍，多权略，忌之，故以其甥段广为散骑常侍，管机密；张劭为中护军，典禁兵。凡有诏命，帝省讫，入呈太后，然后行之。

骏为政，严碎专愎，中外多恶之。冯翊太守孙楚谓骏曰："公以外戚居伊、霍之任，当以至公、诚信、谦顺处之。今宗室强盛，而公不与共参万机，内怀猜忌，外树私昵，祸至无日矣！"骏不从。楚，资之孙也。

弘训少府蒯钦，骏之姑子也，数以直言犯骏，他人皆为之惧。钦曰："杨文长虽暗，犹知人之无罪不可妄杀，不过疏我。我得疏，乃可以免；不然，与之俱族矣。"

骏辟匈奴东部人王彰为司马，彰逃避不受。其友新兴张宣子怪而问之，彰曰："自古一姓二后，未有不败。况杨太傅昵近小人，疏远君子，专权自恣，败无日矣。吾逾海出塞以避之，犹恐及祸，奈何应其辟乎！且武帝不惟社稷大计，嗣子既不克负荷，受遗者复非其人，天下之乱，可立待也。"

秋八月壬午，立广陵王遹为皇太子。以中书监何劭为太子太师，卫尉裴楷为少师，吏部尚书王戎为太傅，前太常张华为少傅，卫将军杨济为太保，尚书和峤为少保。拜太子母谢氏为淑媛。贾后常置谢氏于别室，不听与太子相见。初，和峤尝从容言于武帝曰："皇太子有淳古之风，而末世多伪，恐不了陛下家事。"武帝默然。后与荀勖等同侍武帝，

杨骏鉴于贾皇后阴险凶悍，会耍弄各种权术谋略，很忌惮她，所以委派自己的外甥段广担任散骑常侍，掌管机密；张劭担任中护军，统领宫廷卫队。只要朝廷有诏命需要下达，都由晋惠帝看完后，入宫呈报杨太后，然后颁布施行。

杨骏执掌朝政，严苛细碎又专横执拗，朝野内外大多厌恶这套做法。冯翊郡太守孙楚对杨骏说："您凭借外戚的身份，承当伊尹、霍光那样的辅政重任，应当靠极其公正、诚恳信实、谦虚和顺来料理。现今皇族势力强盛，而您不与他们共同参与日常政务，却心怀猜忌，在外面又培植自己亲近宠爱的人，祸患到来就没有多少日子了！"杨骏拒不听从。孙楚，是孙资的孙子。

弘训少府蒯钦，是杨骏姑母的儿子，屡次用直言冒犯杨骏，旁人都替他感到害怕。蒯钦说："杨骏尽管暗昧不明，还知道人无罪过不能够随便诛杀，他只不过会疏远我。我受到疏远，才可以免祸；不然的话，我就与他一起被灭族了。"

杨骏辟用匈奴东部人王彰担任司马，王彰逃避不予接受。他的朋友新兴人张宣子感到很奇怪，就问他这样做的原因，王彰说："自古一姓中出了两个皇后的，没有不败亡的。何况太傅杨骏亲近小人，疏远正人君子，专断朝政，自行其是，他的败亡已经没有多少日子了。我越过大海、跨出边塞躲避他，还恐怕大祸临头呢，怎么能响应他的征召呢？况且武帝不专为江山社稷的长久大计着想，继位的太子既已不能够承担起重任，接受遗嘱辅政的人又不是那块料，天下动乱的局势，就要立即到来了。"

秋季八月壬午(二十六日)，册立广陵王司马遹为皇太子。任命中书监何劭为太子太师，卫尉裴楷为少师，吏部尚书王戎为太傅，原太常张华为少傅，卫将军杨济为太保，尚书和峤为少保。册拜太子司马遹的生母谢氏为九嫔之一的淑媛。贾皇后经常把谢氏安置在另外的屋室里，不让她同太子相见。当初，和峤曾从容不迫地对晋武帝说："皇太子具有淳厚古朴的风度，但在衰败年代欺诈多得很，恐怕他了结不了陛下您的家里事。"晋武帝听后沉默不语。后来和峤与荀勖等人一起在晋武帝身边侍候，

武帝曰:"太子近入朝差长进,卿可俱诣之,粗及世事。"既还,勖等并称太子明识雅度,诚如明诏。峤曰:"圣质如初。"武帝不悦而起。及帝即位,峤从太子遹入朝,贾后使帝问曰:"卿昔谓我不了家事,今日定如何?"峤曰:"臣昔事先帝,曾有斯言;言之不效,国之福也。"

元康元年。初,贾后之为太子妃也,尝以妒,手杀数人,又以戟掷孕妾,子随刃堕。武帝大怒,修金墉城,将废之。荀勖、冯紞、杨珧及充华赵粲共营救之,曰:"贾妃年少,妒者妇人常情,长自当差。"杨后曰:"贾公闾有大勋于社稷,妃亲其女,正复妒忌,岂可遽忘其先德邪!"妃由是得不废。

后数诫厉妃,妃不知后之助己,返以后为构己于武帝,更恨之。及帝即位,贾后不肯以妇道事太后,又欲干预政事,而为太傅骏所抑。殿中中郎渤海孟观、李肇,皆骏所不礼也,阴构骏,云将危社稷。黄门董猛,素给事东宫,为寺人监,贾后密使猛与观、肇谋诛骏,废太后。又使肇报汝南王亮,使举兵讨骏,亮不可。肇报都督荆州诸军事楚王玮,玮欣然许之,乃求入朝。骏素惮玮勇锐,欲召之而未敢,因其求朝,遂听之。二月癸酉,玮及都督扬州诸军事淮南王允来朝。

晋武帝说:"太子近日前来朝见时多少有些长进,你们可以一起到他那里去,大致问他一些当今事务。"回来后,荀勖等人共同称赞太子聪明有见识,风度高雅,的确同皇上讲的那样。和峤却说:"太子的资质和原来没什么不同。"晋武帝听后很不高兴,起身就走了。等到司马衷登上皇帝宝座,和峤陪同太子司马遹入宫朝拜,贾皇后让晋惠帝追问和峤说:"爱卿过去说我不能了结自家事,今天究竟怎样呢?"和峤说:"臣从前侍奉先帝,曾经说过这句话;说过却不应验,这正是国家的洪福。"

元康元年(291)。当初,贾皇后做太子正妃的时候,曾因嫉妒,亲手杀死过好几个女子,又用戟掷向怀孕的姬妾,胎儿随着戟刃当场堕落。晋武帝听后大怒,修建了金墉城,打算把她废掉关起来。荀勖、冯紞、杨珧以及九嫔之一的充华赵粲共同搭救她,都向晋武帝吹风说:"贾妃年纪还很轻,嫉妒也是妇女的本性,等她年纪大了自然也就改好了。"杨皇后也说:"贾充为国家立过大功勋,太子正妃又是他的亲女儿,他的女儿偏偏又天生嫉妒,怎么能够一下子就忘记了她先人的功德呢?"贾妃因此才未被废掉。

杨皇后多次告诫训责贾妃,贾妃不了解这是皇后在帮助自己,反而认为是皇后在晋武帝那里构陷自己,越发恨她。等到惠帝登上皇帝宝座,贾皇后不肯按照儿媳的道德规范服侍杨太后,又想干预朝廷政事,而被太傅杨骏所抑制。殿中中郎渤海人孟观、李肇,都是杨骏所不礼遇的官员,他俩暗中向贾皇后构陷杨骏,说他将会危及晋室社稷。黄门宦官董猛,一向在太子东宫供职,被提升为寺人监,贾皇后秘密让董猛同孟观、李肇策划诛杀杨骏,废黜杨太后。又派李肇去通知汝南王司马亮,让他兴兵讨伐杨骏,司马亮不同意。李肇转而通知都督荆州诸军事楚王司马玮,司马玮高兴地答应下来,于是请求入京朝见。杨骏一向畏惧司马玮的勇猛凶悍,原想召他入朝辅政但没敢这样做,因他是来朝见,就应允下来。二月癸酉(二十日),司马玮以及都督扬州诸军事淮南王司马允前来朝见。

三月辛卯，孟观、李肇启帝，夜作诏，诬骏谋反，中外戒严，遣使奉诏废骏，以侯就第。命东安公繇帅殿中四百人讨骏，楚王玮屯司马门，以淮南相刘颂为三公尚书，屯卫殿中。段广跪言于帝曰："杨骏孤公无子，岂有反理？愿陛下审之。"帝不答。

时骏居曹爽故府，在武库南，闻内有变，召众官议之。太傅主簿朱振说骏曰："今内有变，其趣可知，必是阉竖为贾后设谋，不利于公，宜烧云龙门以胁之，索造事者首，开万春门，引东宫及外营兵拥皇太子入宫，取奸人，殿内振惧，必斩送之。不然，无以免难。"骏素怯懦，不决，乃曰："云龙门，魏明帝所造，功费甚大，奈何烧之！"侍中傅祗白骏，请与尚书武茂入宫观察事势，因谓群僚曰："宫中不宜空。"遂揖而下阶。众皆走，茂犹坐。祗顾曰："君非天子臣邪？今内外隔绝，不知国家所在，何得安坐！"茂乃惊起。骏党左军将军刘豫陈兵在门，遇右军将军裴颇，问太傅所在，颇绐之曰："向于西掖门遇公乘素车，从二人西出矣。"豫曰："吾何之？"颇曰："宜至廷尉。"豫从颇言，遂委而去。寻诏颇代豫领左军将军，屯万春门。颇，秀之子也。皇太后题帛为书，射之城外曰："救太傅者有赏。"贾后因宣言太后同反。寻而殿中兵出，烧骏府，又令弩士于阁上临骏府而射之，

三月辛卯（初八），孟观、李肇启禀晋惠帝，在夜晚赶写诏书，诬陷杨骏谋反，朝廷内外一律戒严，特派宫中使者持诏书，罢免杨骏一切职务，按侯爵身份退居住处。又命东安公司马繇率领殿中卫士四百人讨伐杨骏，楚王司马玮屯驻在司马门，委任淮南王的国相刘颂为三公尚书，驻兵守卫殿中。杨骏的外甥段广跪下对晋惠帝说：“杨骏孤身一人没有儿子，哪里有谋反的道理呢？愿陛下明察。”晋惠帝不作声。

　　当时杨骏居住在曹魏大将军曹爽的旧府第中，位于兵器库的南边，闻知宫内发生了变故，就召集手下众官员商议对策。太傅主簿朱振力劝杨骏说：“眼下宫内发生变故，矛头所指，不言自明，一定是那帮宦官为贾皇后设下阴谋，对您不利，应当焚烧云龙门，来逼迫他们，索要制造事端者的脑袋，然后打开万春门，带领东宫以及外营兵簇拥皇太子入宫，索取奸贼，宫殿内就会震动畏惧，一定会杀掉奸贼，把首级送来。不这样干，是没办法免除祸难的。”杨骏一向怯懦胆小，犹豫不决，竟然说：“云龙门，是魏明帝修造的，所用人力和财力非常大，怎么能烧掉它呢？”侍中傅祗禀报杨骏，请求和尚书武茂进宫观察一下事态的发展，随后对众位臣僚说：“宫中不应空虚。”于是拜别杨骏走下台阶。众位臣僚全都离去，武茂还坐在那里不动。傅祗转过头来对他说：“您难道不是天子的臣僚吗？如今宫内和外廷消息隔绝，不知道皇帝在什么地方，哪里还能坐得住呢！”武茂这才惊觉，站起身来。杨骏的党羽左军将军刘豫在府门外面布置好兵众，遇到右军将军裴颜前来，就问杨太傅现在何处，裴颜骗他说：“刚才在西掖门碰到太傅乘坐没有装饰的车子，还有两人跟随，向西去了。”刘豫说：“我该去哪里？”裴颜说：“应去廷尉。”刘豫相信了裴颜的话，把兵众交给裴颜就走了。过不多久，就有诏书传到，命裴颜代替刘豫暂任左军将军，屯驻万春门。裴颜是裴秀的儿子。杨太后用丝帛写信，派人射到城外，上面说：“援救太傅的人有赏。”贾后随即宣称杨太后与杨骏共同谋反。过不多久，殿中兵出来焚烧杨骏的府第，又命令弓弩手从楼阁高处对准杨骏的府第放箭，

骏兵皆不得出。骏逃于马厩,就杀之。孟观等遂收骏弟
珧、济,张劭、李斌、段广、刘豫、武茂及散骑常侍杨邈、中书
令蒋骏、东夷校尉文鸯,皆夷三族,死者数千人。

珧临刑,告东安公繇曰:"表在石函,可问张华。"众谓
宜依锺毓例为之申理。繇不听,而贾氏族党趣使行刑。珧
号叫不已,刑者以刀破其头。繇,诸葛诞之外孙也,故忌文
鸯,诬以为骏党而诛之。是夜,诛赏皆自繇出,威振内外。
王戎谓繇曰:"大事之后,宜深远权势。"繇不从。

壬辰,赦天下,改元。
贾后矫诏,使后军将军荀悝送太后于永宁宫,特全太
后母高都君庞氏之命,听就太后居。寻复讽群公有司奏曰:
"皇太后阴渐奸谋,图危社稷,飞箭系书,要募将士,同恶相
济,自绝于天。鲁侯绝文姜,《春秋》所许。盖奉祖宗,任至
公于天下,陛下虽怀无已之情,臣下不敢奉诏。"诏曰:"此
大事,更详之。"有司又奏:"宜废皇太后为峻阳庶人。"中书
监张华议:"皇太后非得罪于先帝,今党其所亲,为不母于圣
世,宜依汉废赵太后为孝成后故事,贬皇太后之号,还称武皇
后,居异宫,以全始终之恩。"左仆射荀恺与太子少师下邳王
晃等议曰:"皇太后谋危社稷,不可复配先帝,宜贬尊号,废
诣金墉城。"于是有司奏请从晃等议,废太后为庶人,诏可。

杨骏的卫兵都出不来。杨骏逃到马棚里,被人杀死在那里。孟观等人随即逮捕了杨骏的弟弟杨珧、杨济,还有张劭、李斌、段广、刘豫、武茂以及散骑常侍杨邈、中书令蒋骏、东夷校尉文鸯,一律诛灭三族,被处死的多达数千人。

杨珧受刑前告知东安公司马繇说:"我向武帝呈奏的准予免祸的章表就封存在皇室宗庙的石匣里,此事可以问张华。"众人认为应依照曹魏末年锺毓同造反的弟弟锺会划清界限的先例,来为杨珧进行申辩。司马繇不肯听从,而贾氏家族的同党又催促赶快行刑。杨珧号叫不止,行刑的刀斧手用刀劈开了他的脑袋。司马繇,是诸葛诞的外孙,原来就忌恨东夷校尉文鸯,至此便诬告文鸯是杨骏的党羽而杀了他。这一夜,诛杀与奖赏都由司马繇决定,威势震动朝野内外。王戎对司马繇说:"大事办完以后,应该彻底地远离权势。"司马繇拒不听从。

壬辰(初九),大赦天下,改年号为元康。

贾皇后诈称有皇帝诏书,派将军荀悝把杨太后移送到永宁宫,特意保全杨太后的母亲高都君庞氏的性命,允许她到杨太后那里居住。不久又示意众位公卿和主管部门上奏说:"皇太后暗中施行奸恶的计谋,企图危害晋室社稷,往城外射箭捎带书信,招募将士,与邪恶之人狼狈为奸,自绝于上天。鲁庄公同文姜断绝母子关系,这是《春秋》所赞许的。至于奉守祖宗功业,应向天下表明以公正无私为己任,陛下尽管心怀割不断的情分,但臣等也不敢奉命而行。"惠帝下诏说:"这属于大事,要再谨慎一些。"主管部门又上奏说:"应该废黜皇太后为峻阳庶人。"中书监张华提议说:"皇太后不是获罪于先帝,如今同她的亲属结党营私,为人之母,在圣明之世没能成为天下的表率,应当依仿汉朝废赵太后为孝成后的先例,撤销皇太后的尊号,仍称武皇后,在另外的宫室居住,来保全从始至终的恩典。"尚书左仆射荀恺和太子少师下邳王司马晃等人提议说:"皇太后图谋危害晋室社稷,不能再匹配先帝,应撤销尊号,废黜到金墉城。"于是主管部门奏请采用司马晃等人的提议,废杨太后为平民,惠帝下诏同意。

又奏:"杨骏造乱,家属应诛。诏原其妻庞命,以尉太后之心。今太后废为庶人,请以庞付廷尉行刑。"诏不许,有司复固请,乃从之。庞临刑,太后抱持号叫,截发稽颡,上表诣贾后称妾,请全母命,不见省。董养游太学,升堂叹曰:"朝廷建斯堂,将以何为乎!每览国家赦书,谋反大逆皆赦;至于杀祖父母、父母不赦者,以为王法所不容故也。奈何公卿处议,文饰礼典,乃至此乎!天人之理既灭,大乱将作矣!"

有司收骏官属,欲悉诛之。侍中傅祗启曰:"昔鲁芝为曹爽司马,斩关赴爽,宣帝用为青州刺史。骏之僚佐,不可悉加罪。"诏赦之。

壬寅,征汝南王亮为太宰,与太保卫瓘皆录尚书事,辅政。以秦王柬为大将军,东平王楙为抚军大将军,楚王玮为卫将军、领北军中候,下邳王晃为尚书令,东安公繇为尚书左仆射,进爵为王。楙,望之子也。封董猛为武安侯,三兄皆为亭侯。

亮欲取悦众心,论诛杨骏之功,督将侯者千八十一人。御史中丞傅咸遗亮书曰:"今封赏熏赫,震动天地,自古以来,未之有也。无功而获厚赏,则人莫不乐国之有祸,是祸原无穷也。凡作此者,由东安公。人谓殿下既至,当有以正之,正之以道,众亦何怒!众之所怒者,在于不平耳,而今皆更倍论,莫不失望。"亮颇专权势,咸复谏曰:

主管部门又启奏说:"杨骏制造叛乱,家属理应诛杀。上次诏命饶恕杨骏妻室庞氏的性命,来宽慰太后的心。如今太后被废为平民,请把庞氏交付廷尉执行死刑。"惠帝下诏不批准,主管部门又坚决奏请,于是应允。庞氏受刑前,杨太后抱住庞氏不放,号哭哀叫,割下头发,跪在地上磕头,奏上章表,愿到贾皇后那里充当奴婢,请求保全母亲的性命,但却不被理睬。浚仪隐士董养到太学游历,进入学堂感叹道:"朝廷建立这学堂,打算拿它做什么呢?每次观览国家的赦免文书,像谋反这样大逆不道的罪行都能赦免;至于那些杀死祖父母或父母的罪犯,却不能赦免,认为这是王法所不能容忍的缘故。为什么公卿处理审议时,用牵强附会的言辞歪曲礼法国典,竟然达到这种地步呢?天道人世的法则已经灭绝,大乱将要发生了!"

主管部门逮捕了杨骏的下属官吏,准备全部处死他们。侍中傅祗启奏说:"过去鲁芝是曹魏大将军曹爽的司马,冲破城门去追随逃亡的曹爽,可宣帝却任用他为青州刺史。如今杨骏的僚属,也不能一律加罪。"惠帝下诏予以赦免。

壬寅(十九日),征召汝南王司马亮就任太宰,与太保卫瓘均为录尚书事,辅佐朝政。又任命秦王司马柬为大将军,东平王司马楙为抚军大将军,楚王司马玮为卫将军、兼任北军中候,下邳王司马晃为尚书令,东安公司马繇为尚书左仆射,晋升为王爵。司马楙,是司马望的儿子。又封董猛为武安侯,他的三个哥哥也都封为亭侯。

司马亮打算取得众人的欢心,论列诛杀杨骏的功劳,督将被封为侯爵的多达一千零八十一人。御史中丞傅咸给司马亮写信说:"如今封赏显赫盛大,震动了天地,自古以来,从未有过。无功却蒙受厚重的封赏,那世人就无不乐烹国家出现祸乱了,这是使祸乱的根源无穷无尽啊。开下这个坏头的,是东安公司马繇。人们认为殿下您来到,会有纠正的办法,用正道纠正,众人又有什么怨怒?众人所怨怒的,在于不公平罢了,而如今加倍论功行赏更甚于司马繇,众人没有不失望的。"司马亮独揽权势,傅咸又劝谏说:

"杨骏有震主之威,委任亲戚,此天下所以喧哗。今之处重,宜反此失,静默颐神,有大得失,乃维持之,自非大事,一皆抑遣。比过尊门,冠盖车马,填塞街衢,此之禽习,既宜弭息。又夏侯长容无功而暴擢为少府,论者谓长容,公之姻家,故至于此。流闻四方,非所以为益也。"亮皆不从。

贾后族兄车骑司马模、从舅右卫将军郭彰、女弟之子贾谧与楚王玮、东安王繇,并预国政。贾后暴戾日甚,繇密谋废后,贾氏惮之。繇兄东武公澹,素恶繇,屡谮之于太宰亮曰:"繇专行诛赏,欲擅朝政。"庚戌,诏免繇官;又坐有悖言,废徙带方。

于是贾谧、郭彰权势愈盛,宾客盈门。谧虽骄奢而好学,喜延士大夫,郭彰、石崇、陆机、机弟云、和郁及荥阳潘岳、清河崔基、勃海欧阳建、兰陵缪徵、京兆杜斌、挚虞、琅邪诸葛诠、弘农王粹、襄城杜育、南阳邹捷、齐国左思、沛国刘瓌、周恢、安平牵秀、颍川陈眕、高阳许猛、彭城刘讷、中山刘舆、舆弟琨皆附于谧,号曰"二十四友"。郁,峤之弟也。崇与岳尤谄事谧,每候谧及广城君郭槐出,皆降车路左,望尘而拜。

太宰亮、太保瓘以楚王玮刚愎好杀,恶之,欲夺其兵权,以临海侯裴楷代玮为北军中候,玮怒。楷闻之,不敢拜。亮复与瓘谋,遣玮与诸王之国,玮益忿怨。玮长史公孙宏、

"杨骏形成震动君主的威势，委任亲戚担当要职，这是天下喧闹的原因所在。如今您处在辅政地位，应该纠正这种失误，清静沉默，颐养精神，朝政出现大事，再去权衡裁定，若非大事，就都不必亲自处理，派人去做。近来我路过您的府门，看到车马连成片，堵满了街衢，这种众人争相趋附的风气，早该止息了。再者，夏侯长容本无功劳，却猛然提升为少府，议政的人认为夏侯长容是您的姻亲，所以才到这地步。传闻流播各地，并不是有益的事情。"司马亮对傅咸的劝告都不听从。

贾皇后的同族兄长车骑司马贾模、堂舅右卫将军郭彰、妹妹的儿子贾谧与楚王司马玮、东安王司马繇一起参预国政。贾皇后暴虐乖戾一天比一天厉害，司马繇秘密策划废掉贾皇后，贾氏家族很怕他。司马繇的哥哥东武公司马澹一向憎恶司马繇，多次向太宰司马亮诋毁他说："司马繇擅自施行惩罚与奖赏，想独揽朝政。"庚戌（二十七日），朝廷下诏罢免了司马繇的官职，又被定上犯有悖逆言论的罪名，废除王爵，流放到带方。

从此贾谧、郭彰的权势越来越炽盛，宾客充斥门庭。贾谧尽管骄纵奢靡但很好学，喜欢延揽士大夫，郭彰、石崇、陆机、陆机的弟弟陆云、和郁以及荥阳人潘岳、清河人崔基、勃海人欧阳建、兰陵人缪徵、京兆人杜斌、挚虞、琅邪人诸葛诠、弘农人王粹、襄城人杜育、南阳人邹捷、齐国人左思、沛国人刘瓌、周恢、安平人牵秀、颍川人陈眕、高阳人许猛、彭城人刘讷、中山人刘舆、刘舆的弟弟刘琨，全都依附在贾谧门下，号称"二十四友"。和郁，是和峤的弟弟。石崇与潘岳格外阿谀谄媚地事奉贾谧，每次碰到贾谧及广城君郭槐外出，都在道路左边下车，对着贾谧、郭槐车后扬起的尘土拜送。

太宰司马亮、太保卫瓘因为楚王司马玮刚愎自用又喜好杀戮，非常地憎恶他，打算削夺他的兵权，于是任命临海侯裴楷代替司马玮担任北军中候，司马玮大怒。裴楷听说之后，不敢拜受委任令。司马亮又同卫瓘谋议，要打发司马玮和诸王都回到自己的封国去，司马玮更加愤怒怨恨。司马玮的长史公孙宏、

舍人岐盛皆有宠于玮,劝玮自昵于贾后,后留玮领太子少傅。盛素善于杨骏,卫瓘恶其反覆,将收之。盛乃与宏谋,因积弩将军李肇矫称玮命,谮亮、瓘于贾后,云将谋废立。后素怨瓘,且患二公执政,己不得专恣。夏六月,后使帝作手诏赐玮曰:"太宰、太保欲为伊、霍之事,王宜宣诏,令淮南、长沙、成都王屯诸宫门,免亮及瓘官。"夜,使黄门赍以授玮。玮欲覆奏,黄门曰:"事恐漏泄,非密诏本意也。"玮亦欲因此复私怨,遂勒本军,复矫诏召三十六军,告以:"二公潜图不轨,吾今受诏都督中外诸军,诸在直卫者,皆严加警备;其在外营,便相帅径诣行府,助顺讨逆。"又矫诏:"亮、瓘官属,一无所问,皆罢遣之。若不奉诏,便军法从事。"遣公孙宏、李肇以兵围亮府,侍中清河王遐收瓘。亮帐下督李龙白"外有变,请拒之",亮不听。俄而兵登墙大呼,亮惊曰:"吾无贰心,何故至此!诏书其可见乎?"宏等不许,趣兵攻之。长史刘准谓亮曰:"观此必是奸谋。府中俊义如林,犹可力战。"又不听。遂为肇所执,叹曰:"我之赤心,可破示天下也!"与世子矩俱死。

卫瓘左右亦疑遐矫诏,请拒之,须自表得报,就戮未晚,瓘不听。初,瓘为司空,帐下督荣晦有罪,斥遣之。至是,

舍人岐盛都深受司马玮宠信，共同劝司马玮主动接近贾皇后，贾皇后就留下司马玮兼任太子少傅。岐盛一向同杨骏关系很好，卫瓘憎恶他反复无常，准备抓他。岐盛于是和公孙宏密谋，通过积弩将军李肇诈称司马玮的命令，向贾皇后诋毁司马亮和卫瓘，说他俩将要策划废立皇帝。贾皇后一向怨恨卫瓘，而且把这两人共同执政、自己不能专断放纵当成心病。夏季六月，贾皇后让晋惠帝写下亲笔诏书，赐给司马玮说："太宰司马亮、太保卫瓘打算干伊尹放逐商王太甲、霍光废黜昌邑王刘贺那样的事情，楚王应宣布这道诏书，命令淮南王、长沙王、成都王驻守各个宫门，免掉司马亮和卫瓘的一切官职。"夜间，特派黄门宦官带着诏书去授给司马玮。司马玮打算再请示，黄门宦官说："事情就怕泄露，泄露了就不是秘密下诏书的本意了。"司马玮也想借此泄私愤，就部署好本部兵马，又假传诏命，召集三十六军，通告说："司马亮和卫瓘二人暗地里图谋犯上作乱，我现在接受诏命都督中外诸军，所有在值勤、宿卫的人员都要严加警戒防备；在外营的官兵，立即陆续到行府报到，协助忠顺之臣讨伐逆贼。"还假传诏命说："司马亮和卫瓘的下属官员，一个人也不查办，都只罢官遣散。如果不奉行诏命，立即按军法惩处。"司马玮派公孙宏、李肇率兵去包围司马亮的府宅，派侍中清河王司马遐捉拿卫瓘。司马亮的帐下督李龙禀报说："府外发生了变故，请您速加抵御。"司马亮拒不听从。不一会儿，兵众登上府宅的墙大声呼叫，司马亮吃惊地说："我没有二心，是什么原因竟到这般地步！诏书可以让我看一看吗？"公孙宏等人不答应，催促士兵快围攻。长史刘准对司马亮说："看此情况，必定有奸恶的阴谋。府中的能人猛士多得很，还可以奋力作战。"司马亮又不听从。于是被李肇抓住，慨叹说："我这颗赤子之心，可以剖开给天下看！"结果与世子司马矩一起被杀死。

卫瓘身边的人也怀疑司马遐假传诏命，请求先抗拒，等奏上章表，得到批复再接受死刑也不晚，卫瓘不听。当初，卫瓘担任司空，帐下督荣晦犯了罪，卫瓘把他痛斥一番赶走了。到这时，

晦从遐收瓘,辄杀瓘及子孙共九人,遐不能禁。

　　岐盛说玮:"宜因兵势,遂诛贾、郭以正王室,安天下。"玮犹豫未决。会天明,太子少傅张华使董猛说贾后曰:"楚王既诛二公,则天下威权尽归之矣,人主何以自安!宜以玮专杀之罪诛之。"贾后亦欲因此除玮,深然之。是时内外扰乱,朝廷恂惧,不知所出。张华白帝,遣殿中将军王宫赍驺虞幡出麾众曰:"楚王矫诏,勿听也!"众皆释仗而走。玮左右无复一人,窘迫不知所为,遂执之,下廷尉。乙丑,斩之。玮出怀中青纸诏,流涕以示监刑尚书刘颂曰:"幸托体先帝,而受枉乃如此乎!"公孙宏、岐盛并夷三族。

　　玮之起兵也,陇西王泰严兵将助玮,祭酒丁绥谏曰:"公为宰相,不可轻动。且夜中仓猝,宜遣人参审定问。"泰乃止。

　　卫瓘女与国臣书曰:"先公名谥未显,每怪一国蔑然无言,《春秋》之失,其咎安在?"于是太保主簿刘繇等执黄幡,挝登闻鼓,上言曰:"初,矫诏者至,公即奉送章绶,单车从命。如矫诏之文唯免公官,而故给使荣晦,辄收公父子及孙,一时斩戮。乞验尽情伪,加以明刑。"乃诏族诛荣晦,追复亮爵位,谥曰文成。封瓘兰陵郡公,谥曰成。

荣晦随从司马遹逮捕卫瓘,擅自杀掉了卫瓘及其子孙一共九人,司马遹都阻止不住。

岐盛劝司马玮说:"应趁眼下军队的气势,赶紧诛杀贾氏家族和郭彰,来匡正王室,安定天下。"司马玮犹豫不决。等到天亮时,太子少傅张华让董猛劝贾皇后说:"楚王已经诛杀司马亮和卫瓘两人,天下的威权就全到他手里了,君主靠什么来自保平安呢?应当用司马玮妄自杀戮朝臣的罪名处死他。"贾皇后也想借此机会除掉司马玮,认为张华说得非常对。这时内外惊扰混乱,朝中纷扰恐惧,不知该用什么办法来应对。张华禀报晋惠帝,派遣殿中将军王宫带着表示停止战争的驺虞幡出宫,向众军挥舞说:"楚王假传诏命,不要听从!"众军都放下武器跑散了。司马玮身边没剩下一个人,窘迫得不知该干什么,于是被捉住,交付廷尉处治。在乙丑这一天,执行死刑。司马玮掏出怀中的青纸诏书,泪流满面地拿给监刑官尚书刘颂看,说:"我侥幸地托先帝之体而出生,但遭受的冤屈竟然到这地步吗!"公孙宏、岐盛都被诛灭三族。

司马玮起兵时,陇西王司马泰整顿军队要去协助司马玮,祭酒丁绥劝谏说:"您身为宰相,不可轻易采取行动。况且夜间事情发生得很突然,应当派人去验证核实,问明情况。"司马泰于是作罢。

卫瓘的女儿给封邑大臣写信说:"我父亲的谥号尚未论定,我时常对封邑上下竟无人站出来讲话感到奇怪,这种违背《春秋》经义的事情,罪责究竟在谁身上呢?"于是太保主簿刘繇等人带着黄幡,敲击悬立在宫门外的登闻鼓,上奏说:"当初,假传诏命的人来到,太保卫瓘立即就交出印章绶带,单人独车服从命令。依照伪造的诏书内容,只是罢免他的官职,但原来的随从荣晦却擅自逮捕太保父子以及孙儿,一起全都杀死。乞请朝廷把真伪情况查证清楚,给予法定刑罚。"于是朝廷下诏诛灭荣晦全族,追复司马亮的封爵官位,谥号定为"文成"。追封卫瓘为兰陵郡公,谥号定为"成"。

于是贾后专朝，委任亲党，以贾模为散骑常侍，加侍中。贾谧与后谋，以张华庶姓，无逼上之嫌，而儒雅有筹略，为众望所依，欲委以朝政。疑未决，以问裴颜，颜赞成之。乃以华为侍中、中书监，颜为侍中，又以安南将军裴楷为中书令，加侍中，与右仆射王戎并管机要。华尽忠帝室，弥缝遗阙，贾后虽凶险，犹知敬重华。贾模与华、颜同心辅政，故数年之间，虽暗主在上而朝野安静，华等之功也。

二年春二月己酉，故杨太后卒于金墉城。是时，太后尚有侍御十馀人，贾后悉夺之，绝膳八日而卒。贾后恐太后有灵，或诉冤于先帝，乃覆而殡之，仍施诸厌劾符书、药物等。

六年夏，赵王伦信用嬖人琅邪孙秀，与雍州刺史济南解系争军事，更相表奏，欧阳建亦表伦罪恶。朝廷以伦挠乱关右，征伦为车骑将军。伦至洛阳，用秀计，深交贾、郭，贾后大爱信之，伦因求录尚书事，又求尚书令，张华、裴颜固执以为不可，伦、秀由是怨之。

七年。王衍为尚书令，南阳乐广为河南尹，皆善清谈，宅心事外，名重当世，朝野之人，争慕效之。衍与弟澄，好题品人物，举世以为仪准。衍神情明秀，少时，山涛见之，嗟叹良久，曰："何物老妪，生宁馨儿！然误天下苍生者，未必非此人也！"

从此贾皇后专断朝政,委任亲属党羽把持要职,任命贾模为散骑常侍,加授侍中。贾谧与贾皇后谋议,认为张华不是同姓,没有逼迫主上的嫌疑,而且风度儒雅,有筹策谋略,被众人所依归,打算把朝政托付给他。还有些疑虑,没定下来,就征询裴颜的意见,裴颜赞成这样的安排。于是任命张华为侍中、中书监,裴颜为侍中,又任命安南将军裴楷为中书令,加授侍中,与尚书右仆射王戎共同掌管机密要务。张华尽忠于皇室,对朝政的漏洞缺失注意弥补,贾皇后尽管凶暴险恶,但还知道敬重张华。贾模与张华、裴颜同心辅佐朝政,所以好几年之间,虽然有昏庸暗昧的君主在,但朝野内外安定平静,这是张华等人的功绩。

二年(292)春季二月己酉(初一),从前的杨太后在金墉城去世。当时,杨太后还有侍从十多个人,贾皇后把他们全都裁撤掉,断绝饮食整整八天,活活饿死。贾皇后害怕杨太后死后有灵,或许会向先帝诉说冤情,就把她尸体头朝下殡殓了,还在棺材里布下了镇邪驱鬼的符篆天书以及药物等。

六年(296)夏季,赵王司马伦宠信任用会逢迎的琅邪人孙秀,同雍州刺史济南人解系围绕军务发生争执,交相上表劾奏对方,欧阳建也上表揭发司马伦的罪恶。朝廷认为司马伦扰乱关西地区,征调司马伦为车骑将军。司马伦来到洛阳后,采用孙秀的计谋,深深结交贾谧和郭彰,贾皇后由此十分宠爱信任他,司马伦乘机请求录尚书事的职务,又请求当尚书令,张华、裴颜坚决抗争,认为不行,司马伦和孙秀因此怨恨他二人。

七年(299)。王衍担任尚书令,南阳人乐广担任河南尹,他们二人都擅长空谈玄理,存心于事务之外,名声在当世很显赫,朝野内外的人士争相仰慕效仿他二人。王衍与弟弟王澄喜好品评人物,他们的褒扬与贬抑被天下人奉为准则。王衍神韵情态精明秀美,小时候山涛看见他,赞叹了很久,说道:"哪个老妇人,生下了这样的孩儿! 但贻误天下老百姓的,未必就不是这个人啊!"

九年春正月，太子洗马江统以为戎、狄乱华，宜早绝其原，作《徙戎论》以警朝廷。语在《羌胡之叛》。

夏六月，贾后淫虐日甚，私于太医令程据等，又以簏箱载道上年少入宫，复恐其漏泄，往往杀之。贾模恐祸及己，甚忧之。裴颀与模及张华议废后，更立谢淑妃。模、华皆曰："主上自无废黜之意，而吾等专行之，傥上心不以为然，将若之何！且诸王方强，朋党各异，恐一旦祸起，身死国危，无益社稷。"颀曰："诚如公言，然中宫逞其昏虐，乱可立待也。"华曰："卿二人于中宫皆亲戚，言或见信，宜数为陈祸福之戒，庶无大悖，则天下尚未至于乱，吾曹得以优游卒岁而已。"颀旦夕说其从母广城君，令戒谕贾后以亲厚太子，贾模亦数为后言祸福；后不能用，反以模为毁己而疏之。模不得志，忧愤而卒。

秋八月，以裴颀为尚书仆射。颀虽贾后亲属，然雅望素隆，四海唯恐其不居权位。寻诏颀专任门下事，颀上表固辞，以"贾模适亡，复以臣代之，崇外戚之望，彰偏私之举，为圣朝累"。不听。或谓颀曰："君可以言，当尽言于中宫。言而不从，当远引而去。傥二者不立，虽有十表，难以免矣。"颀慨然久之，竟不能从。

九年(299)春季正月,太子洗马江统认为戎狄会扰乱华夏,应当及早铲除祸乱的根源,撰写《徙戎论》来警告朝廷。语在《羌胡之叛》。

夏季六月,贾皇后淫荡暴虐一天比一天厉害,同太医令程据等人私通,又用竹箱装载路上的年轻男子运入宫内,又担心这些男子事后透露出去,往往杀掉他们来掩盖丑行。贾模害怕祸殃降到自己头上,感到十分忧虑。裴𬱟同贾模以及张华谋议,废黜贾皇后,改立谢淑妃。贾模、张华都说:"皇上自己没有废黜的意向,而我等擅自去做这件事,如果皇上不认为应该这样做,我们该怎么办?况且诸王正势力强大,各有自己的党羽,恐怕祸难一旦兴起,我们自身会丧命,国家会危险,对晋室社稷并没有好处。"裴𬱟说:"事情确实像二位所说的那样,可是中宫皇后肆意放纵她的昏昧暴虐,祸乱是立刻就会到来的。"张华说:"您二位同中宫皇后都是亲戚,说话或许会被信从,应当多向她陈述祸福方面的告诫,希望她不做出太悖逆的事,那么天下还不会到大乱的地步,我们这些人也能够悠闲自在地度日了。"裴𬱟从早到晚劝说他的姨母广城君郭槐,让郭槐告诫开导自己的女儿贾皇后亲近厚待太子司马遹,贾模也多次向贾皇后陈说祸福;但贾皇后不能采纳,反而认为贾模诋毁自己而疏远了他。贾模无法得志,忧愁愤恨地死去。

秋季八月,任命裴𬱟为尚书仆射。裴𬱟尽管是贾皇后的亲属,但清高雅正的声望一向很隆盛,天下人唯恐他不能身居高官显位。过了没多久,惠帝下诏,命令裴𬱟独掌门下省的事务,裴𬱟奏上章表坚决辞让,认为"贾模刚刚身亡,又命臣代替他,这属于人为地树立外戚的威望,显明偏信私亲的安排,会给圣朝带来麻烦"。但是晋惠帝不答应。有人对裴𬱟说:"您可以再进言,应向中宫皇后讲个明明白白。如果讲完还不听从,您应当辞职引退,远远离去。倘若这两条路都行不通,即使再奏上十道章表,也难以免除祸难了。"裴𬱟听后,慨然叹息了许久,最后却未能听从。

帝为人戆骏，尝在华林园闻虾蟆，谓左右曰："此鸣者，为官乎，为私乎？"时天下荒馑，百姓饿死，帝闻之曰："何不食肉糜？"由是权在群下，政出多门，势位之家，更相荐托，有如互市。贾、郭恣横，货赂公行。南阳鲁褒作《钱神论》以讥之曰："钱之为体，有《乾》《坤》之象，亲之如兄，字曰孔方。无德而尊，无势而热，排金门，入紫闼，危可使安，死可使活，贵可使贱，生可使杀。是故忿争非钱不胜，幽滞非钱不拔，怨仇非钱不解，令闻非钱不发。洛中朱衣当涂之士，爱我家兄，皆无已已，执我之手，抱我终始。凡今之人，惟钱而已！"

裴颁荐平阳韦忠于张华，华辟之，忠辞疾不起。人问其故，忠曰："张茂先华而不实，裴逸民欲而无厌，弃典礼而附贼后，此岂大丈夫之所为哉！逸民每有心托我，我常恐其溺于深渊而馀波及我，况可褰裳而就之哉！"关内侯敦煌索靖，知天下将乱，指洛阳宫门铜驼叹曰："会见汝在荆棘中耳！"

初，广城君郭槐，以贾后无子，常劝后使慈爱太子。贾谧骄纵，数无礼于太子，广城君恒切责之。广城君欲以韩寿女为太子妃，太子亦欲婚韩氏以自固。寿妻贾午及后皆不听，而为太子聘王衍少女。太子闻衍长女美，而后为贾谧聘之，心不能平，颇以为言。及广城君病，临终，执后手，令尽心于太子，言甚切至。又曰："赵粲、贾午，

晋惠帝为人蠢笨痴呆，曾在华林园听到蛤蟆叫唤，就对左右侍从说："这些叫唤的东西，是替公事叫唤呢，还是替私事叫唤呢？"当时天下闹饥荒，百姓不断饿死，晋惠帝听说这种情况后却问道："他们为什么不喝肉粥呢？"因此权力掌握在一群小人手中，政令出自多个部门，有权势和地位的人家，互相推荐请托，就像集市上交换物品一样。贾、郭两家放纵骄横，官场上贿赂公然进行。南阳人鲁褒撰写《钱神论》来讥斥这种情形说："钱币的形象，具有乾卦、坤卦所代表的天圆地方之象，人们亲近它如同兄弟，表字称为孔方。它没有仁德却尊贵，没有权势却炽盛，推得开金门，进得了紫闼，能使危急变成平安，能让死罪复活，能使富贵变成贫贱，能让活人被杀。所以忿怒打官司，缺了钱不能胜诉；埋没在下层，缺了钱不能被提拔；结仇积怨，缺了钱不能化解；美好名声，缺了钱不能播扬。洛阳城中身穿红袍的当权人士，喜爱我家这孔方兄，都没有休止的时候，抓住我的手不放松，抱住我由始至终。凡是当今之人，只认钱而已！"

裴頠向张华推荐平阳人韦忠，张华征用他做手下官员，韦忠称自己有病不赴任。有人向他询问原因，韦忠说："张华华而不实，裴頠的欲望没个满足，丢弃典章礼法而依附贼皇后，这难道是大丈夫该做的事吗？裴頠常有心重用我，我常担心他陷在深渊里不能自拔，而馀波将会殃及我，哪里还能撩起衣裙不辞劳苦地去跟随他呢？"关内侯敦煌人索靖，知道天下将要大乱，手指洛阳宫门前的铜骆驼叹息说："恐怕要在那荆棘丛中与你相会了！"

起初，广城君郭槐因贾皇后没生过儿子，常劝告贾皇后，让她慈爱太子司马遹。贾谧骄横放纵，屡次对太子无礼，广城君经常严厉斥责他。广城君打算把韩寿的女儿纳为太子的正妃，太子也想同韩氏结亲来巩固自己的地位。韩寿的夫人贾午和贾皇后都不同意，却为太子聘娶了王衍的小女儿。太子听说王衍的大女儿长得漂亮，但贾皇后却替贾谧聘为妻室，心里很不满意，对此事颇有牢骚。等到广城君病重，临终前拉住贾皇后的手，让她对太子务必尽心尽意，言辞特别激切中肯。还嘱咐说："赵粲、贾午，

必乱汝家事，我死后，勿复听入。深记吾言！"后不从，更与粲、午谋害太子。

太子幼有令名，及长，不好学，惟与左右嬉戏，贾后复使黄门辈诱之为奢靡威虐。由是名誉浸减，骄慢益彰，或废朝侍而纵游逸，于宫中为市，使人屠酤，手揣斤两，轻重不差。其母，本屠家女也，故太子好之。东宫月俸钱五十万，太子常探取二月，用之犹不足。又令西园卖葵菜、蓝子、鸡、面等物而收其利。又好阴阳小数，多所拘忌。洗马江统上书陈五事："一曰虽有微苦，宜力疾朝侍。二曰宜勤见保傅，咨询善道。三曰画室之功，可且减省，后园刻镂杂作，一皆罢遣。四曰西园卖葵、蓝之属，亏败国体，贬损令闻。五曰缮墙正瓦，不必拘挛小忌。"太子皆不从。中舍人杜锡，恐太子不得安其位，每尽忠谏，劝太子修德业，保令名，言辞恳切。太子患之，置针著锡常所坐毡中，刺之流血。锡，预之子也。

太子性刚，知贾谧恃中宫骄贵，不能假借之。谧时为侍中，至东宫，或舍之，于后庭游戏。詹事裴权谏曰："谧，后所亲昵，一旦交构，则事危矣。"不从。谧谮太子于后曰："太子多畜私财以结小人者，为贾氏故也。若宫车晏驾，彼居大位，依杨氏故事，诛臣等，废后于金墉，如反手耳。不如早图之，

必定会搅乱你的家里事,我死后不要再让他们入宫。要深深铭记我这番话!"贾皇后不听从,又同赵粲、贾午谋害太子。

太子司马遹年幼时就赢得美名,等到长大后,不喜好学问,只爱同左右侍从嬉笑打闹,贾皇后又让黄门宦官们引诱他往奢靡暴虐的斜路上走。因此名望声誉逐渐降低,而骄奢傲慢越来越广为人知,有时候不去问候侍奉皇帝却纵情游乐,在宫中设立集市,让人宰牲卖酒,亲手称斤掂两,分量丝毫不差。太子的母亲谢玖本来是屠夫家的女儿,所以太子喜好这一套。东宫每月的俸禄钱多达五十万,太子经常预支两个月的来花,仍然不够。又让西园出售葵菜、蓝草籽、鸡和面粉等物品,获取收入。又喜好阴阳吉凶的小法术,有许多禁忌避讳。太子洗马江统上书陈奏五件事:"第一件是,即使身体稍有不舒服,也应克制住疾病去朝见侍奉皇帝。第二件是,应当多多会见东宫辅导官,咨询为善之道。第三件是,有图画装饰的宫室的营建,可以暂且减少或免掉,后园雕刻装修之类的各种劳作,全都停工遣散。第四件是,西国出售葵菜、蓝草籽这类活动,会损害国家的体统,减损美好的声誉。第五件是,修墙壁,正屋瓦,不必拘持那些小禁忌。"对此,太子一件也不听从。太子中舍人杜锡,担心太子不能够保全住他的储君地位,时常竭尽忠诚地规谏,劝告太子修明恩德和功业,保持住美好的声誉,言辞非常恳切。太子对杜锡却十分反感,把针预先放置在杜锡平常所坐的毡席里,扎得他直流血。杜锡,是杜预的儿子。

太子性情刚硬,心里清楚贾谧只是依仗贾皇后骄横贵盛,不能给他什么好脸色看。贾谧当时担任侍中,到东宫时,太子有时干脆把他冷落在一旁,在后庭游玩戏耍。詹事裴权劝谏说:"贾谧是贾皇后所亲近宠爱的人,一旦他构陷你,那事态可就危险了。"太子拒不听从。贾谧向贾皇后诋毁太子说:"太子大量储积私财来结交小人,这是针对我们贾家的缘故。倘若皇帝有一天驾崩,他登上帝位,效仿您惩治杨太后一家的先例,杀死我们,把皇后您废黜在金墉城,简直易如反掌。不如及早对付他,

更立慈顺者，可以自安。"后纳其言，乃宣扬太子之短，布于远近。又诈为有娠，内藥物、产具，取妹夫韩寿子慰祖养之，欲以代太子。

于时朝野咸知贾后有害太子之意，中护军赵俊请太子废后，太子不听。左卫率东平刘卞，以贾后之谋问张华，华曰："不闻。"卞曰："卞自须昌小吏，受公成拔以至今日。士感知己，是以尽言，而公更有疑于卞邪！"华曰："假令有此，君欲如何？"卞曰："东宫俊乂如林，四率精兵万人。公居阿衡之任，若得公命，皇太子因朝入录尚书事，废贾后于金墉城，两黄门力耳。"华曰："今天子当阳，太子，人子也；吾又不受阿衡之命，忽相与行此，是无君父而以不孝示天下也。虽能有成，犹不免罪，况权戚满朝，威柄不一，成可必乎！"贾后常使亲党微服听察于外，颇闻卞言，乃迁卞为雍州刺史。卞知言泄，饮药而死。

十二月，太子长子虨病，太子为虨求王爵，不许。虨疾笃，太子为之祷祀求福。贾后闻之，乃诈称帝不豫，召太子入朝。既至，后不见，置于别室，遣婢陈舞以帝命赐太子酒三升，使尽饮之。太子辞以不能饮三升，舞逼之曰："不孝邪！天赐汝酒而不饮，酒中有恶物邪！"太子不得已，强饮至尽，遂大醉。后使黄门侍郎潘岳作书草，令小婢承福，以纸笔及草，因太子醉，称诏使书之，文曰："陛下

改立仁慈孝顺的人当太子,这样你也可以平安无事。"贾皇后采纳了贾谧的计策,于是宣扬太子的各种短处,散播到远近各地。又诈称自己已怀孕,让人进纳临产时铺垫的禾草和接生用具,接来妹夫韩寿的儿子韩慰祖加以抚养,准备用他来代替太子。

在这时,朝廷内外都知道贾皇后有谋害太子的企图,中护军赵俊请求太子废黜皇后,太子拒不听从。左卫率东平人刘卞拿贾皇后谋废太子这件事专门询问张华,张华说:"没听说过。"刘卞说:"我刘卞本是须昌县的一个小吏,得到您的成全提拔,才有今天。壮士感念知己,所以把心里话全讲出来,而您对我刘卞还有怀疑吗?"张华说:"假若真有这种事,你想怎么办?"刘卞说:"东宫能人猛士多得很,左右前后四率拥有精兵一万人。您承当商朝伊尹那样辅佐朝政的重任,如果得到您的命令,皇太子便入朝总领尚书事,把贾皇后废黜在金墉城,只需要两个黄门宦官的力量罢了。"张华说:"现今天子正年富力强,而太子是他的儿子;我又没接受伊尹那样的使命,突然和你一起干这种事,这是目无君长尊父,而向天下显示不孝啊。即使能够成功,也不会免掉罪过,何况权臣贵戚充斥朝廷,权柄不掌握在一个人手中,就必定能成功吗?"贾皇后经常派亲属党羽隐蔽身份在宫外打探消息动向,了解到一些刘卞的言论,就把刘卞调任为雍州刺史。刘卞知道自己对张华说的那番话泄露出去了,吞下毒药自杀。

十二月,太子的长子司马虨得了病,太子替司马虨请求封王爵,朝廷不批准。司马虨病情严重,太子替他祷告祭祀,求神赐福。贾皇后闻知这一情况,就诈称惠帝身体不适,宣召太子入宫朝见。司马遹进宫后,贾皇后不与他会面,把他安顿在另外的屋室,派遣侍女陈舞假借惠帝的命令赐给太子三升酒,让他全喝下。太子用自己酒量喝不下三升酒来推辞,陈舞逼他说:"难道你要不孝顺吗?天子赐给你酒你却不喝,难道酒中有脏东西吗?"太子迫不得已,勉强把酒喝光,于是大醉。贾皇后让黄门侍郎潘岳起草信件,又让小侍女承福把纸笔和草稿放在面前,趁太子大醉,假称奉皇帝诏命让太子书写下来,信件的内容说:"陛下

宜自了,不自了,吾当入了之。中宫又宜速自了,不自了,吾当手了之。并与谢妃共要,刻期两发,勿疑犹豫,以致后患。茹毛饮血于三辰之下,皇天许当扫除患害,立道文为王,蒋氏为内主。愿成,当三牲祠北君。"太子醉迷不觉,遂依而写之。其字半不成,后补成之,以呈帝。壬戌,帝幸式乾殿,召公卿入,使黄门令董猛以太子书及青纸诏示之曰:"遹书如此,今赐死。"遍示诸公王,莫有言者。张华曰:"此国之大祸,自古以来,常因废黜正嫡以致丧乱。且国家有天下日浅,愿陛下详之!"裴𫖯以为宜先检校传书者,又请比校太子手书,不然,恐有诈妄。贾后乃出太子启事十馀纸,众人比视,亦无敢言非者。贾后使董猛矫以长广公主辞白帝曰:"事宜速决,而群臣各不同,其不从诏者,宜以军法从事。"议至日西,不决。后见华等意坚,惧事变,乃表免太子为庶人,诏许之。于是使尚书和郁等持节诣东宫,废太子为庶人。太子改服出,再拜受诏,步出承华门,乘粗牸车,东武公澹以兵杖送太子及妃王氏、三子虨、臧、尚同幽于金墉城。王衍自表离婚,许之,妃恸哭而归。杀太子母谢淑媛及虨母保林蒋俊。

永康元年春正月,西戎校尉司马阎缵舆棺诣阙上书,以为:"汉戾太子称兵拒命,言者犹曰罪当笞耳。今遹受罪

应自我了结，不自我了结，我就入宫了结你。中宫皇后也应当迅速自我了结，不自我了结，我就亲手了结你。并且同谢妃共同约定，到时候宫内宫外一起行动，不要犹豫迟疑，招来后患。在日、月、星三辰之下歃血订立这盟约誓言，皇天也应允要扫除祸害，特立司马遹为王，蒋氏为王后。祝愿大功告成，必定用牛、羊、猪三牲来祭祀北君。"太子大醉，昏迷不醒，就依照草稿写了下来。字迹有一半缺笔短划，贾皇后描补成原字，把这封信件送呈给晋惠帝。壬戌（三十日），晋惠帝驾临式乾殿，宣召公卿入殿，让黄门令董猛把太子的信件和自己下达的诏书拿给大家看，诏书说："司马遹的信件竟然如此，现在赐死他。"让诸位王公大臣全都看过后，没有敢站出来发表意见的人。张华说："这是国家的大祸难，自古以来，常常因为废黜法定的帝位继承人，招致丧亡败乱。况且晋室拥有天下的时间还较短，愿陛下再详察此事！"裴颜认为应当先查问传递信件的人，又请求比对太子的笔迹，不这样做，恐怕其中会有欺诈。贾皇后于是出示太子日常的奏事文件十多张，众人进行对照辨认，也没有人敢说这封信件不是他写的。贾皇后让董猛假称长广公主的意见转奏晋惠帝说："事情应当快速决断，而群臣各执己见，那些不奉从诏命的人，应按军法处置。"商议到太阳偏西，也没决定下来。贾皇后看到张华等人的主张很坚定，害怕事情出现变化，就上表提议废黜太子为平民，晋惠帝下诏予以批准。于是派尚书和郁等人持朝廷符节到东宫，废黜太子为平民。太子改换服装出宫，拜了又拜接受诏命，徒步走出承华门，坐上破牛车，东武公司马澹率领兵士押送太子以及正妃王氏，还有三个儿子司马虨、司马臧、司马尚，一起幽禁在金墉城。王衍主动奏上章表，要求同太子断绝姻亲关系，得到批准，太子正妃王氏痛哭着回到娘家。过后就杀死了太子的生母谢淑媛以及司马虨的生母、东宫女官保林蒋俊。

永康元年（300）春季正月，西戎校尉手下的司马阎缵抬着棺材到皇宫门前上书，认为："汉朝戾太子刘据起兵抗拒汉武帝的命令，议政的人还只是说其罪应受笞刑而已。如今司马遹伏罪

之日，不敢失道，犹为轻于戾太子。宜重选师傅，先加严诲，若不悛改，弃之未晚也。"书奏，不省。缵，圈之孙也。

贾后使黄门自首，欲与太子为逆。诏以黄门首辞班示公卿，遣东武公澹以千兵防卫太子，幽于许昌宫，令治书御史刘振持节守之，诏宫臣不得辞送。洗马江统、潘滔、舍人王敦、杜蕤、鲁瑶等冒禁至伊水，拜辞涕泣。司隶校尉满奋收缚统等送狱。其系河南狱者，乐广悉解遣之；系洛阳县狱者，犹未释。都官从事孙琰说贾谧曰："所以废徙太子，以其为恶故耳。今宫臣冒罪拜辞，而加以重辟，流闻四方，乃更彰太子之德也，不如释之。"谧乃语洛阳令曹摅使释之，广亦不坐。敦，览之孙；摅，肇之孙也。太子至许，遗王妃书，自陈诬枉，妃父衍不敢以闻。

三月，尉氏雨血，妖星见南方，太白昼见，中台星拆。张华少子韪劝华逊位，华不从，曰："天道幽远，不如静以待之。"

太子既废，众情愤怒。右卫督司马雅、常从督许超，皆尝给事东宫，与殿中郎士猗等谋废贾后，复太子。以张华、裴頠安常保位，难与行权，右军将军赵王伦执兵柄，性贪冒，可假以济事。乃说孙秀曰："中宫凶妒无道，与贾谧等共诬废太子。今国无嫡嗣，社稷将危，大臣将起大事。而公名奉事中宫，与贾、郭亲善，太子之废，皆云豫知，一朝事起，

之日,不敢违失人伦正道,罪过要比废太子还轻。应当重新选派太子的辅导官员,先对他进行严厉的训导,如果仍不悔改,再废弃他也不算晚。"章表奏上,未被理睬。阎缵,是阎圃的孙子。

贾皇后指使黄门宦官投案自首,说是准备同太子谋反。惠帝下诏,让把黄门宦官的供辞出示给公卿看,又派东武公司马澹率一千多名士兵看押太子,幽禁在许昌宫,命令治书御史刘振执持朝廷符节专门监护,下诏东宫臣僚不许辞别送行。太子洗马江统、潘滔,太子舍人王敦、杜蕤、鲁瑶等人违犯禁令来到伊水岸边,泪流满面地拜别太子。司隶校尉满奋逮捕江统等人送入监狱。其中关押在河南郡监狱的,河南尹乐广把他们全部解除刑具释放了;关押在洛阳县监狱的,还未释放。都官从事孙琰劝贾谧说:"废黜并送走太子,是因他作恶的缘故。如今东宫臣僚冒着死罪去拜别,却对他们施加重刑,消息传播到各地,就更显扬出太子的恩德来了,不如放了他们。"贾谧于是告知洛阳县令曹摅,让他放掉那些人,乐广也不判罪。王敦,是王览的孙子;曹摅,是曹肇的孙子。太子来到许昌宫,给王妃王氏写信,自述被诬陷冤枉的详情,但王妃的父亲王衍不敢启奏。

三月,尉氏县降下一片血雨,妖星出现在天空南方,太白星大白天显现出来,象征君臣关系的三台星背离了两两相对的空间方位。张华的小儿子张韪劝张华辞职避祸,张华拒不听从,辩解说:"天道茫昧幽远,不如静默以等待其变化。"

太子既已废黜,众人情绪很愤怒。右卫督司马雅、常从督许超都在东宫供过职,与殿中郎士猗等人密谋废掉贾皇后,恢复太子的地位。他们鉴于张华、裴颜只图安稳,自保官位,难同他俩实施这权宜之计,而右军将军赵王司马伦执掌兵权,本性又贪求权势,可以借助他成就此事。于是游说孙秀说:"中宫皇后凶狠嫉妒,毫无人道,与贾谧等人共同陷害废黜太子。如今国家没有法定的帝位继承人,江山社稷面临危急,大臣们正酝酿发起大的行动。而您名分上是事奉中宫皇后,与贾氏、郭氏亲近交好,太子被废黜,人们都说您预先就知道,一旦事变发生,

祸必相及,何不先谋之乎!"秀许诺,言于伦。伦纳焉。遂告通事令史张林及省事张衡等,使为内应。

事将起,孙秀言于伦曰:"太子聪明刚猛,若还东宫,必不受制于人。明公素党于贾后,道路皆知之,今虽建大功于太子,太子谓公特逼于百姓之望,翻覆以免罪耳,虽含忍宿忿,必不能深德明公,若有瑕衅,犹不免诛。不若迁延缓期,贾后必害太子,然后废贾后,为太子报仇,岂徒免祸而已,乃更可以得志。"伦然之。

秀因使人行反间,言殿中人欲废皇后,迎太子,贾后数遣宫婢微服于民间听察,闻之甚惧。伦、秀因劝谧等早除太子以绝众望。癸未,贾后使太医令程据和毒药,矫诏使黄门孙虑至许昌毒太子。太子自废黜,恐被毒,常自煮食于前。虑以告刘振,振乃徙太子于小坊中,绝其食,宫人犹窃于墙上过食与之。虑逼太子以药,太子不肯服,虑以药杵椎杀之。有司请以庶人礼葬,贾后表请以广陵王礼葬之。

夏四月,赵王伦、孙秀将讨贾后,告右卫佽飞督闾和,和从之。期以癸巳丙夜一筹,以鼓声为应。癸巳,秀使司马雅告张华曰:"赵王欲与公共匡社稷,为天下除害,使雅以告。"华拒之。雅怒曰:"刃将加颈,犹为是言邪!"不顾而出。

祸难必定会连及您,为什么不抢先谋划这件事呢?"孙秀答应下来,向司马伦说明意图。司马伦表示同意。于是告知通事令史张林以及省事张衡等人,让他们做内应。

将要起事时,孙秀向司马伦献计说:"太子聪明而刚愎勇猛,如果回到东宫,一定不会受人控制。明公您一向同贾皇后结为同党,路上行人都知道这种关系,如今尽管对太子立下大功劳,太子却会认为明公您只是被百姓的意愿所逼迫,这才反过来背叛贾皇后以求免罪罢了。尽管您容忍着积怨旧恨,他也必定不能真正地对明公您感恩戴德,日后您如果出现一点小过失,仍然逃脱不了死刑。我们不如往后拖延,暂缓行动,这样贾皇后必定会杀害太子,然后我们再废掉贾皇后,替太子报仇,这哪里仅仅是免除祸难而已,还可以进一步实现您的愿望。"司马伦认为孙秀讲得很对。

孙秀随后派人施行反间计,散布说殿中有人准备废掉皇后,迎回太子,贾皇后多次派遣宫女换上平民服装在民间打听消息,闻知这种情况后十分恐惧。司马伦和孙秀乘势劝说贾谧等人尽早除掉太子,来断绝众人的期望。癸未(二十二日)这天,贾皇后让太医令程据拌好毒药,假传皇帝诏命,派黄门宦官孙虑到许昌毒杀太子。太子自从被废黜以后,恐怕被毒死,经常在自己跟前烹煮食物。孙虑把来意告知刘振,刘振就把太子转移到另外的小屋里,断绝他的食物,东宫侍从仍然从墙上偷偷传递食物给太子。孙虑逼迫太子喝下毒药,太子不肯服用,孙虑就用捣药杵打死了太子。主管部门奏请按平民丧礼埋葬太子,贾皇后奏上章表,按广陵王的丧礼规格安葬了他。

夏季四月,赵王司马伦、孙秀准备讨伐贾皇后,告知了右卫伙飞督闾和,闾和表示愿意随从。约定在癸巳(初三)夜间三更一点,以鼓声为接应。癸巳这天,孙秀派司马雅告知张华说:"赵王想和您共同匡扶社稷,为天下除害,特地派我来通知您。"张华拒绝这样干。司马雅怒喝道:"刀就要架在脖颈上了,还说这种话呢!"头也不回就走了。

及期，伦矫诏敕三部司马曰："中宫与贾谧等杀吾太子，今使车骑入废中宫，汝等皆当从命，事毕，赐爵关中侯，不从者诛三族。"众皆从之。又矫诏开门，夜入，陈兵道南，遣翊军校尉齐王冏将百人排阁而入，华林令骆休为内应，迎帝幸东堂，以诏召贾谧于殿前，将诛之。谧走入西钟下，呼曰："阿后救我！"就斩之。贾后见齐王冏，惊曰："卿何为来？"冏曰："有诏收后。"后曰："诏当从我出，何诏也！"后至上阁，遥呼帝曰："陛下有妇，使人废之，亦行自废矣！"是时，梁王肜亦预其谋，后问冏曰："起事者谁？"冏曰："梁、赵。"后曰："系狗当系颈，反系其尾，何得不然！"遂废后为庶人，幽之于建始殿。收赵粲、贾午等付暴室考竟。诏尚书收捕贾氏亲党，召中书监、侍中、黄门侍郎、八坐皆夜入殿。尚书始疑诏有诈，郎师景露版奏请手诏，伦等斩之以徇。

伦阴与秀谋篡位，欲先除朝望，且报宿怨，乃执张华、裴颜、解系、解结等于殿前。华谓张林曰："卿欲害忠臣邪？"林称诏诘之曰："卿为宰相，太子之废，不能死节，何也？"华曰："式乾之议，臣谏事具存，可覆按也。"林曰："谏而不从，何不去位？"华无以对。遂皆斩之，仍夷三族。解结女适裴氏，明日当嫁而祸起，裴氏欲认活之，女曰："家既如此，我何以活为！"亦坐死。朝廷由是议

到了约定时间,司马伦假传皇帝诏书,严令前驱、由基、强弩三部司马说:"中宫皇后与贾谧等人杀害了我们的太子,如今皇帝让我这车骑将军入宫,废黜皇后,你等都应听从命令,事成之后,赐爵关中侯,不听从命令的诛灭三族。"众人都听从司马伦指挥。司马伦又假传诏命打开宫门,夜间入宫,在御道南面布置好军队,派遣翊军校尉齐王司马冏率领一百人推开小门涌进去,华林令骆休为内应,迎奉晋惠帝来到东堂,下诏宣召贾谧到殿前,将要杀他。贾谧跑到西钟下面高呼道:"皇后快救我!"追兵赶上去杀了他。贾皇后看见齐王司马冏,惊问道:"你为什么来这里?"司马冏说:"有诏书逮捕皇后。"贾皇后说:"诏书应当从我这里发布,你哪儿来的诏书?"贾皇后跑到门口,从远处呼喊晋惠帝说:"陛下有我这妻室,却派人废掉她,等于陛下自己也将被废掉了!"当时,梁王司马肜也参预了这项密谋,贾皇后问司马冏说:"制造事变的是谁?"司马冏说:"梁王、赵王。"贾皇后说:"拴狗应当拴住狗脖子,反而拴住它的尾巴,哪能不会出现今天这样的结果呢!"于是废黜贾皇后为平民,把她幽禁在建始殿。逮捕赵粲、贾午等人送到染织房拷问罪行。朝廷下诏,命尚书立即逮捕贾氏的党羽,并宣召中书监、侍中、黄门侍郎、尚书台八大要员全都夜间入殿。尚书台开始就怀疑诏书是伪造的,因而尚书郎师景用公文奏请惠帝亲笔写诏书,司马伦等人把他斩首示众。

　　司马伦暗中与孙秀密谋篡夺帝位,打算先除掉朝廷有威望的大臣,同时报复那些积怨甚深的政敌,于是在殿前抓起张华、裴頠、解系、解结等人。张华对张林说:"你想杀害忠臣吗?"张林借用诏书的名义反问说:"你身为宰相,太子被废黜,不能为节义而献身,这是为什么?"张华说:"式乾殿那场争议,我的劝谏记录都保存在案,可以复查核验。"张林说:"劝谏但未被采纳,你为什么不辞职?"张华没有话再对答了。于是把这些人一律斩杀,同时诛灭三族。解结的女儿已经许配给裴家,明天就该出嫁而横祸在今夜降临,裴家想认亲使她存活下来,解女说:"我家已经成这样了,我还活着干什么呢?"也被株连处死。朝廷由此计议

革旧制,女不从死。甲午,伦坐端门,遣尚书和郁持节送贾庶人于金墉,诛刘振、董猛、孙虑、程据等,司徒王戎及内外官坐张、裴亲党黜免者甚众。阎缵抚张华尸恸哭曰:"早语君逊位而不肯,今果不免,命也!"

于是赵王伦称诏赦天下,自为使持节、都督中外诸军事、相国、侍中,一依宣、文辅魏故事,置府兵万人。以其世子散骑常侍荂领冗从仆射;子馥为前将军,封济阳王;虔为黄门郎,封汝阴王;诩为散骑侍郎,封霸城侯。孙秀等皆封大郡,并据兵权,文武官封侯者数千人,百官总己以听于伦。伦素庸愚,复受制于孙秀。秀为中书令,威权振朝廷,天下皆事秀而无求于伦。

诏追复故太子遹位号,使尚书和郁帅东宫官属迎太子丧于许昌。追封遹子虨为南阳王,封虨弟臧为临淮王,尚为襄阳王。有司奏:"尚书令王衍备位大臣,太子被诬,志在苟免,请禁锢终身。"从之。

相国伦欲收人望,选用海内名德之士,以前平阳太守李重、荥阳太守荀组为左、右长史,东平王堪、沛国刘谟为左、右司马,尚书郎阳平束皙为记室,淮南王文学荀崧、殿中郎陆机为参军。组,勖之子;崧,彧之玄孙也。李重知伦有异志,辞疾不就,伦逼之不已,忧愤成疾,扶曳受拜,数日而卒。

太子遹之废也,将立淮南王允为太弟,议者不合。会

更改旧的制度，女儿已出嫁，不随同父母家连坐处死。甲午（初四），司马伦坐在端门前，派遣尚书和郁持朝廷符节押送贾庶人到金墉城，诛杀刘振、董猛、孙虑、程据等人，司徒王戎以及内外官员因是张华、裴頠党羽而获罪被罢官免职的人非常多。阎缵抚摸着张华的尸体大哭说："早就劝您辞职您却不肯，今日果然未能免除祸殃，这是命啊！"

于是，赵王司马伦假借诏命，大赦天下，自任使持节、都督中外诸军事、相国、侍中，完全仿照宣帝司马懿、文帝司马昭辅佐曹魏朝政的旧例，设置王府军队一万人。任命他的世子散骑常侍司马荂兼冗从仆射；儿子司马馥为前将军，封为济阳王；司马虔为黄门郎，封为汝阴王；司马诩为散骑侍郎，封为霸城侯。孙秀等人也都封给大郡，全都握有兵权，文武百官封为侯爵的多达数千人，百官各自行守本职，听命于司马伦。司马伦一向庸劣愚蠢，又被孙秀所控制。孙秀担任中书令，威权震动朝廷，天下都奉事孙秀而不向司马伦求请。

朝廷下诏，恢复原太子司马遹的地位名号，派遣尚书和郁率领东宫的属官到许昌迎回太子的棺柩。追封司马遹的长子司马虨为南阳王，册封司马虨的弟弟司马臧为临淮王，司马尚为襄阳王。主管部门启奏："尚书令王衍位在大臣之列，太子被诬陷，他却一心想苟且免祸，请求终生不让他再担任官职。"朝廷批准了这一奏请。

相国司马伦打算笼络人心，就选拔任用海内德高望重的人士，委任原平阳太守李重、荥阳太守荀组为左、右长史，东平人王堪、沛国人刘谟为左、右司马，尚书郎阳平人束皙为记室，淮南王文学荀崧、殿中郎陆机为参军。荀组，是荀勖的儿子；荀崧，是荀彧的玄孙。李重看出司马伦有篡夺帝位的野心，用患病来推辞不去就职，司马伦不断逼他赴任，他因忧愤得了重病，让人搀扶着拜受委任令，不几天就去世了。

太子司马遹被废黜的时候，朝廷曾经准备册立淮南王司马允为有资格继承帝位的皇太弟，议政的人意见不一致。适逢

赵王伦废贾后，乃以允为骠骑将军、开府仪同三司、领中护军。己亥，相国伦矫诏遣尚书刘弘赍金屑酒，赐贾后死于金墉城。

五月己巳，诏立临淮王臧为皇太孙，还妃王氏以母之。太子官属即转为太孙官属，相国伦行太孙太傅。

己卯，谥故太子曰愍怀。六月壬寅，葬于显平陵。

中护军淮南王允，性沉毅，宿卫将士皆畏服之。允知相国伦及孙秀有异志，阴养死士，谋讨之。伦、秀深惮之。秋八月，转允为太尉，外示优崇，实夺其兵权。允称疾不拜。秀遣御史刘机逼允，收其官属以下，劾以拒诏，大逆不敬。允视诏，乃秀手书也，大怒，收御史，将斩之，御史走免，斩其令史二人。厉色谓左右曰："赵王欲破我家！"遂帅国兵及帐下七百人直出，大呼曰："赵王反，我将讨之，从我者左袒。"于是归之者甚众。允将赴宫，尚书左丞王舆闭掖门，允不得入，遂围相府。允所将兵皆精锐，伦与战屡败，死者千余人。太子左率陈徽勒东宫兵鼓噪于内以应允。允结陈于承华门前，弓弩齐发，射伦，飞矢雨下。主书司马眭秘以身蔽伦，箭中其背而死。伦官属皆隐树而立，每树辄中数百箭，自辰至未。中书令陈准，徽之兄也，欲应允，言于帝曰："宜遣白虎幡以解斗。"乃使司马督护

赵王司马伦废掉了贾皇后，于是任命司马允为骠骑将军、开府仪同三司、兼中护军。己亥（初九），相国司马伦假传皇帝诏书派遣尚书刘弘持金屑毒酒，在金墉城赐贾皇后自尽。

五月己巳（初九），下诏册立临淮王司马臧为皇太孙，让王衍的女儿王氏回来仍当太子正妃，以母亲的身份抚养皇太孙。太子东宫的属官就转变成了太孙的属官，相国司马伦代理太孙太傅。

己卯（十九日），赠给原太子谥号，称"愍怀"。六月壬寅（十三日），安葬在显平陵。

中护军淮南王司马允，性情沉稳刚毅，守卫皇宫的将士都很畏惧服从他。司马允清楚相国司马伦以及孙秀怀有野心，就暗中训养敢拼命的勇士，计划讨伐他二人。司马伦和孙秀非常惧怕司马允。秋季八月，调任司马允为太尉，表面上对他表示优待尊崇，实际上是剥夺他的兵权。司马允推脱有病不接受任命。孙秀就派御史刘机去逼迫司马允，要逮捕他的下属官员和办事人员，并用抗拒诏命、大逆不敬的罪名弹劾他。司马允察看诏书，竟是孙秀写成的，不由得勃然大怒，命令收捕御史，要杀掉他，御史刘机掉头逃跑，幸免一死，司马允斩杀了御史带来的两个令史。他脸色严厉地对左右心腹说："赵王是想破灭我司马家！"于是统率自己的封国部队以及帐下卫士七百人直接奔出来，大声呼喊说："赵王反逆，我要讨伐他，愿意跟从我的人，一律亮出左臂。"此时归附他的人特别多。司马允准备奔赴宫中，尚书左丞王舆关闭了宫门，司马允进不去，就包围相国府。司马允率领的兵士都是精锐，司马伦同司马允交战屡屡被击败，死去的有一千多人。太子左率陈徽统领东宫的士兵，在宫内擂鼓呐喊来响应司马允。司马允在承华门前摆下战阵，弓箭、弩箭一起发射，都射向司马伦，空中的飞箭像雨点一样射下来。主书司马睦秘用身体遮住司马伦，飞箭射中他后背而死去。司马伦的下属官员都藏在树后，每棵树上都射进了数百支箭，从辰时一直射到未时。中书令陈准，是陈徽的哥哥，准备接应司马允，就向晋惠帝提议说："应当派人出示白虎幡来结束战斗。"于是派遣司马督护

伏胤将骑四百持幡从宫中出，侍中汝阴王虔在门下省，阴与胤誓曰："富贵当与卿共之。"胤乃怀空板出，诈言有诏助淮南王。允不之觉，开阵内之，下车受诏，胤因杀之，并杀允子秦王郁、汉王迪，坐允夷灭者数千人。曲赦洛阳。

初，孙秀尝为小吏，事黄门郎潘岳，岳屡挞之。卫尉石崇之甥欧阳建素与相国伦有隙。崇有爱妾曰绿珠，孙秀使求之，崇不与。及淮南王允败，秀因称石崇、潘岳、欧阳建奉允为乱，收之。崇叹曰："奴辈利吾财耳！"收者曰："知财为祸，何不早散之！"崇不能答。初，潘岳母常诮责岳曰："汝当知足，而干没不已乎！"及败，岳谢母曰："负阿母。"遂与崇、建皆族诛，籍没崇家。

相国伦收淮南王母弟吴王晏，欲杀之。光禄大夫傅祗争之于朝堂，众皆谏止伦，伦乃贬晏为宾徒县王。

齐王冏以功迁游击将军，冏意不满，有恨色。孙秀觉之，且惮其在内，乃出为平东将军，镇许昌。

孙秀议加相国伦九锡，百官莫敢异议。吏部尚书刘颂曰："昔汉之锡魏，魏之锡晋，皆一时之用，非可通行。周勃、霍光，其功至大，皆不闻有九锡之命也。"张林积忿不已，以颂为张华之党，将杀之。孙秀曰："杀张、裴已伤时望，不可复杀颂。"林乃止。以颂为光禄大夫。遂下诏

伏胤带领四百名骑兵,持白虎幡从宫中飞奔出来,侍中汝阴王司马虔这时正在门下省,暗中与伏胤立下誓言说:"你营救我父亲,富贵定当与你共享。"伏胤于是怀揣没写诏命的空白木牍出宫,诈称有诏书协助淮南王。司马允没有觉察出其中有诈,就放开阵角接纳他进来,自己下车接受诏书,伏胤随即杀了他,同时杀了司马允的儿子秦王司马郁、汉王司马迪,因司马允获罪受株连而被灭族的多达数千人。并特赦了洛阳在押的罪犯。

当初,孙秀曾是小吏,事奉黄门郎潘岳,潘岳多次抽打他。卫尉石崇的外甥欧阳建一向同相国司马伦存在嫌隙。石崇有一位宠爱的姬妾叫绿珠,孙秀派人去索要她,石崇不给。等到淮南王司马允失败,孙秀乘机称石崇、潘岳、欧阳建拥护司马允作乱,全都逮捕了他们。石崇慨叹说:"奴才之辈贪图我的财富啊!"抓他的人说:"知道财富是祸根,为什么不早早散掉呢?"石崇答不上来。起初,潘岳的母亲经常训责潘岳说:"你应当知足,却偏要贪求利益没完没了吗?"等到自己败亡时,潘岳向母亲谢罪说:"我辜负了母亲。"于是同石崇、欧阳建都被灭族,还没收了石崇的全部家产。

相国司马伦逮捕了淮南王的胞弟吴王司马晏,打算杀掉他。光禄大夫傅祗在朝堂上为他争辩,众人都劝谏司马伦不要这样做,司马伦于是把司马晏贬为宾徒县王。

齐王司马冏按功劳升任游击将军,司马冏对这种封赏很不满意,显露出怨恨的神色。孙秀觉察到他的反应,而且害怕司马冏在朝中掌权,就把他调出去担任平东将军,镇守许昌。

孙秀提议加授相国司马伦九锡殊礼,文武百官没有谁敢提出反对意见。吏部尚书刘颂说:"过去汉室赐给曹魏九锡,曹魏赐给晋室九锡,都属于一时的施用,不能够代代通行。西汉周勃、霍光,他们的功劳极大,但也都没听说朝廷对他们有过九锡的赐命。"张林愤怒得不得了,把刘颂当作张华的党羽,要杀掉他。孙秀说:"杀死张华、裴颜已经损伤了世人对我们的期望,不能再杀刘颂。"张林这才作罢。把刘颂降职为光禄大夫。于是下诏

加伦九锡,复加其子荂抚军将军,虔中军将军,诩为侍中。又加孙秀侍中、辅国将军,相国司马、右率如故。张林等并居显要。增相府兵为二万人,与宿卫同,并所隐匿之兵,数逾三万。

九月,改司徒为丞相,以梁王肜为之,肜固辞不受。

伦及诸子皆顽鄙无识,秀狡黠贪淫,所与共事者,皆邪佞之士,惟竞荣利,无远谋深略,志趣乖异,互相憎疾。秀子会为射声校尉,形貌短陋,如奴仆之下者,秀使尚帝女河东公主。

冬十一月甲子,立皇后羊氏,赦天下。后,尚书郎泰山羊玄之之女也。外祖平南将军乐安孙旂,与孙秀善,故秀立之。拜玄之光禄大夫、特进、散骑常侍,封兴晋侯。

永宁元年春正月,相国伦与孙秀使牙门赵奉诈传宣帝神语云:"伦宜早入西宫。"散骑常侍义阳王威,望之孙也,素谄事伦,伦以威兼侍中,使威逼夺帝玺绶,作禅诏,又使尚书令满奋持节、奉玺绶禅位于伦。左卫将军王舆、前军将军司马雅等帅甲士入殿,晓谕三部司马,示以威赏,无敢违者。张林等屯守诸门。

乙丑,伦备法驾入宫,即帝位。赦天下,改元建始。帝自华林西门出居金墉城,伦使张衡将兵守之。丙寅,尊帝为太上皇,改金墉曰永昌宫,废皇太孙为濮阳王。立世子荂为皇太子,封子馥为京兆王,虔为广平王,诩为霸城王,

加授司马伦九锡殊礼,又加封他的儿子司马荂为抚军将军,司马虔为中军将军,司马翊为侍中。又加封孙秀为侍中、辅国将军,原来的相国司马、右率职务仍然保留。张林等人一起身居显位要职。又增加相府亲兵为两万人,与皇宫宿卫部队人数相同,再加上隐瞒不做统计的士兵,总人数超过了三万。

九月,改司徒的官称为丞相,委任梁王司马肜来担任,司马肜坚决推辞,没有接受。

司马伦以及他的几个儿子都顽劣鄙陋没有识见,孙秀狡猾奸诈又贪婪放荡,与他共事的那群人,都是邪僻逢迎的家伙,只知道争名逐利,没有深谋远虑,志趣各不相同,互相憎恶嫉妒。孙秀的儿子孙会担任射声校尉,容貌矮小丑陋,和最下等的奴仆一个样,孙秀却让他娶了晋惠帝的女儿河东公主。

冬季十一月甲子(初七),册立羊氏为皇后,大赦天下。羊皇后,是尚书郎泰山人羊玄之的女儿。她的外祖父平南将军乐安人孙旂,与孙秀关系密切,所以孙秀扶立羊氏为皇后。拜授羊玄之为光禄大夫、特进、散骑常侍,封为兴晋侯。

永宁元年(301)春季正月,相国司马伦与孙秀指使牙门将赵奉假称宣帝司马懿有神语,说:"司马伦应早日入主西宫。"散骑常侍、义阳王司马威,是司马望的孙子,一向谄媚地事奉司马伦,司马伦让司马威兼任侍中,派司马威逼迫晋惠帝交出皇帝玉玺,写下让位诏书,又让尚书令满奋持朝廷的符节,把皇帝玉玺献给司马伦。左卫将军王舆、前军将军司马雅等人率披甲武士闯入殿中,明确告知三部司马,向他们宣布服从与否的奖赏与处罚的办法,结果没有敢违抗的。张林等人屯驻并把守各个宫门。

乙丑(初九)这天,司马伦乘坐天子的车驾进入皇宫,登上皇帝的宝座。大赦天下,改年号为建始。晋惠帝从华林园西门出宫,入居金墉城,司马伦派张衡带兵看守晋惠帝。丙寅(初十),尊奉晋惠帝为太上皇,把金墉城改名为永昌宫。废黜皇太孙司马臧,把他贬为濮阳王。册立自己的世子司马荂为皇太子,封儿子司马馥为京兆王,司马虔为广平王,司马翊为霸城王,

皆侍中将兵。以梁王肜为宰衡，何劭为太宰，孙秀为侍中、中书监、票骑将军、仪同三司，义阳王威为中书令，张林为卫将军，其余党与，皆为卿、将，超阶越次，不可胜纪；下至奴卒，亦加爵位。每朝会，貂蝉盈座，时人为之谚曰："貂不足，狗尾续。"

初，平南将军孙旂之子弼、弟子髦、辅、琰皆附会孙秀，与之合族，旬月间致位通显。及伦称帝，四子皆为将军，封郡侯，以旂为车骑将军、开府。旂以弼等受伦官爵过差，必为家祸，遣幼子回责之，弼等不从，旂不能制，恸哭而已。

癸酉，杀濮阳哀王臧。孙秀专执朝政，伦所出诏令，秀辄改更与夺，自书青纸为诏，或朝行夕改，百官转易如流。张林素与秀不相能，且怨不得开府，潜与太子荂笺，言："秀专权不合众心，而功臣皆小人，挠乱朝廷，可悉诛之。"荂以书白伦，伦以示秀。秀劝伦收林，杀之，夷其三族。秀以齐王冏、成都王颖、河间王颙，各拥强兵，据方面，恶之，乃尽用其亲党为三王参佐，加冏镇东大将军，颖征北大将军，皆开府仪同三司，以宠安之。

三月，齐王冏谋讨赵王伦，遣使告成都王颖、河间王颙、常山王乂及南中郎将新野公歆，移檄征、镇、州、郡、县、国，称："逆臣孙秀，迷误赵王，当共诛讨。有不从命者，诛及三族。"

均任侍中，领兵。任命梁王司马肜为宰衡，何勋为太宰，孙秀为侍中、中书监、骠骑将军、仪同三司，义阳王司马威为中书令，张林为卫将军，其馀的党羽都担任卿、将，越级提拔的人，多得无法记载；甚至低贱到奴仆小卒，也授给爵位。每逢朝会时，头戴貂尾、蝉羽官帽的人挤满了席位，当时的人们为这种状况编谚语说："貂不够用，就用狗尾巴凑。"

当初，平南将军孙旂的儿子孙弼、侄儿孙髦、孙辅、孙琰都趋附迎合孙秀，与孙秀认成同一宗族，一个月以内四人都博取到高官显位。等到司马伦称帝，四人又都升为将军，封郡侯，还任命孙旂为车骑将军，并开设府署。孙旂认为孙弼等人拜受司马伦赐给的官爵太超越级别，一定会成为孙家的祸患，就派小儿子孙回前去责备他们，孙弼等人拒不听从，孙旂管不住他们，只有痛哭而已。

癸酉（十七日），司马伦杀死了濮阳哀王司马臧。孙秀专断朝政，司马伦所发布的诏令，孙秀就擅自更改增删，甚至在青纸上自写诏书，有的早晨刚颁行，晚上就改变，文武百官的调动更换如同流水。张林一向与孙秀不和，而且怨恨自己没得到开设府署的资格，暗中给太子司马荂写信说："孙秀专擅朝权，不符合众人的心愿，而功臣都是小人，惑乱朝廷，应当全部杀了他们。"司马荂把信的内容禀告司马伦，司马伦又拿给孙秀看。孙秀劝司马伦逮捕张林，杀死了他，并诛灭了他的三族。孙秀因齐王司马冏、成都王司马颖、河间王司马颙各自都拥有强大的军队，占据一方，很憎恶他们，于是全部委派自己的亲属党羽充任这三王的僚佐，加封司马冏为镇东大将军，司马颖为征北大将军，皆为开府仪同三司，借此来表示恩宠，稳住他们。

三月，齐王司马冏计划征讨赵王司马伦，派使者去通知成都王司马颖、河间王司马颙、常山王司马乂以及南中郎将新野公司马歆，并向各守一方的四征、四镇将军，以及州、郡、县、诸侯国传布檄文，说："大逆贼臣孙秀，迷惑坑害赵王，理应共同讨伐。有不听从命令的，诛灭三族。"

　　使者至邺，成都王颖召邺令卢志谋之。志曰："赵王篡逆，人神共愤。殿下收英俊以从人望，杖大顺以讨之，百姓必不召自至，攘臂争进，蔑不克矣。"颖从之，以志为谘议参军，仍补左长史。志，毓之孙也。颖以兖州刺史王彦、冀州刺史李毅、督护赵骧、石超等为前锋，远近响应。至朝歌，众二十馀万。超，苞之孙也。常山王乂在其国，与太原内史刘暾各帅众为颖后继。

　　新野公歆得冏檄，未知所从。嬖人王绥曰："赵亲而强，齐疏而弱，公宜从赵。"参军孙询大言于众曰："赵王凶逆，天下当共诛之，何亲疏强弱之有！"歆乃从冏。

　　前安西参军夏侯奭在始平，合众数千人以应冏，遣使邀河间王颙。颙用长史陇西李含谋，遣振武将军河间张方讨擒奭及其党，腰斩之。冏檄至，颙执冏使送于伦，遣张方将兵助伦。方至华阴，颙闻二王兵盛，复召方还，更附二王。

　　冏檄至扬州，州人皆欲应冏。刺史郗隆，虑之玄孙也，以兄子鉴及诸子悉在洛阳，疑未决，悉召僚吏谋之。主簿淮南赵诱、前秀才虞潭皆曰："赵王篡逆，海内所疾，今义兵四起，其败必矣。为明使君计，莫若自将精兵，径赴许昌，上策也；遣将将兵会之，中策也；量遣小军，随形助胜，下策也。"隆退，密与别驾顾彦谋之，彦曰："诱等

司马冏的使者来到邺县,成都王司马颖召请邺县县令卢志来商议此事。卢志说:"赵王篡位叛逆,世人和神灵都感到愤恨。殿下您收揽英才俊杰来顺从民意,把握住正义的准则来讨伐他,老百姓一定会不召自到,捋起衣袖、亮出臂膀争相奋进,就没有不能战胜的了。"司马颖采用了这一建议,任命卢志为谘议参军,同时补任左长史。卢志,是卢毓的孙子。司马颖委派兖州刺史王彦、冀州刺史李毅、督护赵骧和石超等人当前锋,远近纷纷响应。抵达朝歌时,部众已达二十多万。石超,是石苞的孙子。常山王司马乂在自己的封国,同太原内史刘暾各自率领本部部众充当司马颖的后续部队。

新野公司马歆见到司马冏的讨伐檄文后,不知道随顺哪一方为好。他所宠信的人王绥说:"赵王与您血缘关系近,并且强大,齐王与您血缘关系远,并且弱小,您应当随顺赵王。"参军孙询当众高声说:"赵王凶恶悖逆,天下应当共同讨伐他,哪里有什么关系亲疏、力量强弱的区别呢?"于是司马歆决定随顺司马冏。

原安西参军夏侯奭在始平郡,聚合起部众数千人来响应司马冏,并派遣使者邀请河间王司马颙。司马颙采用长史陇西人李含的计谋,派遣振武将军河间人张方讨伐并活捉了夏侯奭及其党羽,把他们腰斩。司马冏的檄文传到后,司马颙把司马冏的使者抓起来,送交给司马伦,并派遣张方率领兵马去援助司马伦。张方抵达华阴县时,司马颙闻知齐王和成都王兵力强盛,又召张方撤回来,转而依附这二王。

司马冏的檄文传到扬州,州内的人都想响应司马冏。刺史郗隆,是郗虑的玄孙,因为侄儿郗鉴以及自己的几个儿子都在洛阳,疑虑未决,就召集全体僚属商议这件事。主簿淮南人赵诱、前秀才虞潭都说:"赵王篡逆,被天下所痛恨,如今义兵四处兴起,赵王的败亡必定无疑了。替使君您着想,不如亲自带领精兵,直接奔赴齐王的镇所许昌,这是上策;派将领率兵去会合,这是中策;适当派少量部队,随事态变化协助获胜的一方,这是下策。"郗隆散会后秘密同别驾顾彦谋议此事,顾彦说:"赵诱等人的

下策,乃上计也。"治中留宝、主簿张褒、西曹留承闻之,请见,曰:"不审明使君今当何施?"隆曰:"我俱受二帝恩,无所偏助,欲守州而已。"承曰:"天下者,世祖之天下也。太上承代已久,今上取之,不平,齐王顺时举事,成败可见。使君不早发兵应之,狐疑迁延,变难将生,此州岂可保也!"隆不应。潭,翻之孙也。隆停檄六日不下,将士愤怒。参军王邃镇石头,将士争往归之,隆遣从事于牛渚禁之,不能止。将士遂奉邃攻隆,隆父子及顾彦皆死,传首于囧。

安南将军、监沔北诸军事孟观,以为紫宫帝坐无他变,伦必不败,乃为之固守。

伦、秀闻三王兵起,大惧,诈为囧表曰:"不知何贼猝见攻围,臣懦弱不能自固,乞中军见救,庶得归死。"以其表宣示内外,遣上军将军孙辅、折冲将军李严帅兵七千自延寿关出,征虏将军张泓、左军将军蔡璜、前军将军闾和帅兵九千自堮阪关出,镇军将军司马雅、扬威将军莫原帅兵八千自成皋关出,以拒囧。遣孙秀子会督将军士猗、许超帅宿卫兵三万以拒颖。召东平王楙为卫将军,都督诸军;又遣京兆王馥、广平王虔帅兵八千为三军继援。伦、秀日夜祷祈,厌胜以求福,使巫觋选战日,又使人于嵩山著羽衣,诈称仙人王乔,作书述伦祚长久,欲以惑众。

下策，正是您应采取的上策啊。"治中留宝、主簿张褒、西曹留承听说顾彦的建议后，求见郗隆说："不清楚使君您现下究竟要采取什么措施？"郗隆说："我同时蒙受宣帝、武帝的恩典，没有偏助哪一方的理由，只想守住扬州而已。"留承说："晋室天下，是世祖武帝开创的天下。太上皇承继帝统已经时间很长了，赵王取代了太上皇，这很不公平，齐王顺应时势，兴举大事，成败可以预见。使君您不及早发兵响应齐王，狐疑拖延，变故祸难将会发生，这扬州怎能保住呢？"郗隆不做回答。虞潭，是虞翻的孙子。郗隆压下檄文六天不下发，将士都很愤怒。参军王邃正镇守石头城，将士们争相去归依他，郗隆派从事在牛渚加以禁阻，但制止不住。将士们于是拥奉王邃去攻打郗隆，郗隆父子以及顾彦都被杀死，王邃把他们的首级传送给司马冏。

安南将军、监沔北诸军事孟观，认为天上紫微垣中象征帝位的星座没有发生其他的变化，司马伦必定不会败亡，于是替他顽强防守。

司马伦、孙秀听说齐王、成都王、河间王联合起兵，非常害怕，就编造司马冏的奏表，其中说："不知道是什么贼寇，突然被他们所围攻，臣怯懦不能保住自己，乞请皇家禁卫军来营救，希望能使我回朝接受死刑的处罚。"司马伦把伪造的章表向朝廷内外公布，派遣上军将军孙辅、折冲将军李严率领兵马七千人从延寿关出发，征虏将军张泓、左军将军蔡璜、前军将军闾和率领兵马九千人从崿阪关出发，镇军将军司马雅、扬威将军莫原率领兵马八千人从成皋关出发，来抗拒司马冏。又派遣孙秀的儿子孙会统领将军士猗、许超，率领宫廷卫戍部队三万人来抗拒司马颖。宣召东平王司马楙担任卫将军，都督诸军；又派遣京兆王司马馥、广平王司马虔率领兵马八千人齐当三路大军的后续增援部队。司马伦、孙秀日夜用祈祷神灵、诅咒厌胜来乞求福佑，让巫师选定作战的具体日期，还派人在嵩山穿上羽衣道服，诈称仙人王乔，写下神书述说司马伦的国运很长久，想借此来迷惑众人。

闰月,张泓等进据阳翟,与齐王冏战,屡破之。冏军颍阴。夏四月,泓乘胜逼之,冏遣兵逆战。诸军不动,而孙辅、徐建军夜乱,径归洛自首曰:"齐王兵盛,不可当,泓等已没矣!"赵王伦大恐,秘之,而召其子虔及许超还。会泓破冏露布至,伦乃复遣之。泓等悉帅诸军济颍攻冏营,冏出兵击其别将孙髦、司马谭等,破之,泓等乃退。孙秀诈称已破冏营,擒得冏,令百官皆贺。

成都王颖前锋至黄桥,为孙会、士猗、许超所败,杀伤万馀人,士众震骇。欲退保朝歌,卢志、王彦曰:"今我军失利,敌新得志,有轻我之心。我若退缩,士气沮衄,不可复用。且战何能无胜负?不若更选精兵,星行倍道,出敌不意,此用兵之奇也。"颖从之。伦赏黄桥之功,士猗、许超与孙会皆持节。由是各不相从,军政不一,且恃胜轻颖而不设备。颖帅诸军击之,大战于溴水,会等大败,弃军南走。颖乘胜长驱济河。

自冏等起兵,百官将士皆欲诛伦、秀,秀惧,不敢出中书省。及闻河北军败,忧懑不知所为。孙会、许超、士猗等至,与秀谋,或欲收馀卒出战;或欲焚宫室,诛不附己者,挟伦南就孙旗、孟观;或欲乘船东走入海。计未决。辛酉,左卫将军王舆与尚书广陵公漼帅营兵七百馀人自南掖门入宫,三部司马为应于内,攻孙秀、许超、士猗于中书省,

闰三月，张泓等人夺取了阳翟，与齐王司马冏交战，屡屡把齐王击败。司马冏驻扎在颍阴。夏季四月，张泓乘胜进逼齐王，司马冏派兵迎战。朝廷其他各支部队都很安稳，而孙辅、徐建这支部队在夜间发生了骚乱，两人直接跑回洛阳自首请罪说："齐王的兵马强盛，不可抵挡，张泓等人已经全军覆没了！"赵王司马伦听后十分恐惧，把消息封锁住，却征召他的儿子司马虔以及许超赶紧回京。正好张泓攻破司马冏的露布文告传到，司马伦于是又派两人再去前线。张泓等朝廷将领率领各支部队全部渡过颍水进攻司马冏的营地，司马冏出兵进击张泓的别将孙髦、司马谭等部，击破了他们，张泓等人于是撤退。孙秀诈称前方已经攻破司马冏的军营，活捉了司马冏，命令百官都来祝贺。

成都王司马颖的前锋部队抵达黄桥，被孙会、士猗、许超所击败，死伤一万多人，部众都很震惊恐惧。司马颖打算撤退，据守朝歌，卢志、王彦劝阻说："现下我军失利，敌军刚刚获胜，有轻视我军的情绪。我军如果退缩，士气就会沮丧受挫，不能再使用了。况且作战哪能没有胜负呢？不如重新挑选精兵，星夜兼程进击，出其不意，这正是用兵的奇计啊。"司马颖采纳了两人的意见。司马伦犒赏黄桥之战的有功将士，士猗、许超、孙会都拥有持朝廷符节发号施令的权力。由此各军互不听命，军政不统一，并且依仗胜利轻视司马颖而不设防备。司马颖统领众军进击，在溴水展开大战，孙会等人被打得大败，丢下部队朝南奔逃。司马颖乘胜长驱直入，渡过黄河。

自从司马冏等起兵，朝廷百官将士都想诛杀司马伦和孙秀，孙秀十分恐惧，不敢走出中书省。等听说朝廷军队在黄河北岸战败，忧郁烦闷不知该怎么办。孙会、许超、士猗等人逃到洛阳，与孙秀谋议，有的主张整顿剩下的士兵再出战；有的主张焚烧宫室，杀掉不依附己方的人，挟持司马伦往南投奔孙旂、孟观；有的主张乘船向东逃跑，进入海上。但没商议出结果。辛酉（初七），左卫将军王舆同尚书广陵公司马漼率营兵七百多人从南掖门入宫，而三部司马在宫内接应，在中书省围攻孙秀、许超和士猗，

皆斩之，遂杀孙奇、孙弼及前将军谢惔等。灌，仙之子也。王舆屯云龙门，召八坐皆入殿中，使伦为诏曰："吾为孙秀所误，以怒三王。今已诛秀。其迎太上皇复位，吾归老于农亩。"传诏以驺虞幡敕将士解兵。黄门将伦自华林东门出，及太子荂皆还汶阳里第。遣甲士数千迎帝于金墉城，百姓咸称万岁。帝自端门入，升殿，群臣顿首谢罪。诏送伦、荂等付金墉城。广平王虔自河北还，至九曲，闻变，弃军，将数十人归里第。

癸亥，赦天下，改元，大酺五日。分遣使者慰劳三王。梁王肜等表："赵王伦父子凶逆，宜伏诛。"丁卯，遣尚书袁敞持节赐伦死，收其子荂、馥、虔、诩，皆诛之。凡百官为伦所用者皆斥免，台、省、府、卫，仅有存者。是日，成都王颖至。己巳，河间王颙至。颖使赵骧、石超助齐王讨张泓等于阳翟，泓等皆降。自兵兴六十馀日，战斗死者近十万人。斩张衡、闾和、孙髦于东市，蔡璜自杀。五月，诛义阳王威。襄阳太守宗岱承囧檄斩孙旂，永饶冶令空桐机斩孟观，皆传首洛阳，夷三族。

六月乙卯，齐王囧帅众入洛阳，顿军通章署，甲士数十万，威震京都。

甲戌，诏以齐王囧为大司马，加九锡，备物典策，如宣、景、文、武辅魏故事；成都王颖为大将军，都督中外诸军事、

全都杀了他们,乘势又杀了孙奇、孙弼以及前将军谢惔等人。司马潋,是司马伷的儿子。王舆屯驻在云龙门,召集尚书台八大要员都入殿中,迫使司马伦写下诏书说:"我被孙秀所贻误,致使三王被激怒。如今已经诛杀孙秀。请三王迎接太上皇复登帝位,我则归田养老。"下诏用象征休战的驺虞幡命将士放下武器。黄门宦官押送司马伦从华林园东门出宫,连同太子司马荂全都回到洛阳城汶阳里的住宅。又派遣武装士兵数千人到金墉城迎接晋惠帝,百姓都呼喊万岁。晋惠帝从端门入宫升殿,群臣都跪下叩头请罪。晋惠帝下诏,把司马伦、司马荂等人押赴金墉城。广平王司马虔由黄河北岸回到九曲渎,闻知京师发生了变故,丢下军队,带领几十个人回归自己的府宅。

癸亥(初九),大赦天下,改年号为永宁,让全国聚饮五天。分头派遣使者去慰劳起兵的三王。梁王司马肜等人奏上章表认为:"赵王司马伦父子凶恶悖逆,应受死刑。"丁卯(十三日),派遣尚书袁敞持朝廷符节,将司马伦赐死,收捕他的儿子司马荂、司马馥、司马虔、司马诩,全都斩首。凡是百官由司马伦所委任的一律斥逐免职,台、省、府、卫各机构仅仅剩下不几个人。这天,成都王司马颖到京。己巳(十五日),河间王司马颙到京。司马颖派赵骧、石超到阳翟去援助齐王司马冏讨伐张泓等人,张泓等人全都投降。自从战事兴起六十多天,因战斗死去的人将近十万人。在洛阳东市处死了张衡、闾和、孙髦,蔡璜自杀。五月,诛杀义阳王司马威。襄阳太守宗岱遵承司马冏的檄文斩杀了孙旃,永饶冶令空桐机斩杀了孟观,都把首级传送到洛阳,诛灭三族。

六月乙卯(初二),齐王司马冏率领兵众进入洛阳,把军队停驻在通章署,全副武装的兵士有数十万人,威势震动京师。

甲戌(二十一日)这天,惠帝颁下诏书,任命齐王司马冏为大司马,加授九锡的特殊礼仪,全套礼法仪物和典制策书,都依仿宣帝司马懿、景帝司马师、文帝司马昭、武帝司马炎辅助曹魏时的旧例;任命成都王司马颖为大将军、都督中外诸军事、

假黄钺,录尚书事,加九锡,入朝不趋,剑履上殿;河间王颙为侍中、太尉,加三赐之礼;常山王乂为抚军大将军,领左军;进广陵公漼爵为王,领尚书,加侍中;进新野公歆爵为王,都督荆州诸军事,加镇南大将军。齐、成都、河间三府,各置掾属四十人,武号森列,文官备员而已,识者知兵之未戢也。己卯,以梁王肜为太宰,领司徒。

光禄大夫刘蕃女为赵世子荂妻,故蕃及二子散骑侍郎舆、冠军将军琨皆为赵王伦所委任。大司马冏以琨父子有才望,特宥之,以舆为中书郎,琨为尚书左丞。又以前司徒王戎为尚书令,刘暾为御史中丞,王衍为河南尹。

新野王歆将之镇,与冏同乘谒陵,因说冏曰:"成都王至亲,同建大勋,今宜留之与辅政。若不能尔,当夺其兵权。"常山王乂与成都王颖俱拜陵,乂谓颖曰:"天下者,先帝之业,王宜维正之。"闻其言者莫不忧惧。卢志谓颖曰:"齐王众号百万,与张泓等相持不能决,大王径前济河,功无与贰。然今齐王欲与大王共辅朝政。志闻两雄不俱立,宜因太妃微疾,求还定省,委重齐王,以收四海之心,此计之上也。"颖从之。帝见颖于东堂,慰劳之。颖拜谢曰:"此大司马冏之勋,臣无豫焉。"因表称冏功德,宜委以万机,自陈母疾,请归藩。即辞出,不复还营,便谒太庙,出自东阳城门,遂归邺。遣信与冏别,冏大惊,驰出送颖,至七里涧,

假黄钺、录尚书事,加授九锡的特殊礼仪,入朝不必快步走,可以穿鞋带剑上殿;任命河间王司马颙为侍中、太尉,加授赐弓箭、赐斧钺、赐圭玉的殊礼;任命常山王司马乂为抚军大将军,领左军;晋升广陵公司马漼的爵位为王,领尚书,加授侍中;晋升新野公司马歆的爵位为王,都督荆州诸军事,加授镇南大将军。齐王、成都王、河间王三王的府署,各自设置属员四十人,武职一个接一个,文官只是充数而已,有远见的人看出兵争并没有止息。己卯(二十六日),任命梁王司马肜为太宰,兼任司徒。

光禄大夫刘蕃的女儿是赵王世子司马荂的妻室,所以刘蕃以及他的两个儿子散骑侍郎刘舆、冠军将军刘琨都是赵王司马伦所委任的。大司马司马冏鉴于刘琨父子具有才能声望,特地宽恕了他们,任命刘舆为中书郎,刘琨为尚书左丞。又任命原司徒王戎为尚书令,刘暾为御史中丞,王衍为河南尹。

新野王司马歆将要到镇所赴任,与司马冏坐一辆车去拜谒皇陵,乘便劝司马冏说:"成都王是皇帝的亲弟弟,与您共同建立大功,如今应当留下他与您一起辅政。如果不能这样做,那就应当削夺他的兵权。"常山王司马乂同成都王司马颖也一起去拜谒皇陵,司马乂对司马颖说:"当今的天下,是先帝创下的基业,大王您应当扶持匡正它。"听到这番话的人无不忧虑恐惧。卢志对司马颖说:"齐王兵众号称百万,与张泓等人相对峙而不能决胜,大王您直接进军渡过黄河,功劳没有能比得上您的。可是目前齐王打算与大王您共同辅佐朝政。我卢志听说两个雄主不能并立,您应趁母亲成都太妃正闹小病,请求回去早晚侍候,把重任交给齐王,来收揽天下人心,这是全部计策中的上策。"司马颖听从了这一建议。晋惠帝在东堂接见司马颖,慰劳他。司马颖跪拜辞谢说:"这都是太司马司马冏的功劳,臣并没有参与什么。"随后奏上章表,称赞司马冏的功德,建议应把日常政务交给他掌管,自陈母亲有病,请求返归封国。随即拜辞出宫,不再回军营,马上去拜谒祖庙,从洛阳城东阳门出城,直接回邺城。派人送信同司马冏辞别,司马冏大惊,飞速出城去送司马颖,直到七里涧,

及之。颖住车言别,流涕滂沱,惟以太妃疾苦为忧,不及时事。由是士民之誉皆归颖。

囧辟新兴刘殷为军谘祭酒,洛阳令曹摅为记室督,尚书郎江统、阳平太守河内苟晞参军事,吴国张翰为东曹掾,孙惠为户曹掾,前廷尉正顾荣及顺阳王豹为主簿。惠,贾之曾孙;荣,雍之孙也。囧以何勖为中领军,董艾典枢机,又封其将佐有功者葛旟、路秀、卫毅、刘真、韩泰皆为县公,委以心膂,号曰"五公"。成都王颖至邺,诏遣使者就申前命。颖受大将军,让九锡殊礼;表论兴义功臣,皆封公侯。又表称:"大司马前在阳翟,与贼相持既久,百姓困敝,乞运河北邸阁米十五万斛,以振阳翟饥民。"造棺八千余枚,以成都国秩为衣服,敛祭黄桥战士,旌显其家,加常战亡二等。又命温县瘗赵王伦战士万四千余人。皆卢志之谋也。颖形美而神昏,不知书,然气性敦厚,委事于志,故得成其美焉。诏复遣使谕颖入辅,并使受九锡。颖嬖人孟玖不欲还洛,又,程太妃爱恋邺都,故颖终辞不拜。

初,大司马囧疑中书郎陆机为赵王伦撰禅诏,收,欲杀之。大将军颖为之辨理,得免死,因表为平原内史,以其弟云为清河内史。机友人顾荣及广陵戴渊,以中国多难,劝机还吴。机以受颖全济之恩,且谓颖有时望,可与立功,遂留不去。

秋七月,复封常山王乂为长沙王。

才追上他。司马颖停下车与司马同话别，流泪痛哭，只说替太妃的病痛担忧，不涉及时事。由此士人百姓的称誉都集中到司马颖身上。

司马同征用新兴人刘殷为军谘祭酒，洛阳令曹摅为记室督，尚书郎江统、阳平太守河内人苟晞参军事，吴国人张翰为东曹掾，孙惠为户曹掾，原廷尉正顾荣以及顺阳人王豹为主簿。孙惠，是孙贲的曾孙；顾荣，是顾雍的孙子。司马同任命何勖为中领军，董艾执掌枢密机要，又封他的将佐中有功的人葛旟、路秀、卫毅、刘真、韩泰均为县公，当作股肱之臣，号称"五公"。成都王司马颖回到邺城后，惠帝下诏，派遣使者前去重申之前的封授令。司马颖拜受了大将军的职位，辞让掉九锡的特殊礼仪；并奏上章表，论列讨伐赵王过程中的功臣，全都封为公侯。又上表说："大司马以前在阳翟，与逆贼相对峙的时间很长，百姓困顿凋敝，乞请运送黄河以北官储的粮米十五万斛，来赈济阳翟一带的饥民。"又营造棺木八千多副，用自己封国的俸禄购制衣服，殡殓祭吊黄桥的阵亡将士，表彰他们的家属，抚恤比平常战死增加两级。又命温县埋葬赵王司马伦的阵亡将士一万四千多人。这都是卢志的谋划。司马颖形貌俊美但神智昏昧，不识几个字，但性情敦厚，把事情交给卢志处理，所以能够成就美名。惠帝又下诏，再派使者谕示司马颖入朝辅政，并让他接受九锡殊礼。司马颖所宠信的孟玖不愿意回洛阳，加上程太妃又留恋邺城，所以司马颖始终辞谢，不拜受诏令。

当初，大司马司马同怀疑中书郎陆机替赵王司马伦撰写惠帝让位的诏书，把陆机抓起来以后，想杀掉他。大将军司马颖替他申辩，得免一死，随后上表奏请，任命他为平原内史，他的弟弟陆云为清河内史。陆机的友人顾荣以及广陵人戴渊，鉴于中原多有祸乱，劝陆机返回吴郡。陆机因为蒙受司马颖营救保全的恩德，并且认为司马颖在当时有声望，可以随同他建立功业，于是就留下来不离开。

秋季七月，又封常山王司马乂为长沙王。

冬十二月,封大司马冏子冰为乐安王,英为济阳王,超为淮南王。

太安元年。大司马冏欲久专大政,以帝子孙俱尽,大将军颖有次立之势。清河王覃,遐之子也,方八岁,乃上表请立之。夏五月癸卯,立覃为皇太子,以冏为太子太师,东海王越为司空,领中书监。

齐武闵王冏既得志,颇骄奢擅权,大起府第,坏公私庐舍以百数,制与西宫等,中外失望。侍中嵇绍上疏曰:"存不忘亡,《易》之善戒也。臣愿陛下无忘金墉,大司马无忘颖上,大将军无忘黄桥,则祸乱之萌无由可兆矣。"又与冏书,以为:"唐、虞茅茨,夏禹卑宫。今大兴第舍及为三王立宅,岂今日之所急邪!"冏逊辞谢之,然不能从。

冏耽于宴乐,不入朝见;坐拜百官,符敕三台;选举不均,嬖宠用事。殿中御史桓豹奏事,不先经冏府,即加考竟。南阳处士郑方,上书谏冏曰:"今大王安不虑危,燕乐过度,一失也。宗室骨肉,当无纤介,今则不然,二失也。蛮夷不静,大王谓功业已隆,不以为念,三失也。兵革之后,百姓穷困,不闻振救,四失也。大王与义兵盟约,事定之后,赏不逾时,而今犹有有功未论者,五失也。"冏谢曰:"非子,孤不闻过。"

冬季十二月,封授大司马司马冏的儿子司马冰为乐安王,司马英为济阳王,司马超为淮南王。

太安元年(302)。大司马司马冏想长期独揽国家大政,鉴于惠帝的儿子、孙子都死光了,大将军司马颖却因皇弟身份而有按继承顺序登基的可能。而清河王司马覃,是司马遐的儿子,刚八岁,极容易控制,就奏上章表,请立他为帝位继承人。夏季五月癸卯(二十五日),册立司马覃为皇太子,任命司马冏为太子太师,东海王司马越为司空,兼任中书监。

齐武闵王司马冏已经如愿以偿,相当骄纵奢侈,专擅朝权,他大规模兴建府宅,拆除公家和私人的房屋数以百计,规格同皇宫一个样,朝廷内外都对他很失望。侍中嵇绍上书说:"身存不忘记危亡,这是《周易》的良好告诫。臣愿陛下不忘记金墉城的滋味,大司马不忘记颍水岸边被围攻的情形,大将军不忘记黄桥战败的教训,那么祸乱的萌芽,就没有可以预先显现的地方了。"又给司马冏写信,信中认为:"唐尧、虞舜住不修剪的茅草房,夏朝大禹住低矮的宫室。如今您却大规模营筑官邸,又为三个封王的儿子修建府宅,难道这是今天的紧急事务吗?"司马冏用谦恭的言辞向他道歉,但不能听从。

司马冏沉湎于游宴享乐,不上朝拜见天子;坐在大司马府中接受百官的奏拜,用符节向各部门发布命令;选用官员不公正,使献媚邀宠的小人当权。殿中御史桓豹启奏政事,没先经过司马冏的府署,就对他进行拷问。南阳的隐士郑方上书劝谏司马冏说:"如今大王您平安时却不考虑危困,宴饮游乐太过度,这是第一大失误。皇族是骨肉同胞,应当没有丝毫嫌隙,如今却不是这样,这是第二大失误。四方蛮夷不平静,大王却认为功业已经达到极盛,不把这当成一回事,这是第三大失误。兵争过后,百姓穷困,没听说有过赈济,这是第四大失误。大王您同义兵立过盟约,事定以后,封赏不超过应该封赏的日期,而现在还存在有功劳却未论定的人,这是第五大失误。"司马冏道歉说:"不是您,我还不会听到这些过错。"

孙惠上书曰:"天下有五难、四不可,而明公皆居之:冒犯锋刃,一难也;聚致英豪,二难也;与将士均劳苦,三难也;以弱胜强,四难也;兴复皇业,五难也。大名不可久荷,大功不可久任,大权不可久执,大威不可久居。大王行其难而不以为难,处其不可而谓之可,惠窃所不安也。明公宜思功成身退之道,崇亲推近,委重长沙、成都二王,长揖归藩,则太伯、子臧不专美于前矣。今乃忘高亢之可危,贪权势以受疑,虽遨游高台之上,逍遥重塍之内,愚窃谓危亡之忧,过于在颍、翟之时也。"囧不能用,惠辞疾去。囧谓曹摅曰:"或劝吾委权还国,何如?"摅曰:"物禁太盛,大王诚能居高虑危,褰裳去之,斯善之善者也。"囧不听。

张翰、顾荣皆虑及祸,翰因秋风起,思菰菜、莼羹、鲈鱼脍,叹曰:"人生贵适志耳,富贵何为!"即引去。荣故酣饮,不省府事,长史葛旟以其废职,白囧徙荣为中书侍郎。

颍川处士庾衮闻囧期年不朝,叹曰:"晋室卑矣,祸乱将兴!"帅妻子逃于林虑山中。

王豹致笺于囧曰:"伏思元康已来,宰相在位,未有一人获终者,乃事势使然,非皆为不善也。今公克平祸乱,安国定家,乃复寻覆车之轨,欲冀长存,不亦难乎!今河间树根于关右,成都盘桓于旧魏,新野大封于江、汉,三王各以方刚强盛之年,并典戎马,处要害之地,而明公

孙惠上书说:"天下存在五难、四不可,而明公您都占上了:迎着刀尖上,这是一难;聚集英雄豪杰,这是二难;与将士共同分担劳苦,这是三难;用弱小战胜强大,这是四难;兴复帝王的基业,这是五难。而大名声不可长久地担当,大功劳不可长久地仰仗,大权力不可长久地执掌,大威势不可长久地占据。大王您践行这五难却不认为难,处在四不可上却认为可,这是我孙惠私下为大王感到不安的地方。明公您应当思索功成身退的处世原则,尊崇亲属,推举血缘近的人,把重任交付给长沙王、成都王这两王,拱手敬拜返回封国,那么辞让国家的吴太伯、曹子臧,也就不会在前代独擅美名了。眼下您却忘记了高到极点就会倒斜,贪图权势就会受到疑忌,即使遨游在高台上面,逍遥在层层墙垣里面,我私下认为这种危亡的忧虑远远超过您在颍水、阳翟被击败的那个时候。"司马冏不能采纳这一意见,孙惠就借身体有病辞官离去了。司马冏对曹摅说:"有人劝我放弃权力回到封国,你看怎么样?"曹摅说:"事物都忌讳极盛,大王您果真能够身居高位而思虑危亡,提起衣裙离弃它,这属于好事中的好事啊。"司马冏拒不听从。

张翰、顾荣都担心遭到祸难,张翰因为秋风吹起,思念起南方的莼菜、莼菜汤、鲈鱼片,慨叹说:"人生在世,贵在顺适自己的志趣,要富贵做什么呢?"随即辞官离去。顾荣成天故意痛快饮酒,不过问王府事务,长史葛旟因他荒废主簿的职守,向司马冏禀报,调任顾荣为中书侍郎。

颍川的隐士庾衮听说司马冏整年都不上朝,慨叹说:"晋室卑弱了,祸乱将要兴起!"带领妻室儿女逃到林虑山中。

王豹给司马冏写信说:"我回想元康年间以来,宰相在位的,没有一人获得善终,这是时势造成的,并不全是他们做坏事啊。如今您平定祸乱,安定国家,竟又沿着翻车的辙迹,希望长久存立,不也太难了吗?目前河间王在关西培植根系,成都王在曹魏发祥地邺都逗留,新野王在江汉一带扩大了封地,这三王各自凭借血气方刚、强壮旺盛的年华,全都掌管兵马,处在要害地带,而您

以难赏之功，挟震主之威，独据京都，专执大权，进则亢龙有悔，退则据于蒺藜，冀此求安，未见其福也。"因请悉遣王侯之国，依周、召之法，以成都王为北州伯，治邺，冏自为南州伯，治宛。分河为界，各统王侯，以夹辅天子。冏优令答之。长沙王乂见豹笺，谓冏曰："小子离间骨肉，何不铜驼下打杀！"冏乃奏豹谗内间外，坐生猜嫌，不忠不义，鞭杀之。豹将死，曰："县吾头大司马门，见兵之攻齐也！"

冏以河间王颙本附赵王伦，心常恨之。梁州刺史安定皇甫商与颙长史李含不平，含被征为翊军校尉，时商参冏军事，夏侯奭兄亦在冏府。含心不自安，又与冏右司马赵骧有隙，遂单马奔颙，诈称受密诏，使颙诛冏，因说颙曰："成都王至亲，有大功，推让还藩，甚得众心。齐王越亲而专政，朝廷侧目。今檄长沙王使讨齐，齐王必诛长沙，吾因以为齐罪而讨之，必可禽也。去齐立成都，除逼建亲，以安社稷，大勋也。"颙从之。是时，武帝族弟范阳王虓都督豫州诸军事。颙上表陈冏罪状，且言勒兵十万，欲与成都王颖、新野王歆、范阳王虓共会洛阳，请长沙王乂废冏还第，以颖代冏辅政。颙遂举兵，以李含为都督，帅张方等趋洛阳，复遣

依仗难以再封赏的大功,凭借震慑君主的威势,独占京师,总揽大权,前进就会像处在最高处的龙,将会有悔恨,后退就会陷入荆棘丛中,希望这样来寻求平安,看不出会有什么好结果。"于是提议让王侯全部到自己的封国,并依据周公、召公分治的古法,任命成都王为北州伯,治所设在邺城,司马冏为南州伯,治所设在宛城。以黄河为界,各自统领王侯,来共同辅佐天子。司马冏用很欣赏的辞令对此信做了答复。长沙王司马乂看到王豹的这封信后,对司马冏说:"这小子离间皇族骨肉的关系,为什么不在宫门外的铜骆驼下面打死他?"司马冏于是奏报王豹离间朝内外官员,凭空制造彼此的猜疑嫌隙,属于不忠不义,就用鞭子把他抽死了。王豹在临死前说:"把我的头悬挂在大司马的府门上,让我亲眼看见兵众攻打齐王!"

　　司马冏因为河间王司马颙本在起兵之初依附赵王司马伦一方,心里一直厌恨他。梁州刺史安定人皇甫商与司马颙的长史李含有摩擦,李含被征召担任翊军校尉,这时皇甫商出任司马冏的参军,夏侯奭的哥哥也在司马冏的府中供职。李含的心里总感觉不安,加上和司马冏的右司马赵骧也存在嫌隙,于是单枪匹马去投奔司马颙,诈称接受了惠帝的密诏,让司马颙讨伐司马冏,随后鼓动司马颙说:"成都王是皇帝的亲弟弟,立有大功,推辞谦让,回到封国,特别得人心。齐王超越亲属关系而专擅朝政,朝廷上下对他都带着嫉恨的目光。如今大王您向长沙王传布檄文,让他讨伐齐王,齐王必定会诛杀长沙王,我方随后把这作为齐王的罪名而讨伐他,必定可以活捉他。除掉齐王,拥立成都王,铲除逼夺势力,立皇帝的近亲,来安定社稷,这可是大功一件啊。"司马颙同意这套说法。这时候,晋武帝的族弟范阳王司马虓正都督豫州诸军事。司马颙奏上章表列举司马冏的罪状,并且说已经整顿好兵马十万,准备同成都王司马颖、新野王司马歆、范阳王司马虓共同在洛阳会师,敦请长沙王司马乂废黜司马冏,让他回宅第呆着,任命司马颖代替司马冏辅佐朝政。司马颙于是发兵,任命李含为都督,率领张方等将领直奔洛阳,又派遣

使邀颖。颖将应之,卢志谏,不听。

十二月丁卯,颙表至。囧大惧,会百官议之,曰:"孤首唱义兵,臣子之节,信著神明。今二王信谗作难,将若之何?"尚书令王戎曰:"公勋业诚大,然赏不及劳,故人怀贰心。今二王兵盛,不可当也。若以王就第,委权崇让,庶可求安。"囧从事中郎葛旟怒曰:"三台纳言,不恤王事,赏报稽缓,责不在府。谗言逆乱,当共诛讨,奈何虚承伪书,遽令公就第乎!汉、魏以来,王侯就第,宁有得保妻子者邪!议者可斩!"百官震悚失色,戎伪药发堕厕,得免。

李含屯阴盘,张方帅兵二万军新安,檄长沙王乂使讨囧。囧遣董艾袭乂,乂将左右百馀人驰入宫,闭诸门,奉天子攻大司马府。董艾陈兵宫西,纵火烧千秋神武门。囧使人执骑虞幡唱云:"长沙王矫诏!"乂又称:"大司马谋反!"是夕,城内大战,飞矢雨集,火光属天。帝幸上东门,矢集御前,群臣死者相枕。连战三日,囧众大败,大司马长史赵渊杀何勖,因执囧以降。囧至殿前,帝恻然,欲活之。乂叱左右趣牵出,斩于阊阖门外,徇首六军,同党皆夷三族,死者二千馀人。囚囧子超、冰、英于金墉城,废囧弟北海王寔。赦天下,改元。李含等闻囧死,引兵还长安。

特使邀请司马颖。司马颖打算应允,卢志谏阻,但司马颖不听。

十二月丁卯(二十二日),司马颙的章表呈送到朝廷。司马冏感到十分恐惧,就会集百官商议对策,他首先说:"我带头发起义兵,做人臣的节操,都在神灵那里显现。如今河间王与成都王信从谗言,发难起事,对此应该怎么办?"尚书令王戎说:"您功业确实极大,但封赏没轮到出力的人,所以人们怀有二心。现下河间王与成都王兵马强盛,不可抵挡。如果您以王爵的身份退归宅第,放弃朝权,崇尚辞让的美德,差不多还能求得平安。"司马冏的从事中郎葛旟怒斥说:"尚书各官署,不顾念朝廷政事,封赏酬报一再拖延,责任不在大司马府。如今二王听信谗言,叛逆作乱,应当共同讨伐他们,为什么不辨真假就接受胡编的奏表,突然就让齐王退归宅第呢? 汉、魏以来,王侯退归宅第,难道有能保全住妻室儿女的吗? 提出这种议论的人应当斩首!"百官都震惊惧怕,脸色大变,王戎假装药性发作上厕所,掉在粪坑里不出来,才得免死。

李含屯驻在阴盘,张方率领兵士两万人驻扎在新安,向长沙王司马乂传布檄文,让他讨伐司马冏。司马冏派遣董艾袭击司马乂,司马乂带领左右随从一百多人飞速奔入皇宫,关上各处宫门,侍奉着晋惠帝去攻打大司马府。董艾在皇宫西面布置军队,放火焚烧千秋神武门。司马冏派人持象征休战的驺虞幡大呼说:"长沙王假传诏书!"司马乂也宣称:"大司马谋反!"这一夜,京城内双方大战,飞箭像雨一样密集,火光冲上天。晋惠帝来到宫城的上东门,飞箭落到御驾面前,群臣被射死的,一个压一个。连续交战三天,司马冏的兵众大败,大司马长史赵渊乘机杀死了何勖,随后捉住司马冏来投降。司马冏被押送到殿前,晋惠帝很忧伤,想让他活下来。司马乂喝令左右迅速把他拉出去,在阊阖门外斩首,把首级传示六军,司马冏的党羽全都诛灭三族,死去的多达两千馀人。又把司马冏的儿子司马超、司马冰、司马英囚禁在金墉城,废掉司马冏的弟弟北海王司马寔。大赦天下,改年号为太安。李含等人听说司马冏已被处死,领兵撤还长安。

长沙王乂虽在朝廷，事无巨细，皆就邺谘大将军颖。颖以孙惠为参军，陆云为右司马。

二年。初，李含以长沙王乂微弱，必为齐王冏所杀，因欲以为冏罪而讨之，遂废帝，立大将军颖，以河间王颙为宰相，己得用事。既而冏为乂所杀，颖、颙犹守藩，不如所谋。颖恃功骄奢，百度弛废，甚于冏时。犹嫌乂在内，不得逞其欲，欲去之。时皇甫商复为乂参军，商兄重为秦州刺史。含说颙曰：“商为乂所任，重终不为人用，宜早除之。可表迁重为内职，因其过长安执之。”重知之，露檄上尚书，发陇上兵以讨含。乂以兵方少息，遣使诏重罢兵，征含为河南尹。含就征而重不奉诏，颙遣金城太守游楷、陇西太守韩稚等合四郡兵攻之。颙密使含与侍中冯荪、中书令卞粹谋杀乂。皇甫商以告乂，收含、荪、粹，杀之。骠骑从事琅邪诸葛玫、前司徒长史武邑牵秀皆出奔邺。

河间王颙闻李含等死，即起兵讨长沙王乂。大将军颖上表请讨张昌，许之。闻昌已平，因欲与颙共攻乂。卢志谏曰：“公前有大功而委权辞宠，时望美矣。今宜顿军关外，文服入朝，此霸主之事也。”参军魏郡邵续曰：“人之有兄弟，如左右手。明公欲当天下之敌而先去其一手，可乎！”颖皆不从。八月，颙、颖共表：“乂论功不平，

长沙王司马乂虽然身在朝廷,但政事无论大小,都派人到邺城询问大将军司马颖。司马颖任命孙惠为参军,陆云为右司马。

　　二年(303)。起初,李含认为长沙王司马乂势力微弱,必定会被齐王司马冏杀死,随后想把这当成司马冏的罪名讨伐他,乘势废掉晋惠帝,拥立大将军司马颖,让河间王司马颙当宰相,自己得以掌权。后来司马冏却被司马乂杀死,而司马颖、司马颙仍然偏守封国,没能按他的计谋发展。司马颖依仗功劳骄纵奢靡,百事荒废,比司马冏辅政时还厉害。他又厌恶司马乂身在朝廷,不能肆意干自己想干的事情,打算除掉他。这时候,皇甫商又担任司马乂的参军,皇甫商的哥哥皇甫重担任秦州刺史。于是李含鼓动司马颙说:"皇甫商被司马乂所任用,皇甫重到最后也不会替别人出力,应该及早除掉他。可以上表奏请,调任皇甫重充当朝廷的官职,趁他路过长安时把他抓起来。"皇甫重探知这一阴谋,发布檄文并呈报尚书省,调发陇上部队征讨李含。司马乂鉴于兵争刚刚稍为止息,就派遣使者传诏,命皇甫重停止军事行动,征召李含就任河南尹。李含接受征召,但皇甫重却不服从诏命,司马颙就派遣金城太守游楷、陇西太守韩稚等人会同四郡兵马去攻打皇甫重。司马颙还秘密让李含同侍中冯荪、中书令卞粹谋划杀掉司马乂。皇甫商把消息告知司马乂,司马乂逮捕李含、冯荪、卞粹,杀了他们。骠骑从事琅邪人诸葛玫、原司徒长史武邑人牵秀都逃出洛阳,投奔邺城。

　　河间王司马颙闻知李含等人被杀,立即起兵征讨长沙王司马乂。大将军司马颖上表,请求征伐义阳郡叛民首领张昌,朝廷答应了这一请求。等到听说张昌已被平定,司马颖便打算同司马颙一起攻打司马乂。卢志劝谏说:"您从前立有大功而交出权力,辞谢恩宠,当时的声望已经很好了。现今应当把军队停驻在城关之外,穿着文官服装入京朝见,这是霸主的事业啊。"参军魏郡人邵续也说:"人有兄弟,就像有左右手。明公您准备抗拒天下的劲敌,却先失去一只手,行吗?"司马颖全都不听从。八月,司马颙、司马颖共同奏上章表,章表中说:"司马乂论评功劳不公平,

与右仆射羊玄之、左将军皇甫商专擅朝政，杀害忠良。请诛玄之、商，遣乂还国。"诏曰："颙敢举大兵，内向京辇，吾当亲帅六军以诛奸逆。其以乂为太尉、都督中外诸军事以御之。"

颙以张方为都督，将精兵七万，自函谷东趋洛阳。颖引兵屯朝歌，以平原内史陆机为前将军、前锋都督，督北中郎将王粹、冠军将军牵秀、中护军石超等军二十馀万，南向洛阳。机以羁旅事颖，一旦顿居诸将之右，王粹等心皆不服。白沙督孙惠与机亲厚，劝机让都督于粹。机曰："彼将谓吾首鼠两端，适所以速祸也。"遂行。颖列军自朝歌至河桥，鼓声闻数百里。

乙丑，帝如十三里桥。太尉乂使皇甫商将万馀人拒张方于宜阳。己巳，帝还军宣武场。庚午，舍于石楼。九月丁丑，屯于河桥。壬子，张方袭皇甫商，败之。甲申，帝军于芒山。丁亥，幸偃师。辛卯，舍于豆田。大将军颖进屯河南，阻清水为垒。癸巳，羊玄之忧惧而卒，帝旋军城东。丙申，幸缑氏，击牵秀，走之。大赦。张方入京城，大掠，死者万计。

石超进逼缑氏。冬十月壬寅，帝还宫。丁未，败牵秀于东阳门外。大将军颖遣将军马咸助陆机。戊申，太尉乂奉帝与机战于建春门，乂司马王瑚使数千骑系戟于马以突咸陈，咸军乱，执而斩之。机军大败，赴七里涧死者如积，

与尚书右仆射羊玄之、左将军皇甫商专擅朝政,杀害忠良。请求诛杀羊玄之、皇甫商,让司马乂返回封国。"晋惠帝下诏答复说:"司马颙胆敢发动大军,向内直指京师,朕会亲自统率六军来讨伐奸贼。任命司马乂为太尉、都督中外诸军事,来抵御他。"

司马颙任用张方为都督,率领精兵七万,从函谷关向东直奔洛阳。司马颖领兵屯驻在朝歌,任命平原内史陆机为前将军、前锋都督,督率北中郎将王粹、冠军将军牵秀、中护军石超等各支部队二十多万人,向南直扑洛阳。陆机在司马颖门下寄居充当幕僚,一朝跃居众将之上,王粹等人心里都不服气。白沙督孙惠与陆机关系亲密,就劝陆机把前锋都督的职务让给王粹。陆机说:"这样做,成都王将会认为我动摇不定,这恰恰是使祸殃加速到来的做法。"于是出征。司马颖从朝歌一直到富平津的黄河渡桥都布列军队,战鼓声传到数百里以外。

八月乙丑(二十四日),晋惠帝来到洛阳城西的十三里桥。太尉司马乂派皇甫商率领一万多人在宜阳县抗拒张方。己巳(二十八日),晋惠帝回军到宣武场。庚午(二十九日),在石楼留宿。九月丁丑(初六),屯驻在富平津黄河渡桥。壬子这一天,张方袭击皇甫商,击败了他。甲申(十三日),晋惠帝驻扎在芒山。丁亥(十六日),来到洛阳东北的偃师。辛卯(二十日),在豆田留宿。大将军司马颖挥军推进,屯驻到黄河的南岸,凭借清水布下营垒。癸巳(二十二日),羊玄之因忧虑恐惧而死去,晋惠帝回军洛阳城东。丙申(二十五日),晋惠帝到缑氏,进击牵秀,打跑了他。大赦天下。张方率军进入京城,大肆烧杀劫掠,死去的人数以万计。

石超进兵逼临缑氏。冬季十月壬寅(初二),晋惠帝返回皇宫。丁未(初七),朝廷军队在东阳门外打败了牵秀。大将军司马颖派将军马咸去援助陆机。戊申(初八),太尉司马乂侍奉着晋惠帝在建春门与陆机交战,司马乂的司马王瑚派数千骑兵把铁戟拴在马身上,直冲马咸的战阵,马咸的军队大乱,王瑚捉住马咸,杀了他。陆机的部队大败,跳入七里涧被淹死的人堆积起来,

水为之不流。斩其大将贾崇等十六人,石超遁去。

初,宦人孟玖有宠于大将军颖,玖欲用其父为邯郸令,左长史卢志等皆不敢违,右司马陆云固执不许,曰:"此县,公府掾资,岂有黄门父居之邪!"玖深怨之。玖弟超,领万人为小督,未战,纵兵大掠,陆机录其主者。超将铁骑百馀人直入机麾下,夺之,顾谓机曰:"貉奴,能作督不!"机司马吴郡孙拯劝机杀之,机不能用。超宣言于众曰:"陆机将反。"又还书与玖,言机持两端,故军不速决。及战,超不受机节度,轻兵独进,败没。玖疑机杀之,谮之于颖曰:"机有贰心于长沙。"牵秀素谄事玖,将军王阐、郝昌、帐下督阳平公师藩皆玖所引用,相与共证之。颖大怒,使秀将兵收机。参军事王彰谏曰:"今日之举,强弱异势,庸人犹知必克,况机之明达乎!但机吴人,殿下用之太过,北土旧将皆疾之耳。"颖不从。机闻秀至,释戎服,著白帢,与秀相见,为笺辞颖。既而叹曰:"华亭鹤唳,可复闻乎!"秀遂杀之。颖又收机弟清河内史云、平东祭酒耽及孙拯,皆下狱。记室江统、陈留蔡克、颍川枣嵩等上疏,以为:"陆机浅谋致败,杀之可也。至于反逆,则众共知其不然。宜先检校机反状,若有征验,诛云等未晚也。"统等恳请不已,颖迟回者三日。蔡克入,至颖前,叩头流血曰:"云为孟玖所怨,远近莫不闻。

涧水都被堵塞住流不动了。朝廷军队斩杀了对方的大将贾崇等十六人，石超也逃走了。

　　起初，宦官孟玖在大将军司马颖那里深得宠爱，孟玖想让司马颖任用他的父亲担任邯郸县令，左长史卢志等人都不敢违逆，右司马陆云坚决不同意，说："这个县，具有公府掾资格的人才能掌管，哪有黄门宦官的父亲去当的呢？"孟玖非常怨恨陆云。孟玖的弟弟孟超这次也率领一万人，充任小督，还没交战，他就纵兵大肆劫掠，陆机逮捕了主犯。孟超却率领全副武装的一百多名骑兵直接冲到陆机的帐下，夺走了犯人，回头对陆机说："你这貉奴，能不能当都督？"陆机的司马吴郡人孙拯力劝陆机杀掉孟超，陆机却不能采纳。孟超向众人宣告说："陆机要谋反。"又给孟玖写回信，说陆机脚踩两只船，所以这次军事行动不能迅速见分晓。等到开战，孟超又不接受陆机的调遣，轻率地带兵单独推进，结果全军覆没。孟玖怀疑陆机杀了孟超，就向司马颖诋毁陆机说："陆机有二心，勾结长沙王。"牵秀一向谄媚地事奉孟玖，将军王阐、郝昌、帐下督阳平郡人公师藩都是由孟玖引荐受重用的，这些人一起证明这一点。司马颖听后大怒，派牵秀带兵去逮捕陆机。参军事王彰劝谏说："今天这场兵争，强弱形势很明显，庸劣的人也知道我方一定会取胜，何况陆机这样明智通达的人呢！只是陆机是吴地人，殿下您任用他太过了，所以北方旧将领都嫉恨他罢了。"司马颖拒不听从。陆机听说牵秀来到，脱掉军装，戴上白色便帽，与牵秀相见，写信向司马颖辞别。过后又慨叹说："故乡华亭的鹤鸣声，还能再听到吗？"牵秀于是杀掉了陆机。司马颖又逮捕了陆机的弟弟清河内史陆云、平东祭酒陆耽以及孙拯，全都关入监狱。记室江统、陈留人蔡克、颍川人枣嵩等人奏上章疏，认为："陆机智谋浅薄招致大败，杀掉他还行。至于说他反叛谋逆，众人全都清楚他不会这样。应当先查验陆机谋反的详情，如果确有证据，再杀陆云等人也不算晚。"江统等人一再恳切请求，司马颖迟疑犹豫了三天。蔡克入见，来到司马颖面前，叩头流血说："陆云被孟玖所怨恨，远近没有不知道的。

今果见杀,窃为明公惜之!"僚属随克入者数十人,流涕固请。颖恻然,有宥云色。孟玖扶颖入,催令杀云、耽,夷机三族。狱吏考掠孙拯数百,两踝骨见,终言机冤。吏知拯义烈,谓拯曰:"二陆之枉,谁不知之!君可不爱身乎?"拯仰天叹曰:"陆君兄弟,世之奇士。吾蒙知爱,今既不能救其死,忍复从而诬之乎!"玖等知拯不可屈,乃令狱吏诈为拯辞。颖既杀机,意常悔之,及见拯辞,大喜,谓玖等曰:"非卿之忠,不能穷此奸。"遂夷拯三族。拯门人费慈、宰意二人诣狱明拯冤,拯詈遣之曰:"吾义不负二陆,死自吾分,卿何为尔邪!"曰:"君既不负二陆,仆又安可负君!"固言拯冤,玖又杀之。

太尉乂奉帝攻张方,方兵望见乘舆,皆退走,方遂大败,死者五千馀人。方退屯十三里桥,众惧,欲夜遁,方曰:"胜负兵家之常,善用兵者能因败为成。今我更前作垒,出其不意,此奇策也。"乃夜潜进逼洛城七里,筑垒数重,外引廪谷以足军食。乂既战胜,以为方不足忧。闻方垒成,十一月,引兵攻之,不利。朝议以乂、颖兄弟,可辞说而释,乃使中书令王衍等往说颖,令与乂分陕而居,颖不从。乂因致书于颖,为陈利害,欲与之和解。颖复书请斩皇甫商

现在果真被杀,我私下替明公您感到惋惜!"僚属随同蔡克入见的有数十人,都流泪坚持为陆云求情。司马颖凄恻地露出宽恕陆云的神色。孟玖赶紧挽扶司马颖进入内室,催促他下令杀死陆云、陆耽,诛灭陆机的三族。负责审讯的官吏逼问拷打孙拯数百次,两脚的踝骨都露出来了,仍始终说陆机冤枉。审讯的官吏知道孙拯忠义刚烈,就对孙拯说:"二陆的冤屈,谁不知道! 可您就不爱惜自己的身躯吗?"孙拯仰天慨叹说:"陆氏两兄弟,是世上的奇士。我蒙受二人的知遇和厚爱,如今既然不能把他们从死亡中营救出来,忍心再诬陷他们吗?"孟玖等人知道不能使孙拯屈服,就让审讯的官员编造孙拯的供辞。司马颖已经杀了陆机,心中常感懊悔,等到见到伪造的孙拯供辞,十分高兴,对孟玖等人说:"不是你们的忠诚,就不能够把这奸谋问个水落石出。"于是诛灭孙拯的三族。孙拯的弟子费慈、宰意二人曾到监狱要申明孙拯的冤情,孙拯开导他们并让他们回去,说:"我从道义上不辜负二陆兄弟,死自然是我的天数,你们为什么还这样做呢?"两个弟子回答说:"您既然不辜负二陆兄弟,我们做弟子的又怎么能够辜负您?"坚持言说孙拯冤枉,孟玖又杀了他们。

太尉司马乂侍奉晋惠帝攻打张方,张方的士兵望见天子的车驾,都后退逃跑,张方于是大败,死去的有五千多人。张方退兵,屯驻在十三里桥,众人恐惧,想乘夜逃跑,张方说:"胜负是兵家常事,善于用兵的人,能够转败为胜。如今我们反而前进去布设营垒,出乎对方的意料之外,这才是奇妙的对策。"于是在夜里暗暗进兵,逼进到距离洛阳城七里的地方,筑起好几道营垒,从外面运进仓库的谷米来使军粮充足。司马乂既已交战获胜,认为张方不值得忧虑。听说张方筑成了营垒,就在十一月,领兵去攻击,但没取胜。朝廷的议论都认为司马乂、司马颖是兄弟,可以用言辞游说来消除争端,于是派中书令王衍等人前去劝说司马颖,让他和司马乂像西周周公、召公分陕而治那样各统一方王侯,但司马颖不同意。司马乂随后又给司马颖写信,向他陈述利害关系,表示愿意同他和解。司马颖回信要求砍下皇甫商

等首,则引兵还邺,乂不可。

颖进兵逼京师,张方决千金堨,水碓皆涸。乃发王公奴婢手舂给兵,一品已下不从征者,男子十三以上皆从役。又发奴助兵。公私穷蹙,米石万钱。诏命所行,一城而已。骠骑主簿范阳祖逖言于乂曰:"刘沈忠义果毅,雍州兵力足制河间,宜启上为诏与沈,使发兵袭颙。颙窘急,必召张方以自救。此良策也。"乂从之。沈奉诏驰檄四境,诸郡多起兵应之。沈合七郡之众凡万馀人,趣长安。乂又使皇甫商间行,赍帝手诏,命游楷等罢兵,敕皇甫重进军讨颙。商行至新平,遇其从甥,从甥素憎商,以告颙,颙捕商,杀之。

永兴元年春正月,长沙厉王乂屡与大将军颖战,破之,前后斩获六七万人。而乂未尝亏奉上之礼。城中粮食日窘,而士卒无离心。张方以为洛阳未可克,欲还长安。而东海王越虑事不济,癸亥,潜与殿中诸将夜收乂送别省。甲子,越启帝,下诏免乂官,置金墉城。大赦,改元。城既开,殿中将士见外兵不盛,悔之,更谋劫出乂以拒颖。越惧,欲杀乂以绝众心。黄门侍郎潘滔曰:"不可,将自有静之者。"乃遣人密告张方。丙寅,方取乂于金墉城,至营,炙而杀之,方军士亦为之流涕。公卿皆诣邺谢罪。大将军颖

等人的脑袋,他就领兵撤回邺城,司马乂不答应。

司马颖进兵逼临京师,张方又把千金堨水坝中的水放掉,致使洛阳城里的舂米水碓都没水可用了。于是调发王公的奴婢用手舂米供给军需,一品以下原不从征的官吏,男子十三岁以上的,全都服劳役。又调发奴仆补充兵员。公家私家都窘迫局促,一石米价高万钱。诏命所能生效的范围,只是一座京城而已。骠骑主簿范阳人祖逖向司马乂建议说:"刘沈忠诚节义又果敢刚毅,雍州的兵力足以制服河间王司马颙,应启禀皇上下诏书给刘沈,让他发兵袭击司马颙。司马颙窘迫危急,必定要召回张方来救自己。这是一条妙计。"司马乂采用了这个建议。刘沈接到诏书,向四境飞速传布檄文,各郡大多起兵响应他。刘沈会合七个郡的部众共一万多人,直扑长安。司马乂又派皇甫商秘密出行,携带晋惠帝的亲笔诏书,命令游楷等人罢兵,责成皇甫重进军讨伐司马颙。皇甫商走到新平,遇上了他的堂外甥,这个堂外甥一向憎恶皇甫商,把他的行踪禀告给了司马颙,司马颙捉住皇甫商并杀了他。

永兴元年(304)春季正月,长沙厉王司马乂多次与大将军司马颖交战,打败了他,前后共斩杀俘获六七万人。而司马乂未曾缺少过敬奉皇上的礼节。尽管洛阳城中粮食一天比一天不够用,但士卒却没有背离的心思。张方认为洛阳不能攻下来,准备撤回长安。而东海王司马越担心事情成不了,就在癸亥(二十五日)这天,暗中与殿中众将在夜里收捕司马乂押送到别的官署。甲子(二十六日),司马越启奏晋惠帝,下诏免去司马乂的官职,安置在金墉城。大赦天下,改年号为永安。城门打开后,殿中将士发现藩国的兵马并不强盛,后悔抓了司马乂,重新谋划把司马乂抢出来抗拒司马颖。司马越很恐惧,打算杀死司马乂,来断绝众人的念头。黄门侍郎潘滔说:"不必这样,自然会有使众人平静下来的人。"于是派人秘密通知张方。丙寅(二十八日),张方到金墉城捉走司马乂,带到军营,用火活活烤死了他,张方的军士也为他流泪不止。公卿大臣们都到邺城去请罪。大将军司马颖

入京师,复还镇于邺。诏以颖为丞相,加东海王越守尚书令。颖遣奋武将军石超等帅兵五万屯十二城门,殿中宿所忌者,颖皆杀之。悉代去宿卫兵。表卢志为中书监,留邺,参署丞相府事。

河间王颙顿军于郑,为东军声援,闻刘沈兵起,还镇渭城,遣督护虞夔逆战于好畤。夔兵败,颙惧,退入长安,急召张方。方掠洛中官私奴婢万馀人而西。军中乏食,杀人杂牛马肉食之。刘沈渡渭而军,与颙战,颙屡败。沈使安定太守衙博、功曹皇甫澹以精甲五千袭长安,入其门,力战至颙帐下。沈兵来迟,冯翊太守张辅见其无继,引兵横击之,杀博及澹,沈兵遂败,收馀卒而退。张方遣其将敦伟夜击之,沈军惊溃,沈与麾下南走,追获之。沈谓颙曰:"知己之惠轻,君臣之义重,沈不可以违天子之诏,量强弱以苟全。投袂之日,期之必死,菹醢之戮,其甘如荠。"颙怒,鞭之而后腰斩。新平太守江夏张光数为沈画计,颙执而诘之,光曰:"刘雍州不用鄙计,故令大王得有今日!"颙壮之,引与欢宴,表为右卫司马。

二月乙酉,丞相颖表废皇后羊氏,幽于金墉城;废皇太子覃为清河王。

三月,河间王颙表请立丞相颖为太弟。戊申,诏以颖为皇太弟,都督中外诸军事,丞相如故。大赦。乘舆服御

进入京师,又回到邺城坐镇。惠帝下诏,任命司马颖为丞相,加授东海王司马越守尚书令。司马颖派遣奋武将军石超等人率兵五万屯驻京城的十二座城门,又把殿中将领中一向忌恨的人全都杀死。皇宫卫兵也全部遣散,换上自己的人。上表奏请任命卢志为中书监,留在邺城,参与处理丞相府的事务。

河间王司马颙把军队停驻在郑县,作为东征部队的声援,闻知刘沈兵马杀来,就撤军镇守渭城,派遣督护虞夔在好畤城迎战。虞夔部队战败,司马颙很害怕,退入长安,急忙召回张方。张方虏掠洛阳城中官府和私家的奴婢一万多人向西撤退。军队中缺乏粮食,就宰杀活人混在牛肉、马肉中吃掉。刘沈渡过渭水驻扎下来,与司马颙交战,司马颙屡屡战败。刘沈派安定太守衙博、功曹皇甫澹率精兵五千袭击长安,攻入城门,拼死力战,一直打到司马颙的帐下。刘沈的援军来晚了,冯翊郡太守张辅发现入城的精兵没有后援,就带兵拦腰攻击他们,杀死了衙博和皇甫澹,刘沈的军队于是也战败,收聚剩下的士卒往后撤退。张方派他手下的将领敦伟在夜里进击对方,刘沈的军队惊慌溃散,刘沈与帐下随从向南逃奔,敦伟追击并活捉了他。刘沈对司马颙说:"知己间的恩惠轻,君臣间的节义重,我刘沈不能够违抗天子的诏命,权衡力量的强弱来苟且保全自己。我在挥袖采取行动的那天,就预料到必死,剁成肉酱的处置,对我来说其甘甜如同品尝荠菜。"司马颙大怒,先用鞭子狠狠抽他,然后腰斩。新平郡太守江夏人张光屡次为刘沈出谋划策,司马颙抓住他进行诘问,张光说:"刘刺史不采用我的计策,所以才会让大王您有今天!"司马颙觉得他很壮烈,带他一起欢快饮宴,上表奏请任命他为右卫司马。

二月乙酉(十七日)这天,丞相司马颖上表,废黜皇后羊氏,幽禁在金墉城;废黜皇太子司马覃,贬为清河王。

三月,河间王司马颙上表,请求册立丞相司马颖为有资格继承帝位的太弟。戊申(十一日),下诏立司马颖为皇太弟,都督中外诸军事,丞相之职仍然保留。大赦天下。车驾服饰和用品

皆迁于邺，制度一如魏武帝故事。以颙为太宰、大都督、雍州牧；前太傅刘寔为太尉。寔以老，固让不拜。

太弟颖僭侈日甚，嬖幸用事，大失众望。司空东海王越，与右卫将军陈眕及长沙王故将上官巳等谋讨之。秋七月丙申朔，陈眕勒兵入云龙门，以诏召三公百僚入殿中，戒严讨颖。石超奔邺。戊戌，大赦，复皇后羊氏及太子覃。己亥，越奉帝北征，以越为大都督，征前侍中嵇绍诣行在。侍中秦准谓绍曰："今往，安危难测，卿有佳马乎？"绍正色曰："臣子扈卫乘舆，死生以之，佳马何为！"

越檄召四方兵，赴者云集，比至安阳，众十馀万，邺中震恐。颖会群僚问计，东安王繇曰："天子亲征，宜释甲缟素出迎请罪。"颖不从，遣石超帅众五万拒战。折冲将军乔智明劝颖奉迎乘舆，颖怒曰："卿名晓事，投身事孤。今主上为群小所逼，卿奈何欲使孤束手就刑邪！"

陈眕二弟匡、规自邺赴行在，云邺中皆已离散，由是不甚设备。己未，石超军奄至，乘舆败绩于荡阴，帝伤颊，中三矢，百官侍御皆散。嵇绍朝服，下马登辇，以身卫帝，兵人引绍于辕中斫之。帝曰："忠臣也，勿杀！"对曰："奉太弟令，惟不犯陛下一人耳。"遂杀绍，血溅帝衣。帝堕于草中，

都移送到邺城,规格完全依仿魏武帝曹操辅佐汉室的先例。任命司马颙为太宰、大都督、雍州牧;原太傅刘寔为太尉。刘寔以年老为由坚决辞让,不拜受诏命。

皇太弟司马颖超越礼制、奢侈得一天比一天厉害,邀宠献媚的小人当权,众人对他大为失望。司空东海王司马越与右卫将军陈眕以及长沙王司马乂的旧将领上官巳等人谋议征讨他。秋季七月丙申是初一,陈眕领兵进入云龙门,用诏书召集太尉、司徒、司空三公和文武百官来到殿中,戒严并讨伐司马颖。石超逃奔邺城。戊戌(初三),大赦天下,恢复皇后羊氏以及太子司马覃的地位名号。己亥(初四),司马越侍奉晋惠帝北征邺城,委任司马越为大都督,征召原侍中嵇绍到皇帝的身边来。侍中秦准对嵇绍说:"如今前往,安危难以预测,你有骏马吗?"嵇绍面色严肃地说:"做人臣子的,随从护卫天子的车驾,死与生都要忠于职守,要骏马干什么?"

司马越传布檄文召集各地的部队,自动赶来的人像云一样聚集,等到抵达安阳时,部众有十多万人。邺城中震动惊恐。司马颖会集众僚属询问对策,东安王司马繇说道:"天子亲自征讨,应该放下武器,穿上孝服,出城迎拜请罪。"司马颖拒不接受,派遣石超率领部众五万人迎战。折冲将军乔智明也劝司马颖奉迎天子的车驾,司马颖怒责说:"你空有通晓事体的名声,投身事奉我。如今皇上被一群小人所威逼,你为什么想让我束手去受刑呢?"

陈眕的两个弟弟陈匡、陈规从邺城逃奔到皇帝身边,称邺城中已分崩离析,因此司马越等人不严密布设警备。己未(二十四日),石超的军队突然杀到,天子的亲征大军在荡阴大败,晋惠帝脸颊受伤,身上中了三箭,文武百官和侍从全都逃散。嵇绍仍穿朝服,下马登上天子专车,用身体护卫晋惠帝,石超的兵士把嵇绍拉到车辕处就要砍他。晋惠帝说:"这是忠臣,不要杀!"兵士对答说:"奉皇太弟的命令,仅仅不冒犯陛下您一人而已。"于是杀死嵇绍,血溅到了晋惠帝的衣服上。晋惠帝跌倒在草丛中,

亡六玺。石超奉帝幸其营，帝馁甚，超进水，左右奉秋桃。

颖遣卢志迎帝。庚申，入邺。大赦，改元曰建武。左右欲浣帝衣，帝曰："嵇侍中血，勿浣也！"

陈眕、上官巳等奉太子覃守洛阳。司空越奔下邳，徐州都督东平王楙不纳，越径还东海。太弟颖以越兄弟宗室之望，下令招之，越不应命。前奋威将军孙惠上书劝越邀结藩方，同奖王室。越以惠为记室参军，与参谋议。北军中候苟晞奔范阳王虓，虓承制以晞行兖州刺史。

初，三王之起兵讨赵王伦也，安北将军王浚拥众挟两端，禁所部士民不得赴三王召募。太弟颖欲讨之而未能，浚心亦欲图颖。颖以右司马和演为幽州刺史，密使杀浚。演与乌桓单于审登谋与浚游蓟城南清泉，因而图之。会天暴雨，兵器沾湿，不果而还。审登以为浚得天助，乃以演谋告浚。浚与审登密严兵，约并州刺史东嬴公腾共围演，杀之，自领幽州营兵。腾，越之弟也。太弟颖称诏征浚，浚与鲜卑段务勿尘、乌桓羯朱及东嬴公腾同起兵讨颖，颖遣北中郎将王斌及石超击之。

太弟颖怨东安王繇前议，八月戊辰，收繇，杀之。初，繇兄琅邪恭王觐薨，子睿嗣。睿沉敏有度量，为左将军，与东海参军王导善。导，敦之从父弟也，识量清远，以朝廷多

丢失了六颗玉玺。石超侍奉晋惠帝来到他的军营,晋惠帝饿极了,石超送上水,左右的人送上秋桃。

司马颖派遣卢志去迎接晋惠帝。庚申(二十五日),进入邺城。大赦天下,改年号为建武。左右侍从想为晋惠帝洗衣服,晋惠帝说:"上面有嵇侍中的鲜血,不能洗啊!"

陈眕、上官巳等人侍奉太子司马覃据守洛阳。司空司马越逃奔到下邳,徐州都督、东平王司马楙拒不接纳,司马越直接回到自己的东海封国。皇太弟司马颖鉴于司马越是皇族兄弟中有声望的人,下令招请他前来,司马越不接受这一命令。原奋威将军孙惠呈上书奏,劝司马越邀集各个封国,共同扶助王室。司马越征用孙惠为记室参军,参与计策的谋划与讨论。北军中候苟晞投奔范阳王司马虓,司马虓按照皇帝旨意让苟晞代理兖州刺史。

当初,齐王司马冏、成都王司马颖、河间王司马颙起兵征讨赵王司马伦时,安北将军王浚辖所部脚踩两只船,向他统辖的士人民众发布禁令,不许去应三王的召募。皇太弟司马颖准备讨伐他却未能做到,王浚心里也想干掉司马颖。司马颖任命右司马和演为幽州刺史,秘密让他杀掉王浚。和演同乌桓单于审登密谋,计划与王浚游览蓟城南面的清泉,乘机杀掉他。结果赶上天降暴雨,兵器都淋湿了,未能达到目的就回来了。审登认为王浚得到了皇天佑助,就把和演的图谋告知王浚。王浚同审登暗中严密布置好军队,约请并州刺史、东嬴公司马腾共同包围住和演,杀死了他,然后把幽州各营士兵都归自己统领。司马腾,是司马越的弟弟。皇太弟司马颖假称诏令征召王浚前来,王浚与鲜卑部族首领段务勿尘、乌桓首领羯朱以及东嬴公司马腾共同起兵讨伐司马颖,司马颖派遣北中郎将王斌以及石超去攻击他们。

皇太弟司马颖怨恨东安王司马繇以前让他出迎圣驾去请罪的建议,八月戊辰(初三),抓捕司马繇,并杀了他。起初,司马繇的哥哥琅邪恭王司马觐去世,由儿子司马睿继任王位。司马睿深沉聪敏又有度量,担任左将军,与东海王的参军王导关系密切。王导是王敦的叔伯弟弟,见识和胸怀清正广远,因朝廷多有

故,每劝睿之国。及繇死,睿从帝在邺,恐及祸,将逃归。颖先敕诸关津,无得出贵人,睿至河阳,为津吏所止。从者宋典自后来,以鞭拂睿而笑曰:"舍长,官禁贵人,汝亦被拘邪?"吏乃听过。至洛阳,迎太妃夏侯氏俱归国。

丞相从事中郎王澄发孟玖奸利事,劝太弟颖诛之,颖从之。

司空越之讨太弟颖也,太宰颙遣右将军、冯翊太守张方将兵二万救之,闻帝已入邺,因命方镇洛阳。上官巳与别将苗愿拒之,大败而还。太子覃夜袭巳、愿,巳、愿出走。方入洛阳,覃于广阳门迎方而拜,方下车扶止之,复废覃及羊后。

初,太弟颖表匈奴左贤王刘渊为冠军将军,使将兵在邺,以渊子聪为积弩将军。右贤王宣等,谋共立渊为大单于。事见《刘渊僭汉》。

王浚、东嬴公腾起兵,渊说颖曰:"今二镇跋扈,众十馀万,恐非宿卫及近郡士众所能御也,请为殿下还说五部以赴国难。"颖曰:"五部之众,果可发否? 就能发之,鲜卑、乌桓,未易当也。吾欲奉乘舆还洛阳以避其锋,徐传檄天下,以逆顺制之,君意何如?"渊曰:"殿下武皇帝之子,有大勋于王室,威恩远著,四海之内,孰不愿为殿下尽死力者!何难发之有! 王浚竖子,东嬴疏属,岂能与殿下争衡邪!

变故，经常劝司马睿到自己的封国去。等到司马繇被杀死，司马睿正随同晋惠帝留在邺城，担心遭到祸难，打算逃回封国。司马颖事先严令各关卡渡口，不许让王公贵族通过，司马睿来到河阳县境，被渡口官吏截住。司马睿的随从宋典从后面赶来，用鞭子比划着司马睿，大笑说："你这看房舍的小官，官府禁止王公贵族出入，你也被拘留了吗？"渡口官吏听后就让他们过去了。来到洛阳，司马睿迎接母亲太妃夏侯氏一起回到封国。

丞相从事中郎王澄揭发孟玖用奸恶手段牟利的事，力劝皇太弟司马颖杀掉孟玖，司马颖听从了这一劝告。

司空司马越侍奉惠帝征讨皇太弟司马颖时，太宰司马颙派遣右将军、冯翊太守张方率兵两万去救援司马颖，闻知惠帝已经被接入邺城，便命令张方镇守洛阳。上官巳同别将苗愿抗拒张方入城，结果大败退回。太子司马覃在夜里又袭击上官巳和苗愿，上官巳和苗愿出逃。张方进入洛阳，司马覃在广阳门迎接张方并跪拜，张方跳下车扶起并制止住他，但又废黜了司马覃以及羊皇后的名号。

当初，皇太弟司马颖上表奏请任命匈奴左贤王刘渊为冠军将军，让他在邺城统兵，又任命刘渊的儿子刘聪为积弩将军。右贤王刘宣等人，谋划共同拥立刘渊为匈奴大单于。事见《刘渊僭汉》。

王浚、东嬴公司马腾起兵征伐司马颖，刘渊劝说司马颖道："如今幽州、并州两镇飞扬跋扈，兵众多达十多万，恐怕不是像京师皇宫卫戍部队和附近各郡士众那样能够抵御的，我请求为殿下回匈奴劝导匈奴五部人马来共赴国家的危难。"司马颖说道："匈奴五部人马，果真能够调发吗？即便能够调发，鲜卑、乌桓也不容易抵挡啊。我想奉护天子车驾回洛阳来躲避幽州、并州两镇的兵锋，慢慢再向天下传布檄文，用叛逆和顺从的道理来制服二镇，你意下如何？"刘渊说道："殿下是大晋武皇帝的儿子，对王室立有大功劳，威势恩德远播各地，四海之内，谁不愿意为殿下您效死命呢？哪里会有什么人马难调发的事情呢？王浚是小人，东嬴公是皇室的远亲，哪里能同殿下较量高低呢？

殿下一发邺宫，示弱于人，洛阳不可得至；虽至洛阳，威权不复在殿下也。愿殿下抚勉士众，靖以镇之。渊请为殿下以二部摧东嬴，三部枭王浚，二竖之首，可指日而悬也。"颖悦，拜渊为北单于，参丞相军事。

渊至左国城，刘宣等上大单于之号，二旬之间，有众五万，都于离石，以聪为鹿蠡王。遣左於陆王宏帅精骑五千，会颖将王粹拒东嬴公腾。粹已为腾所败，宏无及而归。

王浚、东嬴公腾合兵击王斌，大破之。浚以主簿祁弘为前锋，败石超于平棘，乘胜进军。候骑至邺，邺中大震，百僚奔走，士卒分散。卢志劝颖奉帝还洛阳。时甲士尚有万五千人，志夜部分，至晓将发，而程太妃恋邺不欲去，颖狐疑未决。俄而众溃，颖遂将帐下数十骑与志奉帝御犊车南奔洛阳。仓猝上下无赍，中黄门被囊中赍私钱三千，诏贷之，于道中买饭，夜则御中黄门布被，食以瓦盆。至温，将谒陵，帝丧履，纳从者之履，下拜流涕。及济河，张方自洛阳遣其子罴帅骑三千，以所乘车奉迎帝。至芒山下，方自帅万馀骑迎帝。方将拜谒，帝下车自止之。帝还宫，奔散者稍还，百官粗备。辛巳，大赦。王浚入邺，士众暴掠，死者甚众。使乌桓羯朱追太弟颖，至朝歌，不及。浚还蓟，以鲜卑多掠人妇女，命："有敢挟藏者斩！"

殿下一旦从邺宫离开，就是向世人示弱，只怕连洛阳也不能抵达；即使抵达洛阳，威权也不会再在殿下手里了。但愿殿下慰抚奖励士众，使他们安定镇静。我请求为殿下用匈奴两部人马挫败东嬴公司马腾，用匈奴三部人马斩杀王浚，这两个小子的脑袋，用不了多久就能挂起来示众了。"司马颖听后很高兴，拜授刘渊为匈奴北单于，参预丞相府军事。

刘渊来到左国城，刘宣等人敬上"大单于"的名号，二十天以内，就聚集部众五万人，在离石建立都城，任命儿子刘聪为鹿蠡王。派遣左於陆王刘宏率领精锐骑兵五千名，去同司马颖的将领王粹会合，抗拒东嬴公司马腾。王粹已经被司马腾打败，刘宏没赶上会合就撤回来了。

王浚、东瀛公司马腾会合兵马进击王斌，把他打得大败。王浚委派主簿祁弘当先锋，在平棘又击败石超，乘胜进军。打探消息的骑兵赶到邺城报信，邺城城内大为震动，百官逃窜，士卒分散离去。卢志劝司马颖侍奉晋惠帝速回洛阳。这时披甲的士卒还有一万五千人，卢志在夜间部署分派，到天亮要出发时，程太妃却留恋邺城不想离去，司马颖由此狐疑而未能决定。没过多久，部众溃散，司马颖于是率领帐下的数十名骑兵，与卢志侍奉晋惠帝乘坐牛车向南逃奔洛阳。仓促之间，上下都没带什么东西，只有中黄门的被卷里塞有私人的三千钱，惠帝下诏，先借用这三千钱，在途中买饭吃，夜间就铺盖中黄门的被褥，用瓦盆来盛饭吃。到达温县，打算拜谒皇陵，晋惠帝却丢了鞋，穿上侍从的鞋，向先帝陵下拜，泪流满面。等到渡过黄河，张方从洛阳派他的儿子张黑率领三千骑兵前来，用自己乘坐的车恭迎惠帝。到了芒山脚下，张方本人率领一万多名骑兵迎接惠帝。张方将要跪拜谒见，惠帝亲自下车劝阻他不要这样。惠帝回到皇宫，逃奔离散的人又渐渐回来，百官大致够了数。辛巳（十六日），大赦天下。王浚进入邺城，士众疯狂抢掠，被杀死的人极多。王浚派乌桓首领羯朱追杀皇太弟司马颖，追到朝歌，没追上。王浚返回蓟城，因鲜卑大量劫掠妇女，下令说："有敢挟持或私藏妇女的一律斩首！"

于是沉于易水者八千人。

刘渊闻太弟颖去邺，叹曰："不用吾言，逆自奔溃，真奴才也！然吾与之有言矣，不可以不救。"将发兵击鲜卑、乌桓，刘宣等谏曰："晋人奴隶御我，今其骨肉相残，是天弃彼而使我复呼韩邪之业也。鲜卑、乌桓，我之气类，可以为援，奈何击之！"渊曰："善！大丈夫当为汉高、魏武，呼韩邪何足效哉！"宣等稽首曰："非所及也。"

冬十月，帝既还洛阳，张方拥兵专制朝政，太弟颖不得复预事。豫州都督范阳王虓、徐州都督东平王楙等上言："颖弗克负荷，宜降封一邑，特全其命。太宰宜委以关右之任，自州郡以下，选举授任，一皆仰成；朝之大事，废兴损益，每辄畴咨。张方为国效节，而不达变通，未即西还，宜遣还郡，所加方官，请悉如旧。司徒戎、司空越，并忠国小心，宜干机事，委以朝政。王浚有定社稷之勋，宜特崇重，遂抚幽朔，长为北藩。臣等竭力扞城，藩屏皇家，则陛下垂拱，四海自正矣。"

张方在洛既久，兵士剽掠殆竭，众情喧喧，无复留意。议欲奉帝迁都长安，恐帝及公卿不从，欲须帝出而劫之。乃请帝谒庙，帝不许。十一月乙未，方引兵入殿，以所乘车迎帝，帝驰避后园竹中。军人引帝出，逼使上车，帝垂泣从之。方于马上稽首曰："今寇贼纵横，宿卫单少，

于是被沉入易水的妇女多达八千人。

刘渊闻知皇太弟司马颖离开了邺城,慨叹说:"不听我的话,反而自行奔逃溃散,真是个奴才!但我与他有过约定,不能不救。"准备发兵进击鲜卑和乌桓,刘宣等人劝谏说:"晋朝人像奴隶一样役使我们,如今他们骨肉相互残杀,这正是皇天抛弃他们而让我们恢复呼韩邪单于的功业啊。鲜卑、乌桓,那是我们的同类,可以当成援助力量,为什么要攻击他们呢?"刘渊说:"好!大丈夫应当成为汉高祖、魏武帝,呼韩邪单于哪里值得效仿呢?"刘宣等人跪拜叩头说:"这不是我们所能想得到的。"

冬季十月,晋惠帝既已还归洛阳,张方拥兵专擅朝政,皇太弟司马颖不能再参预政事。豫州都督范阳王司马虓、徐州都督东平王司马楙等人上言说:"司马颖不能承当起国家重担,应当贬降,封给他一个城邑,特许保全他的性命。对太宰司马颙,应把关西重任交给他,从州刺史、各郡太守以下官职,有关选拔举荐、拜授任用的事宜,全都仰赖他处理决定;朝廷中的大事,无论废止兴办,还是减损增益,都要经常和他商量咨询。张方为国报效节义但不懂得变通,未能立即向西返回,应当让他回到冯翊郡治所,以前对张方所加授的官职,请全部按照过去的任命。司徒王戎、司空司马越,都忠于国家又小心谨慎,应当主持机密事宜,把朝政交付给他们。王浚有安定社稷的功劳,应当特别予以尊崇重用,随即安抚幽州、朔方地区,使之长久成为北方的藩篱。臣等竭力捍卫都城,保卫皇室,这样陛下就能垂衣拱手而治,天下也就自然得到匡正了。"

张方在洛阳已时间很长,手下士兵把全城抢劫得几乎一无所有了,众人喧嚣不止,没有再留驻的心思。转而商议,想侍奉惠帝迁都长安,又担心惠帝及朝廷公卿不依从,就准备等惠帝出宫后劫持他。于是请惠帝拜谒祖庙,惠帝不应允。十一月乙未(初一),张方领兵入殿,用自己乘坐的车迎接惠帝,惠帝飞快跑到后园竹林中躲避。军士把惠帝拉出来,逼他上车,惠帝流泪顺从了。张方在马上叩拜说:"如今贼寇横冲直撞,宫廷卫队人很少,

愿陛下幸臣垒,臣尽死力以备不虞。"时群臣皆逃匿,唯中书监卢志侍侧,曰:"陛下今日之事,当一从右将军。"帝遂幸方垒,令方具车载宫人、宝物。军人因妻略后宫,分争府藏,割流苏、武帐为马帐,魏、晋以来蓄积,扫地无遗。方将焚宗庙、宫室以绝人返顾之心,卢志曰:"昔董卓无道,焚烧洛阳,怨毒之声,百年犹存,何为袭之!"乃止。

帝停方垒三日,方拥帝及太弟颖、豫章王炽等趋长安,王戎出奔郏。太宰颙帅官属步骑三万迎于霸上,颙前拜谒,帝下车止之。帝入长安,以征西府为宫。唯尚书仆射荀藩、司隶刘暾、河南尹周馥等在洛阳为留台,承制行事,号东、西台。藩,勖之子也。丙午,留台大赦,改元复为永安。辛丑,复皇后羊氏。

十二月丁亥,诏太弟颖以成都王还第,更立豫章王炽为皇太弟。帝兄弟二十五人,时存者惟颖、炽及吴王晏。晏材质庸下,炽冲素好学,故太宰颙立之。诏以司空越为太傅,与颙夹辅帝室,王戎参录朝政。又以光禄大夫王衍为尚书左仆射;高密王略为镇南将军,领司隶校尉,权镇洛阳;东中郎将模为宁北将军,都督冀州诸军事,镇邺。百官各还本职。令州郡蠲除苛政,爱民务本,清通之后,当还东京。大赦,改元。略、模,皆越之弟也。王浚既去邺,越使模镇之。

愿陛下到臣的营垒中,臣竭尽死力来防备意料不到的事情发生。"这时群臣全都逃跑躲藏起来,只有中书监卢志在身旁侍候,就说:"陛下今天的事情,应当完全听从右将军的安排。"惠帝于是来到张方的营垒,命令张方备车去运宫女妃嫔和宝物。军士趁机抢劫霸占宫女妃嫔为妻,瓜分争夺宫中收藏的物品,割下五彩丝穗和遮武器的帷帐当战马鞍垫,魏、晋以来的所有积蓄,一扫而空。张方还准备焚烧晋室宗庙、宫室,来断绝人们返回的念想,卢志说:"过去董卓暴虐无道,焚烧洛阳,致使怨恨的呼声,在百年以后仍然存在,为什么要学他的做法呢?"于是作罢。

晋惠帝在张方的营垒中停留了三天,张方侍奉惠帝以及皇太弟司马颖、豫章王司马炽等赶赴长安,王戎逃出来奔往郏县。太宰司马颙率领下属官员和步兵、骑兵三万人在霸上迎候,司马颙进前跪拜参见,惠帝下车阻止他。惠帝进入长安,把征西将军府作为皇宫。只有尚书仆射荀藩、司隶校尉刘暾、河南尹周馥等人仍在洛阳,组成留守台,按照皇帝授权处理政事,与长安宫署分别称为东台、西台。荀藩,是荀勖的儿子。丙午这天,留守台宣布大赦,改年号又称永安。辛丑(初七),恢复皇后羊氏的地位与名号。

十二月丁亥(二十四日),惠帝下诏,让皇太弟司马颖以成都王的身份退居宅第,改立豫章王司马炽为皇太弟。晋惠帝兄弟共有二十五人,这时存世的只剩下司马颖、司马炽以及吴王司马晏。司马晏才能资质庸劣低下,司马炽则淡泊纯朴,喜好学问,所以太宰司马颙才立他。诏书还任命司空司马越为太傅,与司马颙共同辅佐帝室,王戎参预并掌管朝政。又任命光禄大夫王衍为尚书左仆射;高密王司马略为镇南将军,兼任司隶校尉,暂且镇守洛阳;东中郎将司马模为宁北将军、都督冀州诸军事,镇守邺城。百官各自行守本职。命令州郡废除苛酷的政令,爱惜百姓,致力农耕,等到形势清平通畅以后,天子就返归东京洛阳。并大赦天下,改年号为永兴。司马略、司马模都是司马越的弟弟。王浚已经撤离邺城,司马越派司马模去镇守。

颙以四方乖离，祸难不已，故下此诏和解之，冀获少安。越辞太傅不受。又诏以太宰颙都督中外诸军事；张方为中领军、录尚书事，领京兆太守。

二年夏四月，张方废羊后。

游楷等攻皇甫重，累年不能克，重遣其养子昌求救于外。昌诣司空越，越以太宰颙新与山东连和，不肯出兵。昌乃与故殿中人杨篇诈称越命，迎羊后于金墉城。入宫，以后令发兵讨张方，奉迎大驾。事起仓猝，百官初皆从之；俄知其诈，相与诛昌。颙请遣御史宣诏喻重令降，重不奉诏。先是城中不知长沙厉王及皇甫商已死，重获御史驺人，问曰："我弟将兵来，欲至未？"驺人曰："已为河间王所害。"重失色，立杀驺人。于是城中知无外救，共杀重以降。颙以冯翊太守张辅为秦州刺史。

东海中尉刘洽以张方劫迁车驾，劝司空越起兵讨之。秋七月，越传檄山东征、镇、州、郡云："欲纠帅义旅，奉迎天子，还复旧都。"东平王楙闻之，惧；长史王脩说楙曰："东海，宗室重望，今兴义兵，公宜举徐州以授之，则免于难，且有克让之美矣。"楙从之。越乃以司空领徐州都督，楙自为兖州刺史。诏即遣使者刘虔授之。是时，越兄弟并据方任，于是范阳王虓及王浚等共推越为盟主，越辄选置刺史以下，朝士多赴之。

司马颙因为四方乖逆分裂,祸难接连不断,所以下达这道诏书来缓解矛盾,希望能获得稍略安定的局面。司马越辞让太傅一职不接受。又下诏,委任太宰司马颙都督中外诸军事;张方为中领军、录尚书事,兼京兆太守。

二年(306)夏季四月,张方又废黜羊皇后。

游楷等人攻打皇甫重,一年多也没攻下来,皇甫重派他的养子皇甫昌到外郡去求援。皇甫昌拜见司空司马越,司马越因太宰司马颙新近同崤山以东地区联合,不肯出兵。皇甫昌就同殿中老相识杨篇诈称司马越的命令,在金墉城接走羊皇后。进入皇宫,借用皇后的命令发兵讨伐张方,迎回天子大驾。事情发生得很突然,百官开始都依从;不久知道是假的,就相互商议诛杀了皇甫昌。司马颙请惠帝派遣御史发布诏书,喻示皇甫重,让他投降,皇甫重拒不服从诏命。在此之前,城中不知道长沙厉王司马乂以及皇甫商都已经死掉,皇甫重抓到御史的马夫,问他说:"我弟弟带兵前来,快要到了吗?"御史的马夫说:"他已经被河间王司马颙杀害了。"皇甫重听后大惊失色,立即杀死了这个马夫。于是城中知道没有外边的救兵了,就一起杀掉皇甫重投降。司马颙任命冯翊郡太守张辅为秦州刺史。

东海王中尉刘洽因为张方劫走了天子大驾,力劝司空司马越起兵讨伐他。秋季七月,司马越向崤山以东的各征、镇、州、郡传布檄文,檄文中说:"想要会集并统领正义之师,迎接天子回归旧都洛阳。"东平王司马楙听到消息后很害怕,长史王脩劝说司马楙道:"东海王是皇族中名望很高的人物,如今大兴义兵,明公您应当把徐州交给他,就可以免除祸难了,而且还能赢得克制自己、敬让他人的美誉。"司马楙听从了这一劝告。司马越于是以司空兼任徐州都督,司马楙自任兖州刺史。朝廷下诏,立即派遣使者刘虔前去封授。这时候,司马越兄弟全都握据各守一方的重任,于是范阳王司马虓以及王浚等人共同推举司马越做盟主,司马越自行选拔设置刺史以下的官员,朝中官员大多都去投奔他。

成都王颖既废，河北人多怜之。颖故将公师藩等自称将军，起兵于赵、魏，众至数万。初，上党武乡羯人石勒，有胆力，善骑射。并州大饥，建威将军阎粹说东嬴公腾执诸胡于山东，卖充军实。勒亦被掠，卖为茌平人师懽奴，懽奇其状貌而免之。懽家邻于马牧，勒乃与牧帅汲桑结壮士为群盗。及公师藩起，桑与勒帅数百骑赴之。桑始命勒以石为姓，勒为名。藩攻陷郡县，杀二千石、长吏，转前，攻邺。平昌公模甚惧。范阳王虓遣其将苟晞救邺，与广平太守谯国丁绍共击藩，走之。

八月，司空越以琅邪王睿为平东将军、监徐州诸军事，留守下邳。睿请王导为司马，委以军事。越帅甲卒三万，西屯萧县；范阳王虓自许屯于荥阳。越承制以豫州刺史刘乔为冀州刺史，以范阳王虓领豫州刺史。乔以虓非天子命，发兵拒之。虓以刘琨为司马。越以刘藩为淮北护军，刘舆为颍川太守。乔上尚书，列舆兄弟罪恶，因引兵攻许，遣其长子祐将兵拒越于萧县之灵壁，越兵不能进。东平王楙在兖州，征求不已，郡县不堪命。范阳王虓遣苟晞还兖州，徙楙都督青州。楙不受命，背山东诸侯，与刘乔合。

太宰颙闻山东兵起，甚惧。以公师藩为成都王颖起兵，壬午，表颖为镇军大将军、都督河北诸军事，给兵千人；

成都王司马颖已被废黜，河北之人大都怜惜他。司马颖的旧将公师藩等人自称将军，在赵、魏一带起兵，部众多到数万人。当初，上党郡武乡县羯族人石勒，具有胆量和力气，精通骑术和箭术。并州发生大饥荒，建成将军阎粹鼓动东嬴公司马腾抓捕各族胡人到崤山以东地区去贩卖来充实军饷。石勒也被抓捕，卖给茌平县人师懽当家奴，师懽对他的状貌颇感惊奇并放了他。师懽家紧挨着牧马场，石勒于是同牧马场头领汲桑集结壮士成为强盗团伙。等到公师藩起兵，汲桑与石勒带领数百名骑士去投奔他。是汲桑最初让石勒把石作为姓氏，用勒作为名字。公师藩攻陷郡县，杀死二千石太守以及主要官吏，转而向前，攻打邺城。平昌公司马模对此十分恐惧。范阳王司马虓派遣他的将领苟晞去援救邺城，同广平太守谯国人丁绍共同迎击公师藩，赶跑了他。

八月，司空司马越任命琅邪王司马睿为平东将军、监徐州诸军事，留守下邳。司马睿请求让王导担任司马，把军队事务交给他料理。司马越率领全副武装的士卒三万人，西进屯驻在萧县；范阳王司马虓从许昌赶到荥阳驻扎。司马越按照皇帝旨意任命豫州刺史刘乔为冀州刺史，让范阳王司马虓兼任豫州刺史。刘乔因为司马虓取代自己职务的命令并不是皇帝发出的，就发兵抗拒他。司马虓任命刘琨为司马。司马越任命刘藩为淮北护军，刘舆为颍川太守。刘乔上奏尚书台，列举刘舆兄弟的罪恶事例，随后领兵攻打许昌，又派他的大儿子刘祐率兵在萧县境内的灵璧抵御司马越，司马越的部队不能向前推进。东平王司马楙在兖州，一个劲儿征调索取财物，各郡县都承受不了。范阳王司马虓派遣苟晞返回兖州，调任司马楙都督青州。司马楙拒不接受这一命令，背弃崤山以东的各诸侯而与豫州刺史刘乔联合。

太宰司马颙听说崤山以东兵争兴起，十分恐惧。鉴于公师藩是为成都王司马颖起兵，就在壬午（二十三日）这天，上表奏请委任司马颖为镇军大将军、都督河北诸军事，拨给兵士一千人；

以卢志为魏郡太守,随颖镇邺,欲以抚安之。又遣建武将军吕朗屯洛阳。颙发诏,令东海王越等各就国,越等不从。会得刘乔上事,冬十月丙子,下诏称:"刘舆迫胁范阳王虓,造构凶逆。其令镇南大将军刘弘、平南将军彭城王释、征东大将军刘准,各勒所统,与刘乔并力;以张方为大都督,统精卒十万,与吕朗共会许昌,诛舆兄弟。"释,宣帝弟子穆王权之孙也。

丁丑,颙使成都王颖领将军楼褒等,前车骑将军石超领北中郎将王阐等据河桥,为刘乔继援;进乔镇东将军,假节。

刘弘遗乔及司空越书,欲使之解怨释兵,同奖王室,皆不听。弘又上表曰:"自顷兵戈纷乱,猜祸锋生,疑隙构于群王,灾难延于宗子。今日为忠,明日为逆,翩其反而,互为戎首。载籍以来,骨肉之祸未有如今者也,臣窃悲之!今边陲无备豫之储,中华有杼轴之困,而股肱之臣,不惟国体,职竞寻常,自相楚剥。万一四夷乘虚为变,此亦猛虎交斗自效于卞庄者矣。臣以为宜速发明诏诏越等,令两释猜嫌,各保分局。自今以后,其有不被诏书,擅兴兵马者,天下共伐之。"时太宰颙方拒关东,倚乔为助,不纳其言。乔乘虚袭许,破之。刘琨将兵救许,不及,遂与兄舆及范阳王虓俱奔河北。琨父母为乔所执。刘弘以张方残暴,知颙必败,乃遣参军刘盘为都护,帅诸军受司空越节度。

同时任命卢志为魏郡太守,随同司马颖镇守邺城,想借此来安抚公师藩。又派遣建武将军吕朗驻守洛阳。司马颙下达诏书,让东海王司马越等人各自回到封国,司马越等人拒不听命。正好赶上朝廷得到刘乔揭发刘舆兄弟罪恶的奏章,冬季十月丙子(十八日),下诏说:"刘舆逼迫威胁范阳王司马虓制造凶恶反叛的事件。特命镇南大将军刘弘、平南将军彭城王司马释、征东大将军刘准,各自带领本部人马,与刘乔并力作战;委派张方为大都督,统率精兵十万与吕朗在许昌会师,诛灭刘舆兄弟。"司马释,是宣帝司马懿的侄儿穆王司马权的孙子。

丁丑(十九日),司马颙派成都王司马颖率领将军楼褒等人,原车骑将军石超率领北中郎将王阐等人据守富平津黄河渡桥,作为刘乔的后援;提升刘乔为镇东将军,持朝廷符节。

刘弘给刘乔以及司空司马越送去书信,想使双方解除仇怨,停止交兵,共同扶助王室,但双方都不理睬。刘弘又奏上章表说:"自从近来战乱迭起,猜忌与祸患一起发生,疑虑嫌隙在众位亲王之间出现,灾难延及到封国继承人。今天还属于忠顺,明天就变成了反逆,是非反复变化无常,轮流成为兴起战事的首脑。从有史籍记载以来,骨肉残杀的祸难没有像今天这样严重的。臣私下对此感到特别悲哀!如今边境没有预防发生变故的物资储备,中原却有被洗劫一空的危困,而辅政大臣不以国体为重,却把较短量长当作本职,自相残害。万一四方部族乘虚发动变乱,这也正是两只猛虎相互搏斗,而自然被下庄所擒获啊。臣认为应当迅速颁布诏书,命令司马越等人消除猜忌嫌隙,各守职司。从今以后,敢有不接受诏书擅自发动兵马的人,全天下共同讨伐他。"这时太宰司马颙正抗拒关东的进攻,倚靠刘乔作为援助,不采纳刘弘的建议。刘乔乘虚袭击许昌,许昌被攻破。刘琨率兵援救许昌,但已经晚了,于是同哥哥刘舆以及范阳王司马虓一起逃奔河北。刘琨的父母被刘乔抓住。刘弘因为张方残暴,知道司马颙最后必定会败亡,就委派参军刘盘为督护,率领各支部队接受司空司马越的指挥调度。

十一月，立节将军周权，诈被檄，自称平西将军，复立羊后。洛阳令何乔攻权，杀之，复废羊后。太宰颙矫诏，以羊后屡为奸人所立，遣尚书田淑敕留台赐后死。诏书累至，司隶校尉刘暾等上奏，固执以为："羊庶人门户残破，废放空宫，门禁峻密，无缘得与奸人构乱；众无愚智，皆谓其冤。今杀一枯穷之人，而令天下伤惨，何益于治！"颙怒，遣吕朗收暾；暾奔青州，依高密王略。然羊后亦以是得免。

十二月，吕朗等东屯荥阳，成都王颖进据洛阳。

刘琨说冀州刺史太原温羡，使让位于范阳王虓。虓领冀州，遣琨诣幽州乞师于王浚。浚以突骑资之，击王阐于河上，杀之。琨遂与虓引兵济河，斩石超于荥阳。刘乔自考城引退。虓遣琨及督护田徽东击东平王楙于廪丘，楙走还国。琨、徽引兵东迎越，击刘祐于谯；祐败死，乔众遂溃，乔奔平氏。司空越进屯阳武，王浚遣其将祁弘帅突骑鲜卑、乌桓为越先驱。

光熙元年。初，太弟中庶子兰陵缪播有宠于司空越；播从弟右卫率胤，太宰颙前妃之弟也。越之起兵，遣播、胤诣长安说颙，令奉帝还洛，约与颙分陕为伯。颙素信重播兄弟，即欲从之。张方自以罪重，恐为诛首，谓颙曰："今据形胜之地，国富兵强，奉天子以号令，谁敢不从！奈何拱手受制于人！"颙乃止。及刘乔败，颙惧，欲罢兵，

十一月，立节将军周权诈称接到檄文，自称平西将军，又拥立起羊皇后。洛阳县令何乔攻打周权并杀死了他，又废掉羊皇后。太宰司马颙假传诏书，因羊皇后多次被奸贼所拥立，派尚书田淑命令洛阳留台赐羊皇后死。诏书一道接一道传到，司隶校尉刘暾等人上奏，坚持认为："羊庶人的娘家已经残毁破败，她被废黜安置在空荡的宫室，宫门把守得十分严密，没有机缘能与奸贼制造祸乱；众人无论愚昧的还是明智的，都认为她冤枉。如今杀死一个潦倒困窘的妇人，而让天下感到悲伤凄惨，对国家的治理有什么好处？"司马颙恼羞成怒，派遣吕朗去逮捕刘暾；刘暾逃奔青州去依附高密王司马略。然而羊皇后也因此得免一死。

十二月，吕朗等人向东到荥阳屯驻，成都王司马颖进占洛阳。

刘琨劝说冀州刺史太原人温羡，让他把职位让给范阳王司马虓。司马虓兼任冀州刺史，派遣刘琨到幽州向王浚请求援兵。王浚调拨骑兵突击队相资助，在黄河岸边攻击王阐，杀死了他。刘琨于是同司马虓领兵渡过黄河，在荥阳斩杀了石超。刘乔从考城领兵撤退。司马虓派遣刘琨以及督护田徽东进，在廪丘攻击东平王司马楙，司马楙逃跑，回到自己的封国。刘琨、田徽领兵东进，迎击司马越，在谯国攻击刘祐；刘祐战败身死，于是刘乔的部众溃散了，刘乔逃奔到平氏。司空司马越进军，屯驻在阳武，王浚派遣他的将领祁弘统率由鲜卑、乌桓组成的骑兵突击队充当司马越的先锋。

光熙元年（306）。当初，皇太弟司马炽的中庶子兰陵人缪播，在司空司马越那里很受宠信。缪播的堂弟右卫率缪胤，是太宰司马颙已故正妃的弟弟。司马越起兵时，派缪播、缪胤到长安劝司马颙，让他侍奉惠帝回洛阳，约定同司马颙划界分治，共同辅佐王室。司马颙一向信任爱重缪播兄弟，当下就准备听从他俩的意见。张方认为这样一来自己罪责深重，担心成为头一个被处死的人，就对司马颙说："如今我们占据形势险要的地区，国富兵强，挟天子发号施令，谁敢不听从？为什么偏要拱手受别人的控制呢？"司马颙于是作罢。等到刘乔战败，司马颙很害怕，打算罢兵，

与山东和解，恐张方不从，犹豫未决。

方素与长安富人郅辅亲善，以为帐下督。颙参军河间毕垣，尝为方所侮，因说颙曰："张方久屯霸上，闻山东兵盛，盘桓不进，宜防其未萌。其亲信郅辅具知其谋。"缪播、缪胤复说颙："宜急斩方以谢，山东可不劳而定。"颙使人召辅，垣迎说辅曰："张方欲反，人谓卿知之，王若问卿，何辞以对？"辅惊曰："实不闻方反，为之奈何？"垣曰："王若问卿，但言尔尔；不然，必不免祸。"辅入，颙问之曰："张方反，卿知之乎？"辅曰："尔。"颙曰："遣卿取之，可乎？"又曰："尔。"颙于是使辅送书于方，因杀之。辅既昵于方，持刀而入，守阁者不疑。方火下发函，辅斩其头。还报，颙以辅为安定太守。送方头于司空越以请和，越不许。宋胄袭河桥，楼褒西走。平昌公模遣前锋督护冯嵩会宋胄逼洛阳。成都王颖西奔长安，至华阴，闻颙已与山东和亲，留不敢进。吕朗屯荥阳，刘琨以张方首示之，遂降。甲子，司空越遣祁弘、宋胄、司马纂帅鲜卑西迎车驾。以周馥为司隶校尉、假节，都督诸军，屯渑池。

夏四月己巳，司空越引兵屯温。初，太宰颙以为张方死，东方兵必可解。既而东方兵闻方死，争入关，颙悔之，乃斩郅辅，遣弘农太守彭随、北地太守刁默将兵拒祁弘等于湖。五月壬辰，弘等击随、默，大破之，遂西入关，

与崤山以东方面和解，但又担心张方不同意，因而犹豫不定。

张方一向同长安富人郅辅关系亲密，把他任命为帐下督。司马颙的参军、河间人毕垣曾被张方凌辱过，因而劝司马颙说："张方长时间屯驻霸上，听说崤山以东兵马强盛，徘徊着不前进，应当在他萌生反心之前做好防备。他的亲信郅辅全清楚他的阴谋。"缪播、缪胤又劝司马颙说："应当火速杀掉张方来赔罪，崤山以东地区可以不费力就平定下来。"司马颙派人去征召郅辅，毕垣迎上郅辅煽惑说："张方想反叛，人们都说你了解，大王如果盘问你，你用什么话来回答？"郅辅大吃一惊说："我的确没听说张方要反叛，对这件事该怎么办？"毕垣说："大王如果盘问你，你就只能这样说；不然的话，一定免不掉祸殃。"郅辅进来后，司马颙问他说："张方要反叛，你知道这事吗？"郅辅说："是这样。"司马颙说："派你去抓他，行吗？"郅辅又说："是这样。"司马颙于是让郅辅给张方去送信，乘机杀掉他。郅辅同张方十分亲近，带刀入内时，守门的人也没产生怀疑。张方在烛光下拆信，郅辅砍下了他的脑袋。回来禀报，司马颙任命郅辅为安定太守。司马颙把张方的首级送给司空司马越来请求和解，司马越拒不应允。宋胄袭击黄河渡桥，楼褒向西逃跑。平昌公司马模派遣前锋督护冯嵩会合宋胄逼临洛阳。成都王司马颖向西逃奔长安，来到华阴县时，闻知司马颙已经同崤山以东方面和解亲善，就停留下来，不敢再前进。吕朗屯驻在荥阳，刘琨拿张方的首级给他瞧，吕朗于是投降了。甲子这一天，司空司马越派遣祁弘、宋胄、司马纂率领鲜卑骑兵西进，去奉迎天子车驾。委任周馥为司隶校尉，持朝廷符节，都督诸军，屯驻在渑池。

夏季四月己巳（十三日），司空司马越领兵屯驻温县。当初，太宰司马颙认为张方死掉，东部的兵马定会解除。后来东部兵马听说张方已死，争相入关，司马颙很懊悔，便斩杀郅辅，派弘农太守彭随、北地太守刁默率兵在湖县抗击祁弘等人。五月壬辰（初七），祁弘等人进击彭随、刁默，把他们打得大败，于是西进入关，

又败颙将马瞻、郭伟于霸水，颙单马逃入太白山。弘等入长安，所部鲜卑大掠，杀二万馀人，百官奔散，入山中，拾橡实食之。己亥，弘等奉帝乘牛车东还。以太弟太保梁柳为镇西将军，守关中。六月丙辰朔，帝至洛阳，复羊后。辛未，大赦，改元。

马瞻等入长安，杀梁柳，与始平太守梁迈共迎太宰颙于南山。弘农太守裴廙、秦国内史贾龛、安定太守贾疋等起兵击颙，斩马瞻、梁迈。疋，诩之曾孙也。司空越遣督护麋晃将兵击颙，至郑，颙使平北将军牵秀屯冯翊。颙长史杨腾，诈称颙命，使秀罢兵，腾遂杀秀，关中皆服于越，颙保城而已。

八月，以司空越为太傅，录尚书事；范阳王虓为司空，镇邺；平昌公模为镇东大将军，镇许昌；王浚为骠骑大将军，都督东夷、河北诸军事，领幽州刺史。越以吏部郎颍川庾敳为军谘祭酒，前太弟中庶子胡母辅之为从事中郎，黄门侍郎河南郭象为主簿，鸿胪丞阮脩为行参军，谢鲲为掾。辅之荐乐安光逸于越，越亦辟之。敳等皆尚虚玄，不以世务婴心，纵酒放诞；敳殖货无厌。象薄行，好招权。越皆以其名重于世，故辟之。

祁弘之入关也，成都王颖自武关奔新野。会新城元公刘弘卒，司马郭劢作乱，欲迎颖为主。治中顺阳郭舒奉弘子璠以讨劢，斩之。诏南中郎将刘陶收颖。颖北渡河，奔朝歌，收故将士，得数百人，欲赴公师藩，九月，顿丘太守冯嵩执之，送邺，范阳王虓不忍杀而幽之。公师藩自白马南

又在霸水击败了司马颙的将领马瞻、郭伟，司马颙单枪匹马逃进了太白山。祁弘等人进入长安，所统率的鲜卑骑兵大肆劫掠，杀死了两万多人，百官逃散，跑进山里，捡拾橡树籽当饭吃。己亥（十四日），祁弘等人侍奉晋惠帝乘坐牛车向东返还。委任皇太弟的太保梁柳为镇西将军，镇守关中地区。六月丙辰是初一，这天惠帝到达洛阳，又恢复羊皇后的地位名号。辛未（十六日），大赦天下，改年号为光熙。

马瞻等人攻入长安，杀死了梁柳，与始平太守梁迈共同到南山迎回司马颙。弘农太守裴廙、秦国内史贾龛、安定太守贾疋等人起兵攻击司马颙，斩杀了马瞻、梁迈。贾疋，是贾诩的曾孙。司空司马越派遣督护麋晃率兵进击司马颙，抵达郑县，司马颙派平北将军牵秀驻守冯翊郡。司马颙的长史杨腾假传司马颙的命令，让牵秀罢兵，杨腾乘机杀死牵秀，关中地区全都归服司马越，司马颙仅仅据守长安城而已。

八月，任命司空司马越为太傅、录尚书事；范阳王司马虓为司空，镇守邺城；平昌公司马模为镇东大将军，镇守许昌；王浚为骠骑大将军，都督东夷、河北诸军事，兼领幽州刺史。司马越征用吏部郎颍川人庾敳担任军谘祭酒，原皇太弟中庶子胡母辅之担任从事中郎，黄门侍郎河南人郭象为主簿，鸿胪丞阮脩为代理参军，谢鲲为府掾。胡母辅之向司马越推荐乐安人光逸，司马越也征用了他。庾敳等人都崇尚虚玄空谈，不把政务放在心上，纵酒放诞；庾敳又积聚财富，贪得无厌。郭象品行轻薄，喜好揽权。司马越都因为他们在世上名声很重，所以征用他们。

当祁弘等人入关的时候，成都王司马颖从武关逃奔到新野。恰逢新城元公刘弘去世，手下司马郭劢叛乱，打算迎立司马颖为领袖。治中顺阳人郭舒拥戴刘弘的儿子刘璠来征讨郭劢，杀了他。朝廷下诏，命令南中郎将刘陶逮捕司马颖。司马颖向北渡过黄河，逃奔到朝歌，收揽旧部将士，聚集起数百人，准备投奔公师藩。九月，顿丘太守冯嵩抓住了司马颖，送往邺城，范阳王司马虓不忍心杀他而把他囚禁起来。公师藩从白马津向南

渡河，兖州刺史苟晞讨斩之。

进东嬴公腾爵为东燕王，平昌公模为南阳王。

冬十月，范阳王虓薨。长史刘舆以成都王颖素为邺人所附，秘不发丧，伪令人为台使称诏，夜，赐颖死，并杀其二子。颖官属先皆逃散，惟卢志随从，至死不怠，收而殡之。太傅越召志为军谘祭酒。越将召刘舆，或曰："舆犹腻也，近则污人。"及至，越疏之。舆密视天下兵簿及仓库、牛马、器械、水陆之形，皆默识之。时军国多事，每会议，自长史潘滔以下，莫知所对，舆应机辨画，越倾膝酬接，以为左长史，军国之务，悉以委之。舆说越遣其弟琨镇并州，以为北面之重；越表琨为并州刺史，以东燕王腾为车骑将军、都督邺城诸军事，镇邺。

十一月己巳，夜，帝食饼中毒，庚午，崩于显阳殿。羊后自以于太弟炽为嫂，恐不得为太后，将立清河王覃。侍中华混谏曰："太弟在东宫已久，民望素定，今日宁可易乎！"即露版驰召太傅越，召太弟入宫。后已召覃至尚书阁，疑变，托疾而返。癸酉，太弟即皇帝位，大赦。尊皇后曰惠皇后，居弘训宫；追尊母王才人曰皇太后，立妃梁氏为皇后。怀帝始遵旧制，于东堂听政。每至宴会，辄与群官论众务，考经籍。黄门侍郎傅宣叹曰："今日复见武帝之世矣！"

渡过黄河，兖州刺史苟晞征讨并斩杀了他。

朝廷晋升东嬴公司马腾的爵位为东燕王，平昌公司马模为南阳王。

冬季十月，范阳王司马虓去世。长史刘舆因邺城人过去一向依附成都王司马颖，封锁死讯不发丧，命人冒充成朝廷特使假传诏书，在夜间赐司马颖死，同时杀掉了他的两个儿子。司马颖的属官事先都逃散了，只有卢志跟从，到司马颖身死也不懈怠，收殓了他的尸体殡葬了。太傅司马越征召卢志担任军谘祭酒。司马越也准备征召刘舆，有的人说："刘舆就像油垢，靠近他就会弄脏人。"等刘舆来到后，司马越很疏远他。刘舆秘密查看过天下的兵马簿册以及仓库、牛马、器械、水道陆地的分布图，全都暗暗记在脑子里。这时军国政事繁多，每次聚会计议，自长史潘滔以下都不知道该怎样对答，刘舆根据情况分析筹划，司马越虚心接受采纳，让他担任左长史，军国事务，全都交给他处理。刘舆劝说司马越派遣他的弟弟刘琨去镇守并州，作为北方的重要依托；司马越就上表请求委任刘琨为并州刺史，又任命东燕王司马腾为车骑将军、都督邺城诸军事，镇守邺城。

十一月己巳（十七日），夜里，晋惠帝吃麦饼中了毒，庚午（十八日）这天，在显阳殿驾崩。羊皇后因为自己论辈分是皇太弟司马炽的嫂子，恐怕当不上皇太后，就准备扶立清河王司马覃做皇帝。侍中华混劝谏说："皇太弟在东宫已经时间很长了，人们的希望都一直寄托在他身上，今天怎么能够改换呢？"马上就用不封口的公文飞快禀告太傅司马越，速召皇太弟入皇宫。羊皇后已经宣召司马覃来到了尚书阁，司马覃怀疑发生了变故，推脱身体有病又回去了。癸酉（二十一日）这天，皇太弟登上皇帝宝座，大赦天下。尊奉羊皇后为惠皇后，居住在弘训宫；追尊生母王才人为皇太后，册立王妃梁氏为皇后。晋怀帝开始遵循原来的制度，在东堂听政。每逢宴会，就与百官讨论各种政务，考索经典。黄门侍郎傅宣慨叹说："今天又看到武帝那样兴盛的年代了！"

十二月,太傅越以诏书征河间王颙为司徒,颙乃就征。南阳王模遣其将梁臣邀之于新安,车上扼杀之,并杀其三子。

刘琨至上党,东燕王腾即自井陉东下。时并州饥馑,数为胡寇所掠,郡县莫能自保。州将田甄、甄弟兰、任祉、祁济、李恽、薄盛等及吏民万馀人,悉随腾就谷冀州,号为"乞活",所馀之户不满二万;寇贼纵横,道路断塞。琨募兵上党,得五百人,转斗而前。至晋阳,府寺焚毁,邑野萧条,琨抚循劳徕,流民稍集。

怀帝永嘉元年二月,东莱王弥寇青、徐二州,自称征东大将军,攻杀二千石。太傅越以公车令东莱鞠羡为本郡太守以讨弥,弥击杀之。

三月,诏追复杨太后尊号,丁卯,改葬之,谥曰武悼。

庚午,立清河王覃弟豫章王诠为皇太子。辛未,大赦。

帝亲览大政,留心庶事。太傅越不悦,固求出藩。庚辰,越出镇许昌。

以高密王略为征南大将军,都督荆州诸军事,镇襄阳;南阳王模为征西大将军,都督秦、雍、梁、益四州诸军事,镇长安;东燕王腾为新蔡王,都督司、冀二州诸军事,仍镇邺。

公师藩既死,汲桑逃还苑中,更聚众劫掠郡县,自称大将军,声言为成都王报仇,以石勒为前驱,所向辄克,署勒扫虏将军,遂进攻邺。时邺中府库空竭,而新蔡武哀王腾资用甚饶。腾性吝啬,无所振惠,临急,乃赐将士米

十二月，太傅司马越用诏书征召河间王司马颙入朝当司徒，司马颙于是进京赴任。南阳王司马模派遣手下将领梁臣在新安拦截他，在车上掐死了司马颙，同时杀死了他的三个儿子。

刘琨来到上党郡，东燕王司马腾就从井陉东下。当时并州饥荒，多次被胡人抢掠，郡县不能够自行保全。并州州将田甄、田甄的弟弟田兰，还有任祉、祁济、李恽、薄盛等人以及官吏百姓一万多人，全都跟随司马腾到冀州找饭吃，称这种行动为"乞活"，剩下不走的民户还不足两万人；强盗横行，道路断绝阻塞。刘琨在上党郡召募士兵，得到五百人，辗转战斗，向前行进。抵达晋阳，官署已经焚毁，城邑田野一片萧条，刘琨安抚慰劳，逃亡的百姓渐渐聚集。

晋怀帝永嘉元年（307）二月，东莱人王弥率众攻打青、徐二州，自称征东大将军，击杀二千石官员。太傅司马越委派公车令东莱人鞠羡担任本郡太守，讨伐王弥，王弥迎击并杀死了他。

三月，怀帝下诏追复被贾皇后废黜并害死的杨太后的尊号，丁卯（十七日），改葬杨太后，谥号定为武悼。

庚午（二十日），册立清河王司马覃的弟弟豫章王司马诠为皇太子。辛未（二十一日），大赦天下。

晋怀帝亲自执掌国家大政，留心各种事务。太傅司马越对此很不高兴，坚决请求出京回归封国。庚辰（三十日），司马越出外镇守许昌。

朝廷任命高密王司马略为征南大将军、都督荆州诸军事，镇守襄阳；南阳王司马模为征西大将军，都督秦、雍、梁、益四州诸军事，镇守长安；东燕王司马腾为新蔡王，都督司、冀二州诸军事，仍然镇守邺城。

公师藩死后，汲桑逃回牧马场中，重新聚集部众劫掠郡县，自称大将军，扬言要替成都王报仇。委派石勒为先锋，兵锋所向，无不获胜，于是任命石勒为扫虏将军，进攻邺城。这时邺城中仓库空竭，而新蔡武哀王司马腾的资财用度十分丰裕。司马腾生性吝啬，平常没有赈济恩赏的举动，危难临头才赐给将士米

各数升,帛各丈尺,以是人不为用。夏五月,桑大破魏郡太守冯嵩,长驱入邺,腾轻骑出奔,为桑将李丰所杀。桑出成都王颖棺,载之车中,每事启而后行。遂烧邺宫,火旬日不灭;杀士民万馀人,大掠而去。济自延津,南击兖州。太傅越大惧,使苟晞及将军王赞等讨之。

石勒与苟晞等相持于平原、阳平间数月,大小三十馀战,互有胜负。秋七月己酉朔,太傅越屯官渡,为晞声援。

己未,以琅邪王睿为安东将军,都督扬州江南诸军事,假节,镇建业。

八月己卯朔,苟晞击汲桑于东武阳,大破之,桑退保清渊。

九月戊申,琅邪王睿至建业。睿以安东司马王导为谋主,推心亲信,每事咨焉。睿名论素轻,吴人不附,居久之,士大夫莫有至者,导患之。会睿出观禊,导使睿乘肩舆,具威仪,导与诸名胜皆骑从。纪瞻、顾荣等见之惊异,相帅拜于道左。导因说睿曰:"顾荣、贺循,此土之望,宜引之以结人心。二子既至,则无不来矣。"睿乃使导躬造循、荣,二人皆应命而至。以循为吴国内史,荣为军司,加散骑常侍,凡军府政事,皆与之谋议。又以纪瞻为军谘祭酒,卞壶为从事中郎,周玘为仓曹属,琅邪刘超为舍人,张闿及鲁国孔衍为参军。壶,粹之子;闿,昭之曾孙也。王导说睿谦以接士,俭以足用,以清静为政,抚绥新旧。

每人仅几升，布帛仅一丈左右，因此人们不替他出力。夏季五月，汲桑把魏郡太守冯嵩打得大败，长驱直入，到了邺城，司马腾轻装骑马出逃，被汲桑的部将李丰杀掉。汲桑挖出成都王司马颖的棺木，装在车中，每遇事情先对棺木启禀然后采取行动。然后焚烧了邺城的宫室，大火十天都没熄灭；杀死官吏百姓一万多人，大肆抢掠后离去。从延津渡河，向南进击兖州。太傅司马越非常恐惧，派苟晞以及将军王赞等人讨伐他。

石勒与苟晞等人在平原、阳平之间对峙了几个月，进行了大小三十多场战斗，互有胜负。秋季七月己酉是初一，太傅司马越屯驻在官渡，作为苟晞的声援部队。

己未(十一日)，朝廷委任琅邪王司马睿为安东将军，都督扬州、江南诸军事，持朝廷符节，镇守建业。

八月己卯这天是初一，苟晞在东武阳进击汲桑，把他打得大败，汲桑退守清渊。

九月戊申(初一)，琅邪王司马睿抵达建业。司马睿把安东司马王导当成首席谋士，推心置腹地亲近信任他，每件事都征询他的意见。司马睿的名望声誉一向很轻，吴地人不归附他，到任很长时间，士大夫没有来拜见的，对此王导感到很担心。适逢司马睿出去观看在水边举行的祓祭活动，王导就让司马睿乘坐抬轿，配好庄严整齐的仪仗，王导与各位名士都骑马跟在后面。纪瞻、顾荣等人见此情状很惊异，一个接一个拜伏在道路左边。王导于是劝说司马睿道："顾荣、贺循，都是本地有名望的人士，应当结交他们来收服人心。这两人既已到您门下，那就没有人不来了。"司马睿于是让王导亲自去拜访贺循、顾荣，两人都应命到来。随即任命贺循为吴国内史，顾荣为军司，加授散骑常侍，凡是军府政事，都同他们筹谋计议。又任命纪瞻担任军谘祭酒，卞壸担任从事中郎，周玘担任仓曹属，琅邪人刘超担任舍人，张闿以及鲁国人孔衍担任参军。卞壸，是卞粹的儿子；张闿，是张昭的曾孙子。王导劝说司马睿用谦恭的态度来接纳贤士，靠节俭来保证用度充足，按照清静无为的原则处理政务，安抚新旧部下。

故江东归心焉。睿初至,颇以酒废事,导以为言。睿命酌,引觞覆之,于此遂绝。

苟晞追击汲桑,破其八垒,死者万馀人。桑与石勒收馀众,将奔汉,冀州刺史丁绍邀之于赤桥,又破之。桑奔马牧,勒奔乐平。太傅越还许昌,加苟晞抚军将军,都督青、兖诸军事,丁绍宁北将军,监冀州诸军事,皆假节。

胡部大张匐督、冯莫突等,拥众数千,壁于上党,石勒往从之,因说匐督等曰:"刘单于举兵击晋,部大拒而不从,自度终能独立乎?"曰:"不能。"勒曰:"然则安可不早有所属!今部落皆已受单于赏募,往往聚议,欲叛部大而归单于矣。"匐督等以为然。冬十月,匐督等随勒单骑归汉,汉王渊署匐督为亲汉王,莫突为都督部大,以勒为辅汉将军、平晋王,以统之。乌桓张伏利度有众二千,壁于乐平,渊屡招,不能致。勒伪获罪于渊,往奔伏利度,伏利度喜,结为兄弟,使勒帅诸胡寇掠,所向无前,诸胡畏服。勒知众心之附己,乃因会执伏利度,谓诸胡曰:"今起大事,我与伏利度谁堪为主?"诸胡咸推勒。勒于是释伏利度,帅其众归汉。渊加勒督山东征讨诸军事,以伏利度之众配之。

十一月甲寅,以尚书右仆射和郁为征北将军,镇邺。乙亥,以王衍为司徒。

十二月戊寅,乞活田甄、田兰、薄盛等起兵为新蔡王腾复仇,斩汲桑于乐陵。弃成都王颖棺于故井中,颖故臣收葬之。

所以江东人心归附了。司马睿刚到建业时,常因喝酒废弃政事,王导把这毛病指出来。司马睿当下就命人斟满酒,举起酒杯倒掉,从此就断酒不饮了。

苟晞追击汲桑,攻破了他的八处营垒,杀死一万多人。汲桑与石勒收拢馀众,打算去投奔刘渊建立的汉国,冀州刺史丁绍在赤桥阻击他们,又击破了他们。汲桑逃往牧马场,石勒逃往乐平。太傅司马越回到许昌,加封苟晞为抚军将军,都督青、兖诸军事,丁绍为宁北将军,监冀州诸军事,都持朝廷符节。

胡人一部首领张㔨督、冯莫突等,聚集部众数千人,在上党设下营垒,石勒前去投奔他们,随后劝张㔨督等人说:"刘渊大单于兴兵进击晋室,你们却拒不顺从,自己揣度一下最后能独占一方吗?"回答说:"不能。"石勒说:"既然这样,那怎能不早日有个归属呢? 如今你们部落里都已经接到刘单于的赏赐召募了,部众常常聚到一块儿商议,打算背叛你们去归附刘单于了。"张㔨督等人认为石勒说得对。冬季十月,张㔨督等人随同石勒单枪匹马归附汉国,汉王刘渊委任张㔨督为亲汉王,冯莫突为都督部大,让石勒担任辅汉将军、平晋王,来统领张㔨督等人。乌桓首领张伏利度拥有部众两千人,在乐平扎下营垒,刘渊多次招降他招不来。石勒假装在刘渊那里获罪,前去投奔张伏利度,张伏利度大喜,与他结拜为兄弟,派石勒率领各部落胡人四处劫掠,所向无敌,各部落胡人都很畏惧服从他。石勒清楚众人内心都归向自己,就趁聚会时抓住张伏利度,对各部落胡人说:"如今要干大事,我和张伏利度谁能当首领?"各部落胡人全都推举石勒。石勒于是释放了张伏利度,率领他的部众归附汉国。刘渊加封石勒为督山东征讨诸军事,把张伏利度的部众拨给他指挥。

十一月甲寅(初八),晋怀帝任命尚书右仆射和郁为征北将军,镇守邺城。乙亥(二十九日),任命王衍为司徒。

十二月戊寅(初二),到冀州"乞活"的田甄、田兰、薄盛等人起兵,为新蔡王司马腾报仇,在乐陵杀死了汲桑。把成都王司马颖的棺木弃置在旧井中,司马颖的旧臣僚又捞出棺木并安葬好。

前北军中候吕雍、度支校尉陈颜等谋立清河王覃为太子,事觉,太傅越矫诏囚覃于金墉城。

初太傅越与苟晞亲善,引升堂,结为兄弟。司马潘滔说越曰:"兖州冲要,魏武以之创业。苟晞有大志,非纯臣也,久令处之,则患生心腹矣。若迁于青州,厚其名号,晞必悦。公自牧兖州,经纬诸夏,藩卫本朝,此所谓为之于未乱者也。"越以为然。癸卯,越自为丞相,领兖州牧,都督兖、豫、司、冀、幽、并诸军事。以晞为征东大将军、开府仪同三司,加侍中、假节、都督青州诸军事,领青州刺史,封东平郡公。越、晞由是有隙。

初,阳平刘灵,少贫贱,力制奔牛,走及奔马,时人虽异之,莫能举也。灵抚膺叹曰:"天乎,何当乱也!"及公师藩起,灵自称将军,寇掠赵、魏。会王弥为苟纯所败,灵亦为王赞所败,遂俱遣使降汉。汉拜弥镇东大将军、青徐二州牧、都督缘海诸军事,封东莱公;以灵为平北将军。纯,晞之弟也。

二年春正月,汉王渊遣抚军将军聪等十将南据太行,辅汉将军石勒等十将东下赵、魏。

二月辛卯,太傅越杀清河王覃。三月,太傅越自许昌徙镇鄄城。

王弥收集亡散,兵复大振,分遣诸将攻掠青、徐、兖、豫四州,所过攻陷郡县,多杀守令,有众数万。苟晞与之连战,不能克。夏四月丁亥,弥入许昌。太傅越遣司马王斌

原北军中候吕雍、度支校尉陈颜等人策划拥立清河王司马覃为皇太子，结果事情败露，太傅司马越假传诏书把司马覃囚禁在金墉城。

　　起初，太傅司马越同苟晞关系亲密，领他进入正堂，结拜为兄弟。司马潘滔劝司马越说："兖州是紧要地带，魏武帝曹操就凭借它创立基业。苟晞有野心，不是忠纯的臣子，长久让他呆在此地，祸患就在自己心腹之地酿成了。如果把他调到青州，抬高他的名号，苟晞一定会很高兴。您亲自管理兖州，指挥调度全国，屏卫朝廷，这正是人们所说的在祸乱发生以前做部署啊。"司马越认为潘滔说得对。癸卯（二十七日），司马越自任丞相，兼兖州牧，都督兖、豫、司、冀、幽、并州诸军事。任命苟晞为征东大将军、开府仪同三司，加授侍中，持朝廷符节，都督青州诸军事，兼青州刺史，封为东平郡公。司马越和苟晞由此产生嫌隙。

　　当初，阳平人刘灵，从小就贫穷低贱，但力气大得能拽住奔跑的牛，脚步快得能追上奔跑的马，当世人尽管认为他很奇异，但没谁能够举用他。刘灵抚摸着胸口叹息说："这是天意吗？我为什么生在乱世呢！"等到公师藩起兵，刘灵自称将军，率众劫掠赵、魏地区。赶上王弥被苟纯击败，刘灵也被王赞击败，于是一起派遣使者请求归降汉国。汉国拜授王弥为镇东大将军，青、徐二州牧，都督缘海诸军事，封为东莱公；任命刘灵为平北将军。苟纯，是苟晞的弟弟。

　　二年（308）春季正月，汉王刘渊派抚军将军刘聪等十位将领向南占据太行山一带，派辅汉将军石勒等十位将领向东直扑赵、魏。

　　二月辛卯（十六日），太傅司马越杀死清河王司马覃。三月，太傅司马越把镇所由许昌迁移到鄄城。

　　王弥收拢聚集逃散的部众，兵力又大为振兴，分别派遣众将攻打劫掠青、徐、兖、豫四州，所过之处，攻陷郡城县城，斩杀不少郡守县令，拥有部众数万人。苟晞同他接连交战，不能取胜。夏季四月丁亥（十三日），王弥进入许昌。太傅司马越派司马王斌

帅甲士五千人卫京师,凉州刺史张轨亦遣督护北宫纯将兵卫京师。五月,弥入自轘辕,败官军于伊北,京师大震,宫城门昼闭。壬戌,弥至洛阳,屯于津阳门。诏以王衍都督征讨诸军事。甲子,衍与王斌等出战,北宫纯募勇士百馀人突陈,弥兵大败。乙丑,弥烧建春门而东,衍遣左卫将军王秉追之,战于七里涧,又败之。弥走渡河,与王桑自轵关如平阳。汉王渊遣侍中兼御史大夫郊迎,令曰:"孤亲行将军之馆,拂席洗爵,敬待将军。"及至,拜司隶校尉,加侍中、特进;以桑为散骑侍郎。

北宫纯等与汉刘聪战于河东,败之。秋七月甲辰,汉王渊寇平阳,太守宋抽弃郡走,河东太守路述战死。渊徙都蒲子。上郡鲜卑陆逐延、氐酋单徵并降于汉。

八月丁亥,太傅越自鄄城徙屯濮阳,未几,又徙屯荥阳。

九月,汉王弥、石勒寇邺,和郁弃城走。诏豫州刺史裴宪屯白马以拒弥,车骑将军王堪屯东燕以拒勒,平北将军曹武屯大阳以备蒲子。宪,楷之子也。

石勒、刘灵帅众三万寇魏郡、汲郡、顿丘,百姓望风降附者五十馀垒,皆假垒主将军、都尉印绶,简其强壮五万为军士,老弱安堵如故。己酉,勒执魏郡太守王粹于三台,杀之。

三年春正月辛丑朔,荧惑犯紫微。汉太史令宣于脩之言于汉主渊曰:"不出三年,必克洛阳。蒲子崎岖,难以久安;平阳气象方昌,请徙都之。"渊从之。

率领披甲武士五千人守卫京师,凉州刺史张轨也派遣督护北宫纯带兵去保卫京师。五月,王弥从辕辕深入,在伊水北岸打败了朝廷军队,京师大为震动,宫城的各门白天也紧闭不开。壬戌(十九日),王弥到达洛阳,屯驻在津阳门。怀帝下诏,让王衍都督征讨诸军事。甲子(二十一日),王衍与王斌等人出兵迎战,北宫纯招募一百多名勇士猛冲敌阵,王弥的军队大败。乙丑(二十二日),王弥焚烧建春门向东撤退,王衍派遣左卫将军王秉追击他,在七里涧交战,又打败了他。王弥逃跑渡过黄河,与王桑从轵关赶往平阳。汉王刘渊派遣侍中兼御史大夫在郊外迎候,传令说:"我亲自巡视将军的馆舍,掸拂坐席,洗净酒杯,恭敬地等待将军。"等王弥赶到后,拜为司隶校尉,加封侍中、特进;任命王桑为散骑侍郎。

北宫纯等人同汉国刘聪在河东交战,打败了他。秋季七月甲辰(初二),汉王刘渊攻打平阳,太守宋抽丢下郡城逃跑了,河东太守路述战死。刘渊把国都迁移到蒲子。上郡的鲜卑首领陆逐延、氐族酋长单徵都向汉国投降。

八月丁亥(十五日),太傅司马越从鄄城迁出,屯驻濮阳,不久又迁出,屯驻荥阳。

九月,汉国王弥、石勒攻打邺城,和郁丢下城邑逃跑。朝廷下诏,命豫州刺史裴宪驻守白马来抗拒王弥,车骑将军王堪驻守东燕城来抗拒石勒,平北将军曹武驻守大阳来防备蒲子方面的进攻。裴宪,是裴楷的儿子。

石勒、刘灵率领部众攻打魏郡、汲郡、顿丘,百姓望风归降的有五十多垒,垒主都被授予将军、都尉的官职,其中强壮的五万人被挑选为军士,老弱者安居,仍和从前一样。己酉(初七),石勒在三台捉住了魏郡太守王粹,杀了他。

三年(309)春季正月辛丑这天是初一,火星凌犯紫微星座。汉国太史令宣于脩之向汉国国主刘渊预测说:"不出三年,必定会攻克洛阳。蒲子这地方崎岖不平,难以长久安居;平阳的气运天象正昌盛,请求迁往那里,在那里建都。"刘渊听从了这一建议。

三月丁巳，太傅越自荥阳入京师。中书监王敦谓所亲曰："太傅专执威权，而选用表请，尚书犹以旧制裁之，今日之来，必有所诛。"

帝之为太弟也，与中庶子缪播亲善，及即位，以播为中书监，缪胤为太仆卿，委以心膂。帝舅散骑常侍王延、尚书何绥、太史令高堂冲，并参机密。越疑朝臣贰于己，刘舆、潘滔劝越悉诛播等。越乃诬播等欲为乱，乙丑，遣平东将军王秉帅甲士三千入宫，执播等十馀人于帝侧，付廷尉，杀之。帝叹息流涕而已。

绥，曾之孙也。初，何曾侍武帝宴，退，谓诸子曰："主上开创大业，吾每宴见，未尝闻经国远图，惟说平生常事，非贻厥孙谋之道也；及身而已，后嗣其殆乎！汝辈犹可以免！"指诸孙曰："此属必及于难！"及绥死，兄嵩哭之曰："我祖其殆圣乎！"

臣光曰：何曾议武帝偷惰，取过目前，不为远虑；知天下将乱，子孙必与其忧，何其明也！然身为僭侈，使子孙承流，卒以骄奢亡族，其明安在哉！且身为宰相，知其君之过，不以告而私语于家，非忠臣也。

丁卯，诏以王衍为太尉。太傅越解兖州牧，领司徒。越以顷来兴事，多由殿省，乃奏宿卫有侯爵者皆罢之。时殿中武官并封侯，由是出者略尽，皆泣涕而去。更使右卫

三月丁巳(十八日),太傅司马越从荥阳进入京师。中书监王敦对自己的亲信说:"太傅独掌威权,但他选用官吏的章表奏请,尚书还用原来的制度来裁决,今天他来到,一定有要诛杀的人。"

晋怀帝当皇太弟时,与中庶子缪播关系亲密,等到即位,让缪播担任中书监,缪胤担任太仆卿,把他俩当作心腹重臣。怀帝的舅父散骑常侍王延、尚书何绥、太史令高堂冲全都参预机密事务。司马越怀疑朝臣对自己有二心,刘舆、潘滔劝司马越把缪播等人全部杀掉。司马越于是诬陷缪播等人打算叛乱,乙丑(二十六日),派平东将军王秉率领披甲武士三千人闯入皇宫,在怀帝身边捉拿缪播等十多个人,交付廷尉处死他们。晋怀帝只有叹息流泪而已。

何绥,是何曾的孙子。当初,何曾陪晋武帝宴饮,回家后对儿子们说:"主上开创帝王大业,我每次侍宴入见,未曾听他谈起过治理国家的长远谋略,只说些平生经历过的一般事,这不是替子孙考虑的做法;只能维持到自己这辈子而已,他的后代恐怕就危险了! 不过你们这一辈还可以免祸!"又指着孙子们说:"这帮人必定会赶上祸难!"等到何绥被处死,他的哥哥何嵩哭悼他说:"我祖父大概是圣人吧?"

北宋史臣司马光评论说:何曾讥斥晋武帝苟且懒惰,对眼前的事采取得过且过的态度,不做长远考虑;而且知道天下将会动乱,自己的子孙必定会遭受忧患,多么明智啊! 但他自己却超越本分,奢侈无度,使子孙继承这种恶习,最后因骄奢亡灭宗族,他的明智又在哪里呢? 况且身为宰相,知道自己君主的过失,不直接劝告却在家里私下议论,这可不是忠臣啊。

丁卯(二十八日)这天,朝廷下诏,任命王衍为太尉。太傅司马越卸任兖州牧一职,兼领司徒。司马越鉴于近来的事端大都是由宫廷与台省挑起来的,于是奏请将皇宫卫队中具有侯爵身份的人全都罢免。当时宫廷中的武官一律封为侯爵,因此被斥逐得没剩下几个人了,他们全都泪流满面地离去。改派右卫

将军何伦、左卫将军王秉领东海国兵数百人宿卫。

左积弩将军朱诞奔汉，具陈洛阳孤弱，劝汉主渊攻之。渊以诞为前锋都督，以灭晋大将军刘景为大都督，将兵攻黎阳，克之；又败王堪于延津，沉男女三万馀人于河。渊闻之，怒曰："景何面复见朕！且天道岂能容之！吾所欲除者，司马氏耳，细民何罪！"黜景为平虏将军。

夏，汉安东大将军石勒寇钜鹿、常山，众至十馀万，集衣冠人物，别为"君子营"，以赵郡张宾为谋主，刁膺为股肱，夔安、孔苌、支雄、桃豹、逯明为爪牙，并州诸胡羯多从之。

初，张宾好读书，阔达有大志，常自比张子房。及石勒徇山东，宾谓所亲曰："吾历观诸将，无如此胡将军者，可与共成大业。"乃提剑诣军门，大呼请见，勒亦未之奇也。宾数以策干勒，已而皆如所言，勒由是奇之，署为军功曹，动静咨之。

汉主渊以王弥为侍中、都督青、徐、兖、豫、荆、扬六州诸军事、征东大将军、青州牧，与楚王聪共攻壶关；以石勒为前锋都督。刘琨遣护军黄肃、韩述救之，聪败述于西涧，勒败肃于封田，皆杀之。

太傅越遣淮南内史王旷、将军施融、曹超将兵拒聪等。旷济河，欲长驱而前，融曰："彼乘险间出，我虽有数万之众，犹是一军独受敌也。且当阻水为固以量形势，然后图之。"旷怒曰："君欲沮众邪！"融退曰："彼善用兵，旷暗于事势，吾属今必死矣！"旷等逾太行与聪遇，战于长平之间，

将军何伦、左卫将军王秉率领东海国的亲兵数百人卫戍皇宫。

左积弩将军朱诞投奔汉国，详尽陈述洛阳城势单力孤的情况，力劝汉国国主刘渊去攻取。刘渊委派朱诞为前锋都督，任命灭晋大将军刘景为大都督，带兵攻打黎阳，攻下了它；又在延津打败了王堪，把男女老幼三万多人沉入黄河。刘渊听到这一消息，大怒说："刘景还有什么脸面再见朕？况且天道哪里能够容忍他！我想铲除的只是司马氏罢了，老百姓有什么罪？"将刘景贬为平虏将军。

夏季，汉国安东大将军石勒攻打钜鹿、常山，部众扩充到十多万人，集中起一些有身份的人士，另外组建成"君子营"，把赵郡人张宾当成首席谋士，把刁膺倚作股肱，把夔安、孔苌、支雄、桃豹、逯明倚作爪牙，并州境内的羯族各部落大都服从石勒。

起初，张宾喜好读书，开阔豁达，具有远大的志向，经常把自己比作西汉的张良。等到石勒攻掠崤山以东地区，张宾对他亲近的人说："我遍观各个将帅，没有比得上这位异族将军的，可以同他共成大业。"于是仗剑到军营门前，大声呼喊，请求入见，石勒当时也没感到他有什么奇异的地方。张宾多次向石勒献上计策，过后战况都像他所讲的那样，因此石勒觉得他很不寻常，任命他当军功曹，各种行动都征询他的意见。

汉国国主刘渊任命王弥为侍中，都督青、徐、兖、豫、荆、扬六州诸军事、征东大将军、青州牧，与楚王刘聪一起攻打壶关；同时委派石勒担任前锋都督。刘琨派遣护军黄肃、韩述营救壶关，刘聪在西涧击败了韩述，石勒在封田击败了黄肃，都杀了他们。

太傅司马越派遣淮南内史王旷、将军施融、曹超领兵抵御刘聪等人。王旷渡过黄河后，打算长驱直入，施融说："对方利用险要地势抄近路出击，我方即使拥有数万兵力，仍然是孤军单独受敌。暂且应当倚仗河水作为屏障，来观察形势变化，然后设法打败他们。"王旷怒斥说："你想叫士气沮丧吗？"施融退下后说："对方善于用兵，王旷对军事形势却暗昧无知，我们这些人今天是死定了！"王旷等人翻越太行山与刘聪遭遇，在长平一带交战，

旷兵大败,融、超皆死。聪遂破屯留、长子,凡斩获万九千级。上党太守庞淳以壶关降汉。刘琨以都尉张倚领上党太守,据襄垣。

秋八月,汉主渊命楚王聪等进攻洛阳。诏平北将军曹武等拒之,皆为聪所败。聪长驱至宜阳,自恃骤胜,怠不设备。九月,弘农太守垣延诈降,夜袭聪军,聪大败而还。

冬十月,汉主渊复遣楚王聪、王弥、始安王曜、汝阴王景帅精骑五万寇洛阳,大司空雁门刚穆公呼延翼帅步卒继之。丙辰,聪等至宜阳。朝廷以汉兵新败,不意其复至,大惧。辛酉,聪屯西明门。北宫纯等夜帅勇士千馀人出攻汉壁,斩其征虏将军呼延颢。壬戌,聪南屯洛水。乙丑,呼延翼为其下所杀,其众自大阳溃归。渊敕聪等还师。聪表称:“晋兵微弱,不可以翼、颢死故还师。”固请留攻洛阳,渊许之。太傅越婴城自守。戊寅,聪亲祈嵩山,留平晋将军安阳哀王厉、冠军将军呼延朗督摄留军。太傅参军孙询说越乘虚出击朗,斩之,厉赴水死。王弥谓聪曰:“今军既失利,洛阳守备犹固,运车在陕,粮食不支数日。殿下不如与龙骧还平阳,裹粮发卒,更为后举。下官亦收兵谷,待命于兖、豫,不亦可乎!”聪自以请留,未敢还。宣于脩之言于渊曰:“岁在辛未,乃得洛阳。今晋气犹盛,大军不归,必败。”渊乃召聪等还。

王旷的军队大败,施融、曹超全都战死。刘聪乘势攻破屯留、长子,共计斩杀俘获一万九千人。上党太守庞淳献上壶关投降汉国。刘琨委派都尉张倚兼上党太守,据守襄垣。

秋季八月,汉国国主刘渊命令楚王刘聪等人进攻洛阳。朝廷下诏,命令平北将军曹武等人抗击,都被刘聪打败。刘聪长驱直入,抵达宜阳,自己倚仗着多次取胜,松懈而不设防备。九月,弘农太守垣延假装投降,在夜间袭击了刘聪的部队,刘聪大败而归。

冬季十月,汉国国主刘渊再次派遣楚王刘聪、王弥、始安王刘曜、汝阴王刘景率领精锐骑兵五万人攻打洛阳,大司空、雁门刚穆公呼延翼率领步兵为后续部队。丙辰(二十一日),刘聪等人杀到宜阳,朝廷因为汉国兵马刚刚败退,想不到他们又来到,十分恐惧。辛酉(二十六日),刘聪屯驻在西明门。北宫纯等人在夜间率领勇士一千多人出城攻击汉国布设的营垒,斩杀了对方的征虏将军呼延颢。壬戌(二十七日),刘聪向南移军屯驻在洛水。乙丑这天,呼延翼被他的部下杀死,他的士兵从大阳溃散逃归。刘渊命令刘聪等人撤兵。刘聪上表说:"晋室兵马很微弱,不能因为呼延翼、呼延颢死去的缘故就撤兵。"坚持请求留下来攻取洛阳,刘渊批准了这一请求。太傅司马越环城而守。戊寅这天,刘聪亲自到嵩山祭拜祈祷,留下平晋将军安阳哀王刘厉、冠军将军呼延朗代替自己督统留下的军队。太傅参军孙询劝说司马越乘虚出击呼延朗,斩杀了他,刘厉也跳入水中淹死。王弥对刘聪说:"现下我军既然已经失利,洛阳的防守还很坚固,我们的运粮车队还在陕县,粮食支撑不了几天了。殿下您不如同龙骧大将军刘曜撤回平阳都城,筹备粮食,调发士卒,重新采取下一步的行动。下官我也收聚兵马粮食,在兖州、豫州等待再进军的命令,不也行得通吗?"刘聪因是自己请求留驻下来的,不敢往回撤。宣于修之向刘渊进言说:"到辛未那年,才能夺得洛阳。如今晋室的气数还挺旺盛,大军不撤回,必定会失败。"刘渊于是召刘聪等人撤回。

十一月甲申，汉楚王聪、始安王曜归于平阳。王弥南出轘辕，流民之在颍川、襄城、汝南、南阳、河南者数万家，素为居民所苦，皆烧城邑，杀二千石、长吏以应弥。

石勒寇信都，杀冀州刺史王斌。王浚自领冀州。诏车骑将军王堪、北中郎将裴宪将兵讨勒，勒引兵还，拒之。魏郡太守刘矩以郡降勒。勒至黎阳，裴宪弃军奔淮南，王堪退保仓垣。

十二月，汉王弥表左长史曹嶷行安东将军，东徇青州。

四年春正月，汉镇东大将军石勒济河，拔白马，王弥以三万众会之，共寇徐、豫、兖州。二月，勒袭鄄城，杀兖州刺史袁孚，遂拔仓垣，杀王堪。复北济河，攻冀州，诸郡民从之者九万馀口。

秋七月，汉楚王聪、始安王曜、石勒及安北大将军赵国围河内太守裴整于怀，诏征虏将军宋抽救怀。勒与平北大将军王桑逆击抽，杀之。河内人执整以降，汉主渊以整为尚书左丞。河内督将郭默收整馀众，自为坞主，刘琨以默为河内太守。

己卯，汉主渊卒。

九月，雍州流民多在南阳，诏书遣还乡里。流民以关中荒残，皆不愿归。征南将军山简、南中郎将杜蕤各遣兵送之，促期令发。京兆王如遂潜结壮士，夜袭二军，破之。于是冯翊严嶷、京兆侯脱各聚众攻城镇，杀令长以应之，未几，众至四五万，自号大将军，领司、雍二州牧，称藩于汉。

十一月甲申(二十日),汉国楚王刘聪、始安王刘曜回到平阳。王弥由辕辕向南进发,流亡的百姓滞留在颍川、襄城、汝南、南阳、河南各郡境内的有数万户,一向受到当地居民的欺负,这时全都起来焚烧城镇,杀死二千石太守和其他地方官员,响应王弥。

石勒攻打信都,杀死了冀州刺史王斌。王浚自行兼任冀州刺史。朝廷下诏,命令车骑将军王堪、北中郎将裴宪率兵讨伐石勒,石勒领兵撤还,抗拒朝廷军队。魏郡太守刘矩献上郡城投降石勒。石勒抵达黎阳,裴宪丢下军队逃往淮南,王堪退到仓垣据守。

十二月,汉国王弥上表,请求让左长史曹嶷代理安东将军,向东攻取青州。

四年(310)春季正月,汉国镇东大将军石勒渡过黄河,攻克白马,王弥率领三万部众同他会合,共同攻打徐州、豫州、兖州。二月,石勒袭击鄄城,杀死兖州刺史袁孚,乘势攻克仓垣,杀死王堪。又向北渡过黄河,攻打冀州,各郡百姓跟从他的有九万多人。

秋季七月,汉国楚王刘聪、始安王刘曜、石勒以及安北大将军赵国在怀县包围了河内太守裴整,朝廷下诏,命征虏将军宋抽去怀县救援。石勒同平北大将军王桑迎击宋抽,杀了他。河内郡的人们捉住裴整投降,汉国国主刘渊任命裴整为尚书左丞。河内督将郭默收聚裴整的剩馀部众,自任所设城堡的首领,刘琨让郭默继任河内太守。

己卯(十八日),汉国国主刘渊去世。

九月,雍州的流亡百姓大多滞留在南阳境内,朝廷下诏书,把他们都遣送回故乡。流亡百姓因关中地区荒芜残破,都不愿意回去。征南将军山简、南中郎将杜蕤各自派兵押送他们,催促他们限期出发。京兆人王如于是暗中聚合壮士,在夜间袭击山简、杜蕤的两支军队,击破了他们。于是冯翊人严嶷、京兆人侯脱各自聚集部众攻打城镇,杀掉县令来响应王如,过不多久,部众就扩展到四五万人,王如自称大将军,兼司、雍二州牧,向汉国称臣。

冬十月，汉河内王粲、始安王曜及王弥帅众四万寇洛阳，石勒帅骑二万会粲于大阳，败监军裴邈于渑池，遂长驱入洛川。粲出轘辕，掠梁、陈、汝、颍间。勒出成皋关，壬寅，围陈留太守王赞于仓垣，为赞所败，退屯文石津。

京师饥困日甚，太傅越遣使以羽檄征天下兵，使入援京师。帝谓使者曰：“为我语诸征、镇，今日尚可救，后则无及矣！”既而卒无至者。征南将军山简遣督护王万将兵入援，军于涅阳，为王如所败。如遂大掠沔、汉，进逼襄阳，简婴城自守。荆州刺史王澄自将，欲援京师，至涔口，闻简败，众散而还。朝议多欲迁都以避难，王衍以为不可，卖车牛以安众心。山简为严嶷所逼，自襄阳徙屯夏口。

石勒引兵济河，将趣南阳，王如、侯脱、严嶷等闻之，遣众一万屯襄城以拒勒。勒击之，尽俘其众，进屯宛北。是时，侯脱据宛，王如据穰。如素与脱不协，遣使重赂勒，结为兄弟，说勒使攻脱。勒攻宛，克之；严嶷引兵救宛，不及而降。勒斩脱，囚嶷，送于平阳，尽并其众。遂南寇襄阳，攻拔江西垒壁三十馀所。还，趣襄城，王如遣弟璃袭勒，勒迎击，灭之，复屯江西。

太傅越既杀王延等，大失众望；又以胡寇益盛，内不自安，乃戎服入见，请讨石勒，且镇集兖、豫。帝曰：“今胡虏侵逼郊畿，人无固志，朝廷社稷，倚赖于公，岂可远出以孤根本！”对曰：“臣出，幸而破贼，则国威可振，犹愈于坐待

冬季十月，汉国河内王刘粲、始安王刘曜以及王弥率领部众四万人攻打洛阳，石勒率领骑兵两万人在大阳同刘粲会合，在渑池打败了监军裴邈，于是长驱直入到洛川。刘粲由辕辕出兵，攻掠梁、陈、汝、颍一带。石勒由成皋关出兵，到壬寅（十三日）这天，在仓垣围攻陈留太守王赞，被王赞击败，撤退到文石津屯驻。

京师洛阳饥饿危困一天比一天厉害，太傅司马越派使者用插有羽毛的紧急文书征召各地官军，让他们前来援救京师。晋怀帝对使者说："替我转告四征、四镇，在今日还能援救，迟了就赶不上了！"但过后一直没有军队到达。征南将军山简派督护王万率兵前去救援，驻扎在涅阳，被王如打败。王如乘势大肆劫掠沔水、汉水一带，进逼襄阳，山简环城而守。荆州刺史王澄自己带兵想去援救京师，行至涔口，听说山简战败，部众一哄而散，只得撤回。朝廷议论，多数人想迁都避难，王衍认为不行，应卖掉车、牛来安定人心。山简被严嶷所逼，从襄阳迁到夏口屯驻。

石勒领兵渡过黄河，准备进军南阳，王如、侯脱、严嶷等人听说这一消息，派遣部众一万人屯驻在襄城来抵御石勒。石勒攻击他们，把他们的部众全部俘获，推进到宛城北面屯驻。这时，侯脱正据守宛城，王如正据守穰县。王如与侯脱一向不和，派遣使者向石勒献纳厚礼，结拜为兄弟，鼓动石勒去攻打侯脱。石勒攻打宛城，攻下了它；严嶷领兵去宛城救援，但是迟了，无奈投降。石勒斩杀了侯脱，囚禁严嶷押送到平阳都城，兼并了他的全部部众。于是向南攻打襄阳，沿途攻克了长江以西的营垒三十多处。回军直扑襄城，王如派遣他的弟弟王璃偷袭石勒，石勒迎击，消灭了他，又屯驻在长江以西地区。

太傅司马越杀掉王延等人后，大大失去了众人对他的信任；又因胡人日益强盛，内心感到很不安，于是穿着军服入见晋怀帝，请求去讨伐石勒，并且镇抚兖州、豫州的士众。晋怀帝说："如今胡虏入侵，进逼到京师附近地区，人们没有坚定的意志，朝廷社稷仰赖于您，怎能远征在外，使根本孤立呢？"司马越对答说："臣外出，若侥幸击破贼寇，国威就能大振，这也要好于坐等

困穷也。"十一月甲戌，越帅甲士四万向许昌，留妃裴氏、世子毗及龙骧将军李恽、右卫将军何伦守卫京师，防察宫省；以潘滔为河南尹，总留事。越表以行台自随，用太尉衍为军司，朝贤素望，悉为佐吏，名将劲卒，咸入其府。于是宫省无复守卫，荒馑日甚，殿内死人交横，盗贼公行，府寺营署，并掘堑自守。越东屯项，以冯嵩为左司马，自领豫州牧。竟陵王楸白帝遣兵袭何伦，不克。帝委罪于楸，楸逃窜，得免。

扬州都督周馥以洛阳孤危，上书请迁都寿春。太傅越以馥不先白己而直上书，大怒，召馥及淮南太守裴硕。馥不肯行，令硕帅兵先进。硕诈称受越密旨，袭馥，为馥所败，退保东城。

初，帝以王弥、石勒侵逼京畿，诏苟晞督帅州郡讨之。会曹嶷破琅邪，北收齐地，兵势甚盛，苟纯闭城自守。晞还救青州，与嶷连战，破之。

五年春正月，苟晞为曹嶷所败，弃城奔高平。

裴硕求救于琅邪王睿，睿使扬威将军甘卓等攻周馥于寿春。馥众溃，奔项，新蔡王确执之，馥忧愤而卒。确，腾之子。

二月，石勒攻新蔡，杀新蔡庄王确于南顿，进拔许昌，杀平东将军王康。

东海孝献王越既与苟晞有隙，河南尹潘滔、尚书刘望等复从而谮之。晞怒，表求滔等首，阳言："司马元超为宰相不平，使天下淆乱，苟道将岂可以不义使之！"乃移檄诸州，自称功伐，陈越罪状。帝亦恶越专权，多违诏命；

危困窘迫。"十一月甲戌（十五日），司马越统领甲士四万人奔向许昌，留下王妃裴氏、世子司马毗以及龙骧将军李恽、右卫将军何伦守卫京师，防备并监督宫廷台省；任命潘滔为河南尹，总揽留守事务。司马越上表奏请，让中央临时机构行尚书台随同自己走，任用太尉王衍当军司，朝廷贤臣和一向有声望的人全都当自己的佐吏，名将和劲兵全都归入自己的府署。从此宫庭台省再没人守卫，饥荒一天比一天严重，宫殿内死人交错躺卧，盗贼公开出入，各个政府机构和军营，都抢挖壕沟来自我守护。司马越东进，屯驻在项城，任命冯嵩为左司马，自己兼任豫州牧。竟陵王司马楸启奏晋怀帝派兵袭击何伦，未能取胜。晋怀帝把罪责推到司马楸头上，司马楸逃窜，才免去一死。

扬州都督周馥鉴于洛阳孤单危困，上书请求迁都寿春。太傅司马越因周馥不先禀报给自己却直接上书怀帝，大怒，宣召周馥以及淮南太守裴硕。周馥不肯上路，让裴硕带兵先去。裴硕诈称接到司马越密旨，袭击周馥，但被周馥打败，退到东城据守。

当初，晋怀帝因王弥、石勒入侵逼进京师附近地区，下诏让苟晞督率各州郡讨伐他们。恰逢此时，曹嶷攻破琅邪国，北进夺占齐地，兵势十分强盛，苟纯紧闭城门自守。苟晞回军营救青州，与曹嶷接连交战，打败了他。

五年（311）春季正月，苟晞被曹嶷击败，丢下州城逃奔高平。

裴硕向琅邪王司马睿请求救援，司马睿派扬威将军甘卓等人在寿春攻打周馥。周馥兵众溃散，自己跑到项城，新蔡王司马确抓住了他，周馥忧愤死去。司马确，是司马腾的儿子。

二月，石勒攻打新蔡，在南顿杀死了新蔡庄王司马确，进军攻克许昌，杀死了平东将军王康。

东海孝献王司马越已同苟晞产生了嫌隙，河南尹潘滔、尚书刘望等人又进一步诋毁苟晞。苟晞大怒，上表索求潘滔等人的首级，并公开称："司马越身为宰相却不公正，使天下混乱，我苟晞哪能不坚持正义而听任他呢？"于是向各州传布檄文，自夸战功，列举司马越的罪状。怀帝也憎恶司马越专权，多次违抗诏命；

所留将士何伦等，抄掠公卿，逼辱公主。密赐晞手诏，使讨之。晞数与帝文书往来，越疑之，使游骑于成皋间伺之，果获晞使及诏书。乃下檄罪状晞，以从事中郎杨瑁为兖州刺史，使与徐州刺史裴盾共讨晞。晞遣骑收潘滔，滔夜遁，得免。执尚书刘曾、侍中程延，斩之。越忧愤成疾，以后事付王衍。三月，丙子，薨于项，秘不发丧。众共推衍为元帅，衍不敢当，以让襄阳王范，范亦不受。范，玮之子也。于是衍等相与奉越丧还葬东海。何伦、李恽等闻越薨，奉裴妃及世子毗自洛阳东走，城中士民争随之。帝追贬越为县王，以苟晞为大将军、大都督，督青、徐、兖、豫、荆、扬六州诸军事。

夏四月，石勒帅轻骑追太傅越之丧，及于苦县宁平城，大败晋兵，纵骑围而射之，将士十馀万人相践如山，无一人得免者。执太尉衍、襄阳王范、任城王济、武陵庄王澹、西河王喜、梁怀王禧、齐王超、吏部尚书刘望、廷尉诸葛铨、豫州刺史刘乔、太傅长史庾敳等，坐之幕下，问以晋故。衍具陈祸败之由，云计不在己，且自言少无宦情，不豫世事，因劝勒称尊号，冀以自免。勒曰："君少壮登朝，名盖四海，身居重任，何得言无宦情邪！破坏天下，非君而谁！"命左右扶出。众人畏死，多自陈述。独襄阳王范神色俨然，顾呵之曰："今日之事，何复纷纭！"勒谓孔苌曰："吾行天下多矣，未尝见此辈人，当可存乎？"苌曰："彼皆晋之王公，终不

他留下的将士何伦等人,又抢劫公卿财产,威逼污辱公主。怀帝就秘密赐给苟晞亲笔诏书,让他征讨司马越。苟晞多次同怀帝书信往来,司马越对此产生怀疑,派侦察骑兵在成皋境内暗中监视,果然抓获了苟晞的特使,从他身上搜出了诏书。于是下达檄文宣布苟晞的罪状,任命从事中郎杨瑁担任兖州刺史,让他同徐州刺史裴盾共同讨伐苟晞。苟晞派骑兵去捉拿潘滔,潘滔连夜逃跑才得以脱身。结果抓住了尚书刘曾、侍中程延,杀掉了他们。司马越因忧愤得了重病,把后事托付给王衍。三月丙子(十九日)这天,在项城去世,他的死讯被保密,未向人们公布。众人共同推举王衍为元帅,王衍不敢承当,让给襄阳王司马范,司马范也不接受。司马范,是司马玮的儿子。在这种情况下,王衍等人相互商量扶持司马越的灵柩回到东海封国安葬。何伦、李恽等人听说司马越病故,侍奉裴妃以及世子司马毗从洛阳向东逃奔,城中士人百姓争相跟随在后面。晋怀帝追贬司马越为县王,任命苟晞为大将军、大都督,督青、徐、兖、豫、荆、扬六州诸军事。

夏季四月,石勒率领轻骑兵追赶太傅司马越的灵车,在苦县宁平城追上了,把晋兵打得大败,散开骑兵进行包围和猛射,晋室将士十多万人,相互践踏,堆积如山,没有一个人得以脱身。俘虏了太尉王衍、襄阳王司马范、任城王司马济、武陵庄王司马澹、西河王司马喜、梁怀王司马禧、齐王司马超、吏部尚书刘望、廷尉诸葛铨、豫州刺史刘乔、太傅长史庾敳等人,让他们坐在帐幕下,问他们晋室的变故。王衍详尽陈述祸乱败亡的缘由,说朝廷大计不由自己做主,还说自己从小就没有官瘾,不参预世间事务,随后又劝石勒当皇帝,借此希望自己能免去一死。石勒说:"你年轻时就进入朝廷,名声传扬天下,身居重任,怎么能说没有官瘾呢?使天下残破败坏的,不是你又是谁?"命左右卫士把他架出去。众人都怕死,大多自陈情由。只有襄阳王司马范神色严正,环顾众人呵斥说:"今天的事,为什么还要说个不停?"石勒对自己的部下孔苌说:"我在天下闯荡得多了,从没见过这帮人,该让他们活下来吗?"孔苌说:"他们都是晋室的王公,终究不会

为吾用。”勒曰：“虽然，要不可加以锋刃。”夜，使人排墙杀之。济，宣帝弟子景王陵之子；禧，澹之子也。剖越柩，焚其尸，曰：“乱天下者此人也！吾为天下报之，故焚其骨以告天地。”

何伦等至洧仓，遇勒，战败，东海世子毗及宗室四十八王皆没于勒。何伦奔下邳，李恽奔广宗。裴妃为人所掠卖，久之，渡江。初，琅邪王睿之镇建业，裴妃意也，故睿德之，厚加存抚，以其子冲继越后。

五月，以太子太傅傅祗为司徒，尚书令荀藩为司空，加王浚大司马、侍中、大都督，督幽、冀诸军事，南阳王模为太尉、大都督，张轨为车骑大将军，琅邪王睿为镇东大将军，兼督扬、江、湘、交、广五州诸军事。

荀晞表请迁都仓垣，使从事中郎刘会将船数十艘、宿卫五百人、谷千斛迎帝。帝将从之，公卿犹豫，左右恋资财，遂不果行。既而洛阳饥困，人相食，百官流亡者什八九。帝召公卿议，将行而卫从不备。帝抚手叹曰：“如何曾无车舆！”乃使傅祗出诣河阴，治舟楫，朝士数十人导从。帝步出西掖门，至铜驼街，为盗所掠，不得进而还。度支校尉东郡魏浚帅流民数百家保河阴之硖石，时劫掠得谷麦，献之，帝以为扬威将军、平阳太守，度支如故。

汉主聪使前军大将军呼延晏将兵二万七千寇洛阳，比及河南，晋兵前后十二败，死者三万馀人。始安王曜、王弥、石勒皆引兵会之，未至，晏留辎重于张方故垒，癸未，

为我们效力。"石勒说："尽管是这样,但还是不要用刀斩杀他们。"于是在夜里派人推倒墙壁压死了他们。司马济是宣帝司马懿的侄儿景王司马陵的儿子,司马禧是司马澹的儿子。石勒命人劈开司马越的棺椁,焚烧了他的尸体,宣告说："搅乱天下的就是这个人!我替天下报复他,所以烧焦他的尸骨来告慰天地。"

何伦等人跑到洧仓城,与石勒遭遇,交战失败,东海国世子司马毗以及皇族四十八个王都落入石勒之手。何伦逃奔到下邳,李恽逃到广宗。裴妃被人劫掠贩卖,过了很长时间才渡过长江。起初,琅邪王司马睿被朝廷派去镇守建业,是裴妃的意思,所以司马睿对她感恩戴德,厚加慰问抚恤,并把自己的儿子司马冲作为司马越的后代。

五月,晋怀帝任命太子太傅傅祗为司徒,尚书令荀藩为司空,加授王浚大司马、侍中、大都督,督幽、冀诸军事,任命南阳王司马模为太尉、大都督,张轨为车骑大将军,琅耶王司马睿为镇东大将军,兼督扬、江、湘、交、广五州诸军事。

苟晞上表请求迁都仓垣,派从事中郎刘会带领船只数十艘、卫士五百人,粮谷一千斛去迎接晋怀帝。晋怀帝打算接受这一请求,朝廷公卿犹豫不定,左右侍从贪恋财物,于是没能成行。不久洛阳饥饿困窘,人吃人,百官流亡的有十分之八九。晋怀帝召集公卿商议迁都,准备启程,但护卫随从的人员与车马不齐备。晋怀帝抚掌叹息说："为什么竟连天子车驾都没有了!"于是派傅祗出京到河阴备办舟船,朝廷要员几十个人在前面引路,后面护从。晋怀帝徒步走出西掖门,来到铜驼街,被强盗抢劫,不能再前行,又回宫。度支校尉东郡人魏浚率领逃亡的百姓数百户在河阴境内的硖石筑垒自保,这时抢劫到一些谷麦献与怀帝,晋怀帝让他担任扬威将军、平阳太守,度支校尉一职仍旧保留。

汉国国主刘聪派前军大将军呼延晏率兵两万七千攻洛阳,杀到河南县时,晋兵前后十二次战败,死去的有三万多人。汉国始安王刘曜及王弥、石勒都领兵去会合,还未赶到,呼延晏就把粮草等物资留在从前张方构筑的营垒里,癸未(二十七日)这天,

先至洛阳,甲申,攻平昌门,丙戌,克之,遂焚东阳门及诸府寺。六月丁亥朔,晏以外继不至,俘掠而去。帝具舟于洛水,将东走,晏尽焚之。庚寅,荀藩及弟光禄大夫组奔辕辕。辛卯,王弥至宣阳门,壬辰,始安王曜至西明门,丁酉,王弥、呼延晏克宣阳门,入南宫,升太极前殿,纵兵大掠,悉收宫人、宝珍。帝出华林园门,欲奔长安,汉兵追执之,幽于端门。曜自西明门入屯武库。戊戌,曜杀太子诠、吴孝王晏、竟陵王楙、右仆射曹馥、尚书闾丘冲、河南尹刘默等,士民死者三万余人。遂发掘诸陵,焚宫庙、官府皆尽。曜纳惠帝羊皇后,迁帝及六玺于平阳。石勒引兵出辕辕,屯许昌。光禄大夫刘蕃、尚书卢志奔并州。

丁未,汉主聪大赦,改元嘉平。以帝为特进左光禄大夫,封平阿公。以侍中庾珉、王儁为光禄大夫。珉,敳之兄也。

初,始安王曜以王弥不待己至,先入洛阳,怨之。弥说曜曰:"洛阳天下之中,山河四塞,城池、宫室不假修营,宜白主上自平阳徙都之。"曜以天下未定,洛阳四面受敌,不可守,不用弥策而焚之。弥骂曰:"屠各子,岂有帝王之意邪!"遂与曜有隙,引兵东屯项关。前司隶校尉刘暾说弥曰:"今九州糜沸,群雄竞逐,将军于汉建不世之功,又与始安王相失,将何以自容! 不如东据本州,徐观天下之势,上可以

抢先进军到洛阳，甲申（二十八日）这天，攻打平昌门，丙戌（三十日），攻破此门，于是焚烧东阳门以及各个官署。六月丁亥是初一，呼延晏由于城外的接续部队还没赶到，就抢掠了一些人和财物离去了。晋怀帝在洛水已经备好船只，准备向东逃跑，呼延晏把船只全部烧毁。庚寅（初四），荀藩和他的弟弟光禄大夫荀组逃到辗辕。辛卯（初五），王弥抵达宣阳门，壬辰（初六），始安王刘曜抵达西明门，丁酉（十一日），王弥、呼延晏攻克宣阳门，进入南宫，登上太极前殿，放任士兵大肆抢掠，把宫女妃嫔和各种珍宝都收罗起来。晋怀帝由华林园门出来，打算逃奔长安，汉国兵士追赶并捉住了他，幽禁在皇宫端门。刘曜从西明门入城，屯驻在武器库。戊戌（十二日）这天，刘曜杀掉了太子司马诠、吴孝王司马晏、竟陵王司马楙、尚书右仆射曹馥、尚书闾丘冲、河南尹刘默等人，洛阳士人百姓被杀死的有三万馀人。汉国将士又掘开各座皇陵，焚烧宫室宗庙和官署，全都一处不剩。刘曜霸占了惠帝的皇后羊氏，把怀帝以及六颗玉玺移交到平阳都城。石勒领兵由辗辕出发，屯驻在许昌。晋室光禄大夫刘蕃、尚书卢志逃往并州。

丁未（二十一日），汉国国主刘聪宣布大赦天下，改年号为嘉平。让晋怀帝任特进左光禄大夫，封为平阿公。让侍中庾珉、王儁担任光禄大夫。庾珉，是庾敳的哥哥。

当初，始安王刘曜因为王弥不等自己兵马来到就抢先攻入洛阳，很怨恨他。王弥劝刘曜说："洛阳是天下的中心，山川河流四面围护，城池、宫室不用再修筑营建，应当禀告国主由平阳迁来，在这里定都。"刘曜认为天下还没有平定下来，洛阳四面受敌，不能据守，不采用王弥的计策而焚毁了洛阳。王弥怒骂道："这个屠各部落的小子，哪里有当帝王的心意呢？"于是同刘曜产生嫌隙，干脆领兵向东，屯驻项关。原晋室司隶校尉刘暾劝王弥说："当今九州乱成一锅粥，各路英雄竞相角逐，将军您为汉国建立了不世之功，又同始安王刘曜不和，将靠什么来容身呢？不如向东占据自己的青州，慢慢观察天下的形势，往最好处说可以

混壹四海,下不失鼎峙之业,策之上者也。"弥心然之。

　　司徒傅祗建行台于河阴,司空荀藩在阳城,河南尹华荟在成皋,汝阴太守平阳李矩为之立屋,输谷以给之。荟,歆之曾孙也。藩与弟组、族子中护军崧,荟与弟中领军恒建行台于密,传檄四方,推琅邪王睿为盟主。藩承制以崧为襄城太守,矩为荥阳太守,前冠军将军河南褚翌为梁国内史。扬威将军魏浚屯洛北石梁坞,刘琨承制假浚河南尹。浚诣荀藩谘谋军事,藩邀李矩同会。矩夜赴之,矩官属皆曰:"浚不可信,不宜夜往。"矩曰:"忠臣同心,何所疑乎!"遂往,相与结欢而去。浚族子该,聚众据一泉坞,藩以为武威将军。

　　豫章王端,太子诠之弟也,东奔仓垣,荀晞帅群官奉以为皇太子,置行台。端承制以晞领太子太傅、都督中外诸军、录尚书事,自仓垣徙屯蒙城。

　　抚军将军秦王业,吴孝王之子,荀藩之甥也,年十二,南奔密,藩等奉之,南趣许昌。前豫州刺史天水阎鼎,聚西州流民数千人于密,欲还乡里。荀藩以鼎有才而拥众,用鼎为豫州刺史,以中书令李绲、司徒左长史彭城刘畴、镇军长史周颙、司马李述等为之参佐。颙,浚之子也。

　　时海内大乱,独江东差安,中国士民避乱者多南渡江。镇东司马王导说琅邪王睿收其贤俊,与之共事。睿从之,辟掾属百馀人,时人谓之百六掾。以前颍川太守勃海刁协为军谘祭酒,前东海太守王承、广陵相卞壸为从事中郎,

统一四海，往最坏处说也不会失去占据一方、与他人鼎足并峙的霸业，这是全部计策中最好的。"王弥心里认为刘暾说得对。

司徒傅祗在河阴建立中央临时机构行台，当时司空荀藩在阳城，河南尹华荟在成皋，汝阴太守平阳人李矩替二人建立办公处所，运送粮食供应他们。华荟，是华歆的曾孙。荀藩与弟弟荀组、本族侄子中护军荀崧，华荟与弟弟中领军华恒，又在密县建立行台，向四方传布檄文，推举琅邪王司马睿为盟主。荀藩按照皇帝授权任命荀崧为襄城太守，李矩为荥阳太守，原冠军将军河南人褚翌为梁国内史。扬威将军魏浚屯驻在洛水北面的石梁坞，刘琨也按照皇帝授权让魏浚代理河南尹。魏浚到荀藩那里询问商议军务，荀藩邀请李矩一起来会商。李矩夜间要去赴会，李矩的下属官员都说："魏浚这个人不可信，不应夜间前去。"李矩说："忠臣是一条心，有什么要猜疑的呢？"于是前往，相互交好后离开。魏浚的本族侄子魏该聚集部众据守在一泉坞，荀藩让他担任武威将军。

豫章王司马端，是太子司马诠的弟弟，向东逃奔到仓垣，苟晞率领众官员尊奉他为皇太子，设置行台。司马端按照皇帝授权任命苟晞兼任太子太傅、都督中外诸军、录尚书事，从仓垣迁移到蒙城屯驻。

抚军将军秦王司马业，是吴孝王司马晏的儿子，荀藩的外甥，十二岁，向南逃到密县，荀藩等人侍奉他向南奔往许昌。原豫州刺史天水人阎鼎，在密县聚集起西州的逃亡百姓好几千人，准备返回家乡。荀藩因阎鼎有才干又聚集了一些部众，任用阎鼎为豫州刺史，委派中书令李絙、司徒左长史彭城人刘畴、镇军长史周顗、司马李述等人做他的僚属。周顗，是周浚的儿子。

当时天下大乱，只有江东稍微安定些，中原士人百姓躲避战乱的，大都南渡长江。镇东司马王导劝琅邪王司马睿收揽其中的贤士俊杰，与他们共事。司马睿予以采纳，征用了一百多人担任各机构属员，当时人称之为"百六掾"。以原颍川太守勃海人刁协为军谘祭酒，原东海太守王承、广陵相卞壶为从事中郎，

江宁令诸葛恢、历阳参军陈国陈颎为行参军，前太傅掾庾亮为西曹掾。

南阳王模使牙门赵染成蒲坂，染帅众降汉。汉兵围长安，模战败，遂降于汉。九月，河内王粲杀模。关西饥馑，白骨蔽野，士民存者百无一二。聪以始安王曜为车骑大将军、雍州牧，更封中山王，镇长安。以王弥为大将军，封齐公。

苟晞骄奢苛暴，众心离怨，加以疾疫、饥馑。石勒攻王赞于阳夏，擒之，遂袭蒙城，执晞及豫章王端。锁晞颈，以为左司马。汉主聪拜勒幽州牧。

王弥与勒，外相亲而内相忌。弥闻勒擒苟晞，心恶之，以书贺勒曰："公获苟晞而用之，何其神也！使晞为公左，弥为公右，天下不足定也。"勒谓张宾曰："王公位重而言卑，其图我必矣。"宾因劝勒乘弥小衰，诱而取之。

冬十月，勒请弥燕于己吾，酒酣，勒手斩弥而并其众，表汉主聪，称弥叛逆。聪大怒，遣使让勒专害公辅，有无君之心，然犹加勒镇东大将军，督并、幽二州诸军事，领并州刺史，以慰其心。苟晞、王赞潜谋叛勒，勒杀之，并晞弟纯。勒引兵掠豫州诸郡，临江而还，屯于葛陂。

初，南阳王模以从事中郎索綝为冯翊太守。綝，靖之子也。模死，綝与安夷护军金城麴允、频阳令梁肃，俱奔安定。时安定太守贾疋与诸氐、羌皆送任子于汉，綝等

江宁县令诸葛恢、历阳参军陈国人陈颓为行参军，原太傅掾庾亮为西曹掾。

南阳王司马模派牙门将赵染戍守蒲坂，赵染率领部众投降汉国。汉国军队围攻长安，司马模战败，于是向汉国投降。九月，汉国河内王刘粲杀死了司马模。关西地区闹饥荒，白骨遍野，士人百姓存活下来的，一百个里面不到一两个。刘聪任命始安王刘曜为车骑大将军、雍州牧，又改封中山王，镇守长安。任命王弥为大将军，封为齐公。

苟晞骄纵奢侈，苛酷残暴，众人叛离怨恨，又加上疫病、饥荒。石勒在阳夏攻打王赞，活捉了他，乘势袭击蒙城，抓住了苟晞以及豫章王司马端。用铁链锁住苟晞的脖颈，让他当左司马。汉国国主刘聪拜授石勒为幽州牧。

王弥同石勒，表面亲近但内心相互忌恨。王弥听说石勒活捉了苟晞，心里很憎恶他，就写信向石勒祝贺说：“明公您俘获了苟晞而任用他，这是多么神妙啊！假设让苟晞当明公您的左膀，我王弥当明公您的右臂，天下平定是不在话下的。”石勒对张宾说：“王弥职位重而言辞卑恭，他要图谋除掉我们是必定无疑的了。”张宾随即劝告石勒趁王弥出现暂时衰弱的机会，用计诱骗来收拾他。

冬季十月，石勒邀请王弥到己吾城宴饮，酒喝到畅快时，石勒亲手斩杀了王弥，兼并了他的部众，并上表汉国国主刘聪，声称王弥反叛谋逆。刘聪大怒，派遣使者责备石勒擅自杀害公卿辅臣，有无视国君的野心，但仍加封石勒为镇东大将军，督并、幽二州诸军事，兼并州刺史，借此来稳住他的心。苟晞、王赞暗地里密谋叛离石勒，石勒杀了他们，还杀了苟晞的弟弟苟纯。石勒领兵抢掠豫州各郡，直到长江边上才撤还，屯驻在葛陂。

当初，南阳王司马模任命从事中郎索綝为冯翊郡太守。索綝，是索靖的儿子。司马模死了以后，索綝与安夷护军金城人麹允、频阳县令梁肃一起逃奔到安定郡。当时安定郡太守贾疋与各个氐族、羌族部落都向汉国派送亲属去当人质，索綝等人

遇之于阴密,拥还临泾,与疋谋兴复晋室,疋从之。乃共推疋为平西将军,帅众五万向长安。雍州刺史麹特、新平太守竺恢皆不降于汉,闻疋起兵,与扶风太守梁综帅众十万会之。综,肃之兄也。汉河内王粲在新丰,使其将刘雅、赵染攻新平,不克。索綝救新平,大小百战,雅等败退。中山王曜与疋等战于黄丘,曜众大败。疋遂袭汉梁州刺史彭荡仲,杀之。麹特等击破粲于新丰,粲还平阳。于是疋等兵势大振,关西胡、晋翕然响应。

阎鼎欲奉秦王业入关,据长安以号令四方。河阴令傅畅,祗之子也,亦以书劝之,鼎遂行。荀藩、刘畴、周顗、李述等,皆山东人,不欲西行,中涂逃散,鼎遣兵追之,不及,杀李绲等。鼎与业自宛趣武关,遇盗于上洛,士卒败散,收其馀众,进至蓝田,使人告贾疋,疋遣兵迎之。十二月,入于雍城,使梁综将兵卫之。

周顗奔琅邪王睿,睿以顗为军谘祭酒。前骑都尉谯国桓彝亦避乱过江,见睿微弱,谓顗曰:"我以中州多故,来此求全,而单弱如此,将何以济!"既而见王导,共论世事,退,谓顗曰:"向见管夷吾,无复忧矣!"诸名士相与登新亭游宴,周顗中坐叹曰:"风景不殊,举目有江河之异!"因相视流涕。王导愀然变色曰:"当共戮力王室,克复神州,何至作楚囚对泣邪!"众皆收泪谢之。陈頵遗王导书曰:"中华所以倾弊者,

在阴密碰到了他们，就簇拥着他们回到临泾，与贾疋商议兴复晋室，贾疋同意了这个主张。于是共同推举贾疋为平西将军，率领部众五万人杀向长安。雍州刺史麴特、新平太守竺恢都坚持不向汉国投降，闻知贾疋起兵，就同扶风太守梁综率领部众十万人与贾疋会合。梁综，是梁肃的哥哥。汉国河内王刘粲正在新丰，就派手下将领刘雅、赵染去攻打新平郡，没攻下来。索綝去援救新平郡，大小交战一百次，刘雅等人败退了。中山王刘曜与贾疋等人在黄丘交战，刘曜的部众大败。贾疋乘势袭击汉国梁州刺史彭荡仲，杀死了他。麴特等人在新丰击破了刘粲，刘粲撤回到平阳都城。从此，贾疋等人的兵势大振，关西地区的胡人和晋室郡县都不约而同响应他们。

豫州刺史阎鼎打算侍奉秦王司马业入关，占据长安来向四方发号施令。河阴县县令傅畅，是傅祗的儿子，也写信劝阎鼎这样做，阎鼎于是启程进发。荀藩、刘畴、周顗、李述等人都是崤山以东地区的人，不想西行，中途就逃散了，阎鼎派兵去追捕他们，没追上，杀死了李绲等人。阎鼎与司马业从宛城奔向武关，在上洛遇到强盗，士卒战败逃散，再收聚剩下的部众，行进到蓝田，派人告知贾疋，贾疋派军队迎接他们。十二月，进入雍城，让梁综率兵护卫他们。

周顗去投奔琅邪王司马睿，司马睿任命周顗为军谘祭酒。原骑都尉谯国人桓彝也躲避战乱渡过长江，发现司马睿势力很微弱，就对周顗说："我因中原屡有变故，来到这里求得保全，但这里势单力薄竟到这般地步，将靠什么来成就大业呢？"不久去拜见王导，共同讨论当今政事，回来后对周顗说："刚才见到了当今的管仲，没有什么再值得忧虑的了！"各位名士相约登上新亭游览宴饮，周顗在坐中叹息说："风景同中原没什么两样，可放眼望去却有一在长江、一在黄河的区别啊！"随后相互对视流泪。王导立刻改变容色说："应当共同为王室尽力，收复神州疆土，怎么能做出楚国囚徒相对流泪的模样呢？"于是众人都收住眼泪向他道歉。陈颛给王导写信说："中华倾覆衰败的原因，

正以取才失所，先白望而后实事，浮竞驱驰，互相贡荐，言重者先显，言轻者后叙，遂相波扇，乃至陵迟。加有庄、老之俗，倾惑朝廷，养望者为弘雅，政事者为俗人，王职不恤，法物坠丧。夫欲制远，先由近始。今宜改张，明赏信罚，拔卓茂于密县，显朱邑于桐乡，然后大业可举，中兴可冀耳。"导不能从。

　　六年春正月，汉镇北将军靳冲、平北将军卜珝寇并州。辛未，围晋阳。

　　二月，石勒筑垒于葛陂，课农造舟，将攻建业。琅邪王睿大集江南之众于寿春，以镇东长史纪瞻为扬威将军，都督诸军以讨之。会大雨，三月不止，勒军中饥疫，死者太半，闻晋军将至，集将佐议之。右长史刁膺请先送款于睿，求扫平河朔以自赎，俟其军退，徐更图之，勒愀然长啸。中坚将军夔安请就高避水，勒曰："将军何怯邪！"孔苌等三十馀将请各将兵分道夜攻寿春，斩吴将头，据其城，食其粟，要以今年破丹阳，定江南。勒笑曰："是勇将之计也！"各赐铠马一匹。顾谓张宾曰："于君意何如？"宾曰："将军攻陷京师，囚执天子，杀害王公，妻略妃主，擢将军之发，不足以数将军之罪，奈何复相臣奉乎！去年既杀王弥，不当来此。今天降霖雨于数百里中，示将军不应留此也。邺有三台之固，西接平阳，山河四塞，宜北徙据之，以经营河北。河北既定，

正在于选拔人才失当,徒有虚名的人优先,干实事的人却放在后头,竞相追逐浮华,相互吹捧举荐,说大话的人首先通显,说得少一点的人后录用,于是相互推波助澜,直到国家衰落。再加上有崇尚老子、庄子的习气,迷惑朝廷,无所事事地培植声望的人被誉为弘远典雅的高士,致力于政事的人被视为俗人,不顾惜朝廷官职的责任,致使朝廷的仪物典章坠落丧失。要想驾驭住远方,必须先从近处做起。如今应当改弦易辙,赏罚分明,像汉光武帝在密县提拔卓茂那样,像汉宣帝在桐乡举用朱邑那样,然后帝王大业才能重振,中兴也就能期待了。"王导不能采纳这种意见。

六年(312)春季正月,汉国镇北将军靳冲、平北将军卜珝攻打并州。辛未(十九日),包围晋阳。

二月,石勒在葛陂修筑营垒,向农户征税制造船只,准备进攻建业。琅邪王司马睿在寿春大规模聚集江南的兵众,任命镇东长史纪瞻为扬威将军,统领各支部队来讨伐石勒。赶上天降大雨,三个月不停,石勒军队中因饥饿、疫病,死去的人有一多半,听说晋军就要来到,石勒召集将领和僚佐商议对策。右长史刁膺提议先向司马睿主动求和,请求以扫平河朔地区来赎罪,等到他的军队撤退,再慢慢另想办法对付他,石勒听后忧伤地大声吟啸。中坚将军夔安请求转移到高处躲避水患,石勒说:"将军为什么胆怯了呢?"孔苌等三十多个将领请求各自率兵分路在夜间攻打寿春,斩下吴地将领的头,占据他们的城邑,吃他们的粮食,要在今年攻破丹阳城,平定江南。石勒大笑说:"这是勇将的对策!"每人赐一匹鞍甲齐全的战马。回头对张宾说:"您看怎么样?"张宾说:"将军您攻陷洛阳时,囚禁晋室的天子,杀害王公,抢占侵辱妃嫔公主,拔光您的头发,也不足以数清您的罪过,为什么还要做臣子去侍奉别人呢?去年已经杀掉王弥,本来就不应该来到此地。如今上天在数百里以内连降大雨,这是指示将军不应留在这里啊。邺城有铜台、金雀台、冰井台这三台的坚固设施,西部与平阳相接,山川河流四面围护,应当向北迁徙占据那里,来经营黄河以北地区。黄河以北地区既已稳定住,

天下无处将军之右者矣。晋之保寿春，畏将军往攻之耳。彼闻吾去，喜于自全，何暇追袭吾后，为吾不利邪！将军宜使辎重从北道先发，将军引大兵向寿春。辎重既远，大兵徐还，何忧进退无地乎！"勒攘袂鼓髯曰："张君计是也！"责刁膺曰："君既相辅佐，当共成大功，奈何遽劝孤降！此策应斩！然素知君怯，特相宥耳。"于是黜膺为将军，擢宾为右长史，号曰"右侯"。

勒引兵发葛陂，遣石虎帅骑二千向寿春，遇晋运船，虎将士争取之，为纪瞻所败。瞻追奔百里，前及勒军，勒结陈待之。瞻不敢击，退还寿春。

汉主聪封帝为会稽郡公，加仪同三司。聪从容谓帝曰："卿昔为豫章王，朕与王武子造卿，武子称朕于卿，卿言'闻其名久矣'，赠朕柘弓银研，卿颇记否？"帝曰："臣安敢忘之！但恨尔日不早识龙颜！"聪曰："卿家骨肉何相残如此？"帝曰："大汉将应天受命，故为陛下自相驱除，此殆天意，非人事也。且臣家若能奉武皇帝之业，九族敦睦，陛下何由得之！"聪喜，以小刘贵人妻帝，曰："此名公之孙也，卿善遇之。"

代公猗卢遣兵救晋阳，三月乙未，汉兵败走。卜珝之卒先奔，靳冲擅收珝，斩之。聪大怒，遣使持节斩冲。

那天下就没有处在将军您上面的人了。晋人保卫寿春，是害怕将军您前去攻打他们罢了。他们闻知我们撤走，庆幸自家得到保全，哪里还有工夫在我们背后追杀袭击，给我们造成不利呢？将军您应当让运送粮草和物资的车队从北路先出发，将军您带领大军再冲向寿春。运送粮草和物资的车队已经走远了，大军再慢慢往回撤，哪里还愁进退无路呢？"石勒捋起衣袖抚动须髯说："张君的计策对极了！"又责斥刁膺说："你既然辅佐我，就应当共同成就大功，干嘛一来就劝我投降呢？提出这种对策应当斩首！但我一向知道你胆小，特地饶恕你罢了。"于是把刁膺降职为将军，提拔张宾为右长史，号称"右侯"。

石勒领兵从葛陂出发，派遣侄儿石虎率领两千骑兵杀向寿春，遇到晋人运送物资的船只，石虎的将士争相去劫取，被纪瞻打败。纪瞻追击奔驰了一百里地，再往前就追上石勒的军队了，石勒布下战阵等着他。纪瞻不敢进去，退回寿春。

汉国国主刘聪封晋怀帝为会稽郡公，加授开府仪同三司。刘聪不紧不慢地对晋怀帝说："爱卿你过去当豫章王时，朕与王济去拜访你，王济向朕称赞你，当时你说'闻听此人的大名已经很久了'，而且赠送给朕柘木硬弓和银制砚台，此事你还记得吗？"晋怀帝说："臣哪敢忘掉这件事？只是遗憾那时候没能及早拜识龙颜！"刘聪说："爱卿的自家骨肉，为什么相互残杀到这种地步呢？"晋怀帝说："大汉国即将上应皇天，承受天命，所以替陛下您自相驱逐铲除，这大概是天意，不是人事左右得了的。况且臣自家如果能够奉守武皇帝的基业，使九族和睦，陛下您怎么会得到天下呢？"刘聪听后很高兴，把小刘贵人赐给晋怀帝做妻室，而且吩咐说："这是有名望的公卿的孙女，爱卿你要好好对待她。"

代公拓跋猗卢派兵去援救晋阳，在三月乙未（十四日）这天，汉国军队战败逃走。卜珝的部卒首先奔逃，勒冲擅自逮捕了卜珝，并杀了他。刘聪闻讯大怒，派遣使者持朝廷符节把勒冲斩首。

　　贾疋等围长安数月，汉中山王曜连战皆败，驱掠士女八万馀口，奔于平阳。秦王业自雍入于长安。五月，汉主聪贬曜为龙骧大将军，行大司马。聪使河内王粲攻傅祗于三渚，右将军刘参攻郭默于怀。会祗病薨，城陷，粲迁祗子孙并其士民二万馀户于平阳。

　　石勒自葛陂北行，所过皆坚壁清野，虏掠无所获，军中饥甚，士卒相食。至东燕，闻汲郡向冰聚众数千壁枋头，勒将济河，恐冰邀之。张宾曰："闻冰船尽在渎中未上，宜遣轻兵间道袭取，以济大军，大军既济，冰必可擒也。"秋七月，勒使支雄、孔苌自文石津缚筏潜渡，取其船。勒引兵自棘津济河，击冰，大破之，尽得其资储，军势复振，遂长驱至邺。

　　刘演保三台以自固，临深、牟穆等复帅其众降于勒。诸将欲攻三台，张宾曰："演虽弱，众犹数千，三台险固，攻之未易猝拔，舍而去之，彼将自溃。方今王彭祖、刘越石，公之大敌也，宜先取之，演不足顾也。且天下饥乱，明公虽拥大兵，游行羁旅，人无定志，非所以保万全、制四方也。不若择便地而据之，广聚粮储，西禀平阳以图幽、并，此霸王之业也。邯郸、襄国，形胜之地，请择一而都之。"勒曰："右侯之计是也！"遂进据襄国。

　　宾复言于勒曰："今吾居此，彭祖、越石所深忌也，恐城堑未固，资储未广，二寇交至。宜亟收野谷，且遣使至

贾疋等人围攻长安好几个月，汉国中山王刘曜接连出战都失败，就驱赶虏掠男女八万多人，逃往平阳都城。秦王司马业从雍县进入长安。五月，汉国国主刘聪贬降刘曜为龙骧大将军，代理大司马。刘聪派河内王刘粲在三渚进攻傅祗，派右将军刘参在怀县进攻郭默。正赶上傅祗病亡，城被攻陷，刘粲把傅祗的子孙以及他手下的士人百姓两万多户都迁到平阳。

石勒从葛陂向北行进，所经过的地方百姓们都加固营垒，收藏物资，抢掠不到什么东西，军队中非常饥饿，士卒吃士卒。到达东燕城时，听说汲郡人向冰聚集起部众数千人在枋头筑垒屯聚，石勒打算渡过黄河，又担心向冰拦击。张宾说："听说向冰的船只都在水中没抬到岸上，应当派遣轻装部队抄近路偷袭，来运载大军渡河，大军既已渡河，向冰必定会被我们捉住。"秋季七月，石勒派支雄、孔苌从文石津捆扎木筏偷渡，夺取到向冰的船只。石勒领兵从棘津渡过黄河，进击向冰，把他打得大败，缴获了他的全部物资储备，军队气势又大振，于是长驱直入，到达邺城。

刘演保卫邺城三台来巩固自己的地盘，临深和牟穆等人又率领部众向石勒投降。众将打算进攻三台，张宾说："刘演虽然弱，部众还有好几千人，三台险要坚固，攻打它们不容易一下子就拿下来，放弃不予攻取，对方会自行溃散。如今王浚和刘琨，是明公您的大敌，应当先攻取他们，刘演不值得注意。况且天下饥荒动乱，明公您尽管拥有大军，但四处游荡飘泊，人心不定，这不是确保万全、制服四方的办法啊。不如选择地势有利的地方占据住它，多多积聚粮食和其他物资储备，向西禀奏平阳方面，来谋取幽州和并州，这是称霸称王的功业啊。邯郸、襄国二县，是地理位置优越的地方，请选一处，在那里定都。"石勒说："右侯的计策对极了！"于是进军占据了襄国。

张宾又向石勒提议说："如今我们占据此地，是王浚、刘琨深为忌怕的。恐怕我们城池、壕沟还未加固，物资储备还未丰裕，两个敌寇就会轮番来到。应该火速收聚田野的谷物，并派使者到

平阳,具陈镇此之意。"勒从之,分命诸将攻冀州,郡县壁垒多降,运其谷以输襄国;且表于汉主聪,聪以勒为都督冀、幽、并、营四州诸军事、冀州牧,进封上党公。

刘琨移檄州郡,期以十月会平阳,击汉。琨素奢豪,喜声色。河南徐润以音律得幸于琨,琨以为晋阳令。润骄恣,干预政事。护军令狐盛数以为言,且劝琨杀之,琨不从。润谮盛于琨,琨收盛,杀之。琨母曰:"汝不能驾御豪杰以恢远略,而专除胜己,祸必及我。"盛子泥奔汉,具言虚实。汉主聪大喜,遣河内王粲、中山王曜将兵寇并州,以令狐泥为乡导。琨闻之,东出,收兵于常山及中山,使其将郝诜、张乔将兵拒粲,且遣使求救于代公猗卢。诜、乔俱败死。粲、曜乘虚袭晋阳,太原太守高乔、并州别驾郝聿以晋阳降汉。八月庚戌,琨还救晋阳,不及,帅左右数十骑奔常山。辛亥,粲、曜入晋阳。壬子,令狐泥杀琨父母。

粲、曜送尚书卢志、侍中许遐、太子右卫率崔玮于平阳。聪复以曜为车骑大将军,以前将军刘丰为并州刺史,镇晋阳。九月,聪以卢志为太弟太师,崔玮为太傅,许遐为太保,高乔、令狐泥皆为武卫将军。

辛巳,贾疋等奉秦王业为皇太子,建行台于长安,登坛告类,建宗庙、社稷,大赦。以阎鼎为太子詹事,总摄百揆;加贾疋征西大将军,以秦州刺史、南阳王保为大司马。命司空荀藩督摄远近,光禄大夫荀组领司隶校尉、行豫州刺史,与藩共保开封。

平阳,详尽说明镇守在这里的意图。"石勒采纳了这一建议,分别命令众将攻打冀州,州内郡县和各个屯据自保的营垒大都归降,把那里的粮食输送到襄国;并且向汉国国主刘聪奉上章表,刘聪只得任命石勒为都督冀、幽、并、营四州诸军事、冀州牧,进封上党公。

刘琨向各州郡传布檄文,约定在十月会师平阳,攻击汉国。刘琨一向奢侈豪纵,喜爱音乐女色,河南人徐润凭借精通声律得到刘琨宠信,刘琨让他担任晋阳县令。徐润骄横放纵,干预政事。护军令狐盛多次把这种情况告知刘琨,并劝刘琨杀掉他,但刘琨不听从。徐润向刘琨诋毁令狐盛,刘琨抓住令狐盛,杀了他。刘琨的母亲对刘琨说:"你不能驾驭豪杰来完成宏远的谋略,却专门铲除超过自己的人,祸难必定会捎带上我。"令狐盛的儿子令狐泥投奔汉国,详尽说明并州的虚实。汉国国主刘聪大喜,派河内王刘粲、中山王刘曜率兵攻打并州,让令狐泥当向导。刘琨听到这一消息,向东动身,到常山和中山收聚兵马,派手下将领郝诜、张乔领兵抗拒刘粲,并派使者向代公拓跋猗卢求救。郝诜、张乔都战败身死,刘粲、刘曜乘虚袭击晋阳,太原太守高乔、并州别驾郝聿献上晋阳投降汉国。八月庚戌(初一),刘琨返回来营救晋阳,但来不及了,就带领左右数十名骑兵逃奔常山。辛亥(初二),刘粲、刘曜进入晋阳。壬子(初三),令狐泥杀了刘琨的父母。

刘粲、刘曜把抓获的尚书卢志、侍中许遐、太子右卫率崔玮押送到平阳。刘聪又重新任命刘曜为车骑大将军,让前将军刘丰担任并州刺史,镇守晋阳。九月,刘聪任命卢志为太弟太师,崔玮为太傅,许遐为太保,高乔、令狐泥均为武卫将军。

辛巳(初三),贾疋等人尊奉秦王司马业为皇太子,在长安建立行台,登坛祭天,建立晋室宗庙、土神庙和谷神庙,大赦天下。任命阎鼎为太子詹事,统领百官;加授贾疋为征西大将军,委任秦州刺史、南阳王司马保为大司马。命令司空荀藩督统远近州郡,光禄大夫荀组兼任司隶校尉、代理豫州刺史,同荀藩共同保卫开封。

冬十月，代公猗卢遣其子六脩及兄子普根、将军卫雄、范班、箕澹帅众数万为前锋以攻晋阳，猗卢自帅众二十万继之，刘琨收散卒数千为之乡导。六脩与汉中山王曜战于汾东，曜兵败，坠马，中七创。讨虏将军傅虎以马授曜，曜不受，曰："卿当乘以自免，吾创已重，自分死此。"虎泣曰："虎蒙大王识拔至此，常思效命，今其时矣。且汉室初基，天下可无虎，不可无大王也！"乃扶曜上马，驱令渡汾，自还战死。曜入晋阳，夜，与大将军粲、镇北大将军丰掠晋阳之民，逾蒙山而归。十一月，猗卢追之，战于蓝谷，汉兵大败，擒刘丰，斩邢延等三千馀级，伏尸数百里。猗卢因大猎寿阳山，陈阅皮肉，山为之赤。刘琨自营门步入拜谢，固请进军。猗卢曰："吾不早来，致卿父母见害，诚以相愧。今卿已复州境，吾远来，士马疲弊，且待后举，刘聪未可灭也。"遗琨马、牛、羊各千馀匹，车百乘而还，留其将箕澹、段繁等戍晋阳。琨徙居阳曲，招集亡散。卢谌为刘粲参军，亡归琨，汉人杀其父志及弟谧、诜。赠傅虎幽州刺史。

十二月，彭天护攻贾疋，杀之。阎鼎杀梁综，麹允、索綝等攻鼎，鼎奔雍，为氐所杀。

愍帝建兴元年春正月丁丑朔，汉主聪宴群臣于光极殿，使怀帝著青衣行酒。庾珉、王儁等不胜悲愤，因号哭，聪恶之。有告珉等谋以平阳应刘琨者，二月丁未，聪杀珉、

冬季十月，代公拓跋猗卢派遣他的儿子拓跋六脩以及侄子拓跋普根、将军卫雄、范班、箕澹率领数万部众当前锋，去攻打晋阳，猗卢自己统领部众二十万人随后到，刘琨收聚散去的兵卒数千人当向导。六脩同汉国中山王刘曜在汾水东岸交战，刘曜兵败，从战马上掉下来，身上受了七处伤。汉国讨虏将军傅虎把自己的战马交给刘曜，刘曜拒不接受，说："你应乘上它以求脱身，我受的伤已经很重，命该死在这里。"傅虎哭着说："我傅虎蒙受大王您的赏识提拔才到这一步，常想用性命来报效，今天正到时候了。况且汉国王室初步奠定基业，天下可以没有我傅虎，但不能没有大王您啊！"于是挽扶刘曜跨上战马，驱赶着让他渡过了汾水，自己又返回来血战到死。刘曜进入晋阳，在夜里同大将军刘粲、镇北大将军刘丰劫掠晋阳居民，翻过蒙山后撤回。十一月，猗卢追击他们，在蓝谷激战，汉国军队大败，活捉了刘丰，斩杀邢延等将领兵士三千多人，尸横数百里。猗卢随后在寿阳山进行大规模围猎，陈列点验兽皮兽肉，整座山变成了一片血红。刘琨从营门徒步进去拜谢，坚持请求继续进军。猗卢说："我没早早来到，致使您的父母受害，对此实在感到惭愧。如今您已收复州境，我远道而来，军士战马都很疲惫，暂且等待以后再行动，刘聪现在还无法消灭掉。"赠给刘琨马一千多匹，牛、羊各一千多头，战车一百辆，然后撤回代郡，并留下他的部将箕澹、段繁等人戍守晋阳。刘琨迁到阳曲安身，招集逃亡离散的部众。卢谌原是刘粲的参军，逃跑投靠刘琨，汉国人杀死了他的父亲卢志以及弟弟卢谥、卢诜。追赠傅虎为幽州刺史。

　　十二月，彭天护攻打贾疋，杀了他。阎鼎杀了梁综，麹允、索綝等人攻打阎鼎，阎鼎逃往雍县，被氐族人杀死。

　　晋愍帝建兴元年（313）春季正月丁丑这天是初一，汉国国主刘聪在光极殿大宴群臣，让晋怀帝身穿地位低下者才穿的青色服装挨个斟酒劝饮。庾珉、王儁等人悲愤得承受不了，随即号啕大哭，刘聪对这一举动十分厌恶。有人告发庾珉等人密谋在平阳接应刘琨，二月丁未（初一）这天，刘聪诛杀了庾珉、

隽等故晋臣十馀人,怀帝亦遇害。

> 荀崧曰:怀帝天姿清劭,少著英猷,若遇承平,足为守文佳主。而继惠帝扰乱之后,东海专政,故无幽、厉之衅,而有流亡之祸矣。

夏四月丙午,怀帝凶问至长安,皇太子举哀,因加元服。壬申,即皇帝位,大赦,改元。以卫将军梁芬为司徒,雍州刺史麹允为尚书左仆射、录尚书事,京兆太守索綝为尚书右仆射、领吏部、京兆尹。是时长安城中,户不盈百,蒿棘成林;公私有车四乘,百官无章服、印绶,唯桑版署号而已。寻以索綝为卫将军、领太尉,军国之事,悉以委之。

汉中山王曜、司隶校尉乔智明寇长安,平西将军赵染帅众赴之,诏麹允屯黄白城以拒之。

石勒使石虎攻邺,邺溃,刘演奔廪丘,三台流民皆降于勒。勒以桃豹为魏郡太守以抚之;久之,以石虎代豹镇邺。

五月壬辰,以琅邪王睿为左丞相、大都督,督陕东诸军事;南阳王保为右丞相、大都督,督陕西诸军事。诏曰:“今当扫除鲸鲵,奉迎梓宫。令幽、并两州勒卒三十万直造平阳,右丞相宜帅秦、凉、梁、雍之师三十万径诣长安,左丞相帅所领精兵二十万径造洛阳,同赴大期,克成元勋。”

汉中山王曜屯蒲坂。

六月,刘琨与代公猗卢会于陉北,谋击汉。秋七月,琨进据蓝谷,猗卢遣拓跋普根屯于北屈。琨遣监军韩据

王儁等晋室旧臣十多个人，晋怀帝也遇害了。

东晋大臣荀崧评论说：晋怀帝天姿清朗俊美，年轻时就显示出英明的智略，如果遇到太平的年代，足可成为守执文治的杰出君主。但承继在晋惠帝搅扰动乱的局势之后，东海王司马越又独揽朝政，所以没出现周幽王、周厉王那样的罪孽，却遭受了流亡的惨祸。

夏季四月丙午（初一），晋怀帝遇害的噩耗传到长安，皇太子司马业举行哀悼仪式，随后加戴冠冕。壬申（二十七日），登上皇帝宝座，大赦天下，改年号为建兴。任命卫将军梁芬为司徒，雍州刺史麴允为尚书左仆射、录尚书事，京兆太守索綝为尚书右仆射，兼领吏部、京兆尹。这时长安城中居民户数还不满一百户，蒿草荆棘一大片；公家私家共有车四辆，百官没有朝服和印章绶带，只有桑木做的奏事板和官署名称而已。不久又任命索綝为卫将军、兼太尉，军国方面的事务，全都交付给他处理。

汉国中山王刘曜、司隶校尉乔智明进攻长安，平西将军赵染也率领部众赶去助战，晋愍帝下诏命令麴允屯驻在黄白城抵御敌军。

石勒派石虎攻打邺城，邺城溃败，刘演逃往廪丘，邺城三台流亡的百姓都向石勒投降。石勒委派桃豹担任魏郡太守来安抚他们；过了一段时间，又用石虎取代桃豹镇守邺城。

五月壬辰（十八日），晋愍帝任命琅邪王司马睿为左丞相、大都督，督陕东诸军事；南阳王司马保为右丞相、大都督，督陕西诸军事。诏书说："如今应当扫除像鲸鱼这样难制伏的罪魁祸首刘聪，迎回怀帝的灵柩。命幽、并两州统领士卒三十万直接开赴平阳，右丞相应率领秦、凉、梁、雍四州的军队三十万直接抵达长安，左丞相率领部下精兵二十万直接开赴洛阳，共同奔赴约定的大业，建成大功。"

汉国中山王刘曜屯驻蒲坂。

六月，刘琨同代公猗卢在陉北会面，商议进击汉国。秋季七月，刘琨进占蓝谷，猗卢派拓跋普根在北屈屯驻。刘琨派监军韩据

自西河而南,将攻西平。汉主聪遣大将军粲等拒琨,骠骑将军易等拒普根,荡晋将军兰阳等助守西平。琨等闻之,引兵还。聪使诸军仍屯所在,为进取之计。

帝遣殿中都尉刘蜀诏左丞相睿以时进军,与乘舆会于中原。八月癸亥,蜀至建康,睿辞以方平定江东,未暇北伐。以镇东长史刁协为丞相左长史,从事中郎彭城刘隗为司直,邵陵内史广陵戴邈为军谘祭酒,参军丹阳张闿为从事中郎,尚书郎颍川锺雅为记室参军,谯国桓宣为舍人,豫章熊远为主簿,会稽孔愉为掾。刘隗雅习文史,善伺候睿意,故睿特亲爱之。

九月,汉中山王曜、赵染攻麹允于黄白城,允累战皆败。诏以索綝为征东大将军,将兵助允。

冬十月,汉赵染谓中山王曜曰:"麹允帅大众在外,长安空虚,可袭也。"曜使染帅精骑五千袭长安。庚寅夜,入外城,帝奔射雁楼,染焚龙尾及诸营,杀掠千馀人。辛卯旦,退屯逍遥园。壬辰,将军麹鉴自阿城帅众五千救长安。癸巳,染引还,鉴追之,与曜遇于零武,鉴兵大败。

汉中山王曜恃胜而不设备,十一月,麹允引兵袭之,汉兵大败,杀其冠军将军乔智明,曜引归平阳。

二年夏五月,汉中山王曜、赵染寇长安。六月,曜屯渭汭,染屯新丰,索綝将兵出拒之。染有轻綝之色,长史鲁徽曰:"晋之君臣,自知强弱不敌,将致死于我,不可轻也。"染曰:"以司马模之强,吾取之如拉朽;索綝小竖,岂能污吾马

从西河南进,准备攻取西平。汉国国主刘聪派遣大将军刘粲等人抗拒刘琨,骠骑将军刘易等人抗拒普根,荡晋将军兰阳等人帮助据守西平。刘琨等人听说这一消息,领兵撤回。刘聪让各支部队仍然屯驻在指定的地点,作为进取的部署。

晋愍帝派遣殿中都尉刘蜀向左丞相司马睿传达诏书,让他按时进军,与天子车驾在中原相会。八月癸亥(二十日),刘蜀来到建康,司马睿用刚刚平定江东、还顾不上北伐来推辞。但却任命镇东长史刁协为丞相左长史,从事中郎彭城人刘隗为司直,邵陵内史广陵人戴邈为军谘祭酒,参军丹阳人张闿为从事中郎,尚书郎颍川人钟雅为记室参军,谯国人桓宣为舍人,豫章人熊远为主簿,会稽人孔愉为掾属。刘隗一向熟悉文史,善于观察并迎合司马睿的意旨,因而司马睿特别亲近宠爱他。

九月,汉国中山王刘曜、赵染在黄白城攻打麹允,麹允多次迎战全都战败。愍帝下诏,以索綝为征东大将军,率兵援助麹允。

冬季十月,汉国赵染对中山王刘曜说:“麹允率领大军在外地,长安空虚,可以去偷袭。”刘曜派赵染率领精锐骑兵五千人偷袭长安。庚寅这天夜晚,进入外城,晋愍帝逃到射雁楼,赵染焚毁了龙尾道以及各营垒,杀死、劫掠了一千多人。辛卯这天早晨,撤退并屯驻在逍遥园。壬辰,将军麹鉴从阿城率领部众五千人援救长安。癸巳,赵染领兵撤退,麹鉴紧紧追击,与刘曜在零武相遇,麹鉴的军队被打得大败。

汉国中山王刘曜仰仗获胜而不设防备,十一月,麹允领兵袭击他,汉国军队大败,麹允杀死了汉国冠军将军乔智明,刘曜领兵回到平阳。

二年(314)夏季五月,汉国中山王刘曜、赵染攻打长安。六月,刘曜屯驻在渭水流入黄河的入口处,赵染屯驻在新丰,索綝率兵出城抵御他。赵染显现出轻视索綝的神色,长史鲁徽提醒赵染说:“晋室君臣自己清楚双方强弱不对等,将会对我军拼死抵抗,不能轻视他们。”赵染说:“以司马模那样的强盛,我攻取他都像拉倒朽烂的木头;索綝这小子,哪里能弄脏我的马

蹄、刀刃邪！"晨，帅轻骑数百逆之，曰："要当获綝而后食。"綝与战于城西，染兵败而归，悔曰："吾不用鲁徽之言以至此，何面目见之！"先命斩徽，徽曰："将军愚戆以取败，乃复忌前害胜，诛忠良以逞忿。犹有天地，将军其得死于枕席乎？"诏加索綝骠骑大将军、尚书左仆射、录尚书，承制行事。曜、染复与将军殷凯帅众数万向长安。麹允逆战于冯翊，允败，收兵。夜，袭凯营，凯败死。曜乃还攻河内太守郭默于怀，列三屯围之。默食尽，送妻子为质，请籴于曜。籴毕，复婴城固守。曜怒，沉默妻子于河而攻之。默欲投李矩于新郑，矩使其甥郭诵迎之，兵少，不敢进。会刘琨遣参军张肇帅鲜卑五百馀骑诣长安，道阻不通，还，过矩营，矩说肇，使击汉兵。汉兵望见鲜卑，不战而走，默遂帅众归矩。汉主聪召曜还屯蒲坂。

秋，赵染攻北地，麹允拒之，染中弩而死。

三年春二月丙子，以琅邪王睿为丞相、大都督，督中外诸军事；南阳王保为相国；苟组为太尉，领豫州牧；刘琨为司空，都督并、冀、幽三州诸军事。琨辞司空不受。

夏六月，汉大司马曜攻上党。秋八月癸亥，败刘琨之众于襄垣。曜欲进攻阳曲，汉主聪遣使谓之曰："长安未平，宜以为先。"曜乃还屯蒲坂。

九月，汉大司马曜寇北地，诏以麹允为大都督、骠骑将军，以御之。

蹄和刀刃呢？"清晨，就带领轻骑兵数百人去迎击他，出发前还说："要在活捉索綝以后再吃饭。"索綝与赵染在城西交战，赵染兵败退回，懊悔说："我不听鲁徽的劝告，才到这般地步，还有什么脸面见他呢？"先下令斩杀鲁徽，鲁徽说："将军你愚蠢固执才吃了败仗，竟然又忌恨有远见的人，残害超过自己的人，诛杀忠良来泄私愤。还有天地可鉴，将军难道会在枕席上安然死去吗？"晋愍帝下诏，加封索綝为骠骑大将军、尚书左仆射、录尚书，按照皇帝授权直接处理事务。刘曜、赵染又与将军殷凯率领部众数万人杀向长安。麹允在冯翊迎战，麹允战败，收兵。夜间袭击殷凯的营地，殷凯战败身亡。刘曜于是撤军，在怀县攻打河内太守郭默，布下三道包围圈围攻他。郭默粮食吃光，送上妻室儿女做人质，向刘曜买粮。买完粮，又环城坚守。刘曜大怒，把郭默的妻室儿女沉入黄河，又围攻他。郭默准备到新郑投奔李矩，李矩派外甥郭诵去迎接他，因兵马太少不敢前进。恰逢此时，刘琨派遣参军张肇率领鲜卑五百多名骑兵赶赴长安，道路阻塞不通，撤还时路过李矩的营地，李矩劝说张肇，让他进击汉国军队。汉国军士望见鲜卑骑兵到来，不战而逃，郭默于是率领部众归顺李矩。汉国国主刘聪宣召刘曜撤到蒲坂屯驻。

秋季，赵染进攻北地，麹允抵御他，赵染因被弩箭射中而死去。

三年(315)春季二月丙子(十二日)，晋愍帝任命琅邪王司马睿为丞相、大都督，督中外诸军事；南阳王司马保为相国；荀组为太尉，兼豫州牧；刘琨为司空，都督并、冀、幽三州诸军事。刘琨辞让司空一职，不接受。

夏季六月，汉国大司马刘曜进攻上党。秋季八月癸亥(初二)，在襄垣击败了刘琨的部众。刘曜准备进而攻打阳曲，汉国国主刘聪派遣使者对他说："长安还没有平定，应当把它放在第一位。"刘曜于是回到蒲坂屯驻。

九月，汉国大司马刘曜攻打北地，晋愍帝下诏，任命麹允为大都督、骠骑将军，抵御刘曜。

冬十月，以索綝为尚书仆射、都督宫城诸军事。曜进拔冯翊，太守梁肃奔万年。曜转寇上郡。麹允去黄白城，军于灵武，以兵弱，不敢进。帝屡征兵于丞相保，保左右皆曰："蝮蛇螫手，壮士断腕。今胡寇方盛，且宜断陇道以观其变。"从事中郎裴诜曰："今蛇已螫头，头可断乎？"保乃以镇军将军胡崧行前锋都督，须诸军集乃发。麹允欲奉帝往就保，索綝曰："保得天子，必逞其私志。"乃止。于是自长安以西，不复贡奉朝廷，百官饥乏，采稆以自存。

四年秋七月，汉大司马曜围北地太守麹昌，大都督麹允将步骑三万救之。曜绕城纵火，烟起蔽天，使反间绐允曰："郡城已陷，往无及也！"众惧而溃。曜追败允于磻石谷，允奔还灵武，曜遂取北地。

允性仁厚，无威断，喜以爵位悦人。新平太守竺恢、始平太守杨像、扶风太守竺爽、安定太守焦嵩，皆领征、镇，杖节，加侍中、常侍；村坞主帅，小者犹假银青将军之号；然恩不及下，故诸将骄恣，士卒离怨。关中危乱，允告急于焦嵩，嵩素侮允，曰："须允困，当救之。"曜进至泾阳，渭北诸城悉溃。八月，汉大司马曜逼长安。九月，焦嵩、竺恢、宋哲皆引兵救长安，散骑常侍华辑监京兆、冯翊、弘农、上洛四郡兵屯霸上，皆畏汉兵强，不敢进。相国保遣胡崧将兵入援，击汉大司马曜于灵台，破之。崧恐国威复振，则麹、索势盛，乃帅城西诸郡兵屯渭北不进，遂还槐里。曜攻陷长安外城，

冬季十月，任命索綝为尚书仆射、都督宫城诸军事。刘曜进兵，攻下了冯翊，太守梁肃逃到万年。刘曜转而进攻上郡。麹允离开黄白城，在灵武驻扎，因兵力太弱，不敢进击。晋愍帝多次向右丞相司马保征调军队，司马保的左右亲信都说："若被蝮蛇咬了手，壮士也会砍断手腕以防毒液侵害心脏。如今胡人正强盛，暂且应当封锁住陇山通道来观察他们的变化。"从事中郎裴诜说："如今蝮蛇已经咬到人的头了，头能砍掉吗？"司马保于是派镇军将军胡崧代理前锋都督，等各部队集结后再出发。麹允打算侍奉晋愍帝前去依靠司马保，索綝说："司马保得到天子，一定会肆意放纵他个人的意志。"于是作罢。从此自长安以西，不再向朝廷进献物品，百官饥饿困乏，采集野生谷子来活命。

四年（316）秋季七月，汉国大司马刘曜围攻北地太守麹昌，大都督麹允率领步兵和骑兵三万人去援救他。刘曜环绕着城墙放火，浓烟滚起遮蔽天空，派细作去欺骗麹允说："郡城已经陷落，去也来不及了！"部众听后十分恐惧，一哄而散。刘曜在磻石谷追上并打败了麹允，麹允逃回灵武，刘曜乘势夺取了北地。

麹允性情仁慈宽厚，没有威严也不果断，喜欢用封授爵位来讨人欢心。新平太守竺恢、始平太守杨像、扶风太守竺爽、安定太守焦嵩，全都兼任征、镇将军，并持朝廷符节，加授侍中、常侍；连村镇筑垒自保的小头目也授给银印章、青绶带，加将军官号；但是恩赏到不了最下层，所以众将骄横放纵，士卒离心怨恨。关中地区危急混乱，麹允向安定太守焦嵩告急，焦嵩一向好凌辱麹允，就说："等到麹允危困，再援救他。"刘曜推进到泾阳，渭水以北的各个城邑全都溃败。八月，汉国大司马刘曜逼临长安。九月，焦嵩、竺恢、宋哲都领兵援救长安，散骑常侍华辑监督京兆、冯翊、弘农、上洛四郡的兵马屯驻在霸上，都畏惧汉国军队强盛，不敢进击。相国司马保派遣胡崧率兵入援，在位于长安西边四十里的灵台进击汉国大司马刘曜，击破了他。胡崧恐怕国威复振，那么麹允、索綝就会权势增强，于是率领城西各郡兵马屯驻在渭水北面不前进，又干脆撤到槐里。刘曜攻陷了长安外城，

麹允、索綝退守小城以自固。内外断绝,城中饥甚,米斗直金二两,人相食,死者太半,亡逃不可制,唯凉州义众千人守死不移。太仓有曲数十饼,麹允屑之为粥以供帝,既而亦尽。冬十一月,帝泣谓允曰:"今穷厄如此,外无救援,当忍耻出降,以活士民。"因叹曰:"误我事者,麹、索二公也!"使侍中宗敞送降笺于曜。索綝潜留敞,使其子说曜曰:"今城中食犹足支一年,未易克也,若许綝以车骑、仪同、万户郡公者,请以城降。"曜斩而送之,曰:"帝王之师,以义行也。孤将兵十五年,未尝以诡计败人,必穷兵极势,然后取之。今索綝所言如此,天下之恶一也,辄相为戮之。若兵食审未尽者,便可勉强固守;如其粮竭兵微,亦宜早寤天命。"

甲午,宗敞至曜营。乙未,帝乘羊车,肉袒、衔璧、舆榇出东门降。群臣号泣,攀车执帝手,帝亦悲不自胜。御史中丞冯翊吉朗叹曰:"吾智不能谋,勇不能死,何忍君臣相随,北面事贼虏乎!"乃自杀。曜焚榇受璧,使宗敞奉帝还宫。丁酉,迁帝及公卿以下于其营。辛丑,送至平阳。壬寅,汉主聪临光极殿,帝稽首于前。麹允伏地恸哭,扶不能起。聪怒,囚之,允自杀。聪以帝为光禄大夫,封怀安侯。以大司马曜为假黄钺、大都督、督陕西诸军事、太宰,封秦王。大赦,改元麟嘉。以麹允忠烈,赠车骑将军,

麹允、索綝退到小城巩固防守。内外联系断绝，城中饥饿得十分厉害，一斗米价格高达黄金二两，人吃人，死去的有一大半，逃亡的根本制止不住，只有凉州的义军一千人宁可防守到死，也不离去。太仓还剩下几十个麦饼，麹允把它弄成碎末做成粥，来给晋愍帝食用，不久也吃光了。冬季十一月，晋愍帝流泪对麹允说："如今窘迫困厄到这种地步，外面又没有救援，应当忍受耻辱，出城投降，使士人百姓存活下来。"随后叹息说："贻误我的大事的，是麹允、索綝这两个人啊！"派侍中宗敞向刘曜递送投降书。索綝暗中留下宗敞，派他的儿子去煽惑刘曜说："如今长安城中的粮食还足能支撑一年，不容易攻克，如果许诺给索綝车骑将军、开府仪同三司、万户郡公的官位爵号，那就献上城池投降。"刘曜杀掉索綝的儿子并把尸首送给晋愍帝说："帝王的军队，向来以正义支配行动。我统兵十五年，未曾用阴谋诡计来打败对方，必定是打得对方走投无路，然后攻取。如今索綝竟然说出这样的话，天下丑恶的事都是相同的，应当立即斩杀他。如果军粮确实还没吃光，那就可以尽力坚守；如果军粮已经枯竭，人马已经很少，也应当及早体悟到上天的旨意。"

甲午（初十），宗敞来到刘曜的营地。乙未（十一日），晋愍帝乘坐羊车，去衣露体，口中含着玉璧，车上装着棺材，走出东门去投降。群臣号啕痛哭，登上车去拉晋愍帝的手，晋愍帝也悲伤得承受不住。御史中丞冯翊人吉朗慨叹说："我论智慧，不能献计谋，论勇敢，不能去战死，哪里能忍心君臣相互跟随，面朝北方去服事贼寇呢？"于是自杀。刘曜烧掉棺材，接受了玉璧，让宗敞侍奉晋愍帝回宫。丁酉（十三日），把晋愍帝以及公卿以下官员迁移到自己的营地。辛丑（十七日），押送到平阳。壬寅（十八日），汉国国主刘聪驾临光极殿，晋愍帝在殿前叩头跪拜。麹允趴在地上痛哭，扶都扶不起来。刘聪大怒，命人把他囚禁，麹允就自杀了。刘聪让晋愍帝充当光禄大夫，封为怀安侯。任命大司马刘曜为假黄钺、大都督、督陕西诸军事、太宰，封为秦王。大赦天下，改年号为麟嘉。鉴于麹允忠贞节烈，追赠车骑将军官职，

谥节愍侯。以索综不忠,斩于都市。尚书梁允、侍中梁濬等及诸郡守皆为曜所杀,华辑奔南山。

　　干宝论曰:昔高祖宣皇帝,以雄才硕量,应时而起,性深阻有若城府,而能宽绰以容纳,行数术以御物,而知人善采拔。于是百姓与能,大象始构。世宗承基,太祖继业,咸黜异图,用融前烈。至于世祖,遂享皇极,仁以厚下,俭以足用,和而不弛,宽而能断,掩唐、虞之旧域,班正朔于八荒,于时有"天下无穷人"之谚,虽太平未洽,亦足以明民乐其生矣。

　　武皇既崩,山陵未干而变难继起。宗子无维城之助,师尹无具瞻之贵,朝为伊、周,夕成桀、跖。国政迭移于乱人,禁兵外散于四方,方岳无钩石之镇,关门无结草之固。戎、羯称制,二帝失尊,何哉?树立失权,托付非才,四维不张而苟且之政多也!

　　夫基广则难倾,根深则难拔,理节则不乱,胶结则不迁。昔之有天下者所以能长久,用此道也。周自后稷爱民,十六王而武始君之,其积基树本,如此其固。今晋之兴也,其创基立本,固异于先代矣。加以朝寡

谥号为节愍侯。鉴于索綝不忠诚,在城中集市上把他斩首示众。晋室的尚书梁允、侍中梁濬等人以及各个郡守都被刘曜杀害,华辑逃入终南山。

东晋史臣干宝评论说:过去高祖宣皇帝司马懿,凭借雄才与大度,顺应时势而崛起,性情深沉内向如同城府一样,但能宽宏地容纳各种人物,运用权谋诈术驾驭事物,又能知人,善于选择任用。从此百姓都心服其能,晋室的轮廓开始建立。世宗司马师承续初基,太祖司马昭继承大业,把异己分子全都排除掉,使前人建立的事业更加辉煌灿烂。到世祖司马炎,便登上了天子宝座,用仁慈来厚待下属,靠节俭来满足国家用度,雍和但不懈怠,宽厚却能决断,覆盖了原来唐尧、虞舜的统辖区域,向八方荒远部族颁行晋室的历法,在当时有"天下无穷人"的谣谚,尽管太平景象没遍及各个角落,也足以表明民众对他们的生活感到很快乐了。

武皇帝司马炎既已驾崩,陵墓的泥土还没有干,变乱祸难就接连兴起。宗室子弟没有帮助辅佐皇城,首席重臣没有让天下仰望的高贵形象,早晨还是伊尹、周公式的人物,晚上就变成了夏桀、盗跖式的逆贼。国政交替转移到制造祸乱之人手中,皇家禁兵向外流散到四方各地,据守一方的大臣没有磐石般的坐镇威力,关隘城门守将没有誓死报效的坚定信念。匈奴人、羯人自称皇帝,晋怀帝和愍帝失去了天子的尊位,这是为什么呢?分封王侯失去了恰切的分寸,托付后事给不合适的人选,礼义廉耻没得到确立,而苟且维持的政务太多啊!

宅基宽广就难倒斜,根深就难拔掉,政务井井有条就不会混乱,人心牢周联结就不可动摇。过去拥有天下的人,之所以能够长治久安,就是采用这种统治方法。周王朝从后稷就致力于爱民,经过十六代而武王开始君临天下,它积累基础,培植根本,是这样的坚固。如今晋室的兴起,它创设根基,树立根本,本来就同前代不一样。加上朝廷缺少

纯德之人，乡乏不贰之老，风俗淫僻，耻尚失所。学者以庄、老为宗而黜《六经》，谈者以虚荡为辩而贱名检，行身者以放浊为通而狭节信，进仕者以苟得为贵而鄙居正，当官者以望空为高而笑勤恪。是以刘颂屡言治道，傅咸每纠邪正，皆谓之俗吏；其倚杖虚旷，依阿无心者，皆名重海内。若夫文王日昃不暇食，仲山甫夙夜匪懈者，盖共嗤黜以为灰尘矣！由是毁誉乱于善恶之实，情愿奔于货欲之涂。选者为人择官，官者为身择利，世族贵戚之子弟，陵迈超越，不拘资次。悠悠风尘，皆奔竞之士；列官千百，无让贤之举。子真著《崇让》而莫之省，子雅制九班而不得用。其妇女不知女工，任情而动，有逆于舅姑，有杀戮妾媵，父兄弗之罪也，天下莫之非也。礼法刑政，于此大坏，"国之将亡，本必先颠"，其此之谓乎！

故观阮籍之行而觉礼教崩弛之所由，察庚纯、贾充之争而见师尹之多僻，考平吴之功而知将帅之不让，思郭钦之谋而寤戎狄之有衅，览傅玄、刘毅之言而得百官之邪，核傅咸之奏、《钱神》之论而睹宠赂之彰。民风国势，既已如此，虽以中庸之才、守文之主治之，犹惧致乱，况我惠帝以放荡之德临之哉！

纯正有德的人，乡野缺少坚贞不二的长者，风俗淫靡邪僻，羞耻和崇尚的对象失当。求学的人把庄子和老子的学说奉为正宗却贬斥儒家《六经》，谈论的人把虚无空荡看作明理却贱视名誉礼法，修身的人把放纵浑浊奉为通达却小看节操信义，求官的人把通过不正当手段获取的职位当成可贵却鄙视遵循正路，当官的人把不辨是非奉为高妙却讥笑勤勉忠实。所以刘颂多次倡言治国之道，傅咸经常上书矫正错误，却全都认为他们是俗吏；那些倚仗和标举虚无旷达，随意依附逢迎的人，却都在海内名声很大。至于像周文王那样到太阳偏西还顾不上吃饭，像仲山甫那样日夜不懈怠的人，几乎都被认为是灰尘而被嗤笑与贬斥了！由此诋毁和赞誉在实际中善恶颠倒，感情与邪念都在追求物质欲望的路径上奔驰。负责选官的人替私人择用官吏，当官的人为自身谋求利益，世家豪门、皇亲国戚的子弟，跨级越等，不受资历品级的拘束。扬起滚滚风尘的人，都是只会钻营的家伙；官员成百上千，没有让贤的举动。刘寔撰写《崇让论》却没人理睬，刘颂创制考核官吏的九班制也得不到采用。那些贵妇们不会做纺织刺绣的活，由着性子胡来，有对公婆忤逆的，有杀害姬妾侍女的，但父兄却不惩罚她们，天下人也没有谁认为她们不对。礼制法度刑律政令，在这时大为破坏，古人讲的"国家将要败亡，根本必定首先动摇"，说的正是这种情形吧！

所以观看阮籍的行止就能发现礼教崩溃废弛的缘由，体察庾纯、贾充的争斗就能看出辅政重臣大多邪僻，考查平定东吴的争功事件就能清楚将帅间的不谦让，思索郭钦的谋议就能悟出戎狄要挑起祸衅，览阅傅玄、刘毅的论说就能了解百官的奸邪，核查傅咸的奏章和《钱神论》就能品察出私宠与贿赂的公然进行。民间的风气，国家的态势，既然已经这样颓败，即使靠才能中等的人、执守文治的君主来治理，还恐怕会形成祸乱，何况我们那位惠帝用放纵任情的德行来治理呢！

怀帝承乱即位,羁以强臣;愍帝奔播之后,徒守虚名。天下之势既去,非命世之雄才,不能复取之矣!

十二月,丞相睿闻长安不守,出师露次,躬擐甲胄,移檄四方,刻日北征。以漕运稽期,丙寅,斩督运令史淳于伯。刑者以刀拭柱,血逆流上,至柱末二丈馀而下,观者咸以为冤。丞相司直刘隗上言:"伯罪不至死,请免从事中郎周筵等官。"于是右将军王导等上疏引咎,请解职。睿曰:"政刑失中,皆吾暗塞所致。"一无所问。

元帝建武元年春正月,宋哲奔江东。二月辛巳,宋哲至建康,称受愍帝诏,令丞相琅邪王睿统摄万机。三月,琅邪王素服出次,举哀三日。于是西阳王羕及官属等共上尊号,王不许。羕等固请不已,王慨然流涕曰:"孤,罪人也。诸贤见逼不已,当归琅邪耳!"呼私奴,命驾将归国。羕等乃请依魏、晋故事,称晋王。许之。辛卯,即晋王位,大赦,改元。始备百官,立宗庙,建社稷。

有司请立太子,王爱次子宣城公裒,欲立之,谓王导曰:"立子当以德。"导曰:"世子、宣城,俱有朗俊之美,而世子年长。"王从之。丙辰,立世子绍为王太子。封裒为琅邪王,奉恭王后,仍以裒都督青、徐、兖三州诸军事,镇广陵。以西阳王羕为太保,封谯刚王逊之子承为谯王。逊,宣帝之弟子也。又以征南大将军王敦为大将军、

怀帝承接动乱局面获得帝位,被强硬的权臣所控制;愍帝在流亡迁徙之后,只是守着一个皇帝的虚名罢了。天下大势已去,不是名闻于世的雄才英主,不能再获取天下了!

十二月,丞相司马睿闻知长安已经失陷了,就出兵在野外留宿,亲自披盔戴甲,向各地传布檄文,限定日期北征。因水上运粮延误了日期,在丙寅(十二日)这天,斩杀督运令史淳于伯。行刑的人用刀在柱子上擦拭鲜血,鲜血反而自动往上流淌,到柱子顶梢两丈多高的地方又流下来,观望的人都认为淳于伯死得冤。丞相司直刘隗上奏说:"淳于伯的罪过没达到处死的程度,请求罢免从事中郎周莚等人的官职。"于是右将军王导等人上书承担过错,请求解除职务。司马睿表态说:"政令刑罚失去平正,都是我暗昧闭塞造成的。"一个也没追究责任。

晋元帝建武元年(317)春季正月,宋哲逃奔江东。二月辛巳(二十八日),宋哲来到建康,宣称接受晋愍帝的诏书,令丞相琅邪王司马睿统领大小政务。三月,琅邪王身穿素色服装,不在王宫寝室居住,举哀三天。在这时,西阳王司马羕以及属官共同敬上皇帝尊号,司马睿不应允。司马羕等人坚决请求不已,司马睿慨然流泪说:"我是罪人,诸位贤士对我逼迫不已,我就返回琅邪封国了!"呼唤手下奴仆,命令备好车辆,准备回封国。司马羕等人于是请求效仿曹魏、晋初的先例,称他晋王。司马睿这才答应。辛卯(初九),司马睿即晋王位,大赦天下,改年号为建武。开始配齐文武百官,设立晋室宗庙,修建土神庙和谷神庙。

主管部门请求册立王太子,司马睿喜爱二儿子宣城公司马裒,想册立他,就对王导说:"册立继位人应当按德行。"王导说:"世子司马绍和宣城公都具备清朗俊秀的好秉赋,但世子年龄大。"司马睿听从了这一意见。四月丙辰(初四),册立世子司马绍为王太子。封司马裒为琅邪王,继承琅邪恭王的香火,同时让司马裒都督青、徐、兖三州诸军事,镇守广陵。任命西阳王司马羕为太保,封授谯刚王司马逊的儿子司马承为谯王。司马逊,是宣帝司马懿的弟弟的儿子。又任命征南大将军王敦为大将军、

江州牧，扬州刺史王导为骠骑将军、都督中外诸军事、领中书监、录尚书事，丞相左长史刁协为尚书左仆射，右长史周颛为吏部尚书，军谘祭酒贺循为中书令，右司马戴渊、王邃为尚书，司直刘隗为御史中丞，行参军刘超为中书舍人，参军事孔愉长兼中书郎；自馀参军悉拜奉车都尉，掾属拜驸马都尉，行参军舍人拜骑都尉。王敦辞州牧，王导以敦统六州，辞中外都督，贺循以老病辞中书令，王皆许之。以循为太常。是时承丧乱之后，江东草创，刁协久宦中朝，谙练旧事，贺循为世儒宗，明习礼学，凡有疑议，皆取决焉。

夏六月丙寅，温峤等至建康，王导、周颛、庾亮等皆爱峤才，争与之交。是时，太尉豫州牧荀组、冀州刺史邵续、青州刺史曹嶷、宁州刺史王逊、东夷校尉崔毖等皆上表劝进，王不许。冬十一月，汉主聪出畋，以愍帝行车骑将军，戎服执戟前导。见者指之曰："此故长安天子也。"聚而观之，故老有泣者。太子粲言于聪曰："昔周武王岂乐杀纣乎？正恐同恶相求，为患故也。今兴兵聚众者，皆以子业为名，不如早除之！"聪曰："吾前杀庾珉辈，而民心犹如是，吾未忍复杀也，且小观之。"十二月，聪飨群臣于光极殿，使愍帝行酒洗爵；已而更衣，又使之执盖。晋臣多涕泣，有失声者。尚书郎陇西辛宾起，抱帝大哭，聪命引出，斩之。

赵固与河内太守郭默侵汉河东，至绛，右司隶部民奔之者三万馀人。骑兵将军刘勋追击之，杀万馀人，固、默引归。太子粲帅将军刘雅生等步骑十万屯小平津。固扬言

江州牧，扬州刺史王导为骠骑将军、都督中外诸军事、兼中书监、录尚书事，丞相左长史刁协为尚书左仆射，右长史周颉为吏部尚书，军谘祭酒贺循为中书令，右司马戴渊、王邃为尚书，司直刘隗为御史中丞，行参军刘超为中书舍人，参军事孔愉长兼中书郎；其馀的参军全都拜任奉车都尉，掾属拜任驸马都尉，行参军舍人拜任骑都尉。王敦辞让江州牧一职，王导因王敦统辖六州，也辞让都督中外诸军事一职，贺循因年老多病辞让中书令一职，司马睿都批准了这些请求。任命贺循为太常。这时承续西晋丧乱之后不久，江东政权处于草创阶段，刁协长期在西晋朝廷做官，熟悉旧有制度，贺循是当代儒学宗主，通晓熟习礼学，但凡碰到疑难的问题，都请他们裁决。

夏季六月丙寅（十五日），温峤等人来到建康，王导、周颉、庾亮等人都喜爱温峤的才华，争相与他交往。这时，太尉豫州牧荀组、冀州刺史邵续、青州刺史曹嶷、宁州刺史王逊、东夷校尉崔毖等人都奏上章表，劝司马睿登帝位，司马睿不应允。冬季十一月，汉国国主刘聪出外打猎，让晋愍帝代理车骑将军，身穿军装，手执铁戟，在前面开路。旁观的人指着他说："这就是原来长安的天子。"大家围上来端详他，老年人有禁不住流泪的。汉国太子刘粲向刘曜进言说："从前周武王哪里乐意杀死殷纣王呢？杀他只是因为担心恶人聚集在一起，成为祸患的缘故。如今兴兵聚众的人，都把降帝司马业当作旗号，不如及早除掉他！"刘聪说："我从前杀掉过庾珉这些人，可民心现在还这样，我不忍再杀戮了，暂且慢慢看情况再说。"十二月，刘聪在光极殿宴请群臣，让晋愍帝依次斟酒，洗净酒杯；后来又要去解手，让他拿马桶盖侍候。晋室臣僚大都流泪，并有失声痛哭的。尚书郎陇西人辛宾起身，抱住晋愍帝大哭，刘聪命人把他拉出去杀掉了。

赵固与河内太守郭默偷袭汉国的河东郡，抵达绛县，汉国右司隶管辖下的百姓投奔他们的有三万多人。骑兵将军刘勋随后追击，杀死了一万多人，赵固与郭默领兵撤回。太子刘粲率领将军刘雅生等步兵、骑兵十万人屯驻在小平津。赵固扬言

曰:"要当生缚刘粲以赎天子。"粲表于聪曰:"子业若死,民无所望,则不为李矩、赵固之用,不攻而自灭矣。"戊戌,愍帝遇害于平阳。粲遣雅生攻洛阳,固奔阳城山。

大兴元年春三月癸丑,愍帝凶问至建康,王斩缞居庐。百官请上尊号,王不许。纪瞻曰:"晋氏统绝,于今二年,陛下当承大业。顾望宗室,谁复与让!若光践大位,则神、民有所凭依;苟为逆天时,违人事,大势一去,不可复还。今两都燔荡,宗庙无主,刘聪窃号于西北,而陛下方高让于东南,此所谓揖让而救火也。"王犹不许,使殿中将军韩绩彻去御坐。瞻叱绩曰:"帝坐上应列星,敢动者斩!"王为之改容。奉朝请周嵩上疏曰:"古之王者,义全而后取,让成而后得,是以享世长久,重光万载也。今梓宫未返,旧京未清,义夫泣血,士女遑遑。宜开延嘉谋,训卒厉兵,先雪社稷大耻,副四海之心,则神器将安适哉!"由是忤旨,出为新安太守,又坐怨望抵罪。嵩,颉之弟也。丙辰,王即皇帝位,百官皆陪列。帝命王导升御床共坐,导固辞曰:"若太阳下同万物,苍生何由仰照!"帝乃止。大赦,改元,文武增位二等。

说:"要活捉刘粲来赎回天子。"刘粲向刘聪奏上章表说:"司马业如果死掉,老百姓就没有仰望的人了,就不替李矩、赵固效力了,也就不攻自灭了。"戊戌(二十日),晋愍帝在平阳遇害。刘粲派遣刘雅生进攻洛阳,赵固逃往阳城山。

晋元帝大兴元年(318)春季三月癸丑(初七),晋愍帝被害的消息传到建康,司马睿穿斩缞丧服,到倚庐守丧。百官奏请司马睿使用皇帝尊号,司马睿不允许。纪瞻说:"晋氏统系断绝,到现在已有两年,陛下您应当承续帝王大业。环视皇族成员,又有谁值得推让?如果正大光明地登上帝位,神灵和百姓就会有所凭借依托;如果背逆天时,违背人事,大势一旦失去,就不能再挽回了。如今洛阳和长安烧成废墟,晋室宗庙没有主祭人,刘聪在西北自立国号,而陛下您又恰恰在东南高姿态推让,这正是常言所说的用拱手谦让去救火啊。"司马睿还是不答应,让殿中将军韩绩撤掉御座。纪瞻喝斥韩绩说:"皇帝御座同天上的星座相对应,敢移动它的,斩首!"司马睿也为纪瞻的这番话改变了脸色。奉朝请周嵩上书说:"古代登上帝位的人,道义周全然后才获取,谦让顺成然后才据有,所以能长久地享有江山,圣德光辉延续万年。如今愍帝的灵柩还没有接回来,原来的京都还没有扫平,义士悲痛得眼中流出血,男女百姓惶惶失措。应当广开言路征求良策,训练士卒,整顿武器装备,首先洗刷国家覆亡的奇耻大辱,来符合四海的民心,那么帝位还能给谁呢?"由此违逆了司马睿本想当皇帝的意旨,被调出去任新安太守,又被扣上怨恨的罪名判刑。周嵩,是周颉的弟弟。丙辰(初十)这天,司马睿登上皇帝宝座,百官都列队陪从。晋元帝让王导登上御床一起坐,王导坚决辞谢说:"如果太阳降低规格等同于万物,百姓怎么仰赖它的光照呢?"晋元帝于是作罢。大赦天下,改年号为大兴,文武百官都增加品位两级。